LIGHTROOM 6/CC

pour les photographes

Martin Evening

Chez le même éditeur

Traitement de l'image numérique

G. Theophile, *Lightroom 6/CC par la pratique*, 2015.

M. Evening, *Photoshop CC pour les photographes*, 2014.

S. Kelby, *Photoshop pour les utilisateurs de Lightroom*, 2014.

A.-L. Jacquart, *Retouchez vos photos pas à pas*, 2014.

C. Jentzsch, G. Theophile, *Créez vos livres photo avec Lightroom*, 2013.

J. Schewe, *Imprimer ses photographies – Optimiser ses fichiers dans Lightroom et Photoshop*, 2014.

J. Schewe, *Le négatif numérique – Développer ses fichiers RAW avec Photoshop, Camera Raw et Lightroom*, 2013.

J. Delmas, *La gestion des couleurs pour les photographes, les graphistes et le prépresse*, 2012.

J.-M. Sepulchre, *DxO 8 pour les photographes*, 2013, 250 pages, uniquement disponible en e-book.

P. Ricordel, *Capture NX2 par la pratique*, 2010, uniquement disponible en e-book.

Techniques de la photo – Prise de vue

F. Hunter, S. Biver, P. Fuqua, *Manuel d'éclairage photo, 3e édition*, 2016.

E. Schuy, *La photographie d'objets*, 2016.

A.-L. Jacquart, *Mission photo pour les 8-12 ans*, 2016.

A. Duckworth, F. Falcow, *Du casting au shooting*, 2015.

M. Freeman, *Capturer l'instant*, 2015.

C. Jentzsch, *Les secrets de la photo de voyage*, 2016.

F. Landragin, *Les secrets de la série photo*, 2016.

G. Lepetit-Castel, *Les secrets de la photo de rue*, 2016.

L. Tichané, *Les secrets de la photo d'enfants*, 2015.

P. Bricart, *Les secrets de la photo de nu*, 2015.

D. Dubesset, *Les secrets du cadrage photo*, 2015

E. Balança, *Les secrets de la photo d'animaux*, 2014.

G. Simard, *Les secrets de la photo en gros plan*, 2014.

A. Guillen, I. Guillen, *Les secrets de la photo sous-marine*, 2014.

F. Milochau, *Les secrets de la photo de paysage*, 2014.

V. Bergamaschi, *Les secrets de la photo de nuit*, 2014.

S. Calabrese Roberts, *La photo documentaire*, 2013.

A. Amiot, *Conseils photo pour les voyageurs*, 2013.

A.-L. Jacquart, *Photographier au quotidien avec Anne-Laure Jacquart*, 2013.

A.-L. Jacquart, *Mémophoto – Les réglages de l'appareil*, 2012 (dépliant).

A.-L. Jacquart, *Mémophoto – La composition étape par étape*, 2012 (dépliant).

A.-L. Jacquart, *Composez, réglez, déclenchez !*, 2011.

R. Bouillot, *La pratique du reflex numérique, 4e édition*, 2013.

H. Mante, *Composition et couleur en photographie*, 2012.

Photographe, un métier

F. Gay Jacob Vial, *Être photojournaliste aujourd'hui*, 2016.

R. Nething, *Photographe 3.0*, 2015

M. Dournes, *Les photographes et le droit*, 2015.

S. Tailleur, *Être photographe portraitiste*, 2015.

É. Delamarre, *Profession photographe indépendant, 3e édition*, 2014.

C. Flers, *Vivre de la photo de mariage*, 2014.

A. Amyot, *Vivre de ses photos*, 2013.

F. Gay Jacob Vial, *Artiste photographe*, 2014.

F. Gay Jacob Vial, *Animer des ateliers de photographie*, 2013.

F. Gay Jacob Vial, *Créer et gérer une activité de photographe*, 2012.

G. Lepetit-Castel, *Concevoir son livre de photographie*, 2013.

Boîtiers

P. Garcia, *Photographier avec son Canon 750D/760D*, à paraître.

V. Lambert, *Photographier avec son Nikon D7200*, 2016.

V. Lambert, *Photographier avec son Nikon D810*, 2015.

P. Druel, *Photographier avec son Nikon D750 / Photographier avec son Nikon D3300*, 2014

N. S. Young, *Photographier avec son Canon EOS 70D*, 2014.

L. Breillat, *Choisir l'objectif idéal pour son reflex Nikon / Choisir l'objectif idéal pour son reflex Canon*

V. Luc, *Maîtriser le Canon EOS 60D / le Canon EOS 5D Mark II / le Canon EOS 550 / le Canon EOS 500D / le Nikon D80 / le Nikon D200 / le Nikon D50 / le Canon EOS 350D.*

V. Luc, P. Brites, *Maîtriser le Canon EOS 600D – Maîtriser le Canon 5D Mark III.*

V. Luc, M. Ferrier, *Maîtriser le Nikon D300.*

V. Luc, B. Effosse, *Maîtriser le Canon EOS 40D / Maîtriser le Canon EOS 400D.*

M. Ferrier, C.-L. Tran, *Réussir ses photos avec le Pentax K-x / Réussir ses photos avec le Nikon D5200.*

M. Ferrier, C.-L. Tran, *Découvrir le Nikon D3000 / Découvrir le Nikon D5000 / Découvrir le Nikon D90 / Découvrir le Canon EOS 1000D.*

B. Favier, J.-M. Sepulchre, *Le Canon EOS 7D Mk II*, uniquement disponibles en e-book.

J.-M. Sepulchre, *Les Fuji X-Pro1 et X-T1 – Le Nikon D750 – Le Nikon D810 – Le Nikon D610 – Le Nikon D7100 – Le Nikon D800 – Le Nikon D7000 – Le Nikon D5100 – Le Canon 7D Mark II – Le Canon 5D Mark III – Le Canon 1D Mark IV – Le Sony NEX-7 – Le Leica M9 – 137 tests d'objectifs pour le Nikon D3s – 94 tests d'objectifs pour le Nikon D300s – 58 tests d'objectifs pour le Nikon D90 – 91 tests d'objectifs pour le Nikon D300 – 103 tests d'objectifs pour le Nikon D700 – 110 tests d'objectifs pour le Nikon D3*, uniquement disponibles en e-book.

Et bien d'autres titres. Consultez notre catalogue sur www.editions-eyrolles.com, et notre actualité photo sur notre webmagazine www.questionsphoto.com.

LIGHTROOM 6/CC

pour les photographes

Martin Evening

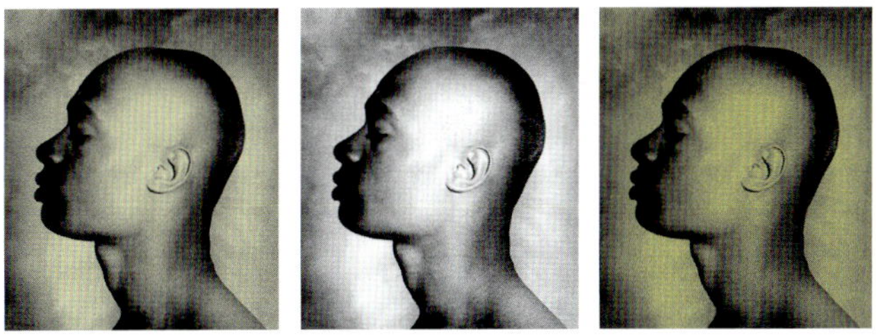

Traduction et adaptation Volker Gilbert

EYROLLES

Éditions Eyrolles
61, bd Saint-Germain
75240 Paris Cedex 05
www.editions-eyrolles.com

Mise en pages : Nord Compo, Villeneuve d'Ascq

Ce livre est dédié à la mémoire de Bruce Fraser

Remerciements

Je tiens à remercier mon éditrice, Pamela Pfiffner, pour m'avoir incité à écrire ce livre et m'avoir conseillé et aidé lors de la rédaction. Je remercie également Valerie Witte pour la coordination, Tracey Croom, Elizabeth Kuball, Patricia J.Pane, James Minkin et David Van Ness pour la production du présent ouvrage.

Lightroom est l'invention de Mark Hamburg, mais rien n'aurait été possible sans l'aide des autres membres de l'équipe et des ingénieurs avec lesquels je n'ai cessé d'échanger pendant la phase de développement. J'aimerais remercier en particulier Thomas Knoll, Eric Chan (qui avait travaillé sur le développement de Camera Raw), ainsi que Max Wendt et Josh Bury. De même que l'actuel ambassadeur produit, Julieanne Kost, ainsi que son prédécesseur, George Jardine, qui m'ont apporté une aide immense et permanente. Je remercie également Ian Lyons pour sa relecture technique. Merci à Ian et Sean McCormack pour m'avoir transmis de nombreuses précisions et astuces.

J'ai organisé une séance photo afin d'illustrer cet ouvrage, et j'aimerais remercier mes mannequins : Lucy Edwards et Veronica, de l'agence M&P, Kelly, de l'agence Zone, ainsi que Camilla Pascucci, Terry Calvert, James Pearce, Nadia Foster et Harriet Coterrill, responsables du maquillage, de la coiffure et du stylisme. Harry Dutton et Rob Cadman m'ont assisté lors des prises de vue immortalisées par Jeff Schewe (pour la photo) et George Jardine (pour la vidéo).

Voir naître un nouveau logiciel créé de toutes pièces fut une expérience passionnante ; partager son processus de développement avec un formidable groupe d'alpha testeurs et de coauteurs prêts à échanger les uns avec les autres fut un réel plaisir. L'ouvrage présent est dédié à la mémoire de Bruce Fraser, décédé en décembre 2006. Bruce était un des alpha testeurs de Lightroom et à l'origine des algorithmes d'accentuation du logiciel.

Un tel manuel serait très ennuyeux à lire s'il n'y avait pas de belles photos pour l'illustrer. Pour compléter ma propre production, Peter Andreas, Sean MacCormack, Eric Richmond et Jeff Schewe m'ont autorisé à utiliser leurs images (toutes créditées au fil de l'ouvrage), je les en remercie vivement.

Pour finir, j'aimerais remercier mon épouse Camilla et ma fille Angelica pour la compréhension et la grande patience dont elles ont fait preuve tous ces longs moments où je suis resté (une fois de plus) devant mon ordinateur…

Sommaire

Avant-propos

La genèse de Lightroom remonte à fin 2003, lorsqu'un petit groupe de chez Adobe, présidé par Mark Hamburg, s'est retrouvé au studio du photographe Jeff Schewe, à Chicago, pour s'entretenir d'une nouvelle approche de gestion et d'édition des images RAW. Ce format avait été créé pour répondre aux besoins spécifiques des photographes numériques, lesquels étaient à la recherche d'une solution efficace pour gérer leurs bases d'images, de plus en plus volumineuses, et établir une méthode rationnelle de flux de travail. J'ai été invité peu après à rejoindre le tout jeune programme alpha test et à participer à la définition de ce qui deviendrait Lightroom mais qui s'appelait encore « Shadowland ».

Lightroom a subi un grand nombre de changements majeurs au cours de son développement – à chaque fois que l'équipe a testé un nouveau flux de travail, sans oublier les fréquents remaniements de son interface graphique. Il n'y a pas si longtemps, les versions bêta publiques qui se succédaient étaient si différentes les unes des autres que j'ai eu l'impression, au gré de leurs parutions, de réécrire trois fois la première édition de ce livre et non de le corriger. Cet ouvrage est donc l'aboutissement de dix années de travail durant lesquelles j'ai échangé activement avec l'équipe de Lightroom, leur donnant mon retour d'expérience et des suggestions pour de nouvelles fonctionnalités. J'avoue que lorsque j'ai commencé à travailler sur ce projet, je n'imaginais pas qu'un livre dédié puisse un jour dépasser 650 pages, ni à l'époque que la charge de travail requise pour rendre Lightroom aussi complet qu'il l'est aujourd'hui serait aussi conséquente. Il y a eu bien sûr des moments de doute, mais Lightroom est finalement un logiciel que j'apprécie chaque jour un peu plus dans mon travail de photographe.

Comment aborder ce livre

Ce livre a pour ambition de devenir un guide de référence incontournable sur Lightroom, logiciel avant tout destiné aux photographes équipés d'un reflex numérique. J'ai souhaité qu'il s'adresse aussi bien aux amateurs qu'aux professionnels ; je me suis donc attaché à expliquer les bases fondamentales de la photographie numérique, comme la balance des blancs et l'exposition, dans des termes simples et accessibles. À l'occasion de sa sixième édition, je l'ai réécrit pour tenir compte de l'évolution du logiciel depuis ses débuts, et je vous invite à considérer le présent manuel comme un nouvel ouvrage.

Je vous conseille de commencer la lecture par le chapitre 1, qui explique en détails les concepts fondamentaux du logiciel. Les fonctions de catalogage de Lightroom sont aussi importantes que les outils du module Développement et les photographes ont des besoins différents en ce qui concerne l'organisation de leurs images. Pour cette raison, j'ai consacré les deux chapitres suivants ainsi que le chapitre 10 au module Bibliothèque, expliquant en détail comment utiliser les mots-clés et les métadonnées afin de mieux gérer ses photos. Quant au géocodage des images, qui fut l'une des nouveautés de Lightroom 4 et à la reconnaissance des visages, fonction ajoutée à l'occasion de la sortie de Lightroom 6/CC, ils sont à l'honneur dans le chapitre 10.

Le chapitre 4, le plus volumineux, est dédié au traitement d'images. Les différentes techniques de corrections sont présentées, de même que des informations sur le fonctionnement des différents outils (notamment des outils de correction locale) et sur la manière de les utiliser dans un flux de travail efficace.

Les techniques de transformation noir et blanc, d'accentuation et de réduction du bruit sont devenues tellement puissantes et sophistiquées qu'elles méritent que deux chapitres leur soient intégralement consacrés, les chapitres 5 et 6.

Bien que les fonctionnalités de Lightroom en matière de corrections locales rendent le recours à Photoshop de moins en moins indispensable, les deux logiciels se complètent à merveille. Vous découvrirez au chapitre 7 comment associer Lightroom, Bridge et Photoshop.

Le chapitre 8 vous apportera les éléments nécessaires à la maîtrise de l'impression à partir d'un Mac ou d'un PC sous Windows. Le chapitre 9 est ensuite dédié à la présentation des photos sous forme de livres, de diaporamas ou de présentations web.

L'ouvrage s'achève avec ses annexes qui rassemblent des informations supplémentaires sur Lightroom et Lightroom mobile, ainsi que des données plus techniques destinées aux utilisateurs avertis.

Je crois beaucoup en Lightroom, j'espère que ce livre pourra vous permettre de bénéficier pleinement de ses possibilités. Je n'ai plus qu'à vous laisser à votre lecture en vous rappelant la dernière des cinq règles du menu Aide de Lightroom : « Amusez-vous ! »

Martin Evening, mars 2015

Chapitre 1
Découvrir Lightroom

1

Lightroom est un logiciel de développement et de catalogage qui propose un nouveau flux de travail pour satisfaire les besoins des photographes numériques appelés à manipuler de grands volumes d'images. Vous apprendrez dans cet ouvrage à utiliser les principaux outils de ce logiciel afin de tirer le meilleur parti de ses capacités. Vous y trouverez également de précieux conseils pour configurer votre ordinateur afin d'obtenir des images numériques de la meilleure qualité possible.

Le leitmotiv des développeurs de Lightroom est de toujours fournir aux photographes numériques les outils dont ils ont le plus souvent besoin ; cela se traduit par une structure qui attribue un module individuel à chaque type de tâche, que ce soit pour développer un nombre important de fichiers en même temps, archiver des photos, effectuer rapidement des sélections d'images, les imprimer ou les publier sur le Web. Avant de détailler les propriétés de Lightroom, voici un aperçu de son concept et une présentation de ses principales fonctionnalités et de leur utilisation au sein du flux de travail.

Lightroom est maintenant disponible dans deux versions qui se distinguent par le contrat lié à leur utilisation : une licence perpétuelle pour Lightroom 6 ou un abonnement dans le cadre de l'offre Creative Cloud pour Lighroom CC. C'est le mode d'achat qui détermine le nom utilisé dans les fenêtres de la plaque d'identité et de l'écran d'accueil. Si le texte et les illustrations dans cet ouvrage font le plus souvent référence à la version perpétuelle Lightroom 6, sachez que les fonctionnalités de Lightroom CC sont, au moins pour l'instant, en tous points identiques, bien que cette situation soit susceptible d'évoluer au fil du temps.

Le concept et les objectifs de Lightroom

Lightroom est par essence un logiciel de traitement d'images de très haute qualité doublé d'un système de gestion de fichiers performant et doté d'une interface moderne et de fonctionnalités de pointe pour garantir un développement rapide des fichiers RAW. Mark Hamburg, l'ancien ingénieur en chef du développement de Photoshop, a été aussi la lumière qui guidait le développement de Lightrom. Avec son équipe, il s'est penché, il y a quelques années déjà, sur les méthodes de travail des photographes numériques et sur les problèmes auxquels ils étaient confrontés lorsqu'ils devaient gérer et développer un grand nombre d'images. Lightroom est le fruit de ce travail de recherche : conçu comme une suite de modules et non pas comme une application monolithique, le logiciel offre aux photographes numériques un flux de travail efficace et adapté.

L'un des objectifs initiaux du projet Lightroom fut d'abolir la complexité au profit d'une « simplicité déraisonnable ». Le pari de concevoir des outils pour rationaliser la gestion des images et leur processus d'édition et de rendre le travail aussi agréable et facile que possible est gagné. L'interface des Préférences de Lightroom est très simple et aucune manipulation particulière n'est requise pour optimiser les réglages afin de pouvoir commencer à travailler. Par exemple, aucun réglage n'est nécessaire pour la gestion des couleurs : elle s'opère automatiquement sans jamais faire appel à votre intervention. Malgré l'apparition de nombreuses fonctionnalités, Adobe a réussi à préserver cette simplicité sur l'ensemble du logiciel.

Une architecture modulaire

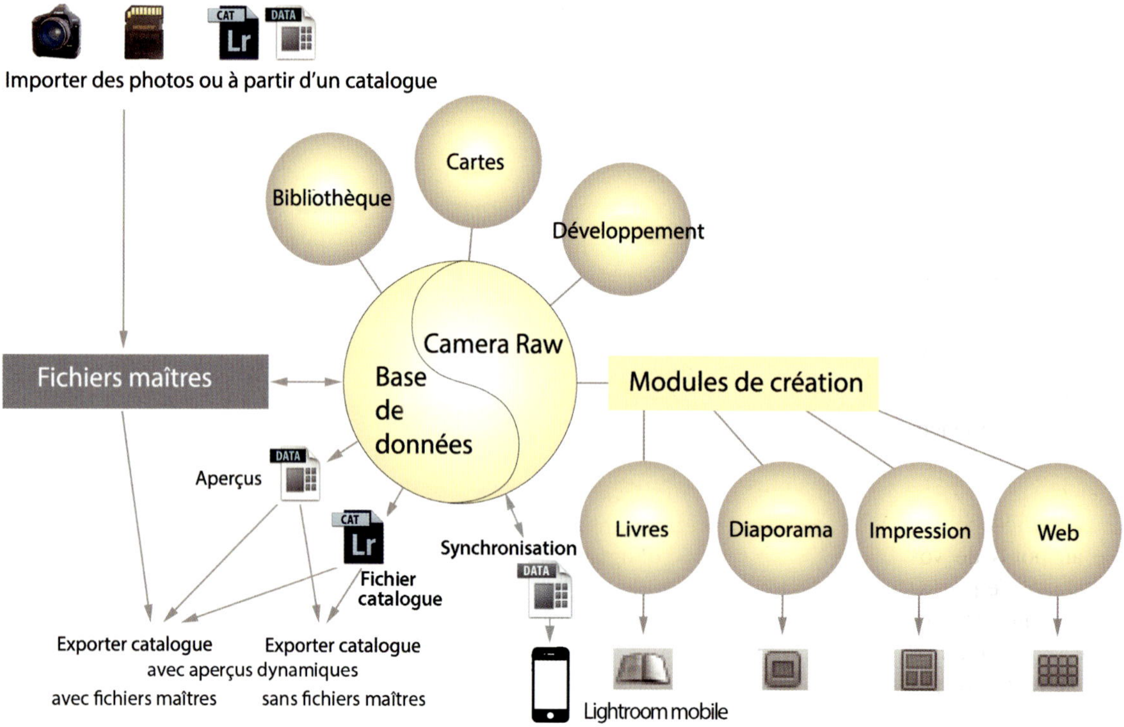

Au cœur de Lightroom se trouvent le processeur d'images Camera Raw et la base de données. Le logiciel a été conçu de façon à permettre à chacun des sept modules d'accéder à ces deux composantes. Cette conception originale est à l'origine de la vitesse d'exécution et de la souplesse d'utilisation de Lightroom. Depuis la version 5.4, Lightroom est épaulé dans sa tâche par Lightroom mobile. Celui-ci permet de synchroniser le contenu des collections entre des ordinateurs, smartphones et tablettes via Adobe Creative Cloud, tout en autorisant des réglages de base sur des dispositifs mobiles utilisant iOS ou Android.

Lightroom dispose de sept modules indépendants qui s'articulent autour d'un moteur de développement d'images très avancé et d'un moteur dédié à la base de données. Chacun de ces modules (Bibliothèque, Développement, Cartes, Livres, Diaporama, Impression et Web) a une fonctionnalité propre et peut directement accéder aux deux moteurs du cœur de l'application. Cette construction augmente grandement l'efficacité du logiciel. Un flux de travail commence par l'importation de fichiers photo ou vidéo au sein de la bibliothèque, à partir d'une carte mémoire, d'un appareil photo connecté, d'un disque dur ou bien d'un autre catalogue Lightroom, les fichiers maîtres étant enregistrés à l'emplacement de votre choix. Une fois les images importées, Lightroom est à même de les organiser et modifier sans qu'il soit nécessaire de modifier les originaux. L'ensemble du travail effectué est alors enregistré automatiquement dans le fichier du catalogue qui gère ces informations indépendamment des fichiers maîtres. Il est possible d'exporter les données d'un catalogue sous la forme d'un catalogue complet avec des copies des originaux ainsi que des aperçus dynamiques ou d'un catalogue allégé qui ne contient que les données du catalogue en plus des aperçus et aperçus dynamiques. Avec Lightroom mobile, il est désormais possible de synchroniser le contenu des collections (voir les Annexes pour en apprendre davantage). Quant aux modules de création, ils vous aident à présenter vos images sur papier (Livres, Impression), sur ordinateur (Diaporama) ou sur Internet (Web).

Raccourcis clavier

Vous pouvez utiliser les raccourcis clavier suivants pour naviguer d'un module à l'autre (les touches indiquées concernent les utilisateurs de Mac, la touche Cmd doit être remplacée par la touche Ctrl sur PC) :

Cmd + Alt + 1 pour le module Bibliothèque ;
Cmd + Alt + 2 pour le module Développement ;
Cmd + Alt + 3 pour le module Cartes ;
Cmd + Alt + 4 pour le module Livres ;
Cmd + Alt + 5 pour le module Diaporama ;
Cmd + Alt + 6 pour le module Impression ;
Cmd + Alt + 7 pour le module Web ;
Cmd + Alt + ↑ pour retourner au module qui précède.

La touche G sélectionne le module Bibliothèque en mode Grille, la touche E en mode Loupe ; la touche D, elle, sélectionne le module Développement.

Une efficacité accentuée

Si vous disposez de la configuration minimale requise pour le fonctionnement du logiciel (voir la section dédiée en fin de chapitre), vous possédez théoriquement tout ce qu'il vous faut pour bien démarrer. Cependant, l'efficacité de Lightroom est intrinsèquement liée au poids de vos fichiers RAW. Si la configuration annoncée peut s'avérer suffisante pour les images issues d'un capteur de 6 mégapixels, l'emploi d'un processeur à double cœur avec au moins 4 Go de RAM vous permettra de profiter d'une performance optimale lorsque vous manipulerez les fichiers issus d'un capteur dont le nombre de photosites est plus important. Ainsi équipé, vous pourrez parcourir un dossier d'images sans subir de ralentissement, agrandir ou réduire la taille des aperçus à volonté et effectuer toutes les modifications que vous souhaiterez.

Prise en charge des écrans haute résolution

Si Lightroom 4.3 inaugurait la prise en charge des écrans Retina de certains ordinateurs portables MacBook Pro récents, la version actuelle du logiciel étend l'optimisation de l'affichage aux ordinateurs portables Windows dotés d'écrans équivalents, via une mise à l'échelle de 150, 200 et 250 %. Grâce à cette prise en charge, Lightroom affiche les éléments de l'interface utilisateur avec une résolution appropriée, pour un rendu lisse et bien défini du texte et des icônes. Dernièrement, la prise en charge des écrans UHD a été étendue aux vignettes dans la boîte de dialogue d'importation et du module Diaporama.

Les recherches à l'intérieur de la photothèque sont très faciles et très rapides, notamment grâce à une interface utilisateur conçue pour faciliter la mise à jour des métadonnées ainsi que pour accélérer la recherche des images en limitant vos critères de recherche. Lightroom donne systématiquement la priorité aux données stockées dans le cache images lorsqu'il génère des aperçus : il peut ainsi élaborer un diaporama ou une galerie web avec une rapidité étonnante.

Dans le module Impression, la génération d'un fichier pour imprimer un jeu de planches-contacts en mode Brouillon ne prendra que quelques secondes. Lightroom est en effet capable d'imprimer directement à partir des aperçus d'images de haute qualité, au lieu de régénérer (laborieusement) chaque photo à partir d'un fichier maître.

Il est évident que la vitesse d'exécution d'un logiciel et la qualité d'image des fichiers convertis sont d'une extrême importance. Les utilisateurs de Lightroom 6/CC bénéficient de performances améliorées à l'importation des images (uniquement sur Mac) et de nouveaux algorithmes pour accélérer le traitement et la conversion de séquences vidéo. De même, le logiciel offre une fiabilité accrue lors de la capture d'images en mode connecté et une meilleure réactivité du module Développement qui profite surtout aux utilisateurs d'un ordinateur récent avec un processeur Intel Sandy Bridge ou Haswell. À noter aussi que le module d'exportation tire parti d'une bibliothèque JPEG plus récente qui influe positivement sur la qualité des fichiers JPEG et DNG exportés et que les modules Cartes et Web s'appuient sur l'ensemble d'outils et de composants logiciels intégrés Chromium qui devrait améliorer leurs performances.

Aperçus dynamiques et modules compatibles

Les aperçus dynamiques peuvent servir à gérer vos images dans le module Bibliothèque, à les corriger dans le module Développement et à déterminer leur position géographique dans le module Cartes. S'il est possible de créer des diaporamas à partir d'aperçus dynamiques, vous ne pouvez pas exporter le diaporama finalisé. De même, il est impossible d'utiliser les modules Impression et Web pour produire des tirages ou des galeries web. En revanche, vous pouvez créer ou modifier une mise en page dans le module Livre bien qu'il soit impossible de produire un livre photo sans avoir accès aux originaux.

La création d'aperçus dynamiques vous aidera également à accélérer votre travail au sein du module Développement. Mais sachez que les ordinateurs, systèmes d'exploitation et logiciels doivent s'adapter sans cesse à l'augmentation en nombre et en poids de fichier des images numériques. Bien qu'il s'agisse là d'une lutte difficile, Lightroom n'éprouve aucune difficulté à gérer convenablement, sur un ordinateur assez rapide, une photothèque volumineuse.

Développement avec Camera Raw

Si vous travaillez déjà avec Camera Raw (à partir de Bridge et/ou de Photoshop), vous connaissez sans doute quelques-unes des commandes du module Développement de Lightroom. Ce dernier partage en effet le moteur de conversion de Camera Raw (ACR) avec Photoshop et Bridge.

Camera Raw a été initialement développé par Thomas Knoll, cocréateur de Photoshop (avec son frère John). Il est rapidement devenu l'un des meilleurs outils de conversion du marché, prenant en charge plus de 490 formats RAW propriétaires différents, dont la gamme complète des reflex numériques Canon et Nikon. Zalman Stern, Eric Chan, Max Wendt et Joshua Bury, quatre contributeurs majeurs à Camera Raw, ont plus récemment rejoint Thomas Knoll afin de poursuivre le développement de Lightroom.

Outils de correction

L'accès aux outils de correction est immédiat : une simple pression sur la touche D du clavier ouvre le module Développement. Bien que Lightroom soit dédié au développement des fichiers RAW, ces outils peuvent également servir au traitement des images TIFF, PSD, PNG et JPEG. Le logiciel ouvre tous les fichiers issus des univers RVB, CMJN, niveaux de gris ou Lab, mais les images seront toujours converties et corrigées en RVB.

Prise en charge du format PNG
Depuis sa cinquième mouture, Lightroom offre la prise en charge du format PNG *(Portable Network Graphics)* lequel est couramment utilisé pour l'affichage web et le traitement d'images sur des dispositifs mobiles. Si le logiciel gère l'importation des fichiers PNG, l'exportation et le transfert vers Photoshop entraînent obligatoirement l'enregistrement dans un autre format de fichier : la commande « Modifier dans Photoshop » effectue donc une conversion préalablement aux formats TIFF ou PSD. De même, le format PNG ne figure pas parmi les options d'enregistrement de la boîte de dialogue Exporter. Toutefois, la transparence des fichiers PNG est gérée par Lightroom (les parties transparentes s'y affichent en blanc).

Le module Développement propose de multiples outils pour corriger les couleurs et la tonalité des images. Si vous souhaitez, par exemple, ajuster la luminance d'une couleur à l'aide du panneau « TSL/Couleur/NB », vous serez ravi de découvrir que les curseurs se comporteront comme vous l'avez anticipé et non comme les commandes, souvent assez nébuleuses, d'autres logiciels. Par exemple, l'assombrissement sélectif d'une couleur est très simple ; ainsi pour un ciel, vous pourrez simplement intervenir sur les curseurs Luminance des teintes Bleu et Bleu-vert. Notez également que Lightroom comporte de nombreux outils pour retoucher des taches de poussière et pour corriger localement certaines zones de vos images. Il est d'ailleurs important de souligner que depuis sa troisième version, Lightroom bénéficie d'importantes améliorations en termes de dématriçage, accentuation et suppression du bruit, justifiant à elles seules une mise à jour vers la toute dernière version du logiciel. Les trois dernières versions perpétuent cette dynamique, avec la version du Processus 2012 qui introduit de nouveaux curseurs dans le panneau « Réglages de base ».

Les panneaux « Réglages de base » et « Courbe des tonalités » comportent des commandes intuitives qui permettent un ajustement facile de la balance des blancs et de la tonalité des photos. Le « Mélangeur de couches » offre une approche très souple de la conversion en noir et blanc : il agit sur l'équilibre de l'information couleur afin de créer une version monochrome de l'original. En approfondissant, vous découvrirez que les commandes de l'outil « Virage partiel » fonctionnent aussi bien sur des images préalablement converties en noir et blanc que sur des images couleur. Moyennant un peu d'expérience, vous serez à même de produire des effets de type traitement croisé d'apparence assez « dramatique » !

Tous les ajustements du module Développement sont non destructifs et enregistrés sous forme d'instructions de traitement stockées avec l'image. Un fichier RAW « maître » peut donc être développé de plusieurs façons et imprimé à plusieurs tailles, sans que vous soyez obligé de créer plusieurs versions intégralement calculées de l'original.

Tous les marquages, modifications, notations, libellés de couleur et métadonnées enregistrés dans Lightroom sont reconnus par les versions récentes de Bridge et de Photoshop. Toutes les métadonnées ajoutées à une image par un logiciel tiers et reconnues par Lightroom peuvent être préservées ou mises à jour dans ce dernier. Par exemple, si vous ajoutez des mots-clés à un fichier, puis que vous lui attribuez un libellé de couleur dans Bridge, ces modifications seront récupérées par Lightroom et mises à jour dans sa base de données – cela

Réglages d'images et logiciels externes
Un ajustement effectué par le moteur Camera Raw d'un logiciel Adobe s'affiche toujours correctement dans un autre logiciel du même éditeur. Lorsque vous modifiez une image à l'extérieur de Lightroom, un point d'exclamation vous avertit dans Lightroom. Ce dernier vous propose alors de choisir entre la conservation des réglages en cours et la mise à jour du nouveau paramètre (celui qui a été appliqué à l'extérieur).

conduit parfois à des doutes sur l'origine des réglages... Dans un tel cas, Lightroom vous avertit d'un conflit éventuel et vous permet de trancher (reportez-vous à la note précédente à propos de la mise à jour des réglages dans Lightroom).

Gérer la bibliothèque d'images

Les modules et les commandes sont présentés dans cet ouvrage selon un ordre « chronologique » : de l'importation à l'enregistrement des fichiers en passant par leur développement (dans le module du même nom), jusqu'à l'export des images via l'un des modules Diaporama, Livres, Impression ou Web.

Le travail dans Lightroom commence par le choix des images (fixes ou animées) à ajouter à la bibliothèque. La façon dont Lightroom gère ces images n'est pas très différente de celle d'autres logiciels qui s'appuient sur un explorateur de fichiers, mais qui se limitent pour la plupart à l'inspection des dossiers et des fichiers d'un ordinateur ; ils ne vous permettent de visualiser que les fichiers que vous stockez dans un disque dur ou dans un dossier. La grande nouveauté apportée par Lightroom est que vous pouvez toujours bien contrôler l'importation des images dans la bibliothèque, et ce, quelle que soit leur provenance – y compris directement depuis une carte mémoire ou un appareil photo. Vous pouvez également ajouter des images à la bibliothèque en indiquant seulement à Lightroom le dossier dans lequel elles se trouvent déjà : le logiciel appelle « Importer des photos à leur emplacement actuel » le fait de les référencer à leur emplacement d'origine, sans les déplacer physiquement.

Une fois les images importées, toute modification de leur nom ou du nom du dossier qui les abrite et toute suppression (ou déplacement) sont automatiquement répercutées dans l'arborescence du système d'exploitation. Lorsque vous supprimez un fichier, vous avez ainsi la possibilité de le déplacer vers la corbeille afin de le supprimer d'une manière définitive, ou de l'effacer de la bibliothèque, sans que le fichier disparaisse du disque dur. Le travail à l'intérieur du panneau Dossiers du module Bibliothèque est ainsi peu différent du travail avec arborescence hiérarchique dans un logiciel à base d'explorateur. Toutefois, son arborescence ne montre que les images dont vous avez déterminé la présence à l'intérieur de la bibliothèque et non pas tous les fichiers et dossiers du disque dur.

Cette façon « classique » de gérer les dossiers est efficace dès lors que vous connaissez l'emplacement de vos photos. Cependant, quand on commence à manipuler quelques milliers de fichiers, s'appuyer sur une hiérarchie de dossiers comme seul moyen d'exploration n'est plus si pratique. La vraie force de Lightroom en tant que gestionnaire d'images réside dans les outils des panneaux Rechercher, Collections, « Étiquettes de mots-clés » et « Explorateur de métadonnées », pour la recherche d'images dans la bibliothèque. Si vous prenez le soin d'ajouter des informations (telles que la mention des droits d'auteur, le lieu de la prise de vue ou le nom du sujet) lors de l'importation de chaque lot d'images, les explorations de vos archives seront ensuite très simples et très rapides grâce à différents critères de recherche dont nous parlerons au chapitre 2.

Quel rôle reste-t-il à Photoshop ?

Photoshop domine depuis longtemps le marché des logiciels de traitement d'images de type Bitmap. Perpétuellement adapté aux demandes fluctuantes et variées de différentes familles d'utilisateurs (photographes bien évidemment, mais aussi graphistes, illustrateurs, artistes pour les effets spéciaux de l'industrie du cinéma, etc.), ce logiciel très puissant est devenu au fil des années de plus en plus complexe – ce que les frères Knoll auraient eu du mal à imaginer lorsqu'ils l'ont créé...

Photoshop a été conçu pour ne traiter qu'une seule image à la fois; cette architecture très rudimentaire a entraîné de nombreux compromis lorsque le nombre de ses fonctionnalités a augmenté. Non seulement ses outils se sont multipliés au fil des versions, mais des mises en garde plus ou moins arbitraires telles que «Ne jamais utiliser la commande Niveaux de gris pour convertir une image couleur en noir et blanc» ou «Ne jamais employer les curseurs Luminosité/Contraste pour ajuster vos photos» ont aussi commencé à semer le doute dans les esprits, obligeant à entrer en détail dans ce genre de considérations : les ouvrages dédiés au logiciel se sont donc mis eux aussi à grossir (j'avoue que les miens en font partie...). Ajoutez à cela que certaines fonctionnalités, comme la commande «Luminosité/Contraste», font partie de Photoshop depuis si longtemps qu'il serait inimaginable de les repenser en profondeur, même pour en faciliter l'utilisation, et vous comprendrez pourquoi quelqu'un qui découvre aujourd'hui Photoshop a de quoi être un peu effrayé par la somme des informations qu'il doit assimiler pour débuter avec ce logiciel tentaculaire.

Lightroom ne souffre pas d'un tel héritage encombrant. Il a été conçu de toutes pièces pour s'adapter aux exigences spécifiques des photographes. Contrairement à Photoshop dans lequel plusieurs étapes de traitement successives engendrent toujours des dégradations de l'image, Lightroom permet d'effectuer autant d'ajustements ou de modifications que vous le souhaitez, sans altérer l'original : l'ensemble des modifications n'est appliqué qu'à la fin, lorsque vous exportez le fichier en tant qu'image Bitmap (TIFF, PSD ou JPEG). Certes, Camera Raw utilisé conjointement par Bridge et par Photoshop applique également ce traitement non destructif tant que vous n'avez pas encore développé votre fichier RAW, mais Lightroom permet en plus de préserver l'image brute, quels que soient les traitements qui lui sont appliqués.

Lightroom et Photoshop

Je ne sais pas si Photoshop sera un jour remplacé par Lightroom, mais j'en doute sérieusement. Ce dernier peut d'ores et déjà être employé pour effectuer certaines tâches jusque-là réservées à Bridge et à Photoshop, comme l'import de nouvelles photos. Il dispose en effet de tous les outils nécessaires pour effectuer des sélections parmi les images, pour les regrouper, les renommer et effectuer des ajustements basiques ou avancés dans le module Développement. Si Lightroom est tout particulièrement rapide pour imprimer une planche-contact en mode Brouillon, réaliser une présentation de type diaporama, générer une galerie web complète et envoyer cette dernière sur un serveur, Photoshop reste indispensable pour les traitements d'images plus avancés (comme les montages complexes, les détourages et l'emploi de masques et de calques), de même que pour effectuer des conversions CMJN – mais cela peut évoluer dans le futur.

Afin d'établir un flux de travail efficace avec Lightroom et Photoshop, utilisez Lightroom pour gérer l'import des photos, les sélectionner et effectuer les tout premiers ajustements. Dès que vous serez prêt à retoucher vos images maîtres, exportez-les en une seule passe à l'aide de la commande Export. Travaillez-les ensuite dans Photoshop et dans Bridge. Quand toutes les retouches dans Photoshop sont terminées, de même que l'édition, importez les fichiers maîtres modifiés dans Lightroom via l'option « Importer les photos à leur emplacement actuel » (au lieu de les copier dans la bibliothèque) : cela vous permettra d'utiliser Lightroom pour archiver aussi bien les fichiers RAW que les fichiers finalisés, tout en les stockant sur des disques durs séparés. Pour imprimer vos tirages définitifs, l'interface du module Impression de Lightroom vous séduira également.

Si Lightroom continue à être proposé avec une licence perpétuelle, il est également disponible sous forme d'abonnement Creative Cloud. Certains utilisateurs de Lightroom CC ont exprimé leur inquiétude quant à la disponibilité des fonctions du logiciel suite à un arrêt définitif ou à une interruption temporaire de l'abonnement.

Rassurez-vous, la fin de votre abonnement Creative Cloud ne signifie aucunement l'arrêt de votre utilisation du Lightroom CC. Le cas échéant, Lightroom continuera à se lancer et à vous laisser gérer vos images, avec l'exception des modules Développement et Cartes qui seront désactivés par l'éditeur. D'ailleurs, l'interaction entre Lightroom et Lightroom mobile cessera de fonctionner.

Configuration minimale requise

Si Lightroom est capable d'ouvrir les fichiers JPEG, TIFF ou RAW, je vous conseille vivement de réaliser vos prises de vue au format RAW (à condition que votre boîtier numérique propose cette option). Dans sa version 6, nous l'avons dit, Lightroom est compatible avec plus de 490 formats RAW différents : pour vérifier si les fichiers RAW de votre appareil sont pris en charge par Lightroom, rendez-vous sur le site web d'Adobe (https://helpx.adobe.com/fr/photoshop/camera-raw.html). Vous y trouverez également la liste des appareils qui enregistrent directement les prises de vue au format DNG *(Digital Negative)*. Ce format, indépendant des constructeurs d'appareils (il s'agit d'un format Adobe), est idéal pour préserver les données d'origine à l'intérieur d'un fichier « universel ».

Même s'il est possible de faire fonctionner Lightroom sur un ordinateur vieux de quelques années et tout juste doté de 2 Go de RAM, vous constaterez une amélioration non négligeable de ses performances avec un ordinateur plus récent. Sa vitesse d'exécution est proportionnelle à la mémoire RAM : il est ainsi recommandé de disposer d'au moins 4 Go de RAM. Plus généralement, votre ordinateur doit au minimum présenter la configuration détaillée ci-dessous. Notez que Lightroom 6 refuse de s'exécuter sur Windows XP, Windows Vista et des systèmes 32 bits, que ce soit sur Mac ou sous Windows.

Pour Macintosh :
- processeur Intel ;
- Mac OS X version 10.8 ou plus récente ;
- au moins 2 Go de RAM (idéalement 4 Go ou davantage) ;
- 2 Go d'espace disque disponible ;

- écran couleur doté d'une définition de 1 024 × 768 pixels ou supérieure ;
- connexion Internet (pour l'activation initiale et le module Cartes).

Pour Windows :
- processeur Intel Pentium 4 ou AMD Athlon 64 ;
- Windows 7 avec Service Pack 1 ou Windows 8 ;
- au moins 2 Go de RAM (idéalement 4 Go ou davantage) ;
- 2 Go d'espace disque disponible ;
- écran couleur doté d'une définition de 1 024 × 768 pixels ou supérieure ;
- connexion Internet (pour l'activation initiale et le module Cartes).

Bien que Lightroom se contente de peu d'espace disque pour l'installation et pour l'exécution, je vous conseille de stocker vos images avec méthode. Vous faites peut-être partie de ces photographes dont la production journalière peut facilement occuper 10 Go ou plus sur votre disque dur ; si vous exportez quelques-uns de ces fichiers en format TIFF ou PSD, vous allez rapidement vous rendre compte de l'accroissement de vos besoins en stockage… Reportez-vous aux annexes en fin d'ouvrage pour en apprendre davantage sur les ordinateurs et les différentes stratégies de sauvegarde.

Installer Lightroom

Le processus est aussi rapide que simple, et ce quel que soit votre système d'exploitation : il suffit de télécharger ou d'insérer le DVD-Rom d'installation de Lightroom dans votre ordinateur, puis de lancer l'utilitaire d'installation. Les figures suivantes présentent les boîtes de dialogue d'installation sur Mac et sur PC.

Insérez simplement votre Adobe ID (adresse électronique utilisée lors de la souscription de votre abonnement ou de l'achat d'une application ou d'un service Adobe) et votre mode de passe, acceptez le contrat de licence, puis sélectionnez le disque dur sur lequel installer le logiciel. Si votre ordinateur ne dispose pas d'une connexion Internet, il vous reste une semaine pour vous connecter et enregistrer votre logiciel. Passé ce délai, Lightroom bascule en mode désactivé, c'est-à-dire qu'il désactive l'ouverture des modules Développement et Cartes jusqu'à ce que vous vous connectiez à nouveau sur la page d'enregistrement. Si vous possédez une version antérieure du logiciel, l'utilitaire d'installation de Lightroom 6/CC saura la mettre automatiquement à jour.

Si vous possédez une version antérieure de Lightroom, le programme d'installation saura comment la mettre automatiquement à jour. Le logiciel vous invite alors à lancer une procédure de vérification pour valider l'intégrité du catalogue précédent (consultez la page 11 pour en savoir plus).

Notez que la licence d'utilisation du logiciel vous autorise à l'installer sur deux ordinateurs différents, avec un seul numéro de série ou abonnement Creative Cloud. Et ce, même si vous utilisez simultanément des versions Mac et Windows.

Confidentialité des données
Désormais, la procédure d'installation des logiciels Adobe impose l'utilisation d'un Adobe ID, et ce, quelle que soit la licence d'utilisation. En communiquant votre identité à l'éditeur, celui-ci peut lui associer le numéro de série. Cela rend le service après-vente plus facile, notamment en cas de transfert de votre licence sur un autre ordinateur. Qui plus est, l'analyse précise des données d'utilisation aidera l'éditeur à améliorer le logiciel et, plus précisément, à vous proposer des outils et des fonctions d'aide spécifiques à votre flux de travail. Cependant, vous pouvez désactiver le transport des données d'utilisation : dans le menu Aide de Lightroom, cliquez sur « Lightroom en ligne », puis connectez-vous à l'aide de votre Adobe ID. Cliquez sur « Gérer le compte », puis sur « Sécurité et confidentialité ». Après avoir cliqué sur Gérer, il suffit de décocher l'option « Oui, je souhaite partager des informations concernant mon utilisation des applications de bureau Adobe » pour interrompre définitivement le flux des données vers le serveur d'Adobe.

Installation hors ligne
Si l'enregistrement en ligne de Lightroom est désormais obligatoire, il est toujours possible d'utiliser le logiciel sur des ordinateurs qui ne sont pas connectés à Internet, souvent pour des raisons de sécurité des données. Suivez la procédure d'installation habituelle jusqu'à ce que l'utilitaire d'installation vous signale l'absence d'une connexion. Suivez alors les instructions données par l'éditeur pour générer un code réponse depuis un autre ordinateur, tablette ou smartphone. Le code donné restera valable pendant 72 heures.

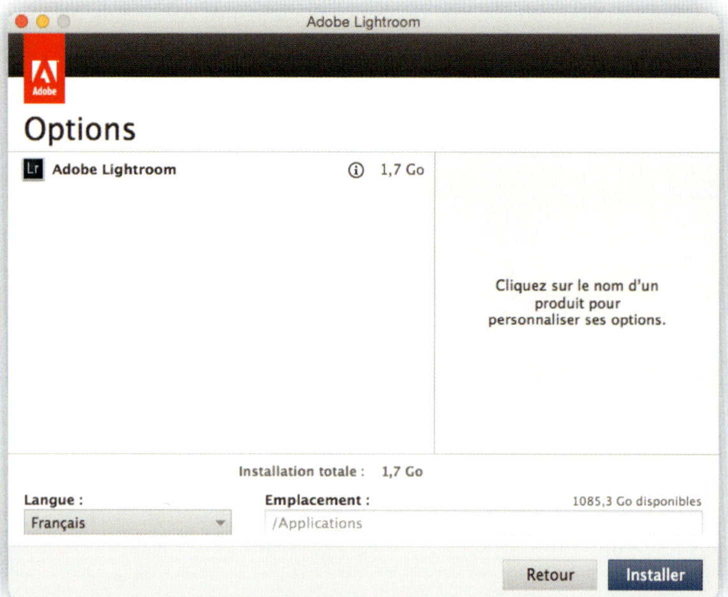

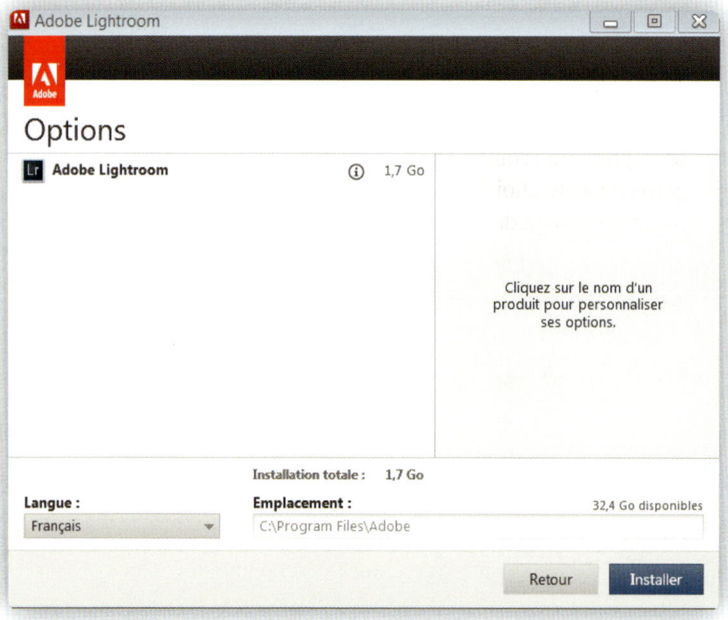

Boîtes de dialogue d'installation sur Mac (en haut) et sur PC (en bas).

Lightroom 6/CC est uniquement compatible avec un processeur et un système d'exploitation 64 bits. De ce fait, le logiciel peut contourner la limite de 4 Go imposée aux utilisateurs de systèmes 32 bits pour la quantité de mémoire RAM ; les utilisateurs d'une configuration en 64 bits peuvent en installer davantage, bénéficiant ainsi d'une augmentation pour la vitesse d'exécution du logiciel de 8 à 12 % !

Gardez à l'esprit que Lightroom empêche la mise en veille de votre système d'exploitation le temps que le logiciel exécute certains processus, par exemple la génération d'aperçus et de diaporamas ainsi que la publication, importation et exportation d'images. Une synchronisation vers Lightroom mobile entraîne également une suspension de la mise en veille — sachez que ce processus peut durer très longtemps (consultez la page 19 pour davantage d'informations). Toutefois, aucune des opérations évoquées ne provoquera la mise en veille de votre écran (sous condition de ne pas en avoir décidé autrement dans les « Préférences système »).

Mise à jour du catalogue d'une ancienne version déjà installée

Si vous utilisez déjà une ancienne version du logiciel, vous pouvez demander à l'utilitaire d'installation de Lightroom 6/CC de créer un nouveau catalogue tout en conservant l'ancien sur votre disque dur. Ensuite, le logiciel mettra à jour une copie de ce dernier pour pouvoir l'utiliser (Fichier>Importer à partir d'un autre catalogue). En revanche, si vous installez une mise à jour mineure (par exemple, Lightroom 6.1), il n'est pas nécessaire de prendre de telles précautions. L'utilitaire d'installation remplace l'ancienne version par la nouvelle et réutilise le catalogue existant.

1. Commencez par créer une copie de sauvegarde de votre catalogue actuel. Si jamais le processus de mise à jour échoue, vous aurez ainsi toujours la possibilité de réinstaller l'ancien catalogue. Pour afficher la boîte de dialogue ci-dessous, sélectionnez dans l'onglet Général des « Paramètres du catalogue » l'option Sauvegarder le catalogue>À chaque fermeture de Lightroom (voir la figure au bas de la page 14). Dans Lightroom 6/CC, les options permettant de choisir la fréquence des sauvegardes sont également disponibles dans le menu « Sauvegarder le catalogue » de la boîte de dialogue homonyme.

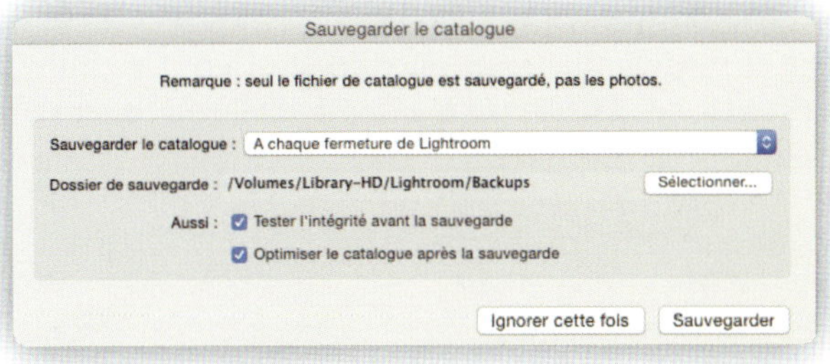

2. Cliquez dans le panneau Catalogue sur « Toutes les photos », puis sélectionnez la commande Fichier>Exporter en tant que catalogue, pour exporter l'ensemble des photos du catalogue actuel. Désélectionnez les options « Exporter les photos sélectionnées uniquement » et « Exporter les fichiers négatifs ». Pour conserver les aperçus récemment enregistrés, sélectionnez l'option « Inclure les aperçus disponibles » uniquement si vous effectuez la mise à jour depuis Lightroom 3, 4 ou 5. Avec Lightroom 1 et 2, optez plutôt pour une régénération des aperçus. Notez que l'exportation, puis la réimportation des aperçus sont assez chronophages, notamment lorsque votre catalogue comporte plusieurs milliers d'images.

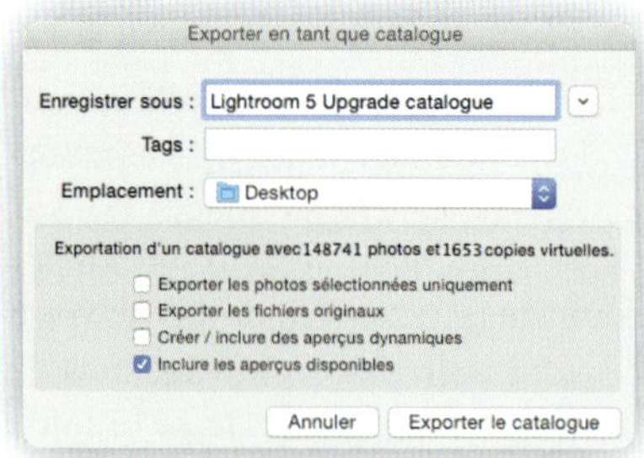

3. Démarrez Lightroom 6/CC, créez un nouveau catalogue, puis sélectionnez le catalogue exporté au préalable avec la commande Fichier>Importer à partir d'un autre catalogue. Le logiciel ouvre ensuite une boîte de dialogue vous informant de la nécessité de mettre à jour l'ancien catalogue afin de pouvoir l'utiliser dans Lightroom 6/CC. Il ne sera pas nécessaire de conserver l'ancien catalogue qui ne sert finalement qu'à transférer les données dans un nouveau catalogue vide – l'option « Supprimer le catalogue mis à niveau après l'importation » permet de l'effacer une fois le transfert achevé.

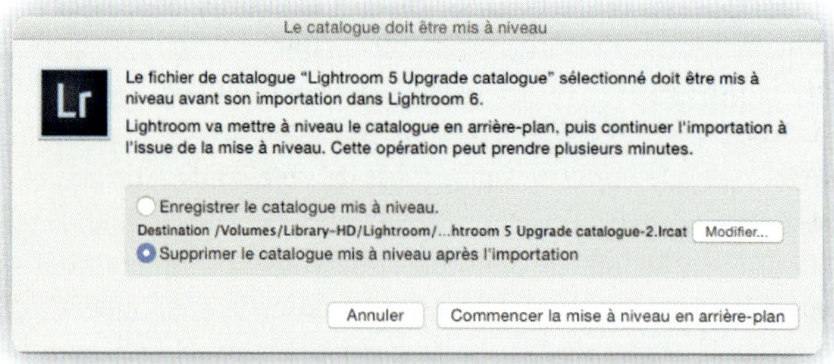

4. Dans la boîte de dialogue « Importer à partir du catalogue », sélectionnez « Ajouter de nouvelles photos au catalogue sans déplacement », dans le menu déroulant « Gestion des fichiers ». Elle vous permet d'importer toutes les photos de l'ancien catalogue sans pour autant en modifier l'arborescence des dossiers. Une fois l'importation finie, sélectionnez la commande Fichier>Optimiser le catalogue, pour vérifier l'intégrité du catalogue et optimiser sa structure.

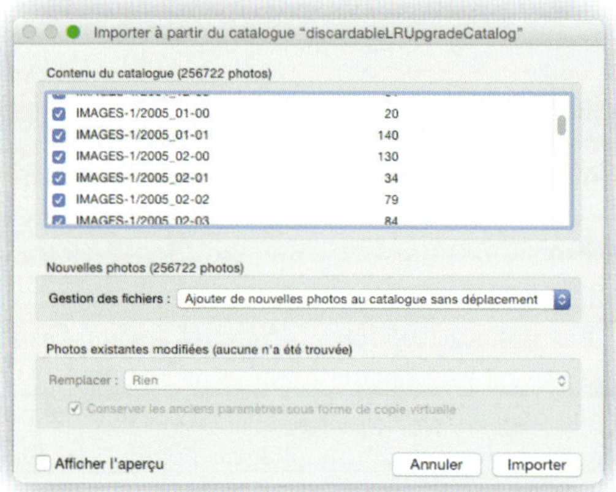

Première utilisation de Lightroom

Au cours de son installation, Lightroom vous demande le nom et le dossier d'installation du catalogue. Il est alors important de séparer celui-ci du dossier des fichiers images. Si, par défaut, Lightroom enregistre le catalogue au sein du dossier Images (sur Mac) ou « Mes images » (sous Windows) de votre disque dur principal, vous pouvez choisir l'emplacement le plus approprié. Gardez à l'esprit que le poids de la base de données de Lightroom ne cesse d'augmenter, au point d'occuper plusieurs centaines de mégaoctets sur votre disque dur. Lightroom importe des images et vidéos sans pour autant les déplacer physiquement à l'intérieur de sa base de données – ne cédez donc jamais à la tentation de supprimer vos fichiers après les avoir importés dans Lightroom !

Au premier lancement de Lightroom 6/CC, le logiciel présente les boîtes de dialogue ci-contre, vous proposant d'activer le géocodage inversé. Je vous conseille de donner suite à cette proposition pour bénéficier de l'ensemble des fonctionnalités du module Cartes. Sachez qu'il sera toujours possible de désactiver le géocodage inversé via l'onglet Métadonnées des « Paramètres du catalogue ».

Préférences de Lightroom

La base de données (catalogue) de Lightroom se trouve par défaut dans le dossier Utilisateur>Images (Mac) ou Utilisateur>Mes documents>Mes images (Windows). Cependant, il suffit de redémarrer le logiciel, puis d'appuyer au lancement de Lightroom sur la touche Alt (Mac) ou Ctrl (Windows) pour créer un nouveau catalogue dont vous pouvez définir librement l'emplacement : cliquez sur le bouton « Créer un catalogue » de la boîte de dialogue « Sélectionner un catalogue », et choisissez son emplacement.

Réinitialiser les préférences au démarrage
En appuyant simultanément sur les touches Alt/Option + Maj lors du démarrage du logiciel, vous procédez à une remise à zéro des préférences utilisateur tout en conservant les préférences liées au démarrage. L'équipe de développeurs de Lightroom a tenu de faire sortir un certain nombre de préférences critiques du fichier principal de préférences afin de ne pas supprimer des informations cruciales telles que le dernier catalogue utilisé et les catalogues déjà mis à jour. Les utilisateurs sur Mac doivent prendre des mesures supplémentaires pour effacer l'intégralité des préférences mises en cache : dans le dossier nom_utilisateur/Bibliothèque/Preferences, supprimez dans un premier temps tous les fichiers dont le nom fait référence à « Lightroom » ou « LR ». Ensuite, lancez l'utilitaire Terminal, puis tapez le texte « defaults delete.com.adobe.LightroomX » (sans les guillemets). Pour finir, relancez Lightroom.

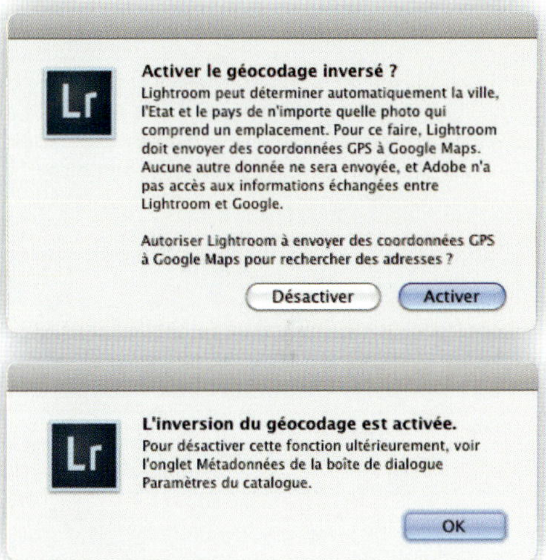

Proposition de l'activation du géocodage inversé, lors du premier lancement de Lightroom 6/CC.

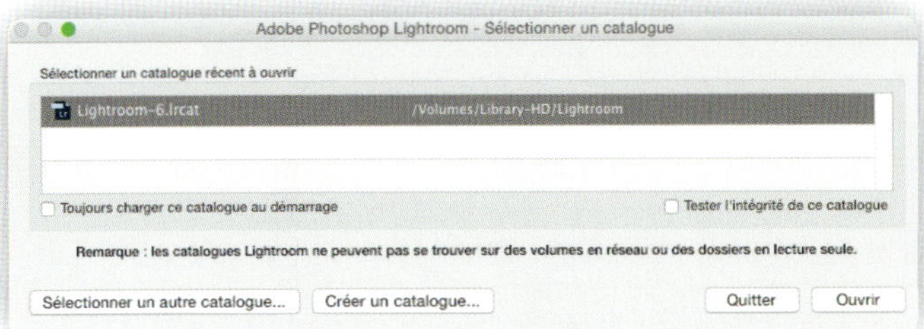

1. Appuyez sur la touche Alt/Ctrl au lancement de Lightroom pour sélectionner le catalogue à ouvrir ou l'emplacement d'un nouveau catalogue.

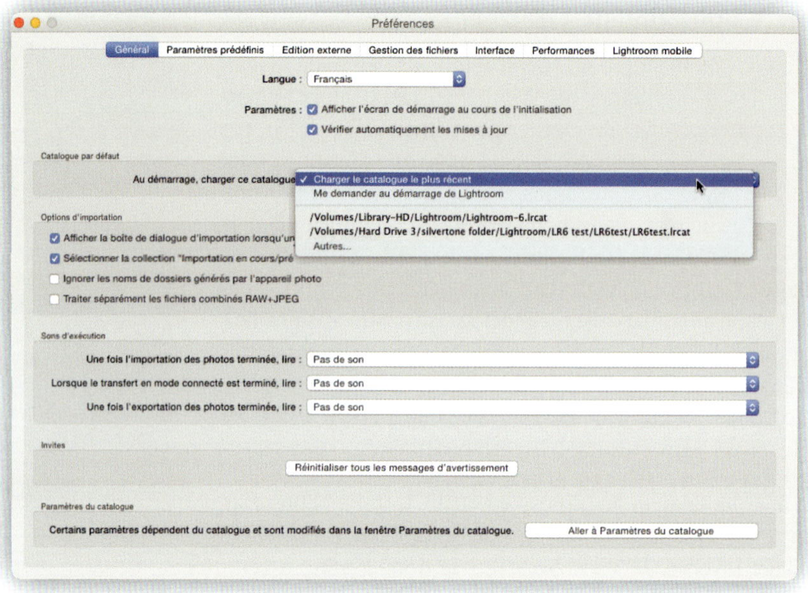

2. La section « Catalogue par défaut » de l'onglet Général vous permet de choisir le catalogue ouvert par le logiciel. L'option « Charger le catalogue le plus récent » sélectionne le dernier catalogue consulté, alors que « Me demander au démarrage de Lightroom » permet de le choisir au démarrage, si vous aviez déjà créé un ou plusieurs catalogues. Notez aussi la présence d'un menu déroulant permettant de changer la langue utilisée par l'interface utilisateur.

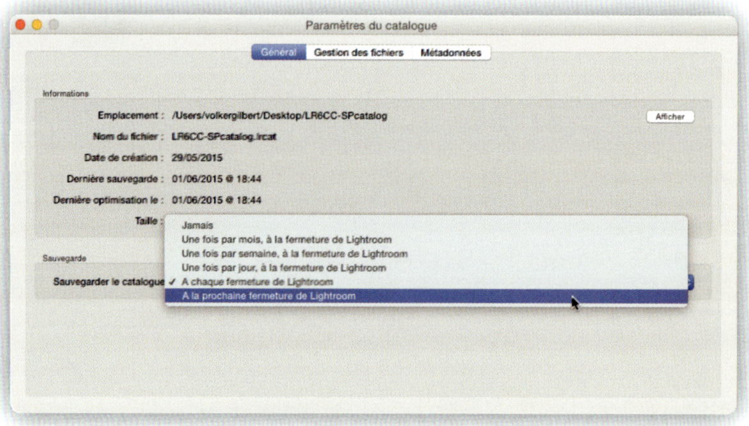

3. Cliquez ensuite sur le bouton «Aller à Paramètres du catalogue» pour accéder aux réglages qui lui sont dédiés, notamment pour définir votre stratégie de sauvegarde, la taille des aperçus et la gestion des métadonnées (voir aussi les chapitres 3 et 10).

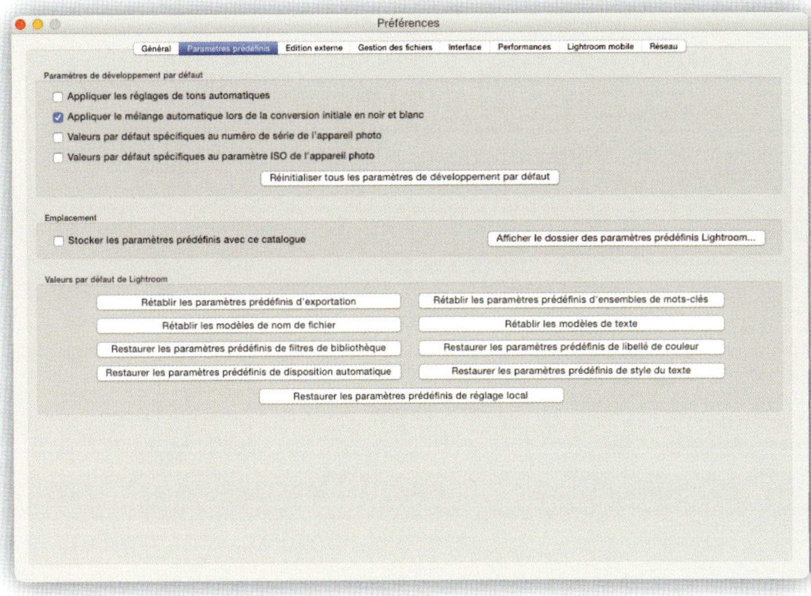

4. De retour dans les « Préférences générales », affichez l'onglet « Paramètres prédéfinis ». Pour des sujets dont vous ne pouvez pas contrôler précisément l'exposition, sélectionnez l'option « Appliquer les réglages de tons automatiques ». L'option « Appliquer le mélange automatique lors de la conversion initiale en noir et blanc » est plus universelle : appliquez-la par défaut. Je vous déconseille pour l'instant de sélectionner les options dédiées aux réglages de l'appareil (nous y reviendrons plus tard), mais choisissez l'option « Stocker les paramètres prédéfinis avec le catalogue », pour intégrer vos paramètres personnalisés dans le catalogue. Cependant, l'option n'est pertinente que si vous travaillez avec un seul catalogue. Si vous créez un nouveau catalogue, mieux vaut la désélectionner pour pouvoir retrouver les paramètres prédéfinis que vous avez préalablement enregistrés. Au lieu d'être stockés dans le catalogue, ils seront enregistrés dans votre dossier Lightroom.

5. Dans l'onglet « Édition externe », spécifiez les réglages (format de fichier, espace de travail, profondeur en bits) appliqués aux fichiers Bitmap qui sont transférés vers Photoshop ou une autre application externe. Lightroom propose différents formats de fichiers (notamment le format PSD propre à Photoshop et le format TIFF) et espaces de travail. Pour ces derniers, vous pouvez choisir entre ProPhoto RVB (très proche de l'espace de travail natif de Lightroom), Adobe RVB (l'espace de travail préféré de la plupart des utilisateurs de Photoshop) et sRVB, recommandé pour le Web. Enfin, pour la profondeur d'échantillonnage, vous pouvez choisir entre 8 et 16 bits : si la première option ne conserve pas toujours toutes les nuances d'un fichier brut, la seconde double le poids des fichiers ainsi préparés.

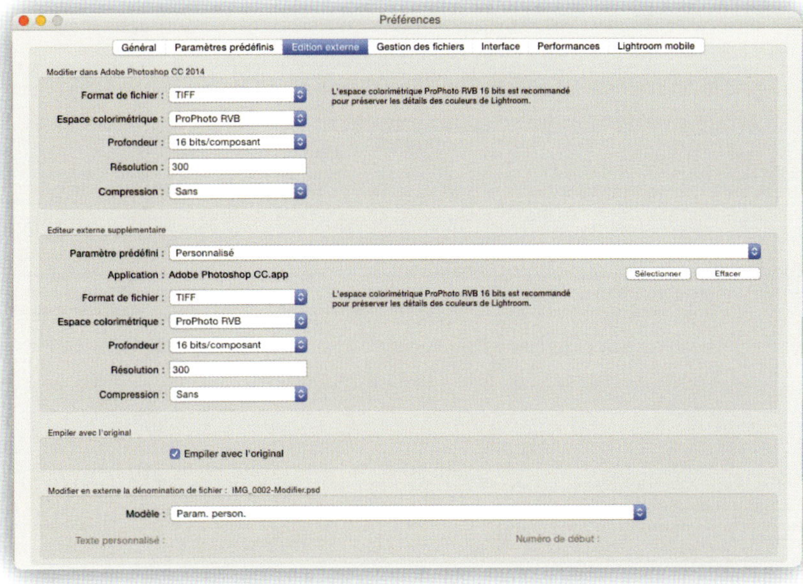

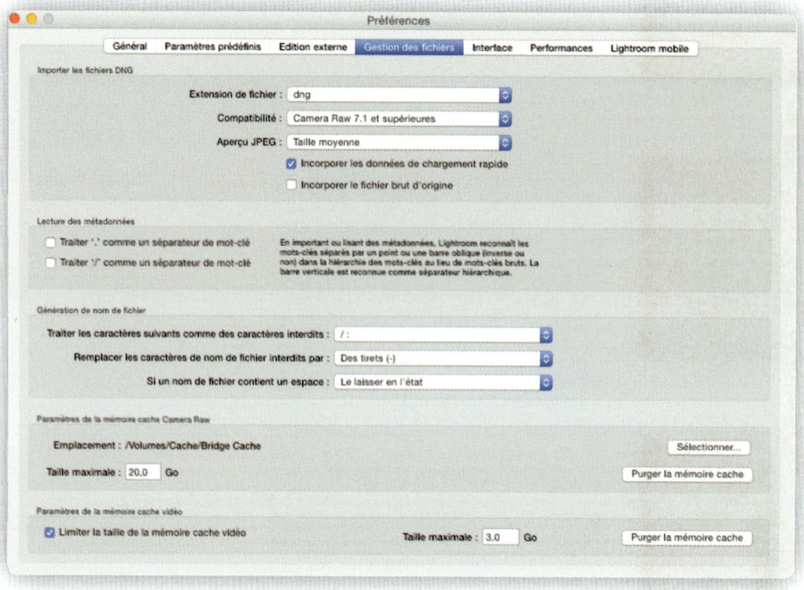

6. Les réglages pour l'importation et la conversion au format DNG sont rassemblés dans l'onglet « Gestion des fichiers », sous « Importer la création DNG » (voir aussi la première partie des Annexes).

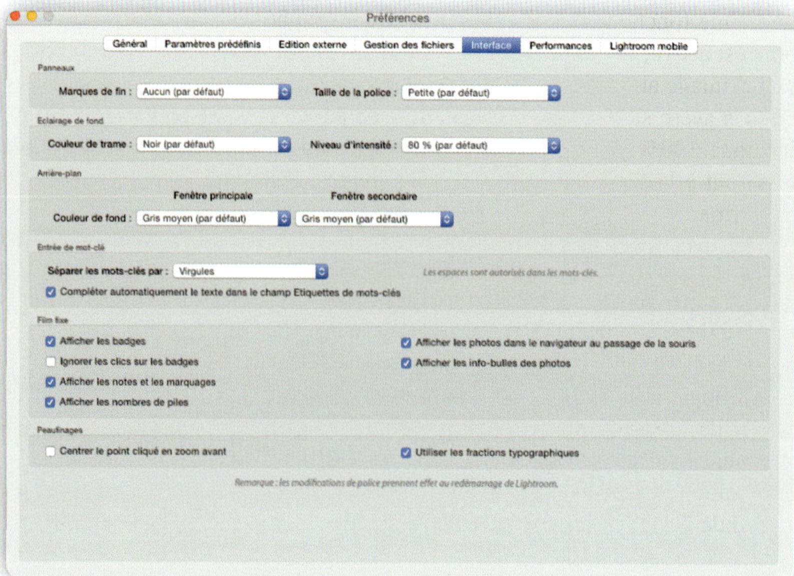

7. Dans les Préférences, vous pouvez personnaliser l'apparence de l'interface selon deux modes d'affichage : Éclairage de fond>Éclairage réduit ou Éclairage de fond>Éclairage sur fond noir. Vous pouvez également choisir la couleur de l'arrière-plan des deux fenêtres du mode affichage bi-écran lorsque vous affichez une image en mode Loupe.

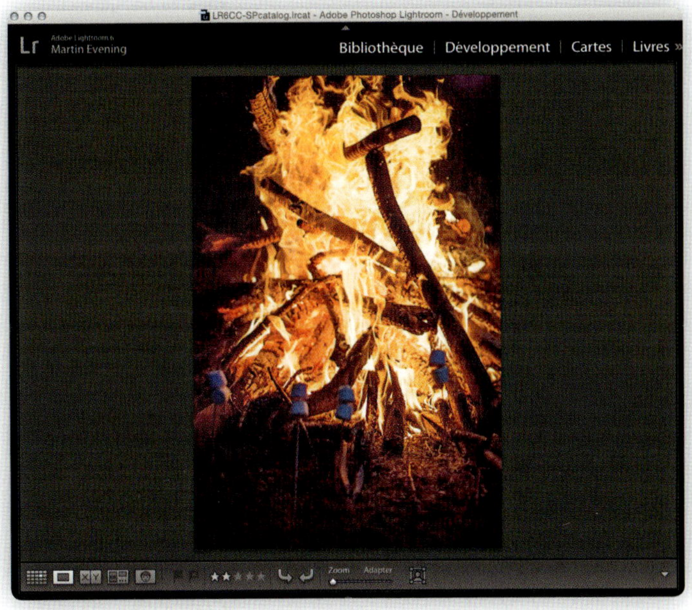

8. Voici l'affichage obtenu lorsqu'on choisit le gris foncé comme couleur de fond. Notez que l'option Rayures ne figure plus parmi les options du menu « Couleur de fond », car elle dégradait les performances de Lightroom lorsque celui-ci était affiché sur de grands écrans.

L'onglet Performances fait partie des nouveautés apparues avec Lightroom 6/CC. Il abrite une seule fonction, « Utiliser un processeur graphique », qui permet de tirer parti, lorsqu'elle est active, des ressources de la carte graphique pour accélérer l'affichage et le traitement d'image au sein du module Développement. L'option « Utiliser un processeur graphique » s'avère surtout utile si vous utilisez un écran ultra haute définition (4K ou 5K). En mode 100 %, le déplacement à l'intérieur de l'aperçu et l'agrandissement de ce dernier sont à la fois plus rapides et plus fluides. Par défaut, l'option est désactivée et les performances de Lightroom 6/CC sont alors sensiblement identiques à celle de Lightroom 5, avec un rafraîchissement de l'affichage plus ou moins lent et saccadé.

En observant attentivement la génération d'aperçus dans le module Développement, vous verrez que Lightroom affiche dans un premier temps l'aperçu standard, puis, lorsque le chargement de celui-ci a été effectué, l'aperçu 1 : 1. De même, une fois ce dernier généré et affiché, le logiciel procède aussitôt au rendu des parties de l'image situées tout juste à l'extérieur de l'extrait de la fenêtre d'aperçu, rendant ainsi votre expérience visuelle plus agréable. La prise en charge de la carte graphique influe aussi sur la régénération de l'affichage suite à une modification d'un ou de plusieurs paramètres de développement dans le module Développement. Le gain de vitesse est tributaire de l'outil utilisé.

Gardez à l'esprit que l'amélioration des performances bénéficie en première ligne aux cartes graphiques (Open GL 3.3 ou supérieur) et systèmes d'exploitation récents (Mac OS X 10.9 ou plus récent, Windows 7 ou plus récent). Si la carte graphique est compatible, son nom s'affiche dans le menu Camera Raw de l'onglet Performances. Sinon, Lightroom vous avertit en vous présentant un message d'erreur.

Préalablement à l'activation des ressources de la carte graphique, il est important de vous assurer que celle-ci utilise la dernière version du pilote d'affichage.

- Sur Mac, ce dernier est automatiquement téléchargé et installé lors d'une mise à jour du système.
- Sous Windows, le système d'exploitation ne vous signale pas toujours la présence d'un pilote plus récent. Pour en avoir le cœur net, rendez-vous sur le site du fabricant de votre carte graphique (Intel, nVidia ou AMD) pour récupérer l'utilitaire correspondant.

À l'heure actuelle, Lightroom ne gère qu'une seule carte graphique. Une configuration comprenant deux cartes graphiques ne peut donc pas prétendre à des performances d'affichage plus élevées sur l'écran secondaire, seul l'écran lié à la première carte graphique étant pris en compte.

Il n'est pas très important de choisir la carte la plus puissante pour bénéficier de la prise en charge des ressources graphiques : un modèle intermédiaire s'avère souvent aussi efficace qu'un modèle haut de gamme, pour peu qu'il ait été fabriqué à partir de 2010. Si votre ordinateur intègre un processeur Intel avec une microarchitecture récente (Sandy Bridge ou Haswell), Lightroom vous gratifie d'un petit gain de performance, toujours dans le module Développement. Pour savoir si votre ordinateur est éligible, consultez la boîte de dialogue Informations sur le système (Aide>Informations sur le système) : le cas échéant, celle-ci mentionne, sous Optimisation SIMD de Camera Raw, le jeu d'instructions AVX2. En principe, Lightroom utilise simultanément les ressources de la carte graphique et du processeur pour l'affichage et la régénération des aperçus dans le module Développement. La vitesse d'exécution de la carte graphique étant souvent plus importante que celle du processeur, le rafraichissement de l'aperçu accuse parfois un petit retard que le processeur, équipé du tout dernier jeu d'instructions, comble au moins en partie.

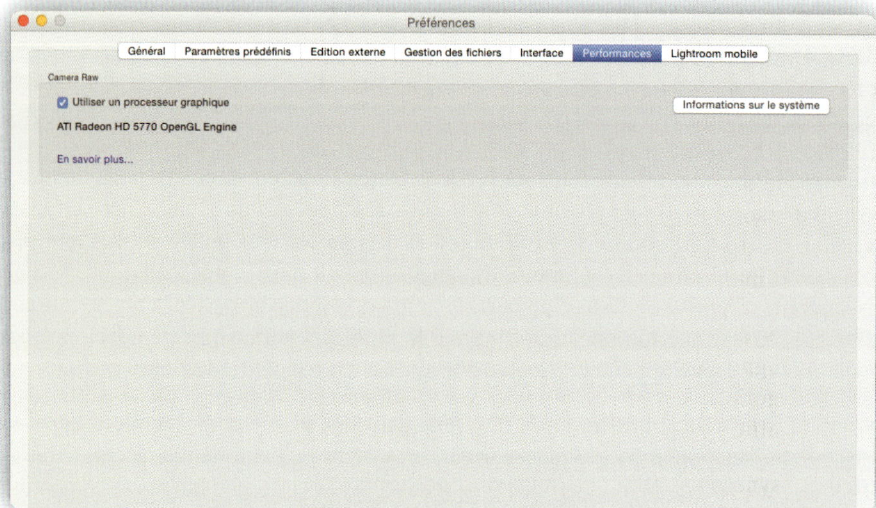

L'onglet Performances des Préférences.

Gérer Lightroom mobile depuis Lightroom

L'introduction de Lightroom mobile coïncidait avec celle de Lightroom 5.4. L'onglet Lightroom mobile des Préférences permet de gérer les informations relatives à votre compte Adobe Creative Cloud.

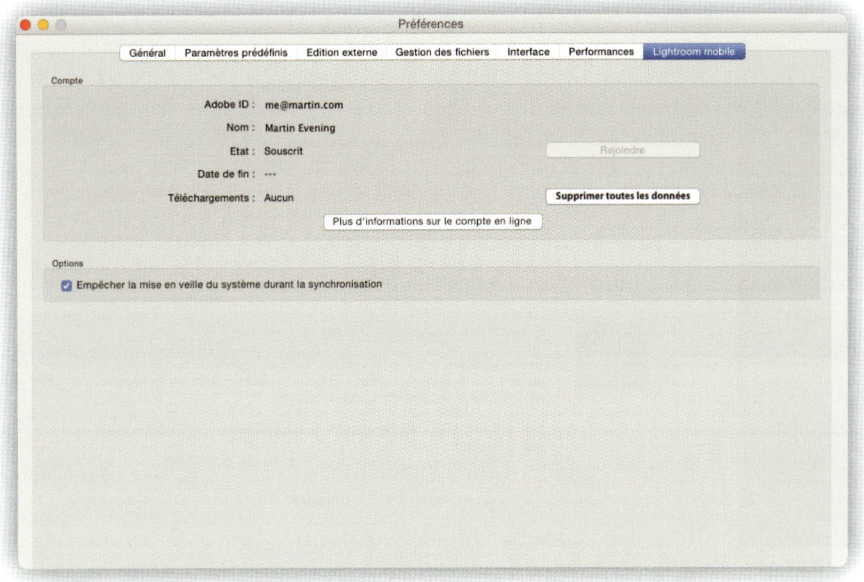

Les Préférences incluent maintenant une section «Lightroom mobile».

- En cliquant sur «Plus d'informations sur le compte en ligne», vous accéderez directement aux paramètres de votre compte sur le site d'Adobe.
- L'option «Supprimer toutes les données» permet d'effacer l'ensemble des données liées à votre compte Lightroom mobile. Si elle vous aide à réinitialiser la configuration de Lightroom mobile en cas de problème, elle doit être utilisée avec la plus grande précaution puisqu'elle nécessite de reconstruire les données d'aperçu, indispensables pour l'affichage sur vos dispositifs mobiles.
- L'option «Empêcher la mise en veille du système durant la synchronisation» prend le contrôle sur les paramètres d'économie de votre ordinateur en lui interdisant de suspendre son activité pendant que Lightroom synchronise le contenu des collections avec celles de Lightroom mobile. À noter que la suspension de la mise en veille du système n'interfère pas avec celle de l'écran.

Après avoir synchronisé une ou plusieurs collections à l'aide de la commande «Synchroniser avec Lightroom mobile», le panneau Catalogue répertorie les photos synchronisées dans la catégorie «Toutes les photographies synchronisées». Cliquez sur l'en-tête homonyme pour afficher les photos dans la fenêtre principale.

Lors de la synchronisation des données, Lightroom crée le fichier Mobile Downloads.lrdata et l'enregistre à l'intérieur du sous-dossier Lightroom du dossier Images (Mac OS) ou Mes images (Windows). Le fichier sync.lrdata est enregistré à l'intérieur du

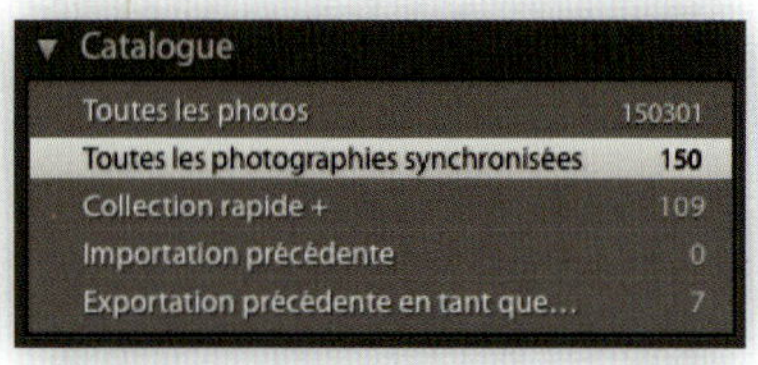

Le panneau Catalogue affichant la catégorie «Toutes les photographies synchronisées».

Le panneau Collections affichant l'état de synchronisation pour les collections mutualisées entre Lightroom et Lightroom mobile.

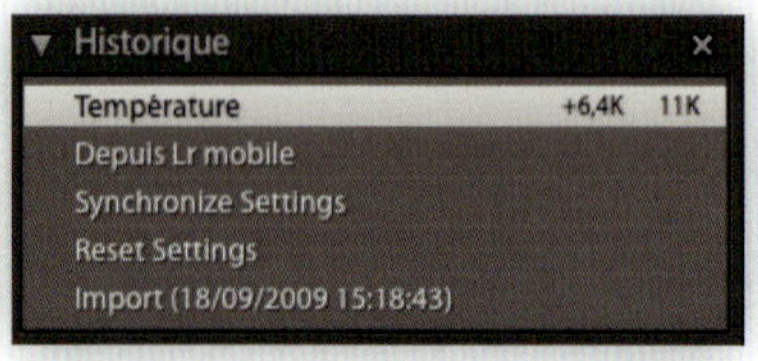

Le panneau Historique tient compte des modifications effectuées dans Lightroom mobile.

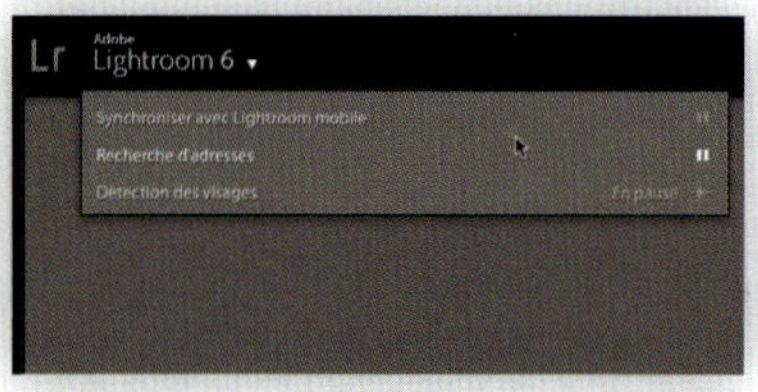

Le nouveau centre d'activité, accessible en passant par la plaque d'identité, assure la liaison entre Lightroom et votre compte Adobe Creative Cloud. Il permet également d'afficher et de gérer différents processus exécutés en tâche de fond tels que l'indexation des métadonnées GPS et des visages.

sous-dossier Sync data du dossier Lightroom Presets dont vous pouvez révéler l'emplacement en cliquant sur le bouton «Afficher le dossier des paramètres prédéfinis Lightroom» de l'onglet «Paramètres prédéfinis» des Préférences. Le fichier contient des données relatives à l'état de synchronisation entre Lightroom et Lightroom mobile.

Le panneau Collections affiche une icône d'état pour chaque collection dont vous avez synchronisé les images. Dans la figure ci-contre, le panneau Collections affiche plusieurs collections déjà synchronisées et une collection en cours de synchronisation. Cliquez sur l'icône pour afficher une boîte de dialogue vous permettant d'arrêter la synchronisation des photos.

Un clic sur l'icône d'état ouvre cette boîte de dialogue qui permet de gérer individuellement la synchronisation des collections. En cliquant sur «Arrêter la synchronisation», vous cessez non seulement le partage de la collection en question, mais vous supprimez également toutes les données relatives aux images sélectionnées dans Lightroom mobile.

Pour finir, sachez qu'il est possible d'afficher, dans le panneau Historique du module Développement, les modifications effectuées dans l'application mobile de Lightroom.

Personnaliser la plaque d'identité

Il existe plusieurs méthodes pour modifier la présentation de Lightroom. Commençons par les options concernant la plaque d'identité : elles permettent de remplacer le logo par défaut, de changer les caractères et les couleurs du «Sélecteur de modules» (situé dans la partie supérieure droite) et de l'arrière-plan de la fenêtre principale.

1. Les menus «Éditeur de plaque d'identité» et «Sélecteur de modules» sont accessibles via le panneau supérieur de l'interface. Lorsque vous sélectionnez Lightroom>Configuration de la plaque d'identité (ou sous Windows, Édition>Configuration de la plaque d'identité), le logiciel affiche cette boîte de dialogue. Vous pouvez y activer la plaque d'identité qui apparaîtra dans la partie supérieure gauche de

l'interface, à la place du logo «Adobe Photoshop Lightroom» habituel. Elle affiche par défaut le nom de l'administrateur enregistré pour votre ordinateur, avec la police de caractères du système. Vous pouvez modifier cette dernière en cliquant sur la flèche du menu déroulant correspondant, de même que la taille et le style (normal, gras, italique ou italique gras) de la police, dans la limite des polices de caractères installées. J'ai ici choisi le nom de ma société, en police Helvetica.

En savoir plus sur la plaque d'identité
La plaque d'identité peut être intégrée aux réalisations des modules Diaporama, Impression et Web. Dans le module Impression, si vous cochez l'option «Utiliser une plaque d'identité avec un style texte», vous pouvez même imprimer le lettrage de la plaque sur votre tirage, quelles que soient la taille et la résolution sélectionnées pour l'impression. La plaque d'identité est enregistrée au sein du catalogue. Ainsi, si vous travaillez simultanément avec plusieurs catalogues, il sera nécessaire de réitérer la procédure ci-après pour chaque catalogue.

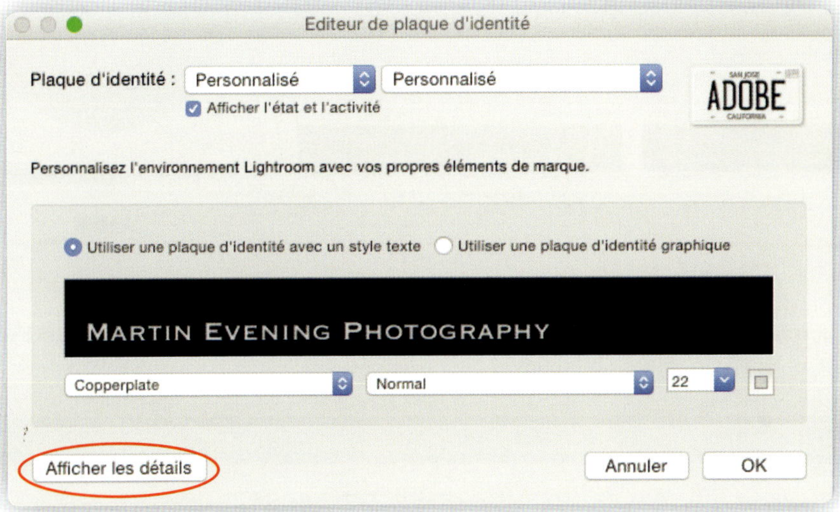

2. Après avoir configuré une plaque d'identité, n'oubliez pas d'ouvrir le menu déroulant Personnalisé pour enregistrer vos réglages en tant que modèle préenregistré (commande «Enregistrer sous»).

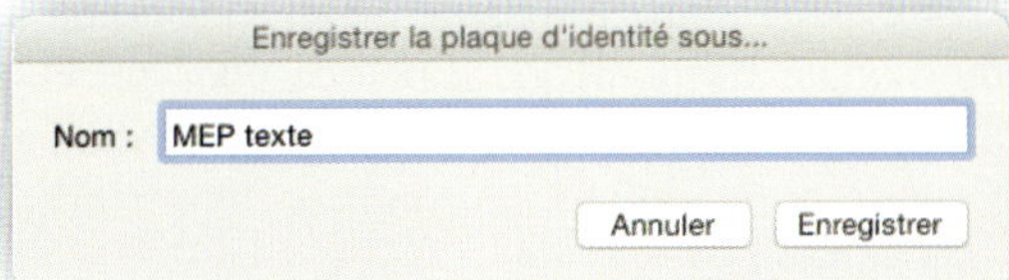

3. L'option «Utiliser une plaque d'identité graphique» permet d'ajouter un logo par un simple copier/coller ou glisser/déposer d'une image au format PDF, JPEG, GIF, PNG, TIFF ou PSD. Le logo ne doit pas dépasser une hauteur de 57 pixels mais peut contenir des pixels transparents. Toutefois, sachez qu'un logo limité en hauteur à 57 pixels ne sera pas bien visible sur la plupart des mises en page d'impression intégrant la plaque d'identité. (Notez que, pour l'instant, seule la version Mac permet l'utilisation de fichiers logos au format PSD sur la plaque d'identité.). Vous pouvez également personnaliser l'apparence des noms figurant dans le «Sélecteur de modules» : parcourez

simplement les menus pour choisir une police de caractères et définir sa taille. Si vous cliquez sur l'une des deux icônes du « Sélecteur de couleurs » (marqué ici d'un cercle rouge), vous pourrez également modifier la couleur des caractères.

4. Voici ci-dessous l'aspect du panneau supérieur, une fois personnalisés la plaque d'identité et le « Sélecteur de modules ».

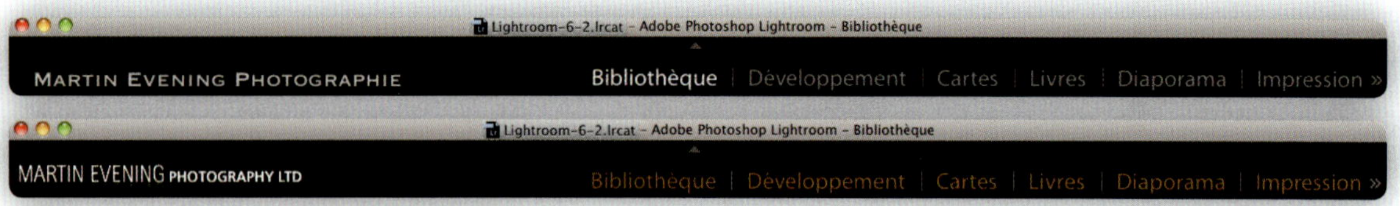

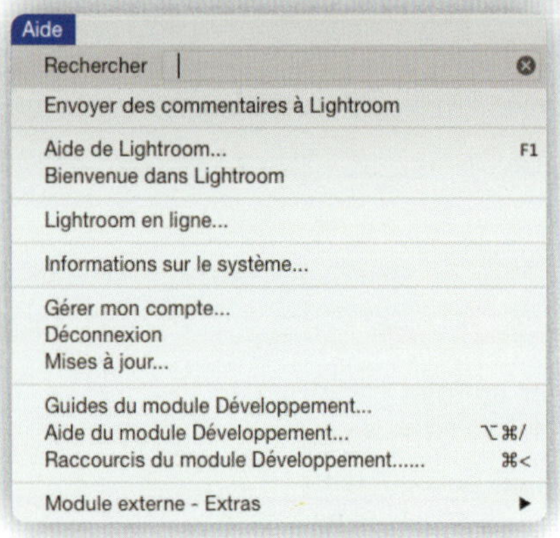

Le menu Aide est accessible depuis l'ensemble des modules. Ici, c'est celui du module Bibliothèque qui s'affiche à l'aide de la nouvelle interface communautaire, basée sur l'application Adobe AIR.

Le menu Aide

La figure ci-contre affiche le menu Aide tel qu'il se présente à partir du module Bibliothèque. Lorsque vous sélectionnez l'option Aide du module Bibliothèque, vous accédez au manuel d'utilisation de Lightroom. L'option Lightroom en ligne affiche la page web consacrée au logiciel.

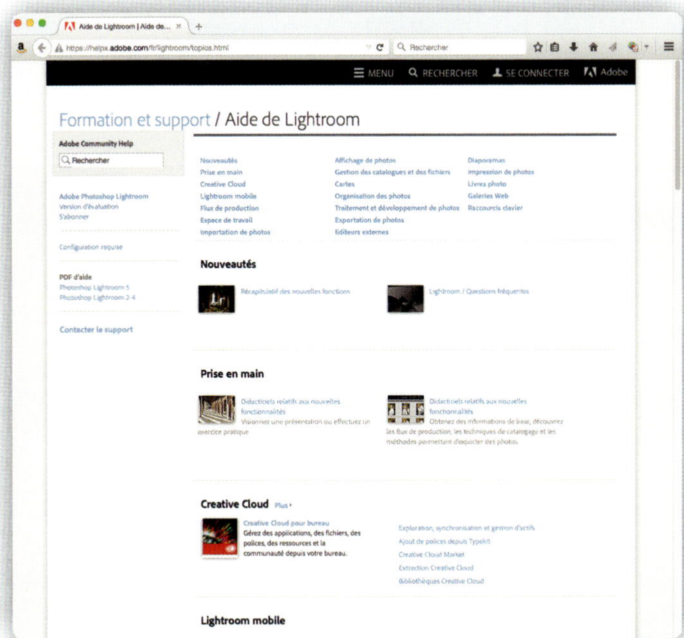

L'affichage des guides est activé par défaut à la première visite d'un module, permettant de découvrir ses principales fonctionnalités.

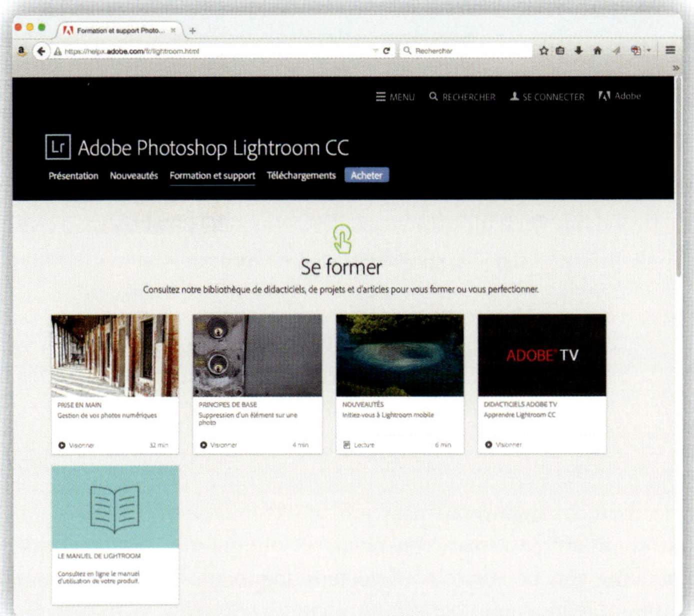

L'aide en ligne de Lightroom.

L'interface utilisateur de Lightroom

Les pages suivantes vous offrent une introduction rapide à l'interface utilisateur de Lightroom. Celle-ci possède une apparence qui ne change que de peu d'un module à un autre.

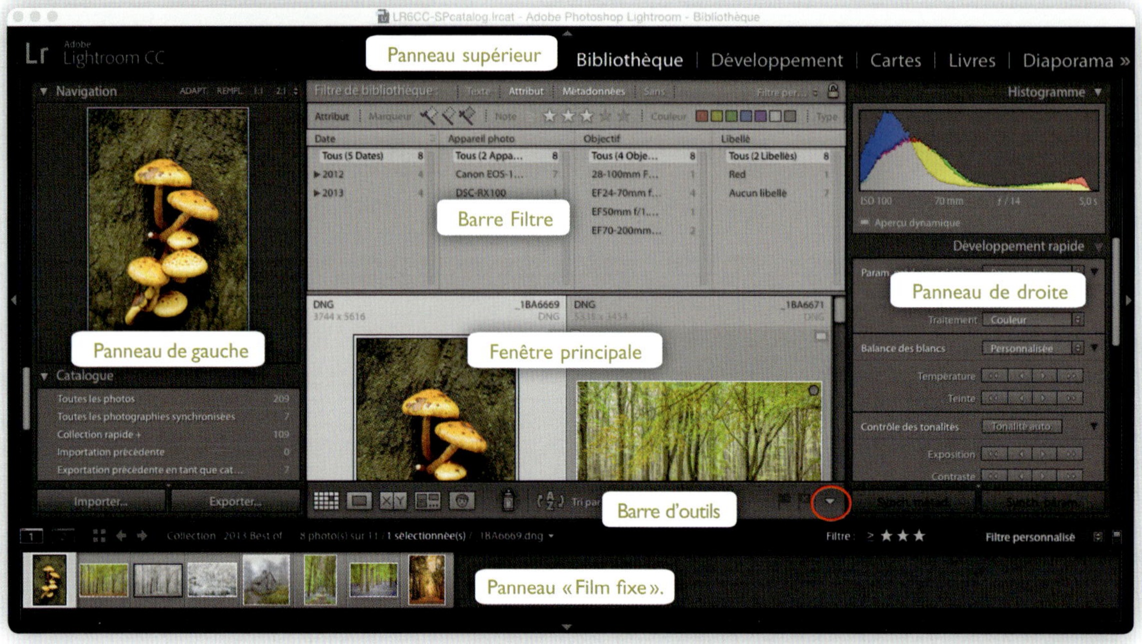

L'interface utilisateur de Lightroom 6/CC.

La barre des menus. Comme pour toute application, les commandes du menu se trouvent dans la barre située en haut de l'écran. Bien qu'elle soit cachée en mode « Plein écran », vous pouvez la rendre visible à tout instant en passant votre souris sur le bord supérieur de l'écran.

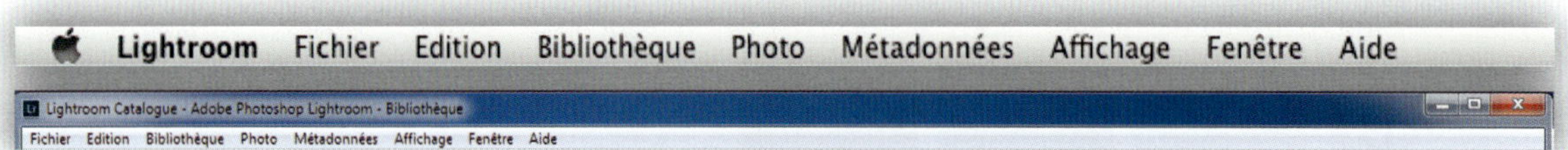

La barre des menus (pour Mac et pour Windows).

Le panneau supérieur. Sa partie supérieure gauche abrite une « plaque d'identité » où vous pouvez remplacer le logo de Lightroom par celui de votre société, votre nom, etc. Cet emplacement est configurable à partir du menu « Configuration de la plaque d'identité ». La partie supérieure gauche abrite le « Sélecteur de modules ». Comme nous l'avons déjà évoqué, les noms des modules sont très explicites : le module Bibliothèque permet de visualiser et de gérer les collections d'images, le module Développement de développer les fichiers, le module Cartes de géolocaliser des images, le module Livres de créer des livres photo, le module Diaporama de transformer des collections d'images en présentations sur écran, le module Impression de les imprimer et le module Web de générer directement des pages web à partir de Lightroom et de les envoyer sur un serveur FTP. Appuyez sur F5 pour afficher ou masquer le panneau supérieur.

Effectuez un clic droit sur l'angle supérieur droit du panneau supérieur pour choisir les modules à afficher.

La barre d'en-tête. Si vous sélectionnez un des modules de sortie (Livres, Diaporama, Impression ou Web), la barre d'en-tête vous rappelle d'enregistrer les modifications en cours sous forme de collection.

La fenêtre principale. C'est la partie la plus importante de l'interface, car c'est ici que vous pourrez travailler sur les images importées. Si vous êtes dans le module Bibliothèque en mode d'affichage Grille, les images seront présentées sous forme de vignettes. En mode Loupe, que vous soyez dans le module Bibliothèque ou dans le module Développement, elles seront affichées sur toute la surface disponible ou à leur taille réelle (1:1) ; le raccourci clavier Z permet de choisir tantôt l'un, tantôt l'autre mode d'affichage. Dans les modules Livres, Impression, Diaporama et Web, c'est une prévisualisation du résultat final qui sera affichée.

La barre Filtre. La barre de Filtre apparaît dans le module Bibliothèque en mode d'affichage Grille. Elle permet de filtrer les images selon de multiples critères de recherche basés sur la date de prise de vue, la note, le marqueur, le libellé des couleurs, et des métadonnées plus spécifiques (date, modèle de l'appareil photo, objectif, sensibilité ISO, etc.). Appuyez sur la touche $ pour afficher ou masquer la barre et sur la touche Maj pour afficher simultanément plusieurs critères de recherche.

La barre d'outils. Elle est commune à l'ensemble des modules de Lightroom. Vous y trouverez en permanence toutes les options disponibles pour chaque outil. Utilisez la touche T pour l'afficher ou la faire disparaître.

Le panneau de gauche. Utilisé principalement pour les réglages personnalisés et la gestion de fichiers, il est conçu de la même façon que le panneau de droite (empilement de cartouches, options disponibles par simple clic, etc.). Dans les modules Développement, Diaporama et Impression, il permet l'enregistrement de certains paramètres, puis un accès rapide à ces réglages préenregistrés. Par exemple, si vous travaillez sur un fichier dans le module Développement, vous pouvez enregistrer des paramètres personnalisés en tant que paramètres prédéfinis pour les appliquer ensuite à d'autres images. Dans le module Bibliothèque, le panneau de gauche endosse le rôle du panneau principal pour gérer les dossiers, les collections et les mots-clés ; il est également dédié à la recherche d'images. Cliquez sur les barres de titre des cartouches pour masquer ou afficher le cartouche correspondant, et simultanément sur Alt pour choisir entre l'affichage des options du réglage pointé ou celui du contenu de l'ensemble des réglages du panneau de droite. Par un clic droit sur les flèches des panneaux latéraux, vous affichez les options d'affichage qui leur sont dédiées. La touche Tab permet de faire apparaître ou de masquer ces panneaux latéraux.

Le panneau de droite. Il rassemble principalement les outils pour corriger une image, des informations concernant la photo en question ou bien des réglages de mise en page.

Dans le module Bibliothèque, vous trouverez dans ce panneau des réglages pour le développement rapide des fichiers, réglages que vous pourrez, si vous le souhaitez, appliquer à tout un groupe d'images. Dans le module Développement sont rassemblés des outils de correction avancés, et dans les modules Diaporama et Impression, les options de mise en page et d'export.

Tous les réglages du panneau de droite apparaissent les uns au-dessous des autres dans des cartouches. Un simple clic sur un type de réglage (Exposition, par exemple) fait apparaître toutes ses options ; en cliquant à nouveau dessus, elles disparaissent. La combinaison Alt + clic donne le choix entre l'affichage des options du réglage pointé ou celui du contenu de l'ensemble des réglages du panneau de droite. Les touches Pomme (Mac) ou Ctrl (Windows), combinées à celles du clavier numérique, ouvrent ou ferment les menus de réglages selon leur position dans l'empilement (de haut en bas) et la touche Tab ouvre ou ferme les panneaux latéraux.

Le panneau « Film fixe ». Situé tout en bas de l'écran, il contient les vignettes des images affichées dans la Bibliothèque, que vous soyez encore dans ce module ou que vous soyez passé à une autre étape du travail (développement, impression, etc.). Il met en évidence par surbrillance la ou les images sélectionnées. Vous pouvez accéder aux vignettes du « Film fixe » depuis n'importe quel module, ce qui vous permet de pointer une ou plusieurs images sans avoir à retourner dans la Bibliothèque.

Comment travailler avec cet ouvrage ?

Dans les chapitres qui suivent, nous allons explorer chaque aspect beaucoup plus en profondeur.

Lightroom a été conçu presque exclusivement pour les photographes numériques. À titre personnel, j'ai constaté que mon travail s'était considérablement allégé depuis que je l'utilisais au quotidien. Je crois aussi avoir maintenant une vision très claire de ce que les autres photographes y trouveront d'intéressant et d'enrichissant. J'ai donc structuré ce livre en suivant un flux de travail typique.

Dans le menu Aide, vous trouverez une présentation des raccourcis clavier du module que vous êtes en train d'utiliser.

En accord avec l'esprit de Lightroom, j'ai évité autant que faire se peut d'entrer trop tôt dans les mécanismes techniques du logiciel pour me concentrer sur ses points forts : gérer, éditer et imprimer des photos. Si vous voulez connaître en détail le fonctionnement du logiciel, vous pouvez vous reporter aux Annexes – par exemple, pour approfondir vos connaissances sur l'espace RVB natif de Lightroom. Vous trouverez également tout au long de cet ouvrage plusieurs passages dédiés à des sujets associés au travail dans Lightroom, comme le choix de l'emplacement idéal pour la base de données de vos images.

Raccourcis du module Bibliothèque

Raccourcis d'affichage

Echap	Revenir au mode précédent
Retour	Passer en mode Loupe ou 1:1
G	Passer en mode Grille
E	Passer en mode Loupe
C	Passer en mode Comparaison
N	Entrez le mode d'ensemble.
Commande + Retour	Passer en mode Diaporama impromptu
F	Aperçu en plein écran
Maj + F	Passer au mode d'affichage suivant
Commande + Option + F	Revenir au mode d'affichage normal
L	Alterner entre les modes d'éclairage de fond
Commande + J	Options du mode Grille
J	Alterner entre les modes de grille
$	Afficher/Masquer la barre de filtre

Raccourcis de notation

1-5 (pavé num.)	Définir la note
Win : Verr Maj + 1-5 (rangée num. sup.) Mac : Maj + 1-5 (pavé num.)	Définir les notes et passer à la photo suivante
6-9 (pavé num.)	Définir les libellés de couleur
Win : Verr Maj + 6-9 (rangée num. sup.) Mac : Maj + 6-9 (pavé num.)	Définir les libellés de couleur et passer à la photo suivante
0 (pavé num.)	Réinitialiser la note sur Sans
;	Baisser la note
:	Augmenter la note

Marquage de raccourcis

)	Afficher/Masquer l'état marqué
Commande + touche Haut	Augmenter l'état du marqueur
Commande + touche Bas	Baisser l'état du marqueur
X	Définir un marqueur de rejet
P	Définir un marqueur de retenue

Raccourcis de la collection cible

B	Ajouter à la collection cible
Commande + B	Afficher la collection cible
Commande + Maj + B	Effacer la collection rapide

Raccourcis de photos

Commande + Maj + I	Importer des photos et des vidéos
Commande + Maj + E	Exporter
Commande + Maj + ;	Rotation antihoraire
Commande + Maj + :	Rotation horaire
Commande + E	Modifier dans Photoshop
Commande + S	Enre&gistrer les métadonnées dans le fichier
Commande + -	Zoom arrière
Commande + =	Zoom avant
Z	Zoom à 100 %
Commande + G	Empiler des photos
Commande + Maj + G	Désempiler des photos
Commande + R	Faire apparaître dans le Finder
Arrière	Supprimer de la bibliothèque
F2	Renommer le fichier
Commande + Maj + C	Copier les paramètres de développement
Commande + Maj + V	Coller les paramètres de développement
Commande + touche Gauche	Photo sélectionnée précédente
Commande + touche Droite	Photo sélectionnée suivante
Commande + L	Activer/Désactiver les filtres de bibliothèque
Commande + Maj + M	Envoyer les photos sélectionnées par courrier électronique

Raccourcis de panneau

Tab	Masquer/Afficher les panneaux latéraux
Maj + Tab	Masquer/Afficher tous les panneaux
T	Afficher/Masquer la barre d'outils
Commande + F	Activer le champ de recherche
Commande + K	Activer le champ d'entrée de mot-clé
Commande + Option + touche Haut	Revenir au module précédent

Dans le menu Aide, vous trouverez une présentation très utile des raccourcis clavier du module que vous êtes en train d'utiliser (raccourci Ctrl/Cmd + <).

Canon 550D, 22 mm,
3 200 ISO, f/9, 1/60 s
© Rob Cadman 2011.

Chapitre 2
Importer des images

2

Composé essentiellement d'un logiciel de catalogage et d'un module de développement RAW, Lightroom se distingue des explorateurs de fichiers par sa base de données : avant de pouvoir commencer à gérer ses images, encore faut-il les avoir importées dans le catalogue de Lightroom. Les différences entre Lightroom et un catalogueur d'images tel que Bridge ont une implication sur votre méthode de travail : avec Bridge, il est facile d'examiner un dossier d'images, peu importe son emplacement. Si les explorateurs de fichiers sont parfaitement adaptés à la recherche de fichiers sur vos disques durs, ils exigent de vous une parfaite connaissance de l'organisation de vos dossiers et de leur contenu : affichant toutes sortes de fichiers, ils peuvent vous compliquer la tâche.

Au contraire, Lightroom n'affiche que les fichiers des images soigneusement sélectionnées à l'import et propose un processus d'importation à la fois souple, grâce à des paramètres prédéfinis dédiés à l'importation, et rapide, grâce à des temps de traitement encore plus courts sur Mac. Le chapitre présent livre toutes les clés de la maîtrise de cette première étape du flux de travail, en vous montrant comment importer des photos à partir d'une carte mémoire ou à partir d'un dossier de votre disque dur, sans pour autant les copier à nouveau; il vous explique également comment importer vos images par un simple glisser/déposer ou à partir d'un appareil reflex numérique.

La boîte de dialogue Importer

Pour importer des photos dans Lightroom, cliquez sur le bouton Importer, dans le module Bibliothèque. Lors de votre première importation d'images, Lightroom présente la boîte de dialogue Importer en mode Étendu. Ce dernier offre de nombreuses options que je vous présente ici dans un ordre logique.

La boîte de dialogue Importer en mode Étendu, avec ses panneaux dépliés.

- La barre de flux d'importation se déploie sur toute la largeur de la fenêtre. Elle affiche un résumé du flux de travail. Elle montre de gauche à droite la source, la méthode et le dossier d'importation. Utilisez cette fonction pour sélectionner la méthode d'importation : « Copier au format DNG », Copier, Déplacer ou Ajouter.
- Le panneau Source sert à sélectionner le disque dur ou le dossier à partir duquel importer les images.
- Le panneau Contenu affiche les vignettes des images à importer et offre des options pour classer les vignettes en différents groupes. Par exemple, pour afficher toutes ou

uniquement les nouvelles images ou les organiser suivant leur dossier de destination, en fonction des paramètres choisis dans le panneau Destination. Utilisez ce panneau central pour sélectionner une ou plusieurs images et les examiner en mode Loupe.

Les panneaux de droite sont utilisés pour gérer les photos importées.

- Le panneau « Gestion des fichiers » permet de définir la qualité initiale des aperçus, de choisir d'importer ou non des doublons et de créer des copies de sauvegarde des images importées.
- Le panneau « Attribution d'un nouveau nom au fichier » sert à appliquer un modèle pour renommer les images à importer.
- Le panneau « Appliquer pendant l'importation » permet d'appliquer un paramètre prédéfini de développement ou de métadonnées. Il est également possible d'ajouter des mots-clés aux images importées.
- Le panneau Destination vous permet de choisir le dossier de destination des images importées et la façon dont elles sont organisées dans le dossier de destination.
- Le menu « Paramètre prédéfini d'importation », au bas du panneau Contenu, permet d'enregistrer les paramètres de la boîte de dialogue « Importer sous forme d'un paramètre prédéfini ». Cela vous permet d'appliquer vos paramètres prédéfinis sans avoir à reconfigurer la boîte de dialogue Importer à chaque nouvelle importation d'images.
- Si vous cliquez sur la flèche en bas à gauche de l'écran, vous passez du mode Étendu au mode Simplifié. Pour aller encore plus vite, utilisez la touche Tab pour passer de l'un à l'autre. Cette interface plus simple est idéale si vous avez déjà enregistré un certain nombre de préréglages d'importation. Lorsque vous travaillez dans ce mode, tout ce que vous avez à faire est de sélectionner un paramètre d'importation approprié.

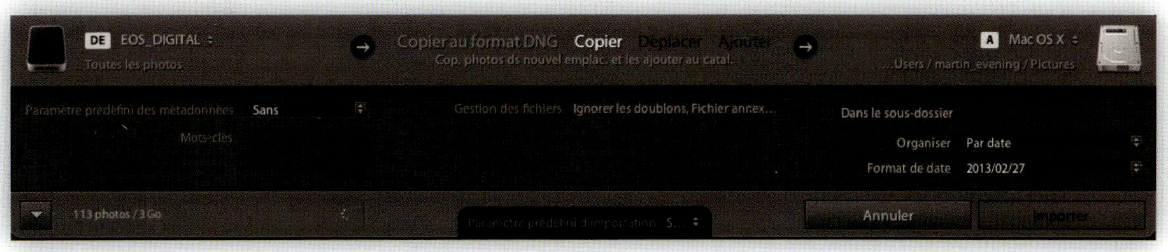

La boîte de dialogue Importer en mode Simplifié.

« Copier au format DNG », Copier, Déplacer et Ajouter

Il existe différentes manières d'importer des images et nous présentons d'abord celles applicables à l'importation depuis une carte mémoire.

- L'option « Copier au format DNG » se charge de dupliquer les images et de les convertir au format DNG. Elle offre davantage de tranquillité d'esprit. Le DNG est en effet le format brut le plus universel, et ainsi le plus approprié pour archiver vos originaux sur le long terme. Ensuite, il est le seul à autoriser la détection de fichiers corrompus (uniquement ceux pris en charge par le moteur Camera Raw…) lors de la conversion des fichiers

RAW. Dans Lighroom 6/CC, la conversion au format DNG a lieu une fois l'importation finie et à l'arrière-plan (il est donc possible d'exécuter simultanément d'autres tâches), la rendant plus attractive. L'option «Copier au format DNG» est surtout utile à l'importation de fichiers RAW depuis un disque dur. Le format DNG se distingue par son poids de fichier, plus léger que celui d'un fichier RAW de taille identique. La réduction du poids de fichier est le résultat d'une compression sans perte qui est optimisée en fonction du contenu de chaque image. De même, les données compressées sont divisées en plusieurs parties afin d'accélérer leur lecture et décompression par un processeur multicœur lors de l'ouverture d'un fichier DNG au module Développement. Si certains appareils photo enregistrent leurs données brutes directement au format DNG, il peut être intéressant d'utiliser l'option «Copier au format DNG» pour tirer parti des avantages mentionnés plus haut. Quant à la conversion des fichiers Bitmap (JPEG, TIFF, PSD, etc.) au format DNG, j'estime que cela ne présente aucun intérêt.
- L'option Copier permet de créer des duplicata de vos fichiers, de les importer dans Lightroom et de les répertorier à l'emplacement spécifié. Toutefois, comme il est rarement nécessaire de dupliquer des originaux enregistrés sur votre disque dur, cette option est surtout utile pour transférer des fichiers depuis une carte mémoire ou un disque optique (CD-Rom, DVD-Rom).

Pour importer des fichiers qui se trouvent déjà sur votre disque dur, Lightroom propose deux autres options d'importation, Déplacer et Ajouter, bien plus intéressantes que celles que nous avons présentées plus haut.

- L'option Déplacer copie les fichiers à partir du dossier source, les déplace dans le dossier cible, puis efface les dossiers et fichiers d'origine. Elle s'impose tout naturellement lorsqu'il s'agit d'importer des fichiers dans un emplacement préalablement défini, tout en vous évitant de vous retrouver avec de multiples copies sur le disque. Sachez que la duplication des fichiers nécessite un certain temps.
- La dernière option, Ajouter, est la plus couramment utilisée et aussi la plus rapide. Elle se contente de créer un lien, permettant à Lightroom de répertorier les fichiers à leur emplacement d'origine. Notez qu'elle nécessite un minimum de temps pour compléter le processus d'importation. Garder à l'esprit que Lightroom ne vous impose plus de restrictions réelles quant à l'enregistrement des images : vous pouvez les stocker là où vous le souhaitez, sur un disque local ou un disque réseau de type NAS.

Pour conclure sur cette question, je vous suggère d'utiliser soit l'option Copier pour transférer les images d'une carte mémoire, soit une des options Ajouter ou Déplacer pour importer des images à partir d'un dossier.

Importation et format DNG
Bien que le convertisseur DNG soit supposé vous avertir chaque fois qu'il échoue dans la conversion d'un fichier RAW, il ne détecte qu'un certain nombre d'anomalies. Dans certains cas très rares, des fichiers DNG ne pourront pas s'ouvrir. Notez que les fichiers de sauvegarde restent au format RAW propriétaire et ce, même si vous optez pour l'importation des copies DNG dans le catalogue. Si vous attribuez des métadonnées aux fichiers DNG, les fichiers RAW propriétaires (CR2, NEF, etc.) ne seront pas affectés.

Convertir en DNG à l'importation

Plutôt que de le faire à l'importation, je convertis mes fichiers RAW au format DNG à la fin de chaque séance photo. Comme je suis souvent très occupé, cela peut facilement me faire gagner une heure ou deux de traitement de fichiers. Pour cette conversion, j'utilise la commande Bibliothèque>Convertir la photo au format DNG à partir du module Bibliothèque.

Si la conversion au format DNG était jusque-là réservée aux seuls fichiers RAW, les nouvelles options DNG, et notamment la compression avec perte, permettent de convertir des fichiers JPEG au format DNG sans pour autant augmenter leur poids de fichier. Vous pouvez également choisir de supprimer les fichiers RAW après les avoir convertis en DNG pour ne pas vous retrouver avec deux jeux d'originaux.

Les options du menu «Création DNG» sont les mêmes que celles de l'onglet «Gestion des fichiers» des Préférences de Lightroom, sauf pour la compression avec perte – je vous conseille de lire les recommandations des pages 610 à 614 (Annexes) pour savoir comment utiliser les options évoquées. Notez qu'il est également possible d'incorporer le fichier brut original à l'intérieur du fichier DNG. Si cela permet de revenir à l'original au format brut, cela augmente aussi le poids des fichiers DNG, au moins deux fois plus important que celui des RAW originaux. Il vaut mieux laisser cette option désactivée et convertir ses fichiers au format DNG tout en supprimant les originaux.

Rafraîchir les aperçus DNG

Créé il y a quelques années, le format DNG a été adopté par de nombreux photographes comme format d'archivage pour la conservation des fichiers bruts. Malgré ses nombreux avantages, ce format souffrait de certains défauts : il ne pouvait notamment pas rafraîchir les aperçus incorporés. Ce n'était pas forcément un obstacle pour les utilisateurs de Lightroom ou de Bridge (l'aperçu étant reconstruit lors du transfert du fichier entre les logiciels ou entre deux ordinateurs), mais se révélait gênant pour les possesseurs d'un logiciel tiers pouvant lire le format DNG (Expression Media, Portfolio, etc.). Pour remédier à ce problème, vous pouvez choisir à partir du menu Métadonnées, la commande «Mettre à jour les aperçus DNG et les métadonnées» : elle applique les dernières modifications aux métadonnées, puis elle rafraîchit simultanément l'aperçu incorporé.

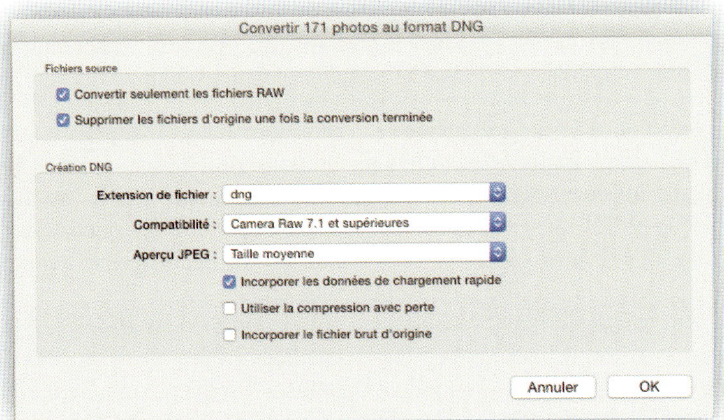

La boîte de dialogue «Convertir la photo au format DNG». Elle offre des options permettant d'accélérer le chargement des vignettes et d'appliquer une compression avec perte.

Importer les images à partir d'une carte mémoire

1. Ouvrez la boîte de dialogue Préférences de Lightroom. Les « Options d'importation » de l'onglet Général permettent de déterminer le comportement de Lightroom lors de l'insertion d'une carte mémoire. Si vous ne cochez pas l'option « Afficher la boîte de dialogue d'importation lorsqu'une carte mémoire est détectée », vous allez devoir importer vos images manuellement grâce à la commande Fichier>Importer des photos, ou via le raccourci clavier Cmd/Ctrl + Maj + I. En revanche, si vous sélectionnez l'option « Afficher la boîte de dialogue d'importation », Lightroom ouvre le menu tel que vous le voyez plus bas à l'étape 3, à chaque insertion d'une carte mémoire.

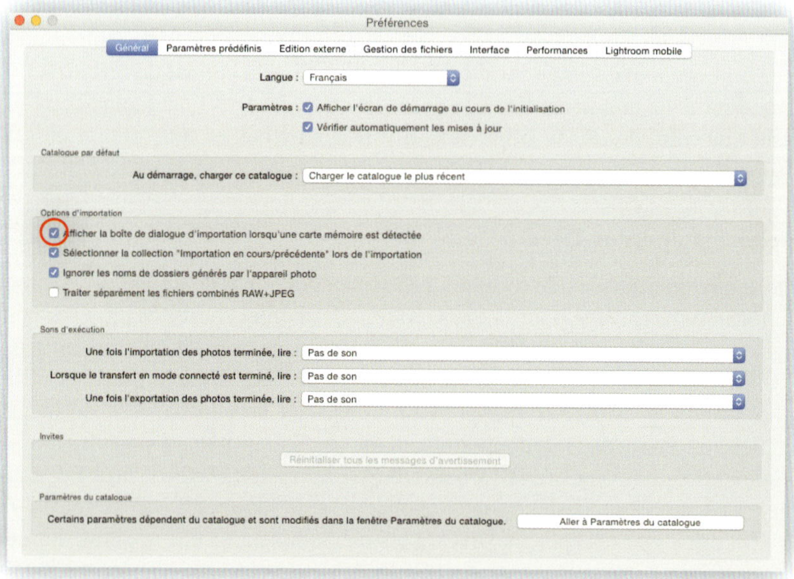

EOS_DIGITAL

2. Insérez une carte mémoire dans votre lecteur de cartes ou dans votre ordinateur afin de lancer l'importation des images dans Lightroom. L'icône de la carte mémoire s'affiche soit sur le Bureau (Mac), soit dans le Poste de travail (Windows).

3. Dès la détection d'une carte mémoire, Lightroom ouvre maintenant par défaut la boîte de dialogue « Importer des photos ». Si vous cliquez sur la petite flèche située dans l'angle inférieur gauche de la boîte de dialogue, vous passez du mode Étendu au mode Simplifié. C'est dans le mode Étendu que toutes les photos sont affichées sous forme de vignettes ; vous pourrez même opérer une sélection préliminaire des images à importer et accéder à l'ensemble des options proposées.
   Si les étapes suivantes vous exposent la simplicité du mode d'affichage Simplifié, les nombreuses options de mode Étendu sont détaillées un peu plus loin dans ce chapitre. Nous l'avons dit plus haut, lorsque vos photos se trouvent sur une carte mémoire, l'option Copier (les photos dans un nouvel emplacement et les ajouter au catalogue) s'avère être la plus rapide ; l'option « Copier au format DNG » effectue, elle, des

copies de l'ensemble des images de la carte, les convertit au format DNG, puis les enregistre dans le dossier spécifié. J'opte ici pour l'option Copier, proposée par défaut.

4. La section «A», située dans l'angle supérieur droit de la boîte de dialogue, pointe par défaut vers votre dossier Images. Cliquez sur l'option «Autre destination», du menu déroulant connexe, pour modifier l'emplacement des fichiers importés.

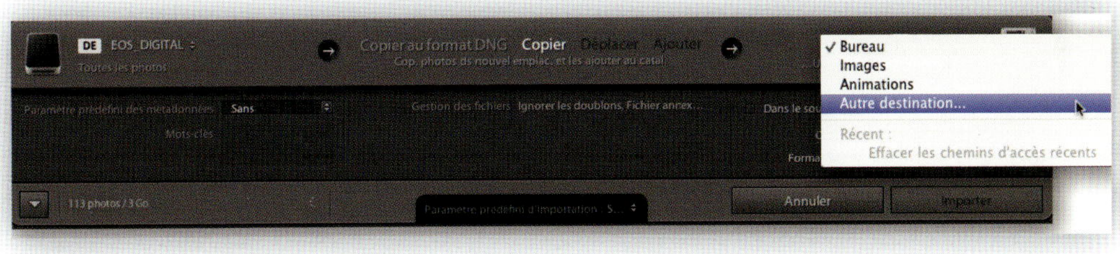

5. Lightroom enregistre les images transférées depuis une carte mémoire dans un unique dossier (option Organiser>Dans un dossier) ou dans plusieurs sous-dossiers regroupant les images selon leur date de création (Organiser>Par date). Si cette seconde option est très avantageuse pour le classement chronologique des images, elle nécessite tout de même l'attribution d'un ou de plusieurs mots-clés afin de pouvoir identifier ultérieurement les images ainsi classées.

6. Si vous préférez transférer vos images vers un seul dossier, vous pouvez cocher l'option «Dans le sous-dossier», puis remplir le champ de texte correspondant afin de créer un sous-dossier dûment libellé.

7. Le menu déroulant «Paramètre prédéfini des métadonnées» permet d'appliquer un modèle de métadonnées IPTC préalablement créé. Une fois tous les paramètres définis, cliquez sur le bouton Importer pour démarrer le transfert de vos images depuis la carte mémoire, ou sur le bouton Annuler pour quitter la boîte de dialogue «Importer des photos».

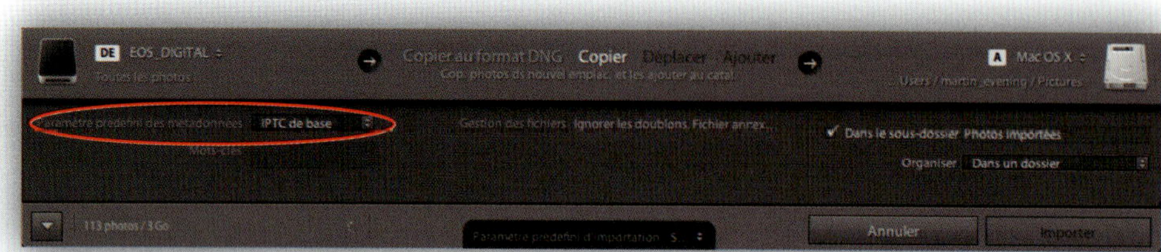

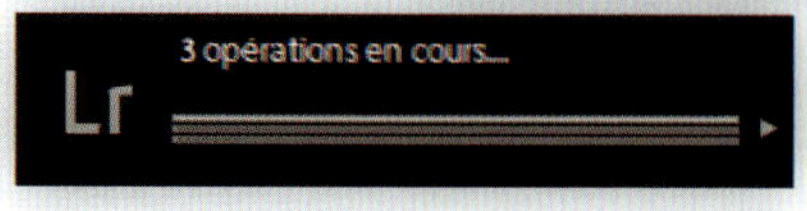

8. Une fois que vous avez configuré les options d'importation, puis cliqué sur le bouton Importer, Lightroom ajoute les fichiers de la carte à son catalogue. Les vignettes s'affichent dans la fenêtre principale du module Bibliothèque au fur et à mesure de l'avancement du transfert. Une barre d'état située en haut à gauche de l'interface utilisateur permet de suivre le déroulement de l'opération. Dans la plupart des cas, deux opérations ont lieu simultanément : l'importation des fichiers et la génération des aperçus. La barre d'état se transforme alors en barre d'état groupée, permettant de consulter séparément la progression de chaque processus à l'aide de la petite flèche.

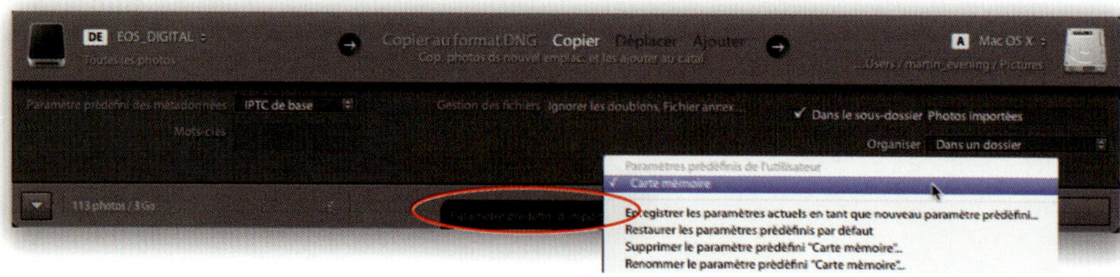

9. Bien que l'importation des images à partir d'une carte mémoire soit rarement source de problèmes, il est rassurant de savoir que l'option «Copier au format DNG» comprend une vérification automatique des fichiers importés. Le logiciel vous avertit ainsi de la présence d'éventuels fichiers corrompus qu'il ne convertit alors pas au format DNG.
Éjectez votre carte mémoire dès que vous avez réussi à importer toutes les photos et après en avoir sauvegardé une copie sur un second disque (si vous en possédez un). Personnellement, je préfère supprimer tous les fichiers de la carte avant de l'éjecter de son lecteur; si vous faites comme moi, vous serez toujours certain d'avoir transmis toutes vos photos. En outre, je vous conseille de reformater la carte (dans l'appareil!) à chaque réinsertion dans le boîtier, et ce avant d'entamer d'autres prises de vue.

Cette stratégie diminue très largement le risque de corruption des fichiers fraîchement enregistrés sur la carte.

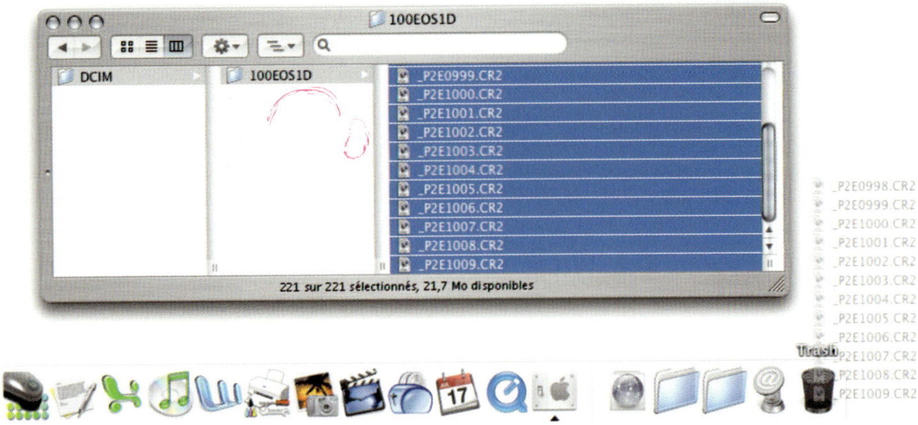

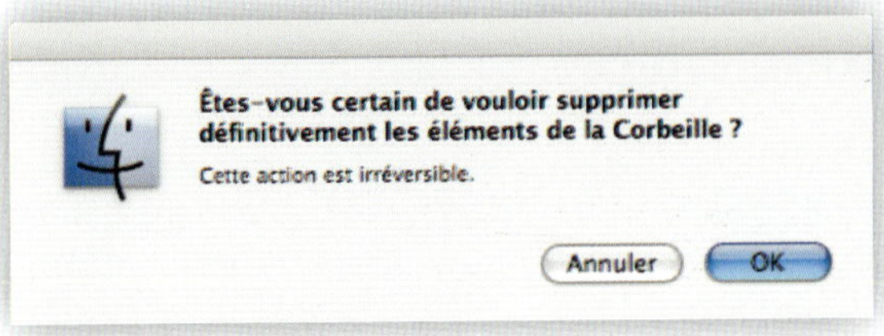

Note

L'onglet Général de la boîte de dialogue Préférences comporte une option permettant de définir le dossier d'images qui sera affiché pendant l'importation d'images : en cochant l'option « Sélectionner la collection Importation en cours/précédente lors de l'importation » du menu « Options d'importations » (sélectionnée par défaut), le module Bibliothèque affiche une des collections « Importation précédente » ou « Importation en cours ». En décochant l'option en question, vous pouvez continuer à traiter les images d'un dossier pendant l'importation d'un autre.

Le centre d'activité

En lieu et place de la barre d'état, Lightroom arbore désormais un centre d'activité qui s'affiche en cliquant sur la plaque d'identité ou sur l'icône en forme de flèche descendante, située dans la partie gauche du panneau supérieur.

À la première ouverture, le centre d'activité affiche une série de conseils qui précisent le rôle des différentes fonctions.

- La fonction « Synchroniser avec Lightroom mobile » active ou désactive la synchronisation des collections de Lightroom avec celles de Lightroom mobile.

- La fonction « Recherche d'adresses » active ou désactive l'analyse des métadonnées GPS servant au remplissage automatique des champs IPTC relatifs à l'emplacement.

- La fonction « Détection des visages » permet de contrôler le processus d'indexation qui est exécuté à l'arrière-plan lorsque vous effectuez une recherche de visages. Il s'agit d'un processus assez gourmand en ressources et sa mise en pause permet de libérer des ressources du processeur ou de la place sur le disque dur pour les consacrer à d'autres tâches. Sa désactivation est utile à tous ceux ne souhaitant pas utiliser la détection de visages.

- Le centre d'activité fait également état de différentes opérations telles que la copie et l'importation de photos. Par défaut, la synchronisation entre Lightroom et Lightroom mobile est le seul processus qui s'affiche directement via la plaque d'identité. Les autres processus ne révèlent leur existence qu'en passant par le centre d'activité.

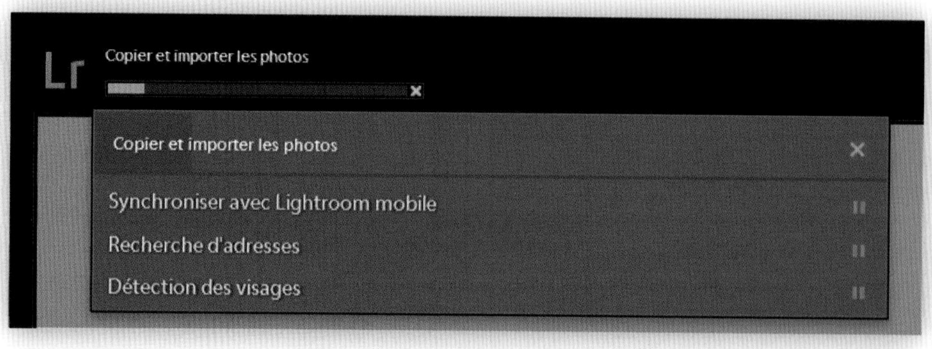

- Après l'importation d'une série de photos, le centre d'activité montre des processus annexes tels que la recherche des aperçus initiaux, la construction de l'index de recherche et la conversion au format DNG (voir la figure suivante). Si vous observez attentivement la barre d'état, vous pouvez distinguer autant de barres individuelles qu'il y a de processus en cours d'exécution. En plus des processus évoqués, le centre d'activité montre également la progression d'opérations telles que les fusions HDR et panoramique. En cliquant sur les icônes en forme de « X », vous pouvez arrêter les opérations en cours.

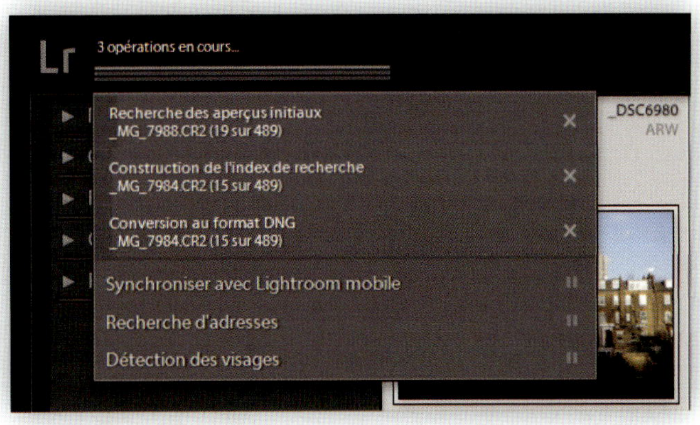

Synchronisation avec Lightroom mobile
À chaque ouverture d'un catalogue, Lightroom vous propose de synchroniser celui-ci. La synchronisation est activée par défaut et vous ne pouvez synchroniser qu'un catalogue à la fois. Gardez à l'esprit que la synchronisation ne concerne que les collections pour lesquelles vous avez préalablement autorisé le partage du contenu avec Lightroom mobile. Lorsque la synchronisation est active, vous pouvez vous servir des commandes du centre d'activité pour interrompre le processus. Lorsque celui-ci est en pause, la synchronisation reprend une fois le partage réactivé. Si vous interrompez la synchronisation sans avoir précédemment désigné les collections à mutualiser, le processus de synchronisation cessera pour une durée indéfinie, comme si vous n'aviez jamais activé le partage des collections (mode arrêt). Si vous effacez le contenu synchronisé en mode « pause » (option « Supprimer toutes les données » de l'onglet Lightroom mobile des Préférences), vous retournez automatiquement en mode « arrêt ».

Le panneau Source

La vocation première du panneau Source est de vous permettre de trouver et choisir les images à importer. Dès que vous insérez dans votre lecteur une carte mémoire, elle est automatiquement détectée et sélectionnée en tant que source de transfert. Le menu Périphériques affiche alors tous les périphériques détectés, y compris les appareils photo et téléphones portables connectés. Normalement, Lightroom n'est pas capable d'importer simultanément les images provenant de plusieurs lecteurs de carte, toutefois, si votre ordinateur considère les cartes mémoire comme des volumes séparés et si elles s'affichent sous Dossiers plutôt que sous Périphériques, vous pouvez importer les fichiers en une seule fois. L'option « Éjecter après l'importation » permet d'éjecter automatiquement la carte mémoire une fois le transfert terminé.

Si vous sélectionnez l'une des options « Copier au format DNG », Copier, Déplacer ou Ajouter pour importer des images dans le catalogue Lightroom, le panneau Source remplit le rôle d'un explorateur de fichiers, affichant l'arborescence des dossiers et fichiers de vos différents disques durs et ce, même lorsque les dossiers en question ne contiennent aucune image à afficher dans le panneau de contenu (à noter que le panneau Destination se comporte de la même façon). Il est ainsi facile d'explorer rapidement le contenu de vos disques durs.

1. Pour sélectionner des fichiers à importer à partir de la section Fichiers du panneau Source, cliquez sur un des en-têtes de volume pour afficher les dossiers du disque dur.

2. Cliquez sur les flèches à gauche de chaque dossier pour développer l'arborescence des dossiers et révéler le contenu des sous-dossiers.

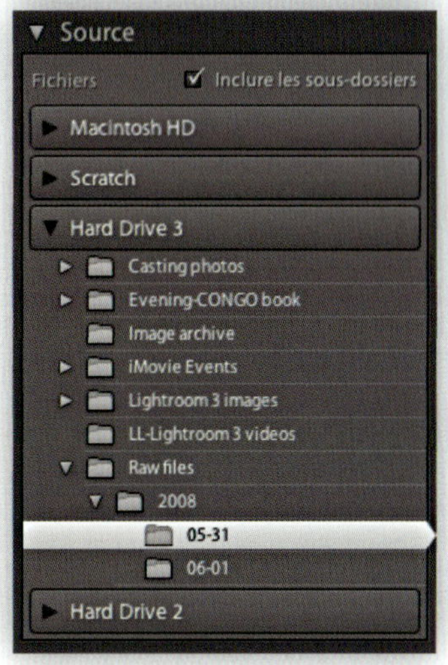

Deux scénarios pour le panneau Source : l'importation des fichiers depuis une carte mémoire (en haut) et depuis un disque dur (en bas).

En double-cliquant sur un des dossiers organisés par date du panneau Source, il est possible de simplifier l'arborescence des dossiers.

3. Si votre dossier comprend de nombreux sous-dossiers, imbriqués à l'intérieur d'autres dossiers, vous pouvez double-cliquer sur le dossier en question pour révéler une hiérarchie plus compacte qui n'affiche que les sous-dossiers appartenant à la hiérarchie de ce dossier et qui cache tous les autres. Ainsi, si vous double-cliquez sur un dossier parent, le panneau Source ne révèle que les dossiers qui appartiennent au répertoire dans lequel est situé le dossier parent.

Cette méthode, consistant à « amarrer » les dossiers, peut sembler déroutante à première vue, car les dossiers se comportent de manière complètement inattendue. Mais il suffit de consacrer un peu de temps à vous familiariser avec cette méthode de navigation pour en découvrir les avantages. Notez qu'il est possible de choisir l'option « Amarrer au dossier parent » du menu contextuel pour l'appliquer à un dossier précis.

Le panneau Contenu

Lorsque vous sélectionnez un dossier dans le panneau Source, le panneau Contenu en affiche les sous-dossiers et fichiers. Notez que Lightroom n'affiche que les fichiers images et vidéo pris en charge. En sélectionnant l'option « Inclure les sous-dossiers », accessible depuis le haut du panneau Source, vous afficherez les images et vidéos des différents sous-dossiers.

Pour choisir les images à importer, vous pouvez utiliser l'un des boutons « Tout sélectionner » ou « Tout désélectionner ». Cliquez sur les boutons situés dans l'angle supérieur gauche de chaque cellule afin d'inclure ou exclure les images à importer individuellement. Les touches P et U de votre clavier permettent une sélection ou désélection encore plus rapide des images à importer, et la touche Maj permet d'avancer automatiquement à l'image suivante.

En mode Grille, il suffit de sélectionner une vignette, puis d'appuyer sur la barre d'espace de votre clavier pour ajouter l'image correspondante à la sélection ou l'en soustraire. Les images désélectionnées s'affichent sous la forme d'une vignette obscurcie.

Pour sélectionner une série d'images contiguës, cliquez d'abord sur la première, puis sur la dernière des images à inclure, tout en maintenant la pression sur la touche Maj. Pour sélectionner plusieurs images non contiguës, utilisez la touche Cmd (Mac) ou Ctrl (Windows). Il suffit ensuite de cocher ou de décocher une seule des images pour toutes les soustraire ou les ajouter à la sélection.

Les options du menu « Tri par » de la barre d'outils permettent de trier les images selon différents critères : « Date et heure de la capture », « Nom du fichier » et « État de vérification ». Le curseur Vignette, situé dans l'angle droit de la même barre d'outils, réduit ou augmente la taille d'affichage des vignettes. Le panneau Contenu propose également un mode Loupe qui affiche une seule image sélectionnée. Le curseur Vignette se transforme alors en curseur Zoom permettant de l'afficher tantôt intégralement (mode Adapter), tantôt en remplissant la fenêtre suivant sa dimension la plus réduite (mode Remplir), tantôt avec différents facteurs d'agrandissement (mode « Loupe agrandie »).

En cochant dans le panneau « Gestion des fichiers » l'option « Ne pas importer les éventuels doublons », Lightroom effectue une recherche parmi les fichiers du catalogue pour ne pas importer une nouvelle fois des images qui seraient déjà présentes. Pour cela, il analyse le nom du fichier, l'heure et la date de prise de vue dans les métadonnées EXIF et le poids du fichier.

Vous pouvez enfin choisir entre les modes d'affichage « Toutes les photos », « Nouvelles photos » et « Dossiers de destination ». Si « Toutes les photos » affiche l'ensemble des fichiers à importer dans le panneau principal, « Dossiers de destination » sépare les fichiers selon les options d'organisation du panneau Destination. Ainsi, Lightroom les organise soit dans un seul dossier, soit dans différents dossiers, suivant la date de prise de vue ou le dossier d'origine des images. Quant au mode d'affichage « Nouvelles photos », il permet de ne pas afficher les doublons.

La barre d'outils de la boîte de dialogue « Importer des photos » en mode Grille (haut) et en mode Loupe (bas)

Le message « Aucune photo trouvée » et le bouton « Inclure les sous-dossiers ».

Options d'organisation

L'organisation des images dépend de l'option sélectionnée dans la barre située au-dessus du panneau Contenu.

- L'option « Toutes les photos » affiche l'ensemble des images.
- L'option « Nouvelles photos » cache les images qui existent déjà à l'intérieur du catalogue.
- L'option « Dossiers de destination » s'appuie sur les paramètres que vous avez sélectionnés dans le panneau Destination pour organiser les images affichées dans le panneau Contenu.
- L'option « Dans un dossier » affiche l'ensemble des images.
- L'option « Par dossiers d'origine » sépare les images en plusieurs groupes qui correspondent aux sous-dossiers du dossier source.
- L'option Organiser>Par date organise les images selon leur date de prise de vue.

Prise en charge des écrans HDPI

La boîte de dialogue Importer affiche les aperçus en tenant compte de la résolution plus élevée des écrans HDPI, à savoir les écrans Retina équipant les ordinateurs portables MacBook et certains écrans équipant des ordinateurs portables PC récents.

Les images sont organisées selon leurs dossiers de destination et l'organisation de ces derniers reproduit celle des dossiers d'origine (option « Par dossiers d'origine »).

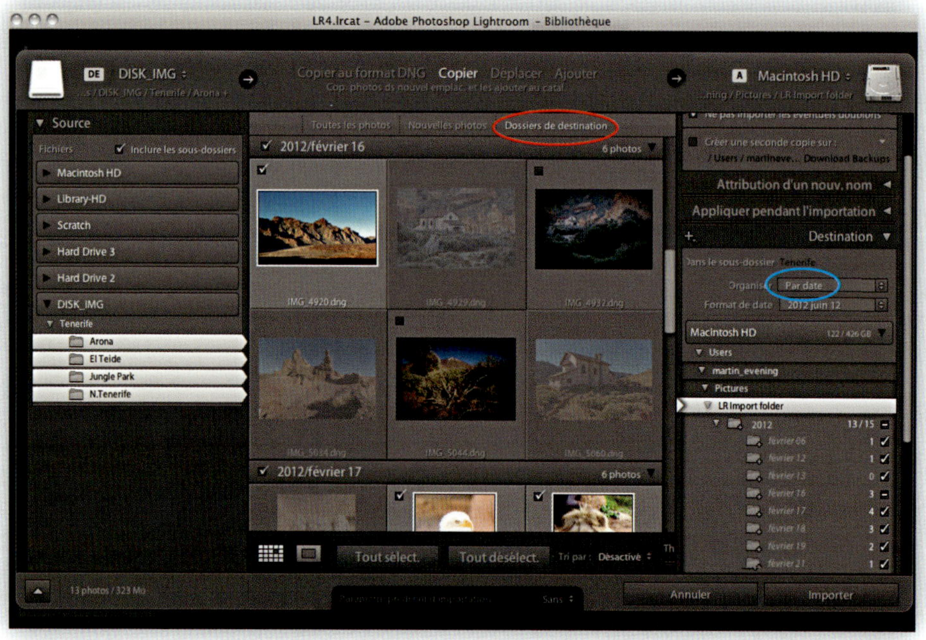

Ici, les images sont organisées selon leurs dossiers de destination et l'organisation de ces derniers est basée sur la date de prise de vue (option « Par date »). Notez que la date des dossiers de destination s'affiche en italique pour indiquer que ces dossiers n'existent pas encore. Les nombres représentent les images qui seront placées dans les dossiers.

Le panneau « Gestion des fichiers »

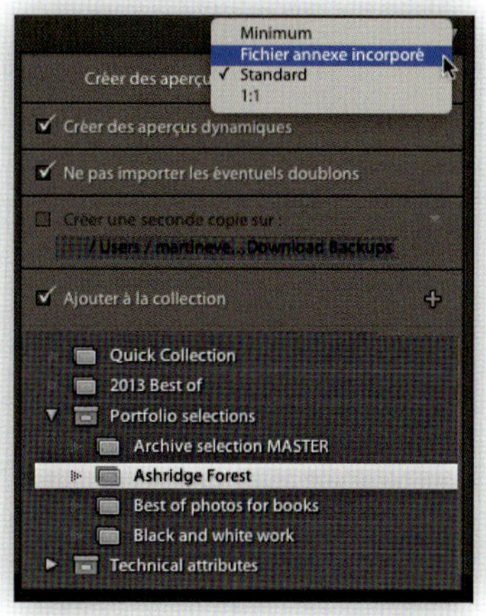

Les options du panneau « Gestion des fichiers » et celles consacrées à la génération des aperçus.

Le menu « Rendu des aperçus » du panneau « Gestion des fichiers » contrôle la génération des aperçus.

- L'option par défaut, Minimum, donne la priorité à l'importation des fichiers et ne dédie aucune ressource logicielle à la création des aperçus.
- L'option « Fichier annexe incorporé » utilise les aperçus incorporés aux originaux. Si elle accélère l'importation des photos, leurs aperçus incorporés ne vous offrent qu'un rendu assez approximatif des couleurs et des tonalités. Il est toujours possible de générer des aperçus Standard (Bibliothèque>Aperçus>Rendu des aperçus de taille standard) ou 1:1 (Bibliothèque>Aperçus>Rendu des aperçus 1:1) a posteriori, une fois les fichiers importés dans le catalogue. Cependant, la génération des aperçus d'excellente qualité demande souvent qu'on lui consacre beaucoup de temps. Bien heureusement, Lightroom privilégie toujours l'importation des fichiers avant de procéder à la création des aperçus.
- Des quatre options proposées, « Fichier annexe incorporé » est sans doute la plus utile. Bien que les aperçus incorporés ne soient pas toujours proches des aperçus Standard en termes de couleurs et de tonalités, ils constituent tout de même la manière la plus rapide de visualiser ses fichiers fraîchement importés.
- L'option « Créer des aperçus dynamiques » crée des versions allégées au format DNG et les enregistre au sein du fichier Smart Previews. lrdata, à l'intérieur du dossier de catalogue (consultez la page 74 pour en apprendre davantage).
- Dans Lightroom 6/CC, il est possible d'ajouter les images importées à une collection, permettant de les synchroniser avec Lightroom mobile.
- Lightroom est capable d'importer tous les fichiers RAW pris en charge, en plus de la plupart des fichiers Bitmap aux formats TIFF, JPEG, PNG et PSD et en modes RVB, Lab, CMJN et Niveaux de gris. Si la profondeur d'échantillonnage (8 ou 16 bits par couche) n'est pas importante pour les fichiers Bitmap, il est indispensable dans Photoshop d'enregistrer les fichiers PSD en activant l'option « Maximiser la compatibilité des fichiers PSD et PSB » du volet « Gestion des fichiers » des Préférences (voir la figure page suivante). Ainsi, Lightroom pourra lire les fichiers PSD comportant plusieurs calques. Toutefois, le logiciel restreint les dimensions maximales des fichiers à 65 000 pixels pour la cote la plus longue. Notez que Lightroom 5 autorise la correction des fichiers CMJN importés dans le module Développement. Toutefois, ce n'est pas pour autant recommandé, car les corrections sont effectuées après la conversion les couleurs en mode RVB. Bref, contentez-vous de gérer ces fichiers dans le module Bibliothèque, mais tenez-les éloignés des outils du module Développement. Quant aux fichiers vidéo (et notamment ceux provenant d'appareils photo numériques), ils sont également gérés par Lightroom. Référez-vous à la page 51 pour en savoir davantage.

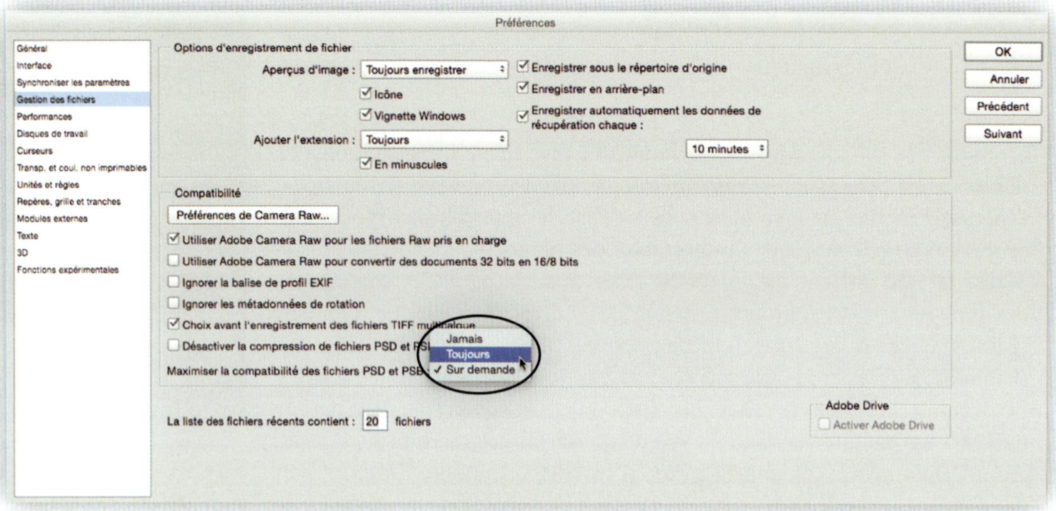

L'option «Maximiser la compatibilité des fichiers PSD et PSB» du volet «Gestion des fichiers» des Préférences de Photoshop CC.

- Il arrive parfois que Lightroom ne parvienne pas à importer certains fichiers non pris en charge ou déjà existants dans le catalogue (si vous avez coché l'option «Ne pas importer les éventuels doublons»). Le logiciel affiche alors un rapport répertoriant les fichiers non importés. Pour cela, plusieurs raisons sont possibles : un mode couleur non pris en charge (par exemple, le mode «Couleurs indexées»), des dimensions de fichier trop importantes (supérieures à 65 000 pixels pour la largeur), un fichier corrompu ou la présence des photos au sein du catalogue.

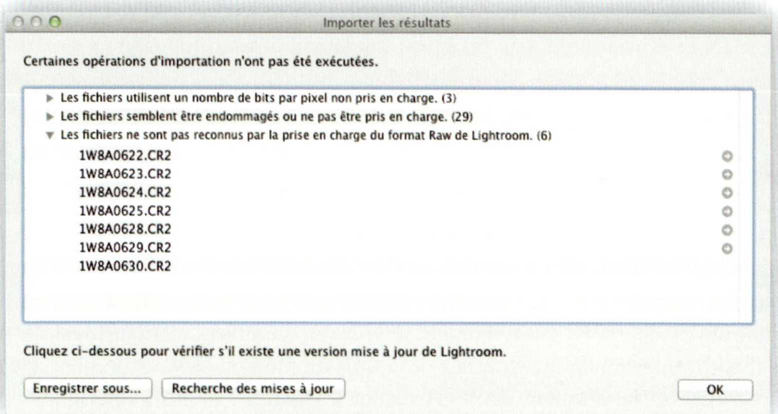

Si Lightroom ne parvient pas à importer certains fichiers, le logiciel affiche ce message d'avertissement répertoriant les fichiers impossibles à intégrer au catalogue ainsi que les critères de refus.

Enregistrer une copie de sauvegarde

Afin d'effectuer une copie de sauvegarde des fichiers importés, validez simplement l'option « Créer une seconde copie sur », puis spécifiez le dossier via le menu déroulant (commande « Sélectionner un dossier »). Étant donné qu'il est impossible d'anticiper une défaillance du disque dur principal, cette option est particulièrement recommandée pour importer des images depuis une carte mémoire. Notez que vous pouvez plus tard remplacer cette sauvegarde initiale (qui ne comporte ni métadonnées IPTC, ni paramètres de développement) par une autre, enrichie de toutes vos modifications appliquées dans Lightroom.

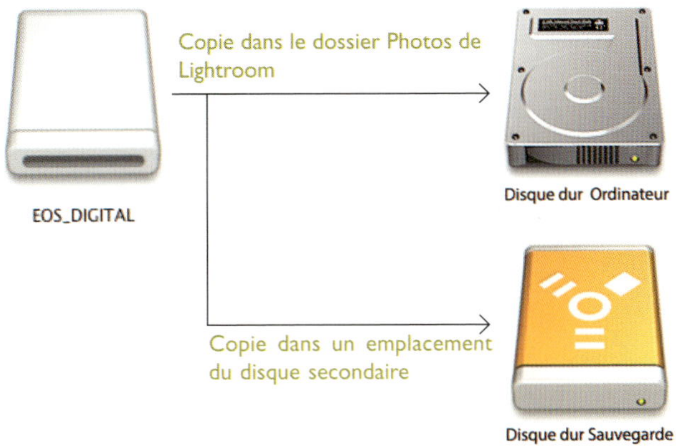

La procédure de sauvegarde par défaut de Lightroom. Elle vous permet d'attribuer un dossier de sauvegarde secondaire accueillant un second jeu d'images à l'importation.

RAW+JPEG

Si vous travaillez simultanément en RAW+JPEG et si vous n'activez pas l'option « Traiter séparément les fichiers combinés RAW+JPEG » dans l'onglet Général des Préférences de Lightroom, seuls les fichiers RAW s'affichent dans Lightroom. Pour importer les fichiers JPEG, il suffit d'activer l'option « Traiter séparément les fichiers combinés RAW+JPEG », de sélectionner le dossier d'images dont vous souhaitez importer les JPEG, puis de choisir la commande Bibliothèque>Synchroniser le dossier ou la commande homonyme du menu contextuel.

Le panneau « Attribution d'un nouveau nom au fichier »

Pour réussir à gérer et à suivre vos images, le renommage des fichiers s'avère d'une importance capitale. Vous devez

Limites pour la gestion des fichiers

La vocation première de Lightroom est de cataloguer et développer des fichiers RAW, même si le logiciel se prête parfaitement à la correction des fichiers JPEG et TIFF. Il est possible d'importer des images en mode Niveaux de gris, CMJN et Lab et vous pouvez les afficher et ajuster dans Lightroom. Cependant, je vous conseille de ne pas utiliser le module Développement de Lightroom : d'une part, le logiciel effectue toujours une conversion interne vers le mode RVB et d'autre part, les fichiers exportés sont toujours convertis dans ce même mode couleur. Bref, contentez-vous de gérer les images dans le module Bibliothèque et confiez leur ajustement à Photoshop.

De nombreux reflex numériques sont à même de saisir des séquences vidéo et Lightroom vous permet de les importer, visualiser, gérer et ajuster. Si on peut reprocher à Lightroom de s'éloigner de sa conception initiale de logiciel de flux de production photographique, cette évolution est tout à fait cohérente, puisque de nombreux photographes bénéficient des fonctions vidéo de leurs boîtiers.

Rappelons que, pour importer et utiliser un fichier PSD multicouche dans Lightroom, le fichier doit être enregistré dans Photoshop avec la préférence « Maximiser la compatibilité des fichiers PSD et PSB ». Enfin, gardez à l'esprit que Lightroom n'importe que des fichiers dont la largeur ou hauteur est inférieure à 65 000 pixels.

Si vous décochez « Traiter séparément les fichiers combinés RAW+JPEG », Lightroom copie les fichiers RAW et les JPEG associés au sein du dossier de destination, mais n'affiche que les fichiers RAW. Les vignettes concernées portent la mention « CR2+JPEG » ou « NEF+JPEG » pour signaler la présence des fichiers JPEG.

envisager cette opération dès l'importation des fichiers, même s'il est toujours possible de l'entreprendre plus tard grâce à la commande Bibliothèque>Renommer les photos (voir section suivante).

Le menu déroulant Modèle propose plusieurs modèles prêts à l'emploi. Si, par exemple, vous sélectionnez le modèle «Nom personnalisé – Séquence», vous devez entrer un nom dans le champ «Texte personnalisé» : les fichiers importés seront renommés grâce à ce texte et à un numéro séquentiel (la numérotation débute au numéro que vous entrez dans le champ «Numéro de début»). Le nom du fichier affiché sous Échantillon vous donnera un aperçu de la dénomination finale.

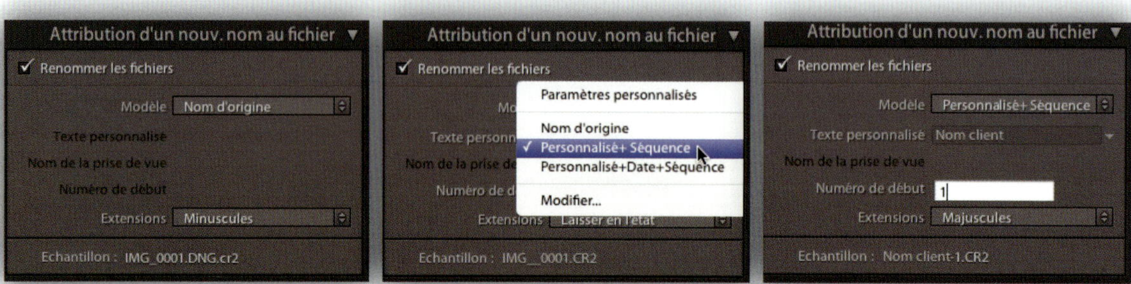

La liste des modèles préenregistrés comprend le modèle créé à partir des réglages présentés à la figure suivante. Le modèle «Nom personnalisé (x sur y)» numérote les fichiers importés en utilisant un numéro incrémentiel (x) suivi du nombre total d'images (y). Le modèle «Nom personnalisé – Numéro de fiche d'origine» préserve et utilise le numéro d'origine attribué par votre appareil photo.

En sélectionnant l'option Modifier, vous ouvrez la boîte de dialogue «Éditeur de modèles de nom de fichier». Elle permet de créer et d'enregistrer un modèle personnalisé pour renommer les fichiers. Les modèles utilisent des «marques» (descripteurs) comme la date, un numéro de séquence ou d'importation.

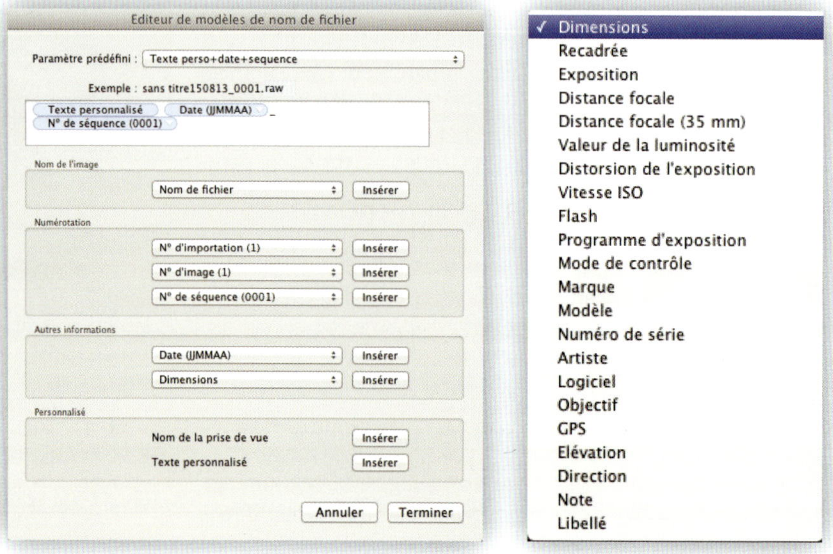

L'éditeur de modèles de nom de fichier et la liste des options de nommage supplémentaires.

Pour notre exemple, j'ai cliqué sur le bouton Insérer, à droite du champ « Texte personnalisé », afin d'introduire une marque de texte au début du modèle personnalisé. J'ai ajouté par la suite une marque pour la date dans la section « Autres informations », puis un numéro séquentiel à quatre chiffres dans la section Numérotation. J'ai ensuite enregistré le modèle (« Enregistrer en tant que nouveau paramètre prédéfini ») afin de l'ajouter à la liste des paramètres prédéfinis.

Renommer les fichiers a posteriori

Une fois vos images importées dans Lightroom, vous pouvez les renommer à tout moment. À partir du module Bibliothèque, vous pouvez choisir une série d'images (dans la Grille ou à partir du panneau « Film fixe »), puis la renommer à l'aide de la commande Bibliothèque>Renommer les photos (raccourci F2).

Dans la boîte de dialogue Renommer, vous pouvez ensuite appliquer ou créer un modèle de nom (menu « Dénomination de fichier »), insérer du texte personnalisé dans le champ « Texte personnalisé » et définir le numéro avec lequel débute la série d'images (« Numéro de début »).

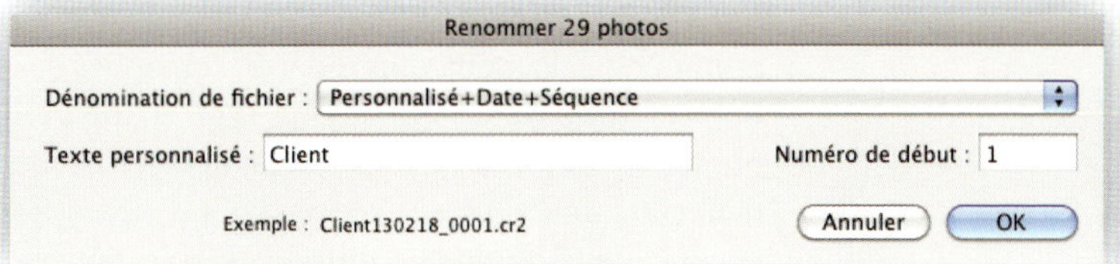

La boîte de dialogue « Renommer les photos ».

Lorsque vous sélectionnez l'option Modifier à partir du menu déroulant « Dénomination de fichier », vous ouvrez la boîte de dialogue « Éditeur de modèles de nom de fichier » qui vous permettra de créer vos propres modèles, de les modifier ou de les supprimer.

Ajouter des informations pendant l'importation

Lorsque vous copiez de nouvelles images dans le catalogue, vous pouvez leur ajouter des paramètres de développement et des métadonnées. La section « Appliquer pendant l'importation », de la boîte de dialogue « Importer des photos », permet, via son menu « Paramètres de développement », de sélectionner un jeu d'instructions de traitement préenregistrées pour l'appliquer par la suite à une série de photos à importer.

Remarque
Lors de l'importation initiale de vos images, vous pouvez choisir une numérotation à partir du chiffre 1. Toutefois, lorsque vous importez en plusieurs fois les images d'une séance de prises de vue, il est préférable que le premier numéro d'une importation suive le dernier numéro de l'importation précédente. Lightroom vous assiste en réajustant automatiquement le premier numéro séquentiel lorsque vous ajoutez des images à un dossier existant.
D'aucuns prônent l'utilisation du numéro automatiquement attribué par l'appareil. Les fichiers importés avec le numéro d'origine disposent alors d'une identification plus variée qu'en numérotation séquentielle : au lieu de numéroter vos images de 1 à 500, par exemple, vous pourrez aller de 1 à 9999. Mais une recherche par le seul critère du numéro séquentiel se fera sur un nombre d'images plus restreint, et sera donc plus rapide (le nombre d'images portant un même numéro séquentiel étant réduit).

Les différentes options pour intégrer la date au sein du nom de fichier.

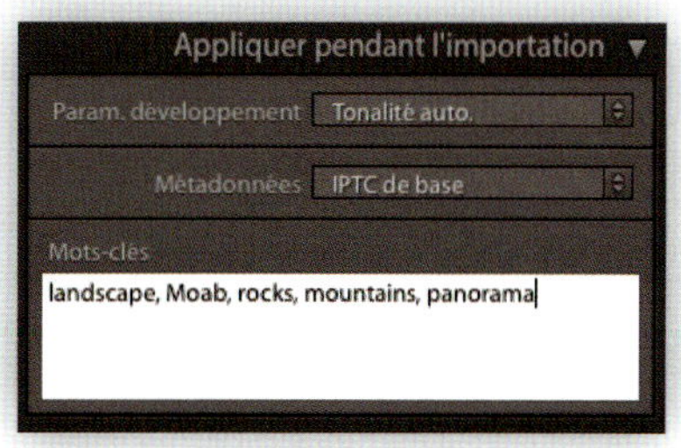

Le panneau « Appliquer pendant l'importation ».

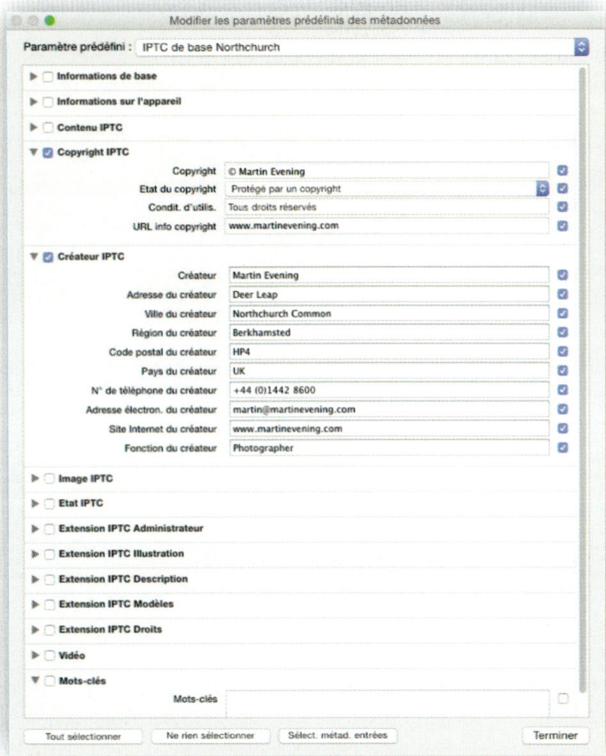

Ces champs d'informations sont conformes au standard IPTC. Ce dernier est reconnu par la majorité des intervenants du monde de la photo.

Ces paramètres comprennent tous les réglages enregistrés via le panneau « Paramètres prédéfinis » du module Développement, permettant ainsi d'appliquer les mêmes réglages (« Balance des blancs », « Courbes personnalisées », etc.) à tous les fichiers en provenance d'un même boîtier – ce qui est très pratique lors d'une prise de vue à distance. Dans l'exemple présent, j'ai choisi d'appliquer le paramètre prédéfini « Création-Tonalité automatique » afin d'appliquer une correction automatique à l'ensemble des images importées.

Définir un système cohérent pour nommer vos dossiers et vos fichiers constitue un bon début, mais avec l'augmentation de votre stock d'images, vous apprécierez l'aide des mots-clés et autres métadonnées pour localiser vos photos.

Le module Bibliothèque offre de nombreuses stratégies pour rechercher une ou plusieurs images. Le « Filtre de bibliothèque », pour n'en nommer qu'un, peut vous aider à rechercher des fichiers à l'aide de critères de type « Appareil photo », « Objectif » ou « Type de fichier ». Bien que cette méthode de recherche ne nécessite aucune intervention de l'utilisateur, vous pouvez choisir l'option Nouveau, dans le menu Métadonnées de la boîte de dialogue « Importer des photos », afin d'ajouter des métadonnées à tous les fichiers importés.

Remplissez simplement les champs de texte de la boîte de dialogue « Nouveau paramètre prédéfini de métadonnées ». Ces paramètres sont très utiles pour ajouter des informations communes à toutes vos images, par exemple vos nom et adresse ainsi qu'une mention de copyright. La section Mots-clés sert à ajouter des informations spécifiques à la prise de vue, comme le lieu ou un terme général qui définit les images à importer (le nom de votre client, de votre mannequin, de la campagne de publicité, etc.). Notez que les métadonnées ajoutées à ce stade sont également appliquées à tous les fichiers dérivés, c'est-à-dire aux copies (réelles et virtuelles) et aux fichiers exportés au format JPEG, TIFF ou PSD.

Le panneau Destination

Après avoir défini le dossier source et la méthode d'importation, il vous appartient de déterminer la destination et l'organisation des images à l'intérieur du catalogue. Le panneau Destination comporte ses propres options pouvant même être utilisées pour modifier les réglages de la barre d'outils supérieure (menu déroulant « A »).

À l'instar du panneau Source, le panneau Destination offre les fonctions d'un explorateur de fichiers. Il existe trois méthodes pour organiser les images importées.

Le panneau Destination. Les en-têtes de dossiers de ce panneau indiquent, pour chacun des supports de stockage, la capacité de stockage disponible et la capacité totale.

- Personnellement, je préfère les regrouper en un seul dossier (option « Dans un dossier ») : quelle que soit l'arborescence des dossiers sur la carte mémoire, elles seront ainsi toutes rassemblées au même endroit. Si vous cochez l'option « Placer dans un sous-dossier », vous pouvez créer un nouveau dossier à l'intérieur du répertoire défini ; tous les fichiers iront dans ce sous-dossier. Ainsi, vous pouvez choisir dans un premier temps le sous-dossier Images de votre dossier Utilisateur. En sélectionnant d'abord l'option « Dans un dossier », puis l'option « Dans le sous-dossier », il est possible de créer et de nommer un nouveau sous-dossier (ici le dossier « Images/LR Import Folder »).
- Il est également possible d'organiser les fichiers selon leurs dossiers d'origine (option « Par dossiers d'origine » pour ainsi conserver la hiérarchie des dossiers sources).
- Si vous sélectionnez l'option « Par date », Lightroom répartira les fichiers en autant de dossiers que de dates différentes de prises de vue. Cette organisation permet d'importer des fichiers d'une manière sélective. Le menu déroulant « Format par date » propose alors différentes méthodes pour nommer les sous-dossiers. Si vous avez de nombreux fichiers à importer, Lightroom affiche une boîte de dialogue indiquant que le logiciel est en train d'extraire les données de date des métadonnées EXIF.

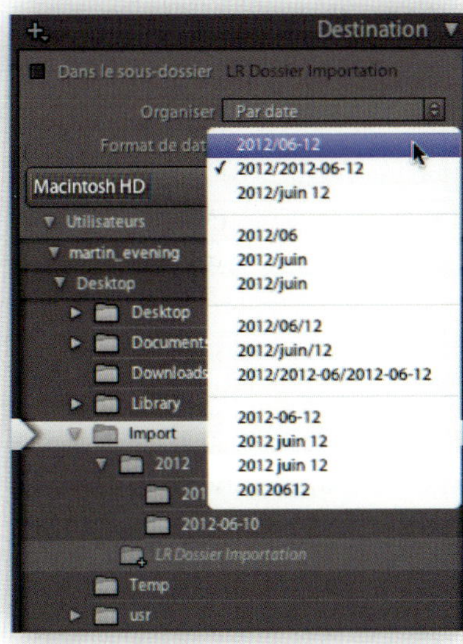

Le panneau Destination affiche ici les options pour organiser les sous-dossiers selon la date de prise de vue des images.

Organiser les images importées

Pour l'importation des images, Lightroom ne vous impose aucune limite pour le choix du dossier d'enregistrement, la seule restriction concerne le fichier du catalogue. Celui-ci ne peut pas être stocké sur un disque de réseau (NAS) puisque le logiciel vous interdit le partage de fichiers avec d'autres utilisateurs d'un réseau. J'aborderai l'organisation des fichiers à l'intérieur du catalogue plus en détail dans le prochain chapitre. Pour l'instant, je me contente de vous présenter cinq approches différentes pour l'organisation des dossiers et fichiers, dont certaines permettent de rendre votre flux de production à la fois plus simple et plus fluide.

- L'approche la plus courante consiste à importer et organiser les images de manière aléatoire et incohérente. Bien évidemment, il ne s'agit pas d'une méthode à privilégier, bien au contraire. Faites toujours en sorte que les fichiers importés soient organisés au sein d'une arborescence de dossiers nommés en appliquant un système cohérent.
- Si vous travaillez régulièrement pour des clients, vous pouvez importer vos photos dans des dossiers portant le nom du client ainsi que la date. À titre personnel, je privilégie cette organisation pour mes séances de prises de vue en studio.

Une fois que vous avez coché l'option « Dans le sous-dossier », Lightroom vous demande d'indiquer le nom du sous-dossier dans le champ prévu à cet effet (« Saisir un nom »).

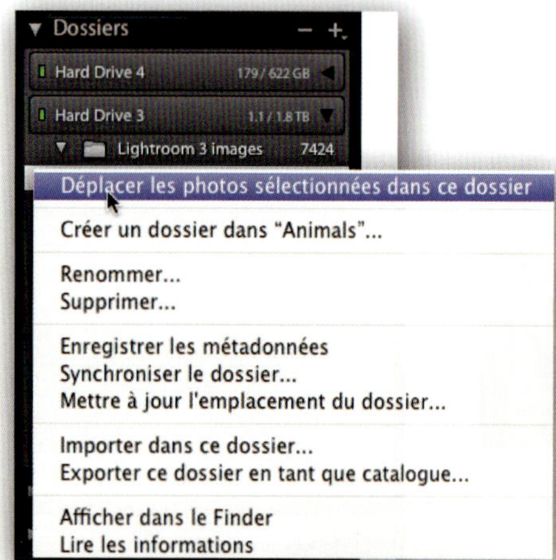

Le menu contextuel du panneau Dossiers affichant l'option « Déplacer les photos sélectionnées dans ce dossier ».

Ainsi, pour organiser les images d'une séance de prise de vue, commandée par mon client Clipso et ayant eu lieu le 12 janvier 2013, j'ai créé le dossier « Clipso_120113 ».

- Il est également possible d'organiser les images en fonction du lieu de prise de vue. Ainsi, les images prises dans la capitale italienne sont enregistrées à l'intérieur du dossier « Rome », lui-même un sous-dossier des dossiers « Italie » et « Europe ». Cette stratégie fonctionne aussi longtemps qu'il existe une cohérence entre les images importées et la hiérarchie de dossiers. Notez que lorsque vous utilisez l'option d'organisation « Dans un dossier », vous pouvez utiliser l'arborescence de dossiers pour localiser le dossier de destination et cocher l'option « Dans le sous-dossier » pour spécifier un sous-dossier particulier.
- Une autre méthode consiste à organiser les images par leur date de prise de vue. Cette méthode est surtout efficace si vous utilisez des métadonnées et des mots-clés pour cataloguer vos images.
- Quel que soit le système d'organisation utilisé, il est nécessaire de prendre en compte sa capacité à évoluer au fil des années. Au lieu de se préoccuper dès l'importation des fichiers de leur organisation, vous pouvez adopter une cinquième méthode qui repose sur une série de dossiers de flux de production dans lesquels les images sont reparties en attendant leur organisation à long terme. Cette méthode est plutôt avantageuse. Au lieu de déterminer très tôt leur dossier de destination finale, vous pouvez importer toutes les images dans un dossier provisoire. À titre personnel, j'utilise un ordinateur portable pour stocker les images lors de mes déplacements. C'est un « lieu temporaire », en attendant que je puisse transférer les images dans leur dossier d'archivage final. N'hésitez pas à créer un paramètre prédéfini que vous appliquerez à chaque nouvelle importation de fichiers. Il vous aidera à standardiser le processus d'importation.
- Pour importer des images dans un dossier préexistant, vous pouvez sélectionner celui-ci manuellement dans la boîte de dialogue Importer. Il existe une manière encore plus simple : sélectionnez le dossier dans le panneau Dossiers du module Bibliothèque, effectuez un clic droit (ou cliquez tout en appuyant sur la touche Ctrl avec une souris Mac), puis sélectionnez l'option « Déplacer les photos sélectionnées dans ce dossier » à partir du menu contextuel. Vous ouvrez ainsi la boîte de dialogue Importer, tout en présélectionnant le dossier de destination.

Le menu « Paramètre prédéfini d'importation »

Jusqu'ici, j'ai consacré de nombreuses pages au paramétrage des différentes options et aux différentes manières d'importer ses photos. Voilà enfin une bonne nouvelle : vous pouvez enregistrer les paramètres les plus couramment utilisés en tant que jeu de paramètres prédéfinis. Il suffit de choisir l'option « Enregistrer les paramètres actuels en tant que nouveau paramètre prédéfini » à partir du menu déroulant « Paramètre prédéfini d'importation », situé en bas de la boîte de dialogue Importer. Ainsi, dans le cas où vous utiliseriez toujours le même dossier pour accueillir les images importées et une configuration particulière pour organiser et nommer les fichiers ou pour appliquer des métadonnées spécifiques, vous pourriez conserver ces paramètres en vue d'une réutilisation.

Où stocker les images importées?
Si vous ne possédez pas de serveur RAID (*Redundant Array of Independent Disks*, technologie visant à optimiser l'accès aux données et leur sécurité en regroupant plusieurs disques physiques en une seule unité), solution onéreuse mais qui offre une capacité de stockage très élevée, il n'est guère probable que vous puissiez stocker tous les fichiers de votre catalogue sur un seul disque dur. Ma propre configuration de travail comprend deux gros disques durs : le premier est utilisé pour enregistrer les images importées à partir de la carte mémoire, le second sert à stocker tous les fichiers dérivés, c'est-à-dire les fichiers retouchés, enregistrés au format PSD ou TIFF. Cette organisation me permet de bien séparer les fichiers dérivés des fichiers bruts. Bien que leur organisation ne soit pas importante, je préfère stocker tous les fichiers relatifs à Lightroom sur ces disques durs au lieu de les conserver sur le disque interne abritant le système d'exploitation. Ainsi, il sera plus facile d'accéder à ces fichiers depuis un autre ordinateur.

L'enregistrement d'un tel paramètre prédéfini est même utile lorsque vous ne réutilisez qu'une partie des paramètres, car il est souvent plus rapide de modifier un paramètre existant que de redéfinir de nouveaux paramètres pour chaque nouvelle importation. Procéder ainsi présente un autre avantage pratique : grâce aux paramètres prédéfinis, il n'est souvent plus nécessaire de passer en mode Étendu, et le mode Simplifié s'avère plus facile pour importer vos images.

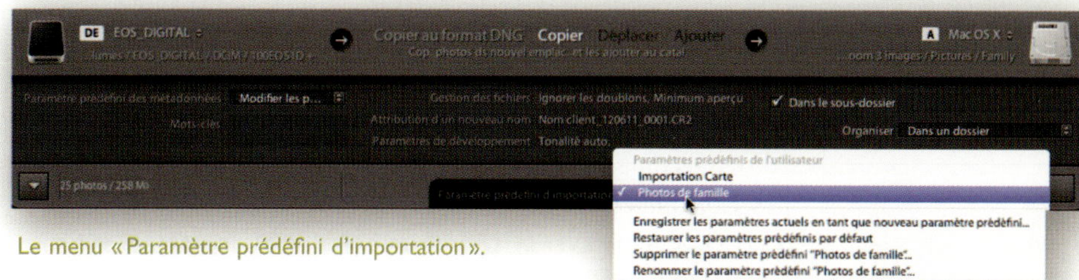

Le menu « Paramètre prédéfini d'importation ».

Importer des fichiers vidéo

Lightroom permet de gérer les fichiers vidéo provenant de votre appareil photo côte à côte avec vos fichiers images. Une fois importées dans le catalogue, les séquences vidéo se distinguent des images de la Grille par une icône en forme de caméscope qui affiche également la durée de la séquence. En cliquant sur cette icône, vous ouvrez le fichier vidéo directement dans le module Bibliothèque en mode Loupe pour le visualiser, pour l'éditer et pour appliquer un certain nombre d'ajustements.

La grille d'un fichier vidéo.

Exemple d'une importation à partir d'une carte mémoire qui comporte plusieurs fichiers vidéo.

Importer des photos à partir d'un dossier du disque dur

La boîte de dialogue « Importer des photos » propose différentes options pour importer des images à partir des dossiers déjà présents sur votre disque dur. Vous choisirez le plus souvent l'option Ajouter, solution la plus pratique et la plus rapide. L'option Copier s'avère utile si vous souhaitez effectuer une copie de sauvegarde des fichiers d'origine pendant que vous importez les fichiers. La troisième option, Déplacer, peut être employée pour déplacer des fichiers d'un emplacement temporaire (un disque dur externe, par exemple) vers un nouvel emplacement, tout en supprimant les fichiers d'origine.

Quand vous créez votre bibliothèque d'images de toutes pièces, l'option Ajouter est la plus utile. Après avoir installé Lightroom, vous pouvez ainsi ajouter à votre bibliothèque des fichiers qui se trouvent déjà sur votre disque dur, sans avoir à les copier. L'organisation desdits fichiers sur le disque est sans importance.

1. Ici, j'ai cliqué sur le bouton Importer du module Bibliothèque afin d'ouvrir la boîte de dialogue Importer. Après avoir sélectionné dans le panneau Source le dossier « 8 juin 2011 », j'ai choisi l'option Ajouter. Cette option étant sélectionnée, seuls les panneaux « Gestion des fichiers » et « Appliquer pendant l'importation » restent accessibles.

Notez qu'il faut obligatoirement cocher l'option « Inclure les sous-dossiers » pour que les images dans les sous-dossiers de votre dossier source soient importées.

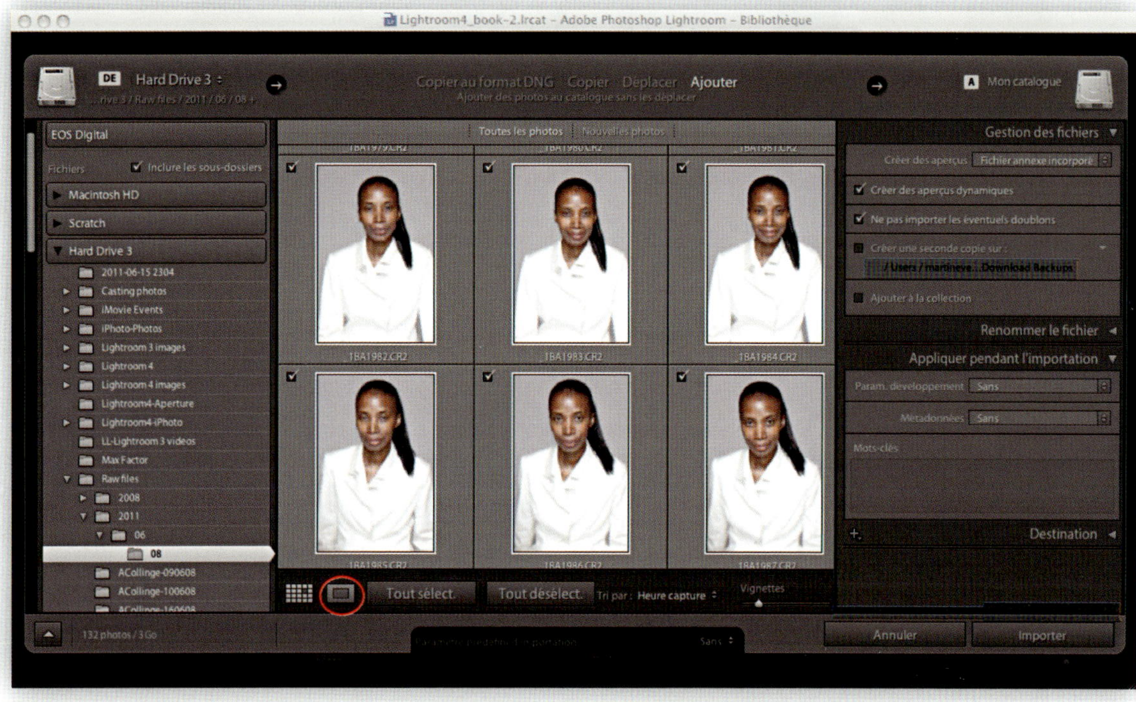

2. Avant de procéder à l'importation des fichiers, j'ai décidé d'enregistrer les paramètres d'importation de l'étape précédente sous la forme d'un paramètre prédéfini. Dans le panneau « Gestion des fichiers », j'ai choisi les options « Fichier annexe incorporé » et « Ne pas importer les éventuels doublons » ; dans le panneau « Appliquer pendant l'importation », j'ai préféré ne pas appliquer de métadonnées et paramètres de développement afin de ne pas écraser les informations existantes.

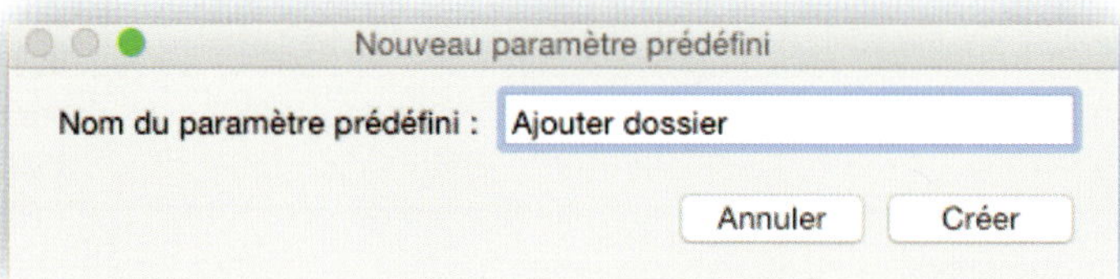

3. Pour finir, j'ai cliqué sur le bouton Importer afin d'ajouter les photos au catalogue Lightroom. Le dossier « 8 juin 2011 » en fait désormais partie (voir capture d'écran à la page suivante).

Importer des images par glisser/déposer

Dans les premières éditions de cet ouvrage, plusieurs pages traitaient de l'importation des images depuis Bridge via l'ajout d'un raccourci dans les Favoris de Bridge. Depuis, Lightroom possède son propre explorateur de fichiers et il n'est donc plus nécessaire de passer par Bridge pour choisir les fichiers à importer. L'importation d'images dans le catalogue de Lightroom peut toujours se faire par un simple glisser/déposer à partir d'une carte mémoire, d'un explorateur de fichiers (Finder, Explorateur Windows, Bridge, etc.) ou d'un dossier de votre disque dur. Cette méthode entraîne l'ouverture de la boîte de dialogue « Importer des photos » qui vous permet de déterminer comment et où vos images seront intégrées.

1. Ouvrez le Finder (Mac) ou l'Explorateur (Windows), sélectionnez les fichiers à importer, puis faites-les glisser sur le panneau Contenu.

2. Le dossier d'images étant automatiquement identifié comme dossier source, vous pouvez ensuite décider de la manière dont vos fichiers seront importés (par déplacement, par copie, etc.). Ici, j'ai souhaité copier les photos vers le dossier « Lightroom 6 Images/Europe/UK », situé sur mon ordinateur principal.

3. Une fois l'importation terminée, les fichiers se situent dans une série de dossiers.

Étape 1

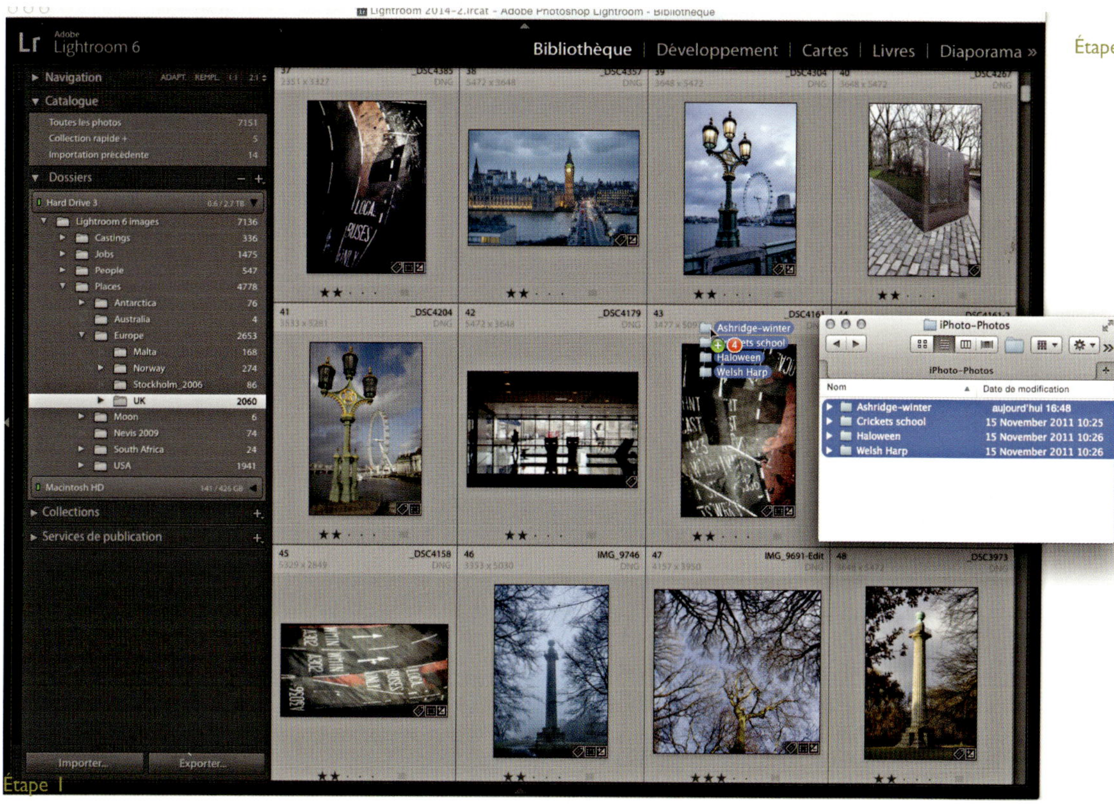

Étape 1

Étape 2

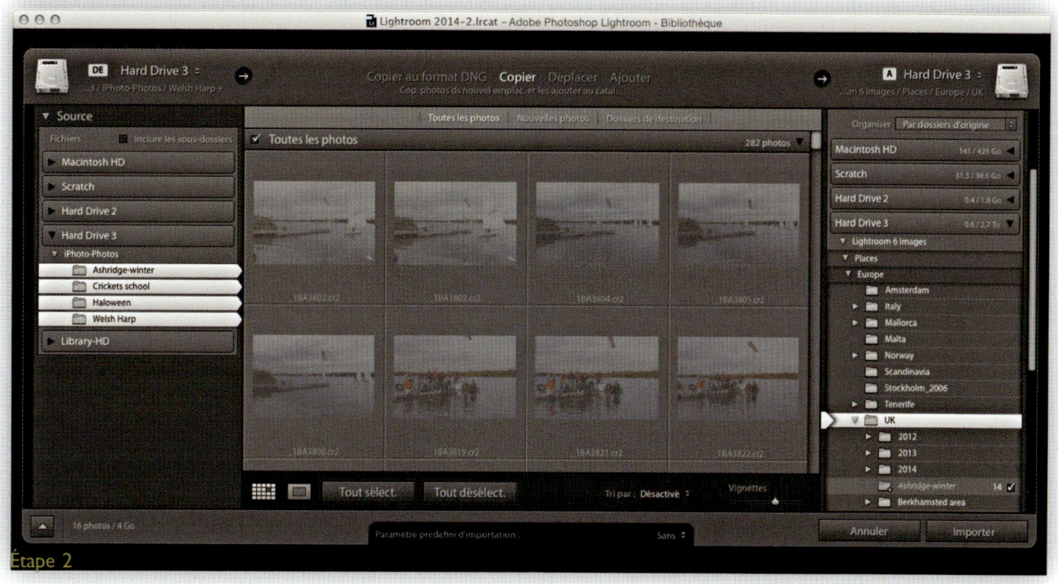

Étape 2

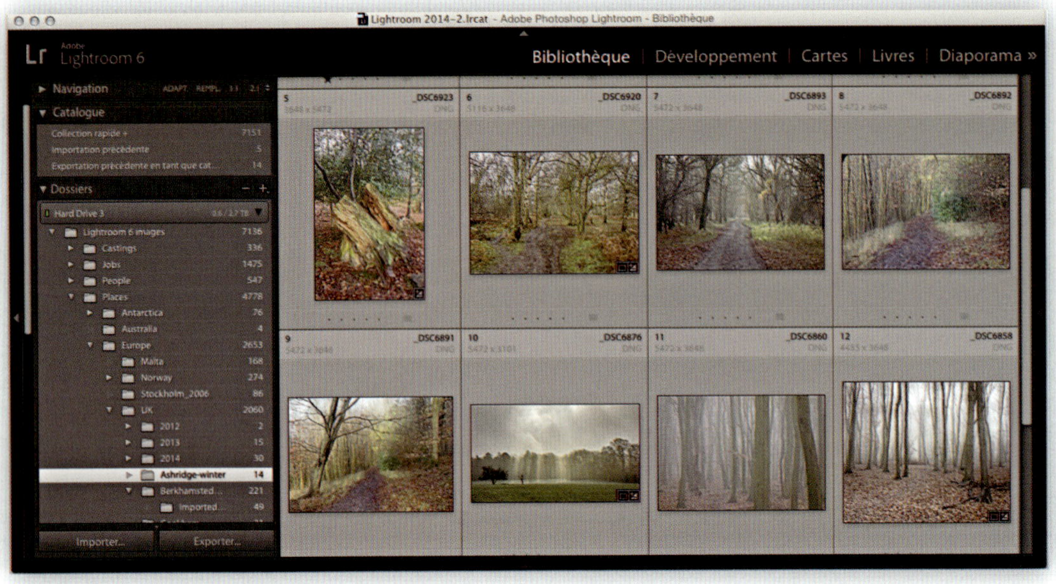

Étape 3

Importer des images à partir d'un catalogue tiers

Lightroom intègre désormais un utilitaire d'importation permettant de récupérer les images d'une photothèque Aperture ou iPhoto. L'utilitaire en question étant déjà pré-installé dans Lightroom CC et Lightroom 6, vous le trouverez à partir du sous-menu « Module externe-Extras » du menu Fichier.

1. Voici une image affichée dans Aperture. Je lui ai attribué une note de deux étoiles et un libellé de couleur orange.

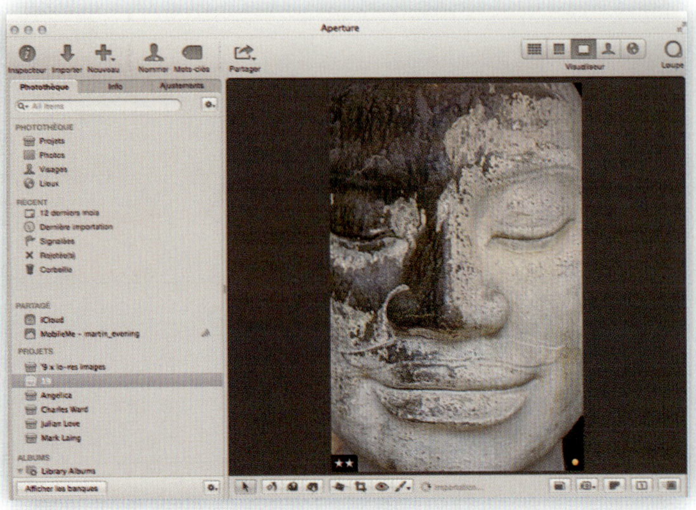

2. Après avoir quitté Aperture, j'ai sélectionné, dans Lightroom, la commande Fichier>Module externe-Extras>Importer depuis une bibliothèque Aperture. Pour une photothèque iPhoto (à partir iPhoto 9.5.1), sélectionnez la commande « Importer depuis la bibliothèque iPhoto » à partir du même menu. Dans la boîte de dialogue « Importer depuis Aperture », j'ai cliqué dans la section « Aperture bibliothèque » sur Sélectionner afin de choisir la photothèque Aperture répertoriant l'image de l'étape précédente. De la même manière, j'ai spécifié le dossier de destination dans la section « Copier les images/vidéos vers ». En cliquant sur Importer, j'ai lancé le processus d'importation.

3. Une fois l'importation des fichiers terminée, Lightroom affiche une boîte de dialogue récapitulant les opérations effectuées. En cas d'erreur, le logiciel affiche un message détaillant les problèmes rencontrés.

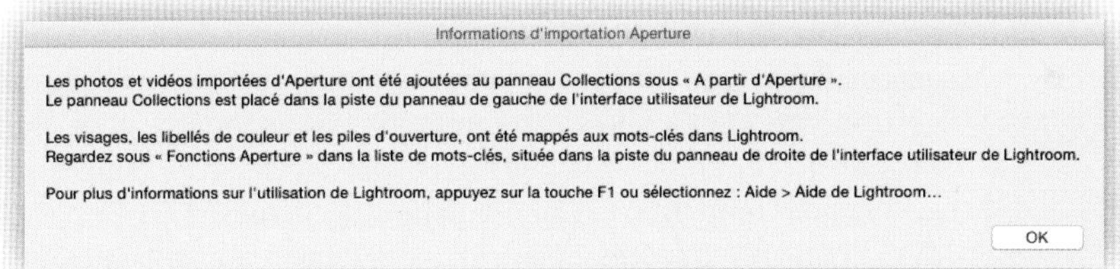

4. Au sein du dossier Collections, Lightroom crée un ensemble de collections « À partir de Aperture » dont l'arborescence reflète l'organisation des fichiers à l'intérieur de la photothèque Aperture. Le processus d'importation respecte les notes attribuées dans Aperture (ici une note de deux étoiles), les libellés de couleur étant également pris en compte mais transformés en mots-clés. Le libellé de couleur orange s'affiche ici sous forme de mot-clé Orange dans le panneau Mots-clés du module Bibliothèque. À noter que les visages et les piles sont également conservés sous forme de mots-clés lors de l'importation des images dans Lightroom.

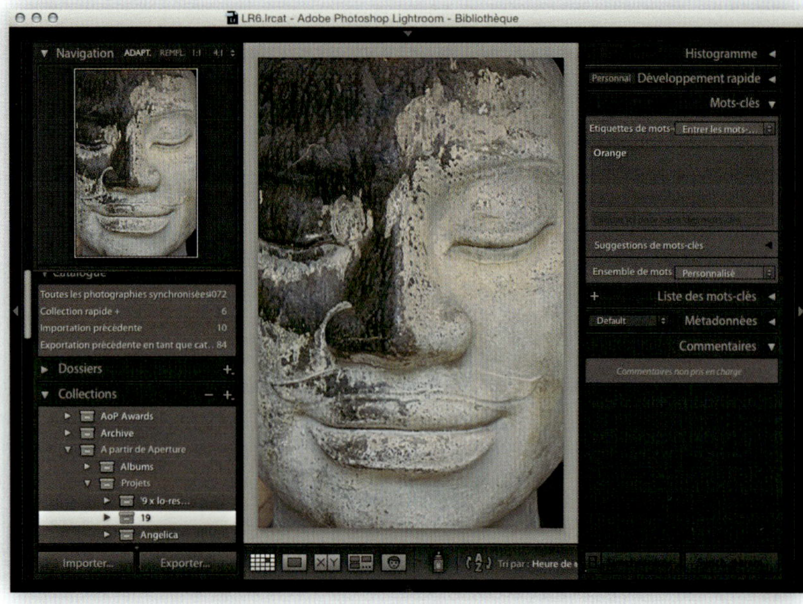

Note
Si l'utilitaire d'importation vous aide à déplacer les fichiers et à transférer la plupart des métadonnées, il n'assure ni la conservation ni la réinterprétation des paramètres de développement appliqués au sein d'Aperture et d'iPhoto.

Importation automatique

Vous pouvez également ajouter un dossier surveillé à partir duquel les photos sont automatiquement importées dans Lightroom. Sélectionnez la commande Fichier>Importation automatique>Activer l'importation automatique, puis ouvrez la boîte de dialogue « Paramètres d'importation automatique » pour choisir le dossier de contrôle. Vous pouvez encore attribuer de nouveaux noms aux fichiers importés (« Dénomination de fichier ») ou leur appliquer des paramètres de développement, métadonnées ou mots-clés. Le menu « Aperçus initiaux » contrôle la création des aperçus.

Importation automatique et prise de vue connectée
Vous pouvez détourner la commande « Importation automatique » pour importer les images prises en mode connecté lorsque votre appareil photo n'est pas pris en charge par Lightroom. Dans ce cas, vous pouvez utiliser un logiciel tiers pour transférer les images depuis le boîtier, en veillant à les enregistrer dans le dossier de contrôle.

Après avoir activé l'importation automatique, vous pouvez faire glisser les images sur l'icône du dossier de contrôle. Elles seront automatiquement importées dans Lightroom et enregistrées dans le dossier spécifié dans la section Destination de la boîte de dialogue « Paramètres d'importation automatique ».

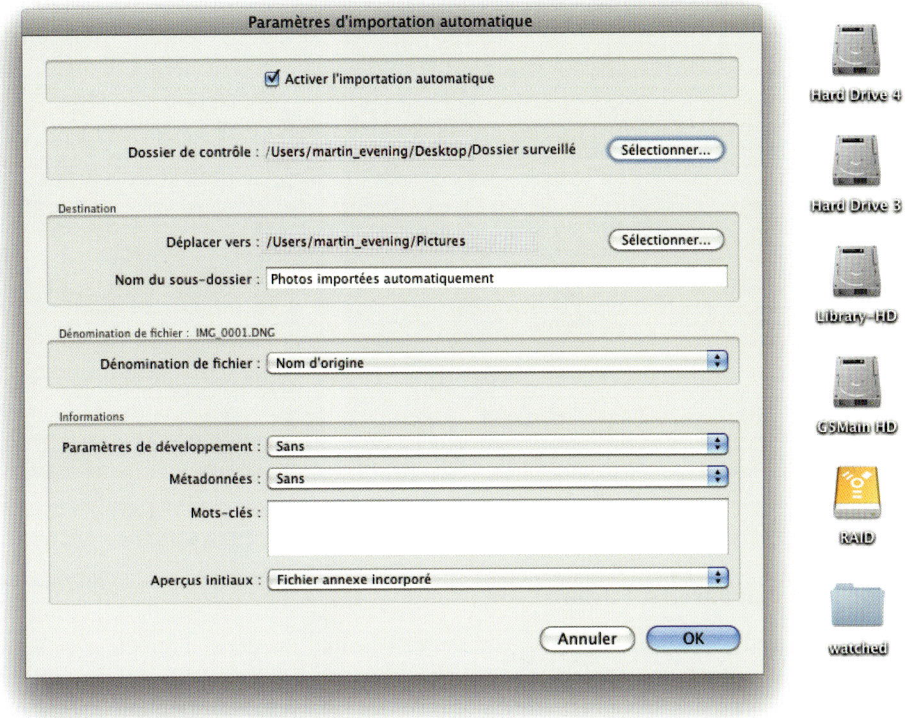

La boîte de dialogue « Paramètres d'importation automatique ». Le dossier de contrôle se trouve sur le Bureau, facilitant le glisser/déposer des images à ajouter au catalogue.

Importer des images depuis un appareil photo

Lightroom autorise la prise de vue connectée : le logiciel importe les images directement depuis un appareil et les affiche dans le module Bibliothèque, pour peu que le boîtier autorise une liaison directe. Vous pouvez ainsi accéder à vos images sans avoir besoin d'une carte mémoire et sans être obligé de reconfigurer vos paramètres de liaison à chaque fois que vous comptez importer un lot de photos.

La prise de vue connectée avec Lightroom permet aussi à vos clients de visualiser les photos dans la fenêtre principale du logiciel au fur et à mesure que vous faites vos prises de vue. Dans mon travail, j'apprécie tout particulièrement la prise de vue à distance lors des castings, puisque je peux ainsi insérer des mots-clés et des légendes aussitôt que chaque photo s'affiche à l'écran.

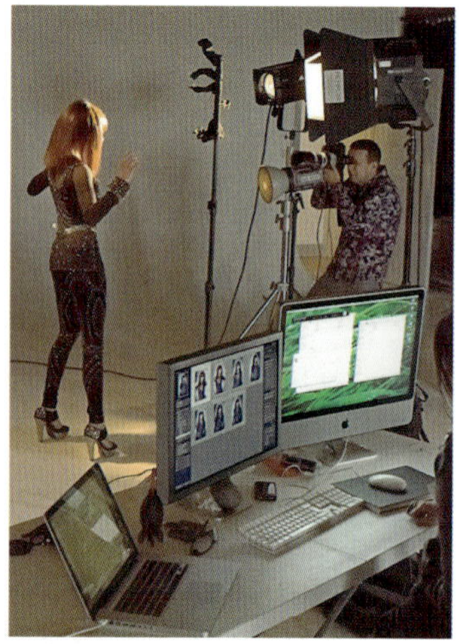

Dans mon studio, mon Canon EOS 1Ds Mark III est ici utilisé à distance, connecté à un iMac afin que je puisse importer directement mes images dans Lightroom.

Connecter l'appareil à l'ordinateur

Pour piloter votre appareil à distance, vous aurez besoin d'une liaison directe avec votre ordinateur. La vitesse de transfert joue naturellement un rôle prépondérant. La plupart des appareils reflex professionnels récents possèdent une liaison par câble Firewire, USB 2 ou USB 3 qui permet de déclencher et de transmettre les images aussi vite qu'avec une carte mémoire rapide.

Appareils Nikon et prise de vue sans fil
Avec un appareil Nikon en mode sans fil, vous avez le choix entre deux protocoles de transmission, PTP/IP et FTP. La liaison par PTP/IP est actuellement la plus avantageuse ; la vitesse de transfert qu'elle offre est comparable à celle d'un câble Firewire grâce à une compression effectuée en même temps que la transmission des données.

Cette façon de procéder présente un seul inconvénient : vous devez rester attaché à votre câble quoi qu'il arrive, ce qui limite sérieusement votre marge de manœuvre (sans parler du risque de faire tomber votre ordinateur portable).

La connectique Wi-Fi est une bonne alternative à la prise de vue connectée. Le marché actuel offre quelques adaptateurs sans fil pour reflex numériques, permettant de transmettre les images vers un récepteur lié à l'ordinateur. Si le mode sans fil donne davantage de liberté qu'une liaison par câble Firewire (jusqu'à une certaine distance), la vitesse de transmission est encore très inférieure. Le travail en Wi-Fi est raisonnablement rapide en mode JPEG, mais encore trop lent en mode RAW ; il y a toutefois de fortes chances pour que cela change à l'avenir.

Lightroom et la prise de vue connectée

Lightroom peut s'approprier à la fois la liaison directe avec votre appareil photo, le traitement et la gestion des fichiers images. En supprimant le logiciel de capture, qui est encore indispensable pour établir la communication entre l'appareil et les précédentes versions du logiciel, la prise de vue gagne en termes de vitesse de transfert.

Si la dernière version de Lightroom est capable de lire les réglages de l'appareil photo, il n'est malheureusement pas possible d'interagir avec l'appareil autrement qu'en contrôlant son déclenchement. À titre personnel, je ne suis pas pour autant gêné par l'impossibilité de changer les paramètres de prise de vue depuis Lightroom. Toutefois, certains photographes de studio, et notamment ceux qui opèrent avec leur appareil fixé sur un trépied, peuvent être déçus de ce défaut de communication.

Cela dit, pour les concepteurs de Lightroom, il est difficilement envisageable (et beaucoup trop chronophage) de reconstituer par rétroconception le protocole de communication pour chaque appareil pris en charge par Camera Raw. Pour ma part, je m'accommode facilement de ce qui s'est fait jusqu'ici : pouvoir transférer mes images rapidement et de manière fiable depuis mon appareil photo. Qui plus est, Lightroom 6/CC bénéficie d'un certain nombre d'améliorations portant sur la fiabilité de la liaison avec l'appareil photo, celle-ci étant plus fréquemment vérifiée.

Transmission sans fil
Eye-Fi produit des cartes mémoire SD intégrant un dispositif Wi-Fi/802.11 b/g ainsi que 1 Go d'espace de stockage. Les utilisateurs d'un appareil au standard Compact Flash peuvent également en bénéficier grâce à l'adaptateur dédié. Pendant la prise de vue, la carte transfère les images de l'appareil photo à tout ordinateur doté d'un récepteur Wi-Fi ; cependant, les fichiers originaux demeurent sur la carte Eye-Film. Cette technologie présente un fort potentiel, mais actuellement la vitesse de transmission est encore plutôt lente, même avec des fichiers JPEG. Notez aussi que seuls certains appareils sont compatibles. Pour davantage de renseignements, consultez le site www.eye.fi.

Si Lightroom offre la prise de vue connectée avec un certain nombre d'appareils reflex numériques Canon et Nikon ainsi que les Leica S2 et M, l'utilisation d'un logiciel de capture dédié offre d'autres avantages. Quand vous souhaitez prendre des photos à partir d'un endroit difficile d'accès, par exemple, vous pouvez contrôler tous les réglages de l'appareil à distance (sensibilité ISO, vitesse d'obturation, ouverture, correction d'exposition, etc.), de même que le déclencheur.

Vous pouvez utiliser Lightroom avec le logiciel EOS Utility conçu pour la gamme des reflex Canon EOS. Les possesseurs d'un reflex Nikon pourront faire appel au logiciel Camera Control Pro 2 dont le fonctionnement est similaire à celui d'EOS Utility et qui passe également par la création d'un dossier de contrôle – condition sine qua non pour que Lightroom puisse procéder à une importation directe. (Pour information, la dernière version de Camera Control Pro 2 est compatible avec la plupart des reflex numériques de marque.) Vous pouvez également utiliser le logiciel Capture One Pro. Faute de temps, je n'ai pu essayer tous ces logiciels, mais quel que soit celui que vous utilisiez, vous devriez pouvoir passer par l'importation automatique et la création d'un dossier de contrôle afin d'établir une collaboration étroite entre votre logiciel de capture et Lightroom.

Nous allons maintenant voir en détail, à titre d'exemple, comment travailler avec un Canon EOS 1Ds Mark III et Lightroom.

1. Pour commencer une séance de prise de vue connectée, sélectionnez la commande Fichier>Capture en mode connecté>Démarrer la capture en mode connecté.

2. Dans la boîte de dialogue « Paramètres de capture en mode connecté », j'ai configuré les paramètres dédiés à la prise de vue à distance. Sous « Nom de la session », j'ai choisi le nom pour la séance de prise de vue (« Studio session »), puis j'ai coché l'option « Découper les photos en prises de vue » afin de séparer les différentes photos de la séance en plusieurs séries de vue distinctes.

Dans le menu Modèle, j'ai défini un gabarit « Nom de la session-Séquence » pour renommer automatiquement toutes les images importées. Sous Informations, j'ai choisi d'attribuer un ensemble de métadonnées (UK Basic IPTC) et de mots-clés relatifs à la séance de prise de vue. J'ai enfin cliqué sur OK pour appliquer les paramètres et fermer la boîte de dialogue.

3. Puisque j'ai opté pour une séparation des images en prises de vue (autrement dit des séries distinctes), Lightroom ouvre une seconde boîte de dialogue, « Nom initial de la prise de vue », m'invitant à nommer la première prise de vue. Pour davantage de simplicité, j'ai opté ici pour l'appellation par défaut, « Shot 1 », puis j'ai cliqué sur OK.

4. La boîte de dialogue qui suit (voir en haut de la page 64) est un véritable tableau de bord : elle réunit toutes les informations nécessaires à la prise de vue connectée, affiche dans la partie gauche le nom de l'appareil une fois que celui-ci a été relié par le câble USB 2 et allumé. Si plusieurs appareils photo sont branchés sur l'ordinateur, le menu déroulant annexe permet de choisir l'appareil à contrôler.

   Il est important de souligner que les informations relatives à la prise de vue (ouverture, vitesse d'obturation, sensibilité ISO et balance des blancs) ne s'affichent qu'à titre informatif – les paramètres sont ajustés depuis l'appareil photo, hormis le gros bouton dans la partie droite, directement relié au déclencheur. Notez qu'il est également possible d'appuyer sur la touche F12 de votre clavier pour déclencher.

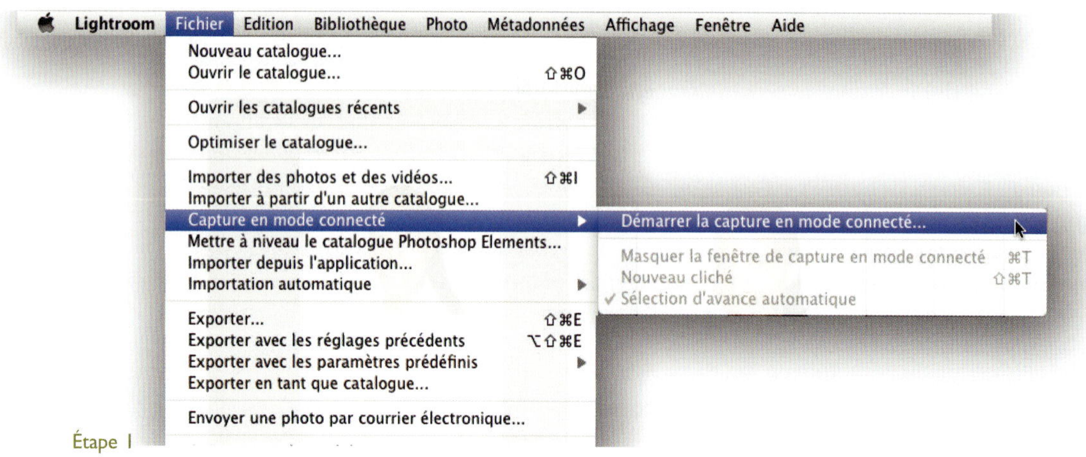

Étape 1

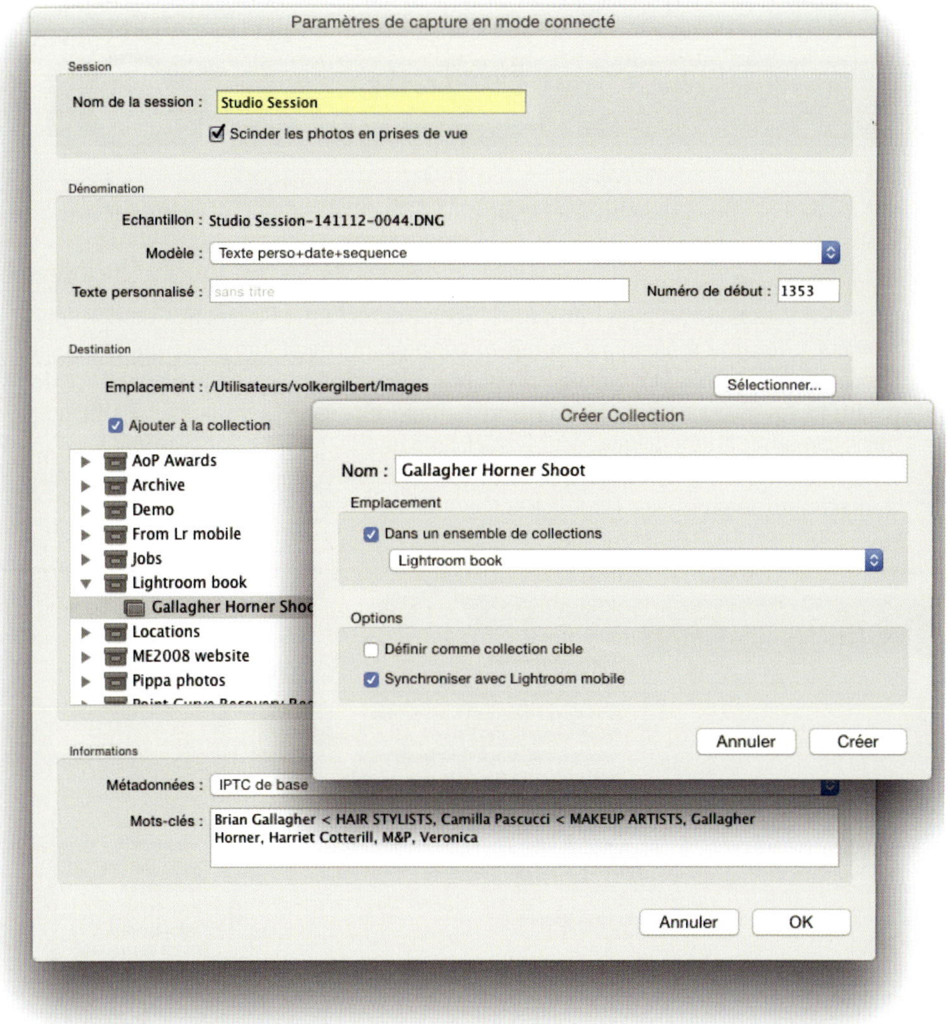

Étape 2

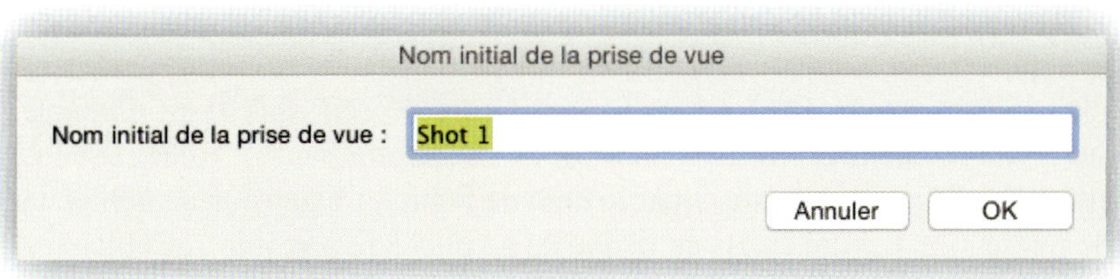

Étape 3

Étape 4

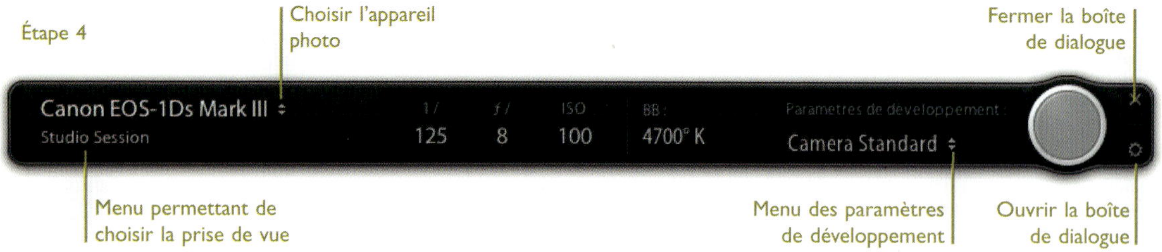

Appuyez sur Alt tout en cliquant sur l'icône « X» pour réduire la barre d'outils.

5. Pour appliquer des paramètres de développement aux fichiers, vous pouvez choisir l'un des paramètres répertoriés dans le menu déroulant «Paramètres de développement». Ici, j'ai sélectionné un paramètre préalablement enregistré qui applique aux images un profil personnalisé. Pour peu que vous ne fermiez pas l'interface de contrôle, les images sont automatiquement importées dans Lightroom et s'affichent dans le module Bibliothèque. Pour fermer cette interface et pour ainsi arrêter la prise de vue connectée, cliquez sur l'icône en forme de croix pour la masquer temporairement, puis appuyez sur les touches Cmd/Ctrl + T de votre clavier.

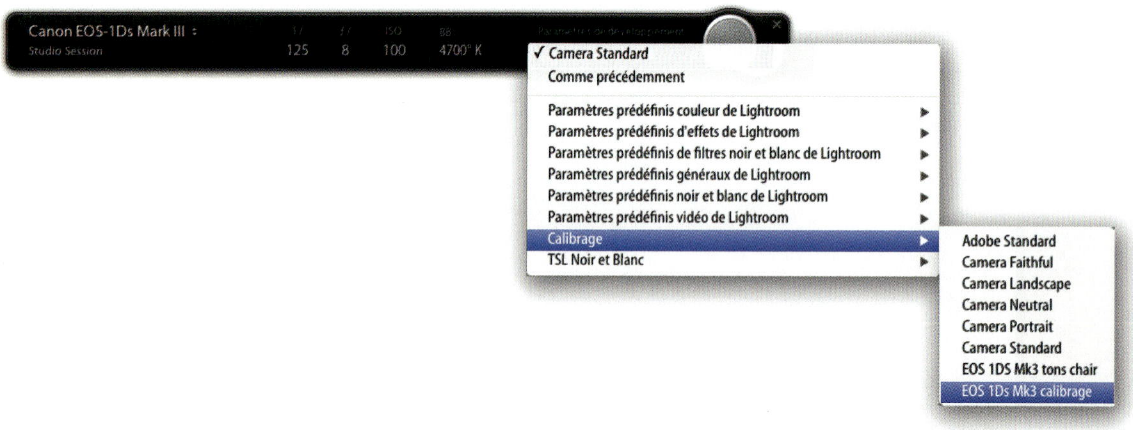

6. Au fur et à mesure de leur création, les images s'affichent dans Lightroom. Pour voir apparaître vos nouvelles images dans la partie supérieure de la fenêtre principale de Lightroom, ce qui est très commode lors d'un pilotage à distance, vous pouvez changer l'ordre de tri des vignettes (Affichage>Tri par>Ordre décroissant). Il est probable que par la suite vous souhaitiez inverser cet ordre («Ordre croissant»). Hélas, si vous avez choisi un ordre de tri personnalisé (par le nom de fichier, l'extension de fichier, la note, etc.), le retour vers l'ordre croissant risque de ne plus être possible… Choisissez alors l'option «Tri par ordre d'importation» pour que tout s'arrange.

Ici, les images sont apparues dans le dossier «Studio shoots/Studio session/Prise de vue 1», suivant le paramétrage effectué lors des étapes 2 et 3. «Prises de vue Studio» correspond au dossier de destination, « Séance Studio » au sous-dossier créé pour l'occasion et « Prise de vue 1 » au sous-dossier accueillant les images de la première prise de vue. Pour créer un second sous-dossier « Prise de vue 2 », il suffit d'ouvrir depuis l'interface de contrôle la boîte de dialogue « Paramètres de capture en mode connecté », puis d'indiquer un nouveau nom (raccourci Cmd/Ctrl + Maj + T). Enfin, sachez que si vous utilisez un appareil Canon, les images sont également enregistrées sur la carte mémoire, tandis qu'avec un appareil Nikon, elles le sont uniquement sur le disque dur de votre ordinateur.

Astuce
La liaison par câble Firewire contribue souvent à vider prématurément les batteries. C'est pourquoi je mets toujours mon appareil hors tension entre deux séances, même si je le laisse branché. Vous pouvez également utiliser l'adaptateur secteur dédié à l'appareil, souvent fourni en option.

Les options de tri comprennent notamment l'inversion de l'ordre de tri (croissant/décroissant).

Sony DSC RX100, 10,4 mm,
125 ISO, f/6,3, 1/640 s
© Martin Evening 2013.

Chapitre 3
Découvrir le module Bibliothèque

3

Ce chapitre est dédié à la découverte du module Bibliothèque et, plus précisément, aux différentes manières de parcourir les photos du catalogue. Au cours d'une création rapide de fichiers caches, Lightroom génère des vignettes et des aperçus vous permettant un déplacement confortable parmi les images importées. Vous pouvez afficher une ou plusieurs images à la fois ou comparer deux images placées côte à côte ; il est aussi possible d'augmenter ou de réduire leur taille d'affichage. Lightroom bénéficie également d'un affichage bi-écran, permettant d'ouvrir simultanément deux fenêtres du logiciel s'étalant au choix sur deux écrans (si vous êtes aussi chanceux…) ou sur un seul. Au début de ce chapitre, nous passerons en revue les éléments qui composent le catalogue de Lightroom ainsi que les différentes stratégies permettant de sauvegarder et protéger les données.

Le catalogue

La méthode archaïque qui consistait à organiser les fichiers en les plaçant dans différents dossiers système fonctionnait bien tant que les photographes ne transféraient qu'un petit nombre d'images sur leur ordinateur. Même si l'on peut imaginer qu'un tel classement puisse convenir pour des volumes plus importants, cela implique que le photographe sache exactement (là est toute la difficulté) où est placée chaque image… Mais dans ce cas, il lui sera impossible de confier des recherches de fichiers à une tierce personne. Un système de catalogage cohérent est donc indispensable dès lors que vous disposez d'une banque d'images importante. Plusieurs logiciels dédiés sont capables de cataloguer vos fichiers, Media Pro de Phase One (anciennement iView Media Pro, puis Microsoft Expression Media) étant le plus connu. Loin de la richesse de ses fonctionnalités, Lightroom offre pourtant une méthode fiable pour cataloguer vos images dès leur arrivée dans le catalogue. Il enregistre sa base des données au sein d'un seul fichier au format SQLite 3 qui représente le moteur de base de données le plus distribué au monde et possède ainsi l'avantage d'être compatible avec tous les systèmes d'exploitation.

Lors de son installation, Lightroom crée un nouveau catalogue et l'enregistre dans le dossier Nom d'utilisateur>Images (Mac OS X) ou Nom d'utilisateur>Images (Windows 7 et 8), qui comprend les fichiers suivants :

- un fichier « Catalogue d'extension .lrcat », comportant l'ensemble des métadonnées ;
- un fichier « Previews d'extension .lrdata », comportant les vignettes.

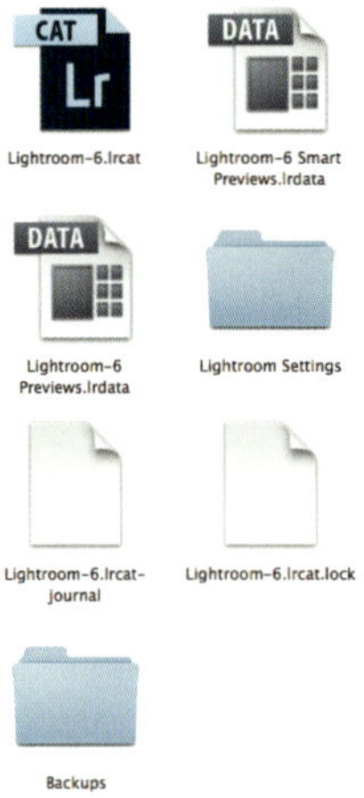

Le dossier Lightroom comprend le catalogue (.lrcat) et les aperçus (Previews.lrdata). Les copies de sauvegarde du fichier Catalogue (.lrcat) du dossier Lightroom sont enregistrées dans le sous-dossier Backups. Le dossier « Lightroom Settings » est uniquement présent si vous activez l'option « Stocker les paramètres prédéfinis avec le catalogue » et le fichier Smart Previews.lrdata uniquement si vous avez créé des aperçus dynamiques.

- Le fichier .lrcat est le plus important : si vous effacez le fichier Previews vous pourrez regénérer les vignettes, tandis que la suppression du fichier Catalogue supprime la base de données. C'est pourquoi Lightroom propose d'en faire des duplicatas de sauvegarde dans le dossier Backups. Vous pouvez choisir l'emplacement du catalogue sur un disque dur de votre choix. Toutefois, les disques réseau (NAS), supports optiques (CD-Rom, DVD-Rom) et d'autres supports n'autorisant pas l'écriture de données ne peuvent pas accueillir le catalogue de Lightroom. Dans l'onglet Général des « Paramètres du catalogue », cliquez sur Afficher pour révéler l'emplacement du catalogue ouvert. Lorsque Lightroom est ouvert, le dossier Lightroom affiche deux autres fichiers :
- un fichier lrcat-journal qui répertorie des données temporaires pas encore inscrites au fichier Catalogue, notamment en cas de plantage intempestif du logiciel. N'effacez surtout pas le fichier lrcat-journal. Il peut contenir d'importantes données permettant à Lightroom de récupérer des modifications récentes du catalogue ;
- un fichier .lock qui interdit à d'autres utilisateurs du réseau d'ouvrir le catalogue que vous êtes en train d'utiliser. Lors d'un plantage de Lightroom, la présence du fichier .lock pourrait vous poser des problèmes au prochain lancement du logiciel. Une solution efficace consiste alors à le supprimer pour que Lightroom le régénère.

Après avoir activé l'option « Stocker les paramètres prédéfinis avec le catalogue », Lightroom ajoute un sous-dossier « Lightroom Settings » permettant d'enregistrer de nouveaux paramètres prédéfinis au sein du dossier Lightroom. L'option en question est très utile pour limiter certains réglages à un catalogue spécifique, par exemple pour ne pas divulguer des paramètres d'accès à des sites web ou des serveurs FTP. En revanche, si jamais vous décidez d'enregistrer à nouveau vos paramètres prédéfinis dans le dossier par défaut (voir plus bas), les réglages antérieurs ne seront pas affichés dans Lightroom, pour peu que vous ne procédiez pas à une synchronisation manuelle du contenu des deux dossiers.

Si la vitesse d'exécution de Lightroom laisse à désirer, il peut être utile d'exécuter la commande Fichier>Optimiser le catalogue, qui procède à une régénération des clés et à une compression des tables de la base de données, ce qui facilite et accélère l'accès aux données. Bien que ce processus de maintenance nécessite plusieurs minutes, il influe favorablement sur la réactivité du logiciel. Il est également possible d'appuyer sur la touche Option (Mac) ou Ctrl (Windows) pour forcer la vérification de la base de données et pour détecter d'éventuels problèmes qu'il est parfois possible de résoudre via l'optimisation du catalogue. Sinon, il vous reste en dernier recours le remplacement de la base de données défectueuse par la copie de sauvegarde la plus récente.

Dossier Lightroom
Les réglages de Lightroom, notamment les paramètres prédéfinis, sont enregistrés dans le sous-dossier Lightroom de votre dossier Utilisateur (Bibliothèque>Application Support>Adobe>Lightroom sur Mac et AppData>Roaming>Adobe>Lightroom sous Windows).

La commande « Optimiser le catalogue ».

Sauvegarder le catalogue

Il existe deux catégories de photographes : les uns ont déjà perdu des images importantes et les autres en perdront sans doute bientôt. À titre personnel, j'ai déjà dû remplacer à plusieurs reprises mon catalogue principal et j'étais alors soulagé de l'avoir sauvegardé à intervalles réguliers. Si cela vous arrive, remplacez simplement le fichier .lrcat endommagé par sa copie la plus récente, située dans le dossier Backups, puis relancez Lightroom.

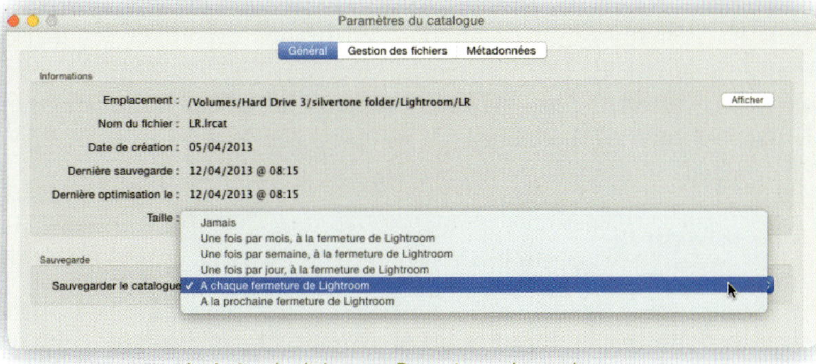

La boîte de dialogue « Paramètres du catalogue ».

Au fil du temps, vous accumulerez un grand nombre de copies de sauvegarde, pensez à supprimer de temps en temps les plus anciennes.

Pour sauvegarder votre catalogue, sélectionnez la commande « Paramètres du catalogue » à partir du menu Lightroom (Mac) ou Édition (Windows). Le menu déroulant « Sauvegarder le catalogue », dans l'onglet Général, vous permet de programmer la fréquence de sauvegarde (journalière, hebdomadaire ou mensuelle). Je vous conseille vivement d'effectuer une sauvegarde régulière de votre catalogue. À la prochaine sauvegarde, qui a toujours lieu à la fermeture du logiciel, Lightroom vous présentera la boîte de dialogue ci-dessous, permettant d'annuler (« Ignorer cette fois ») ou d'exécuter (Sauvegarder) l'enregistrement d'une nouvelle copie du catalogue. Par défaut, celle-ci est enregistrée dans le dossier Backups. Cliquez sur Sélectionner pour lui attribuer un autre dossier de sauvegarde. Lightroom procède d'abord à un examen de l'intégrité des données du catalogue. Il ne nécessite que quelques minutes et vous procure la tranquillité d'esprit en ce qui concerne l'état de santé de la base des données.

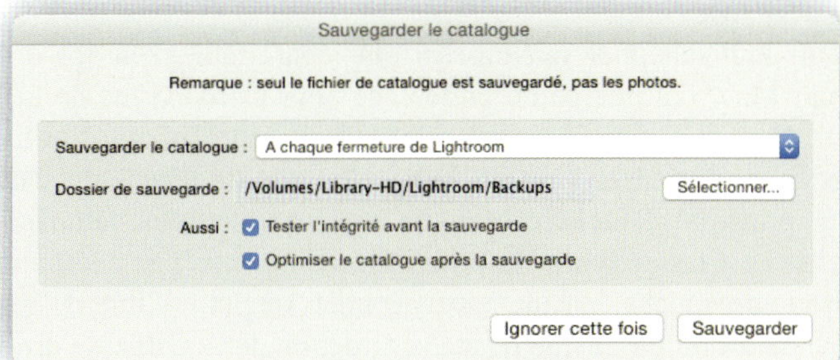

La boîte de dialogue « Sauvegarder le catalogue ».

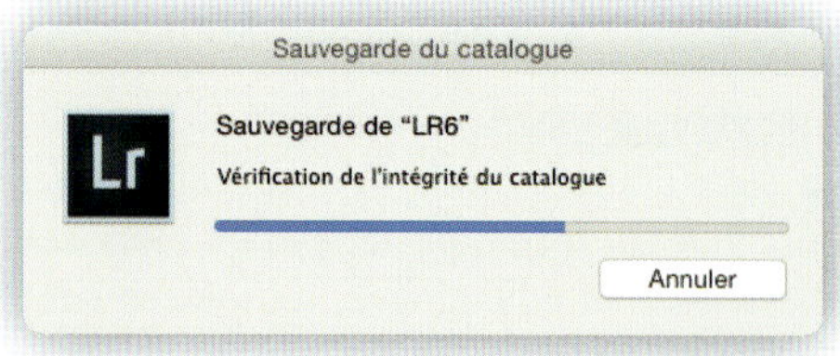

La vérification de l'intégrité des données.

Pensez également à activer l'option « Écrire automatiquement les modifications en XMP » dans les Préférences de Lightroom. Ainsi, vous exporterez les métadonnées XMP (paramètres du module Développement, etc.) dans l'en-tête XMP de votre fichier ou dans un fichier « sidecar » : les images portent ainsi les mêmes informations que dans la base de données centrale, permettant de récupérer les dernières informations, et ce, même si le catalogue sauvegardé est un peu ancien.

Stratégies de sauvegarde

Nous l'évoquerons plus en détail dans les annexes : en cas de choix d'un système RAID, le RAID « miroir » est le meilleur car il offre une sécurité de données maximale. Une stratégie de sauvegarde « infaillible » avec un système simplifié comme celui que nous venons de voir doit aller encore plus loin : elle nécessite des sauvegardes régulières sur un deuxième ensemble de disques durs, que vous garderez en lieu sûr, de préférence dans une armoire ignifugée ou tout du moins dans un endroit physiquement éloigné de votre ordinateur.

Au minimum, utilisez un disque dur externe pour la bibliothèque de Lightroom, puis un « clone » de capacité identique qui accueillera les sauvegardes régulières de votre bibliothèque. Si jamais vous rencontrez un problème avec votre disque principal (un effacement accidentel ou la corruption d'un répertoire), il sera facile de restaurer les données à partir du disque de sauvegarde. Notez que, tant que vous utilisez un disque non protégé en écriture, votre configuration demeure vulnérable face à l'effacement de données ou à une attaque virale. Pour réduire les risques, gravez des DVD-Rom que vous stockerez à un autre endroit que votre ordinateur. Certes, la récupération de données à partir des DVD-Rom sera lente et fastidieuse, mais cette méthode assure des données « propres », sans virus. Les DVD-Rom sont les médias de stockage les plus économiques du moment, bien que le standard Blu-ray soit encore plus prometteur.

Logiciels de sauvegarde

Il existe plusieurs logiciels pour sauvegarder plus confortablement vos données. Parmi les logiciels pour Mac, j'ai une petite préférence pour ChronoSync de la société Econ Technologies et Carbon Copy Cloner de Mike Bombich. Simple d'utilisation, ChronoSync permet de synchroniser l'ensemble des données du disque de sauvegarde avec celles du disque principal. Pour effectuer une copie des données, allumez le disque de sauvegarde et lancez ChronoSync : la procédure commence par une comparaison des données du disque de gauche (disque à sauvegarder, onglet « Cible de gauche ») avec celles du disque de droite (le disque de sauvegarde, onglet « Cible de droite ») ; toutes les données ajoutées ou modifiées sont ensuite copiées. En cochant par défaut l'option

« Synchroniser les suppressions », on répercute sur les deux disques la suppression de certains fichiers. À la fin de la procédure de sauvegarde, videz la corbeille et quittez ChronoSync. Bien que la sauvegarde de tout un disque puisse prendre plusieurs heures au début, ce délai sera réduit à quelques minutes au fur et à mesure de vos sauvegardes régulières. Néanmoins, faites-le de préférence la nuit !

Sauvegarder via TimeMachine

Le logiciel de sauvegarde TimeMachine est l'une des fonctionnalités les plus séduisantes des versions 10.5 à 10.10 de Mac OS X, bien qu'il fût au départ impossible de l'utiliser pour sauvegarder les données d'un catalogue Lightroom. Son utilisation concomitante à celle de Lightroom entraînait souvent par le passé l'endommagement de la base de données de Lightroom. Lightroom signale à TimeMachine que le catalogue est en cours d'utilisation tant que les modifications de sa base de données ne sont pas terminées, retardant ainsi la sauvegarde jusqu'à la fermeture du logiciel. TimeMachine n'enregistre les modifications du catalogue que lorsque ce dernier est fermé. De même, pour restaurer un catalogue à partir d'une sauvegarde de TimeMachine, assurez-vous de ne pas avoir ouvert le catalogue en question.

Corruption du catalogue

Certaines conditions, et notamment la fermeture de l'ordinateur suite à une coupure de courant ou la déconnection intempestive d'un disque dur, peuvent bouleverser la structure de données du catalogue et ainsi rendre son ouverture impossible. Effectuez des sauvegardes régulières de votre catalogue et, plus généralement, des données de votre disque système. Si votre catalogue est défectueux, Lightrom affiche un message d'avertissement à l'ouverture, puis vous donne un conseil quant à la voie à suivre. Avant de lancer une éventuelle restauration de données, quittez le logiciel, puis effectuez une sauvegarde du fichier à réparer – dans certaines conditions, la réparation tend à endommager davantage les données.

Créer et ouvrir des catalogues

Bien que certains photographes se contentent d'un seul catalogue pour gérer l'ensemble de leurs images, vous préférerez peut-être en créer plusieurs pour partager votre ordinateur avec des collègues ou des membres de votre famille, pour utiliser le logiciel sur plusieurs ordinateurs à la fois (station de travail et portable) ou pour séparer vos travaux professionnels et personnels.

Certains sont même allés parfois jusqu'à adopter une méthodologie héritée de Bridge pour la création des catalogues : un catalogue pour les images personnelles, un autre pour les photos de studio, un autre pour les photos de mariage, etc. Je pense qu'une telle segmentation est superflue, il est bien plus simple d'organiser des images en différentes catégories dans un même dossier de catalogue.

Les pages suivantes détaillent la méthode pour exporter des éléments d'un catalogue vers un autre, et pour exporter une version allégée d'un catalogue afin de l'installer sur un ordinateur portable, sans pour autant l'encombrer de vos originaux (appelés « fichiers maîtres »).

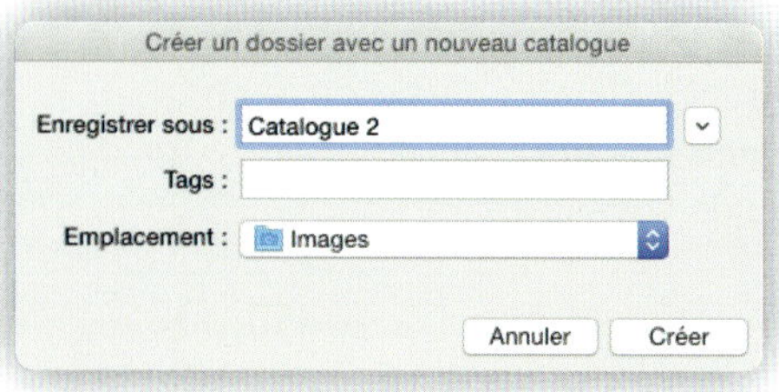

Lorsque vous créez un nouveau catalogue, Lightroom vous invite à spécifier son nom et son emplacement.

Créer un nouveau catalogue

Sélectionnez Fichier>Nouveau catalogue pour ouvrir la boîte de dialogue « Créer un dossier avec un nouveau catalogue ». Choisissez ensuite son emplacement et son nom. Le nouveau dossier créé comporte initialement le fichier .lrcat et lui seul – un fichier temporaire à l'extension .lock indique le verrouillage du catalogue lorsque celui-ci est ouvert (il empêche les autres utilisateurs d'un même réseau d'y accéder).

Ouvrir un catalogue existant

Sélectionnez la commande « Ouvrir le catalogue » (Cmd/Ctrl + Maj + O) à partir du menu Fichier ; la commande « Ouvrir les fichiers récents » propose une liste des catalogues récemment ouverts. Pour ouvrir un catalogue, vous pouvez également double-cliquer sur le fichier .lrcat qui lui est associé. Notez que, pour la création ou le changement du catalogue, vous devez systématiquement redémarrer Lightroom afin qu'il puisse charger le nouveau fichier – le logiciel ne permet pas l'ouverture et l'utilisation simultanée de multiples catalogues.

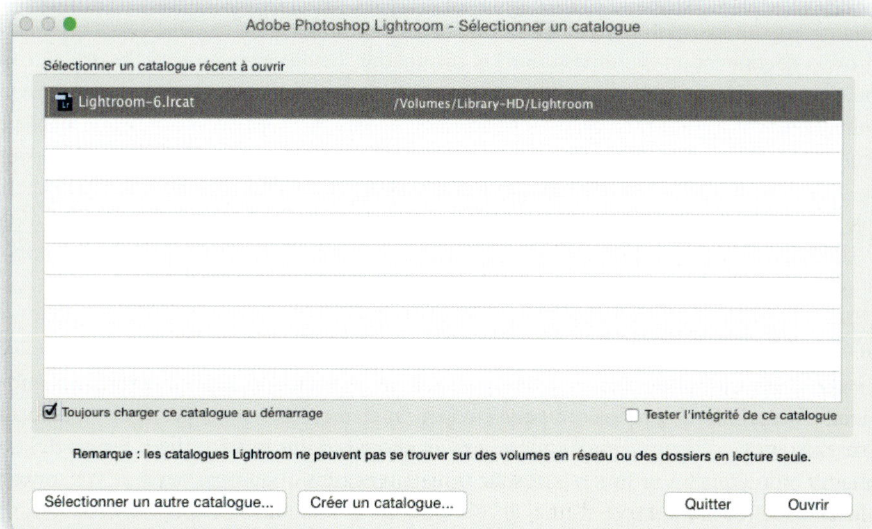

Au lancement de Lightroom, appuyez sur la touche Alt pour afficher une boîte de dialogue vous permettant de choisir un catalogue récemment ouvert et/ou de vérifier l'intégrité du fichier.

Exporter des catalogues

Bien qu'il soit préférable d'enregistrer toutes ses images dans un seul catalogue, il est parfois nécessaire d'en créer plusieurs, par exemple pour permettre à plusieurs utilisateurs d'un même ordinateur de gérer leurs images. Toutefois, les photographes utilisent couramment la copie d'un catalogue pour transférer leurs images et métadonnées d'un ordinateur à un autre.

Pour cela, il suffit de sélectionner plusieurs images à partir de la grille du module Bibliothèque ou du panneau « Film fixe », puis de sélectionner la commande « Exporter en tant que catalogue » à partir du menu Fichier. Dans la boîte de dialogue qui s'ouvre, vous pouvez ensuite choisir l'emplacement du nouveau catalogue.

Remarque
La commande « Exporter en tant que catalogue » ne permet pas d'ajouter le nouveau catalogue à un catalogue existant ; seule la création d'un nouveau catalogue indépendant est proposée.

Si vous souhaitez transférer plus d'informations que les notes, libellés, marqueurs et métadonnées, vous pouvez cocher les options « Exporter les fichiers négatifs » (pour copier les originaux) et/ou « Inclure les aperçus disponibles » (pour copier les aperçus et les vignettes). Mais l'exportation d'un catalogue ne peut pas être comparée à celle des fichiers : dans le cas des fichiers, en effet, vous transférez toutes les données associées aux images (instantanés, copies virtuelles, etc.) et vous pouvez également inclure des originaux qui ont été modifiés dans Photoshop, sans qu'il soit nécessaire d'aplatir leurs calques.

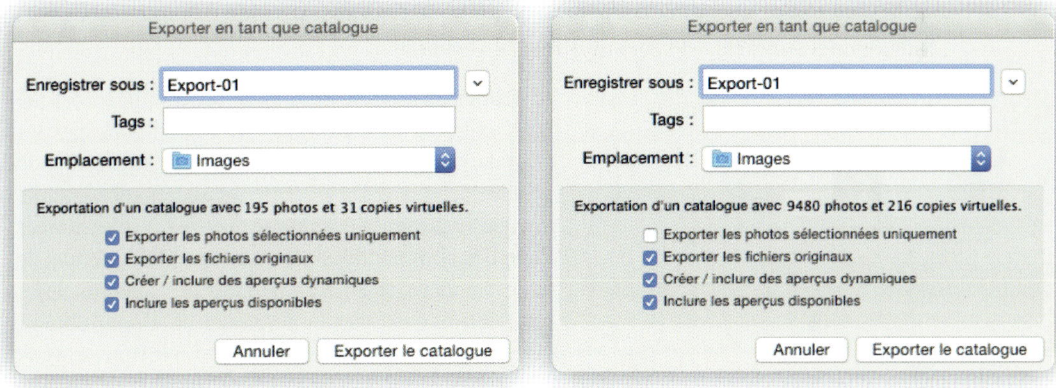

Les deux options pour choisir les éléments à incorporer au nouveau catalogue.

Exporter les fichiers négatifs

Cette option crée des duplicatas de vos originaux au format RAW, JPEG, TIFF, PNG ou PSD et les ajoute au fichier catalogue généré. Autrement dit, elle extrait à la fois les fichiers maîtres, les métadonnées, les aperçus, les vignettes et les réglages du catalogue existant pour les intégrer au nouveau catalogue. Vous pouvez exporter un dossier d'images ou un catalogue entier. Lorsque vous ajoutez les originaux, le processus se prolonge en fonction du nombre d'images à dupliquer, et une barre de progression s'affiche dans l'angle supérieur gauche du module Bibliothèque. Lightroom a besoin d'au moins 200 Mo d'espace disque pour enregistrer temporairement les fichiers générés.

Exporter sans fichiers négatifs

En désélectionnant l'option « Exporter les fichiers négatifs », vous pouvez exporter un catalogue beaucoup plus léger, parfaitement adapté aux ordinateurs portables. Il comprend néanmoins toutes les fonctions nécessaires pour appliquer des notes, des étiquettes et des libellés de couleur aux images. Mais attention, avec un tel catalogue qui ne comporte pas d'originaux, vous ne pouvez vous servir ni du module Développement ni du panneau « Développement rapide » pour appliquer des corrections à vos images.

Créer ou inclure des aperçus dynamiques

Si vous validez l'option « Créer ou inclure des aperçus dynamiques », Lightroom ajoute le fichier « Smart Previews.lrdata » au catalogue exporté, vous permettant de créer un catalogue dont la manipulation est identique à celle d'un catalogue qui inclut les fichiers négatifs. S'il est possible d'ajouter des notes, libellés de couleur et mots-clés aux images d'un catalogue dépourvu des fichiers négatifs, ces derniers vous permettent de modifier les paramètres de développement au sein du module Développement ou du panneau « Développement rapide » du module Bibliothèque. Je vous présenterai les aperçus dynamiques plus en détail aux pages 76 et 77.

Remarque
La commande « Exporter en tant que catalogue » ne permet pas d'ajouter le nouveau catalogue à un catalogue existant ; seule la création d'un nouveau catalogue indépendant est proposée.

Inclure les aperçus disponibles

L'option « Inclure les aperçus disponibles » permet d'incorporer au catalogue les vignettes, les aperçus standards et les aperçus de qualité supérieure (1:1) suivant la taille et la qualité des aperçus disponibles. Lightroom possède au moins les vignettes et les aperçus standards de toutes les images du catalogue.

Un dossier comportant les différents éléments d'un catalogue exporté (fichiers .lrcat, Previews.lrdata, Smart Previews.lrdata et dossier avec les fichiers originaux).

Lightroom tient ici compte de l'état d'avancement d'une exportation de catalogue.

N'oubliez pas de sélectionner cette option lorsque vous exportez un catalogue qui ne comporte pas les originaux (négatifs), sinon il vous sera impossible de générer de nouvelles vignettes et aperçus. De même, avant d'exporter le catalogue, pensez à sélectionner l'une des commandes Aperçu>Rendu des aperçus de taille standard et Aperçu>Rendu des aperçus 1:1 ; cette dernière est particulièrement utile pour obtenir des aperçus de qualité supérieure. En revanche, vous pouvez choisir de ne pas inclure les aperçus lorsque vous souhaitez synchroniser les métadonnées entre deux catalogues – en ignorant les aperçus, l'exportation sera beaucoup plus rapide et le catalogue considérablement allégé pour ne pas encombrer un disque dur de capacité modeste.

En sélectionnant les options « Exporter les négatifs » et « Inclure les aperçus disponibles », vous obtiendrez un catalogue ressemblant à celui de la première figure ci-dessus, avec un dossier comportant un fichier au format .lrdata, un autre fichier au format .lrcat avec les aperçus et vignettes, et un sous-dossier avec les originaux. Toutes les options de la boîte de dialogue « Exporter en tant que catalogue » ont été sélectionnées pour l'exportation de ce catalogue.

Importer des catalogues

Après avoir exporté et transféré un catalogue sur le disque dur d'un autre ordinateur, vous pouvez choisir la commande Fichier>Importer à partir du catalogue pour ouvrir le fichier catalogue au format .lrcat. La boîte de dialogue « Ouvrir le catalogue » vous propose ensuite de redémarrer le logiciel en ouvrant le nouveau catalogue.

Si le catalogue à importer n'intègre pas les originaux, il s'ouvre directement ; sinon, Lightroom affiche une boîte de dialogue (voir ci-dessous) qui donne le choix entre la copie, le déplacement ou le référencement des nouvelles images à leur emplacement actuel. Si certaines images font déjà partie de la base de données, Lightroom vous demandera de décider lesquelles conserver et lesquelles remplacer par les images nouvellement importées.

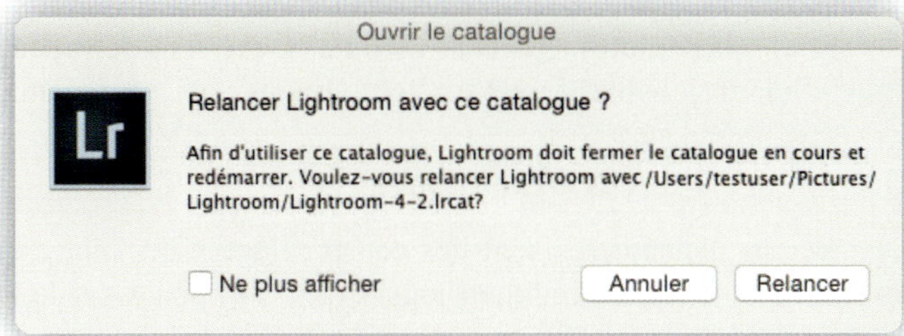

La figure ci-dessous montre la boîte de dialogue « Importer à partir du catalogue », indiquant que 14 des 46 photos à importer existent déjà au sein du catalogue. Vous pouvez décider de ne pas remplacer les photos ni les métadonnées, de remplacer uniquement les métadonnées ou les photos, ou de remplacer les deux à la fois, y compris les originaux.

Remarque
Nous l'avons déjà évoqué, si votre catalogue exporté n'intègre pas les originaux, seule une partie des fonctionnalités du logiciel vous sera accessible.

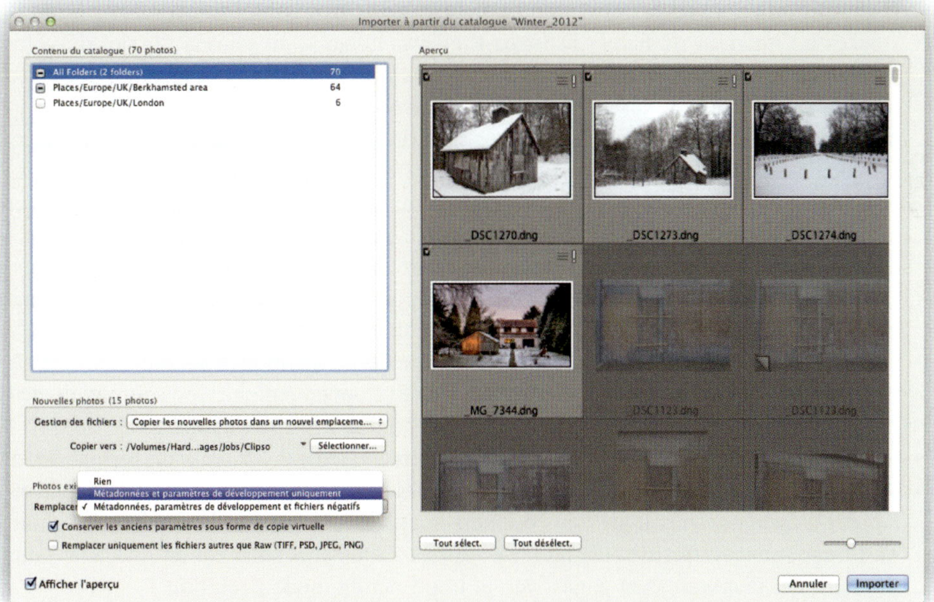

La boîte de dialogue « Importer à partir du catalogue ».

Mis à part la modification des métadonnées d'un catalogue ainsi exporté et son rapatriement sur l'ordinateur principal, Lightroom n'est guère coopératif : le panneau Dossiers affiche les noms des dossiers en mode « éteint » puisque le logiciel considère que les liens

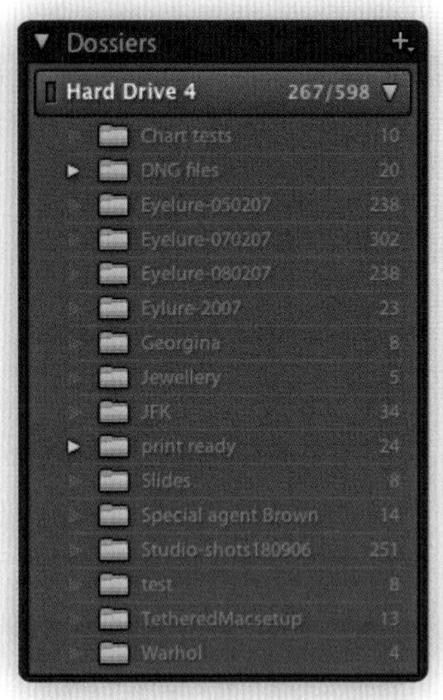

Si vous avez exclu les originaux, les noms des dossiers d'un catalogue sont grisés, indiquant leur absence physique.

sont rompus entre le catalogue et les dossiers des originaux, et le module Développement demeure accessible mais pas ses outils (tandis qu'il est possible de vérifier les réglages, rien ne permet de les modifier). Cependant, vous pouvez utiliser les modules Diaporama (pour peu que les aperçus soient de qualité suffisante), Web (qui vous rappellera régulièrement l'indisponibilité des aperçus de qualité supérieure...) et Impression (pour imprimer en mode Brouillon) ; la qualité des impressions dépendra bien évidemment de celle des aperçus disponibles. Quant au module Livres, il ne permettra pas l'exportation d'un projet si les originaux sont absents.

Utiliser des aperçus dynamiques

Les aperçus dynamiques sont des copies allégées des images maîtres dont les dimensions ont été redimensionnées à 2 540 pixels sur le bord long. Ils sont à même de se substituer aux originaux lors de la plupart des opérations effectuées dans Lightroom. Il s'agit de fichiers au format DNG, compressés de manière destructive.

Les aperçus dynamiques ouvrent de nouvelles perspectives tout en révélant un certain nombre de limites :

- dans le module Développement, ils se chargent plus rapidement que les images maîtres. C'est très utile lors de la correction de fichiers bruts très volumineux ;
- stockés à l'intérieur du fichier « Smart Previews.lrdata », au sein du dossier de votre catalogue, les aperçus dynamiques vous facilitent l'exportation d'une version allégée d'un catalogue afin de l'installer sur un ordinateur portable, sans pour autant l'encombrer de vos originaux. Pour peu que vous génériez des aperçus intelligents pour toutes ou une partie des images du catalogue, vous bénéficierez des outils du module Développement et du panneau « Développement rapide » du module Bibliothèque pour éditer les aperçus dynamiques en lieu et place des originaux. Une fois ces derniers réunis avec le catalogue, les modifications leur seront automatiquement répercutées. Les fichiers originaux sont prioritaires par rapport aux aperçus dynamiques : ces derniers sont uniquement utilisés en l'absence de fichiers originaux ;
- s'agissant de versions de taille réduite, les aperçus dynamiques ne reflètent que de manière très approximative les paramètres de développement qui reposent sur un affichage de l'aperçu à la taille réelle des pixels (1:1) de l'image maître ;
- ils ne peuvent pas être générés à partir de fichiers vidéo ;
- si la commande Exporter et les « Services de publication » peuvent produire des fichiers à partir d'aperçus dynamiques, ces derniers n'autorisent pas la création de livres photo ou l'impression en qualité standard. Les aperçus standards suffisent en revanche pour produire des diaporamas et pages web et imprimer en mode Brouillon ;
- lorsque l'image maître est indisponible, vous ne pouvez pas exporter un aperçu dynamique en tant que fichier original ;
- le panneau Histogramme affiche la présence ou l'absence de l'aperçu dynamique dans les modules Bibliothèque et Développement.

Créer des aperçus dynamiques

Lightroom vous permet de créer des aperçus dynamiques à l'importation d'une série d'images (option « Créer des aperçus dynamiques » du panneau « Gestion des fichiers »), à l'exportation d'un catalogue ou à partir d'une ou plusieurs images préalablement sélectionnées à partir de la grille du module Bibliothèque (commande Bibliothèque>Aperçus>Créer des aperçus dynamiques). La commande Aperçus>Supprimer les aperçus dynamiques permet de les effacer du disque. Il est également possible de créer les aperçus dynamiques lors de l'importation d'un catalogue. Il est même possible de créer une collection dynamique pour filtrer les images qui possèdent ou non des aperçus dynamiques. Cependant, gardez à l'esprit que la création d'aperçus dynamiques pour un catalogue volumineux est très chronophage.

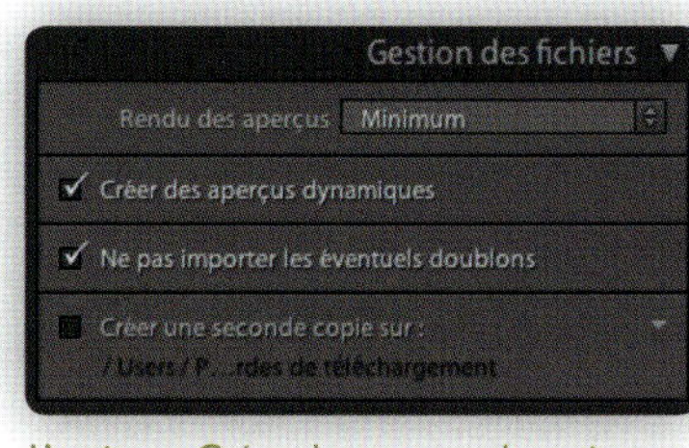

L'option « Créer des aperçus dynamiques » du panneau « Gestion des fichiers » de la boîte de dialogue Importer.

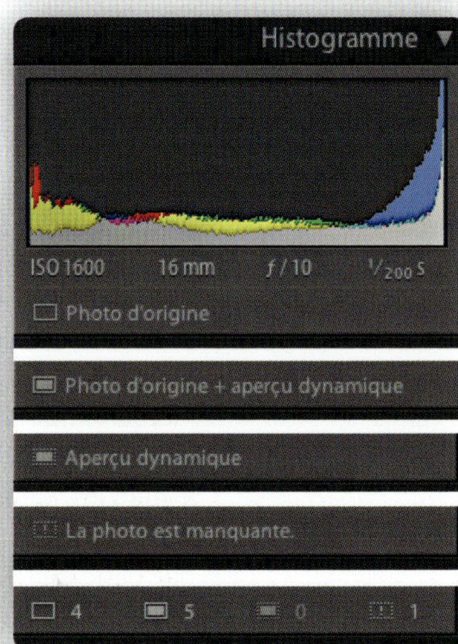

Les différents statuts pour une image sélectionnée, affichés au bas de l'histogramme : photo d'origine, photo d'origine accompagnée d'un aperçu dynamique, aperçu dynamique seul et photo manquante ou non disponible. Si vous sélectionnez plusieurs images à la fois, le panneau Histogramme affiche un comptage pour chaque statut.

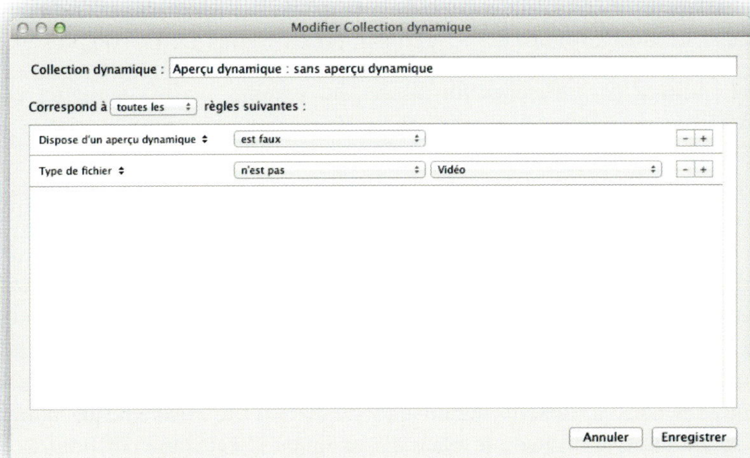

La création d'une collection dynamique sert ici à filtrer les images non accompagnées d'aperçus dynamiques.

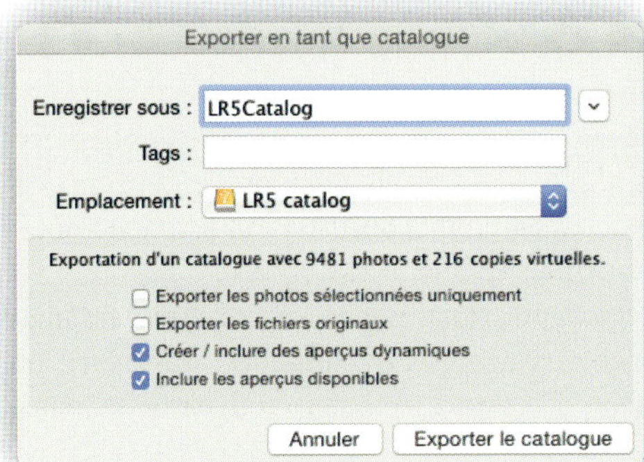

L'option « Créer/inclure des aperçus dynamiques » de la boîte de dialogue « Exporter en tant que catalogue ».

La grille de cette image affiche une icône qui signale l'absence de la photo d'origine et la présence d'un aperçu dynamique. La même icône s'affiche aussi dans le panneau « Film fixe ».

Rendre un catalogue portable

Jusqu'ici, il n'y avait aucune méthode à la fois simple et efficace permettant de mutualiser un catalogue entre plusieurs ordinateurs et installations de Lightroom. Certes, vous pouvez utiliser la commande « Exporter en tant que catalogue » pour exporter les paramètres d'un catalogue vers un disque dur externe, puis la commande « Importer à partir d'un autre catalogue » pour les récupérer dans un catalogue situé sur un autre ordinateur, mais il s'agit là d'une méthode particulièrement fastidieuse.

Grâce aux aperçus dynamiques, il existe maintenant une meilleure manière de procéder. En plaçant votre catalogue entier sur un disque dur externe et en créant des aperçus dynamiques pour toutes les images du catalogue, celui-ci peut être partagé par plusieurs ordinateurs, sous condition d'installer sur chacun des postes de travail. Ainsi, transférer votre travail d'un ordinateur à un autre ne demandera plus que quelques secondes et vous permettra de conserver vos images maîtres sur un ordinateur tout en les modifiant sur un autre, qu'il soit connecté ou non au disque dur, et ce, tout en conservant les réglages des « Services de publication ».

Pour en bénéficier, utilisez de préférence un disque dur externe facile à emporter et autoalimenté. Privilégiez un disque SSD pour des accès rapides en écriture et lecture ; une capacité de 512 Go s'avère à la fois suffisante en matière d'espace disque et financièrement accessible à la plupart des utilisateurs de Lightroom. À titre personnel, j'utilise cette méthode avec bonheur. Elle permet de corriger les images à distance tout en mettant à jour les paramètres de développement et les métadonnées dès que le catalogue est à nouveau connecté avec les images maîtres sur l'ordinateur principal. Cependant, sachez que cette méthode n'est pas sans risques : la technologie de disques SSD est encore jeune et une défaillance se soldera le plus souvent par une perte de données. Je vous conseille donc de sauvegarder régulièrement le disque dur contenant le catalogue, les aperçus et les aperçus dynamiques dans un dossier situé dans l'ordinateur principal. Gardez aussi à l'esprit que la liaison entre le disque dur externe (contenant le catalogue) et l'ordinateur doit être parfaitement fiable pour que la méthode fonctionne. Les étapes suivantes présentent plus en détail comment rendre le catalogue portable.

1. J'ai décidé de rendre le catalogue portable tout en conservant les images maîtres sur un disque dur de l'ordinateur principal. En optant pour cette configuration, les fichiers du catalogue ainsi que les aperçus dynamiques ont été transférés sur un disque dur externe.

2. J'ai fermé Lightroom sur l'ordinateur principal et j'ai débranché le disque dur externe pour le connecter à mon portable. Sur ce dernier, j'ai ouvert Lightroom, puis j'ai sélectionné le fichier catalogue sur le disque dur externe.

3. J'ai alors pu modifier, sur mon ordinateur portable, les images du catalogue fraîchement copié sur le disque dur externe. Grâce aux aperçus dynamiques, j'ai même pu utiliser les outils du module Développement.

Étape 1

Étape 2

Étape 3

4. J'ai quitté l'application et déconnecté le disque dur externe de l'ordinateur portable, afin de pouvoir le reconnecter à l'ordinateur principal. Sur ce dernier, j'ai ouvert Lightroom à partir du même catalogue principal : les paramètres de développement appliqués aux aperçus dynamiques ont été automatiquement répercutés aux fichiers originaux.

Aperçus dynamiques et poids du catalogue
Gardez à l'esprit que si vous créez des aperçus dynamiques de toutes vos images, le poids du fichier « Smart Previews.lrdata » correspondra grosso modo à celui du fichier « Previews.lrdata », doublant le poids de votre catalogue. Actuellement, le fichier « Previews.lrdata » de mon catalogue principal pèse 150 Go. Afin de tirer parti de ses performances élevées en vitesse de lecture et écriture, le catalogue en question réside sur un disque SSD interne. Or, sa capacité de stockage ne permet pas de créer des aperçus dynamiques pour l'ensemble de mes images. Je limite donc actuellement le nombre d'images pouvant bénéficier de ce privilège.

Les panneaux du module Bibliothèque

Le module Bibliothèque offre plusieurs modes d'affichage des vignettes dans la fenêtre principale : le mode Grille qui donne un aperçu de quelques vignettes, le mode Loupe qui affiche un aperçu grand format d'une seule image, le mode Comparaison qui permet un affichage simultané de toutes les images sélectionnées dans le panneau « Film fixe », et le mode Ensemble affichant toutes les images sélectionnées dans la fenêtre principale.

Les outils du module Bibliothèque sont répartis en deux séries de panneaux latéraux (voir figure ci-contre).

Le panneau Catalogue permet, au choix, d'accéder à l'ensemble des images stockées, à une sélection temporaire (« Collection rapide ») ou aux images provenant de la dernière importation.

Raccourcis clavier
En effectuant un clic droit sur l'un des panneaux, vous accéderez aux options du menu contextuel ; vous pouvez paramétrer l'affichage ou le masquage de chacun des panneaux. Les touches Cmd/Ctrl, en plus des touches du pavé numérique (1, 2, 3, etc.), vous permettent d'afficher ou de masquer certains panneaux individuels.

Le panneau Dossiers classe les dossiers importés dans le catalogue en fonction de leur nom, selon un ordre alphabétique (nous l'avons déjà dit, Lightroom n'affiche que les dossiers et les fichiers importés). Vous pouvez y éditer les noms des dossiers, ajouter de nouveaux fichiers et déplacer des images d'un dossier à un autre. Bien que vous puissiez utiliser ce panneau pour parcourir les collections de vos dossiers, Lightroom propose des méthodes plus conviviales que nous détaillerons plus loin.

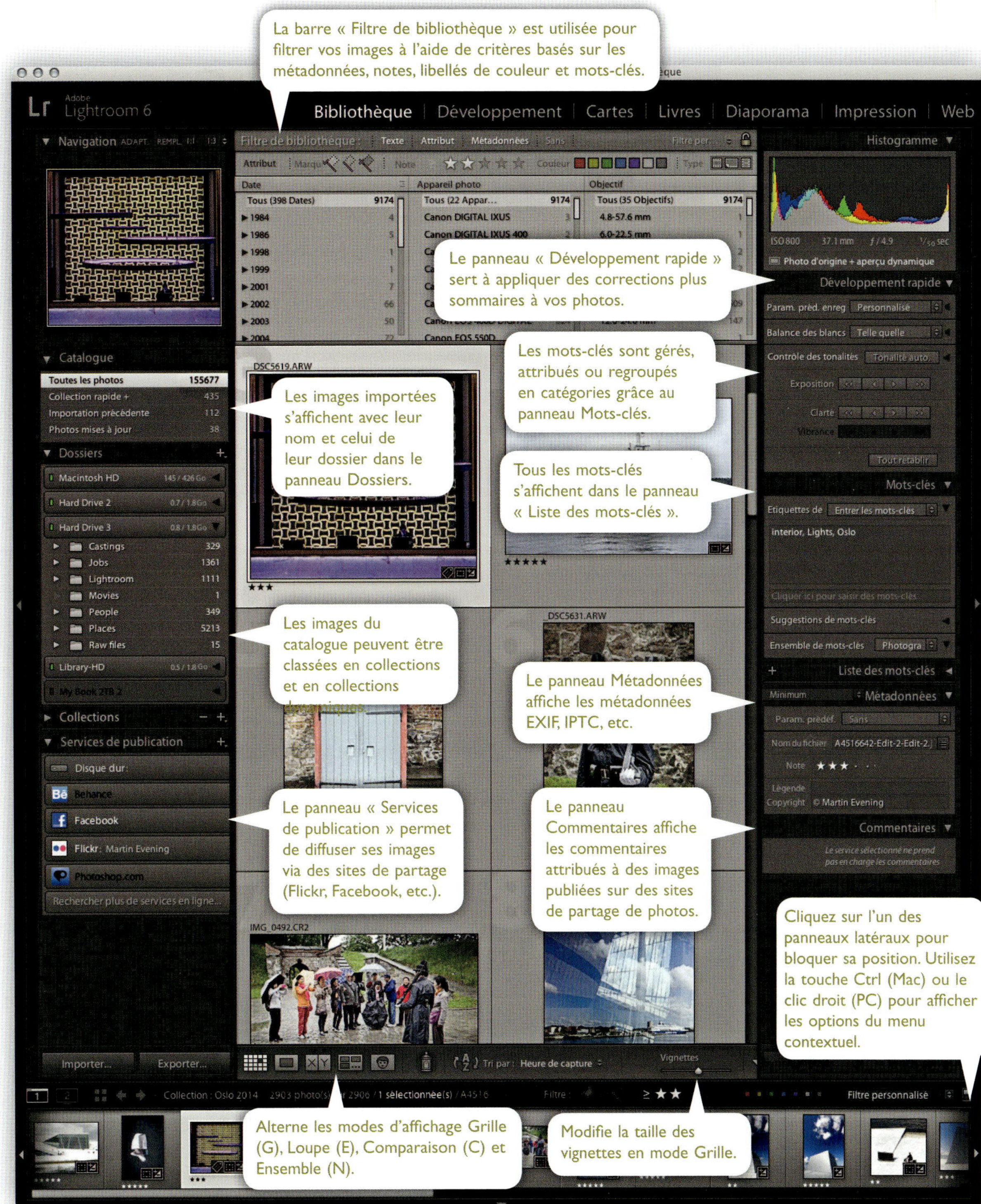

L'ensemble des outils du module Bibliothèque, ici affiché en mode Grille.

Le panneau Collections permet de sélectionner des images pour les enregistrer dans une « collection ». Une image peut être dans plusieurs collections. Lightroom permet de créer des « collections dynamiques » en se basant sur des réglages personnalisés. En appuyant sur la touche B, vous pouvez trier vos images favorites pour les rassembler dans ce que Lightroom appelle une « collection rapide » ; celle-ci restera accessible aussi longtemps que vous le souhaiterez via le panneau Bibliothèque. Lightroom permet d'attribuer ce raccourci à une autre collection, grâce à la commande « Définir comme collection cible » du menu contextuel.

Le panneau « Services de publication » vous permet de publier des photos sur des sites communautaires tels que Flickr, de les gérer directement depuis Lightroom et/ou de visualiser des commentaires ajoutés par les visiteurs du site (panneau Commentaires).

La barre « Filtre de bibliothèque », située au-dessus de la fenêtre principale, réunit les commandes de l'ancien panneau Rechercher et ceux du « Film fixe » ; c'est l'outil privilégié pour filtrer des images selon un ou plusieurs critères précis s'appuyant sur des métadonnées, des notes ou du texte. Il est ainsi possible de filtrer les images du catalogue en appliquant plusieurs critères à la fois (par exemple, un mot-clé, une note et le type d'appareil avec lequel les photos ont été prises).

Le panneau « Développement rapide » offre des outils plus sommaires pour corriger vos images, ce qui vous évite parfois de recourir aux outils sophistiqués du module Développement.

Le panneau Mots-clés affiche l'ensemble des mots-clés attribués, lesquels peuvent être regroupés en catégories. Il existe plusieurs méthodes pour attribuer des mots-clés à des images : un glisser-déposer d'un mot-clé sur une ou plusieurs vignettes sélectionnées dans la grille, un glisser-déposer d'une image sur un mot-clé, un ajout de mots-clés à une sélection de photos via les outils du panneau. Vous pouvez également créer et appliquer des ensembles de mots-clés (y compris ceux proposés dans le menu « Suggestions de mots-clés » et basés sur les photos sélectionnées).

Vous pouvez également afficher d'autres métadonnées que les mots-clés par l'intermédiaire du panneau Métadonnées, par exemple les données EXIF enregistrées par l'appareil. Ce panneau peut également être utile à l'insertion manuelle de données IPTC, comme le titre d'une image, sa légende et sa mention de copyright.

Le panneau Navigation.

Le panneau Navigation

Le panneau Navigation affiche un aperçu agrandi de l'image sélectionnée tout en proposant un certain nombre de commandes pour contrôler le taux de grossissement et pour déplacer l'image dans la fenêtre principale. Le panneau Navigation vous assiste également pour trouver les images qui vous intéressent : passez la souris sur les différents items des panneaux Dossiers et Collections pour afficher la première des images qui y figurent.

Le panneau Catalogue

Le panneau Catalogue affiche les informations relatives au catalogue et permet d'accéder à l'ensemble des images stockées, à une sélection temporaire (« Collection rapide ») ou aux images provenant de la dernière importation. En cliquant sur « Toutes les photos », vous afficherez toutes les images du catalogue ; privilégiez cette option lorsque vous souhaitez appliquer un filtrage à l'ensemble des photos. Gardez à l'esprit qu'il arrive assez souvent qu'aucune photo ne réponde aux critères de filtrage choisis, faute d'avoir pointé un dossier d'images suffisamment large…

Effectuez un clic droit, puis sélectionnez l'option « Supprimer cette collection temporaire » pour ainsi effacer une sélection temporaire (« Importation précédente », « Photos manquantes », etc.).

La barre d'outils de la bibliothèque

La barre d'outils du module Bibliothèque comprend les boutons de sélection des modes d'affichage Grille, Loupe, Comparaison et Ensemble, ainsi que des commandes pour définir l'ordre de tri. Vous pouvez personnaliser la barre d'outils pour afficher au choix les commandes Mots-clés, Note, Sélection, « Libellé de la couleur », Rotation, Navigation, Diaporama et « Taille de vignette ».

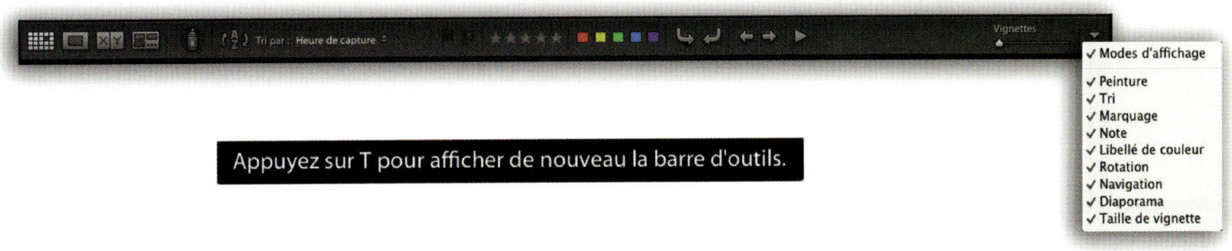

Personnalisez les options en cliquant directement sur la barre d'outils ou par l'intermédiaire du menu affiché.

La barre d'outils (que vous pouvez afficher ou masquer à l'aide du raccourci clavier T) peut être configurée afin de s'afficher différemment selon le mode d'affichage utilisé, Grille ou Loupe.

Le panneau Dossiers

Le panneau Dossiers s'impose comme le tout premier outil de classement des images qui viennent d'être importées. Il offre un accès direct à tous les dossiers du catalogue. Lightroom interdit de stocker plus d'un exemplaire d'un même fichier dans le catalogue, de même que de créer des copies d'une image et de les enregistrer dans plusieurs dossiers. En revanche, vous pouvez répartir vos photos dans autant de dossiers que vous le souhaitez. Tous les changements opérés sur la structure des dossiers dans Lightroom seront automatiquement répercutés dans l'arborescence des fichiers de votre système d'exploitation, et les dossiers et fichiers du système correspondront toujours à ceux du panneau Dossiers dans Lightroom. De même, si vous déplacez ou renommez des fichiers en utilisant les outils de votre système d'exploitation, Lightroom tiendra compte des modifications au sein du panneau Dossiers.

Lightroom affiche les dossiers d'images du catalogue selon leur emplacement sur plusieurs disques durs. Vous pouvez modifier l'arborescence des dossiers et déplacer les fichiers comme bon vous semble ; en cliquant sur leur barre de titre, vous masquerez le contenu des autres disques durs afin de faciliter l'accès au contenu d'un seul disque à la fois. En fonction du statut, de l'espace libre et de la capacité du disque, la barre de titre change d'apparence :

- la diode verte indique que le disque dur est à la fois accessible et doté d'un espace de stockage suffisant ;
- au fur et à mesure que la capacité du disque diminue, la couleur de la diode change, d'abord en jaune, puis en orange et enfin en rouge (disque plein) ;
- un disque débranché et inaccessible est affiché en noir, un dossier grisé signale des liens cassés vers une ou plusieurs de ses images ;
- les chiffres qui figurent dans la partie droite de chaque barre indiquent la capacité disponible du disque, puis sa capacité totale ;
- un clic droit sur la barre de titre révèle d'autres options d'affichage : « Nombre de photos », « État », « Sans ».

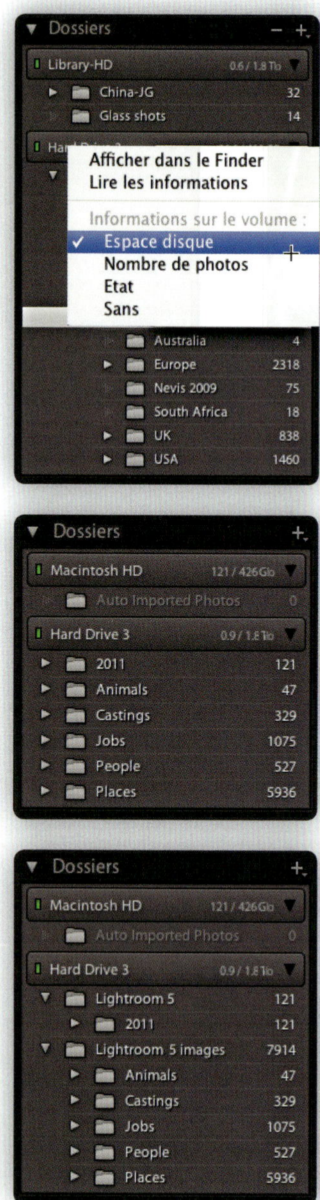

Les options d'affichage de la barre de titre (en haut) et deux options du menu contextuel permettant de masquer (au milieu) ou d'afficher les dossiers parents (en bas).

Le panneau Dossiers sert à gérer les dossiers du catalogue Lightroom et/ou à les regrouper dans d'autres dossiers, à condition qu'ils soient stockés sur le même disque. Dans une certaine mesure, le panneau Dossiers s'apparente à l'arborescence des dossiers affichés par l'explorateur de fichiers de votre système d'exploitation. Toutefois, à la différence de ce dernier, Lightroom n'affiche pas les dossiers parents pour ainsi simplifier la hiérarchie des dossiers au sein du panneau homonyme. Pour révéler la hiérarchie complète de dossiers, double-cliquez sur le dossier de niveau supérieur, puis sélectionnez l'option « Afficher le dossier parent » ; pour la masquer, sélectionnez l'option « Masquer ce parent » qui ouvre une boîte de dialogue proposant de supprimer le dossier de niveau supérieur tout en supprimant les photos de ce dossier du catalogue.

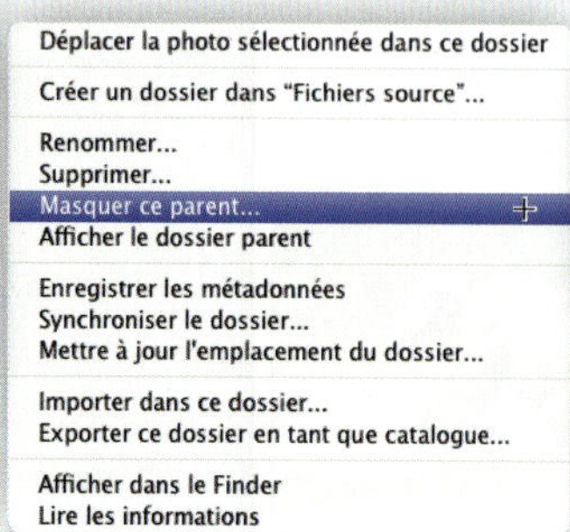

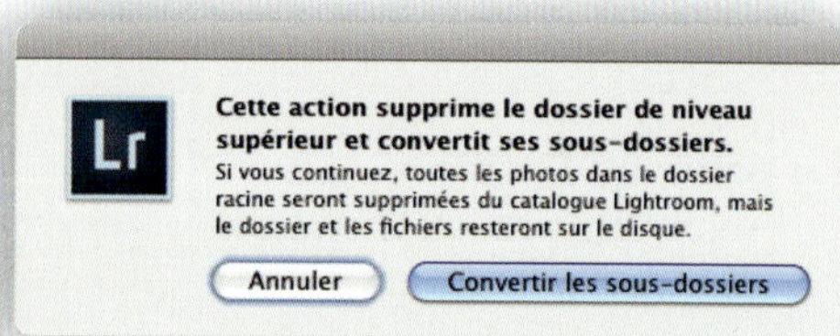

L'option « Masquer ce parent » permet de supprimer le dossier de niveau supérieur, simplifiant l'arborescence des dossiers affichés dans Lightroom.

En cliquant sur le bouton dans l'angle supérieur droit, vous afficherez le menu contextuel du panneau Dossiers :

- l'option par défaut affiche seulement le nom du dossier ;
- l'option « Dossier et chemin » affiche aussi sa hiérarchie ;

- l'option « Chemin du volume » affiche uniquement la hiérarchie de dossiers. Les deux dernières options sont utiles pour afficher l'arborescence complète des dossiers tout en cachant les dossiers parents ;
- l'option « Afficher les photos dans les sous-dossiers », sélectionnée par défaut, révèle ou masque l'ensemble des fichiers et sous-dossiers d'un dossier. Lorsqu'elle est activée, il est impossible d'appliquer un ordre de tri personnalisé ou un empilement aux images provenant de multiples dossiers.

Le menu déroulant du panneau Dossiers (en haut) et le panneau affiché avec les options « Chemin du volume » (au milieu) et « Dossier et chemin » (en bas).

Dossiers Lightroom et dossiers système

Si vous renommez un dossier dans Lightroom, le dossier système correspondant sera également renommé. De même, si vous effectuez des modifications à l'aide du Finder ou d'un logiciel fonctionnant avec un explorateur de fichiers, Lightroom intégrera automatiquement ces changements. Cependant, si une image n'est pas importée dans le catalogue, le logiciel est encore incapable de détecter sa présence à l'intérieur d'un dossier système. Notez qu'il est possible de choisir, puis de déplacer plusieurs dossiers à la fois sous Windows.

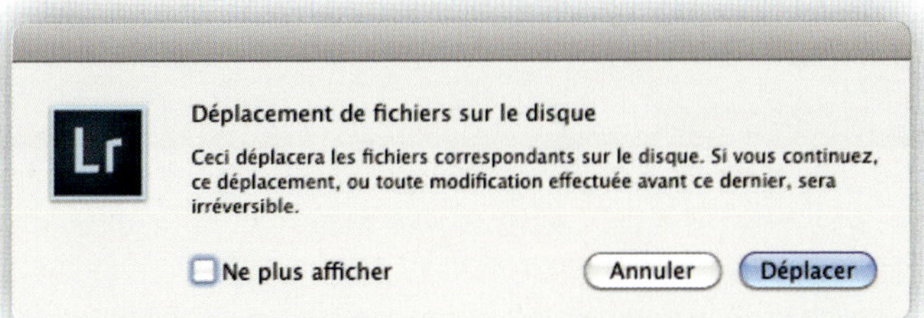

Lightroom envoie cet avertissement lors du déplacement d'un ou de plusieurs fichiers. Une autre boîte de dialogue vous avertit lorsque l'espace du disque dur de destination est insuffisant.

Trouver le lien entre un catalogue et un dossier

Avec Lightroom, l'organisation et le tri des photos s'affranchissent de l'arborescence sous-jacente de vos dossiers.

1. Voici, ci-après, un dossier d'images affiché dans Lightroom et dans l'explorateur de fichiers (Finder) de Mac OS X. Pour repérer l'emplacement de la photo dans l'explorateur de fichiers du système, vous pouvez sélectionner les commandes Photo>Afficher dans le Finder (Mac) ou Photo>Afficher dans l'Explorateur (Windows), ou encore le raccourci clavier Cmd/Ctrl + R.

2. Dans Lightroom, j'ai créé le dossier Utah en tant que sous-dossier de Places>USA, puis j'ai fait glisser les dossiers Monument Valley et Moab à l'intérieur du nouveau dossier. L'arborescence de dossiers de Mac OS X (page 87) reflète ces changements.

Étape 1

LR4-2011-2-2.lrcat - Adobe Photoshop Lightroom - Bibliothèque
USA 124
Boston 2
Chicago 8
Georgia 1
Las Vegas 2
NYC-2007 22
South West 35
South West trip 2009 4
Utah 48
Bryce Canyon 8
Moab-Arches 16
Monument Valley 21
Red Canyon 1
Zion Park 2
Washington DC 2
Figures CHap4 1
Figures Chap5 7
Ouvrir en mode Loupe
Ouvrir dans l'ensemble
Verrouiller sur le second moniteur
Afficher dans le Finder
Atteindre le dossier de la bibliothèque
Atteindre la collection
Modifier dans
Définir le marqueur
Définir la note
Définir les libellés des couleurs
Ajouter des mots-clés "Icebergs, Antarctique, Paysages"
Ajouter à la collection rapide
Empilement
Créer une copie virtuelle
Paramètres de développement
Paramètres prédéfinis des métadonnées
Rotation antihoraire
Rotation horaire
Métadonnées
Exporter
Envoyer une photo par courrier électronique...
Supprimer la photo...
Options d'affichage...

Monument Valley
USA
Places
Lightroom images
Hard Drive 3
Martin Evening's Mac Pro
Nom
Taille
Type
.DS_Store
8 Ko
Document
Bryce Canyon
Dossier
Moab
5 juin 2012 17:04
Dossier
Monument Valley
27 mai 2012 10:33
Dossier
Red Canyon
23 mai 2012 15:54
Dossier
Zion Park
27 mai 2012 10:33
Dossier
2 sur 6 sélectionnés, 128,65 Go disponibles

Étape 2

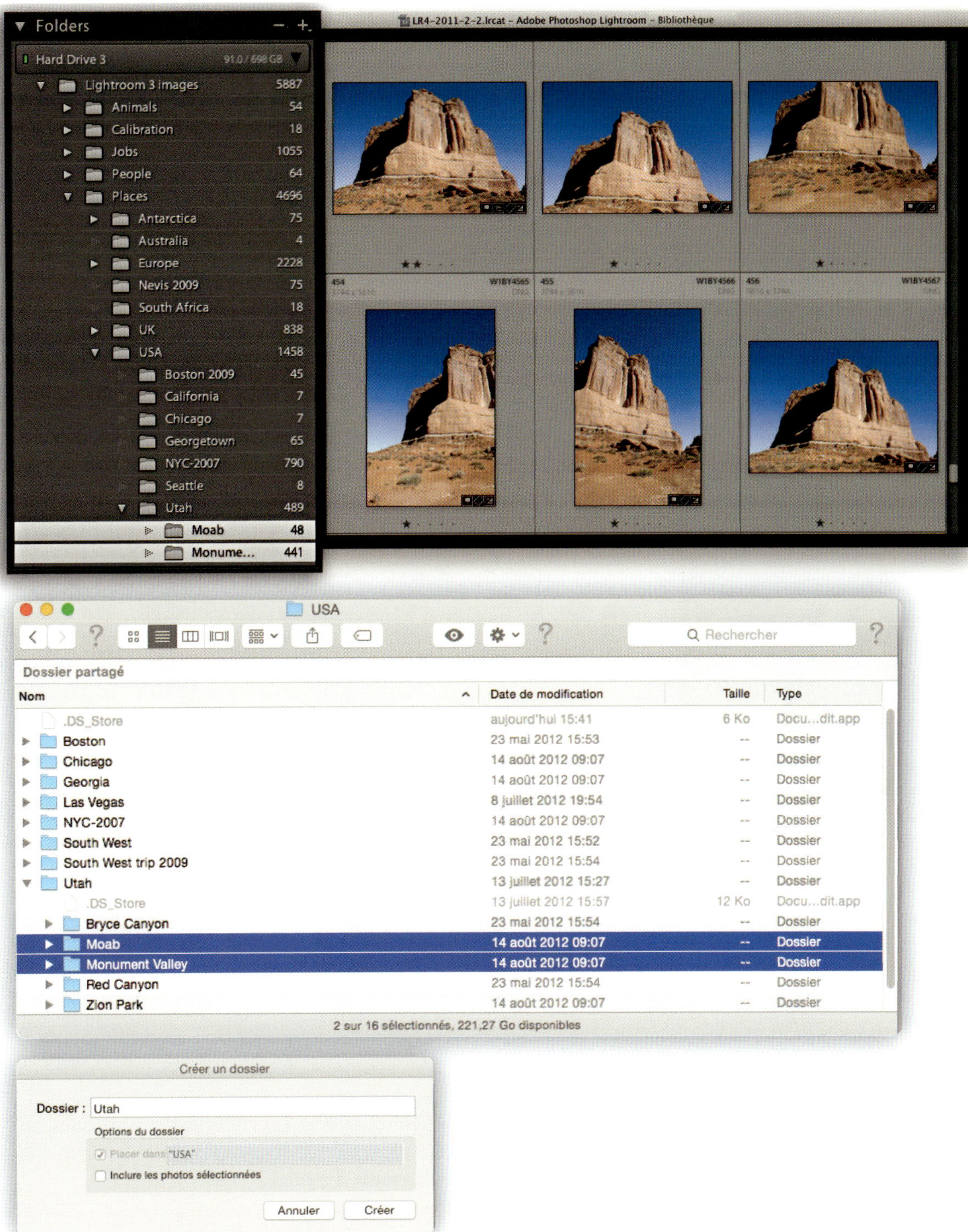
Folders
Hard Drive 3 91.0 / 698 GB
Lightroom 3 images 5887
Animals 54
Calibration 18
Jobs 1055
People 64
Places 4696
Antarctica 75
Australia 4
Europe 2228
Nevis 2009 75
South Africa 18
UK 838
USA 1458
Boston 2009 45
California 7
Chicago 7
Georgetown 65
NYC-2007 790
Seattle 8
Utah 489
Moab 48
Monume... 441
LR4-2011-2-2.lrcat - Adobe Photoshop Lightroom - Bibliothèque
USA
Rechercher
Dossier partagé
Nom
Date de modification
Taille
Type
.DS_Store aujourd'hui 15:41 6 Ko Docu...dit.app
Boston 23 mai 2012 15:53 -- Dossier
Chicago 14 août 2012 09:07 -- Dossier
Georgia 14 août 2012 09:07 -- Dossier
Las Vegas 8 juillet 2012 19:54 -- Dossier
NYC-2007 14 août 2012 09:07 -- Dossier
South West 23 mai 2012 15:52 -- Dossier
South West trip 2009 23 mai 2012 15:54 -- Dossier
Utah 13 juillet 2012 15:27 -- Dossier
.DS_Store 13 juillet 2012 15:57 12 Ko Docu...dit.app
Bryce Canyon 23 mai 2012 15:54 -- Dossier
Moab 14 août 2012 09:07 -- Dossier
Monument Valley 14 août 2012 09:07 -- Dossier
Red Canyon 23 mai 2012 15:54 -- Dossier
Zion Park 14 août 2012 09:07 -- Dossier
2 sur 16 sélectionnés, 221,27 Go disponibles
Créer un dossier
Dossier : Utah
Options du dossier
Placer dans "USA"
Inclure les photos sélectionnées
Annuler
Créer

Le panneau Dossiers affiche ici un dossier au lien rompu.

Le panneau Dossiers affiche ici un disque dur dont les fichiers sont indisponibles.

Si vous déplacez ou renommez un dossier en passant par l'explorateur de fichiers de votre système d'exploitation, le panneau Dossiers vous en avertit en affichant une icône en forme de point d'interrogation au-dessus de l'icône du dossier en question. La manière la plus simple de rétablir les liens dans Lightroom consiste à effectuer un clic droit sur le dossier au lien rompu, puis de sélectionner l'option « Rechercher le dossier manquant ».

Si les liens cassés ne concernent qu'une ou plusieurs images. Lightroom affiche une icône en forme de point d'interrogation dans la cellule des images en question. Cliquez sur une des icônes pour réaffecter l'image liée et ainsi toutes les images manquantes.

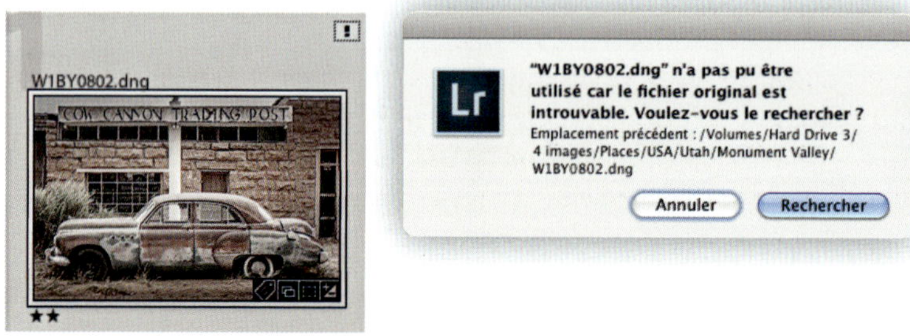

Une icône en forme de point d'exclamation, située dans l'angle supérieur droit d'une cellule, signale un lien rompu entre l'image et le catalogue. Quand vous cliquez dessus, Lightroom affiche une boîte de dialogue qui vous avertit et vous permet de restaurer le lien.

Si le disque dur abritant les images a été renommé ou déconnecté, Lightroom l'affiche en noir et dote ses dossiers de points d'interrogation. Renommez ou connectez le disque dur pour que la situation rentre dans l'ordre.

Synchroniser des dossiers

S'il existe une synchronisation automatique entre Lightroom et le système d'exploitation en ce qui concerne les dossiers (le changement d'un nom de dossier dans Lightroom est automatiquement répercuté à l'arborescence de dossiers du système, par exemple), elle doit être déclenchée par l'utilisateur. En réalité, il arrive souvent que l'on importe un dossier d'images dans Lightroom et que l'on ajoute ou supprime des sous-dossiers ou des images au fur et à mesure du travail dans Lightroom, dans Bridge ou avec l'explorateur de fichiers du système. Lightroom ne peut alors plus afficher fidèlement le contenu du dossier en question.

La commande « Synchroniser le dossier », du menu Bibliothèque, est destinée à interroger le dossier du système afin de le synchroniser avec le catalogue de Lightroom. Sa boîte de dialogue affiche des informations relatives aux nouvelles images à importer, aux originaux manquants et aux métadonnées à mettre à jour.

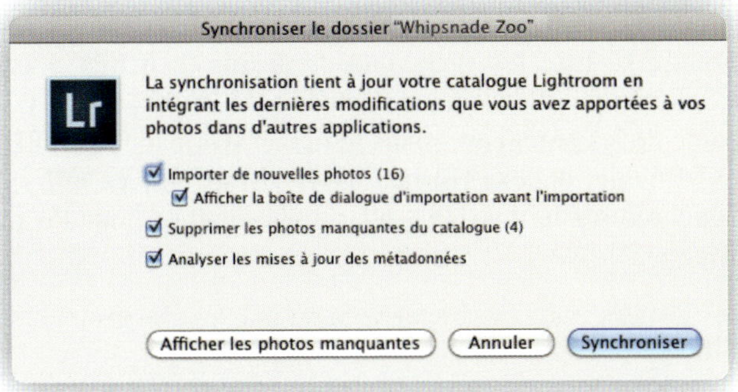

La boîte de dialogue « Synchroniser le dossier ».

Dans « Importer de nouvelles photos », vous pouvez choisir entre une importation des photos et une mise à jour du catalogue. Par défaut, Lightroom importe les photos récemment ajoutées au dossier sans afficher la boîte de dialogue Importer. Si vous le souhaitez, vous pouvez cependant sélectionner l'option « Afficher la boîte de dialogue d'importation » avant l'importation afin de modifier le nom des images et leur appliquer des paramètres de développement, des métadonnées ou des mots-clés. Si vous avez supprimé des photos avec Bridge ou l'explorateur de fichiers du système, Lightroom les effacera également du catalogue.

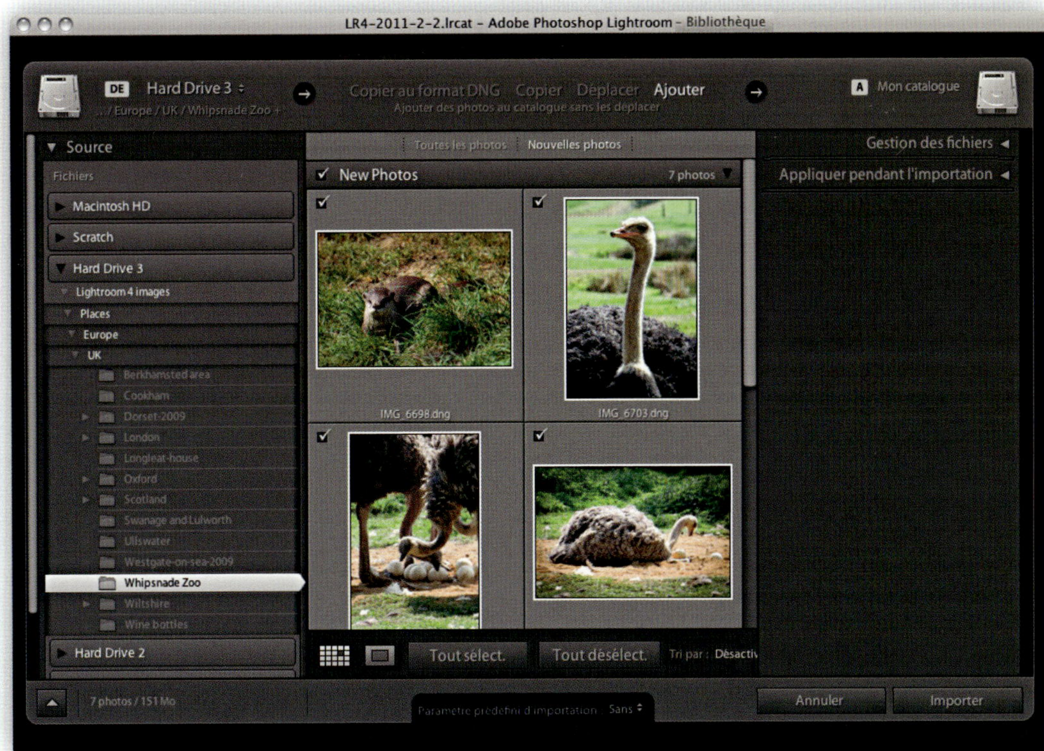

Le panneau « Importer les photos ».

Astuce
Vous pouvez renommer un dossier en double-cliquant sur son nom à partir du panneau Dossiers ou en sélectionnant la commande Renommer à partir du menu contextuel.

L'option « Analyser les mises à jour des métadonnées » est équivalente à l'option « Lire les métadonnées depuis le fichier » (voir page 580). Après avoir modifié les métadonnées dans Bridge ou dans un autre logiciel capable de les enregistrer dans le fichier (format TIFF, JPEG ou DNG) ou dans le fichier annexe (format RAW), vous pouvez utiliser la commande « Synchroniser le dossier » pour ainsi mettre à jour les métadonnées du catalogue.

Ajouter de nouveaux dossiers

Il est aussi facile de réorganiser la hiérarchie des dossiers que de déplacer des images d'un dossier à un autre. Nous allons voir maintenant comment ajouter de nouveaux dossiers au panneau Dossiers, comment optimiser une structure de dossiers après une importation d'images dans Lightroom, et comment ordonner des dossiers pour que l'organisation soit plus cohérente.

Pour créer un nouveau dossier, cliquez sur l'icône « + » du panneau Dossiers (en haut à droite). La boîte de dialogue « Créer un dossier » s'affiche alors.

1. J'ai sélectionné quelques images à partir du dossier Italy pour les enregistrer dans un sous-dossier Treia.

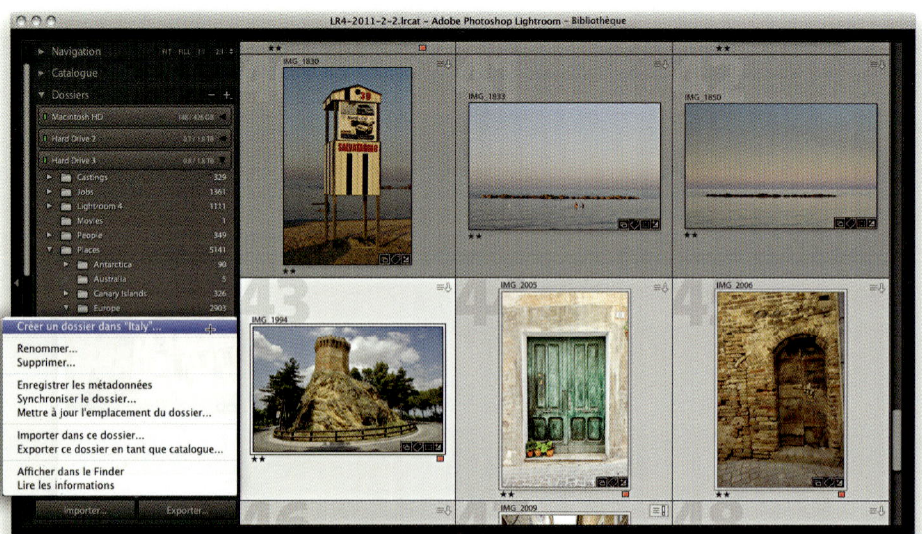

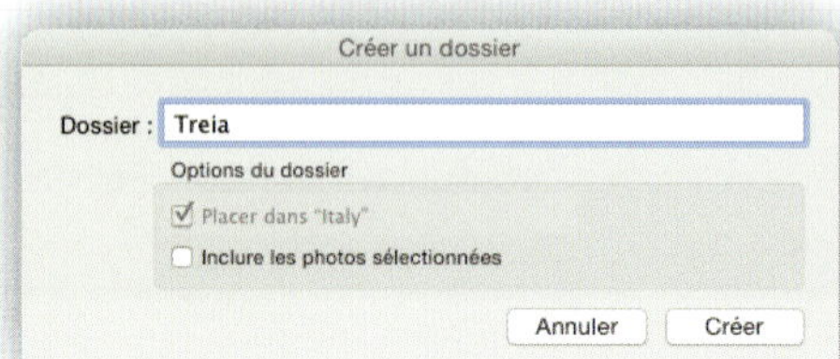

2. J'ai ensuite cliqué sur le bouton Créer. Le sous-dossier Treia se trouve désormais à l'intérieur du dossier Italy.

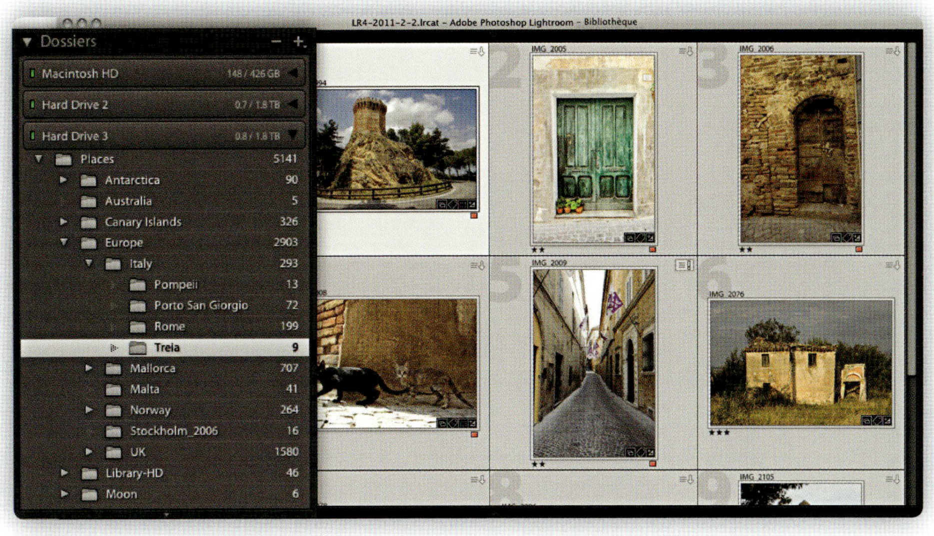

Trouver le lien entre un catalogue et un dossier

Avec Lightroom, l'organisation et le tri des photos s'affranchissent de l'arborescence sous-jacente de vos dossiers.

1. Voici une collection d'architecture dont les images proviennent de différents dossiers. Dans le panneau Métadonnées, vous pouvez afficher le dossier de la photo principale en cliquant sur le bouton « Afficher ce dossier dans Lightroom ».

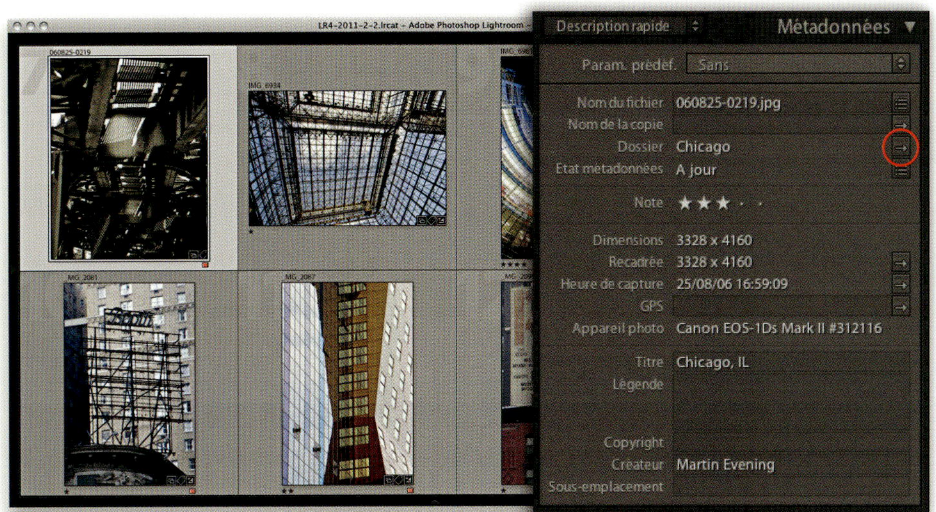

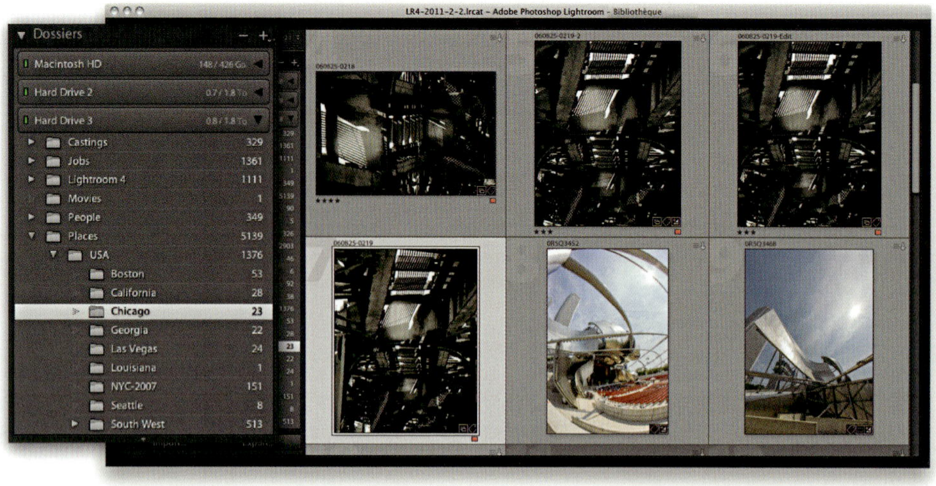

2. Pour repérer l'emplacement de la photo dans l'explorateur de fichiers du système, vous pouvez sélectionner les commandes Photo>Afficher dans le Finder (Mac) ou Photo>Afficher dans l'Explorateur (Windows), ou encore le raccourci clavier Cmd/Ctrl + R. Il existe également une autre méthode, réservée aux utilisateurs de Photoshop : glissez simplement une photo de la grille du module Bibliothèque pour la déposer sur le raccourci/alias de Bridge.

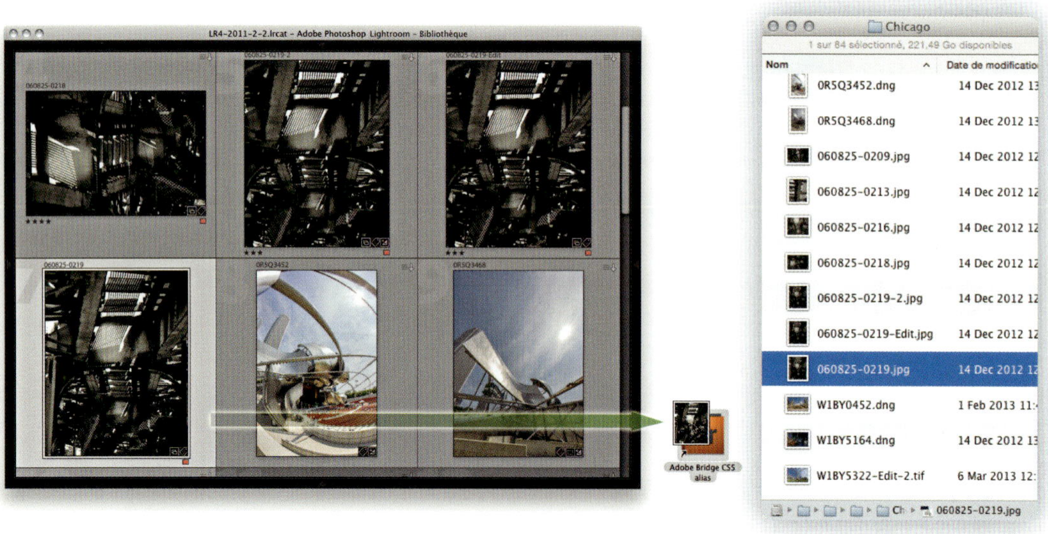

3. Si vous utilisez la méthode « Photoshop », vous affichez la photo et son emplacement dans une nouvelle fenêtre, la photo étant surlignée dans la fenêtre principale de Bridge.

Organiser les dossiers

Très souvent, on me demande en quoi l'utilisation du catalogue de Lightroom pour rechercher des images diffère de celle de l'explorateur de fichiers du système ou de l'explorateur d'un logiciel classique. À cela, je réponds qu'avec une organisation basée sur celle de l'arborescence des fichiers du système, il est indispensable de connaître l'emplacement de chacune des images pour les retrouver. Certes, un photographe bien organisé pourrait archiver ses photos par date, par ordre alphabétique ou en combinant les deux, mais comment pourrait-il retenir l'emplacement (sur plusieurs disques et supports amovibles…) et l'organisation des sous-dossiers ?

Si vous stockez les fichiers sur de multiples supports, faites attention à pouvoir les faire migrer facilement sur d'autres supports plus volumineux.

Mais la plupart d'entre nous ont pris l'habitude de s'appuyer sur des hiérarchies de dossiers pour organiser leurs documents informatiques. En fait, pour beaucoup de personnes, le nom du dossier est la seule indication permettant de retrouver les fichiers stockés sur leur ordinateur. Encore aujourd'hui, cette forme d'organisation semble être appropriée pour classer des fichiers. Pour ma part, j'ai créé un dossier et une série de sous-dossiers pour classer tous mes documents professionnels tels que des lettres et factures. Cependant, lorsqu'il s'agit d'organiser des photos, ce système de classement présente plusieurs inconvénients. Comment classer de nouvelles images, par date, lieu géographique ou nom de client ? Si Lightroom peut s'affranchir d'une arborescence de dossiers, ce n'est pas forcément le cas de ses utilisateurs pour lesquels le panneau Dossiers représente un précieux outil de navigation.

Lorsque j'ai commencé à travailler en numérique, Lightroom n'existait pas encore et j'organisais mes images en utilisant des dossiers dont les noms correspondaient aux lettres de l'alphabet. Mais ne disposant que d'un espace disque limité, j'étais obligé d'enregistrer mes photos sur de multiples disques durs. Il est inutile de préciser que ce système était tout sauf idéal. J'espérais qu'il y aurait assez d'espace sur chaque disque pour accueillir une bibliothèque d'images de plus en plus importante. Hélas, la situation commença à se gâter lorsque le disque hébergeant les dossiers de A à C devint insuffisant – j'avais par malchance accumulé de nombreux clients dont le nom débutait avec une des trois premières lettres de l'alphabet...

À l'avènement de Lightroom, je me suis vite rendu compte que l'emplacement des images (c'est-à-dire l'arborescence sous-jacente des dossiers du système) n'était plus vraiment important. Pour le filtrage et la recherche, il est bien plus facile de travailler avec un logiciel de catalogage comme Lightroom, plus à même de gérer les métadonnées grâce à sa base de données. Vous pouvez localiser des images de votre catalogue à l'aide de leurs métadonnées, créer et enregistrer des collections.

Comment organiser ses dossiers et fichiers dans Lightroom ? La capacité de suivre l'évolution de votre photothèque est une des principales caractéristiques d'une organisation cohérente. Pour ma part, je trouve utile de séparer les images de ma photothèque en différentes catégories (fichiers RAW, Bitmap et travail personnel), stockées sur différents supports. Je ne remplis chacun de mes disques qu'à 50 ou 60 % de leur capacité maximale et tous les quatre ou cinq ans, je fais migrer mes images sur des supports plus volumineux.

Les futurs systèmes d'exploitation nous encourageront sans doute à utiliser les métadonnées, et non la structure des dossiers, afin de trier et classer nos fichiers. Mais certains photographes préféreront conserver et gérer d'anciens dossiers en utilisant des méthodes éprouvées. C'est pourquoi il peut être utile de bien connaître les différences et les similitudes entre les dossiers de Lightroom et ceux du système. De même, si vous travaillez simultanément avec Bridge et Lightroom, il est plus simple et plus rapide d'enregistrer vos fichiers dans des dossiers et des sous-dossiers pour les localiser, au lieu de vous appuyer sur leurs métadonnées.

Si vous n'utilisez que Lightroom pour gérer vos fichiers, vous pouvez classer ces derniers par leur date d'importation. Une telle organisation n'est pas tributaire de la nature des images (travaux professionnels ou personnels, portraits, photos de voyage, etc.) et s'adapte facilement aux futures évolutions de votre photothèque.

Il est également possible d'utiliser les dossiers pour séparer les images en fonction des différentes étapes de votre flux de production. Au chapitre **2**, je vous ai suggéré d'utiliser un dossier d'importation unique et on pourrait imaginer une suite de dossiers qui accueillent vos fichiers au fur et mesure de leur traitement. La figure ci-après montre un flux de production qui s'appuie sur une série de dossiers, proposés par Peter Krogh, auteur de l'ouvrage de référence *Catalogage et flux de production pour les photographes*, (traduit aux éditions Eyrolles, N.d.T.). Les images parcourent les dossiers Importation, « Conversion en DNG » et « Attribution de mots-clés » pour ne gagner leur dossier définitif qu'après avoir été converties en DNG et dotées de mots-clés. Les différents dossiers ne représentent donc que des emplacements temporaires et offrent l'avantage de ne pas avoir à décider tout de suite d'un dossier final. Qui plus est, la méthode décrite vous oblige à réfléchir sur l'attribution de mots-clés à vos images avant même leur enregistrement dans leur dossier final.

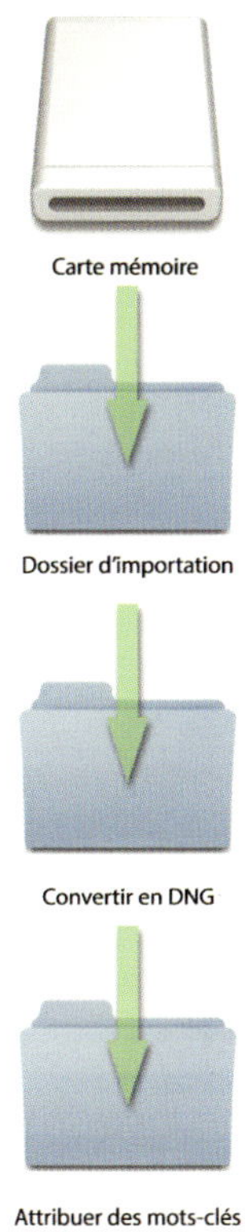

Ces dossiers du flux de production correspondent aux différentes étapes de traitement, préalable au catalogage des images dans Lightroom.

Dans son ouvrage, Peter Krogh plaide pour un système d'archivage fondé sur une organisation des images dans des dossiers datés dont le volume est égal à la capacité de stockage des disques DVD-Rom ou Blu-ray qu'il utilise pour l'archivage. Pour chaque dossier de la photothèque, il existe ainsi un support optique, permettant de récupérer les images en cas de perte de données. Le système de récipients de Peter Krogh présente d'autres avantages : d'une part, le contenu des dossiers n'est pas mis à jour, facilitant ainsi la gestion des données et, d'autre part, il réduit les cycles d'écriture et de lecture des disques, prolongeant ainsi la durée de vie des supports de stockage. Si ce système est idéal pour la sécurité des données, il est souvent suffisant de sauvegarder ses fichiers régulièrement sur un ou plusieurs disques durs.

La barre « Filtre de bibliothèque »

La barre «Filtre de bibliothèque» comporte un onglet Texte permettant de filtrer des images par leurs nom, titre et légende, tout en analysant leurs métadonnées IPTC et EXIF. Si l'onglet Attribut reprend les options de filtrage du panneau « Film fixe », l'onglet Métadonnées succède à l'ancien « Explorateur de métadonnées » pour le filtrage à l'aide de métadonnées, et propose des outils bien plus pratiques – rappelons que, dans la première version de Lightroom, il fallait encore faire défiler tous les mots-clés existants dans le panneau correspondant afin de trouver celui par lequel filtrer vos images. Grâce au dispositif de filtrage, le nombre d'images affichées se réduit au fur et à mesure que vous durcissez les critères de filtrage. En revanche, la barre « Filtre de bibliothèque » réduit l'espace disponible pour la fenêtre principale – pensez donc à utiliser la touche « $ » pour la masquer (ou l'afficher).

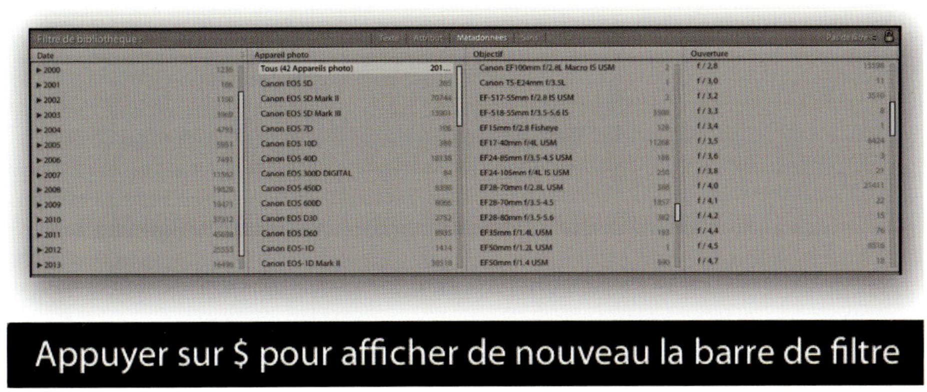

La barre « Filtre de bibliothèque ». Lightroom affiche un message rappelant le raccourci clavier « $ » qui permet de masquer, puis de faire apparaître cette barre.

Conseil
Vous pouvez utiliser le glisser-déposer pour modifier l'ordre d'affichage des vignettes de la fenêtre principale et du panneau « Film fixe ». Cette technique peut aussi servir pour copier des images dans un emplacement situé à l'extérieur de Lightroom ou pour lancer un script afin de développer une image à travers un droplet de Photoshop.

Parcourir la bibliothèque

Cette section est dédiée à la fenêtre principale et détaille comment vous pouvez vous déplacer parmi les images sélectionnées, puis comment utiliser les options de cette fenêtre principale afin de personnaliser l'interface utilisateur.

Travailler en mode Grille

Les vignettes basse définition du mode d'affichage Grille sont générées aussitôt que vous ajoutez des images à votre catalogue. Si vous avez coché, dans la boîte de dialogue « Importer des photos », l'option « Rendu des aperçus de taille standard », le rendu initial des vignettes sera aussi long que leur qualité d'affichage est élevée.

Si votre appareil photo enregistre l'orientation des photos (verticale ou horizontale) parmi ses métadonnées EXIF, Lightroom procédera à une rotation automatique pour présenter les images dans le bon sens. Sinon, vous pouvez utiliser les boutons « Rotation horaire/Rotation antihoraire » de la photo ou les raccourcis clavier Cmd/Ctrl + Maj + « : » (rotation horaire) ou Cmd/Ctrl + Maj + « ; » (rotation antihoraire).

Pour ouvrir les options d'affichage de la Bibliothèque, sélectionnez le menu Affichage>Options d'affichage (raccourcis clavier Cmd/Ctrl + J) et ouvrez l'onglet « Mode Grille ». Il propose deux types de présentation : le mode « Cellules réduites » et le mode « Cellules agrandies ».

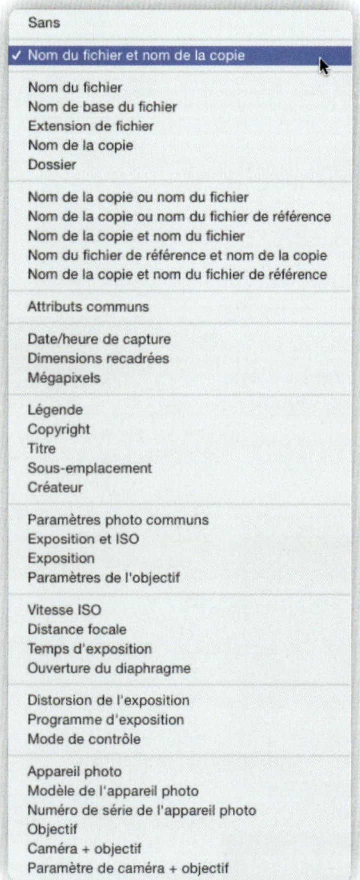

Les options d'affichage pour les modes « Cellules réduites » et « Cellules agrandies » de la boîte de dialogue « Options d'affichage de la bibliothèque ».

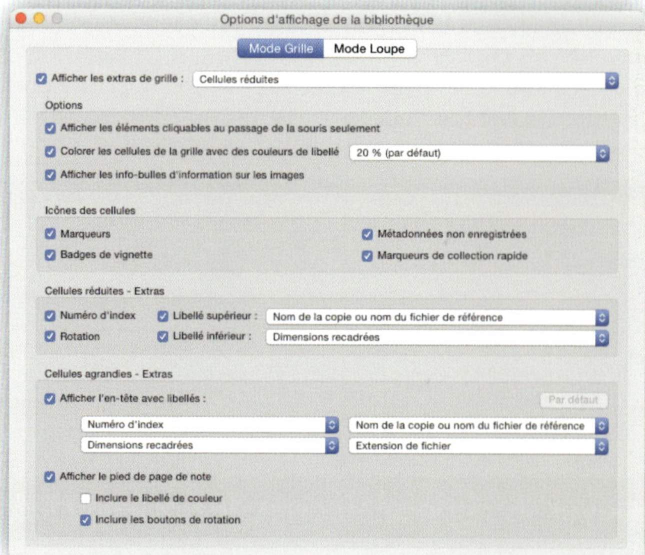

Les options d'affichage du mode Grille. Notez que Lightroom vous permet d'ajuster l'intensité de la couleur de la grille.

Les options de la section Général vous permettent de paramétrer l'affichage des éléments communs aux deux modes d'affichage, comme les marqueurs de collection rapide. Pour renseigner les champs « Libellé supérieur » et « Libellé inférieur », de nombreuses options (par exemple le modèle de votre appareil photo, voir ci-contre) sont disponibles via des menus déroulants.

Une image ajoutée à la collection rapide est marquée (en mode Grille) par un cercle gris dans le coin supérieur droit de sa vignette. Vous pouvez cliquer à l'intérieur du cercle pour ajouter ou supprimer cette image de la collection rapide.

Les marqueurs en forme de drapeau indiquent si une image a été retenue ou rejetée. Les « badges de vignette » sont représentés par trois icônes situées dans le coin supérieur droit de chaque vignette. Un double-clic sur l'icône dotée d'une minuscule étiquette ouvre le panneau Mots-clés qui vous permettra d'ajouter ou de modifier les mots-clés associés à l'image. Si vous double-cliquez sur l'icône en forme de rectangle, le module Développement s'ouvre avec le cadre de recadrage actif. En double-cliquant sur l'icône « +/- », vous ouvrez le module Développement. Le badge Collection ouvre un menu déroulant permettant de choisir parmi les différentes collections auxquelles appartient l'image et le badge Cartes indique si l'image en question comporte des métadonnées GPS.

La figure ci-dessous à gauche montre le mode d'affichage « Cellules réduites ». Son libellé supérieur (en haut à gauche) présente le numéro d'index ainsi que l'un des « extras » (dont vous pouvez paramétrer l'affichage dans les options d'affichage du mode Grille) du menu déroulant reproduit sur la figure précédente. Le libellé inférieur peut afficher les boutons pour la rotation, ainsi que l'un des « extras » du même menu déroulant, la note étant l'information affichée par défaut.

À gauche, vue agrandie d'une cellule de Grille en mode « Cellules réduites ». À droite, vue agrandie d'une cellule de Grille en mode « Cellules agrandies ».

Raccourcis utiles

Double-cliquer sur une cellule de la grille tout en enfonçant la touche Alt ouvre l'image dans le module Développement. Si vous double-cliquez à nouveau en appuyant sur Alt, vous revenez en mode Grille.

L'option d'affichage « Afficher les éléments cliquables au passage de la souris seulement » ne s'applique qu'aux marqueurs de collection rapide et aux boutons de rotation. Lorsque vous sélectionnez l'option « Colorer les cellules de la grille avec des libellés de couleur », toute la cellule adopte la couleur du libellé de couleur.

Informations clavier
La touche Tab permet de passer d'un affichage simultané de la fenêtre principale et des deux panneaux latéraux à une fenêtre principale sur toute la largeur de l'écran.
En appuyant sur la touche Maj et en cliquant sur la première, puis sur la dernière vignette, vous pouvez sélectionner plusieurs fichiers contigus. En appuyant sur la touche Cmd/Ctrl, vous pouvez choisir plusieurs fichiers disjoints dans la liste.
Les utilisateurs Mac peuvent occasionnellement éprouver des difficultés pour la manipulation des flèches du clavier. Il faut alors ouvrir les Préférences système, puis cliquer sur l'icône Clavier. Sous l'onglet « Raccourcis clavier », vous trouverez l'option « Accès au clavier complet ; dans les fenêtres et zones de dialogue, la touche Tab activera : ». Sélectionnez alors « Les champs et listes seulement ».
Pour agrandir ou pour réduire la taille des grilles, vous pouvez appuyer une ou plusieurs fois sur les touches « + » et « - ».

Figure de la page précédente à droite, le mode d'affichage « Cellules agrandies » qui est le mode par défaut de Lightroom. La section « Cellules agrandies – Extras » des options d'affichage offre une commande pour activer/désactiver l'affichage des libellés (commande « Afficher l'en-tête avec libellés »). Contrairement au mode d'affichage « Cellules réduites », vous avez suffisamment de place pour organiser les informations sur deux lignes. Vous pouvez personnaliser ces informations grâce au menu déroulant présenté plus haut.

En cochant une ou l'ensemble des options « Afficher le pied de page de note », « Inclure le libellé de la couleur » et « Inclure les boutons de rotation », vous pouvez ajouter des informations supplémentaires en bas de la cellule de Grille. Notez pour finir que les raccourcis Cmd/Ctrl + Maj + H permettent d'afficher/masquer les informations sur les cellules de la grille.

Parcourir la grille

Le mode Grille est l'interface la plus pratique pour parcourir les images de la bibliothèque. Grâce au curseur Vignettes de la barre d'outils, vous pouvez agrandir ou réduire la taille d'affichage des vignettes.

Le module Bibliothèque est ici affiché en mode Grille. Notez comment la sélection d'une image dans la fenêtre principale est reprise dans le panneau « Film fixe ». Vous pouvez vous déplacer parmi les vignettes de la grille soit en cliquant sur une image de la grille ou du « Film fixe », soit en utilisant l'une des flèches gauche/droite (ici en bleu) du clavier. Les flèches haut/bas commandent, quant à elles, un déplacement vertical, ligne par ligne.

Nous l'avons déjà évoqué au premier chapitre : la grille est dans la fenêtre principale, et les panneaux latéraux peuvent être affichés ou masqués par un double-clic sur leur bordure intérieure (ou par un simple clic de la souris sur l'une des flèches) ; les panneaux peuvent être révélés par un mouvement de la souris à la périphérie (gauche ou droite) de l'écran, ou bloqués dans leur position actuelle par un clic de la souris sur la petite flèche située sur le bord extérieur du panneau en question.

Travailler en mode Loupe

Le mode Loupe propose deux types d'affichage : le mode « Loupe par défaut » et le mode « Loupe agrandie ». En mode « Loupe par défaut », vous pouvez soit afficher toute votre image à l'intérieur de la fenêtre principale (option Adapter), soit remplir la fenêtre en utilisant sa dimension la plus réduite (option Remplir). Le mode « Loupe agrandie » offre le choix entre un facteur d'agrandissement de 1 et un facteur d'agrandissement personnalisé, par exemple 2. À partir de la grille et du panneau « Film fixe », il suffit de double-cliquer sur une vignette pour afficher le mode Loupe. Si vous avez sélectionné plusieurs images, celle sur laquelle vous double-cliquez apparaîtra dans la fenêtre principale. Il est néanmoins toujours possible d'afficher les autres grâce aux flèches gauche et droite du clavier. Pour retourner en mode Grille, double-cliquez de nouveau sur l'image de la fenêtre principale.

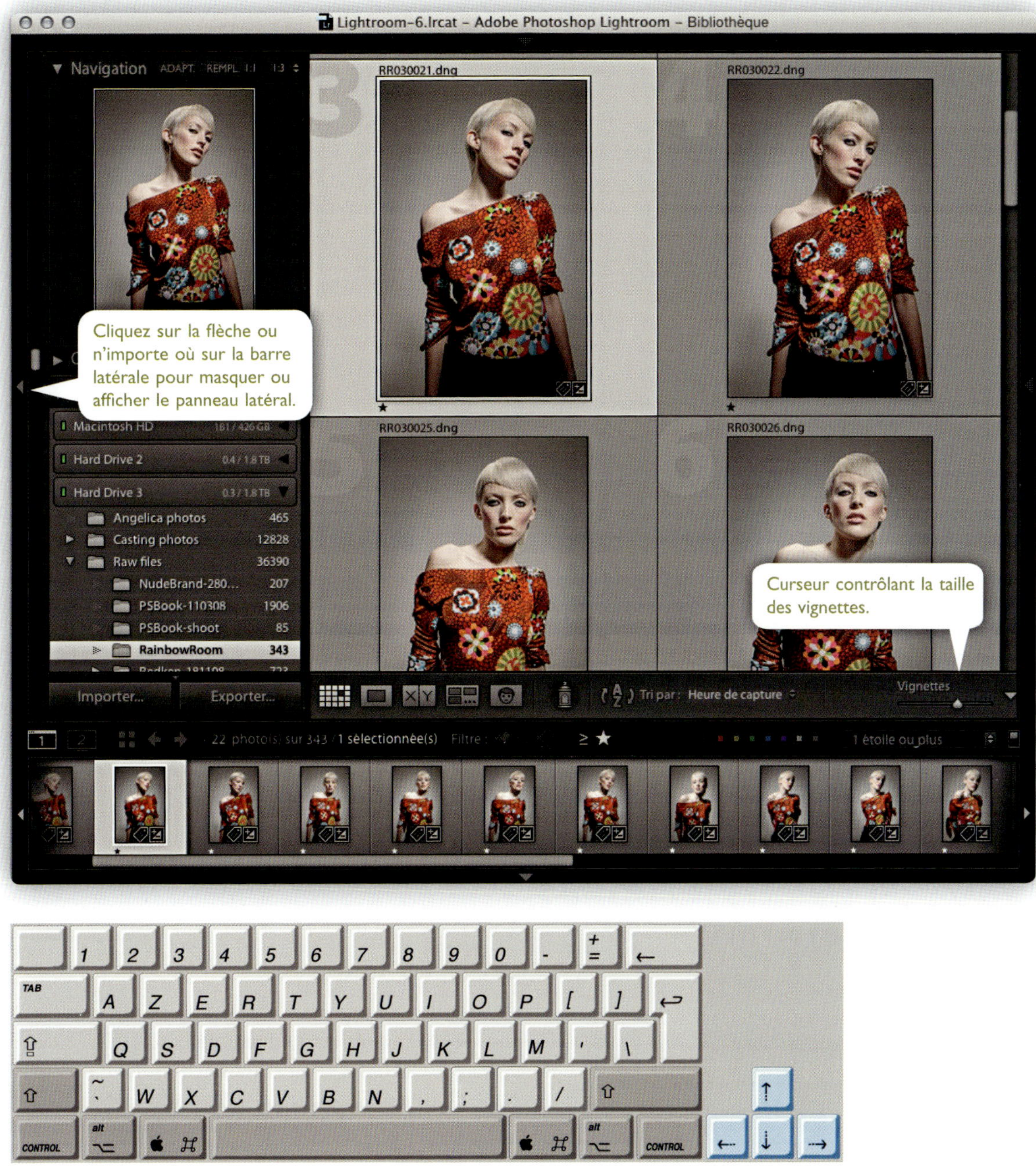

Le module Bibliothèque en mode Grille.

Une image affichée en mode Loupe. Une sélection s'affiche dans le panneau « Film fixe ».

Raccourcis clavier

Les raccourcis suivants sont très pratiques pour alterner les modes Grille et Loupe. La touche G commande le mode Grille, quel que soit le module sélectionné. De même, la touche E active le mode Loupe. La combinaison des touches Cmd/Ctrl + « + » active le mode Loupe à partir du mode Grille, les touches Cmd/Ctrl + « - » font passer, quant à elles, du mode Grille au mode Loupe. Pour basculer entre les modes d'affichage du mode Loupe, vous pouvez utiliser la barre d'espace ou la touche Z de votre clavier.

Comme vous le voyez sur la figure de la page précédente, toute image sélectionnée est entourée d'un fond gris clair ou d'une fine bordure blanche, selon qu'elle est affichée dans la grille des vignettes ou dans le panneau « Film fixe ». À l'intérieur d'une sélection, il y aura toujours une image « prioritaire » (affichée dans la fenêtre principale et par le navigateur). Dans la grille et dans le panneau « Film fixe », cette image se distingue par un cadre d'une couleur plus claire que celle des pourtours des autres vignettes.

Notez qu'une sélection n'est en réalité qu'une collection temporaire à laquelle vous pouvez appliquer des paramètres communs. Il est ainsi possible d'attribuer une note à toutes les images d'une sélection ou de synchroniser leurs paramètres de développement (vous attribuez alors à toutes les images de la sélection les réglages de l'image « prioritaire »).

« Symétrie de l'image »
Le mode « Symétrie de l'image », accessible via le menu Affichage>Activer le mode Symétrie de l'image, inverse les aperçus et les vignettes de droite à gauche. Pour le désactiver, il suffit de le sélectionner à nouveau. Cette curieuse option permet aux gens photographiés de se voir comme dans un miroir.

Options du mode Loupe

Les options du mode Loupe, qui font partie des options d'affichage du module Bibliothèque (Cmd/Ctrl + J), permettent de personnaliser l'affichage des informations.

Le mode Loupe dispose de deux jeux d'informations que vous pouvez modifier dans la boîte de dialogue « Options d'affichage de la bibliothèque ». Dans le menu ci-dessous, j'ai personnalisé les « Informations sur la loupe 1 » afin de superposer le nom du fichier, la date et l'heure de la prise de vue, et les dimensions recadrées à l'aperçu. Ces informations apparaissent brièvement quand une image s'affiche en mode Loupe.

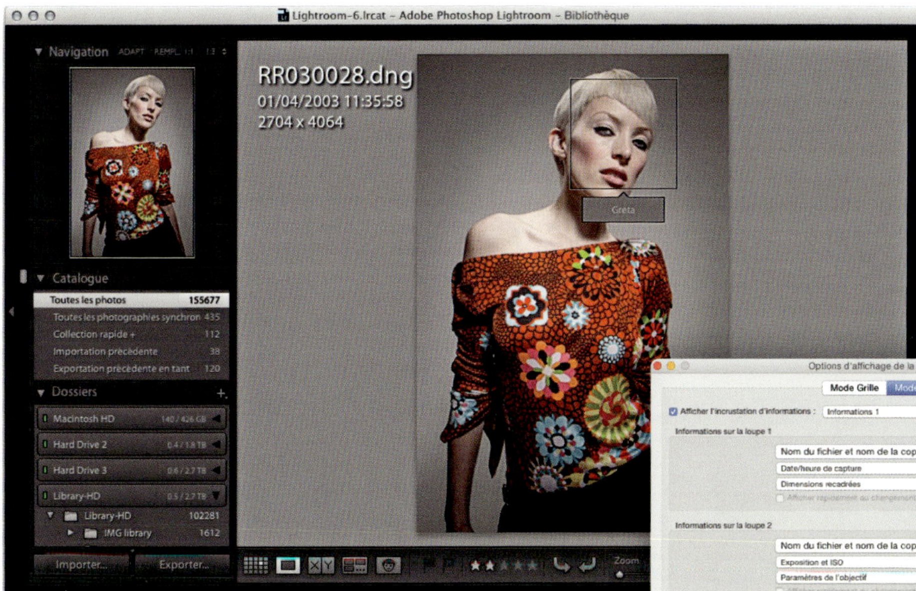

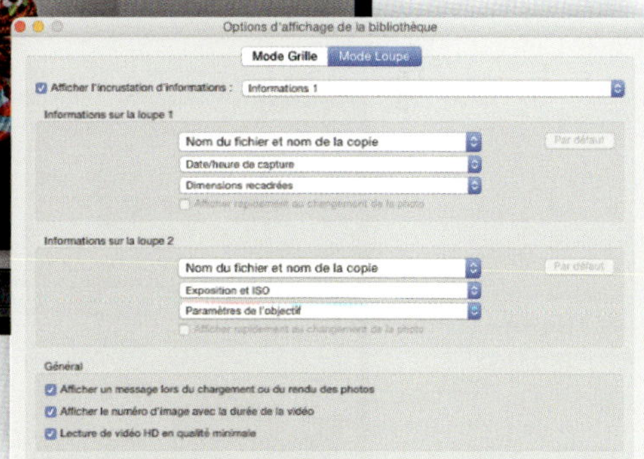

Voici les informations qui s'affichent lorsque vous avez sélectionné l'option « Afficher l'incrustation d'informations ». Si vous cochez également l'option « Afficher rapidement au changement de la photo », elles ne seront visibles que quelques secondes.

L'affichage des informations superposées est limité par défaut à 5 secondes. Vous pouvez révéler ces informations à tout moment, puis les faire disparaître grâce au raccourci Cmd/Ctrl + I. La touche I affiche, tour à tour, les jeux d'informations 1 et 2, puis les masques.

La sélection de l'outil « Dessiner une zone de visage » active l'indexation des visages. Celle-ci superpose un petit rectangle accompagné d'un champ de texte à chaque visage trouvé. Lorsque le visage n'est pas encore répertorié, Lightroom affiche un point d'interrogation vous invitant à renseigner le nom de la personne. Il est également possible de cliquer sur un visage, puis de faire glisser la souris pour définir la zone de visage manuellement.

Appliquer des corrections en modes Grille et Loupe

Les deux modes d'affichage Grille et Loupe ne se comportent pas de la même façon lorsque vous appliquez des corrections à une série d'images.

1. En mode Grille, une sélection d'images est automatiquement répercutée au panneau « Film fixe ».

2. Après avoir utilisé les commandes du panneau « Développement rapide », les réglages de développement s'appliquent automatiquement à toutes les images sélectionnées et s'affichent immédiatement dans la grille et le panneau « Film fixe ». Ici, j'ai réduit l'exposition de l'ensemble des photos sélectionnées.

3. En mode Loupe, un réglage de développement ne s'applique qu'à l'image prioritaire (« la plus sélectionnée »), même si les autres images restent sélectionnées dans le

panneau « Film fixe ». J'ai ici effectué une conversion noir et blanc dont l'effet ne s'étend pas aux autres photos de la sélection. Utilisez le raccourci clavier Cmd/Ctrl + « ← » ou « → » pour passer entre les images.

4. De retour en mode Grille, vous pouvez désélectionner les photos en cliquant sur le pourtour de la cellule de l'image prioritaire.

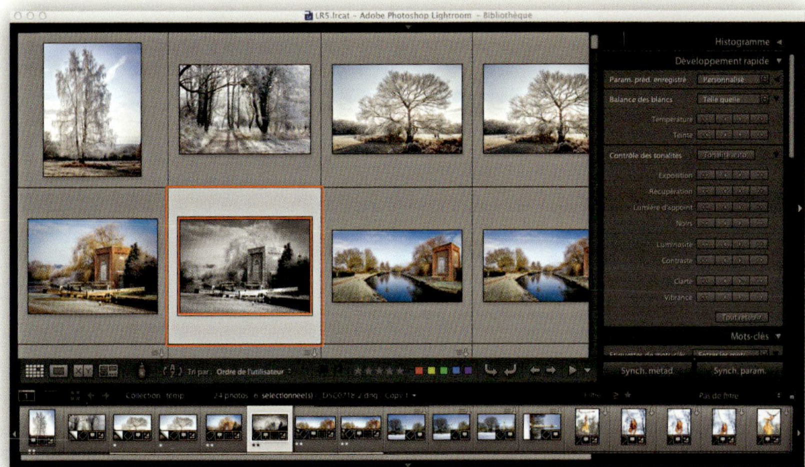

Cliquez sur le bord de la cellule pour supprimer les autres images de la sélection.

Parcourir vos fichiers en mode Loupe

En partant de l'affichage standard, plusieurs méthodes s'offrent à vous pour agrandir l'aperçu. Un simple clic de souris affiche la vignette au rapport de grossissement 1:1 (un pixel de l'image s'affiche sur un point de l'écran). Un deuxième clic vous ramène à l'affichage « Loupe par défaut ». J'ai cliqué ici sur le haut de cette enseigne publicitaire pour afficher le cadre agrandi que voici. À ce stade, vous pouvez parcourir l'aperçu en cliquant sur un détail, puis en déplaçant la souris (en maintenant le bouton gauche enfoncé). Si vous avez travaillé avec les deux premières versions du logiciel, vous constaterez sans doute la meilleure réactivité de Lightroom lors du passage en mode « Loupe agrandie ». Au lieu de rafraîchir l'aperçu de l'image, Lightroom ne régénère que la partie encadrée.

Vous pouvez parcourir l'image en faisant glisser le rectangle dans la vignette du panneau Navigation qui indique aussi le cadre actuellement affiché dans la fenêtre principale. Le curseur Zoom permet d'ajuster le grossissement de l'aperçu. Si celui-ci ne s'affiche pas, sélectionnez l'option Zoom à partir du menu déroulant situé dans l'angle inférieur droit de la barre d'outils.

Comparer des détails
Après avoir effectué une sélection d'images d'une même série, utilisez les flèches gauche et droite du clavier pour examiner en mode Loupe un détail qui revient sur toutes les photos (pour choisir l'image la plus nette du lot, par exemple).

Une autre manière d'explorer les images consiste à utiliser le panneau Navigation, situé dans l'angle supérieur gauche de la fenêtre de Lightroom. Le petit rectangle que l'on voit en haut à gauche correspond au cadre agrandi affiché dans la fenêtre principale. Pour vous déplacer dans votre image sans grands mouvements de souris, vous pouvez faire glisser ce rectangle dans la vignette du panneau Navigation. Si vous avez activé les flèches de navigation dans la barre d'outils, utilisez-les pour parcourir des images sélectionnées qui sont affichées dans le panneau « Film fixe ». Le curseur Zoom de la barre d'outils permet d'agrandir l'aperçu.

Mode « Loupe agrandie »

Nous l'avons déjà évoqué, le mode Loupe possède quatre modes d'affichage :

- le mode Adapter agrandit l'aperçu du mode Loupe standard jusqu'à ce qu'il occupe tout l'espace disponible de la fenêtre principale ;

- le mode Remplir agrandit l'aperçu jusqu'à ce qu'il remplisse la largeur de l'espace de la fenêtre principale – recadrant presque toujours le haut et le bas de l'image ;
- le mode « Loupe agrandie » offre un rapport de grossissement de 1:1 (un point à l'écran/un pixel) ;
- le mode « Loupe agrandie » personnalisée permet d'afficher une image avec un rapport de grossissement choisi. Le panneau Navigation affiche ce rapport de grossissement dans l'angle supérieur droit ; un clic sur la petite flèche révèle un menu déroulant offrant un choix entre huit rapports de grossissement. Ils vont (voir ci-contre) de 1:16 (6,25 %) à 8:1 (800 %) et même à 11:1 (1 100 %), mais je soupçonne le rapport d'agrandissement maximal d'être en réalité plus proche de 10:1 (1 000 %)...

Choix du rapport de grossissement.

En mode Loupe, la combinaison Cmd/Ctrl + « + » ou Cmd/Ctrl + « - » fait défiler les quatre modes d'affichage. Vous pouvez, grâce au panneau Navigation, déterminer le mode d'affichage standard (options Adapter ou Remplir), puis paramétrer le rapport de grossissement du mode « Loupe agrandie » (rapport 1:1 ou l'un des rapports personnalisables). C'est la configuration des deux modes d'affichage qui déterminera le comportement de Lightroom lorsque vous passerez d'un mode d'affichage à un autre grâce au clic de votre souris ou en appuyant sur la barre d'espace.

Centrer en mode « Loupe agrandie »
Dans les Préférences pour l'interface de Lightroom, l'option « Centrer le point cliqué en zoom avant » permet d'obtenir un changement subtil du comportement de la Loupe. Quand elle n'est pas sélectionnée, elle remplit au maximum la fenêtre principale avec la portion agrandie de l'image. Lorsqu'elle est activée, la partie sélectionnée est toujours centrée dans l'écran.

Le mode « Incrustation de loupe »

Les options du sous-menu « Incrustation de loupe » s'affichent à partir du menu Affichage des modules Bibliothèque et Développement (Cmd/Ctrl + Option/Alt + O). Elles superposent une grille, un réticule et/ou une image semi-transparente à l'image sélectionnée. Pour cela, sélectionner d'abord l'élément à incruster à partir du menu « Incrustation de loupe », puis réitérez cette opération pour annuler la sélection ou pour sélectionner un autre élément.

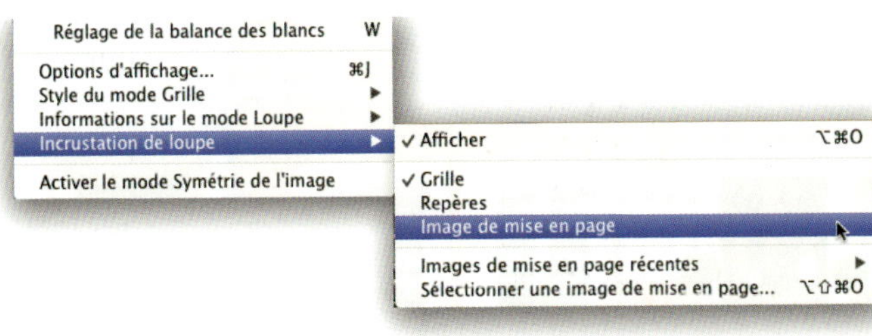

Le sous-menu « Incrustation de loupe » du menu Affichage.

Grilles et repères

Le mode Grille est utile pour vérifier les défauts de perspective et leur correction à l'aide des outils du panneau « Corrections de l'objectif ». En appuyant sur la touche Cmd/Ctrl, le module Bibliothèque affiche dans la partie supérieure de l'aperçu les paramètres

L'option Grille.

L'option Repères.

Taille (de 10 à 800) et Opacité (de 10 à 100) de la grille. Cliquez sur un des paramètres, maintenez la pression sur la souris, puis déplacez cette dernière à gauche pour réduire ou à droite pour augmenter la valeur du paramètre sélectionné.

En sélectionnant l'option Repères, le logiciel superpose un réticule à l'image. Par défaut, celui-ci se situe au centre de l'image. En appuyant sur la touche Cmd/Ctrl tout en cliquant sur l'intersection des lignes horizontales et verticales, vous pouvez repositionner ces dernières et un double-clic rétablit leur position centrée. Il s'agit d'une fonction utile pour la nature morte puisqu'elle permet de vérifier le positionnement des différents éléments dans une image. De même, elle peut vous servir à vérifier l'alignement de la ligne d'horizon lors de la préparation d'un diaporama composé de photos de paysage ou celui de certains éléments censés se superposer de manière harmonieuse en mode fondu.

La fonction « Image de mise en page »

La fonction « Image de mise en page » vous permet de superposer une image lorsque vous utilisez un des modes d'affichage Adapter ou Remplir. Il s'agit d'une fonctionnalité utile lors de prises de vue en studio. Pour charger une image à superposer, sélectionnez la commande Affichage>Incrustation de loupe>Sélectionner une image de mise en page (Cmd/Ctrl + Option/Alt + Maj + O). Choisissez ensuite un fichier au format PNG, puis cliquez sur Sélectionner. Pour activer l'affichage, sélectionnez la commande Affichage>Incrustation de loupe>Image de mise en page (Cmd/Ctrl + Option/Alt + O).

Il s'agit d'une fonction très utile pour conformer vos images au gabarit de mise en page d'un directeur artistique ou pour comparer et harmoniser le cadrage des images que vous êtes en train de réaliser avec une image plus ancienne. Notez qu'il faut préalablement enregistrer l'image incrustée au format PNG dont la particularité est de gérer des effets de transparence. Pour modifier un gabarit de mise en page numérisé, il faut donc obligatoirement créer un calque semi-transparent, puis enregistrer le fichier en PNG pour pouvoir l'utiliser en tant que guide dans Lightroom.

Certains lecteurs aimeraient sans doute connaître les étapes nécessaires à la création de l'incrustation de mise en forme, affichée page suivante (en haut à gauche). Toutefois, sachez que pour les reproduire, il vous faudra avoir quelques notions des logiciels InDesign, Photoshop et Lightroom.

Dans InDesign, j'ai enregistré le gabarit de mise en page (texte et illustration) au format PDF, puis je l'ai ouvert dans Photoshop pour l'enregistrer au format PNG. Ensuite, j'ai sélectionné la commande Affichage>Incrustation de loupe>Sélectionner une image de mise en page pour l'ouvrir dans Lightroom, puis la commande Affichage>Incrustation de loupe>Image de mise en page pour la superposer à l'image. Notez qu'il était nécessaire de recadrer les images pour conformer leurs proportions à celles de la couverture de l'ouvrage (5:6). Une fois cela terminé, j'ai examiné l'ensemble des images pour trouver celle qui avait le plus de potentiel en tant que photo de couverture. Si vous maintenez la touche Cmd/Ctrl enfoncée, vous pouvez contrôler la taille de recouvrement de la mise en page, sa position et son opacité.

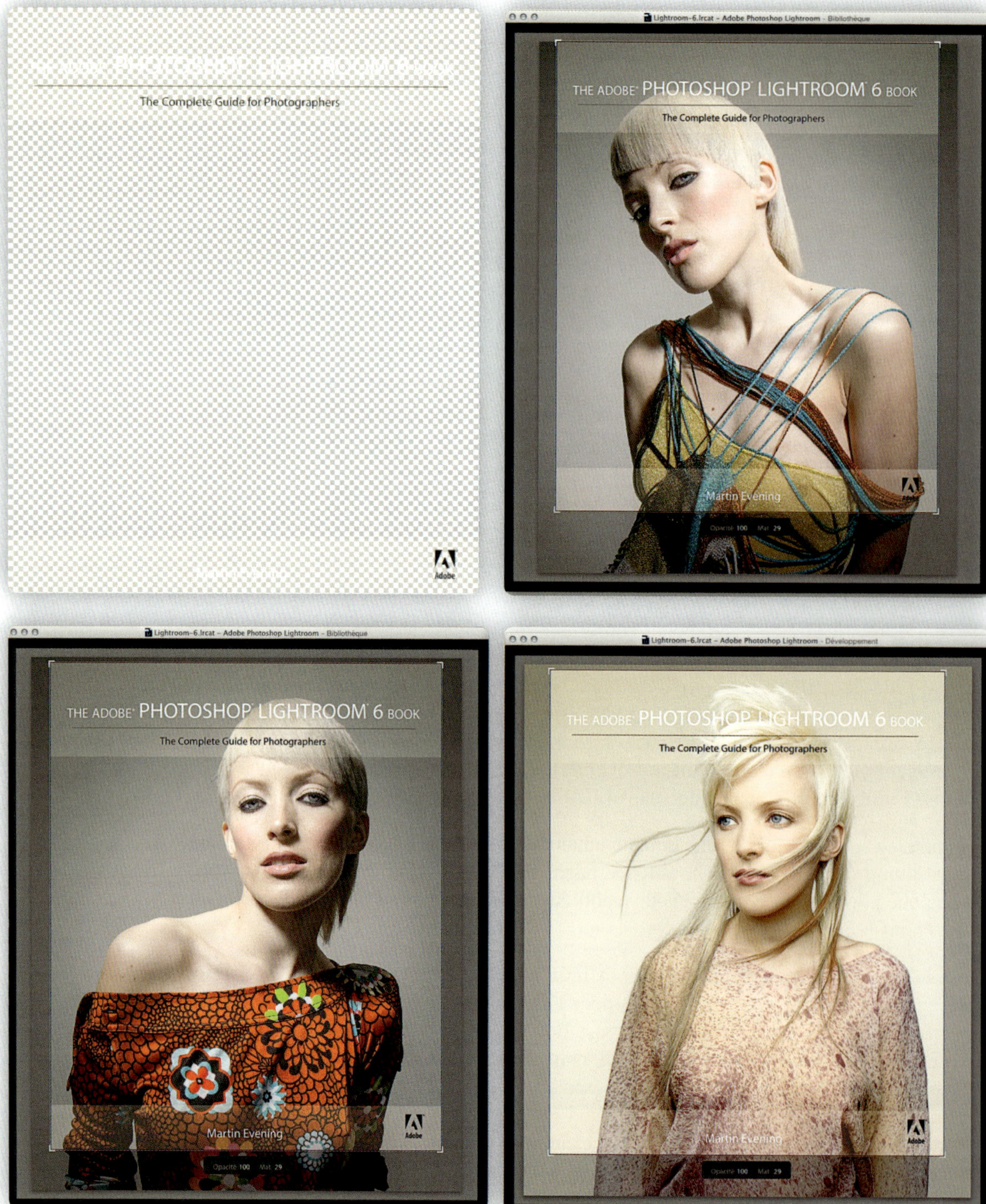

Voici le gabarit transparent au format PNG (en haut, à gauche) que j'ai utilisé en tant que guide de mise en page dans Lightroom.

À propos des aperçus

Lorsque vous importez de nouvelles images dans le catalogue, Lightroom utilise dans un premier temps les aperçus disponibles (ceux qui sont incorporés dans les fichiers) pour l'affichage dans la fenêtre principale du module. Il génère ensuite de nouveaux aperçus de plus grande taille, les aperçus standards : par rapport aux précédents, leur rendu couleur change plus ou moins – cela dépend des réglages par défaut de l'appareil photo. L'exemple ci-dessous montre l'écart de couleurs entre l'aperçu au format JPEG incorporé au fichier RAW et l'aperçu généré par Lightroom.

Conserver les gabarits d'incrustation
Il peut arriver de supprimer une incrustation de mise en forme par accident, ou de perdre la trace d'un gabarit précédemment utilisé. Pour éviter cela, je vous propose de créer un sous-dossier à l'intérieur du dossier « Paramètres prédéfinis » de Lightroom.

Le rendu des vignettes en modes Grille et Loupe peut paraître d'abord un peu pixellisé et peu saturé. Lightroom remplace ensuite les vignettes incorporées par ses propres vignettes : leur apparence change souvent de manière importante.

Génération des vignettes

Lightroom utilise par défaut les vignettes incorporées aux images (vignettes JPEG ou fichiers annexes de type « sidecar ») pour un affichage rapide dans la grille du module Bibliothèque. Bien que les vignettes incorporées aux fichiers RAW soient suffisantes pour que vous puissiez parcourir rapidement le contenu d'un dossier, elles offrent rarement assez de détails pour un agrandissement en mode Loupe ou un affichage en grande taille dans le mode Grille. En effet, les petites vignettes JPEG pixellisent très vite et leur rendu colorimétrique correspond rarement à celui des vignettes finales.

Une fois les images importées dans la bibliothèque, Lightroom génère une deuxième série de vignettes (les aperçus de taille standard) grâce à un développement rapide des fichiers RAW. Puisqu'il utilise son propre moteur de conversion colorimétrique, les couleurs des vignettes diffèrent de celles des vignettes incorporées aux images. Notez que les aperçus de taille standard ainsi créés offrent un niveau de détail bien supérieur à celui des vignettes incorporées aux fichiers RAW : l'affichage de vignettes plus grandes et l'utilisation du mode Loupe sont ainsi parfaitement envisageables. Dans un troisième temps, Lightroom génère enfin des aperçus 1:1, de très haute qualité.

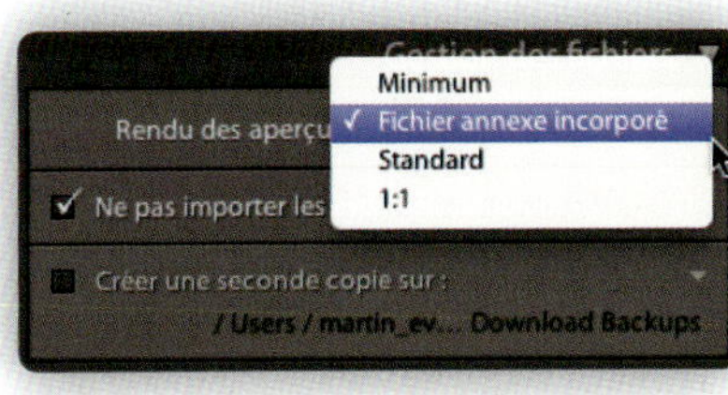

La boîte de dialogue Importer propose un choix de quatre options pour la création des vignettes : Minimum, Standard, « Fichier annexe incorporé » et 1:1.

La boîte de dialogue « Importer les photos » propose, dès l'importation des images dans la bibliothèque, plusieurs options pour la génération des vignettes.

- L'option Minimum accélère l'importation des photos en s'appuyant d'abord sur les vignettes incorporées par l'appareil photo et en créant des aperçus de meilleure qualité une fois l'importation achevée.
- Si vous sélectionnez l'option Standard, Lightroom fait l'impasse sur l'extraction des vignettes incorporées et génère directement les aperçus de taille standard.
- L'option « Fichier annexe incorporé » crée les vignettes à partir des vignettes incorporées soit aux fichiers RAW, soit aux fichiers annexes. Vous pouvez ainsi tirer parti des vignettes ou aperçus qui ont été créés lors d'une importation précédente, par Lightroom ou Camera Raw.
- Si vous sélectionnez l'option 1:1, Lightroom accède directement aux fichiers RAW pour créer les vignettes, les aperçus standards et, surtout, les aperçus d'excellente qualité, tout en leur appliquant les paramètres de développement par défaut.

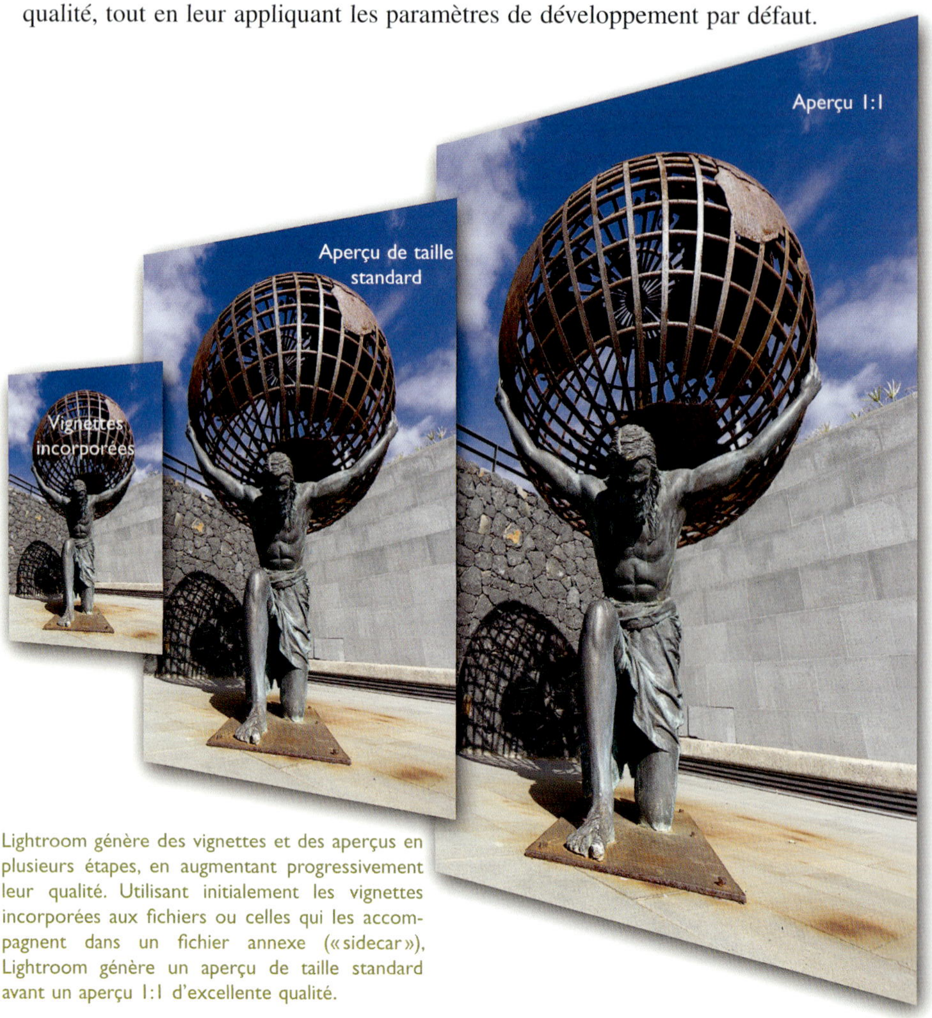

Lightroom génère des vignettes et des aperçus en plusieurs étapes, en augmentant progressivement leur qualité. Utilisant initialement les vignettes incorporées aux fichiers ou celles qui les accompagnent dans un fichier annexe («sidecar»), Lightroom génère un aperçu de taille standard avant un aperçu 1:1 d'excellente qualité.

Au démarrage, Lightroom affiche initialement les vignettes basse résolution, puis examine la qualité des aperçus de taille standard, ces derniers sont éventuellement régénérés avant la création des aperçus 1:1. Le logiciel inspecte la date de modification des vignettes : si jamais un fichier a été modifié depuis la dernière création d'aperçu, celui-ci sera remplacé par un nouveau jeu d'aperçus de taille standard et 1:1, qui tient compte de l'accentuation et de la réduction du bruit si vous utilisez les routines de développement des processus 2010 ou 2012.

Grille comportant un aperçu manquant.

En cas de corruption du fichier ou de l'aperçu, Lightroom affiche une cellule vide. Lorsque la cellule affiche une icône en forme de point d'interrogation dans l'angle supérieur droit, l'image se situe sur un disque dur inaccessible ou le lien la répertoriant dans le catalogue est cassé.

L'option « Supprimer systématiquement les aperçus 1:1 » dans les « Paramètres du catalogue » permet de programmer la suppression des aperçus de qualité supérieure (après un jour, une semaine ou un mois). Sélectionnez une de ces options si votre espace de stockage est plutôt restreint. Si en revanche le poids du fichier Previews ne vous inquiète pas (hormis les disques SSD, le stockage est devenu plutôt bon marché ces dernières années), vous pouvez désactivez la suppression automatique (option Jamais).

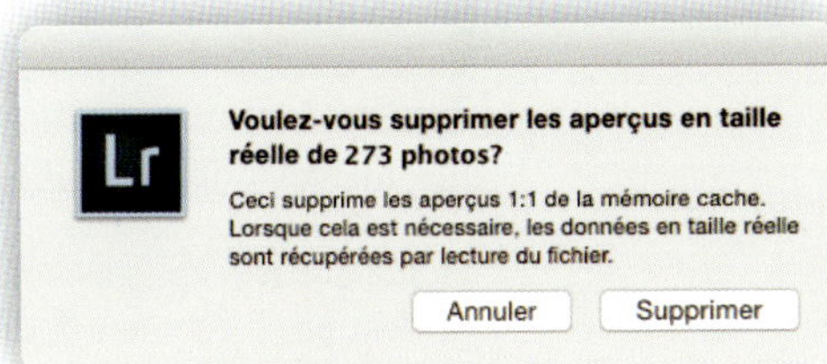

La boîte de dialogue permettant de supprimer les aperçus 1:1.

Taille et qualité des vignettes

Les préférences de Lightroom vous permettent de définir la taille des vignettes standards : sélectionnez 2 048 pixels si vous possédez un écran 30 pouces, 1 024 pixels si vous avez un ordinateur portable. Le logiciel propose trois qualités d'aperçus (option « Qualité de l'aperçu »). La qualité Moyenne est ici amplement suffisante : le petit plus qu'apporterait le réglage Élevée n'est pas assez significatif au regard du poids du fichier Previews.lrdata qui, lui, augmenterait sensiblement.

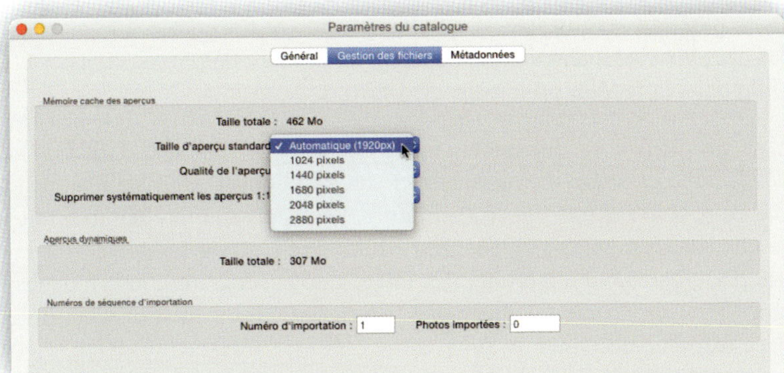

L'onglet « Gestion des fichiers », de la boîte de dialogue « Paramètres du catalogue », permet de choisir la taille et la qualité des vignettes standards.

> **Aperçus et espace couleur**
> Alors que Lightroom 1 et 2 utilisaient l'espace couleur ProPhoto RVB pour la génération des aperçus de qualité élevée, les versions plus récentes recourent à l'espace Adobe RVB. L'espace ProPhoto RVB était simplement beaucoup trop vaste pour générer des aperçus JPEG aux couleurs fidèles. En fait, aucun écran actuellement commercialisé n'est capable d'afficher des couleurs situées à l'extérieur du gamut de l'espace Adobe RVB.

Fichiers RAW et rendu colorimétrique des aperçus

De nombreux utilisateurs constatent une divergence dans le rendu colorimétrique des vignettes incorporées et des aperçus créés par Lightroom. Bien qu'ils soient créés à partir du même fichier RAW, leurs algorithmes de développement diffèrent de manière importante. Il est en effet peu probable (et guère souhaitable) que Lightroom reproduise le rendu de la vignette initiale, générée par le processeur de l'appareil au moment de la prise de vue : tout comme la vignette incorporée, l'aperçu de Lightroom ne représente qu'une interprétation du sujet, que vous pouvez améliorer par la suite.

Souvent, il suffit de choisir un profil approprié à partir du panneau « Étalonnage de l'appareil photo » pour ainsi obtenir un rendu proche de celui des vignettes incorporées. En effet, le profil « Camera standard » vise à reproduire le rendu d'un fichier JPEG issu de l'appareil photo. Notez que la plupart des images bénéficient de corrections de luminosité et de contraste. Au même degré que le profil couleur, les corrections automatiques de tonalité peuvent être appliquées dès l'importation des images. Sélectionnez dans l'onglet « Paramètres prédéfinis » des Préférences l'option « Appliquer les réglages de tons automatiques » pour produire des images plus dynamiques.

Notez que les réglages automatiques sont appliqués de manière systématique et qu'ils ne se prêtent pas forcément à toutes les images importées, et notamment celles prises au studio sous un éclairage contrôlé. Une meilleure méthode consiste à choisir l'option « Tonalité auto » à partir du menu « Paramètres développement », du panneau « Appliquer pendant l'importation », et de l'enregistrer dans un paramètre prédéfini d'importation. Cela vous permettra d'appliquer les réglages automatiques aux seules images en ayant besoin.

Travailler en mode Ensemble

Après avoir sélectionné plusieurs images, vous pouvez les afficher simultanément dans la fenêtre principale en cliquant sur le bouton « Mode Ensemble » (raccourci N). Le rapport de grossissement sera le plus élevé possible. La figure ci-contre montre des images sélectionnées dans le panneau « Film fixe », affichées en mode Ensemble. La mise en page et la taille des aperçus s'adaptent continuellement au nombre de photos choisies et à l'espace disponible dans la fenêtre principale.

> **Mode Ensemble et mode Loupe**
> Les modes Ensemble et Loupe sont liés de la même façon que les modes Grille et Loupe. Ainsi, lorsque vous double-cliquez sur une image affichée en mode Ensemble, vous passerez en mode Loupe par défaut. Pour revenir en mode Ensemble, il suffit de double-cliquer à nouveau.

L'image privilégiée est marquée ici par une bordure blanche. Grâce aux flèches gauche et droite de votre clavier (ou en cliquant sur l'un des aperçus), vous passerez d'une image à unc autre. Vous pouvez effectuer un Cmd/Ctrl + clic sur les vignettes du panneau « Film fixe » ou sur les aperçus de la fenêtre principale pour supprimer des images de la sélection ; les vignettes restantes sont alors automatiquement redimensionnés afin d'investir tout l'espace disponible.

Pour évaluer une sélection d'images, je considère le mode Ensemble comme étant encore plus utile que le mode Comparaison présenté plus loin. Lors

Plusieurs images affichées en mode Ensemble depuis le panneau « Film fixe ».

d'un travail de commande, je l'utilise pour présenter les meilleures images à mes clients, un peu comme si j'étalais mes diapositives sur une table lumineuse.

Travailler en mode Comparaison

En mode Comparaison, Lightroom attribue le libellé Sélectionner à l'image privilégiée et le libellé Candidat à l'image avec laquelle on veut la comparer. Il est possible, dans cette disposition, de bloquer l'affichage de l'image privilégiée et de faire défiler les images qui servent à la comparaison (images préalablement sélectionnées) en se servant des flèches gauche et droite du clavier. Notez que si vous passez en mode Comparaison tandis que vous n'avez sélectionné qu'une image dans le panneau « Film fixe », la première image ajoutée à la sélection s'affichera automatiquement comme Candidat.

En mode Comparaison, vous comparez une image libellée Sélectionner avec une image libellée Candidat.

Une bordure gris clair marque l'image active, et vous pouvez utiliser le curseur Zoom de la barre d'outils pour régler le rapport de grossissement de chaque aperçu. Le « Zoom lock » (actif lorsque son icône affiche un petit cadenas fermé) verrouille le rapport de grossissement et synchronise les paramètres de grossissement et de déplacement sur les deux aperçus. Une fois votre choix effectué, vous pouvez cliquer sur le bouton Terminer pour afficher l'image libellée Sélectionner en mode Loupe.

Les étapes suivantes montrent l'édition de quelques images sélectionnées à partir du panneau « Film fixe ».

1. Grâce aux icônes en forme de losange « plein » et de losange « creux » affichées dans l'onglet supérieur gauche, il est possible de distinguer, dans le panneau « Film fixe », les images libellées Sélectionner des images libellées Candidat.

2. Voici un exemple de deux images affichées en mode Comparaison. L'image libellée Sélectionner est encadrée en orange sur la figure précédente, l'image libellée Candidat est encadrée en bleu.

3. Je me déplace (flèche droite du clavier) parmi les images sélectionnées pour comparer d'autres photos à l'image Candidat.

4. Lorsqu'une image plus appropriée a été trouvée, j'utilise la flèche haut pour transformer cette image Candidat en nouvelle image Sélectionner.

Options d'affichage du mode Comparaison

Le panneau Navigation permet de mieux évaluer la qualité des images affichées en mode Comparaison.

1. Cliquez sur l'un des aperçus pour l'afficher à sa taille réelle (1:1), puis faites glisser le petit rectangle du panneau Navigation pour scruter tour à tour les différentes parties des deux images.
2. Cliquez une nouvelle fois sur l'une des images pour adapter ses dimensions à la fenêtre.

Le mode Comparaison avec le panneau Navigation, après avoir activé l'incrustation des informations de fichier.

L'option « Afficher l'incrustation d'informations » dans l'onglet « Mode Loupe » de la boîte de dialogue « Options d'affichage de la bibliothèque » (raccourci Cmd/Ctrl + I) permet de superposer certaines informations (nom de fichier, date de création, dimensions en pixels, etc.) aux aperçus.

Travailler dans le panneau « Film fixe »

Tout en bas de l'écran, le panneau « Film fixe » offre un affichage secondaire des images de la bibliothèque. Il reste toujours accessible, quel que soit le module actif, et préserve ainsi un lien permanent avec les images sélectionnées dans la bibliothèque.

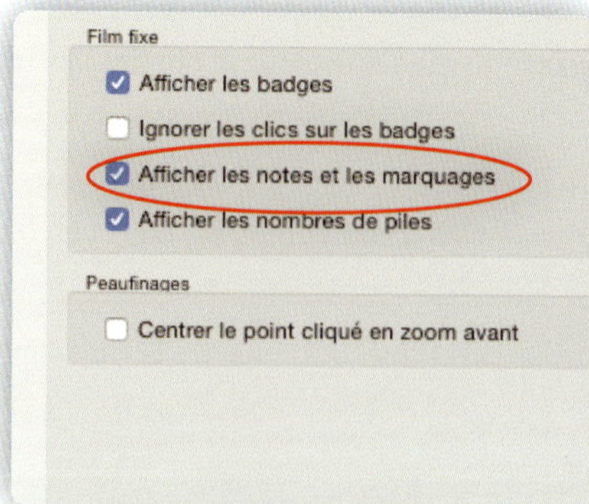

Dans l'onglet Interface des Préférences, vous trouverez, sous le « Film fixe », une option permettant d'afficher les notes et les marqueurs dans les cellules du panneau « Film fixe ».

Tout comme la grille de la bibliothèque, il permet de distinguer les images à travailler. L'édition par glisser-déposer est également possible, toute modification ainsi effectuée étant automatiquement répercutée à la grille. Les modifications concernant l'ordre de tri sont par ailleurs mémorisées dès lors que vous enregistrez une sélection d'images en tant que collection.

Le module « Film fixe » est présent dans tous les modules de Lightroom.

Le panneau « Film fixe » offre des possibilités similaires à celles de la grille de la bibliothèque en ce qui concerne le déplacement des images. Vous pouvez, par exemple, utiliser les flèches gauche et droite pour parcourir les vignettes d'un dossier d'images ou maintenir enfoncée l'une des flèches afin de passer très rapidement d'une image à la suivante, tout en bénéficiant d'une mise à jour instantanée de l'aperçu. Vous pouvez également déplacer le curseur du « Film fixe » pour aller encore plus vite.

Le panneau « Film fixe » permet de conserver les liens avec le dossier d'images visité, et ce, quel que soit le module que vous sélectionniez.

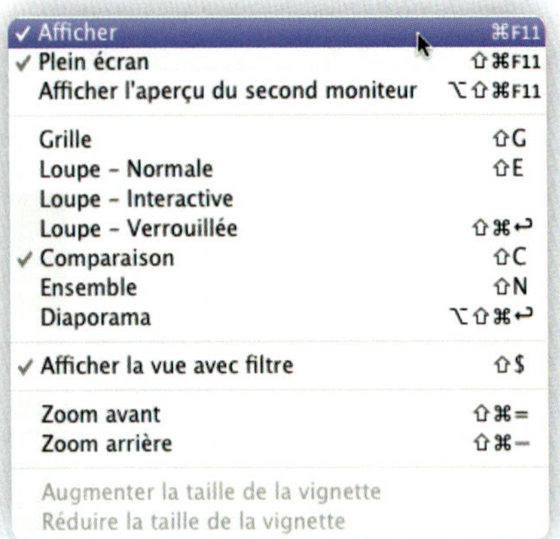

Les options du menu Fenêtre>Affichage secondaire.

Utiliser deux écrans simultanément

S'il est le plus souvent affiché sur un seul écran, Lightroom permet de placer, grâce au mode Bi-écran, une deuxième fenêtre sur un second écran. Pour utiliser le second écran :

- sélectionnez la commande Afficher, à partir du menu Fenêtre>Affichage secondaire, ou utilisez les touches Cmd/Ctrl + F11 de votre clavier ;
- vous pouvez également cliquer sur l'icône « Seconde fenêtre », située dans la partie supérieure gauche du panneau « Film fixe » ;
- le raccourci clavier Cmd/Ctrl + Maj + F11 permet de passer la deuxième fenêtre en mode « Plein écran », ce qui vous permet de l'utiliser avec un seul écran.

La figure ci-dessous montre l'écran secondaire en mode Grille ; vous pouvez l'afficher ou la masquer à l'aide du raccourci Maj + G. Il comporte des commandes identiques à la grille de l'écran principal, à savoir un menu avec une liste des derniers dossiers consultés et un curseur pour ajuster la taille d'affichage des vignettes. Il est également possible, via le raccourci clavier Maj + $, d'afficher ou de masquer la barre « Filtre de bibliothèque ».

L'affichage simultané de deux fenêtres. La fenêtre principale (à gauche) comporte l'icône « Seconde fenêtre », entourée ici d'un cercle rouge, la seconde fenêtre est affichée en mode Loupe.

La figure suivante montre l'affichage secondaire en mode Comparaison (le raccourci Maj + E permet son affichage ou son masquage). Il existe trois options d'affichage, accessibles à partir de l'angle supérieur droit de la fenêtre.

- L'option Normale affiche l'image sélectionnée et la remplace au fur et à mesure que vous en sélectionnez d'autres dans la fenêtre principale.
- L'option Interactive affiche à tour de rôle les images survolées dans la fenêtre principale avec le curseur de votre souris. Cette option est très utile lorsque vous souhaitez inspecter d'autres images tout en préservant l'image sélectionnée. De plus, vous pouvez l'utiliser pour examiner la netteté des images affichées dans la grille de la fenêtre principale. Pour cela, passez le grossissement de l'écran secondaire à 100 % (1:1), puis survolez les images dont vous souhaitez révéler les détails, à la manière d'une planche-contact imprimée sur laquelle vous faites défiler votre compte-fil !
- L'option Verrouillée bloque l'affichage de la seconde fenêtre et affiche toujours la même image jusqu'à ce que vous sélectionniez l'une des deux autres options d'affichage. Elle vous offre une alternative au mode Comparaison, présenté plus loin, pour afficher deux images côte à côte.

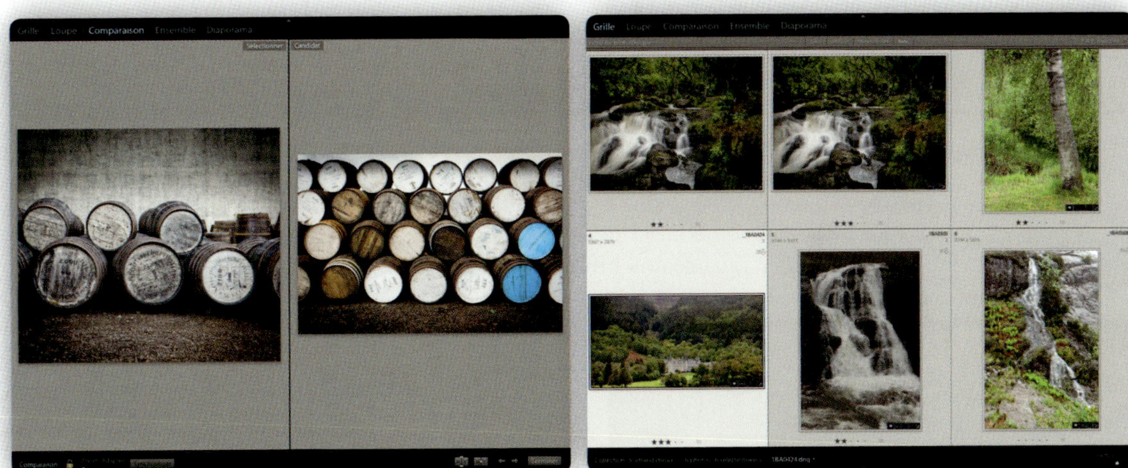

À gauche, la fenêtre secondaire en mode Comparaison. À droite, la fenêtre secondaire en mode Grille.

L'option « Afficher l'aperçu du second moniteur » permet de visualiser et de contrôler à distance le contenu affiché sur le second écran. Elle est surtout utile si vous séparez physiquement l'écran auxiliaire de l'écran principal, notamment pour les portraitistes et photographes de mode qui souhaitent montrer les images à leurs clients au fur et à mesure de leur création.

Il est également possible de passer la fenêtre secondaire en mode Comparaison, le raccourci Maj + E affiche ou masque la fenêtre. Voyons maintenant quelques cas d'utilisation pour l'affichage secondaire de Lightroom.

- L'exemple suivant montre une utilisation des modes Ensemble (affichage principal) et Comparaison (affichage secondaire) ; cela est très utile pour afficher deux images libellées Sélectionner et Candidat, tout en sélectionnant d'autres « candidats » potentiels en cliquant sur les images affichées sur l'écran principal.

Une combinaison des deux modes Ensemble et Comparaison.

- Grâce au mode Loupe sur l'écran principal, et au mode Grille sur l'écran secondaire, vous bénéficiez du confort des deux modes d'affichage principaux, sans pour autant avoir recours au panneau « Film fixe » pour sélectionner les images à afficher.

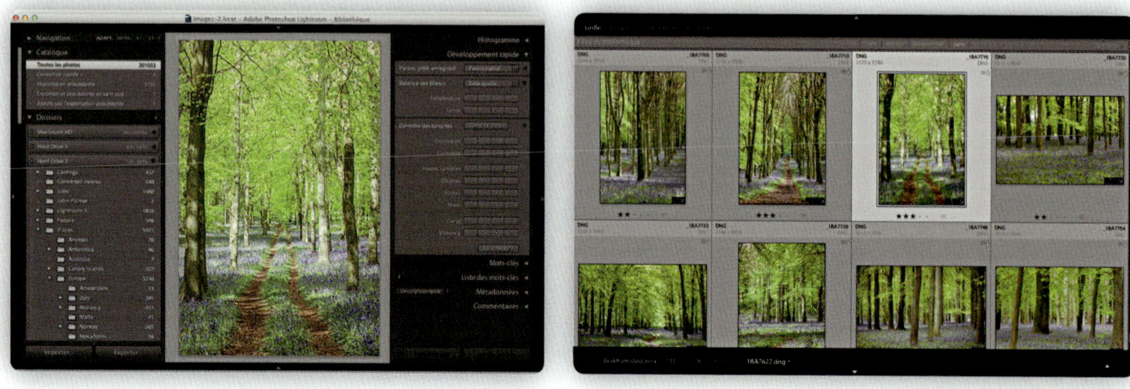

Le mode Loupe utilisé conjointement avec le mode Grille.

Raccourcis clavier
Utilisez les raccourcis pour l'affichage principal, puis appuyez simultanément sur la touche Maj pour les appliquer à l'affichage secondaire.

- Vous pouvez afficher les fenêtres des différents modules sur l'affichage principal, tout en consacrant l'un des modes (Grille, Loupe, Comparaison, Ensemble et Diaporama) à l'affichage des images du second écran. J'ai utilisé ci-après l'écran principal pour afficher une image dans le module Développement et l'écran secondaire pour une sélection d'images en mode Ensemble. Ainsi, vous pouvez afficher les photos sélectionnées dans la seconde fenêtre tout en les corrigeant dans la première, grâce aux outils du module Développement.

Le premier écran affiche ici le module Développement, le second le module Bibliothèque en mode Ensemble.

Affiner des sélections d'images

Raccourcis clavier
Le raccourci P marque les photos retenues, et le raccourci X, les images rejetées. Utilisez le raccourci U pour retirer leur drapeau aux images marquées. La combinaison Cmd/Ctrl + « ↑ » sert à augmenter l'état du marqueur, et Cmd/Ctrl + « ↓ » à le baisser. Pour sélectionner l'ensemble des photos marquées, vous pouvez utiliser Cmd/Ctrl + Alt + A. La combinaison Cmd/Ctrl + Alt + Maj + D désélectionne toutes les photos marquées.

Marquer les fichiers retenus et rejetés

Les drapeaux de la barre d'outils offrent une méthode pratique pour départager les images favorites des images rejetées. Vous emploierez par la suite les outils de la section Filtre pour n'afficher que les vignettes des fichiers ainsi marqués. Néanmoins, il est difficile de bien utiliser ces marqueurs ; pour vous habituer à leur maniement, je vous conseille de suivre la procédure suivante.

1. Commencez avec les trois icônes désactivées. Cliquez ensuite sur le drapeau de gauche pour afficher toutes les images marquées.
2. Cliquez une nouvelle fois pour désactiver le filtrage et pour révéler toutes les images. Un clic sur le drapeau du milieu n'affiche que les images non marquées.
3. Cliquez à nouveau pour faire apparaître toutes les images. Un clic sur le dernier drapeau (celui de gauche) ne révèle que les images rejetées.
4. Cliquez une fois de plus pour révéler toutes les images. Lorsque vous cliquez sur les icônes gauche et droite, vous affichez à la fois les photos retenues et rejetées.

Cette commande, accessible à partir du menu Bibliothèque, attribue le marqueur Rejetée aux photos non marquées et le marqueur Neutre aux images préalablement marquées. Appliquée plusieurs fois de suite, elle offre une méthode plutôt rapide pour trier des images en vue d'une sélection.

Une vue agrandie des filtres du panneau « Film fixe » : les marqueurs (drapeaux) peuvent être utilisés pour afficher simultanément plusieurs états de marqueur. Ici, j'ai filtré les images marquées et rejetées, seules les images neutres ne sont pas affichées.

Utilisez le drapeau « Marquer comme retenue » (touche P) pour marquer vos images favorites et le drapeau « Marquer comme rejetée » (touche X) pour marquer les images ratées. Pour n'afficher que mes images préférées, j'ai cliqué sur le filtre « Photos retenues ». Pour afficher uniquement les images rejetées, cliquez sur le drapeau de droite.

Dans les versions précédentes de Lightroom, les drapeaux étaient directement liés à un dossier ou une collection d'images. Ainsi, une image marquée affichait le drapeau uniquement après avoir sélectionné le dossier ou la collection en question à partir du panneau droit du module Bibliothèque. Désormais, les drapeaux suivent la même logique que les notes et libellés de couleur, c'est-à-dire qu'ils s'affichent indépendamment du dossier ou de la collection affichés. Les drapeaux attribués dans une ancienne version de Lightroom sont en revanche traités de manière différente : après avoir effectué la mise à jour d'un catalogue créé dans Lightroom 3, les drapeaux attribués aux images d'un dossier s'affichent systématiquement dans Lightroom 6/CC alors que les drapeaux uniquement attribués au sein d'une collection sont masqués. Afin de restaurer les drapeaux d'une collection, sélectionnez à partir du menu contextuel une des options « Sélectionner l'ancien contexte balisé » ou « Sélectionner l'ancien contexte rejeté », puis attribuez de nouveaux marqueurs aux images sélectionnées.

Noter des images

Dans le flux de production, l'étape suivante concerne l'attribution de notes (généralement pour marquer les images les plus réussies d'une séance de prises de vue). À l'époque de la photo argentique, j'utilisais un stylo pour marquer d'une croix les photos à conserver, et de deux croix celles que je préférais. Dans Lightroom, la méthode la plus simple consiste à employer les touches de 0 à 5 du clavier pour attribuer une note, ainsi que les raccourcis « ; » pour baisser et « : » pour augmenter les notes. Combinez la touche Maj à l'une des touches de 0 à 5 pour attribuer une note et pour passer directement à l'image suivante. Bien que le raccourci 0 n'attribue aucune étoile, il est parfois utile pour réinitialiser la note.

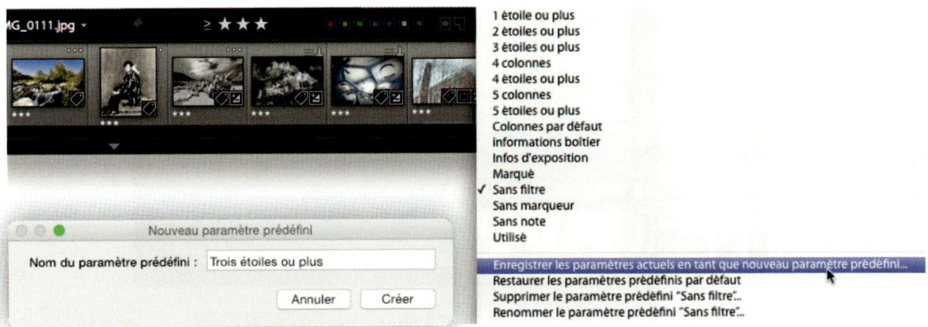

Le menu déroulant « Filtre personnalisé » permet d'enregistrer un paramètre de filtrage en tant que paramètre prédéfini. Grâce à l'option « Enregistrer les paramètres actuels en tant que nouveau paramètre prédéfini », j'ai pu enregistrer un nouveau paramètre prédéfini au nom de « Trois étoiles ou plus ».

Vous pouvez attribuer des notes à tout un lot d'images. Pour cela, commencez par sélectionner des images dans la grille ou dans le panneau « Film fixe », puis attribuez une note grâce aux raccourcis clavier. Bien qu'il soit également possible de passer par le menu Photo (Photo>Définir la note), l'utilisation du clavier est toujours plus rapide. (Vous pouvez également cliquer sur l'un des cinq points situés dans la partie inférieure des cellules de la grille, mais je déconseille cette méthode qui est plutôt délicate lorsque vous utilisez un écran d'une résolution élevée.)

Vous pouvez utiliser le système de notation pour « filtrer » les images qui seront ensuite affichées dans la fenêtre principale en fonction de leur note.

1. Lors d'un premier passage, je vous conseille d'utiliser la note « zéro étoile » seulement pour les images que vous souhaitez supprimer ; attribuez une étoile à celles qui vous semblent exploitables.
2. Lors d'un deuxième passage, donnez deux étoiles aux images susceptibles de faire partie de la sélection finale.
3. Attribuez enfin trois étoiles lors du troisième et dernier passage aux images définitivement retenues dans la sélection. (À titre personnel, j'hésite toujours à appliquer des notes supérieures à trois étoiles, je les garde pour les photos réellement exceptionnelles.)

Astuce
Lorsque vous cliquez sur un point de notation, vous annulez la note. Par exemple, lorsqu'une image possède deux étoiles et que vous cliquez sur la deuxième étoile, vous lui attribuez la note zéro... Notez que vous pouvez cliquer sur une étoile, puis déplacer la souris vers la gauche ou vers la droite pour augmenter ou baisser cette note.

4. Après avoir appliqué des notes à l'ensemble de vos images, vous pouvez utiliser les options de filtrage du « Film fixe » pour n'afficher que les images notées. Sur la figure ci-dessous, j'ai choisi de sélectionner celles qui étaient dotées d'au moins une étoile.

Attribution de notes à un lot d'images.

Sélection des images à une étoile ou plus.

Utiliser les libellés de couleur

Les notes et les marqueurs drapeaux sont très utiles pour classer des images en différentes catégories (images rejetées, retenues ou favorites). Mais, tandis qu'ils se limitent à les ordonnancer selon leur qualité, les libellés de couleur permettent de faire appel à d'autres critères. Peter Krogh, auteur de *Catalogage et flux de production pour les photographes* (éditions Eyrolles), détaille dans son ouvrage de quelle manière il utilise les libellés de couleur pour donner des notes alternatives à ses images : le rouge pour les photos en attente d'évaluation, le jaune pour les images HDR et le vert pour les images panoramiques. Les libellés bleu et violet lui servent pour marquer les images à nettoyer de taches de poussière et celles sélectionnées temporairement, par exemple pour marquer les photos à envoyer à un client.

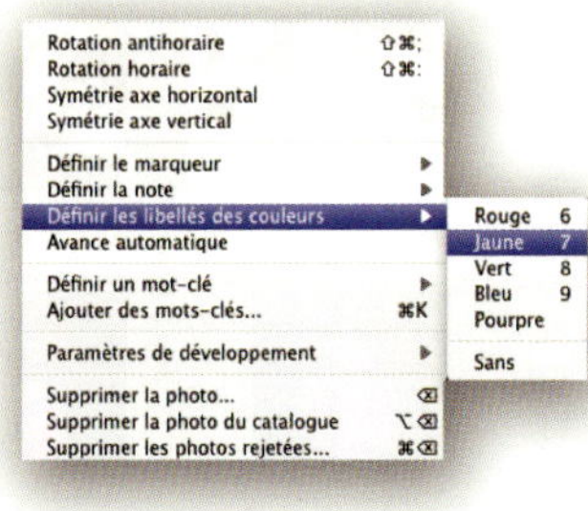

Trois différentes manières d'attribuer des libellés de couleur : les commandes menu Photo>Définir les libellés de couleur, les raccourcis clavier de 6 à 9 (notez qu'il n'y a pas de raccourci pour le libellé pourpre) et les boutons colorés de la barre d'outils.

Pour attribuer un libellé de couleur, cliquez sur l'un des boutons colorés de la barre d'outils ou passez par le clavier numérique : touche 6 (rouge), touche 7 (jaune), touche 8 (vert) et touche 9 (bleu). Notez qu'aucune touche n'est affectée au libellé pourpre...

Vous pouvez aussi attribuer ces libellés via le menu Photo, en sélectionnant l'option « Définir les libellés de couleur ». Il est même possible de taper le nom d'un libellé dans un champ de texte du panneau Métadonnées.

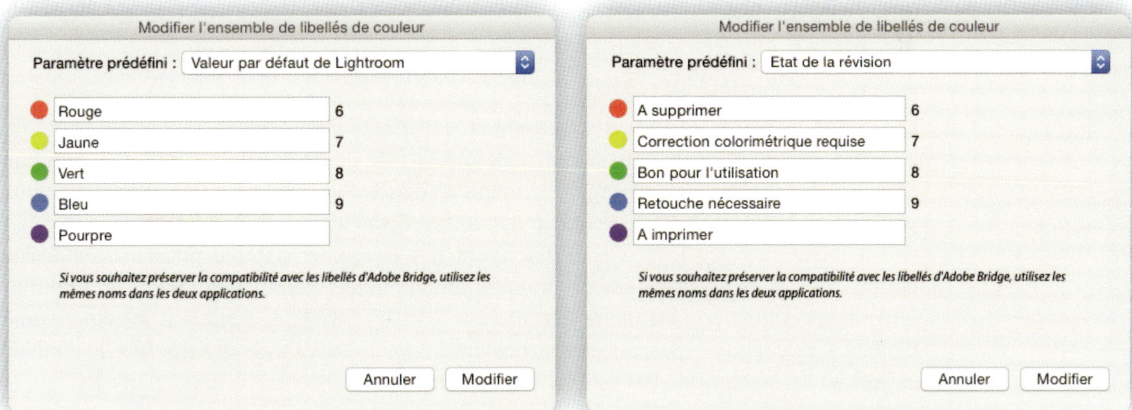

L'option Ensemble de libellés des couleurs>Modifier du menu Métadonnées permet de créer et d'enregistrer un jeu de libellés personnalisés. Vous pouvez ainsi étiqueter vos photos selon les critères qui vous sont propres (images à supprimer, à imprimer, à retoucher, etc.). Utilisez, puis personnalisez le paramètre prédéfini « État de la révision », livré avec le logiciel et déjà prêt à l'emploi.

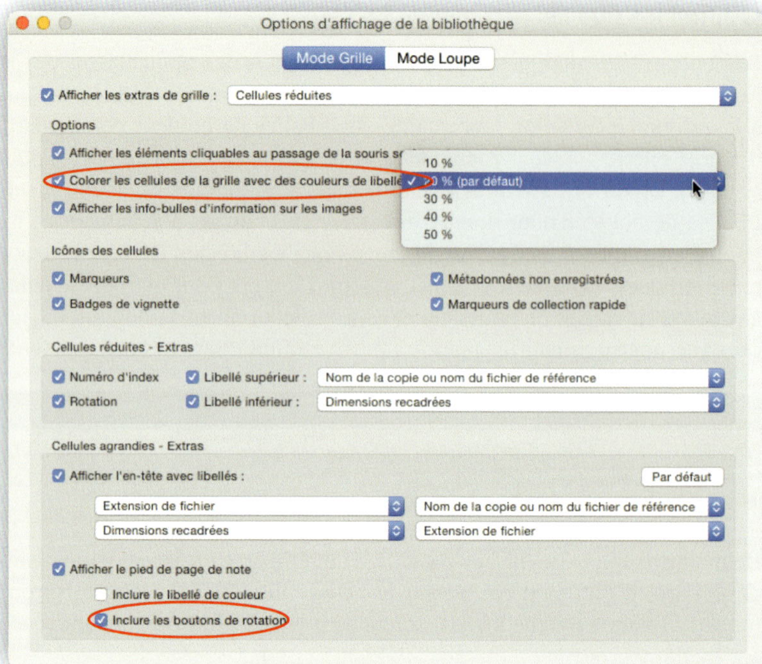

Le menu « Options d'affichage de la bibliothèque » (Cmd/Ctrl + J) permet de personnaliser l'apparence des cellules dans le module Bibliothèque. Désélectionnez l'option « Colorer les cellules de la grille avec des couleurs de libellé » pour que la couleur des cellules ne reflète plus celle des libellés. L'option « Inclure le libellé de la couleur » n'affiche qu'un petit pavé de couleur dans la partie inférieure de la cellule. Lightroom vous permet de définir l'intensité de la couleur des cellules (option « Colorer les cellules de la grille avec des couleurs de libellé »), la valeur par défaut étant 20 %.

Bridge et les libellés de couleur

Lightroom préserve les étiquettes qui ont été attribuées dans Bridge, exactement comme lorsque vous modifiez une image du catalogue à l'aide de Bridge. Cela implique toutefois que les deux applications partagent le même système d'étiquetage, c'est-à-dire que vous y attribuiez les mêmes couleurs. Bien que les couleurs utilisées par Lightroom et Bridge soient identiques, les logiciels ne partagent pas le même système pour les noms des libellés, ce qui peut provoquer des conflits lors de la lecture des métadonnées. L'option « Couleur de libellé », du menu déroulant « Tri par », vous épargnera d'éventuels problèmes. (Au chapitre 10, nous étudierons davantage le tri à l'aide des libellés de couleur et surtout la résolution d'éventuels conflits entre les systèmes utilisés dans Bridge et Lightroom.)

Empiler des images

À l'instar des photographes argentiques qui empilaient des diapositives avant de les étaler sur les tables lumineuses, Lightroom permet d'empiler plusieurs images pour faciliter leur affichage et leur tri.

La première méthode est manuelle.

1. Sélectionnez plusieurs vignettes dans la grille ou dans le panneau « Film fixe ». Exécutez ensuite la commande Photo>Empilement>Associer dans une pile (Cmd/Ctrl + G).

2. Appuyez sur la touche S pour masquer la pile (seule la vignette « du dessus » restera visible), puis une nouvelle fois sur la touche S pour étaler toutes les images de la pile. Le nombre d'images contenues dans une pile apparaît dans le coin supérieur gauche de la cellule. Si vous devez supprimer la pile, utilisez la commande Photo>Empilement>Désempiler ou Cmd/Ctrl + Maj + G. Enfin, pour sélectionner automatiquement toutes les images d'une pile, cliquez sur l'icône du coin supérieur gauche tout en appuyant sur la touche Maj.

La seconde méthode fait appel à l'option « Empiler automatiquement selon l'heure de capture », du menu Empilement.

1. Pour regrouper les fichiers de ce dossier de manière automatique, effectuez un Cmd/Ctrl + clic sur la fenêtre principale et appelez la commande « Empiler automatiquement selon l'heure de capture ». À l'aide du curseur, vous pouvez choisir de sélectionner toutes les images dont le décalage horaire ne dépasse pas la minute.

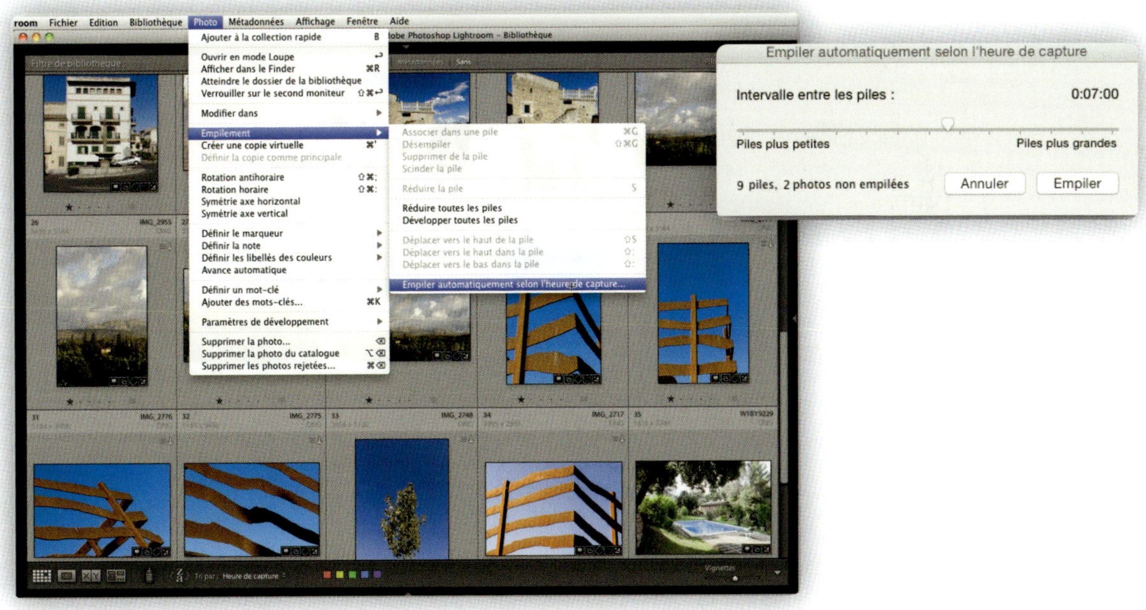

2. Les images sont maintenant empilées, mais elles restent visibles. Vous pouvez cliquer sur l'icône du coin supérieur gauche (qui informe également sur le nombre d'images de la pile) pour masquer la pile, puis cliquer de nouveau pour afficher toutes ses images. L'option « Réduire toutes les piles », du menu contextuel, masque l'ensemble des piles – en affichant une vignette par pile.

La façon la plus simple d'accéder aux options d'empilement passe par le menu contextuel. Effectuez un Cmd/Ctrl + clic sur la fenêtre principale, puis sélectionnez l'une des options du sous-menu Empilement.

Pour supprimer une ou plusieurs images de la pile, sélectionnez l'option Désempiler, dans le menu contextuel. De même, vous pouvez passer par ce menu pour masquer ou afficher l'ensemble des piles.

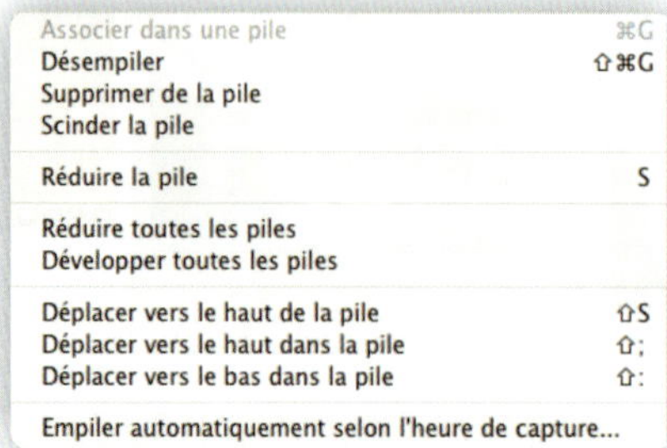

Le sous-menu Photo>Empilement.

- L'option Photo>Créer une copie virtuelle génère une copie virtuelle (ou image proxy) qu'elle empile avec le fichier d'origine.
- L'option Photo>Modifier dans Photoshop empile, après modification dans un logiciel tiers, les fichiers édités avec l'original.

Vous pouvez également choisir la photo qui représente le mieux les images empilées, afin qu'elle apparaisse au sommet de la pile – la première photo d'une série n'est pas toujours la plus représentative... Pour cela, développez la pile, sélectionnez l'image la plus intéressante, puis appuyez sur Maj + « ; » pour la faire monter en haut de la pile. (Pour information, la commande Maj + « : » l'aurait fait descendre.) Encore plus simple : sélectionnez la photo, puis utilisez la commande « Déplacer vers le haut de la pile » (Maj + S).

Les collections rapides

Dès que vous aurez à effectuer des recherches un peu complexes, il vous sera utile d'être familiarisé avec les collections de Lightroom. En effet, une simple sélection ne lie les images que momentanément : le fait de la désélectionner ou de changer de dossier la fait disparaître – vous pouvez bien sûr la rappeler grâce à la commande Édition>Annuler (Cmd/Ctrl + Z), mais lorsque vous quitterez le logiciel, vous la perdrez définitivement.

Pour conserver une sélection d'images, il faut la transformer en collection rapide (Photo>Ajouter à la collection rapide, ou raccourci B). Les images concernées seront marquées en haut à gauche par un cercle gris, que ce soit sur les grilles de la fenêtre principale ou dans le panneau « Film fixe ».

Bien que Lightroom ne permette pas de créer plus d'une collection rapide, vous pouvez sans arrêt ajouter de nouvelles images à cette collection hétérogène : elle sera préservée en l'état quand vous aurez quitté le logiciel, sans qu'il soit utile que vous l'enregistriez ou que vous lui donniez un nom. Les images y resteront tant que vous ne les supprimerez pas.

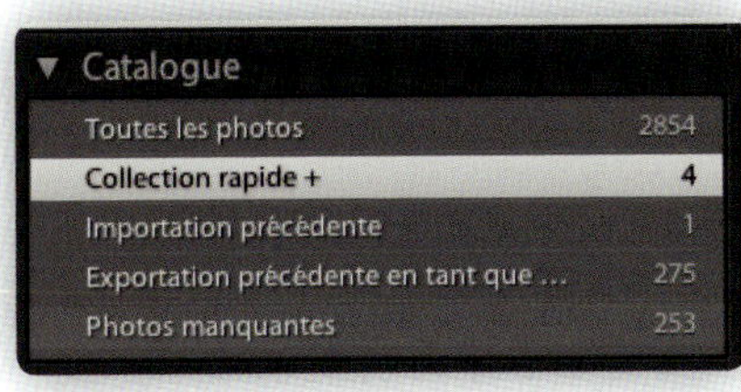

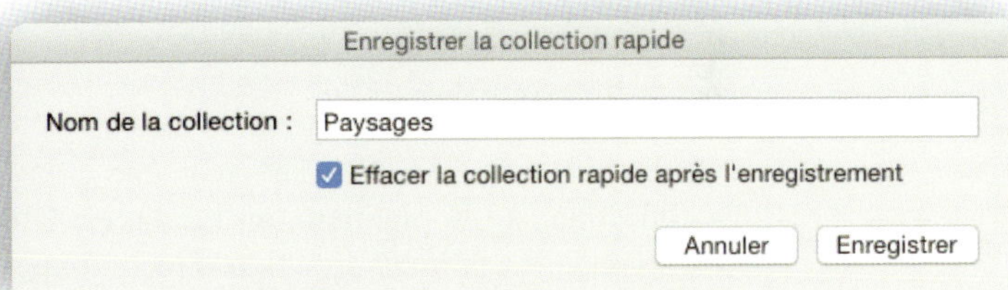

Pour visualiser les images de la collection rapide, cliquez sur l'entrée correspondante dans le panneau Catalogue (à gauche). Pour l'enregistrer en tant que collection permanente et l'ajouter au panneau Collections, appuyez simultanément sur les touches Cmd/Ctrl + Option/Alt + B (à droite).

Pour afficher la collection rapide, cliquez sur l'entrée du même nom dans le panneau Catalogue, ou sélectionnez la commande Fichier>Afficher la collection rapide (Cmd/Ctrl + B). Exécutez la commande Fichier>Afficher la collection rapide une nouvelle fois pour afficher le dossier précédent (Cmd/Ctrl + B). Si vous cliquez sur Cmd/Ctrl + Alt + B, vous pouvez enregistrer la « Collection rapide » en tant que collection permanente, et lui attribuer un nom. Prenez alors la bonne habitude de supprimer la collection rapide dont elle est issue (Fichier>Effacer la sélection rapide ou Cmd/Ctrl + Maj + B).

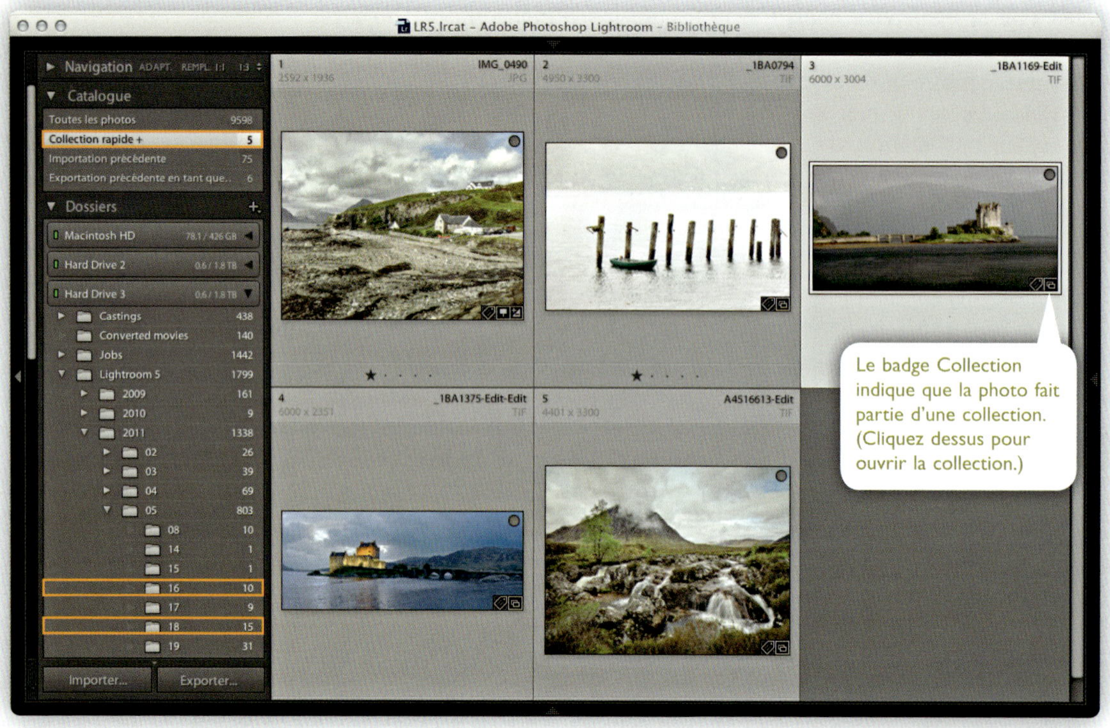

Un des points forts d'une collection rapide est sa capacité à réunir et à afficher des images provenant de différents dossiers. En cliquant sur « Collection rapide » dans le panneau Bibliothèque, je peux les afficher dans une même fenêtre.

Les collections

Il existe deux méthodes pour créer une collection permanente (dite tout simplement « collection ») : la première, on l'a vu, est la conversion depuis une collection rapide. La seconde est la transformation directe d'une sélection d'images à l'aide du panneau Collections : pour ajouter une nouvelle collection, cliquez sur l'icône « + » ; pour en supprimer une, cliquez sur l'icône « - ».

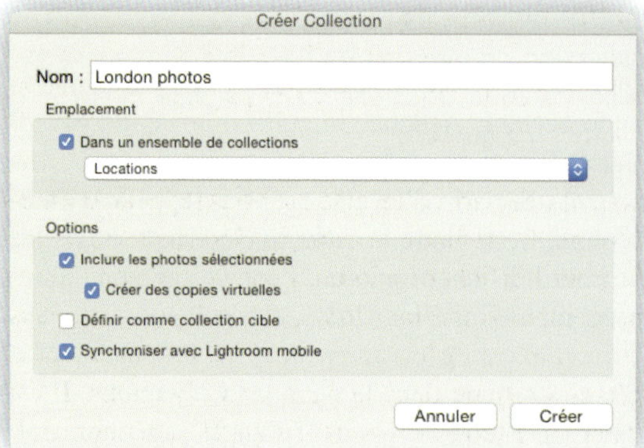

La boîte de dialogue « Créer Collection » avec les options pour la création d'une collection standard. L'option « Dans un ensemble de collections » propose de placer la nouvelle collection au sein d'un ensemble de collections.

Tandis qu'une image ne peut être attribuée à plus d'un dossier à la fois, elle peut entrer dans un nombre quasi illimité de collections. Les collections sont ainsi une manière commode de regrouper des photos de différents dossiers selon des critères personnels.

Lorsque vous travaillez dans le module Bibliothèque ou Développement, vous pouvez enregistrer une collection en tant que collection standard, accessible depuis les autres modules de Lightroom via un simple clic sur le nom de la collection, affichée dans le panneau Collections. À la différence des collections directement liées à l'un des modules Livres, Diaporama, Impression ou Web, qui intègrent un certain nombre de paramètres, les collections standards ne représentent qu'un ensemble de photos. Pour créer une nouvelle collection, cliquez sur le bouton « + » (Cmd/Ctrl + N) dans le panneau Collections pour ouvrir la boîte de dialogue de la figure précédente vous permettant de choisir l'emplacement de la nouvelle collection (à la racine ou dans un ensemble de collections). Sélectionnez l'option « Inclure les photos sélectionnées » si vous souhaitez créer une collection à partir des photos sélectionnées ou alors l'option « Créer des copies virtuelles », très utile pour appliquer des paramètres de développement particuliers aux images de la collection (par exemple, une transformation monochrome).

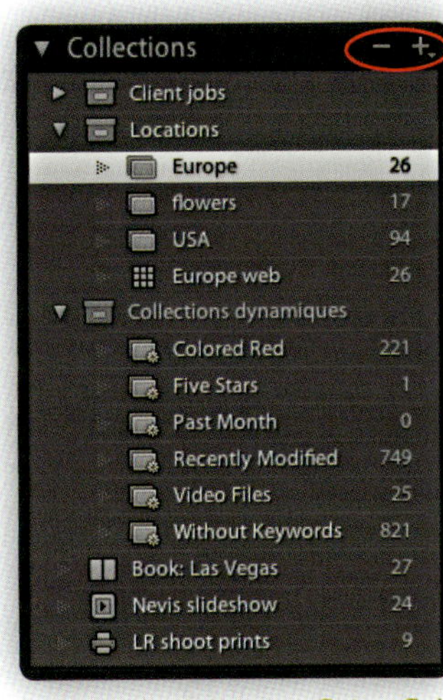

La boîte de dialogue « Créer Collection » sert à créer une nouvelle collection standard. Elle permet de placer la nouvelle collection à l'intérieur d'un ensemble de collection et/ou de la définir en tant que collection cible.

La figure ci-dessus montre plusieurs types de collections, reconnaissables par leur icône : Diaporama, Impression et « Galerie web ». Les photos d'une telle collection s'ouvrent directement dans le module qui a généré la collection, même si vous ouvrez celle-ci depuis un autre module.

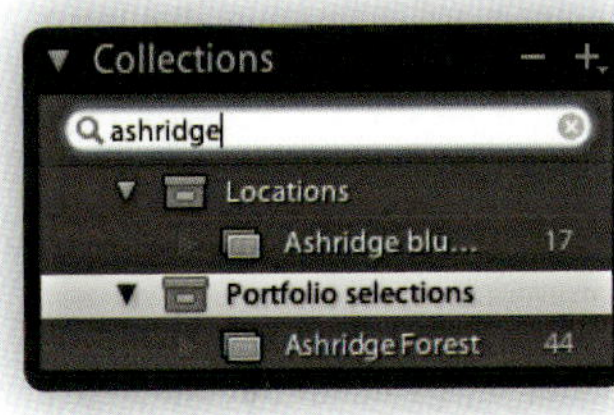

Le filtre de recherche du panneau Collections aide à repérer rapidement une collection portant un nom particulier. Ici le terme « ashridge » a permis de trouver deux collections. Actif par défaut, le filtre de recherche peut être désactivé, puis réactivé en passant par le menu du panneau Collections (voir la figure en bas à gauche de la page suivante).

Les collections liées aux modules

Dans les trois premières versions du logiciel, il était possible d'enregistrer les réglages spécifiques aux modules de création (Web, Diaporama, Impression et Livres) au sein d'une collection, et ce, sans effectuer des démarches particulières. Depuis Lightroom 4, les collections ne sont plus à même d'enregistrer les réglages liés au module. Cependant, vous pouvez enregistrer une sélection d'images ainsi que les réglages associés au module lorsque vous travaillez dans les modules Livres, Diaporama, Impression ou Web. La figure en bas à gauche page suivante montre différents types de collections, qui se distinguent par leur icône : Livres, Diaporama, Impression ou Web. Rappelons que ces collections se différencient des collections standards par leur capacité à incorporer les réglages du module en question.

Les quatre modules de « création » affichent une barre d'en-tête qui vous rappelle d'enregistrer votre travail sous forme de collection. Cette barre se situe au-dessus de la fenêtre principale. Appuyez sur la touche « \ » pour l'afficher ou la masquer. Notez que l'enregistrement des paramètres est particulièrement important lorsque vous travaillez dans le module Livres. Il serait en effet très dommage de perdre votre mise en page. Après avoir créé une nouvelle collection, celle-ci s'affiche dans le panneau Collections. Il est également possible de simplement cliquer sur l'icône « + » dans l'angle supérieur droit du panneau Collections pour ajouter une nouvelle collection. S'il n'y a rien de fondamentalement nouveau dans cette procédure depuis l'introduction des modules liés aux collections, le logiciel vous encourage activement à enregistrer votre travail. Il n'est pas toujours nécessaire d'enregistrer les réglages. Cependant, n'oubliez pas d'appuyer sur Enregistrer pour sauvegarder votre projet une fois finalisé.

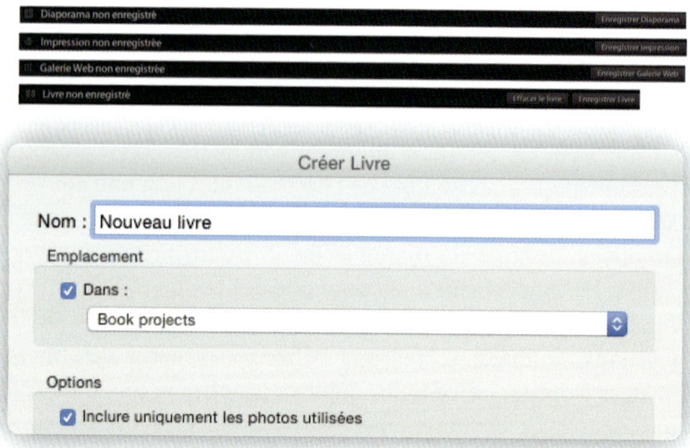

Les options d'enregistrement des modules de création.

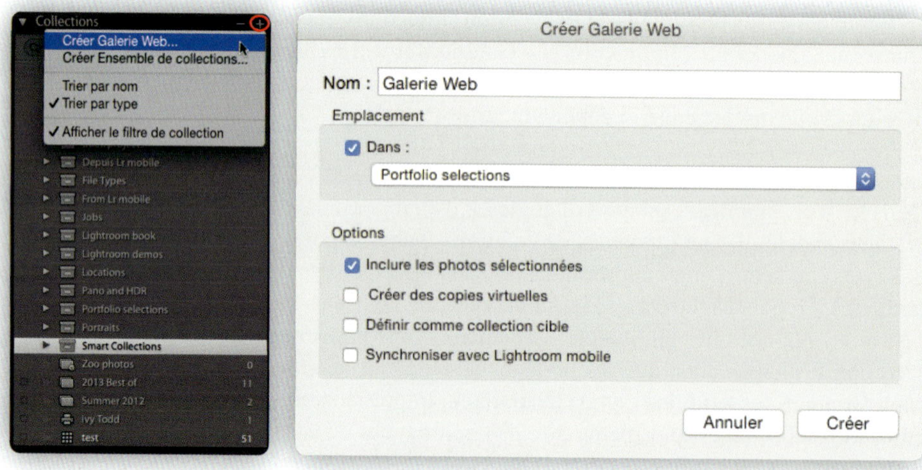

Pour créer une nouvelle collection web, cliquez sur l'icône « + », puis sélectionnez l'option « Créer Galerie Web ». Nommez la nouvelle collection et sélectionnez un ensemble de collections. Puis ajoutez les images sélectionnées ou des copies virtuelles.

Une image peut intégrer plusieurs collections à la fois, et ce, quel que soit le type de collection. En revanche, les images d'une collection dynamique ne peuvent pas constituer une collection liée à un module. Appuyez sur la touche Alt, puis faites glisser une collection à l'intérieur du panneau Collections pour la dupliquer. Ainsi, vous pouvez, par exemple, dupliquer un projet du livre pour en créer une variante. Les cellules de vignettes du mode d'affichage Grille du module Bibliothèque affichent des petits badges indiquant l'appartenance d'une image à une ou plusieurs collections. Cliquez dessus pour afficher une liste de collections auxquelles appartient l'image. Il est également possible de passer pour cela par le menu contextuel.

Dans le module Livres, le panneau « Film fixe » signale lesquelles des images d'une collection sont utilisées dans la mise en page en cours ainsi que le nombre de fois où elles figurent dans cette mise en page. Si le badge n'affiche aucun numéro, l'image en question ne fait pas partie de la mise en page.

Le panneau « Film fixe » affiche ici plusieurs images appartenant à un projet de livre dédié à ma fille Angelica (Animals for Angelica).

Dans les modules Bibliothèque, Développement ou Cartes, il suffit de cliquer sur une collection pour ainsi sélectionner les images y figurant et les afficher dans la grille du module Bibliothèque ou le panneau « Film fixe ». En double-cliquant sur une collection spécifique, vous sélectionnez les photos de la collection avant d'ouvrir le module associé.

Dans les modules Livres, Diaporama, Impression ou Web, il suffit de cliquer sur les différentes collections liées au module pour ainsi changer entre les différents projets. En cliquant sur une collection standard, vous pouvez ajouter temporairement les images qu'elle contient à la collection du module. Pour rendre cette sélection permanente, enregistrez-la au sein d'une nouvelle collection. Si vous cliquez en revanche sur une collection qui appartient à un autre module, Lightroom sélectionne les images avant d'ouvrir le module associé.

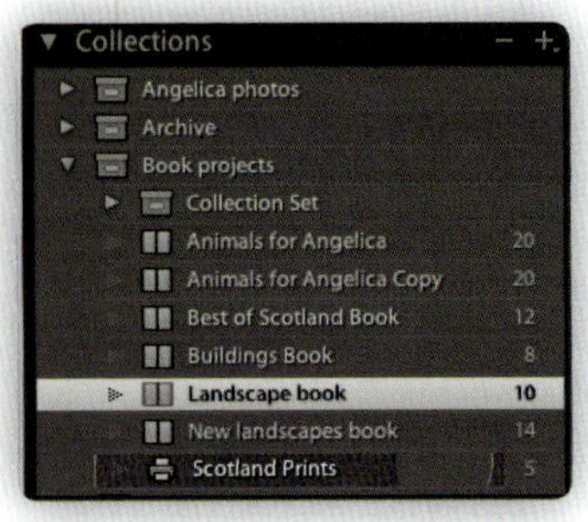

Le panneau Collections répertoriant plusieurs projets de livres.

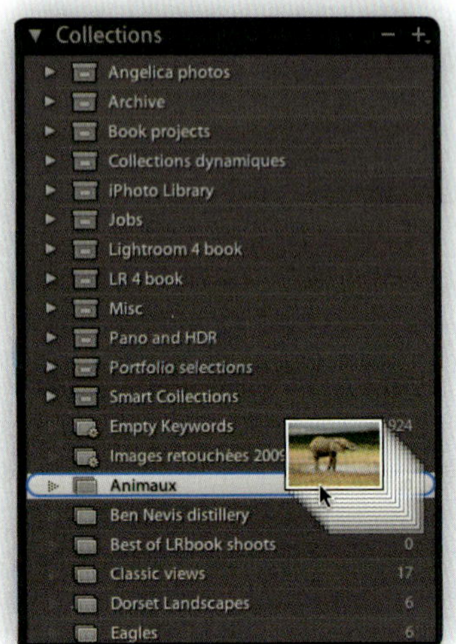

Pour ajouter de nouvelles images à une collection, sélectionnez-les d'abord à partir du panneau « Film fixe », puis faites-les glisser sur la collection, affichée dans le panneau Collections.

En cliquant, par exemple, sur la collection « Landscape book », surlignée dans la figure ci-contre, je sélectionne les 10 images qu'elle contient. En partant du module Diaporama, Impression ou Web, Lightroom ouvre les images au sein du module Livres lequel affiche la mise en page préalablement enregistrée. En cliquant ensuite sur la collection « Scotland Prints », liée au module Impression, Lightroom ouvre les images dans le module associé.

Pour modifier le contenu d'une collection, sélectionnez une ou plusieurs images, puis faites-les glisser sur la collection en question. Pour supprimer une image d'une collection rapide ou d'une collection, sélectionnez-la dans la grille du module Bibliothèque, puis appuyez sur la touche Suppr. Si vous l'effacez ainsi de la collection, l'image n'est pas pour autant effacée du disque dur. En revanche, la suppression d'une image du catalogue entraîne aussi sa suppression d'une collection. Enfin, pour renommer une collection, passez par la commande Renommer du menu contextuel.

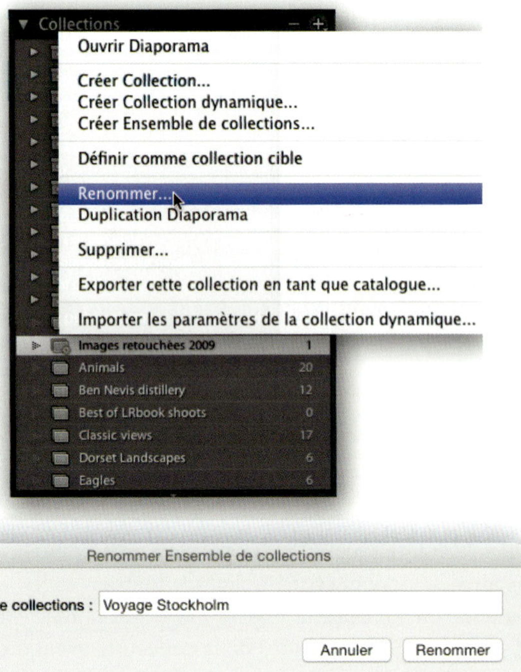

Pour renommer une collection, sélectionnez l'option Renommer à partir du menu contextuel du panneau Collections.

Par défaut, la collection rapide fait également figure de collection cible. La commande « Définir comme collection cible » permet d'attribuer cette fonction à une collection de votre choix (elle s'affiche alors avec une icône « + »). Ainsi nommée, la collection recueille les photos sélectionnées à partir de la grille ou du panneau « Film fixe » – appuyez simplement sur la touche B de votre clavier pour les y ajouter ou supprimer.

Il est également possible d'utiliser l'outil Peinture (voir page 544) pour sélectionner et ajouter des images à la collection cible. Pour réinstaurer la collection rapide dans ses fonctions de collection cible, appuyez simultanément sur les touches Cmd/Ctrl + Maj + B.

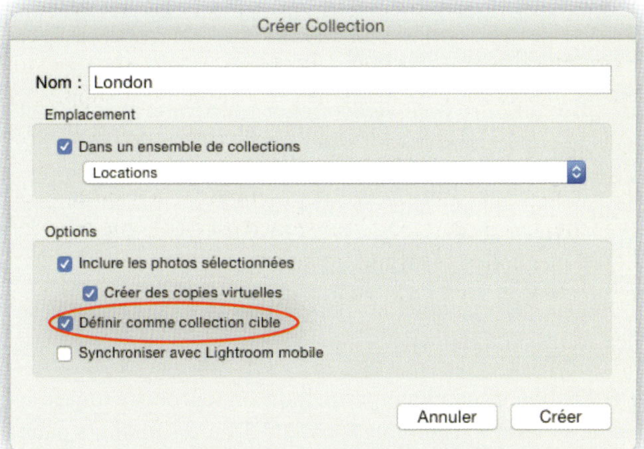

L'option « Définir comme collection cible » de la boîte de dialogue « Créer collection » était une des nouveautés apparues avec Lightroom 5.

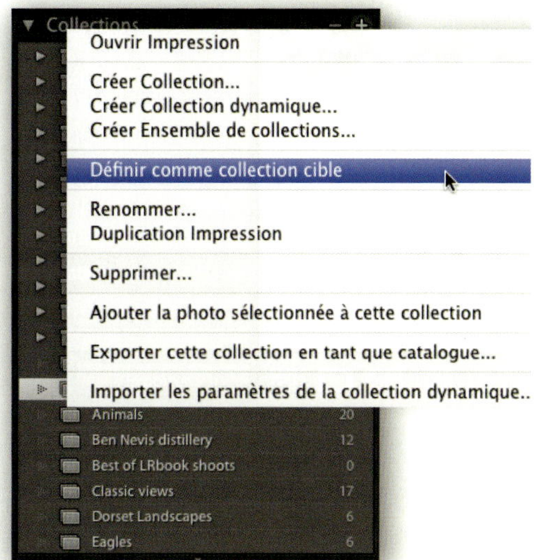

L'option « Définir comme collection cible » du menu contextuel permet de recueillir les photos sélectionnées à partir de la grille ou du panneau « Film fixe » dans la collection désignée, via la touche B du clavier.

Les collections peuvent être placées à l'intérieur d'un ensemble de collections, ce qui est pratique pour gérer leur structure hiérarchique. Cliquez sur le bouton « + » situé dans l'en-tête du panneau Collections, puis sélectionnez l'option « Créer Ensemble de collections » à partir du menu contextuel. Tapez le nom de l'ensemble (Nom), sélectionnez son emplacement, puis déplacez les collections censées appartenir au nouvel ensemble par un glisser-déposer.

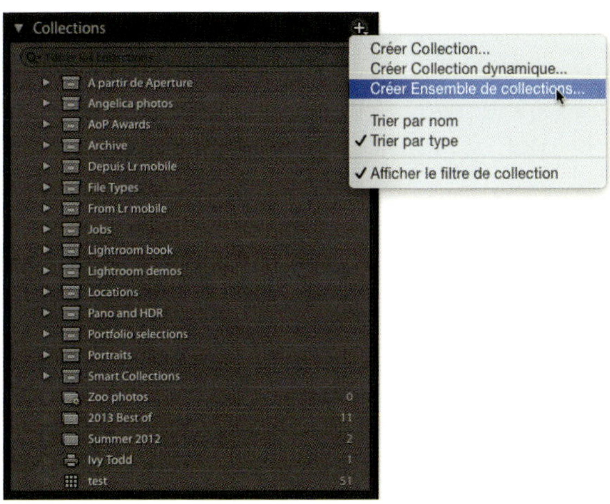

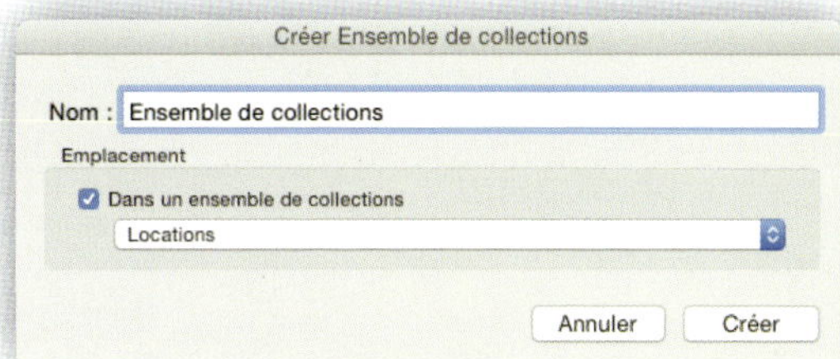

Création d'un ensemble de collections.

Les collections dynamiques

Les collections dynamiques permettent d'établir des règles relatives à l'insertion des photos dans une collection. Lightroom ajoute les photos automatiquement à la collection, pour peu qu'elles remplissent tous les critères définis à la création de la collection dynamique. Pour ce faire, cliquez sur le bouton « + » ou sélectionnez à partir du menu contextuel l'option « Créer collection dynamique », et fixez les critères que doivent remplir les photos pour intégrer la collection dynamique.

Dans l'exemple ci-dessous, j'ai utilisé un filtre pour sélectionner les photos avec le mot-clé « Jobs », un autre filtre pour choisir les images à l'extension TIFF, puis un dernier pour sélectionner celles prises en 2009. J'ai également choisi l'option « Correspond à toutes les règles suivantes ». Ainsi, les photos doivent impérativement remplir toutes les conditions pour s'ajouter à la collection. L'option « Correspond à l'une des règles suivantes » se prête, quant à elle, à la sélection de photos remplissant plusieurs critères par type de métadonnées (pour choisir, par exemple, les photos des années 2008 et 2009 qui arborent à la fois des libellés rouges et jaunes).

À titre personnel, j'ai crée une collection dynamique permettant de regrouper toutes les photos prises en RAW et dotées du mot-clé « panorama » en vue d'un assemblage panoramique dans Photomerge. Une autre collection dynamique répertoriant tous les fichiers TIFF avec le même mot-clé me permet d'afficher les images finales. Il est même possible de créer des collections dynamiques basées sur des critères tels que l'usage du flash, l'absence de mots-clés ou de copyright. De même, il est possible de ne regrouper que les images prises le mois dernier. Le menu contextuel propose deux options permettant d'importer ou d'exporter les paramètres d'une collection dynamique pour les partager avec d'autres utilisateurs.

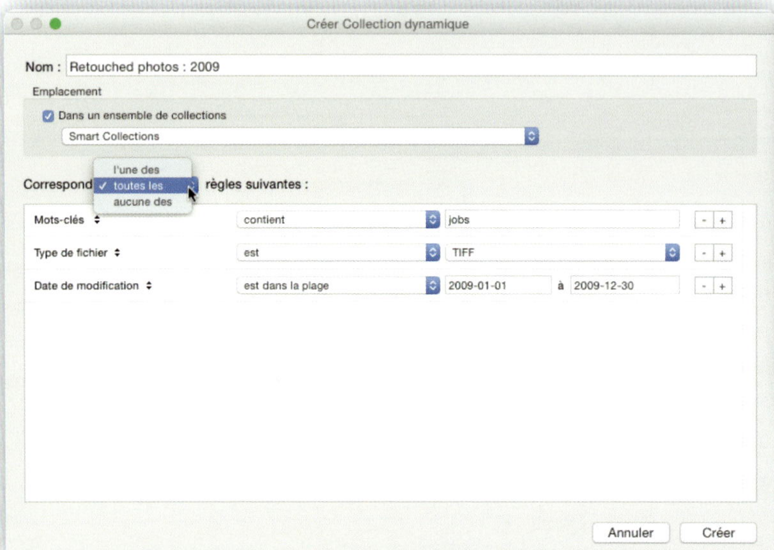

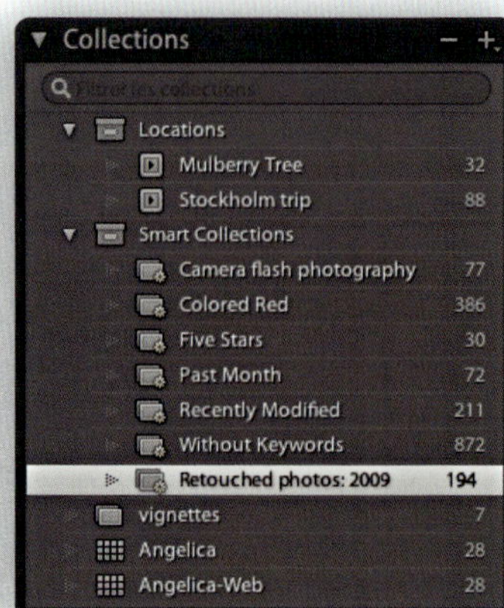

La boîte de dialogue « Créer Collection dynamique » (à gauche) et une collection dynamique affichée dans le panneau Collections (à droite).

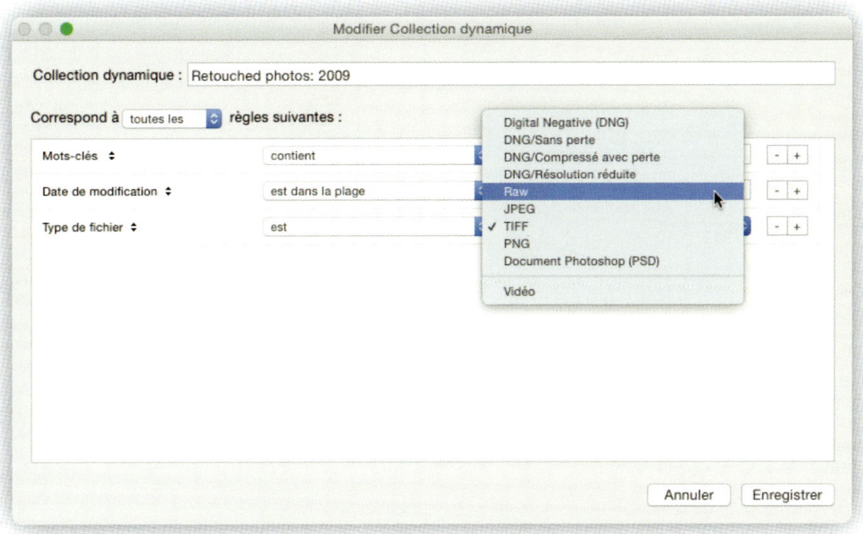

La boîte de dialogue « Modifier Collection dynamique ».

Depuis Lightroom 5, les différents filtres applicables à une collection dynamique sont repartis sur plusieurs catégories. Pour nommer un exemple, vous pouvez recourir aux filtres de la catégorie Couleur pour filtrer vos images en fonction de leur profondeur de codage, leur mode couleur ou leur profil colorimétrique. Quant aux filtres de la catégorie Taille, ils permettent de constituer une collection dynamique en fonction de leurs dimensions ou leur rapport largeur/hauteur, bien que cette opération puisse devenir assez chronophage avec un catalogue créé avec une version antérieure à Lightroom 5.

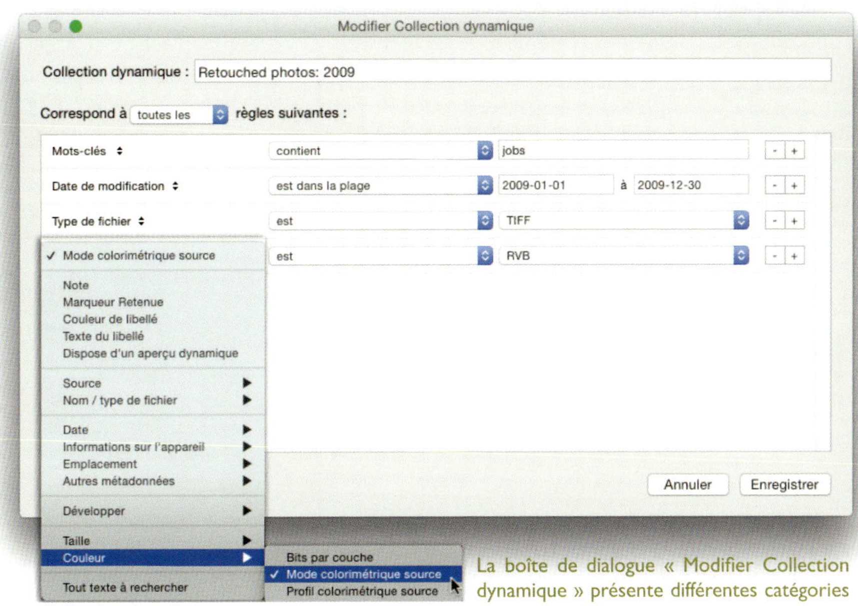

La boîte de dialogue « Modifier Collection dynamique » présente différentes catégories de filtres.

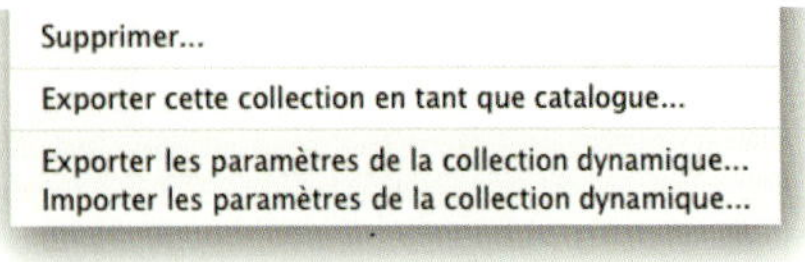

Les options du menu contextuel permettent d'exporter les réglages d'une collection dynamique ou les importer à partir d'un fichier de réglages préalablement enregistré.

À titre d'exemple, j'utilise une collection dynamique qui rassemble tous les fichiers RAW dotés du mot-clé « panoramas ». Elle me permet de retrouver toutes les photos de mon catalogue susceptibles d'être utilisées pour l'assemblage d'une image panoramique. Quant à la collection dynamique qui regroupe tous les fichiers TIFF avec le même mot-clé, elle répertorie les images finalisées. Notez qu'il est même possible de réunir toutes les images faites avec ou sans flash, ou toutes celles saisies le mois précédent.

Pour partager avec d'autres utilisateurs, vous pouvez exporter les réglages d'une collection dynamique à l'aide de la commande « Exporter les paramètres de la collection dynamique… » du menu contextuel. Sinon, vous pouvez simplement exporter un catalogue comprenant une seule image, puis récupérer vos collections dynamiques et leurs réglages au sein d'un autre catalogue.

Effacer et supprimer des images

Après avoir exploré et noté l'ensemble de vos images, vous voilà décidé à supprimer celles qui vous semblent ratées. La commande « Supprimer la photo », du menu Photo, ouvre une boîte de dialogue qui propose trois options (cette boîte apparaît également quand vous appuyez sur la touche Retour).

Astuce
Pour certains travaux de commande, j'accumule plus d'une centaine d'images de chaque sujet. Après avoir effectué un tri initial, je ne conserve que les images dotées d'au moins une étoile au sein du catalogue. Les autres, non notées, sont converties au format DNG, déplacées sur un disque dur externe et ensuite supprimées du catalogue. Notez que je procède différemment pour mes travaux personnels. Je n'efface alors que les images vraiment ratées.

- Le bouton Effacer fait uniquement disparaître le lien dans la bibliothèque : si l'image est bien retirée du catalogue, le fichier d'origine, quant à lui, demeure sur le disque dur. À noter que la commande Photo>Supprimer la photo du catalogue (Alt + Suppr) est équivalente.
- Le bouton « Supprimer du disque » efface l'image dans la bibliothèque et déplace le fichier vers la corbeille. Tant qu'il n'aura pas été supprimé de la corbeille, vous pourrez toujours le récupérer (ce filet de sécurité est parfois bien utile). Pour supprimer le fichier de manière définitive, sélectionnez l'option « Vider la corbeille » (Cmd + Maj + Retour) dans le Finder de Mac OS X, et la commande du même nom dans le menu contextuel de votre PC.
- Le bouton Annuler permet de quitter la boîte de dialogue.

Cette boîte de dialogue apparaît aussi quand vous appuyez sur la touche Retour. L'option par défaut, Effacer, supprime uniquement le lien dans le catalogue ; l'option « Supprimer du disque » déplace le fichier vers la corbeille. Si le dossier à supprimer est un dossier parent, les options diffèrent : vous pouvez, par exemple, supprimer le dossier parent et transformer les sous-dossiers qui y figurent en dossiers parents.

Lorsque les photos à supprimer font partie d'une collection d'images publiées sur un site tel que Flickr, Lightroom affiche cette boîte de dialogue permettant de choisir entre une suppression de toutes les images (y compris celles publiées sur le Web) ou uniquement des images du catalogue.

La commande « Supprimer les photos rejetées » du menu Photo (Cmd/Ctrl + Retour) permet de supprimer les photos marquées par le drapeau « Photos rejetées » (raccourci X) et de les envoyer directement à la corbeille.

Mise en garde

Le raccourci clavier Cmd/Ctrl + Option/Alt + Maj + Suppr supprime une image d'une collection et la déplace vers la corbeille. Attention, l'opération ne peut pas être annulée en passant par Lightroom. Il faut donc obligatoirement passer par le système d'exploitation pour empêcher sa suppression définitive. Si vous travaillez avec des aperçus dynamiques en lieu et place des originaux, la commande « Supprimer la photo » n'est pas disponible.

Hasselblad H5D-50C,
50 mm, 100 ISO, f/11, 1/80 s,
© Martin Evening 2014.

Chapitre 4
Développer les fichiers RAW

4

La qualité du moteur de développement et le fait qu'il retarde le traitement d'images jusqu'à la conversion des fichiers font partie des propriétés les plus puissantes de Lightroom. Cette méthode, appelée « traitement différé », a été introduite au cours des années 1990 avec des logiciels célèbres, comme Live Picture et xRes : en reléguant le traitement d'images à la fin des modifications, ils rendaient possible la manipulation de gros fichiers avec les ordinateurs peu puissants de l'époque (seulement 24 Mo de mémoire...).

Bien que Photoshop puisse aujourd'hui traiter des fichiers très lourds, le traitement différé permet de bénéficier d'une plus grande liberté de travail. Contrairement au flux de travail d'un logiciel de type Bitmap qui modifie les pixels étape par étape, Lightroom permet d'effectuer un nombre impressionnant de corrections dont l'ordre n'a que peu d'impact sur le résultat final. Vous pouvez ainsi appliquer un recadrage, retoucher une poussière, ajuster les couleurs, retoucher une deuxième poussière et réajuster le cadrage, sans jamais compromettre la qualité de l'original. Les modifications ne sont en effet entérinées que lorsque l'image est exportée en tant que fichier TIFF, PSD ou JPEG, et pas avant.

Le traitement d'images dans Lightroom

Quel que soit son format, un fichier image est toujours considéré par Lightroom comme une image brute. L'ensemble des modifications effectuées dans le logiciel est enregistré dans un fichier de type XMP (et non pas appliqué à l'image), approche qui présente un grand avantage : le rendu final est obtenu à l'issue d'une unique étape de traitement, ce qui minimise le risque de dégradation de la qualité.

Photoshop reste l'outil le mieux adapté pour la séparation des couleurs, indispensable dès que vous souhaitez préparer vos fichiers pour une impression offset. Cependant, Lightroom est incomparablement plus simple que Photoshop en ce qui concerne la gestion des couleurs, sans pour autant compromettre la qualité des conversions colorimétriques : vous n'avez plus besoin de configurer d'obscurs paramètres et n'êtes plus jamais confronté à des problèmes de conversion entre espaces couleur.

Lightroom fait appel à un seul espace de travail pour l'ensemble des calculs entre les différents profils ICC des périphériques (appareil photo, écran, imprimante). Par son gamut et ses coordonnées de chromaticité, cet espace est très proche de l'espace ProPhoto RVB ; il ne s'en différencie que par un gamma de 1,0 au lieu de 2,2. L'espace

Profondeur de bits, Photoshop et les appareils numériques

Vous avez peut-être remarqué, « 32 000 couleurs » correspond à une profondeur de 15 bits par couche. En effet, bien que la littérature parle d'un traitement en 16 bits par couche (plus de 65 000 couleurs), Photoshop n'en utilise que la moitié pour simplifier et accélérer les calculs. Un codage sur 15 bits au lieu de 16 demeurera sans doute largement suffisant, même si certains appareils disposent de 14 bits par couche (notamment les appareils Canon 5D Mark II, 1Dx, 6D, 5D Mark III et Nikon D4, D800 et D600).

Lightroom RVB correspond ainsi au gamma d'un fichier RAW ; son gamut très étendu contient l'ensemble des couleurs qu'un appareil numérique est capable d'enregistrer.

En outre, Lightroom utilise une profondeur de 16 bits/couche : avec plus de 32 000 niveaux par couche couleur, ses capacités sont largement supérieures à celles d'un appareil photo numérique (rarement capable de saisir plus de 4 000 niveaux par couche). Lightroom est donc parfaitement adapté au traitement des fichiers RAW. Quel que soit l'appareil numérique utilisé, il restitue toujours l'ensemble des informations capturées.

Bien que les calques ne fassent pas partie des fonctionnalités de Lightroom, ce dernier reconnaît les images multicalques – à condition d'avoir coché l'option correspondante dans les Préférences de Photoshop. L'emploi des calques est alors envisageable : envoyez votre image vers une application tierce (Photoshop, Photoshop Elements), utilisez des calques pour modifier votre image, puis rapatriez-la dans le catalogue de Lightroom.

Sachez que les outils dédiés au traitement d'images ne sont nullement réservés aux fichiers RAW : ils fonctionnent également avec des fichiers JPEG, PNG, TIFF et PSD. Il est ainsi possible d'utiliser les outils du module Développement (« Balance des blancs », Exposition et Courbe) pour le traitement de toute image importée dans Lightroom.

Les réglages du module Développement de Lightroom sont parfaitement compatibles avec ceux de Camera Raw. Vous pouvez ainsi appliquer des réglages dans un de ces programmes, puis les retrouver à l'identique dans l'autre, pour peu que vous utilisiez les dernières versions des logiciels cités.

Lightroom et les fichiers CMJN

Lightroom vous autorise à importer des images CMJN et à les corriger à l'aide des outils du module Développement. Toutefois, compte tenu de l'espace de travail propre à Lightroom, ces corrections auront toujours lieu en mode RVB et les fichiers corrigés seront toujours exportés en restant dans ce mode. Lightroom vous offre ainsi davantage de souplesse pour corriger les couleurs de vos fichiers CMJN. Mais cette polyvalence comporte aussi des risques si ces fichiers sont ouverts dans Photoshop : les corrections préalablement appliquées dans Lightroom ne s'y affichent pas. Qui plus est, Lightroom n'est pas particulièrement adapté à la correction des fichiers CMJN. Mieux vaut donc corriger les originaux (RAW ou fichiers Bitmap en mode RVB), puis les convertir une nouvelle fois en mode CMJN. Pour cela, utilisez la boîte de dialogue Exporter pour créer d'abord des fichiers RVB que vous pouvez convertir automatiquement en CMJN, grâce à l'ajout d'un script de conversion sous forme de droplet (reportez-vous à la page 396 du chapitre 7).

Il n'est pas toujours évident de conserver la compatibilité entre Lightroom et certaines versions plus anciennes de Camera Raw et Photoshop. Bien heureusement, Photoshop CS6 et les versions 9 du plug-in dédié sont capables d'interpréter l'ensemble des réglages appliqués dans Lightroom 6/CC. Les images s'affichent ainsi de la même manière lorsqu'elles sont ouvertes dans cette ultime version de Photoshop dotée d'une version perpétuelle. Une fois n'est pas coutume, Adobe propose des versions spécifiques de Camera Raw 9 aux utilisateurs de Photoshop CS6, leur permettant d'afficher les réglages appliqués dans Lightroom 5 et 6/CC. Cependant, ils ne peuvent modifier certains réglages appliqués à l'aide des outils spécifiques à Lightroom 5, 6/CC et Photoshop CC, notamment les nouveaux outils de fusion HDR et panoramique. Si les versions plus anciennes de Photoshop et Camera Raw ne tiennent pas compte des nouveaux réglages, vous pouvez néanmoins tirer parti des améliorations en termes de qualité d'image : la commande Modifier dans Photoshop s'appuie en fait sur le moteur de conversion de Lightroom pour convertir les fichiers bruts en fichiers TIFF, PSD ou JPEG. À partir de la version 8.7 du plug-in Camera Raw, Photoshop CS6 est à même de gérer la conversion des fichiers RAW de façon autonome.

Camera Raw 6 était la première version qui distinguait deux jeux d'algorithmes pour le dématriçage et le traitement des fichiers. Baptisés « processus » dans le jargon d'Adobe, ils sont désormais trois : si le Processus 2003 désigne les algorithmes appliqués par les anciennes versions de Camera Raw et Lightroom, le Processus 2010, introduit en même temps que Camera Raw 6 et Lightroom 3, fournissait de nouveaux algorithmes qui influent de manière importante sur la qualité des fichiers convertis, notamment en termes d'accentuation, de réduction du bruit et de récupération des hautes lumières et ombres (curseurs Récupération et « Lumière d'appoint »). Quant au Processus 2012, il s'agit de nouvelles routines de développement inaugurées par Camera Raw 7 et Lightroom 4. Notez que ces améliorations ne sont pas cantonnées aux seuls fichiers RAW, elles profitent également aux fichiers DNG, PNG, TIFF, JPEG et PSD. S'il introduit des changements encore plus importants, le Processus 2012 repose toujours sur les algorithmes de dématriçage du Processus 2010. En revanche, il inaugure de nouvelles commandes à la fois pour les corrections globales et locales. Vous pouvez choisir parmi deux jeux de réglages différents : les anciens réglages des Processus 2003 et 2010 et les nouveaux réglages du Processus 2012, utilisés par défaut pour les images fraîchement importées. Dans cet ouvrage, je me suis évertué à ne vous présenter que les réglages du Processus 2012.

Au lieu des curseurs Exposition, Récupération, « Lumière d'appoint », Noirs, Luminosité et Contraste des Processus 2003 et 2010, le Processus 2012 affiche les curseurs Exposition, Contraste, « Hautes lumières », Ombres, Blancs et Noirs. Si l'appellation des curseurs Exposition et Contraste n'a pas évoluée, leurs modes opératoires ont changé pour s'adapter aux nouvelles routines de développement. Dans les anciennes versions du logiciel, le rôle des différents curseurs n'était pas clairement défini. Pour citer un exemple, un ajustement des curseurs Exposition, Récupération et « Lumière d'appoint » provoquait toujours une modification de la luminosité et du contraste des tons moyens, et il fallait souvent intervenir sur les réglages du curseur Luminosité pour compenser les effets des trois curseurs sur la luminosité globale des tons moyens. Cette situation était à même de perturber de nombreux utilisateurs, obligés de basculer entre deux ou trois curseurs pour trouver l'équilibre tonal approprié. Notez aussi que les réglages des hautes lumières et des tons foncés des anciens processus agissaient de manière inégale : à réglages équivalents, le curseur Noirs produisait ainsi toujours un effet plus prononcé que le curseur Récupération. Les curseurs « Hautes lumières » et Ombres se comportent de manière presque symétrique. Qui plus est, vous pouvez les utiliser pour modifier indépendamment la luminosité des hautes lumières et des tons foncés et ce, sans pour autant influer sur la luminosité des tons moyens. Si ces derniers sont maintenant contrôlés par le curseur Exposition, les curseurs Noirs et Blancs sont destinés à contrôler l'écrêtage des valeurs extrêmes de l'échelle de tonalités.

Alors que les Processus 2003 et 2010 attribuaient aux fichiers RAW et JPEG différentes valeurs par défaut pour les paramètres Noirs, Luminosité et Contraste (5, 50 et 25 pour les

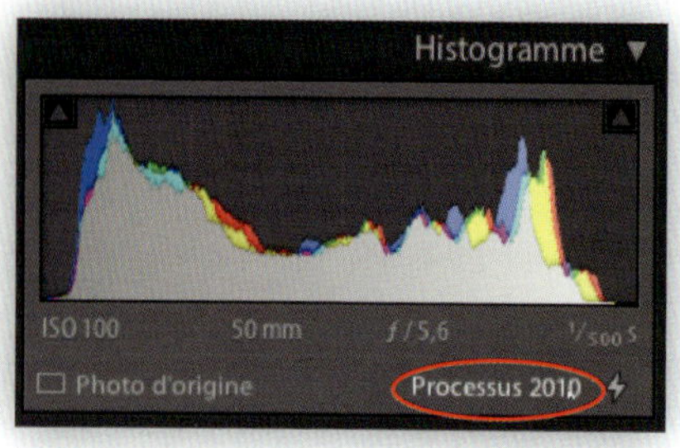

L'icône avertit que les paramètres de développement de l'image affichée dans le module Développement sont antérieurs à ceux du Processus 2012.

Le panneau « Étalonnage de l'appareil photo » comporte un menu déroulant permettant de choisir parmi différentes versions du processus.

premiers et 0 partout pour les seconds), le Processus 2012 applique désormais les mêmes réglages par défaut à l'ensemble des images.

Grâce au remaniement des curseurs de correction tonale, il est désormais possible d'obtenir de meilleurs résultats à partir des images contrastées. Les outils de développement de Camera Raw et Lightroom suivent ainsi les récents progrès réalisés dans le développement des capteurs.

Mise à jour vers le Processus 2012

Si vous ouvrez dans le module Développement une image préalablement traitée dans une ancienne version de Camera Raw ou Lightroom, une icône en forme d'éclair s'affiche dans l'angle inférieur droit du panneau Histogramme. Cliquez dessus pour procéder à une mise à jour du processus vers la version 2012 et pour ainsi bénéficier des derniers perfectionnements en termes de qualité d'image. Sélectionnez ensuite dans la boîte de dialogue « Mettre à jour » la version du processus l'option « Ne plus afficher », puis cliquez sur « Mettre à jour » afin d'adopter les nouveaux algorithmes de traitement. Appuyez simultanément sur la touche Option/Alt pour sauter cette boîte de dialogue. Il est également possible d'utiliser la commande Paramètres>Mettre à jour vers le processus actuel (2012) pour passer au dernier processus, la commande Paramètres>Processus, ou le menu homonyme du panneau « Étalonnage de l'appareil photo », pour basculer entre les routines des Processus 2003 et 2010. À noter que l'opération est toujours réversible. Par défaut, Lightroom utilise les nouvelles routines de traitement pour l'ensemble des images importées. Afin de repérer les images plus anciennes (et corrigées à l'aide d'un ancien processus), exécutez la commande « Rechercher les photos du processus précédent » du menu Bibliothèque afin de les rassembler dans une nouvelle collection temporaire. Le Processus 2012 n'a pas que des avantages : plus sophistiqués, les algorithmes de traitement sont également plus gourmands en ressources. Mais si ce nouveau processus contribue parfois à ralentir la conversion d'un lot d'images, il n'influe pas en revanche sur les fonctions de catalogage de Lightroom.

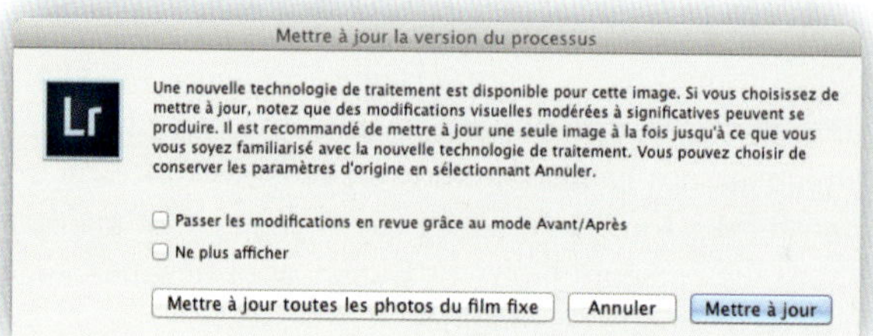

La boîte de dialogue « Mettre à jour la version du processus ».

Obtenir des couleurs fidèles

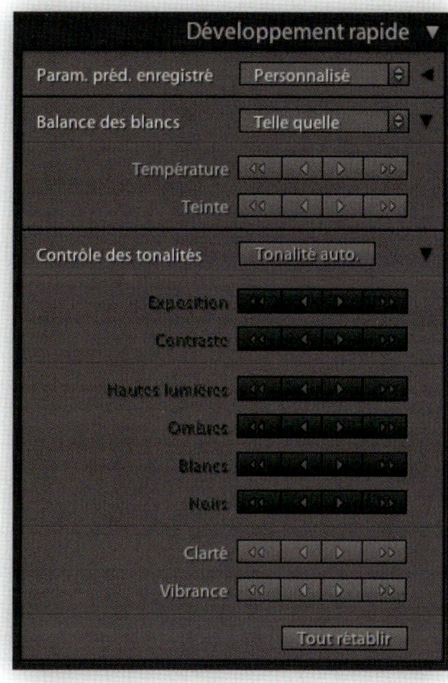

Si vous utilisez le panneau « Développement rapide » du module Bibliothèque pour corriger une série d'images préalablement corrigées dans différents processus, les commandes demeurent inopérantes.

Il n'est pas nécessaire d'être un color geek pour utiliser Lightroom. Seules les notions suivantes sont utiles pour appréhender ce logiciel, qui offre néanmoins tout ce qu'il faut pour gérer les couleurs de vos fichiers, y compris une fonction pour simuler les couleurs d'une impression à l'écran (Softproofing).

- Les fichiers RAW n'ont pas de profil associé ; leurs couleurs sont gérées par le moteur de conversion du logiciel.
- Le profil ICC des fichiers de type Bitmap (JPEG, TIFF, PNG et PSD) est automatiquement reconnu par Lightroom : il gère correctement l'affichage et la conversion colorimétrique entre profils.
- Si votre fichier Bitmap est dépourvu de profil, Lightroom se comporte comme tous les autres logiciels et tente d'interpréter les couleurs de l'image par l'attribution d'un profil sRGB. Sachez que, contrairement à Photoshop, Lightroom n'affiche aucun message d'avertissement lorsque l'image importée est dépourvue de profil. Si vous détectez une image dont les couleurs ne semblent pas correspondre à vos attentes, il est donc fort probable que son profil (manquant) soit différent du profil sRGB qui lui a été attribué.

D'une manière générale, activez toujours la gestion des couleurs dans Photoshop (dans Édition>Couleurs), quitte à choisir l'un des préréglages fournis par le logiciel (Prépresse pour l'Europe 2 ou 3, Utilisation générale pour l'Europe 2 ou 3) afin de toujours enregistrer les images avec un profil.

L'écran : un périphérique critique

Assurez-vous que les couleurs affichées à l'écran correspondent le plus précisément possible à ce que vous souhaitez obtenir à l'impression. Nous l'avons déjà dit, Lightroom ne nécessite aucune intervention de votre part pour bien gérer les couleurs de vos fichiers images : bien que vous puissiez (rarement) rencontrer des problèmes avec certains fichiers dépourvus de profil, Lightroom assure un suivi parfait des couleurs, de l'importation jusqu'à l'impression. Toutefois, avant de pouvoir commencer une séance de travail, il est primordial de régler, puis de calibrer votre écran. Ces deux étapes sont indispensables pour éviter de nombreuses frustrations, et le matériel requis est aussi simple qu'abordable.

Choisir un écran

Il n'existe plus qu'une seule famille d'écrans : les écrans à cristaux liquides (LCD, appelés également « TFT »). On trouve plusieurs gammes d'écrans LCD, allant des modèles grand public (peu onéreux) et écrans d'ordinateurs portables jusqu'aux écrans haut de gamme qui offrent à la fois un gamut plus large et une précision des couleurs bien supérieure. J'apprécie la grande surface d'affichage de mes écrans Eizo ColorEdge et NEC SpectraView (27 et 30 pouces), de même qu'un réglage et un calibrage faciles. L'adage

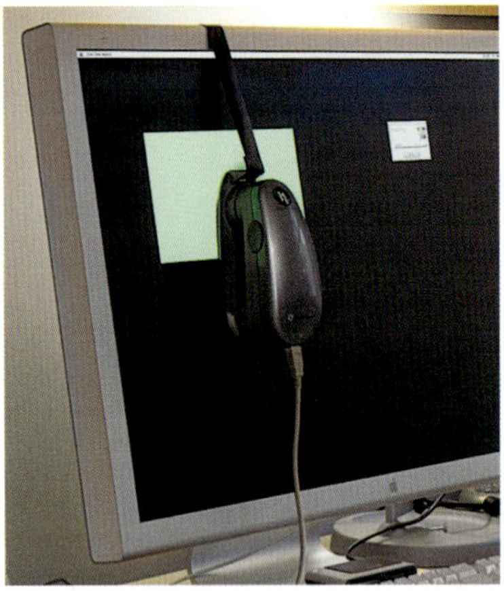

Le spectrophotomètre X-Rite Eye-One Photo.

« la qualité a un prix » est valable pour les écrans : un photographe qui n'achète que les meilleures optiques pour son appareil devrait faire de même pour son écran. Pensez au nombre d'heures que vous passerez face à lui : une excellente qualité d'affichage contribue à la rigueur de votre flux de production et assure un meilleur confort visuel.

Outils de réglage et de calibrage

La seule méthode efficace pour calibrer votre écran nécessite un colorimètre ou spectrophotomètre. Vous trouverez sans difficulté un bon colorimètre à moins de 250 € ; les fabricants Datacolor et X-Rite offrent même des modèles d'entrée de gamme qui ne se différencient des modèles plus chers que par le logiciel fourni et la qualité des profils. Certes, vous pouvez investir davantage dans une solution complète, capable de mesurer des échantillons colorés et de créer des profils pour imprimante, mais si votre objectif est la création d'un profil écran, vous pouvez vous contenter de l'achat d'un colorimètre : les spectrophotomètres n'offrent là aucun avantage décisif par rapport aux colorimètres de qualité.

L'étalonnage d'un écran se déroule en deux temps.

1. **Le réglage :** cette première étape se charge de régler le moniteur selon des normes préétablies pour l'affichage (notamment par le réglage des paramètres Gamma, « Point blanc » et Luminance). Un écran CRT possède de nombreux boutons pour ajuster ces paramètres, ce qui permet de « neutraliser » son affichage. La plupart des écrans LCD ne disposent, hélas, que d'une variation de la luminance, via la puissance du rétroéclairage ; avec certains écrans LCD, vous pouvez ainsi directement passer à l'étape suivante.

2. **Le calibrage :** il nécessite un instrument de mesure (colorimètre ou spectrophotomètre) pour mesurer des plages de couleurs affichées à l'écran. La sonde compare des valeurs Lab ou XYZ de référence à celles des plages de couleurs affichées. Le profil écran créé tient compte des différences.

Point blanc et gamma

Une fois l'ajustement du contraste et de la luminosité de votre écran effectué, votre logiciel de calibrage vous demande d'entrer son point blanc et son gamma.

- De manière générale, je vous conseille d'utiliser un point blanc à 6 500 K.
- Il est plutôt rare de pouvoir ajuster le point blanc d'un écran LCD aussi précisément que pour un écran CRT : bien qu'il soit souvent possible de choisir un point blanc personnalisé, plus ce dernier diffère du point blanc natif de l'écran, plus il dégrade la qualité d'affichage ! Par conséquent, je vous suggère d'utiliser dans ce cas le point natif de votre écran.
- Quel que soit votre ordinateur, Mac ou PC, je vous recommande d'adopter un gamma d'affichage de 2,2. Bien qu'Apple ait historiquement fixé le gamma d'affichage des Mac à 1,8, cette valeur n'a plus de raison d'être, d'autant plus que la plupart des logi-

ciels de traitement d'images compensent automatiquement d'éventuels écarts d'affichage. Choisir un gamma de 1,8 au lieu de 2,2 n'a donc aucun impact sur la luminosité des images affichées dans Lightroom. Qui plus est, un gamma d'affichage de 2,2 favorise une restitution plus harmonieuse des tonalités sur votre écran. Le logiciel basICColor permet de sélectionner un gamma de type L*. Celui-ci répartit les valeurs de luminance selon les spécifications de l'espace Lab : plus proche de la perception humaine, le gamma L* offre aussi un axe de gris plus linéaire.

Ajuster le point blanc de plusieurs périphériques

De nombreux utilisateurs affirment qu'il faut accorder les valeurs de point blanc entre l'écran et la source d'éclairage utilisée pour juger les impressions. Bien que très utile pour une comparaison côte à côte, l'adaptation du point blanc à celui de l'éclairage est beaucoup moins évidente qu'on ne le pense : l'œil humain s'adapte constamment à la lumière et tend à compenser les écarts du point blanc d'une source lumineuse à une autre. Vous pouvez ainsi facilement ajuster votre image sur un écran équilibré à 6 500 K et en évaluer un tirage sous un éclairage normalisé à 5 000 K, tant que les deux ne sont pas à proximité l'un de l'autre. Votre cerveau interprète alors les couleurs en se calant sur le blanc le plus lumineux.

Réussir le réglage et le calibrage d'un écran

Bien qu'un étalonnage précis soit possible avec des sondes beaucoup moins onéreuses, je vous présente ici les étapes nécessaires pour régler, puis calibrer un écran avec un X-Rite i1 Photo, accompagné du logiciel basICColor. La procédure restera la même avec le colorimètre i1 Display Pro. Si d'autres logiciels possèdent une interface utilisateur différente, le calibrage et la caractérisation suivent les mêmes principes.

Avant de commencer, assurez-vous d'avoir nettoyé votre sonde et la surface de votre écran.

1. Sélectionnez d'abord la température de couleur. Avec un écran haut de gamme, choisissez un réglage standard tel que D65 (6 500 K) ou D50 (5 000 K). Sinon, optez pour le point blanc natif de l'écran.

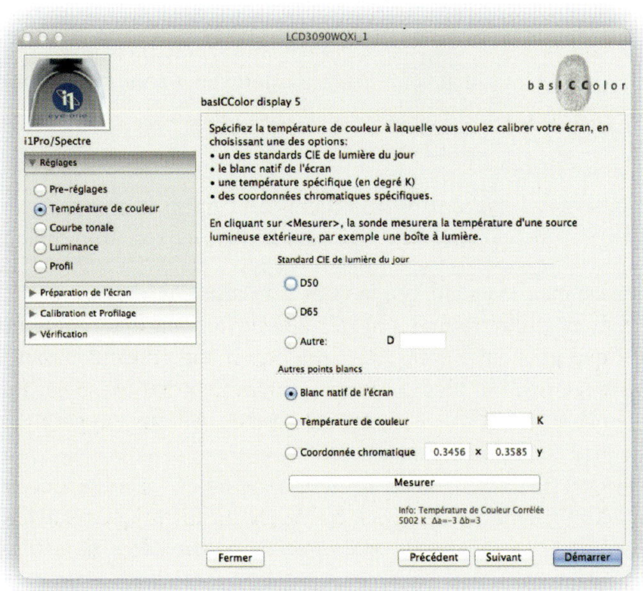

2. Dans la section « Courbe tonale », je vous recommande de sélectionner l'option L*. Avec d'autres logiciels de calibrage, optez plutôt pour un gamma d'affichage de 2,2.

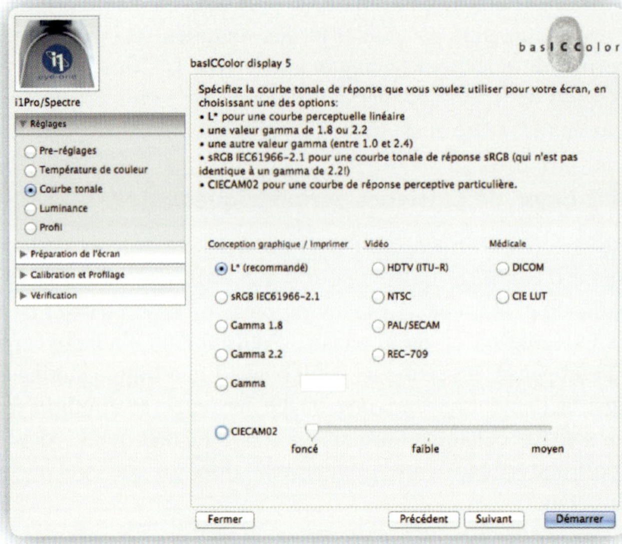

3. Ensuite, passez à la section Luminance pour définir la luminance maximale et le rapport de contraste. Une luminance maximale entre 110 et 140 cd/m2 est idéale pour calibrer et caractériser un ordinateur de bureau, mais il ne s'agit pas d'une valeur universelle. En fait, tout dépend de l'intensité de la lumière ambiante dans votre espace de travail. S'il n'est pas toujours possible d'intervenir sur le contraste d'un écran LCD, vous pouvez parfois influer sur la luminance maximale de votre écran pour parvenir au réglage souhaité.

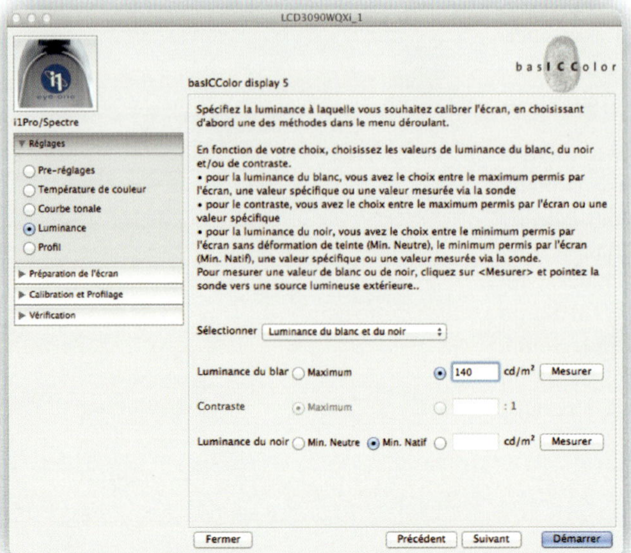

4. Dans la section Profil, sélectionnez l'option « Type du profil>Par LUT, 16-bits » afin d'obtenir un profil de la plus grande précision possible. Une fois créé, ce profil sera immédiatement pris en compte et utilisé en tant que profil d'affichage par défaut.

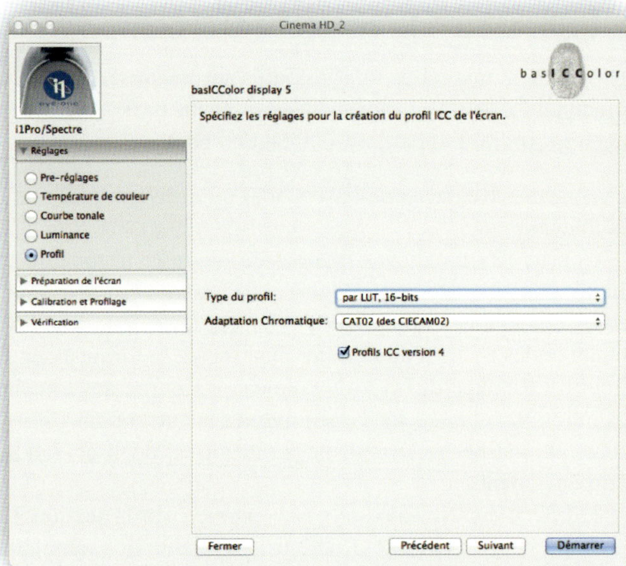

5. Fixez la sonde sur l'écran, puis démarrez la procédure de calibrage. Pour positionner l'instrument de mesure sur un écran LCD, vous utiliserez un système à contrepoids. Une fois que vous avez cliqué sur Démarrer, le logiciel affiche une série de plages colorées : la sonde mesure ces plages et compare leurs valeurs aux valeurs de référence afin de créer un profil ICC pour l'écran.

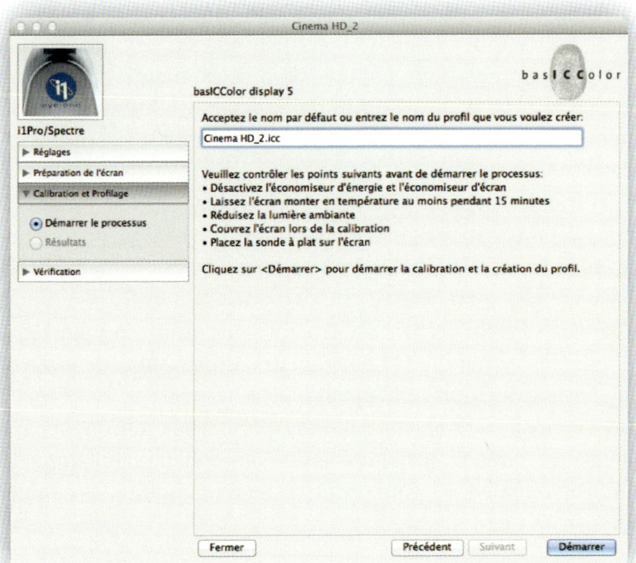

L'affichage de votre écran varie au fur et à mesure de son vieillissement, il est ainsi nécessaire de recommencer la procédure de calibrage une fois par mois pour un écran LCD.

L'interface utilisateur du module Développement

Le module Développement rassemble tous les outils nécessaires à un traitement d'images efficace. Les principaux outils se trouvent dans le panneau de droite ; nous allons les décrire brièvement par ordre d'apparition (de haut en bas).

- Les outils du panneau « Réglages de base » sont un excellent point de départ pour la correction des images.
- Le panneau « Courbe des tonalités » permet de modifier la tonalité et d'affiner les réglages appliqués dans le panneau « Réglages de base » avec beaucoup de précision. J'ai utilisé ici les commandes de ce menu pour optimiser à la fois le contraste et la luminosité du ciel et des rochers du premier plan (notez la forme assez inhabituelle de la courbe). L'outil « Réglage direct » du panneau « Courbe des tonalités » offre une correction très intuitive : cliquez sur l'outil, passez le curseur sur l'image, cliquez sur l'une de ses zones et modifiez sa luminosité par un glisser/déposer – au lieu de déplacer les curseurs correspondants.
- Le panneau « TSL/Couleur/Niveaux de gris » permet, via la section TSL, un ajustement indépendant des valeurs Teinte, Luminosité et Saturation, similaire à celui de la commande Teinte/Saturation de Photoshop. La section Couleur possède des outils un peu moins sophistiqués, il lui manque notamment l'outil « Réglage direct », présent dans les sections TSL et « Niveaux de gris ». Cette dernière commande, accessible via le raccourci V, convertit l'image en noir et blanc grâce à un savant mélange des trois couches couleur (RVB).
- Les curseurs du panneau « Virage partiel » introduisent chacun une teinte différente pour les hautes lumières et les ombres, ce qui permet de créer de beaux effets de bichromie, aussi bien sur des images en couleur que sur des images monochromes.
- Le panneau Détail comprend une commande d'accentuation et plusieurs commandes spécifiques à chaque type de bruit (bruit de luminance et bruit chromatique).
- Les commandes du panneau « Corrections de l'objectif » visent à corriger le vignetage des images non recadrées et permettent également de corriger les aberrations chromatiques et franges colorées. De nouvelles commandes permettent une correction automatique des défauts optiques les plus courants (vignetage, distorsion et aberrations chromatiques latérales et longitudinales) et une correction manuelle des défauts de perspective.
- Le nouveau panneau Effets permet d'introduire des effets de vignette, très prisés par certains photographes de mariage et portraitistes, et des effets de grain pour simuler la structure granuleuse des émulsions argentiques.
- Le panneau « Étalonnage de l'appareil photo » permet aux utilisateurs avertis d'intervenir d'une manière très précise sur la restitution des couleurs, notamment via l'application d'un profil personnalisé ou d'un profil visant à reproduire les couleurs d'un fichier JPEG directement issu de l'appareil.

L'interface utilisateur du module Développement.

Aller plus vite
Cliquez sur l'en-tête d'un panneau d'outil pour en afficher les commandes. En appuyant simultanément sur la touche Alt, vous basculez en mode Solo, ce qui signifie que l'ouverture d'un panneau d'outil entraîne automatiquement la fermeture des autres. En double-cliquant sur le nom d'un curseur, vous en réinitialisez le réglage. Utilisez les raccourcis clavier suivants pour ouvrir tour à tour ces modules : Bibliothèque (Ctrl/Cmd + Alt + 1), Développement (Ctrl/Cmd + Alt + 2), Cartes (Ctrl/Cmd + Alt + 3), Livres (Ctrl/Cmd + Alt + 4), Diaporama (Ctrl/Cmd + Alt + 5), Impression (Ctrl/Cmd + Alt + 6) et Web (Ctrl/Cmd + Alt + 7). Si le raccourci G ouvre le module Bibliothèque en mode Grille, le raccourci E ouvre le même module en mode Loupe. Le raccourci R commande l'outil Recadrage, le raccourci Q l'outil « Suppression des défauts » et le raccourci M l'outil « Filtre gradué ». Quant aux raccourcis Maj + M et K, ils permettent d'accéder directement aux outils « Filtre radial » et « Pinceau de retouche » alors que la touche D vous ramène au module Développement.

Tous ces réglages peuvent être mémorisés en tant que paramètres prédéfinis. Le panneau de gauche offre un grand nombre de préréglages (dans le panneau « Paramètres prédéfinis ») que vous pouvez compléter par vos propres paramètres, lesquels peuvent inclure tout ou partie des réglages du module Développement. Notez qu'en passant votre souris sur la liste des préréglages, vous pouvez prévisualiser ceux-ci un par un dans le panneau Navigation, sans qu'il soit nécessaire de valider les différentes options.

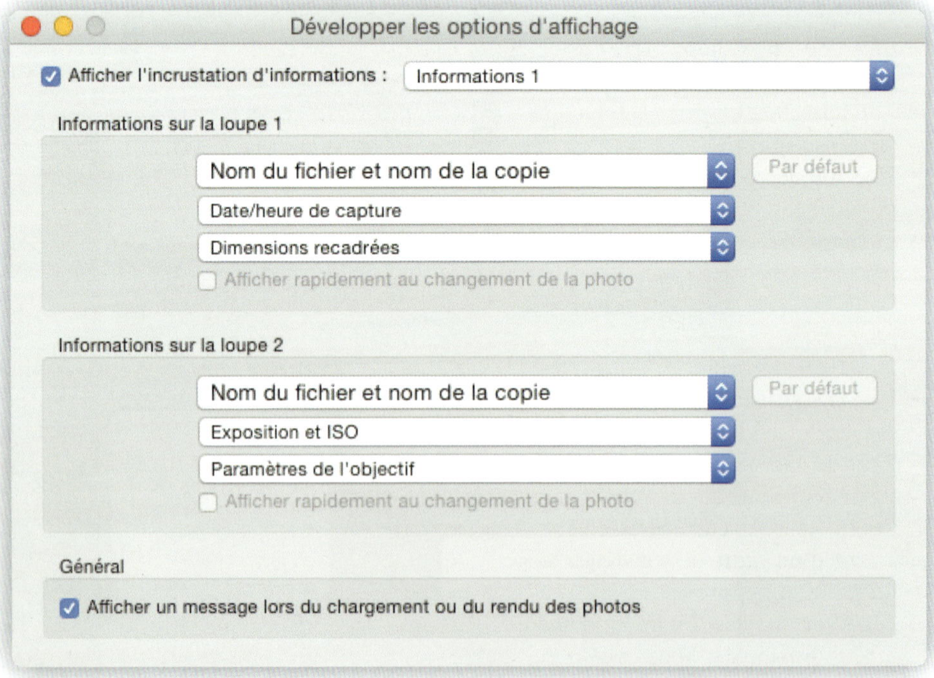

Les options d'affichage du module Développement (Cmd/Ctrl + J) sont similaires à celles du mode Loupe dans le module Bibliothèque.

L'outil Recadrage

La touche R permet d'accéder à tout moment à l'outil Recadrage du module Développement. Dans ce module, il suffit de cliquer sur le bouton « Cadre de recadrage », de la barre d'outils, pour superposer un cadre de recadrage (qui recouvre toute l'image) à l'aperçu de la fenêtre principale.

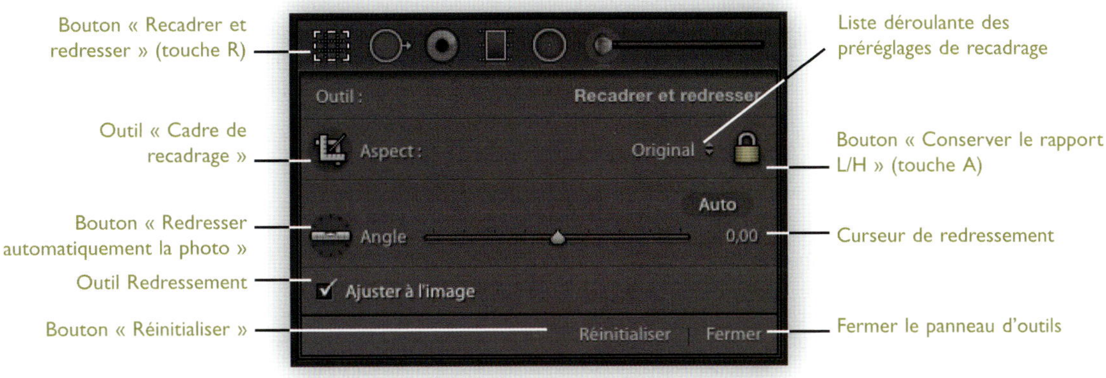

La barre d'outils en mode Recadrage.

- Cliquez sur l'outil Recadrage pour l'activer, puis faites-le glisser sur l'image pour appliquer un recadrage de proportions libres (même fonctionnement que l'outil Recadrage de Photoshop). Après avoir défini le recadrage, l'outil réapparaîtra à sa place dans la barre.
- Pour effectuer un recadrage aux proportions largeur/hauteur personnalisées, vous pouvez saisir, puis faire glisser l'un des curseurs de recadrage vers le centre de l'image.
- Une fois le cadre de recadrage fixé, vous pouvez le modifier : faites glisser un coin ou le côté du cadre.
- Pour annuler un recadrage, appuyez sur les touches Cmd/Ctrl + Alt + R.
- Lorsque vous déplacez l'une des poignées du cadre de recadrage, l'image et les bords du cadre se déplacent par rapport au centre du cadre (voir la capture de la page suivante).
- Appuyez sur la touche Alt pour déplacer le cadre de recadrage par rapport à son centre.
- Utilisez la touche X pour inverser le rapport largeur/hauteur et ainsi basculer entre les modes de cadrage Paysage et Portrait.
- Pour déplacer et faire pivoter une image, cliquez une première fois à l'extérieur du cadre de recadrage, cliquez une seconde fois et utilisez l'outil ou le curseur Redressement : dans les deux cas, l'image pivotera autour d'un cadre de recadrage fixe.
- La grille superposée que l'on voit sur la capture suivante s'affiche par défaut en mode « Cadre automatique » dès que vous cliquez sur la fenêtre principale. Vous pouvez paramétrer les modes d'affichage de la grille via la commande Affichage>Cadre de grille de recadrage, puis sélectionner l'une des options du menu ou appuyer sur la touche O pour faire défiler les options les unes après les autres.

Règle des tiers

Lorsque vous effectuez un recadrage sans rotation, Lightroom projette une grille de 3 × 3 cellules sur l'« Aperçu de la fenêtre principale ». Ce découpage correspond volontairement à la grille imaginaire qui permet d'appliquer la règle de composition classique, dite « règle des tiers ». La photo de la capture de la page suivante a été recadrée suivant cette règle : la tour se trouve dans le tiers droit et le ciel occupe le tiers supérieur de l'image.

Rapports largeur/hauteur

Si vous cliquez sur l'icône du petit verrou dans la barre d'outils, vous pouvez verrouiller le rapport largeur/hauteur de la zone recadrée. Si vous n'avez pas encore appliqué de recadrage, ce rapport correspondra aux proportions de l'image d'origine (2:3 pour un appareil à capteur 24 × 36 et 4:3 pour un appareil au format quatre tiers et un compact numérique). Par conséquent, si vous modifiez le cadrage en déplaçant l'un des coins de l'image, la zone recadrée adoptera automatiquement les proportions exactes de celle-ci.

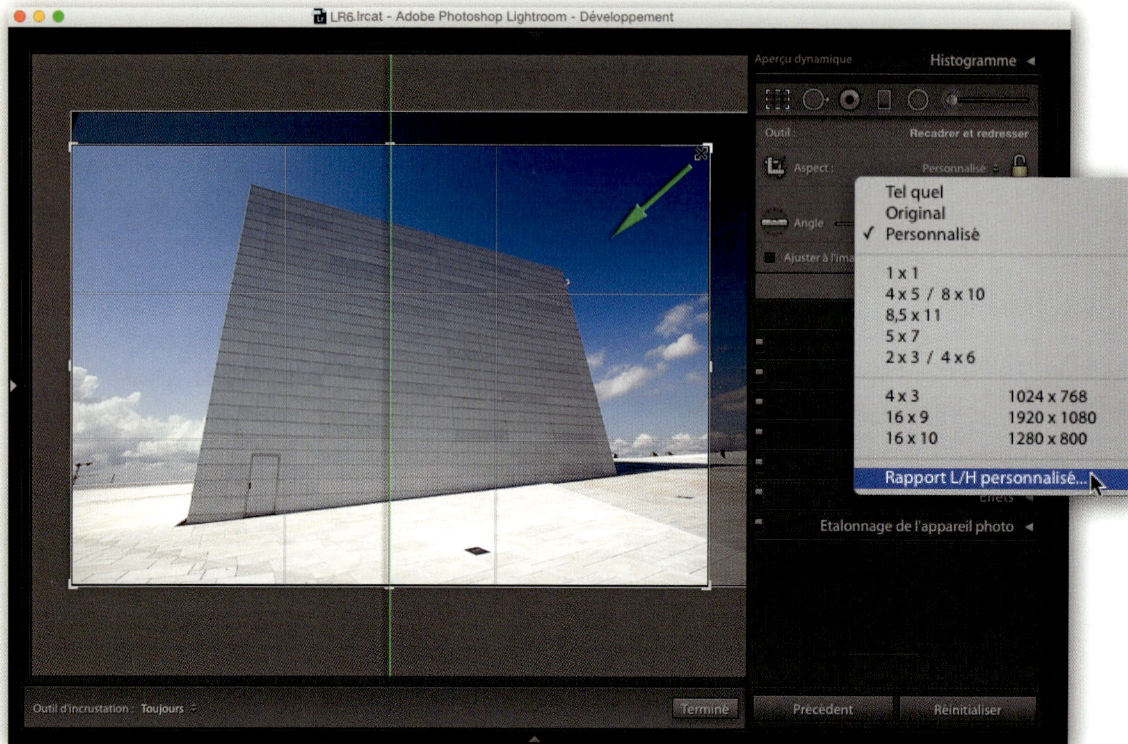

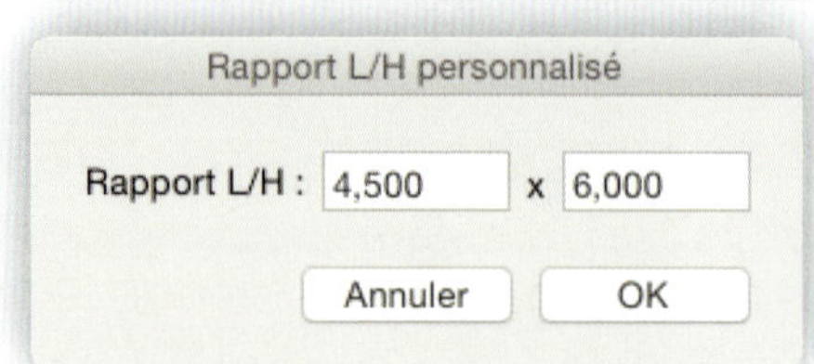

Dans Lightroom, la zone recadrée est toujours centrée dans la fenêtre principale : l'image est par conséquent déplacée par rapport à la zone recadrée.

Le menu déroulant de l'outil Recadrage offre plusieurs préréglages. Dans « Rapport L/H personnalisé », vous pouvez définir de nouvelles proportions de recadrage. Entrez les valeurs pour la hauteur et la largeur, puis cliquez sur OK : le nouveau rapport personnalisé apparaît parmi les options du menu déroulant.

1. Sélectionnez l'outil Recadrage, puis faites-le glisser sur l'image pour appliquer un recadrage à un rapport largeur/hauteur personnalisé. Lorsque vous relâchez la souris, l'outil Recadrage retourne à sa position initiale, dans la barre d'outils.

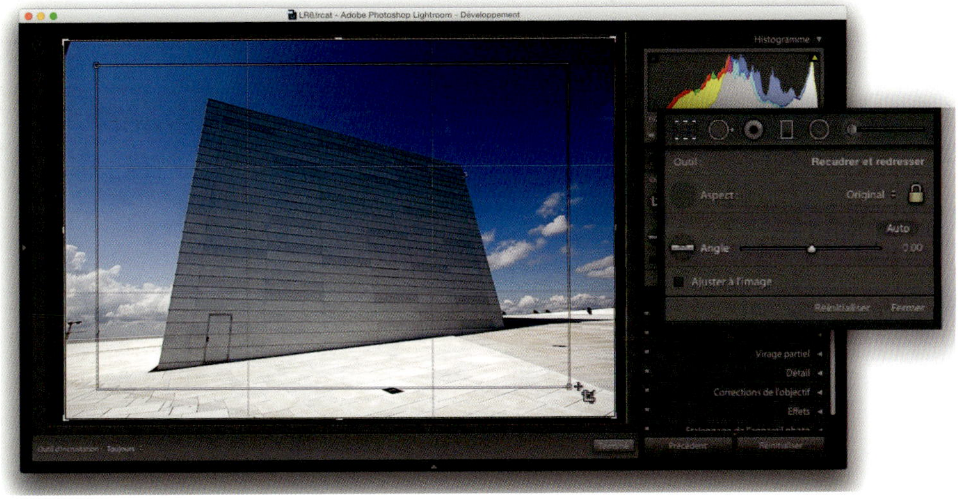

2. Cliquez ensuite sur le bouton « Conserver le rapport L/H » pour déverrouiller le rapport largeur/hauteur. Cela permet de déplacer les coins du cadre en toute liberté pour repositionner ce dernier par rapport à la photo.

3. Pour redresser l'image, vous pouvez cliquer sur l'outil Redressement, puis le faire glisser sur l'image afin de tracer une ligne de repère. Vous pouvez sinon utiliser le curseur de redressement dans la barre d'outils.

4. Vous pouvez aussi redresser l'image en cliquant à l'extérieur du cadre de recadrage, puis en déplaçant la souris. Une grille très précise vous aide à faire pivoter le cadre par rapport à des éléments de repère (lignes droites).

Ajuster à l'image

Lightroom corrige désormais les distorsions optiques et certaines images sont ainsi partiellement déformées, mais elles le sont également lorsqu'elles sont corrigées à l'aide des outils du menu Transformation. Par défaut, Lightroom recadre automatiquement les images ainsi traitées en éliminant les bords déformés. Pour ne pas oublier d'inclure les bords déformés d'une image lors du recadrage et les afficher lorsque vous avez choisi une valeur inférieure à 100 pour le curseur Échelle du menu Transformation, cochez l'option « Ajuster à l'image ».

En cochant une des options « Contraindre jusqu'à déformation » dans la barre d'outils en mode Recadrage ou « Contraindre le recadrage » dans le panneau « Corrections de l'objectif », le recadrage s'adapte automatiquement aux bords déformés par les corrections optiques et de perspective.

Redressement automatique

La barre d'outils comporte un bouton Auto qui fonctionne de la même manière que l'option Niveau de la fonction Upright dans le panneau « Corrections de l'objectif ».

1. Pour redresser l'image, j'ai sélectionné dans un premier temps l'outil Recadrage (raccourci R).

2. Le bouton Auto m'a permis d'aligner la ligne d'horizon avec les bords supérieur et inférieur de l'image.

Repositionner la zone recadrée

Contrairement à Photoshop qui permet de placer le cadre de recadrage à l'extérieur d'une photo, ce qui agrandit le plan de travail, Lightroom oblige à recadrer à l'intérieur d'une image, et ce quels que soient le déplacement et la rotation du cadre. Quand vous cliquez dans l'image, le curseur se transforme en outil Main : vous pouvez alors déplacer l'image par rapport à la zone recadrée. Quand vous déplacez la souris, le cadre de recadrage reste fixe : seule l'image se déplace derrière lui.

Lorsque le bouton « Conserver le rapport L/H » est activé, le cadre de recadrage est contraint au rapport hauteur/largeur sélectionné. Ce rapport est maintenu lorsque vous déplacez une poignée du cadre, mais vous pouvez déplacer l'image par rapport au cadre.

Superposer une grille de recadrage

Le menu Outils>Grilles comporte sept options différentes, dont une grille de recadrage assez simple et d'autres types de grilles un peu plus « exotiques ». Principalement destinées à redresser et à éliminer des parties gênantes de vos images, ces grilles vous permettront également de mieux composer vos images : la grille Tiers dispose de repères qui ressemblent à ceux qui sont affichés dans certains viseurs d'appareils photo, et les grilles « Rectangle d'or » et « Spirale d'or » renouvellent le genre pour composer vos images.

La touche O permet de passer d'une grille à l'autre, et le raccourci Maj + O d'une option d'affichage à une autre pour les grilles Triangle (deux options), Rapports L/H (deux options) et « Spirale d'or » (huit options). Pour annuler le recadrage que vous venez d'effectuer, appuyez sur la touche Échap.

Menu « Outil de recadrage »

Le menu « Outil de recadrage » permet de contrôler l'affichage de la grille de recadrage ainsi que celui des outils « Suppression des tons directs », « Correction des yeux rouges » et « Pinceau de retouche », détaillés plus loin dans ce chapitre. Les options de ce menu, accessibles depuis le menu Affichage, s'affichent uniquement quand vous avez préalablement sélectionné l'un des outils mentionnés et s'appliquent seulement aux repères de recadrage, aux cercles des outils « Correction des yeux rouges » et « Suppression des tons directs », et aux marqueurs de l'outil « Pinceau de retouche ».

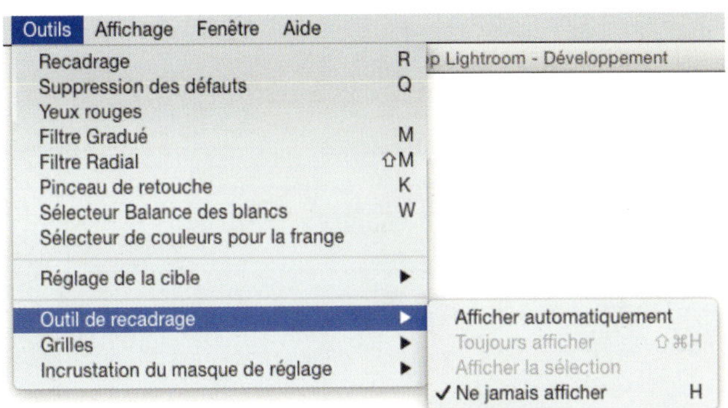

Le menu « Outil de recadrage ».

Si vous sélectionnez l'option « Toujours afficher », ces repères s'affichent en permanence ; l'option « Ne jamais afficher », même si vous passez votre souris sur l'image.

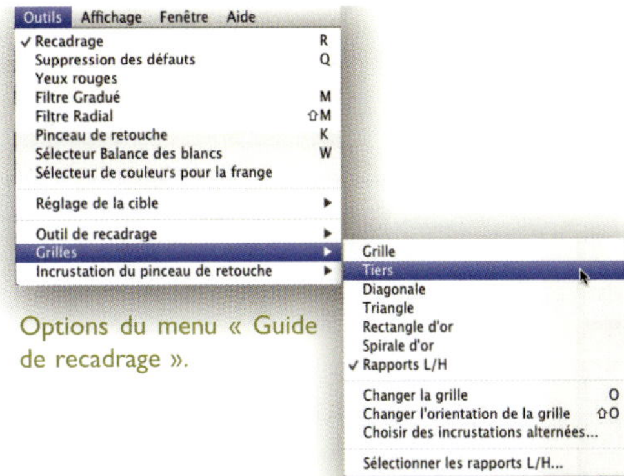

Options du menu « Guide de recadrage ».

Remarque
Quelle que soit la grille de recadrage sélectionnée, l'affichage repasse toujours en grille par défaut lorsque vous faites pivoter votre image, afin d'aligner les lignes verticales (bâtiments, etc.) ou horizontales (ligne d'horizon) sur les bords de l'image.

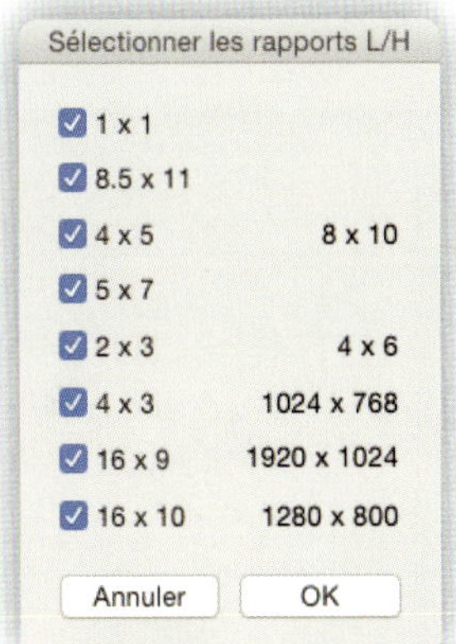

La commande « Sélectionner les rapports L/H » du menu Outils>Grilles ouvre la boîte de dialogue du même nom. Elle vous permet de choisir les cadres de recadrage affichés par la grille Rapports L/H.

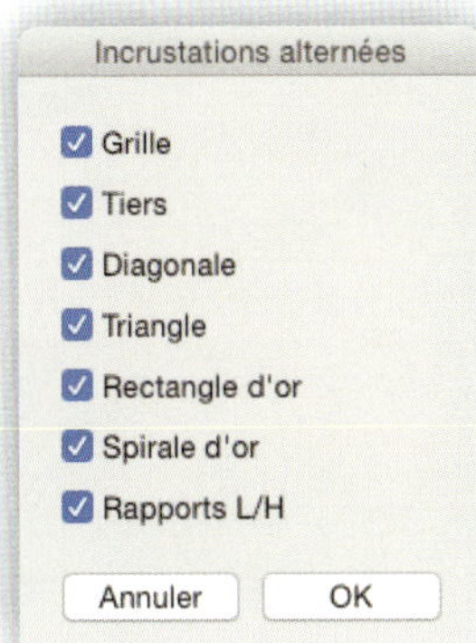

Les options de la boîte de dialogue « Incrustations alternées ».

L'option « Afficher automatiquement », elle, s'active systématiquement après avoir commencé à travailler avec l'un des outils : elle affiche les repères, les cercles et les marqueurs uniquement lorsque vous passez la souris sur l'image, sinon ils sont automatiquement masqués.

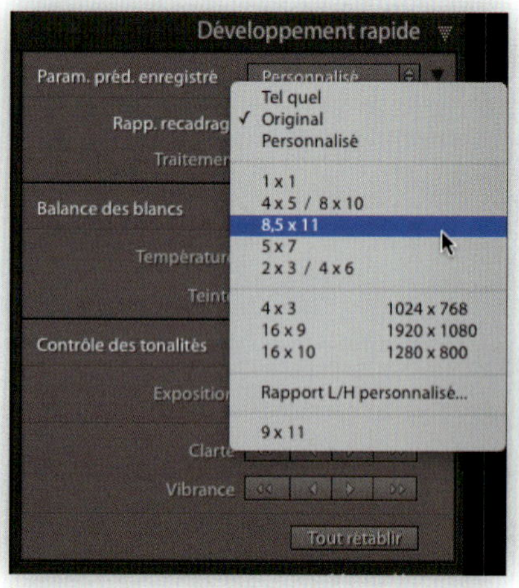

Les préréglages dédiés au recadrage du menu déroulant « Rapport de recadrage ».

Vous pouvez utiliser le raccourci Cmd/Ctrl + Maj + H pour passer de l'option « Toujours afficher » à l'option « Ne jamais afficher » ; le raccourci H, plus facile à retenir, permet de circuler entre les modes « Afficher automatiquement » et « Ne jamais afficher », ou « Afficher automatiquement » et « Toujours afficher », selon votre réglage de départ.

Les outils de recadrage du module Bibliothèque

La commande « Rapport de recadrage », du panneau « Développement rapide », propose quelques réglages prédéfinis. Elle permet ainsi de centrer systématiquement l'image. Il est également possible de créer un rapport largeur/hauteur personnalisé (option « Rapport L/H personnalisé »). Dans la figure ci-contre, j'ai sélectionné, puis appliqué un rapport largeur/hauteur de 8,5 × 11 à une photo initialement dotée d'un rapport largeur sur hauteur de 2 × 3.

Une photo recadrée avec un rapport largeur/hauteur de 8,5 × 11.

Le panneau « Réglages de base »

En cliquant sur la partie inférieure de la bordure du panneau « Réglages de base », vous pouvez ajuster la largeur du panneau pour ainsi obtenir un contrôle plus précis des curseurs.

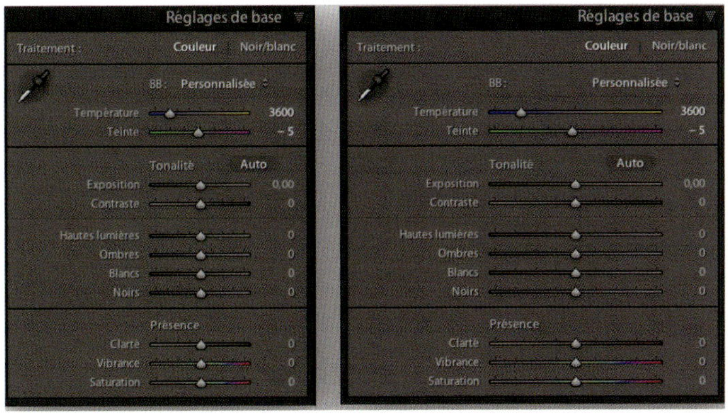

Cliquez sur la bordure inférieure du panneau « Réglages de base » (à gauche), puis faites-la glisser à gauche pour augmenter la largeur du panneau (à droite).

L'outil « Balance des blancs »

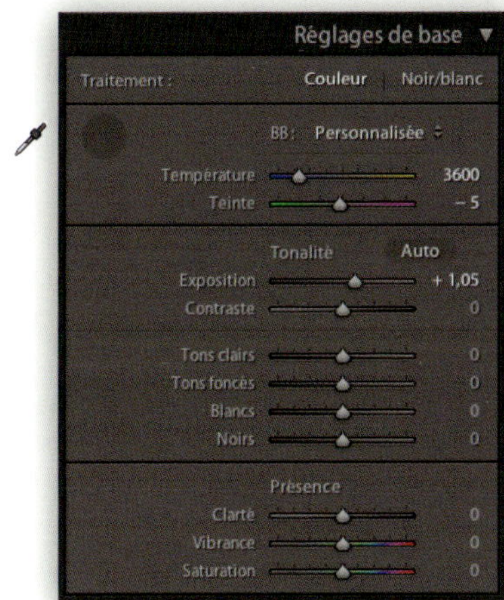

Cliquez sur l'icône de l'outil « Balance des blancs » pour l'activer. Lightroom affiche les valeurs RVB en pourcentages au lieu des habituelles valeurs comprises entre 0 et 255. Mais il est toujours aussi facile d'évaluer la neutralité d'un point : les trois valeurs sont alors identiques.

Le sélecteur pour la balance des blancs (outil Pipette) se situe dans la partie supérieure du panneau « Réglages de base ». Vous pouvez l'activer par un simple clic (ou raccourci W), ce qui détache l'outil de sa base et vous permet d'ajuster la balance des blancs par un clic sur un pixel de l'image. La loupe flottante offre alors une vision très agrandie des pixels sous la pipette, ce qui permet un ajustement très fin, au pixel près. En passant la pipette sur l'image, vous affichez les valeurs RVB correspondantes, ces dernières sont exprimées en pourcentages (au lieu de faire appel à l'échelle classique de 0 à 255). Une teinte neutre dispose ainsi de valeurs proches pour les trois couches. Si vous décochez l'option « Exclure automatiquement », dans la barre d'outils, vous pouvez cliquer aussi souvent que vous le souhaitez pour trouver un réglage approprié pour l'outil « Balance des blancs » – l'affichage de la pipette se mettra automatiquement à jour entre les différentes mesures.

1. Sélectionnez dans l'image un détail censé être neutre (hormis une zone d'un blanc uniforme) ; ces gouttes d'eau gris clair représentent un échantillon parfait. Si vous sélectionnez l'option « Exclure automatiquement » (en bas à gauche sur la figure ci-après), l'outil retourne immédiatement à son emplacement par défaut, dans le panneau « Réglages de base ».
2. L'option « Afficher la loupe », accessible depuis la barre d'outils (voir figure suivante), permet d'afficher ou de masquer une loupe en

dessous du curseur de l'outil « Balance des blancs ». En déplaçant le curseur Échelle, situé dans la barre d'outils, vous pouvez ajuster le facteur de grossissement de la loupe. En déplaçant le curseur vers la droite, vous augmentez le nombre de pixels pris en compte, ce qui est souvent avantageux pour accroître la précision de l'échantillonnage, notamment avec des images bruitées : le bruit chromatique risquerait sinon de compromettre la précision de votre balance des blancs.

Étape 1

Balance des blancs automatique
Appuyez sur les touches Cmd/Ctrl + Maj + U pour appliquer une balance des blancs automatique aux images sélectionnées.

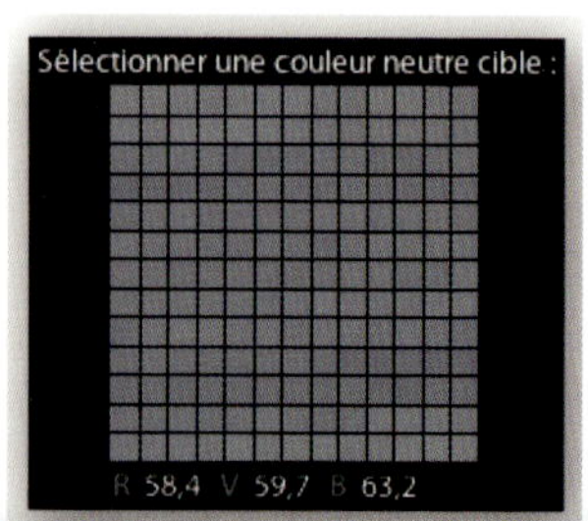

Étape 2

Régler la balance des blancs

Pour la plupart des conditions de prise de vue, il suffira d'ajuster la balance des blancs pour que l'ensemble des couleurs soit bien rendu. Sachez que la précision de la balance automatique varie d'un appareil à un autre. Quoi qu'il en soit, le meilleur des boîtiers est incapable de livrer un résultat parfait dans toutes les conditions de lumière. La photo ci-dessous montre un mélange de deux sources de lumière : la lumière du jour et une lumière tungstène. La balance automatique à la prise de vue n'était pas évidente, et le choix d'un réglage pour la balance des blancs dans Lightroom est également délicat : faut-il plutôt choisir le réglage « Lumière naturelle » ou le réglage « Lumière tungstène » ?

Pour régler manuellement la balance des blancs, cliquez sur un point de l'image censé être proche d'un gris clair « neutre ». Il y aurait deux réglages possibles ici : un pour la lumière du jour venant de la fenêtre, un second pour l'éclairage domestique de type tungstène.

La pipette (« Sélecteur balance des blancs ») est alors d'un grand secours. Observez attentivement dans votre image les détails texturés censés être neutres. Visez plutôt un objet gris neutre clair qu'un blanc clair (ce dernier risque d'être affecté d'un écrêtage dans une ou plusieurs couches, ce qui fausserait la balance).

Charte ColorChecker et gamme des tonalités

La charte X-Rite ColorChecker est très utile comme référence pour la balance des blancs de sujets pris dans des conditions de lumière identiques. Pour régler la « Balance des blancs » dans Lightroom, cliquez simplement sur la plage gris clair de la charte (deuxième plage neutre en partant de gauche). Rappelons que les plages neutres de la charte ColorChecker ne reflètent pas la gamme des tonalités qu'un appareil numérique est capable d'enregistrer ; il ne sert ainsi à rien de vouloir optimiser la gamme des tonalités d'un appareil à l'aide des deux plages noir et blanc, ces dernières étant respectivement gris foncé et gris clair. Si jamais vous utilisiez les deux plages pour ajuster les points noir et blanc de votre image, vous écrêteriez une bonne partie des informations.

Flash de studio et balance des blancs automatique

Si vous utilisez la balance des blancs automatique avec un flash de studio, il est probable que votre appareil soit perturbé par la lumière de mise au point (lampe pilote) de votre flash lorsqu'il établira la balance des blancs : il en résultera souvent une dominante un peu froide. Préférez par conséquent les réglages Flash ou « Lumière du jour », beaucoup plus fidèles.

Réglages « créatifs » de balance des blancs

Avant l'avènement du numérique, les photographes ne pouvaient choisir qu'entre deux types de films couleur : les films équilibrés pour la lumière du jour et les films équilibrés pour la lumière tungstène. Seuls certains photographes étaient suffisamment experts pour compenser des écarts éventuels en mesurant la température de couleur d'une source et en plaçant des filtres de correction devant l'objectif de prise de vue.

Avec un appareil numérique, il est bien plus simple de régler parfaitement la balance des couleurs. Si dans certains cas il est capital de reproduire des couleurs identiques, de l'appareil au tirage (notamment la photo de produits et la photo de mode), vous êtes la plupart du temps libre d'interpréter une photo comme bon vous semble et pouvez jouer sur son ambiance en optant pour un réglage « incorrect » de la balance des blancs (voir ci-dessous).

Comprendre le curseur Température
L'échelle du curseur Température de Lightroom est perturbante, car au lieu de créer une balance des blancs, le logiciel « attribue un point blanc » aux images. Ainsi, pour compenser une température de couleur basse (la lumière tungstène à 3 200 K, par exemple), il faut faire glisser le curseur vers la gauche pour refroidir les couleurs ; pour compenser une température de couleur élevée (la lumière froide réfléchie par un ciel couvert, par exemple), il faut déplacer le curseur vers la droite pour réchauffer les couleurs.

Cette photo a été développée avec deux réglages différents de l'outil « Balance des blancs » (un réglage très chaud, avec une température très élevée, puis un réglage « Lumière naturelle »). À vous de choisir la version que vous préférez.

Réglages globaux et réglages localisés

L'outil « Balance des blancs » du panneau « Réglages de base » tient compte d'éventuels réglages locaux, appliqués à l'aide des outils « Filtre gradué », « Filtre radial » ou « Pinceau de retouche ».

1. J'ai refroidi les couleurs de cette image à l'aide du curseur Température du panneau « Filtre gradué ».

2. En cliquant avec la pipette de l'outil « Balance des blancs » sur une zone située dans la partie supérieure de l'image, j'ai appliqué un nouveau réglage global qui prend en compte le réglage local de balance des blancs.

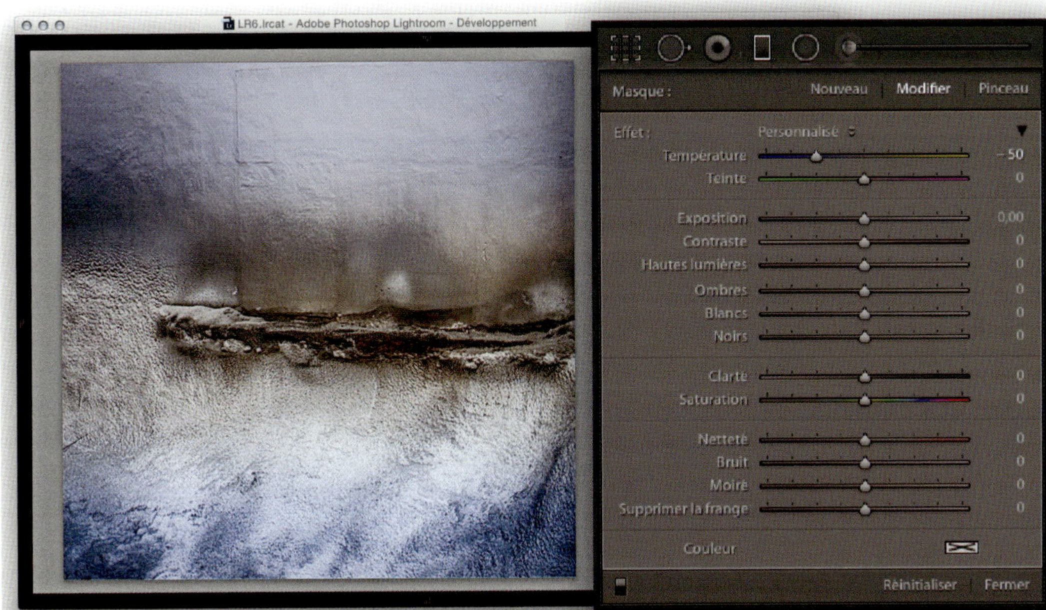

Étape 1

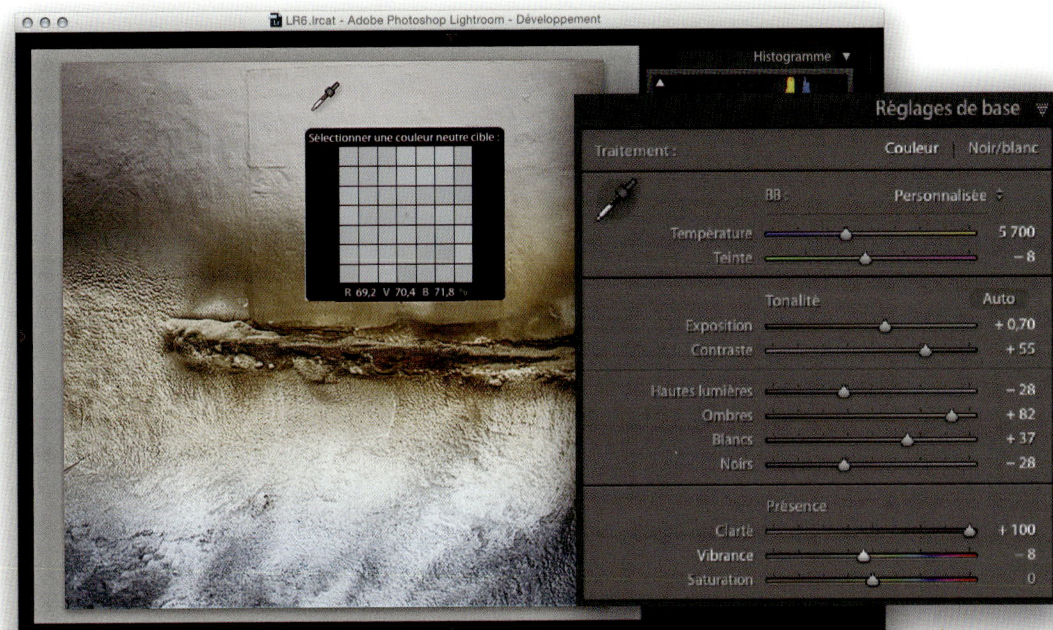

Étape 2

Réglages automatiques de balance des blancs

L'option Auto du menu déroulant applique un réglage de balance des blancs qui influe simultanément sur les paramètres Température et Teinte. En appuyant sur la touche Maj tout en double-cliquant sur les curseurs Température ou Teinte, vous modifiez les réglages séparément.

1. J'ai commencé par ouvrir cette image dans le module Développement. La balance des blancs est celle fournie par l'appareil photo (« Telle quelle »).

2. J'ai double-cliqué sur le curseur Teinte tout en maintenant la pression sur la touche Maj pour appliquer une correction automatique au seul paramètre Teinte, le paramètre Température n'étant pas modifié.

Les réglages de tonalité

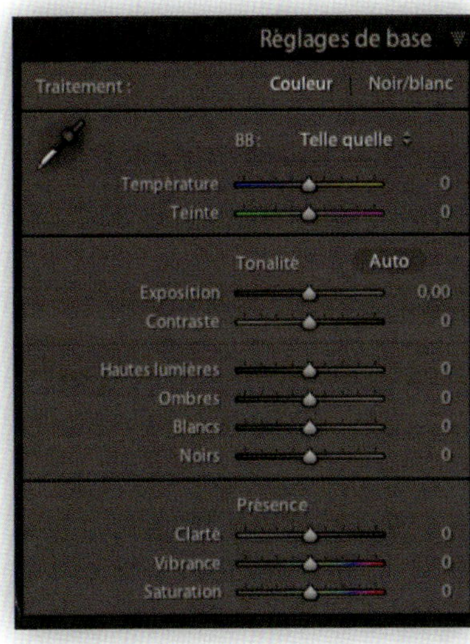

Les commandes spécifiques au Processus 2012.

De préférence, appliquez les réglages de tonalité en suivant leur ordre d'apparition dans le panneau « Réglages de base ». Lorsque vous utilisez les curseurs du Processus 2012, la correction des tonalités tient compte du contenu de l'image. Voici une présentation des différents réglages et de leurs effets sur la luminosité et le contraste.

Exposition

Le curseur Exposition agit à la fois sur la luminosité des tons moyens et sur l'écrêtage des hautes lumières. Commencez donc toujours par lui pour évaluer et ajuster la luminosité d'une image. En déplaçant le curseur Exposition à gauche, l'image s'assombrit progressivement et vous n'exploitez plus toute la plage de tonalité disponible dans les hautes lumières. En déplaçant le curseur Exposition à droite, l'image s'éclaircit progressivement et révèle davantage de détails dans les valeurs claires. En poussant le curseur encore plus loin, vous provoquerez l'écrêtage des hautes lumières les plus claires.

Le comportement du curseur Exposition s'apparente à celui d'un film argentique, doté d'un rendu doux dans les tonalités extrêmes. Par le passé, il suffisait de pousser le curseur Exposition à droite pour produire une rupture assez franche des tonalités les plus claires. De même, l'écrêtage d'une ou de plusieurs couches couleur produisait le plus souvent des dominantes de couleur. En utilisant le Processus 2012, un réglage équivalent du curseur Exposition ne produit plus qu'un écrêtage doux et progressif des hautes lumières – un comportement très proche de celui du curseur Luminosité du Processus 2010. En poussant le curseur Exposition à droite, celui-ci provoque toujours un écrêtage des tonalités les plus claires, mais il produit des rendus plus doux et des dominantes de couleur beaucoup moins prononcées. Par rapport à celui du Processus 2010, le curseur Exposition offre une latitude d'exposition plus étendue, permettant de gagner 1 IL environ dans les hautes lumières.

S'il est toujours possible d'utiliser la touche Alt pour visualiser les zones écrêtées, il n'est plus nécessaire de se soucier autant du rendu des hautes lumières. Ajustez la luminosité de l'image en vous basant uniquement sur l'apparence de l'aperçu et réservez l'analyse approfondie des zones écrêtées à l'ajustement des curseurs « Hautes lumières » et Blancs.

Contraste

Le fonctionnement du curseur Contraste est proche de celui d'une courbe en S ou en S inversé : si vous poussez le curseur à droite (valeurs positives), elle assombrit les pixels plus foncés que la moyenne tout en éclaircissant les pixels plus clairs. Si vous déplacez le curseur à gauche (valeurs négatives), la commande éclaircit les pixels plus foncés tout en assombrissant les pixels plus clairs. Si vous utilisez le Processus 2012, le curseur tient compte de la tonalité globale de l'image pour ainsi privilégier la séparation des nuances dans les tonalités prédominantes de l'image. Ainsi, si les tonalités prédominantes de l'image se situent dans les valeurs sombres (image low key), le point médian de la courbe se déplace légèrement vers les tons foncés et si ses tonalités se situent surtout dans les valeurs claires (image high key), le point médian se déplace vers les hautes lumières. À noter que l'ajustement du contraste dans Lightroom ne provoque pas les modifications de couleurs intempestives que l'on observe parfois avec l'outil Courbes de Photoshop. Le moteur de développement de Camera Raw et Lightroom permet d'augmenter le contraste sans pour autant introduire des bascules de couleur.

Commencez toujours par le curseur Exposition pour ajuster la luminosité globale de l'image, puis déplacez le curseur Contraste pour comprimer ou étendre les tonalités de l'image. Passez ensuite aux autres curseurs pour affiner les réglages.

La présence de commandes pour ajuster le contraste à la fois dans le panneau « Réglages de base » et le panneau « Courbe des tonalités » a jeté la confusion dans les esprits de certains utilisateurs de Lightroom. Les deux commandes sont liées et le curseur Contraste est en réalité une déclinaison de la courbe des tonalités. Les réglages effectués dans le panneau « Courbe des tonalités » se basent toujours sur celui effectué via le curseur Contraste du panneau « Réglages de base ». En optant pour une courbe linéaire, il sera plus facile d'augmenter le contraste de l'image.

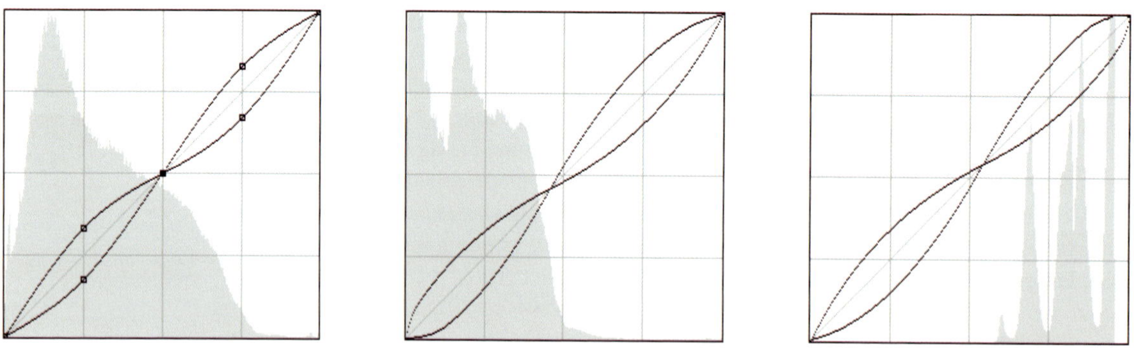

Alors que le point médian de la courbe des tonalités reste figé au milieu de la plage de contraste en Processus 2003/2010 (à gauche), il se déplace en Processus 2012 pour ainsi s'adapter à la tonalité globale de l'image (au milieu et à droite).

« Hautes lumières » et Ombres

Les curseurs « Hautes lumières » et Ombres œuvrent de manière similaire aux antipodes de la plage de tonalité. Alors que les anciens curseurs Récupération et « Lumière d'appoint » se consacraient exclusivement à assombrir les hautes lumières et éclaircir les tons foncés, les nouveaux curseurs sont à même d'éclaircir et d'assombrir les tonalités des gammes respectives. Il est ainsi possible d'utiliser des valeurs négatives pour le curseur « Hautes lumières » pour restaurer des détails dans les hautes lumières ou des valeurs positives pour les écrêter délibérément. Le fonctionnement des deux curseurs est parfaitement symétrique. Si les curseurs interviennent des deux côtés du point médian, leur effet est beaucoup plus prononcé dans la plage de tonalité qui leur est attribuée. Ainsi, le curseur « Hautes lumières » agit principalement sur les hautes lumières et le curseur Ombres majoritairement sur les tons foncés. Si vous sélectionnez un réglage aux valeurs inférieures ou égales à 50 %, Lightroom assombrit ou éclaircit les pixels de manière linéaire. Si, en revanche, vous utilisez un réglage aux valeurs supérieures à 50 %, le logiciel crée un masque de contours. Il s'agit d'une technique particulière qui est utilisée par des logiciels HDR pour compresser la plage de tonalité d'une image à dynamique étendue. Alors qu'elle produit souvent des résultats peu naturels avec des halos apparents, les développeurs de Lightroom se sont évertués à rendre la technique aussi discrète que possible. S'il est toujours possible de produire des halos en utilisant des réglages très prononcés, le phénomène ne se manifeste qu'occasionnellement.

Les réglages des curseurs « Hautes lumières » et Ombres influent sur ceux des curseurs Blancs et Noirs : ces derniers sont en fait automatiquement ajustés en fonction de la compression ou expansion des hautes lumières et tons foncés.

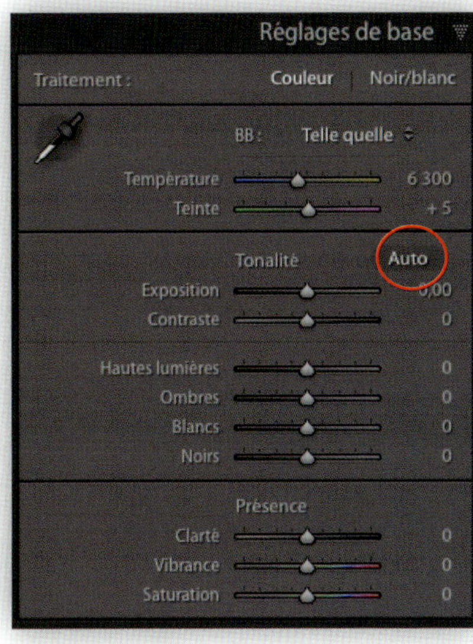

Utilisez le bouton Auto pour obtenir une correction immédiate et simultanée des curseurs de tonalité.

Curseur Noirs et exposition de l'appareil

La marge de manœuvre de l'ancien curseur Noirs (Processus 2003/2010) est tributaire de l'exposition à la prise de vue. Certains appareils (par exemple, les modèles Leica M9 et Nikon D70) ont tendance à légèrement surexposer, tandis que d'autres (Canon 5D Mark II et Sony NEX-5) ont plutôt tendance à sous-exposer les images en mode automatique. Si l'appareil sous-expose, les tons foncés sont plus difficiles à ajuster. Le curseur Noirs du nouveau Processus 2012 s'affranchit de cette contrainte : quelle que soit l'exposition de votre appareil, il offre toujours des réglages équivalents. Il n'est donc plus nécessaire d'intervenir systématiquement sur le curseur Noirs pour corriger a posteriori une éventuelle sous- ou surexposition à la prise de vue. Laissez donc ce curseur à sa valeur par défaut (0) et ajustez la luminosité de vos images à l'aide du curseur Exposition.

Blancs et Noirs

Souvent, l'action des curseurs Exposition, Contraste, « Hautes lumières » et Ombres s'avère suffisante pour corriger la tonalité d'une image. Toutefois, les curseurs Blancs et Noirs sont d'une grande utilité pour affiner les corrections. N'oubliez pas de vous servir de la touche Alt pour ainsi contrôler avec précision l'écrêtage des tons foncés et des hautes lumières.

Par rapport aux réglages de l'ancien curseur Noirs, ceux du Processus 2012 sont inversés. Pour assombrir les tons foncés, il faut ainsi déplacer le curseur à gauche et pour les éclaircir, il convient de le pousser à droite. Désormais, le réglage par défaut adopte la valeur zéro et l'ancien réglage par défaut correspond à une valeur de +25. Les réglages de ce curseur sont calculés automatiquement en fonction de la plage de contraste de chaque image. S'il était jusque-là impossible d'ajuster le curseur, de manière à écrêter les tons foncés d'une image à la fois surexposée et peu contrastée, les réglages dans le nouveau Processus 2012 sont de plus en plus prononcés au fur et à mesure que vous poussez le curseur Noirs en direction des valeurs négatives, permettant de disposer d'une marge de manœuvre plus importante pour ajuster les tons foncés d'une image peu contrastée.

Tonalité automatique

Le bouton « Tonalité automatique » permet la correction rapide de nombreuses images, grâce à un ajustement automatique des paramètres Exposition, Contraste, « Hautes lumières », Ombres, Noirs, Blancs. Vous pouvez affiner le réglage automatique par un réglage manuel des curseurs du panneau « Réglages de base ».

La commande « Tonalité automatique » peut faire partie d'un paramètre prédéfini, ce qui permet d'importer de nouvelles photos tout en appliquant une correction automatique à l'ensemble des images.

Raccourcis
Le raccourci Cmd/Ctrl + U applique la commande « Tonalité automatique » à une ou plusieurs images préalablement sélectionnées. En appuyant sur la touche Maj, puis en double-cliquant sur l'un des curseurs, vous limitez l'ajustement automatique à un seul paramètre. Pour réinitialiser les réglages des curseurs de tonalité, double-cliquez sur le bouton Tonalité ou appuyez simultanément sur les touches Cmd/Ctrl + Maj + R de votre clavier.

Si les corrections automatiques ne sont pas toujours efficaces (les photos prises à l'extérieur se prêtent davantage à cet exercice que les photos prises au studio avec une exposition constante), elles proposent souvent un point de départ pertinent pour des corrections plus précises.

Désormais, les curseurs Blancs et Noirs du panneau « Réglages de base » peuvent être ajustés automatiquement. Lightroom analyse le contenu de l'image et choisit des valeurs appropriées pour les points blanc et noir tout en évitant un écrêtage des valeurs extrêmes. Notez qu'il s'agit d'un réglage qui diffère de celui opéré par l'ajustement automatique des tonalités. Contrairement à ce dernier, le réglage automatique des curseurs Blancs et Noirs prend en compte l'ensemble des réglages de développement préalablement appliqués, et notamment le recadrage et la correction des défauts optiques, mettant à l'écart tous les pixels situés à l'extérieur du cadrage actuel.

1. Voici une image à laquelle j'ai appliqué une correction automatique des points blanc et noir. Pour cela, j'ai double-cliqué tour à tour sur les curseurs Blancs et Noirs tout en maintenant la pression sur la touche Maj de mon clavier.

2. Après avoir recadré l'image pour attirer le regard sur la digitale, j'ai réitéré l'ajustement automatique des curseurs Blancs et Noirs. Les nouveaux réglages s'adaptent au cadrage plus serré : le curseur Blancs adopte automatiquement la valeur +13 au lieu de +17 alors que la valeur du curseur Noirs passe de -12 à -71.

Utiliser les réglages de base

Les réglages de base permettent une première correction globale avant de passer aux réglages plus fins grâce aux outils de l'onglet « Courbe des tonalités ». Commencez toujours par le réglage de la « Balance des blancs », ajustez ensuite la luminosité globale de l'image à l'aide du curseur Exposition, puis passez au curseur Contraste afin d'optimiser la gamme des tonalités. Passez ensuite aux curseurs « Hautes lumières » et Ombres pour ajuster la tonalité des hautes lumières et des tons foncés, puis aux curseurs Blancs et Noirs pour affiner l'écrêtage des valeurs les plus claires et les plus sombres de l'image. Vous l'avez peut-être remarqué, le flux de travail reste à peu près identique à celui que pratiquent les utilisateurs de Camera Raw, mais ils doivent investir dans Photoshop CC et Camera Raw 9.x pour modifier l'ensemble des réglages effectués dans Lightroom 6/CC. Les dernières versions de Camera Raw destinées à Photoshop CS6 suffisent en revanche pour les afficher fidèlement.

1. Voici l'image de départ, pour laquelle j'ai choisi les réglages par défaut de Lightroom. La balance des blancs a ainsi été réglée sur « Telle quelle » (ce qui correspond au réglage du boîtier). J'ai commencé par la régler avec l'outil « Sélecteur Balance des blancs », en cliquant sur les nuages afin de sélectionner une couleur neutre et non écrêtée. Notez que vous pouvez, grâce à l'option « Exclure automatiquement », de la barre d'outils (et en gardant la touche W enfoncée), renouveler le réglage de balance des blancs à chaque nouveau clic de votre souris ; pour annuler, il suffit de relâcher le bouton de la souris.

2. J'ai utilisé le curseur Exposition pour élargir la gamme des tonalités et j'ai optimisé les hautes lumières tout en éclaircissant l'image.

3. Afin d'augmenter le contraste global, j'ai déplacé le curseur Contraste à droite.

4. Après avoir ajusté l'exposition et le contraste, j'ai fait glisser le curseur « Hautes lumières » à gauche pour révéler davantage de nuances dans les tons moyens et hautes lumières de l'image.

5. Le curseur Ombres m'a permis d'éclaircir les tons moyens sombres et les tons foncés sans pour autant modifier les tonalités plus claires.

6. Il ne me restait qu'à affiner l'écrêtage des hautes lumières et des tons foncés. Lorsque vous enfoncez la touche Alt, tout en déplaçant le curseur Blancs ou Noirs, vous affichez votre image en mode Seuil. Si elle comporte des zones écrêtées, le mode Seuil les affiche en couleurs et postérisées sur fond noir. Écrêtez sans hésitation les hautes lumières spéculaires, mais veillez à restaurer les détails dans les hautes lumières non spéculaires en déplaçant le curseur Blancs à droite. Ici, j'ai placé le curseur Noirs à la limite de l'écrêtage.

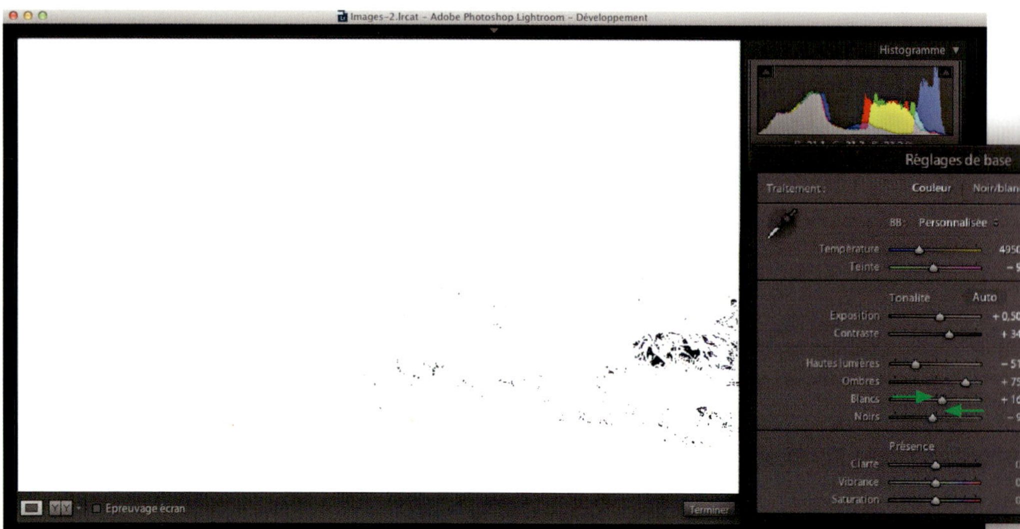

7. Voici l'image corrigée. À noter que j'ai également augmenté le contraste local à l'aide du curseur Clarté (+40).

Le panneau Histogramme

L'histogramme est un outil indispensable pour détecter un éventuel écrêtage dans les hautes lumières et dans les ombres, mais attention, il peut dans certains cas vous induire en erreur.

L'histogramme de l'écran arrière de votre appareil numérique peut vous tromper lorsque vous photographiez en RAW : l'affichage des valeurs écrêtées reste très approximatif, car l'étendue tonale d'une image au format RAW est beaucoup plus serrée dans sa représentation graphique que celle d'un fichier JPEG (codé en 8 bits par couche). Seule l'inspection du fichier dans un logiciel de développement (Lightroom, Camera Raw) confirmera une exposition correcte. Ne vous laissez donc pas abuser par l'histogramme trop « complet » de votre appareil.

Le panneau Histogramme occupe le bord supérieur droit du module Développement. Vous pouvez l'afficher ou le masquer grâce au raccourci Cmd/Ctrl + 0.

Les fichiers RAW sont toujours affichés dans l'espace natif Lightroom RVB, et les fichiers Bitmap (PSD, DNG, TIFF, JPEG) dans l'espace couleur qui leur a été associé. L'écrêtage (perte d'informations) se réduit au fur et à mesure que la taille de l'espace colorimétrique augmente : l'espace ProPhoto RGB, quasiment identique à l'espace natif de Lightroom, préserve toute l'information d'un fichier RAW ; l'espace sRGB peut engendrer, à cause de sa petite taille, une perte de couleurs importante ; l'espace Adobe RGB 1998 est un excellent compromis entre ces deux extrêmes.

Pratique
Si vous avez un écran de petite taille, masquez les panneaux Navigateur et Histogramme afin d'afficher simultanément les panneaux « Réglages de base » et « Courbe des tonalités ». Ces derniers peuvent être centrés dans le panneau de droite grâce à un curseur de type ascenseur.

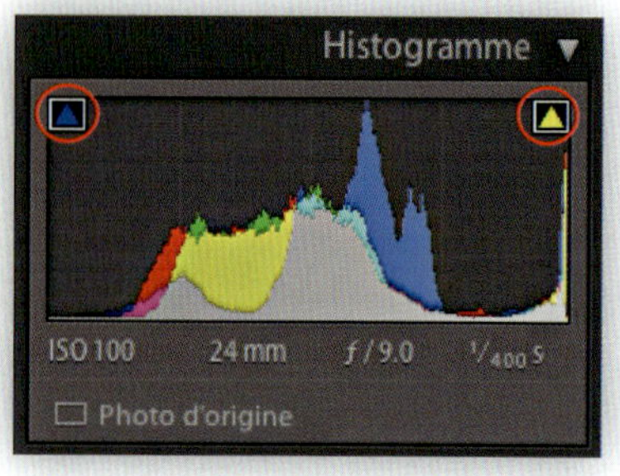

Pour visualiser les zones écrêtées, vous pouvez passer votre souris (ou cliquer) sur l'un des boutons du panneau Histogramme (les deux petits triangles blancs ou colorés). Vous superposez alors l'affichage de l'écrêtage (bleu pour les ombres et rouge pour les hautes lumières) à l'Aperçu dans la fenêtre principale. Les triangles d'avertissement signalent non seulement une perte d'informations, mais également la couche la plus affectée par l'écrêtage (rouge, verte ou bleue) ; le blanc indique un écrêtage simultané des trois couches. Pour l'image ci-dessus, l'histogramme indique un écrêtage de la couche bleue dans les ombres et des couches rouge et verte dans les hautes lumières.

Réglages de base et panneau Histogramme

Les deux histogrammes ci-contre et les deux histogrammes ci-dessous montrent le flux de travail typique pour la correction des hautes lumières.

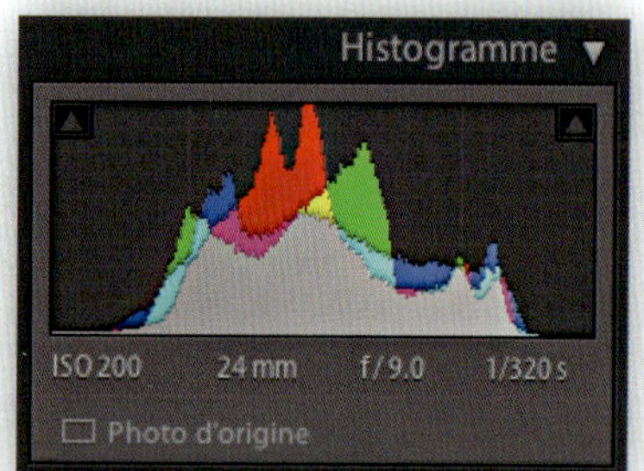

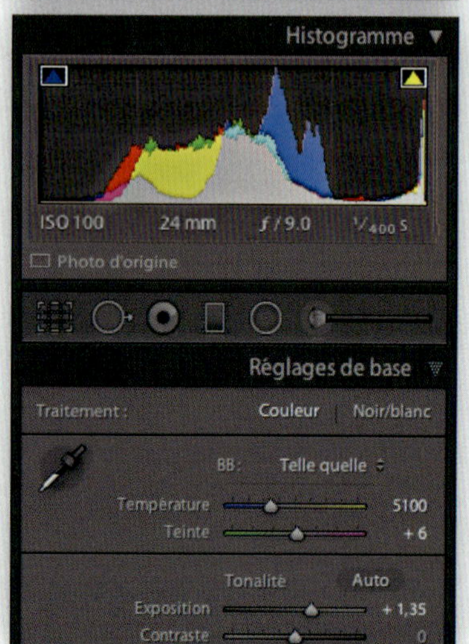

Ici, il faut étirer les hautes lumières pour remplir toute la plage de l'histogramme. J'ai déplacé le curseur Exposition à droite pour éclaircir l'image.

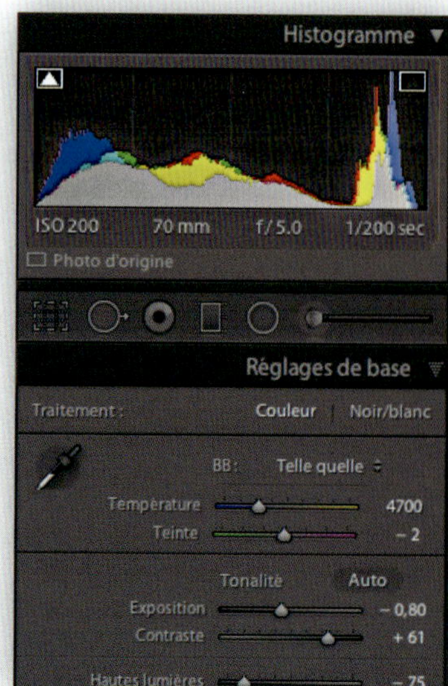

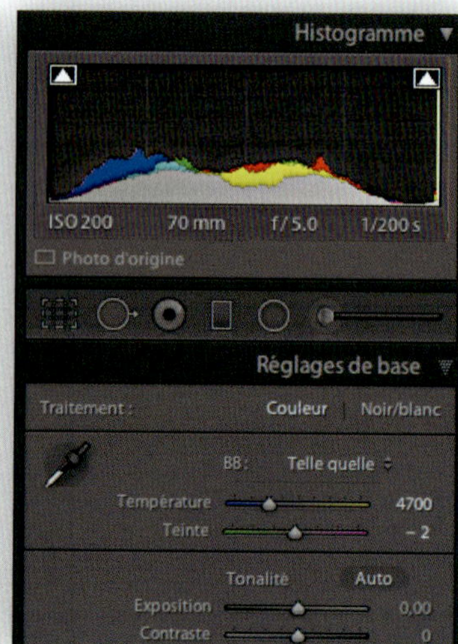

Suite de la page précédente : pour récupérer des informations dans une image souffrant à la fois d'un écrêtage des hautes lumières et des tons foncés, j'ai déplacé les curseurs Exposition et « Hautes lumières » pour récupérer des informations dans les hautes lumières.

1. Les hautes lumières doivent être étirées pour qu'elles s'approchent du bord droit de l'histogramme. J'ai réglé le curseur Exposition pour rendre l'image plus claire, tout en préservant des détails dans les hautes lumières.

2. En observant le témoin d'écrêtage des hautes lumières, j'ai pu limiter une perte de détails dans les parties les plus claires.

3. J'ai déplacé le curseur « Hautes lumières » à gauche pour réduire l'écrêtage des valeurs les plus claires, sans pour autant diminuer la luminosité globale.

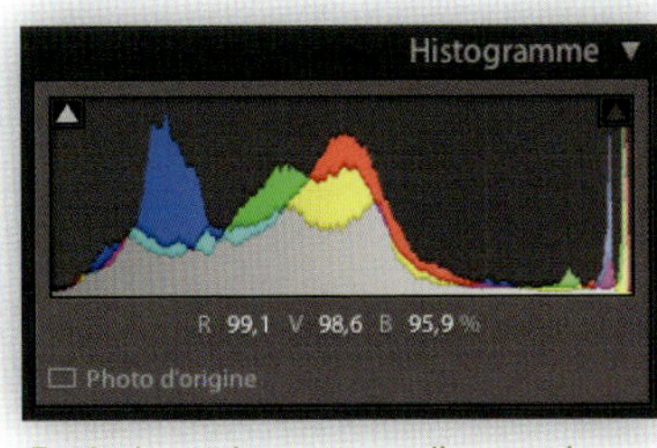

En déplaçant la souris sur l'aperçu, le panneau Histogramme affiche les valeurs RVB situées sous le pointeur.

L'histogramme de Lightroom permet de détecter (et de réparer) un écrêtage éventuel des hautes lumières et des tons foncés, via deux témoins d'écrêtage, situés aux extrémités de l'histogramme.

Bien que le curseur Exposition soit un outil clé pour régler l'écrêtage des hautes lumières, vous l'utiliserez également pour ajuster la luminosité globale d'une image. L'histogramme de Lightroom permet de contrôler l'étirement des pixels vers la droite, tout en évitant un écrêtage des hautes lumières. Les figures de la page suivante montrent l'étirement des niveaux vers la droite lors d'une augmentation de l'exposition (vers des valeurs positives). Le témoin d'écrêtage s'allume dès que vous risquez un écrêtage dans les hautes lumières (la couleur du témoin indique la couche affectée par l'écrêtage).

Lorsque vous utilisez des raccourcis clavier pour modifier les réglages du panneau « Réglages de base », une incrustation de texte avec le paramètre modifié se superpose à l'aperçu.

L'histogramme offre bien plus qu'un simple affichage d'informations : il est devenu réellement interactif, tout comme la courbe. Vous pouvez l'utiliser pour corriger les tons d'une image : passez votre souris sur l'histogramme pour localiser tour à tour les zones Exposition, « Hautes lumières », Ombres, Blancs et Noirs. Cliquez ensuite sur une gamme de pixels, puis faites-la glisser vers la gauche (pour assombrir l'image) ou vers la droite (pour l'éclaircir).

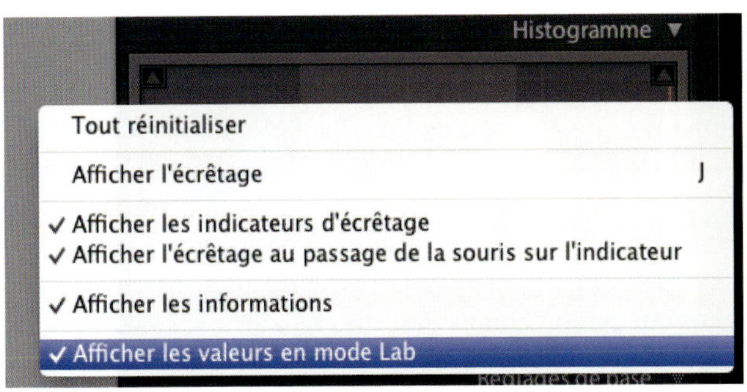

Le menu contextuel du panneau Histogramme permet de choisir un affichage des valeurs de pixel en mode Lab. Pour vérifier, puis corriger les teintes chair d'un portrait, visez des valeurs a et b proches, voire identiques.

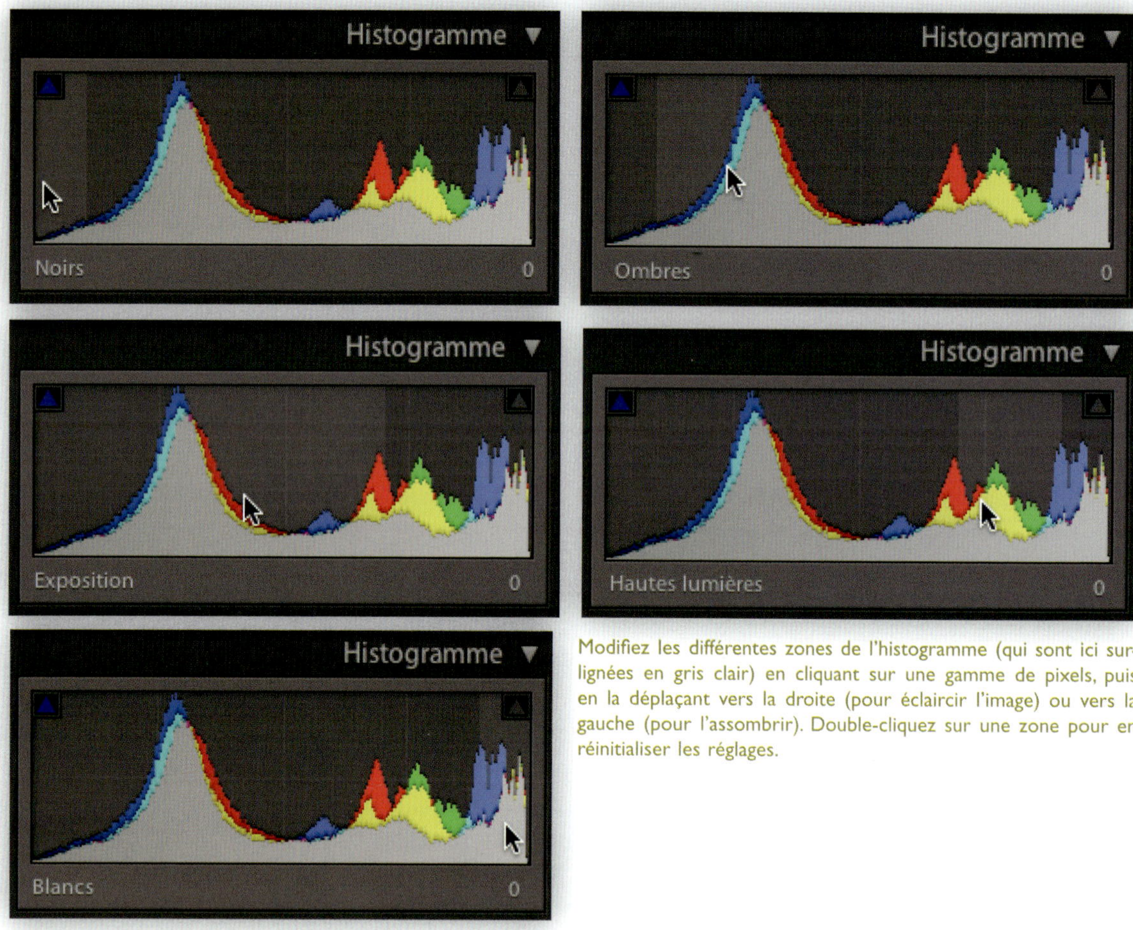

Modifiez les différentes zones de l'histogramme (qui sont ici surlignées en gris clair) en cliquant sur une gamme de pixels, puis en la déplaçant vers la droite (pour éclaircir l'image) ou vers la gauche (pour l'assombrir). Double-cliquez sur une zone pour en réinitialiser les réglages.

Raccourcis clavier et « Réglages de base »

Si les touches « < » et « + » réduisent ou augmentent les réglages d'un curseur, une pression simultanée sur les touches Alt ou Maj réduit ou augmente le curseur sélectionné par petits ou grands incréments. Lightroom superpose alors à l'aperçu une incrustation de texte avec le paramètre modifié.

Corriger une image surexposée

Lightroom a la capacité de révéler, dans les hautes lumières, des détails qui resteraient sinon invisibles. Pour récupérer ces informations apparemment perdues, vous pouvez associer la commande Exposition à la commande « Hautes lumières » (valeurs négatives). Lightroom tire parti d'une technologie interne, la « récupération des hautes lumières » qui s'évertue à restaurer les informations de luminance et de couleur dans les hautes lumières écrêtées, sous condition qu'il existe au moins une couche couleur qui possède encore des informations de luminance à partir desquelles il est possible de reconstruire les informations manquantes. Si ces informations existent, Lightroom applique une courbe de tonalités aux hautes lumières, destinée à les assombrir et pour ainsi révéler des informations manquantes. Bien qu'il soit possible d'appliquer cette technique à une image JPEG ou TIFF pour assombrir légèrement ses hautes lumières, elle n'est réellement efficace qu'avec des fichiers RAW. Lightroom bénéficie alors de l'ensemble des informations « cachées » du fichier brut.

Le Processus 2012 introduit une gestion améliorée des informations de couleur, permettant de conserver à la fois les couleurs et les détails dans les hautes lumières. Le rendu des hautes lumières en bénéficie grandement (développez vos images de coucher de soleil une nouvelle fois pour vous en rendre compte), les couleurs ont beaucoup moins tendance à se transformer en aplats de gris et les détails sont beaucoup mieux restitués. Comparez les deux extraits ci-contre d'une image qui souffre d'un écrêtage extrême dans les hautes lumières. Alors que les routines de développement du Processus 2010 (en haut) parviennent à récupérer une partie des détails perdus, celles du Processus 2012 (en bas) sont nettement plus efficaces, permettant de récupérer toutes les nuances du voile et une partie des nuances dans le ciel.

Une récupération des hautes lumières opérée dans les Processus 2010 (en haut) et 2012 (en bas).

Pour la photo suivante, j'ai pu récupérer une surexposition importante (dans certains cas, il est possible de récupérer près de deux diaphragmes). La plupart du temps, je ne tiens pas compte des indications données par mon boîtier et mon flashmètre : je surexpose volontairement à la prise de vue pour enregistrer le maximum d'informations. J'utilise ensuite dans Lightroom les commandes du panneau « Réglages de base » pour corriger la surexposition.

1. Cette photo a été développée dans un premier temps avec les paramètres par défaut du panneau « Réglages de base ». Le peu de nuances dans l'image se répercute sur l'histogramme qui affiche un écrêtage des hautes lumières. Malgré l'apparence peu engageante de l'histogramme, Lightroom peut récupérer un grand nombre de détails dans ce fichier RAW.

2. La combinaison de valeurs négatives pour les commandes Exposition et « Hautes lumières » permet de récupérer les hautes lumières écrêtées. Si j'ai utilisé tous les réglages du menu Tonalité, la commande Exposition a été indispensable pour obtenir un assombrissement global de l'image.

Corriger une image sous-exposée

Les photos sous-exposées sont plus difficiles à corriger, car elles contiennent beaucoup moins de données – surtout dans les ombres. Vous pouvez utiliser les commandes du panneau « Réglages de base » pour éclaircir une image et pour extraire des détails dans les tons foncés. Une approche efficace consiste à utiliser dans un premier temps le curseur Exposition jusqu'à ce que l'image affiche une luminosité satisfaisante. Ensuite, il suffit d'éclaircir les tons foncés en déplaçant le curseur « Tons foncés » à droite.

Dans l'exemple qui suit, j'avais aussi besoin de réduire le réglage du curseur « Hautes lumières » pour ainsi conserver des détails dans les nuages. De même, il fallait augmenter le réglage du curseur Noirs pour préserver davantage de contraste dans les tons foncés de l'image.

1. En appliquant les réglages par défaut, l'image présente une sous-exposition importante.

2. J'ai déplacé le curseur Exposition vers la droite, ce qui m'a permis d'éclaircir l'image (voir captures page suivante). Toutefois, ce réglage avait pour effet secondaire de trop éclaircir les hautes lumières (nuages blancs). Pour les assombrir, j'ai déplacé le curseur « Hautes lumières » à gauche, puis le curseur Ombres à droite pour éclaircir

les parties sombres situées dans la partie inférieure de l'image. Pour finir, j'ai utilisé l'outil « Filtre gradué » pour assombrir les nuages. Bien qu'elle soit parfaitement utilisable, l'image finale comporte du bruit dans les tons foncés, amplifié par l'éclaircissement global de l'image et se manifestant principalement dans les parties sombres.

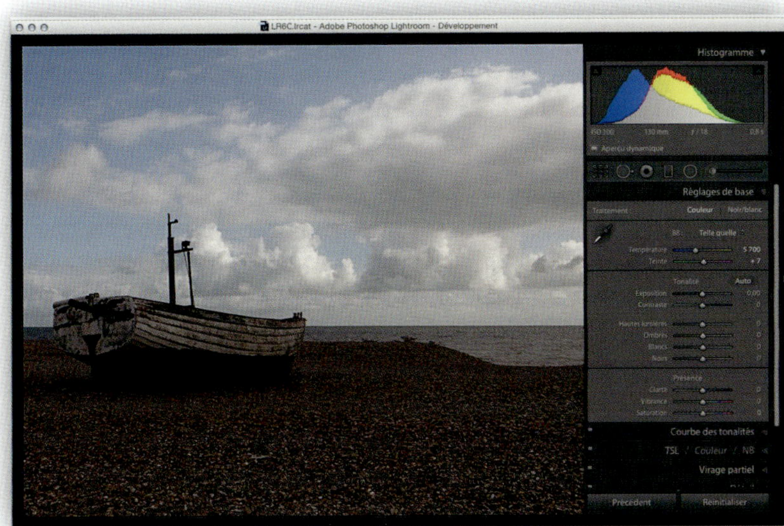

Étape 1

Étape 2

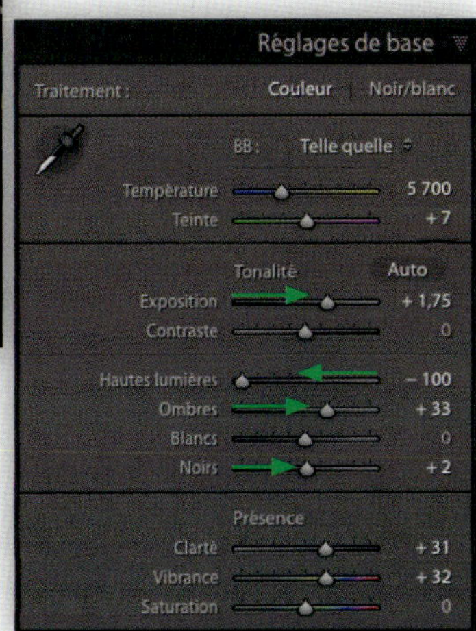

Créer des fichiers HDR

Les dernières versions de Lightroom et Camera Raw apportent la possibilité de rassembler les informations de plusieurs fichiers RAW, JPEG ou TIFF au sein d'un seul fichier DNG. À l'heure actuelle, la fonction « Fusion des photos » sert à produire des images HDR ou panoramiques, mais j'espère qu'elle ajoutera également à l'avenir la technique du « focus stacking », c'est-à-dire l'empilement automatique et la fusion de plusieurs images prises à des distances de mise au pont différentes. Fait intéressant, la prise en charge de la transparence, indispensable pour la fusion panoramique et HDR dans Camera Raw et Lightroom, a été anticipée il y a quelques années déjà par le créateur de Photoshop, Thomas Knoll.

La création de fichiers HDR dans Lightroom (commande Fusion des photos>HDR) suit les mêmes règles que celle effectuée dans Photoshop (commande Modifier dans>Fusion HDR Pro dans Photoshop). Elle exige au moins deux images au format RAW, DNG, TIFF ou JPEG, prises à des expositions différentes, le mélange de plusieurs types de fichiers n'étant pas pris en charge.

Voici quelques conseils pour la prise de vue :

- optez pour un cadrage identique des photos. Afin d'éviter le moindre décalage entre les différentes vues d'une séquence de bracketing, immobilisez l'appareil sur un trépied stable ;
- jouez exclusivement sur la vitesse d'obturation pour faire varier le réglage d'exposition. Ne touchez ni à l'ouverture du diaphragme ni à la sensibilité ISO afin de ne pas introduire des artéfacts dans l'image fusionnée ;
- réglez la fonction Bracketing de votre appareil photo (variation automatique de l'exposition) pour qu'elle produise une séquence avec un intervalle de 2 IL entre deux images consécutives. Une série de trois vues s'avère souvent suffisante pour enregistrer toute la plage de contraste du sujet. Si celle-ci est plus importante, n'hésitez pas à étendre la séquence à cinq ou sept images bracketées.

Les options du menu « Niveau de correction des décalages », consacrées à la suppression des effets fantôme, sont plus efficaces que celles dans le module HDR Pro de Photoshop, et notamment lorsqu'il s'agit d'atténuer les artéfacts résultant du mouvement des nuages. Mais les options Faible, Moyen et Elevé ne parviennent pas toujours à faire disparaître les effets fantôme provoqués par le mouvement de l'eau ou celle de la végétation. Parfois même, ils introduisent des artéfacts indésirables dans l'image finale. Il est donc préférable de ne les utiliser qu'en cas de nécessité et de choisir le réglage par défaut (Nul) pour toutes les images de sujets immobiles.

Les algorithmes de la fonction « Fusion des photos HDR » de Lightroom sont différents de ceux utilisés par le module Fusion HDR Pro de Photoshop. Par conséquent, les résultats diffèrent également, avec un avantage considérable pour Lightroom lorsqu'il s'agit de créer une image HDR à partir de seulement deux images, par exemple des images exposées pour le premier plan et le ciel d'un paysage.

L'objectif global de la fonction « Fusion des photos HDR » est de permettre aux utilisateurs du logiciel d'étendre la gamme dynamique avant

Filtrer les images HDR
Pour isoler les fichiers HDR (et panoramiques) de votre catalogue Lightroom, vous pouvez créer une collection dynamique avec les règles suivants : « Bits par couche est 16 » et « Type de fichier est DNG ».

même de commencer le développement du fichier fusionné. Sachez que les fichiers RAW de nombreux appareils photo bénéficient d'emblée d'une plage dynamique élevée. Une image fusionnée à partir de plusieurs fichiers RAW ne présente donc pas toujours un avantage décisif par rapport à un seul fichier RAW dont les tonalités ont été optimisées à l'aide des curseurs du panneau « Réglages de base ».

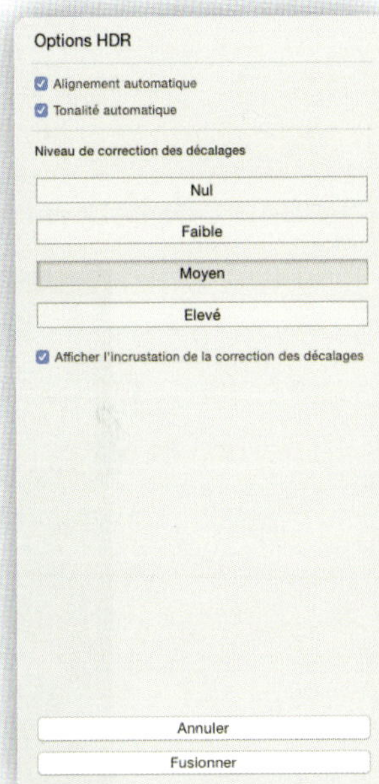

Les options de la boîte de dialogue « Aperçu de la fusion HDR » et deux aperçus présentant l'image résultante avant (à gauche) et après avoir sélectionné l'option « Afficher l'incrustation de la correction des décalages » (à droite). Sur Mac, le raccourci O permet d'activer ou de désactiver l'option en question alors que le raccourci Maj + O permet de modifier la couleur d'incrustation.

En maintenant la touche Maj enfoncée tout en sélectionnant la commande Fusion des photos>HDR (Ctrl + H) à partir du menu contextuel, vous pouvez fusionner des photos préalablement sélectionnées avec les paramètres par défaut, sans passer par la boîte de dialogue « Aperçu de la fusion HDR ». Par défaut, cette dernière s'affiche et vous permet de contrôler les paramètres de fusion.

- L'option « Alignement automatique » s'avère indispensable si vous travaillez à main levée.
- L'option « Tonalité automatique » ajuste automatiquement les tonalités et les couleurs de l'image à l'aide des outils du panneau « Réglages de base ». Lorsqu'elle est désactivée, Lightroom applique les paramètres de développement par défaut.
- Les quatre options du menu « Niveau de correction des décalages » appliquent des corrections plus ou moins prononcées des effets fantôme. Dans l'exemple suivant, j'ai fusionné trois images présentant un sujet en mouvement (arbres, eau). J'ai sélectionné l'option Moyen, puis j'ai coché l'option « Afficher l'incrustation de la correction des décalages » pour afficher en rouge les zones dans lesquelles intervient la correction des artéfacts.
- Les fichiers DNG qui en résultent sont enregistrés sous forme de fichiers 16 bits à virgule flottante, les informations de l'image étant converties en RVB mais conservées dans leur état linéaire. Le poids des fichiers DNG est donc souvent assez important. S'il ne s'agit plus de fichiers bruts à proprement parler, les fichiers issus d'une fusion HDR n'ont subi que des modifications légères. Il est donc toujours possible de tirer parti de toute la latitude des curseurs du panneau Développement pour corriger les couleurs et les tonalités de

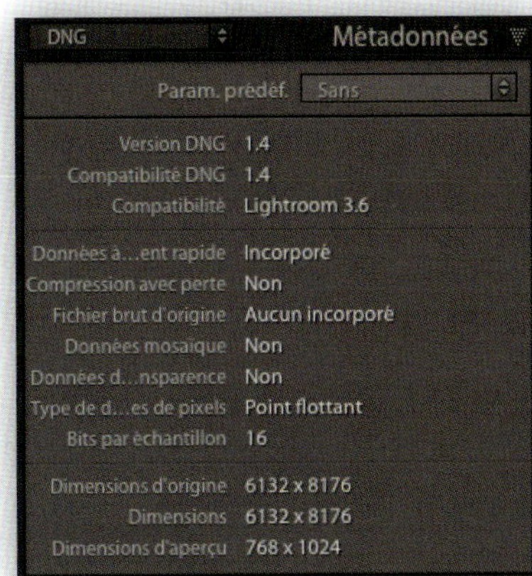

Le panneau Métadonnées affiche ici les métadonnées spécifiques d'un fichier HDR au format DNG. Les informations d'image sont codées en virgule flottante et enregistrées avec une profondeur de codage de 16 bits/couche.

l'image fusionnée. De même, vous conservez la possibilité de reprendre les réglages à tout moment, y compris en utilisant de futures routines de développement. Le fichier fusionné s'apparente donc à un fichier maître dont vous pouvez affiner les réglages a postériori, par exemple la balance des blancs et l'écrêtage des hautes lumières. C'est particulièrement utile lorsque vous utilisez la fonction « Fusion des photos » pour assembler des images panoramiques.

1. J'ai commencé par choisir trois images bracketées, exposées en mode « Priorité ouverture », avec un écart de 2 IL, obtenu en ajustant la vitesse d'obturation de chaque image. À partir du menu contextuel, j'ai ensuite sélectionné la commande Fusion des photos>HDR.

2. Dans la boîte de dialogue « Aperçu de la fusion HDR », j'ai coché les options « Alignement automatique » et « Tonalité automatique » pour obtenir un alignement parfait des images sources et un ajustement initial des tonalités et couleurs de l'image fusionnée. Pour réduire les artéfacts provoqués par le mouvement de l'eau, j'ai choisi, à partir du menu « Niveau de correction des décalages », les options Moyen et « Afficher l'incrustation de la correction des décalages ».

3. En cliquant sur Fusionner, j'ai créé un fichier DNG rassemblant les informations des fichiers sources. Le nouveau fichier intègre automatiquement le catalogue de Lightroom.

Fonction HDR et paramètres de développement
Seule une partie des réglages préalablement appliqués aux fichiers sources est conservée lors de la fusion HDR. Ainsi, les réglages des panneaux « Réglages de base », « Courbe des tonalités », les corrections locales, les corrections automatiques des défauts de perspective (Upright) et les recadrages ne sont pas pris en compte alors que les autres réglages sont appliqués au fichier fusionné. Notez qu'il est important d'utiliser les réglages du Processus 2012.

4. Voici l'image finale, affichée dans Lightroom. J'ai utilisé les commandes des panneaux « Réglages de base » et TSL pour corriger les tonalités et couleurs et celles du panneau « Corrections de l'objectif » pour compenser les défauts optiques. Notez que le nom du fichier DNG correspond à celui du fichier source prioritaire (matérialisé par la cellule avec la couleur la plus claire), augmenté par le suffixe « -HDR » pour le distinguer des autres images. Si les images sources proviennent de dossiers différents, l'image résultante sera enregistrée côte à côte avec la première des images sources.

Créer des panoramiques

La fonction « Fusion des photos » peut également servir à produire des images panoramiques en partant de fichiers RAW ou Bitmap. Les fichiers résultants sont au format DNG 16 bits/couche, les données brutes étant converties en données RVB mais enregistrées de façon linéaire afin de garantir leur compatibilité avec l'ensemble des paramètres de développement du Processus 2012 et avec ceux des futures routines de développement.

La fonction Photomerge de Photoshop tend à écrêter les hautes lumières de l'image fusionnée, et ce, même après avoir soigneusement ajusté le point blanc des fichiers sources. La fonction « Fusion des photos » dans Lightroom (Ctrl + M) remédie à ce défaut puisqu'elle vous permet de garder le contrôle sur les tonalités de l'image fusionnée pour ainsi éviter un écrêtage indésirable. Elle vous offre également la possibilité de produire des images panoramiques à partir d'une série de fichiers issus d'une fusion HDR. Cependant, le poids du fichier final croît alors de façon exponentielle, rendant le développement assez chronophage. Pour un alignement parfait, il est préférable d'effectuer la fusion HDR préalablement à la fusion panorama.

Commencez par sélectionner une série de photos destinées à être assemblées dans une nouvelle photo au format panoramique. À la prise de vue, veillez à obtenir un chevauchement de 25 % entre les différentes vues, ou plus si vous utilisez un objectif grand-angle. S'il est possible de travailler à main levée, l'utilisation d'un trépied est souvent plus avantageuse, et notamment s'il est équipé d'une tête panoramique dont la particularité est de faire coïncider la pupille d'entrée de l'objectif avec l'axe de rotation de la rotule.

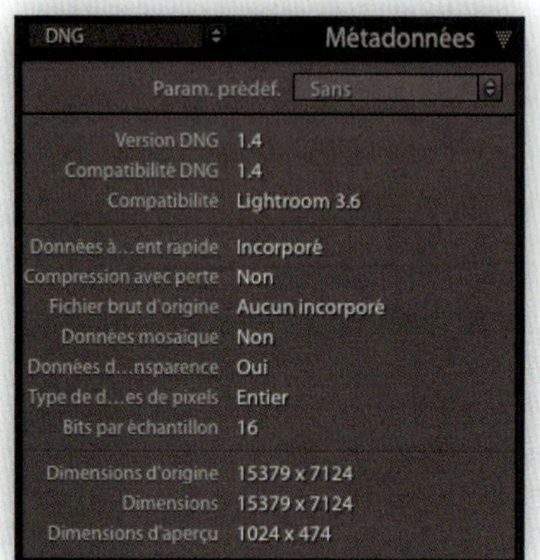

Le mode DNG du panneau Métadonnées affiche ici les informations spécifiques à un fichier DNG. Si son historique ne le stipule pas clairement, l'absence de données mosaïques et la présence de données de transparence permettent de déduire que le fichier en question est issu d'un assemblage panoramique.

Idéalement, il convient de choisir la même exposition pour l'ensemble des images. Toutefois, la fonction « Fusion des photos » compense automatiquement un décalage éventuel de l'exposition, pour peu que celui-ci ne soit pas trop important.

Les corrections de la distorsion optique, du vignetage et de l'aberration chromatique sont réalisées en coulisses, en amont de la fusion d'images. Les réglages préalablement appliqués aux fichiers sources à partir du panneau « Corrections de l'objectif » (hormis ceux du menu « Supprimer la frange ») ne le sont pas au fichier DNG résultant, tout comme l'ensemble des réglages locaux et les réglages du panneau « Recadrer et redresser ». En revanche, Lightroom honore les réglages des panneaux « Réglages de base », « Courbe des tonalités », « TSL/Couleur/NB » et « Virage partiel » pour les appliquer aux images à fusionner.

Rappelons qu'il est possible de fusionner une série d'images sans passer par l'ouverture de la boîte de dialogue « Aperçu de la fusion en panorama ». Pour cela, maintenez la pression sur la touche Maj tout en sélectionnant la commande Fusion de photos>Panorama à partir du menu contextuel ou appuyez simultanément sur les touches Ctrl + Maj + M de votre clavier.

Options de projection

Le menu « Options de panorama » vous propose de choisir parmi trois projections géométriques : Sphérique, Cylindrique et Perspective. Si l'option Auto (option « Sélectionner automatiquement une projection ») donne le plus souvent des résultats satisfaisants, il est avantageux de connaître les autres options pour avoir une solution alternative lorsqu'elle ne vous convient pas.

- Le mode Perspective produit généralement de bons résultats à partir d'images prises avec une focale supérieure à 35 mm en 24 × 36. Avec un objectif à focale plus courte, il produit un résultat exagéré avec une déformation plus ou moins prononcée.
- Le mode Cylindrique garantit l'alignement des photos par rapport à l'axe horizontal. Ce mode est particulièrement adapté à la fusion d'images composant un panorama très étendu, avec une ligne d'horizon qui sera aussi droite que possible.
- Le mode Sphérique transforme les photos à la fois horizontalement et verticalement. Il se prête particulièrement bien à l'alignement de séquences panoramiques plus complexes. Lors de l'assemblage d'une série de deux ou plusieurs rangées d'images (comme dans l'exemple suivant), le mode Sphérique produit souvent de meilleurs résultats que le mode Cylindrique.

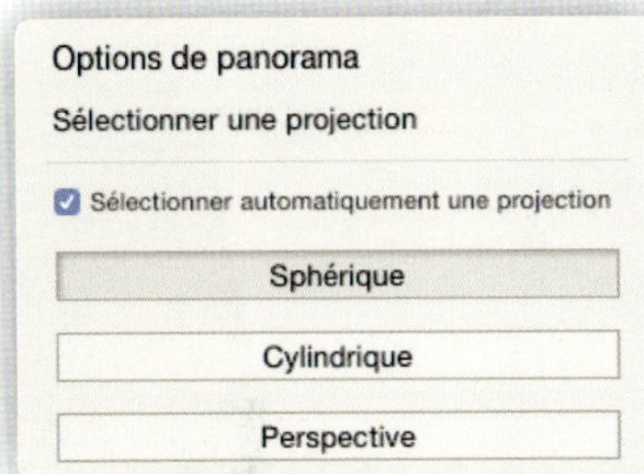

Les options de projection dans le menu « Options de panorama » de la boîte de dialogue « Aperçu de la fusion en panorama ».

1. À partir mode d'affichage Ensemble du module Bibliothèque (N), j'ai sélectionné une série de seize photos. Dans le menu Photo, j'ai ensuite choisi la commande Fusion de photos>Panorama.

2. Dans la boîte de dialogue « Aperçu de la fusion en panorama », j'ai coché l'option « Sélectionner automatiquement une projection » pour que le logiciel sélectionne automatiquement la projection géométrique la plus appropriée, ici le mode Sphérique. Pour comparer les différents modes de fusion, il est également possible de cliquer tour à tour sur les boutons Sphérique, Cylindrique et Perspective.

3. Après avoir cliqué sur le bouton Fusionner, Lightroom affiche la photographie panoramique assemblée au format DNG. Le nom du fichier est basé sur celui de l'image prioritaire, c'est-à-dire l'image dont la cellule possède la teinte la plus claire, augmenté d'un suffixe « -Pano » pour le distinguer des fichiers sources. Si les paramètres de développement sont ceux de l'image prioritaire, gardez à l'esprit que certains paramètres n'ont pas été appliqués lors de la fusion.

4. Un recadrage manuel m'a permis d'éliminer les bords blancs de l'image. Notez qu'il est également possible de la recadrer automatiquement, à l'aide de l'option « Recadrage automatique » de la boîte de dialogue « Aperçu de la fusion en panorama ».

5. Pour finir, j'ai appliqué une série de corrections de couleur et de tonalité dans le panneau « Réglages de base » pour produire une version optimisée de l'image.

Reproduire toutes les expositions

La commande « Reproduire toutes les expositions » permet d'homogénéiser la luminosité et le contraste d'une série d'images sélectionnées dans le panneau « Film fixe ». Elle calcule les valeurs de compensation à partir de la vitesse d'obturation, de l'ouverture et de la sensibilité ISO des images, tout en tenant compte d'éventuelles valeurs de compensation pour l'exposition. Elle intervient ensuite sur le curseur Exposition pour faire en sorte que la luminosité des autres images s'accorde au plus près à celle de l'image principale (c'est-à-dire l'image la « plus sélectionnée »).

La commande « Reproduire toutes les expositions » est ainsi fort pratique pour ajuster la luminosité d'une série d'images dont les valeurs d'exposition sont très variées – Mark Hamburg, l'ancien ingénieur en chef du développement de Lightroom, la définit comme une commande pour « débracketer ».

1. Les images suivantes, sélectionnées à partir de la grille du module Bibliothèque, ont été exposées différemment – certaines sont plus sombres que d'autres.

2. J'ai sélectionné une photo correctement exposée qui est ainsi devenue mon image principale. À partir du module Développement, j'ai sélectionné la commande « Reproduire toutes les expositions » (Paramètres>Reproduire toutes les expositions ou touches Ctrl/Cmd + Alt/Option + Maj + M).

3. Les images ainsi ajustées s'affichent alors dans la grille du module Bibliothèque : la luminosité des images est assez proche de celle de l'image principale, surtout quand on la compare à l'image de l'étape 1 (réglages par défaut).

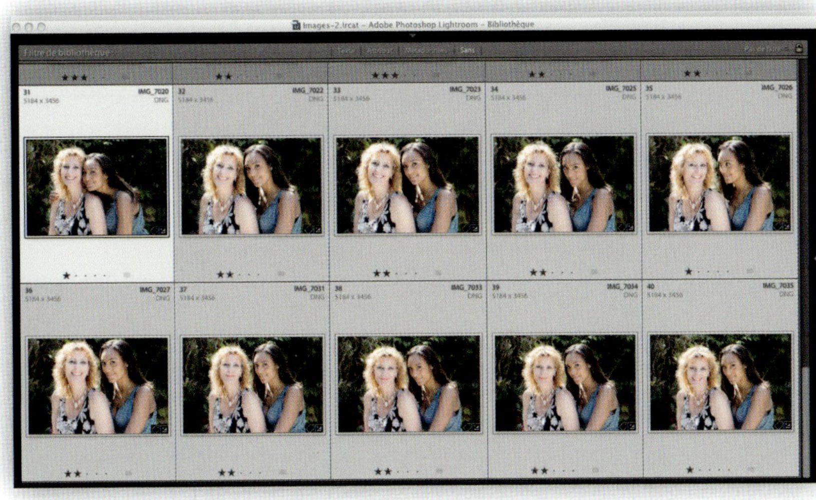

Écrêtage des hautes lumières et réglage de l'exposition

L'objectif principal du traitement d'images est de préserver une gamme de tonalités aussi vaste que possible jusqu'à l'impression. L'ajustement des hautes lumières est alors critique : si vous écrêtez les hautes lumières d'une photo, les détails ainsi perdus ne seront pas reproduits sur un tirage papier. En revanche, si vous préservez trop de nuances dans les parties claires, votre tirage manquera d'éclat.

Pour commencer, il est primordial de savoir distinguer les hautes lumières spéculaires des hautes lumières non spéculaires. Tandis que les premières sont constituées de réflexions vives d'une source lumineuse et sont naturellement dépourvues de détails, les secondes comportent des nuances importantes pour le rendu de votre image (robe de mariée blanche, nuages, etc.). Les deux exemples ci-contre vous aideront à mieux saisir les différences entre ces deux types de hautes lumières.

- Nous l'avons dit, les hautes lumières spéculaires ne comportent aucun détail important : n'hésitez pas à les écrêter pour qu'elles soient restituées en blanc pur. Sur un tirage, elles adoptent la teinte du support, c'est-à-dire le blanc du papier.
- Les hautes lumières méritent un traitement plus subtil, car elles comportent de nombreux détails à préserver. Les procédés d'impression varient considérablement entre l'impression offset en couleurs CMJN et l'impression jet d'encre. De manière générale, si les valeurs RVB des hautes lumières sont trop proches du point blanc du papier, vous risquez d'écrêter les détails dans les hautes lumières sur le tirage : à la place de la matière du sujet, vous ne verrez que le blanc du papier.

La photo du haut ne comporte que des hautes lumières spéculaires : dépourvues d'informations, elles peuvent être écrêtées sans problème pour atteindre un contraste optimal. Sur la photo du bas, les nuages représentent des hautes lumières dont il est important de préserver toutes les nuances.

Dès lors que vous avez compris cette problématique, il est assez simple de trouver un réglage correct pour le curseur Exposition. La plupart des images disposent d'un certain nombre de hautes lumières spéculaires, et j'ai pris l'habitude d'utiliser le mode Seuil (touche Alt, voir page 176) pour détecter leur présence et pour déterminer si elles comportent des détails importants. Il est également possible d'utiliser le témoin d'écrêtage du panneau Histogramme. Bien que je règle toujours l'exposition tout en écrêtant les hautes lumières spéculaires, je vérifie attentivement les hautes lumières non spéculaires – au besoin je diminue la valeur du curseur Exposition pour que ces dernières soient un peu moins claires que le blanc maximal.

Déterminer le point noir

Le réglage du point noir d'une photo s'avère bien moins crucial que le réglage des hautes lumières. Vous pouvez contrôler l'écrêtage des pixels sombres tout en donnant de la force aux tons foncés d'une image.

Nombreux sont les livres et les tutoriaux sur Photoshop qui conseillent de choisir une valeur plus élevée pour le point noir afin de conserver des noirs plus clairs que le « noir maximal » (c'est-à-dire une valeur RVB comprise entre 1 et 10). Mais ce conseil est uniquement valable lorsque vous préparez une image pour un procédé d'impression bien spécifique (une impression offset, par exemple). Sachez que Photoshop et Lightroom sont capables de compenser automatiquement le point noir d'un périphérique de sortie, quel que soit le procédé offset ou jet d'encre. Il n'est donc plus nécessaire d'adopter des points noirs distincts : les noirs et les tons foncés, réglés par l'intermédiaire du panneau « Réglages de base », sont toujours fidèlement reproduits et préservent tous les détails.

Dans ce second exemple, l'image est surtout composée de tons foncés. Pour l'ajuster, il faut s'assurer que les parties les plus sombres de l'image ne soient pas écrêtées plus qu'il ne faut afin de produire des noirs puissants.

Dans cet exemple, j'ai délibérément déplacé le curseur Noirs jusqu'à la valeur 17 pour transformer les tons foncés en noirs profonds.

L'exemple de la page 176 montre comment le mode Seuil peut aider à analyser les ombres et à trouver un réglage adapté pour le point noir. L'objectif ici est d'écrêter très légèrement les noirs afin d'optimiser la gamme des tonalités entre les ombres et les hautes lumières. Pour les images qui suivent, les curseurs des commandes Luminosité et Contraste sont d'une grande utilité, les commandes du panneau « Courbe des tonalités » encore plus. Les commandes de la courbe offrent un contrôle très précis des tons des ombres et des hautes lumières.

Bien qu'il soit rarement conseillé d'écrêter les hautes lumières, l'écrêtage des ombres améliore souvent le contraste. La photo de droite de la page précédente montre un bon exemple d'écrêtage volontaire des ombres. Beaucoup de photographes ont d'ailleurs fondé leurs styles si particuliers sur la force des noirs dans leurs images : lorsque Greg Gorman photographie des portraits sur fond noir, il accepte que l'arrière-plan se fonde dans un noir profond.

Le curseur Clarté

La section Présence du panneau « Réglages de base » comporte le curseur Clarté qui agit principalement sur le contraste des tons moyens. Son fonctionnement s'appuie sur deux techniques distinctes, dédiées à l'augmentation du contraste local : l'application d'un gain faible et d'un rayon important du filtre Accentuation de Photoshop (inventé par Thomas Knoll) et celle du filtre Passe-haut limitée aux seuls tons moyens (inventé par Mac Holbert des éditions Nash). L'outil Clarté applique des halos importants sur les contours d'une image ; cela augmente le contraste des tons moyens, sans pour autant modifier le contraste global d'une image. Bien que je vous conseille de choisir une valeur autour de 10 pour commencer, vous pouvez l'augmenter ou la diminuer pour réduire ou accroître la largeur des halos et ainsi le contraste local.

1. J'ai agrandi l'image suivante à sa taille réelle (100 %) afin de bien distinguer les détails de ce vieux tracteur. J'ai ensuite ajusté la tonalité à l'aide des curseurs du panneau « Réglages de base », puis accentué l'image via les curseurs du panneau Détail.

2. La figure qui suit montre l'image précédente, après application de l'outil Clarté à sa valeur maximale. L'augmentation du contraste local se manifeste dans les tons moyens, et notamment dans la texture de la calandre et celle des lichens recouvrant le tracteur.

Image avec beaucoup de détails qui supporte malgré tout l'effet de diffusion résultant d'une valeur négative pour le curseur Clarté.

Toutes les corrections sont potentiellement destructives, notamment celles qui interviennent sur la luminosité d'une image, en étirant ou en compressant sa gamme de tonalités. Par exemple, certaines corrections aplatissent des parties de la courbe : lorsque vous les compressez par la suite, vous perdez des niveaux (même si cela est moins évident qu'avec l'écrêtage), surtout en travaillant avec des fichiers RAW. Avec des valeurs positives pour l'outil Clarté, vous pouvez souvent extraire davantage de détails dans certaines zones préalablement compressées par un ajustement de la courbe. Le curseur Clarté partage avec les curseurs « Hautes lumières » et Ombres les algorithmes de distribution de tonalités (tone mapping) du Processus 2012. Par conséquent, les halos sont désormais plus discrets et il est possible d'utiliser des réglages deux fois plus importants avant qu'ils ne se manifestent.

Clarté négative

L'outil Clarté permet d'appliquer des valeurs négatives (inférieures à zéro). Bien qu'inhabituels, ces réglages ouvrent de nouvelles perspectives créatives. En effet, en réduisant le contraste, il est ainsi possible de reproduire le rendu d'une technique traditionnelle de tirage « argentique », employée pour obtenir de très subtils effets de flou qui se prêtent particulièrement bien aux images noir et blanc. L'outil Clarté fait partie des outils de correction locale – il est ainsi possible de « peindre » seulement certaines parties d'une image à l'aide de l'outil « Pinceau de retouche », en utilisant au choix des valeurs positives ou négatives pour le curseur Clarté.

La même image après application d'une valeur négative de l'outil Clarté.

Les curseurs Vibrance et Saturation

Les curseurs Vibrance et Saturation servent à augmenter la saturation des couleurs. Comme nous l'avons dit précédemment, tandis que le curseur Saturation applique un réglage linéaire, le curseur Vibrance amplifie davantage les couleurs les moins saturées. Vous pouvez ainsi utiliser la commande Vibrance pour augmenter la saturation des couleurs pastel, sans pour autant écrêter les couleurs vives d'une image.

Les six figures suivantes montrent les différences entre un réglage linéaire (curseur Saturation) et un réglage adaptatif, appliqués à une photo colorée d'un mandrill.

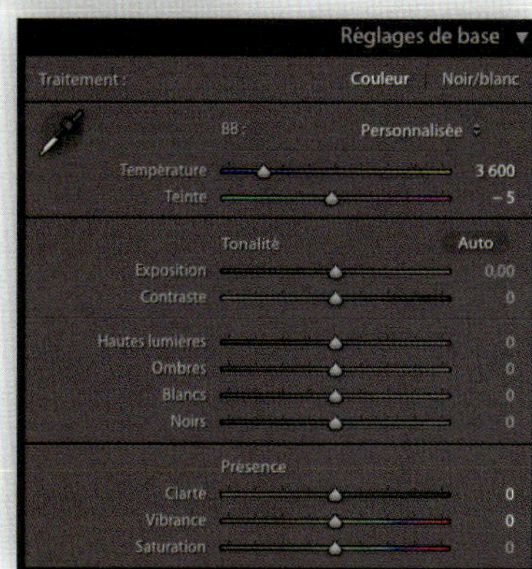

Les curseurs Vibrance et Saturation sont situés en bas du panneau « Réglages de base ».

La photo en haut à gauche montre une image à laquelle je n'ai appliquée aucune correction de la saturation des couleurs. Suivent dans la même rangée deux images. Sur celle du milieu, j'ai augmenté la saturation de +100 %, ce qui affecte l'ensemble des couleurs et provoque un écrêtage important dans les teintes bleues les plus saturées. Sur la capture de droite, j'ai augmenté la vibrance de la même valeur (+100 %), ce qui sature les couleurs tout en limitant le risque d'écrêtage des teintes les plus saturées ; les détails ont été conservés. La deuxième rangée présente des images pour lesquelles j'ai réduit la saturation (à gauche) et la vibrance (au milieu) à -100 % et une image (à droite) pour laquelle j'ai réduit la vibrance à +50 %.

La commande Vibrance intègre également un « protecteur de tons chair » qui exclut les teintes proches des couleurs de peau, afin que ces dernières ne soient pas dénaturées par une augmentation de la saturation. Il est ainsi possible de saturer les couleurs des vêtements sur un portrait, sans sursaturer les tons chair. Il me semble que la commande Vibrance pourra satisfaire tous vos besoins en matière de saturation ; la commande Saturation restera toutefois utile pour effectuer des modifications plus importantes, par exemple pour désaturer, en partie ou en totalité, les couleurs d'une image.

Les outils du panneau « Développement rapide »

Le panneau « Développement rapide », du module Bibliothèque, comprend un jeu d'outils de correction (« Balance des blancs », Exposition, Contraste, « Hautes lumières », Ombres, Blancs, Noirs, etc.) pour appliquer les modifications de couleurs et de tonalité à une ou plusieurs images. Bien que le panneau s'intitule « Développement rapide », les outils qu'il propose sont les mêmes que ceux du module Développement, mais contrairement à eux, ils se basent toujours sur les réglages en temps réel, c'est-à-dire tenant compte des réglages effectués dans le module Développement.

Les aperçus du panneau « Développement rapide » ne sont pas aussi précis que ceux du module Développement : tandis que les premiers sont destinés à limiter la taille du cache, grâce aux réglages de la boîte de dialogue « Paramètres du catalogue », les seconds sont générés et optimisés par le moteur de développement de Camera Raw.

Les flèches des outils du panneau « Développement rapide » indiquent comment augmenter ou diminuer une valeur. Pour retrouver le réglage par défaut, il suffit de cliquer sur le nom de l'outil, situé au milieu. Le bouton « Tonalité automatique » applique une correction des valeurs Exposition, Contraste, « Hautes lumières », Ombres, Blancs et Noirs ; le bouton Réinitialiser restaure leurs valeurs par défaut.

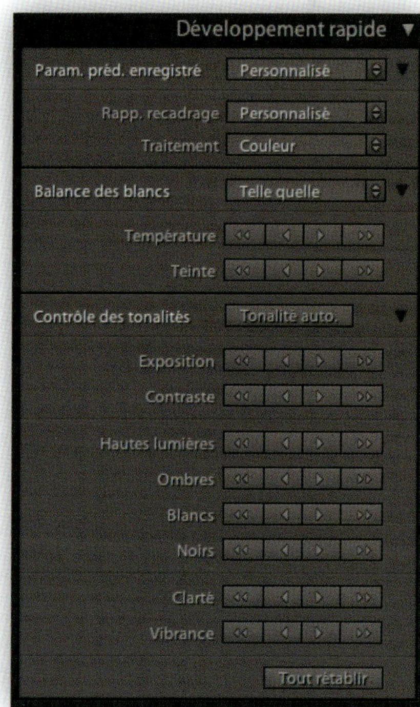

Le panneau « Développement rapide ». Pour afficher toutes les commandes rassemblées ici, il vous faudra cliquer sur les petites flèches situées au bord droit du panneau. Pour réinitialiser un réglage, cliquez sur le nom de la commande. Le bouton « Tonalité auto. » applique un ajustement automatique des curseurs Exposition, Contraste, « Hautes lumières », Ombres, Blancs et Noirs alors que le bouton Reset réinitialise les paramètres par défaut.

Les outils de correction pour la couleur et la tonalité

Pour accéder aux outils du panneau « Développement rapide », sélectionnez une ou plusieurs images à l'intérieur du module Bibliothèque. Cliquez sur le menu déroulant sous « Param. préd. enregistré » afin de choisir un paramètre préenregistré.

- Les options du menu déroulant « Rapp. recadrage » vous permettent de sélectionner un rapport de recadrage personnalisé.
- Dans le menu Traitement, vous pouvez transformer une image couleur en noir et blanc (même si le terme « Niveaux de gris » risque de prêter à confusion puisque les images demeurent en mode RVB…).

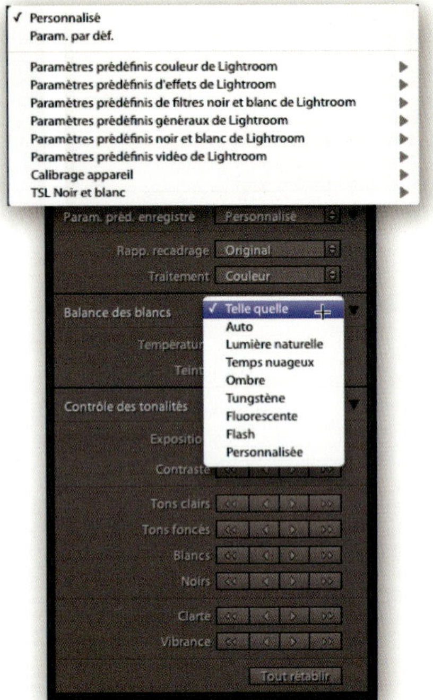

Le panneau « Développement rapide » affiche ici les options des menus déroulants pour les paramètres prédéfinis et la balance des blancs.

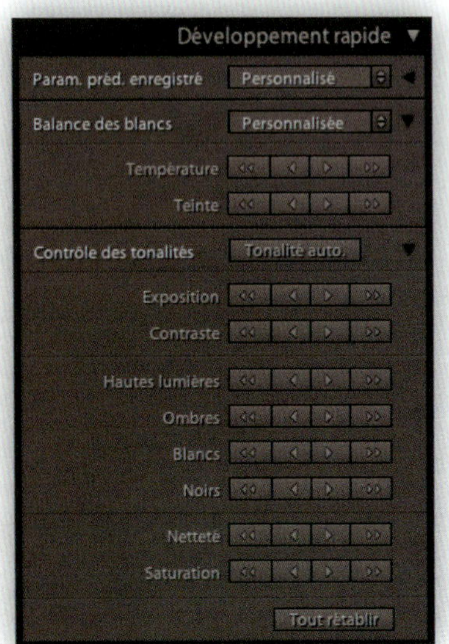

En appuyant sur la touche Option/Alt, vous faites apparaître les commandes Netteté et Saturation dans le panneau « Développement rapide ».

- Dans le menu « Balance des blancs », vous pouvez ajuster la balance des blancs à l'aide des deux curseurs, Température et Teinte. Si vous avez choisi l'option « Balance des blancs automatique » (Auto) ou un réglage correspondant à votre éclairage (« Lumière du jour », Tungstène, etc.) au moment de la prise de vue, vous utiliserez très probablement le réglage « Telle quelle » dans Lightroom. Sinon, vous pouvez cliquer sur le menu déroulant pour choisir une des options proposées. L'option Auto propose un calcul automatique de la balance des blancs (Ctrl/Cmd + Maj + U).
- Les outils pour la tonalité permettent une modification des paramètres à l'aide des petites flèches. Les flèches simples augmentent ou réduisent le réglage par petites touches, les doubles flèches par grands incréments. Je vous conseille de toujours commencer par modifier l'exposition, dans la mesure où ce réglage affecte à la fois la luminosité globale et l'écrêtage des hautes lumières. Une fois l'exposition ajustée, vous pouvez intervenir, si nécessaire, sur le paramètre Contraste.
- Alors que la commande « Hautes lumières » éclaircit ou assombrit les hautes lumières et les tons moyens, le curseur Ombres agit de la même manière sur les tons foncés et les tons moyens. Les commandes Blancs et Noirs contrôlent l'écrêtage des hautes lumières (point blanc) et des tons foncés (point noir).
- La commande Vibrance augmente ou réduit la saturation. Cette dernière dispose d'un fonctionnement proche de la commande Saturation du module Développement, mais elle applique au contraire un traitement non linéaire aux couleurs peu saturées, tout en évitant un écrêtage des teintes saturées. Notez qu'il suffit d'appuyer sur la touche Alt pour que le curseur Vibrance se transforme en curseur Saturation.
- La commande Clarté rend des images plus « éclatantes », plutôt que plus « nettes », en augmentant le contraste local des tons moyens. En appuyant sur la touche Alt, la commande Clarté est remplacée par la commande Netteté. L'unique curseur correspond alors au curseur Gain du panneau Détail, les trois autres curseurs (Rayon, Détail et Masquage) n'étant disponibles que dans le module Développement.
- Le bouton « Tonalité auto. » (Ctrl/Cmd + U) applique une modification simultanée des paramètres Exposition, Contraste, « Hautes lumières », Ombres, Blancs et Noirs, modification que vous pouvez annuler grâce au bouton « Tout rétablir » en bas du panneau. Celui-ci réinitialise l'ensemble des paramètres de développement pour rétablir les paramètres par défaut – il s'agit donc d'une fonction à utiliser avec précaution. L'ajustement automatique apporte parfois une amélioration instantanée, parfois une surcorrection ou un assombrissement global de l'image. Il est de toute façon illusoire d'attendre un fonctionnement sans faille d'une telle correction automatique, mais je trouve qu'elle délivre la plupart du temps une base de travail efficace.

L'exemple suivant montre l'utilisation des commandes du panneau « Développement rapide ».

1. Les photos ci-dessous, prises avec un appareil photo numérique au format RAW, ont été importées en appliquant les réglages par défaut pour la tonalité et les couleurs, et le réglage « Telle quelle » pour le paramètre « Balance des blancs ». J'ai d'abord sélectionné les images que j'ai souhaité corriger.

2. Pour éliminer la dominante froide, j'ai cliqué sur le bouton à double flèche (entourée en rouge sur la capture suivante).

3. J'ai ensuite cliqué sur le bouton « Tonalité automatique » (raccourci Cmd/Ctrl + U), puis sur les boutons Exposition, Contraste, « Hautes lumières » et Ombres (entourés en rouge page suivante) afin de corriger la tonalité des photos.

4. En examinant la série de photos, j'ai détecté trois images dont il a fallu augmenter la luminosité, assombrir les hautes lumières et éclaircir les tons foncés. Cependant, il n'a pas été nécessaire de désélectionner la série de photos pour ne garder que les trois photos en question : j'ai simplement double-cliqué sur une des images pour l'ouvrir en mode Loupe afin d'appliquer les réglages du panneau « Développement rapide » à la seule photo sélectionnée.

Étape 2

Étape 3

Étape 4

5. J'ai corrigé l'image au milieu de la grille. En cliquant sur le bord de sa cellule, j'ai désélectionné la série d'images. Puis, en appliquant le raccourci Maj + clic, j'ai sélectionné l'image corrigée ainsi que celle d'à côté. J'ai ensuite cliqué sur le bouton « Synch. param. ».

6. Dans la boîte de dialogue « Synchroniser les paramètres », j'ai cliqué sur le bouton « Tout sélectionner » pour choisir l'ensemble des paramètres de développement, puis sur le bouton Synchroniser pour harmoniser les réglages des deux photos sélectionnées lors de l'étape précédente.

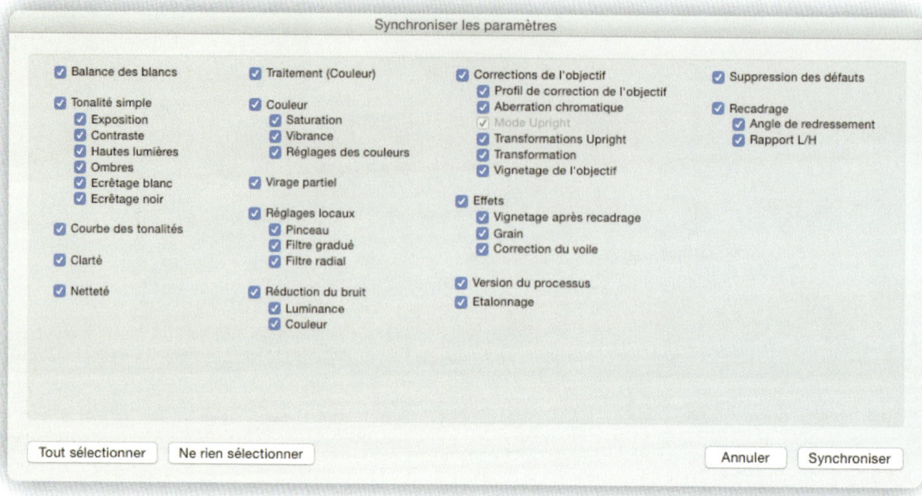

Corriger des fichiers vidéo

Si la version 3 de Lightroom autorisait déjà l'importation de séquences vidéo et leur visualisation dans le mode Grille du module Bibliothèque, les versions plus récentes permettent d'aller encore plus loin. Vous pouvez prévisualiser des clips vidéo dans le mode Loupe du module Bibliothèque et les éditer directement dans le logiciel. Si les fonctions d'édition de vidéos sont encore assez limitées, elles sont néanmoins suffisantes pour un usage occasionnel.

L'affichage d'une séquence vidéo dans la grille du module Bibliothèque. Le petit cartouche situé dans l'angle inférieur gauche de la vignette affiche la durée de la séquence.

- Pour afficher l'aperçu d'une vidéo, double-cliquez en mode Grille sur sa vignette pour ainsi passer en mode Loupe. Ensuite, cliquez sur le bouton Lire, situé dans la barre de contrôle de lecture de vidéos. Pour interrompre la lecture, cliquez sur le bouton Pause.
- Pour définir une nouvelle image d'affiche, déplacez le repère jusqu'à l'image souhaitée, puis sélectionnez l'option « Définir l'image de vignette », à partir du menu déroulant. L'image sélectionnée représente ainsi la séquence vidéo dans la grille du module Bibliothèque.
- Pour extraire une image d'une séquence animée, sélectionnez l'option « Capture d'image ». Celle-ci enregistre la vue sélectionnée au format JPEG, l'ajoute au catalogue ouvert et l'empile avec le fichier vidéo.

En mode Grille, faites glisser la souris sur la vignette d'une séquence vidéo pour en afficher toutes les vues.

1. Double-cliquez sur une vignette pour passer en mode Loupe. Cliquez sur le bouton Lire ou appuyez sur la barre d'espace de votre clavier pour visualiser la séquence sélectionnée. Déplacez le repère avec votre souris pour la parcourir ou cliquez sur la petite roue crantée pour en afficher les séquences clés. Si vous sélectionnez dans le volet « Mode Loupe » des « Options d'affichage » l'option « Afficher le numéro d'image avec la durée de la vidéo », le numéro de vue s'affiche avec l'affichage de la durée.

2. Pour couper la séquence, cliquez sur le bouton « Couper la vidéo », puis faites glisser les repères de début (Maj + I) et de fin (Maj + O) sur l'emplacement souhaité. L'option « Définir l'image de vignette », du menu déroulant, m'a permis de choisir une vue plus représentative de la séquence vidéo et de l'afficher dans la grille de vignettes.

3. Les commandes du panneau « Développement rapide » peuvent être utilisées pour modifier l'apparence de séquences animées. Ici, j'ai réchauffé les couleurs pour éliminer une dominante froide et j'ai cliqué sur le bouton « Tonalité auto. » pour optimiser la luminosité et le contraste de la vidéo.

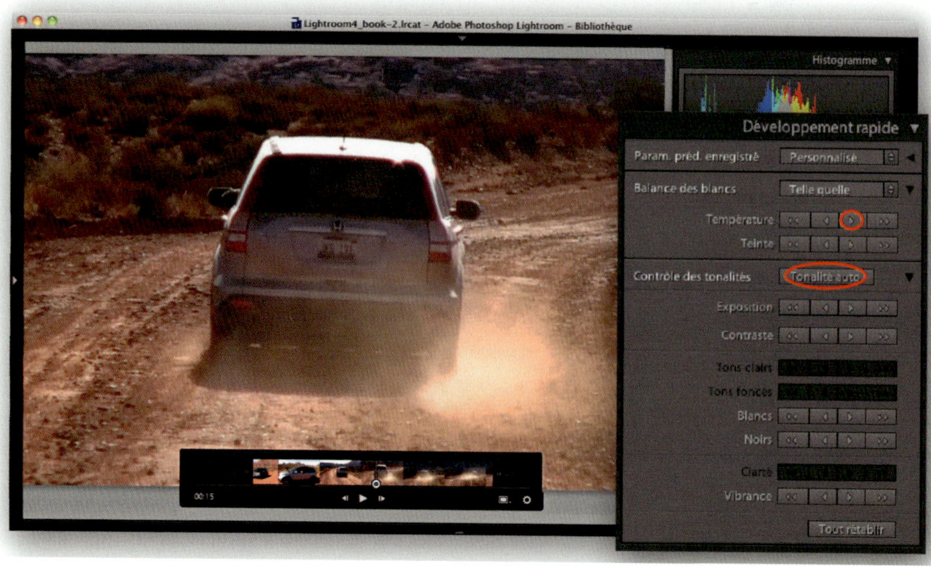

4. Si les outils d'édition de Lightroom sont plutôt rudimentaires, le logiciel vous permet d'appliquer des jeux de paramètres de développement préalablement enregistrés. Pour cela, sélectionnez d'abord dans le menu déroulant l'option « Capture d'image » pour extraire un fichier JPEG de la séquence.

5. J'ai corrigé l'image JPEG à l'aide des outils du module Développement (« Virage partiel » et « Courbe des tonalités ») pour éclaircir les ombres et pour produire un effet de type traitement croisé.

6. En cliquant sur l'icône « + » du panneau « Paramètres prédéfinis », j'ai enregistré les nouveaux paramètres de développement. Notez que seulement une partie des ajustements du module développement peut être utilisée pour éditer des séquences vidéo. Une boîte de dialogue vous avertit le cas échéant des éventuelles incompatibilités.

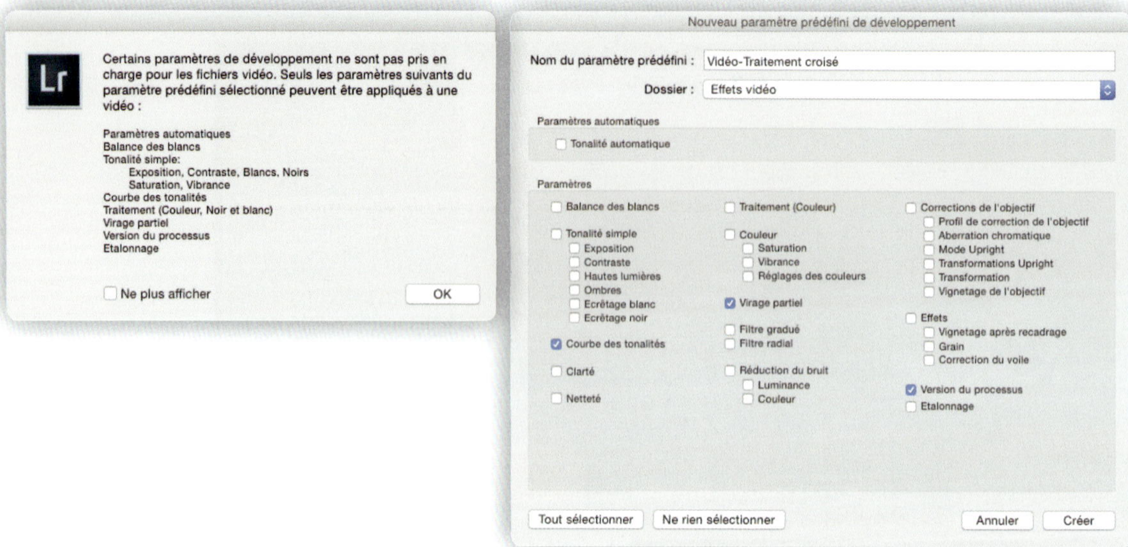

7. Pour finir, j'ai appliqué le nouveau jeu de paramètres à la séquence vidéo, via le menu « Param. préd. enregistré » du panneau « Développement rapide ».

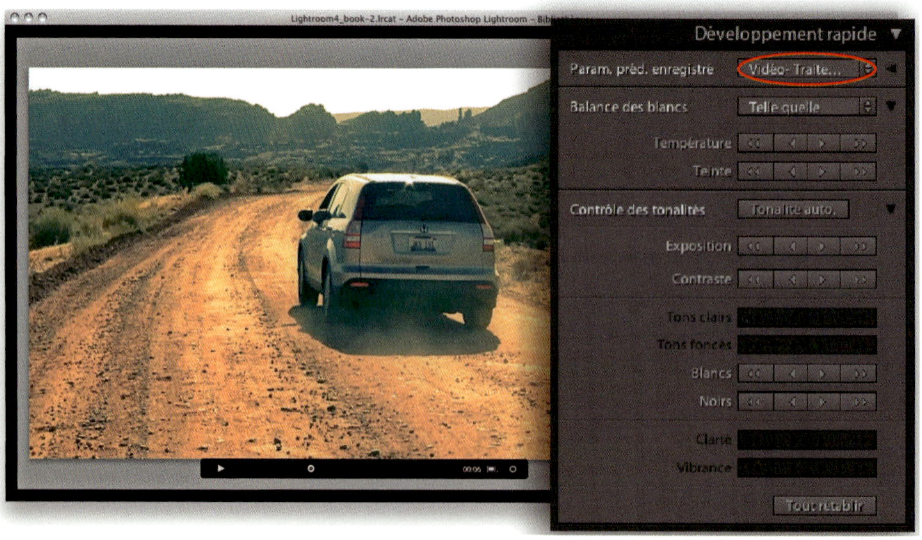

Le panneau « Courbe des tonalités »

Les curseurs du panneau « Courbe des tonalités » modifient la courbe grâce à quatre zones. Beaucoup de photographes ont des difficultés à utiliser la commande Courbes de Photoshop ; les curseurs de la commande « Courbe des tonalités » sont sans doute bien plus accessibles. Si le potentiel de cet outil peut paraître limité à tous ceux qui connaissent son alter ego dans Photoshop, cette première impression se dissipe rapidement : grâce aux curseurs, vous pouvez créer des courbes beaucoup plus intéressantes que celles élaborées « à la main ». Et vous pouvez intervenir directement sur le tracé de la courbe en cliquant sur l'un de ses points et en le déplaçant verticalement.

Mieux encore, vous pouvez modifier la courbe en sélectionnant une zone précise sur votre image. L'outil « Réglage de la cible » permet de cliquer sur un point de l'image, puis d'éclaircir ou d'assombrir les teintes à l'aide de la souris. Vous pouvez également utiliser les flèches haut/bas (↑↓) pour ajuster la tonalité (n'oubliez pas que les flèches gauche/droite sont réservées au défilement des images du panneau « Film fixe »). En appuyant simultanément sur la touche Alt, vous pouvez réduire l'incrémentation des réglages (pour les rendre plus fins) ; la touche Maj l'augmente (rendant les réglages plus grossiers).

Avec l'outil « Réglage de la cible », vous n'avez même plus besoin de consulter la courbe : chaque réglage est appliqué visuellement, en temps réel. Vous pouvez le désactiver en cliquant de nouveau sur l'icône dédiée ou via le raccourci clavier Cmd/Ctrl + Alt + Maj + N. Notez que l'outil « Réglage de la cible » est automatiquement désactivé lorsque vous quittez le panneau « Courbe des tonalités », évitant ainsi une certaine confusion lorsque vous passez dans un autre panneau.

Les quatre curseurs de la courbe contrôlent respectivement les hautes lumières (« Hautes lumières »), les tons moyens clairs (« Tons clairs »), les tons moyens sombres (« Tons sombres ») et les tons foncés (Ombres). Chaque curseur affiche simultanément un aperçu des tracés de courbe possibles.

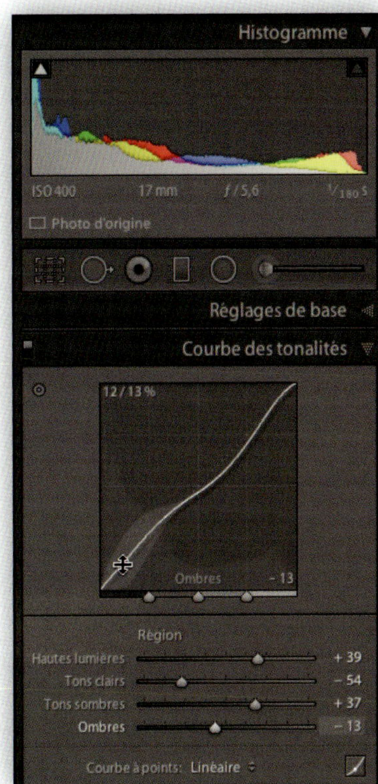

Le panneau « Courbe des tonalités ».

Ci-contre, le panneau « Courbe des tonalités » s'affiche avec un réglage en cours, celui des Ombres. Observez comment l'histogramme du panneau Histogramme est reproduit dans le panneau « Courbe des tonalités ». De même, toute modification de l'image est automatiquement répercutée dans les deux histogrammes.

La zone gris clair, située des deux côtés de la courbe, indique les limites entre lesquelles la courbe de tonalités peut évoluer – en tenant compte du curseur correspondant et de l'ensemble des réglages en cours. Un utilisateur habitué à l'outil Courbes peut ainsi évaluer le potentiel d'un réglage. Il est également possible de modifier la courbe manuellement : cliquez sur un point de la courbe, puis déplacez votre souris verticalement pour éclaircir ou assombrir la section concernée.

Les outils du panneau « Réglages de base » modifient les tons d'une manière plus globale. Ils doivent être appliqués en amont de la courbe des tonalités qui réalise des réglages plus pointus. La disposition des outils des panneaux « Réglages de base » et « Courbe des tonalités » est influencée par l'héritage de Camera Raw : le curseur Contraste du panneau « Réglages de base », par exemple, est quasiment identique au curseur du même nom dans Camera Raw. Il était d'ailleurs très important d'assurer une compatibilité des réglages entre Lightroom et Camera Raw, ce qui n'a été possible qu'en leur attribuant des outils identiques (je mentionne ce point pour justifier, entre autres, la présence du menu « Courbe à points », situé au bas du panneau « Courbe des tonalités »).

Aux débuts de Camera Raw, certains puristes plaidaient pour une utilisation de la courbe linéaire en tant que courbe par défaut : pour augmenter le contraste, il fallait éditer cette courbe manuellement. Parallèlement, la plupart des logiciels de développement RAW appliquaient une courbe par défaut plus contrastée, pour tendre vers un rendu plus proche de la photo argentique. Camera Raw a donc dû évoluer et offre aujourd'hui trois réglages pour le contraste : « Contraste moyen », Linéaire (par défaut) et « Contraste fort ». La courbe « Contraste moyen » augmente très légèrement le contraste dans les ombres et dans les hautes lumières ; la courbe « Contraste fort » applique un réglage plus musclé, particulièrement adapté aux rendus plats.

Le menu « Courbe à points » n'est finalement utile que pour ceux qui possèdent des fichiers RAW dotés de réglages « anciens » (c'est-à-dire appliqués dans Camera Raw) et qui souhaitent lire leurs fichiers correctement dans Lightroom. Pour les autres utilisateurs, la courbe par défaut sera bien suffisante, vu la souplesse des curseurs du panneau « Courbe des tonalités ». À noter que la courbe par défaut du Processus 2012 (Linéaire) est identique à la courbe par défaut des Processus 2003 et 2010 (« Contraste Moyen »), même si son appellation diffère. Il ne s'agit pas d'une ligne droite, mais d'une courbe en S qui assombrit légèrement les tons foncés tout en éclaircissant les hautes lumières. Pour les images Bitmap, les anciennes versions de Lightroom utilisaient déjà une courbe linéaire. Désormais, les réglages par défaut sont identiques pour les fichiers RAW et Bitmap.

Le menu « Courbe à points » offre trois paramètres prédéfinis pour la courbe.

La conversion d'une image entre les Processus 2003/2010 et 2012 fait apparaître une légère différence en matière de rendu même si les paramètres ne changent pas. Les paramètres du panneau « Courbe des tonalités » sont désormais tributaires de la version du processus utilisée. À l'enregistrement d'un nouveau jeu de paramètres prédéfinis qui inclut des paramètres du panneau « Courbe des tonalités », l'option « Version du processus » est donc automatiquement sélectionnée.

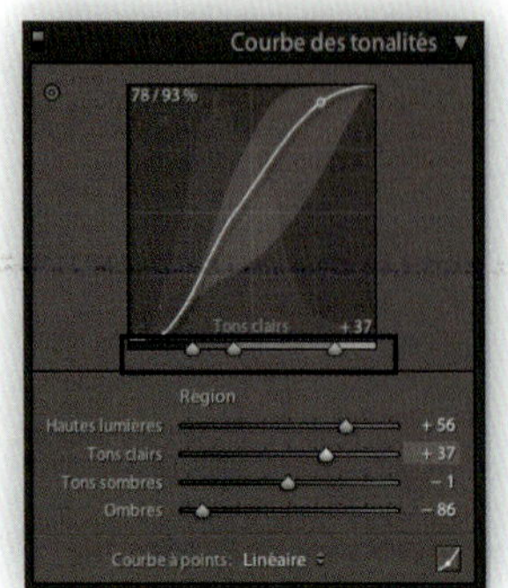

Les séparateurs de gamme tonale (petits curseurs sous la courbe).

Moyennant trois petites flèches situées en bas de l'histogramme (les séparateurs de gamme tonale présentés plus loin), vous pouvez attribuer une étendue plus ou moins large à chacun des quatre segments affectés. Si, par exemple, vous déplacez la flèche Ombres à droite, le curseur Ombres s'applique à un segment plus important de la courbe. L'ajustement des trois flèches permet ainsi d'affiner le tracé de la courbe.

Ajuster la courbe en mode « Courbe à points »

Lightroom offre un mode « Courbe à points » qui possède les mêmes fonctionnalités que son alter ego dans Camera Raw. Cliquez sur l'icône située dans l'angle inférieur droit du panneau pour l'activer, puis sur le tracé de la courbe pour ajouter un point de contrôle. Répétez la procédure pour ajouter des points supplémentaires et servez-vous de votre souris pour modifier le tracé de la courbe. Appuyez sur la touche Alt pour réduire l'incrémentation du réglage, ce qui le réduit par un facteur dix et rend les réglages plus subtils. En cliquant sur l'icône située dans l'angle supérieur gauche, vous activez l'outil « Réglage de la cible », autorisant l'intervention sur la courbe en cliquant directement sur l'Aperçu : déplacez le curseur de votre souris vers le haut pour éclaircir la plage des tonalités échantillonnée, ou vers le bas pour l'assombrir.

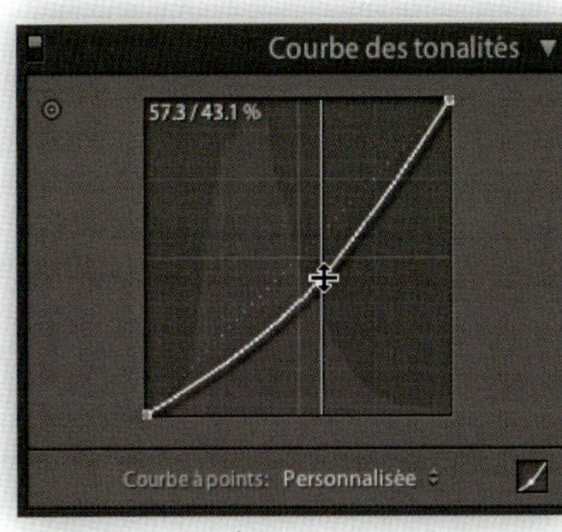

Le mode « Courbe à points » du panneau « Courbe des tonalités ».

Contrairement à la commande Courbes de Photoshop et le panneau « Courbe des tonalités » de Camera Raw, il est impossible de gérer les points de la courbe de Lightroom via les touches du clavier. Ainsi, la touche Suppr est inopérante pour supprimer des points : effectuez un clic droit pour choisir la commande « Supprimer le point de contrôle » ou double-cliquez sur le point pour l'effacer.

S'il est possible d'enregistrer la courbe et ses points de contrôle en tant que paramètre prédéfini, vous ne pouvez pas séparer ces réglages de ceux de la courbe paramétrique.

1. J'ai commencé par appliquer une courbe linéaire à cette photo, puis j'ai cliqué sur l'icône « Cliquer pour modifier la courbe à points » (ici dotée d'un cercle rouge) pour passer en mode « Courbe à points ».

2. J'ai cliqué sur l'icône de l'outil « Réglage de la cible » (cerclée de rouge, voir capture ci-dessous) pour placer plusieurs points de contrôle sur la courbe, puis j'ai déplacé la souris verticalement pour en modifier le tracé. La commande « Supprimer le point de contrôle », du menu contextuel, m'a permis d'effacer des points et de lisser le tracé de la courbe.

3. Ci-dessous, l'image transformée en noir et blanc. L'éditeur de courbe à points m'a ici permis d'intervertir localement les tonalités de l'image afin de créer un effet Sabatier (que l'on appelle aussi « solarisation »).

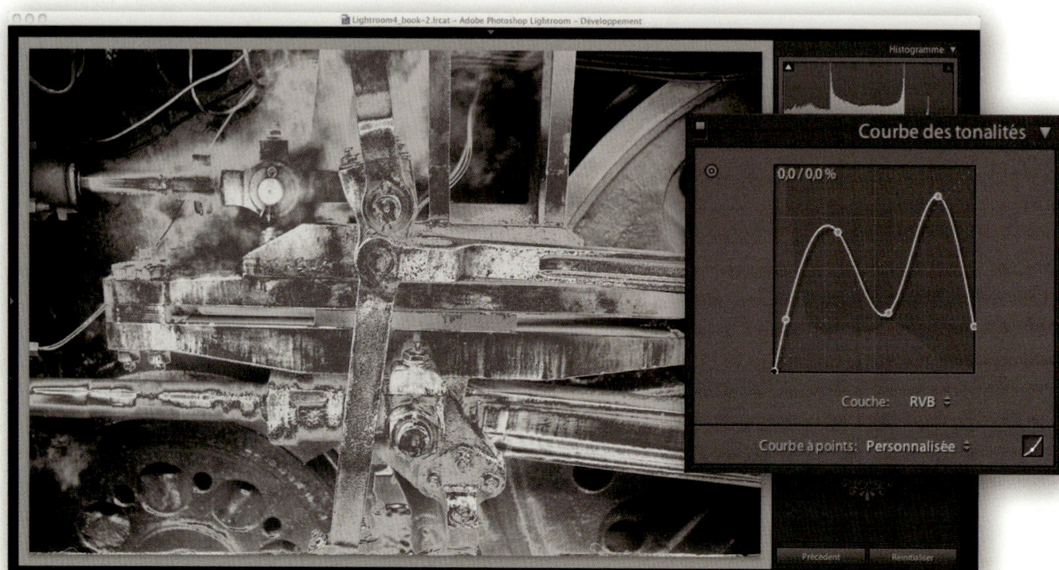

Utiliser des courbes RVB

Comme dans Photoshop, vous pouvez utiliser l'outil « Courbe des tonalités » pour ajuster individuellement les couches rouge, verte et bleue. Notez que cette fonction est uniquement proposée pour une image dont les paramètres de développement ont été préalablement convertis au Processus 2012.

Le panneau « Courbe des tonalités » affiche alors le menu déroulant Couche, permettant de choisir parmi les options RVB, Rouge, Vert et Bleu. On pourrait s'interroger sur la raison d'être d'une telle fonction. En effet, Lightroom dispose déjà d'abondantes et puissantes fonctionnalités pour ajuster les couleurs, grâce notamment à l'outil « Balance des blancs » et les profils couleur du panneau « Étalonnage de l'appareil photo ». Cependant, les courbes RVB sont très utiles pour corriger des images prises sous un éclairage mixte ou pour créer des effets de virage qui se distinguent clairement de ceux de l'outil « Virage partiel ».

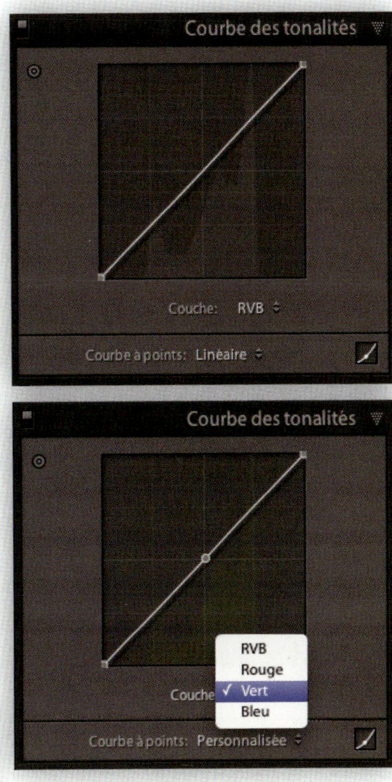

La courbe des tonalités en mode « Courbe à points » en mode RVB et après avoir sélectionné la couche verte.

1. Voici une de mes images. J'avais commencé à appliquer quelques réglages pour neutraliser les couleurs et équilibrer les tonalités dans le panneau « Réglages de base ».

2. J'ai utilisé l'éditeur de courbe à points de la « Courbe des tonalités » pour ajuster des couches rouge, verte et bleue en fonction de l'effet souhaité, basé sur une accentuation des verts.

3. J'ai ajusté les couches RVB une nouvelle fois pour produire un effet complètement différent, privilégiant des couleurs chaudes.

Les zones de la « Courbe des tonalités »

Lightroom découpe la courbe en quatre zones égales. Dans l'exemple suivant, on va appliquer un réglage à chacune des zones. J'ai surligné en vert les segments modifiés pour vous permettre de repérer facilement la zone concernée.

1. J'ai commencé par fixer le curseur « Hautes lumières » à la valeur +31, ce qui éclaircit les parties les plus claires de l'image. Plusieurs méthodes existent pour déplacer le curseur : pousser le curseur « Hautes lumières » vers la droite ou cliquer sur un point de la courbe dans la zone « Hautes lumières » (ici en vert) et le déplacer vers le haut avec la souris ou avec la flèche haut (↑). J'ai choisi une troisième méthode : l'ajustement direct à l'aide de l'outil « Réglage de la cible ». Après avoir cliqué sur son icône (ici cerclée en rouge) pour l'activer, j'ai déplacé le curseur de l'outil sur l'image afin de sélectionner un point situé dans la zone « Hautes lumières ». J'ai cliqué ensuite dessus et déplacé ma souris vers le haut : la zone sélectionnée s'est éclaircie. (À la place d'un mouvement vertical de la souris, vous pouvez utiliser les deux flèches haut et bas (↑↓) de votre clavier.)

Activer l'outil « Réglage de la cible »

Vous pouvez activer l'outil « Réglage de la cible » via le sous-menu Affichage>Réglage de la cible, ou via le raccourci Cmd/Ctrl + Alt + Maj + T (Cmd/Ctrl + Alt + Maj + N pour le désactiver).

2. J'ai souhaité assombrir ensuite les valeurs de la zone « Tons clairs ». J'ai placé le curseur de l'outil « Réglage de la cible » sur un point de cette zone (sur le monument du premier plan), puis j'ai déplacé ma souris vers le bas.

3. De même, j'ai assombri les valeurs de la zone « Tons sombres » en plaçant la souris sur la partie ombragée des arbres dans l'arrière-plan et en déplaçant ma souris vers le bas. Si vous utilisez les flèches de votre clavier, vous pouvez appuyer sur la touche Alt pour appliquer de petites modifications, ou sur la touche Maj pour appliquer des corrections plus importantes.

Étape 2

Étape 3

4. J'ai finalement ajusté les ombres (Ombres) avec l'outil « Réglage de la cible », en plaçant ma souris sur une région sombre de l'image (cerclée en rouge), puis en la déplaçant vers le bas pour l'assombrir. J'aurais pu à la place cliquer sur un point de la courbe. L'image finale arbore un contraste plus prononcé ; les curseurs du panneau « Courbe des tonalités » agissent de manière plus subtile que le seul curseur Contraste du panneau « Réglages de base ».

L'utilisation conjointe des réglages de base et de la courbe

On n'a utilisé jusqu'ici que les réglages du panneau « Courbe des tonalités ». Toutefois, lors d'une séance de retouche typique, vous utiliserez à la fois les outils des panneaux « Réglages de base » et « Courbe des tonalités ». Nous allons montrer maintenant comment corriger tout d'abord la balance des blancs, l'écrêtage des hautes lumières écrêtées et le contraste global de l'image, puis comment passer à des réglages plus fins dans le panneau « Courbe des tonalités » afin d'obtenir un meilleur équilibre des valeurs et extraire davantage de détails dans les tons foncés et les hautes lumières. En utilisant ces outils à bon escient, vous obtiendrez un rendu satisfaisant, sans avoir à recourir à un traitement sélectif, que ce soit dans Photoshop ou Lightroom.

1. J'ai initialement appliqué au fichier RAW du haut de la page suivante les réglages par défaut de Lightroom, puis j'ai sélectionné l'outil « Sélecteur de balance des blancs » et repéré avec la pipette une zone de l'image à neutraliser.

2. J'ai cliqué une nouvelle fois avec la pipette pour obtenir un équilibre légèrement plus chaud. Après avoir validé ce nouveau réglage de balance des blancs, j'ai ajusté le curseur Contraste (+29) pour augmenter le contraste de l'image.

3. J'ai ensuite déplacé le curseur « Hautes lumières » (-100) pour récupérer des détails dans les nuages.

4. Un déplacement du curseur Ombres (+51) permet ici d'éclaircir les tons foncés.

5. J'ai ensuite déplacé les curseurs Blancs (+33) et Noirs (-28) pour ajuster l'écrêtage des hautes lumières et tons foncés. J'ai également augmenté la Clarté (+8) et la Vibrance (-6).

6. À la suite de l'étape 5, j'ai ouvert le panneau « Courbe des tonalités » : j'ai optimisé la luminosité et le contraste à l'aide des curseurs « Hautes lumières » (+12), « Tons clairs » (+27), « Tons sombres » (+22) et Ombres (-11).

Étape 1

Étape 2

Étape 3

Étape 4

Étape 5

Étape 6

Régler les séparateurs de gamme tonale

Les séparateurs de gamme tonale sont situés au bas de la courbe. Pour vous permettre de repérer les zones affectées par leur mouvement, j'ai surligné les zones en vert sur les captures ci-dessous.

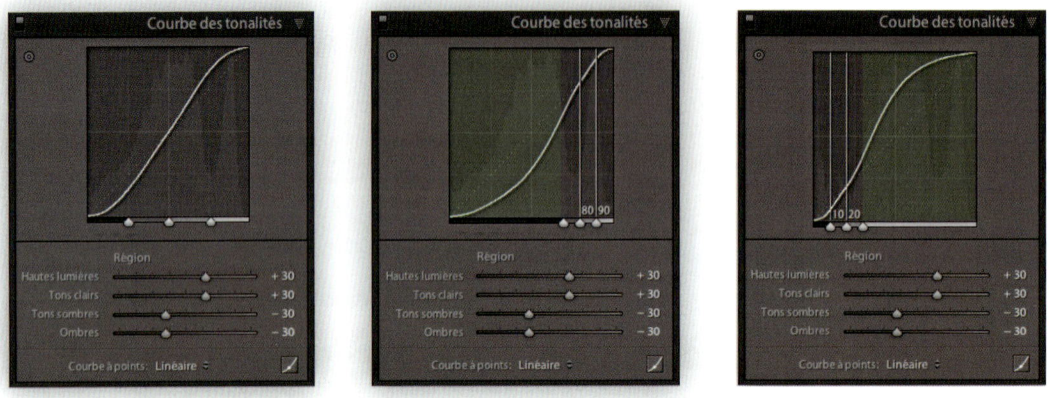

La capture de gauche montre un placement équidistant des trois séparateurs de gamme tonale, celle du milieu un déplacement maximal de la zone Ombres, celle de droite un déplacement maximal de la zone « Hautes lumières ».

Réinitialiser les valeurs par défaut

Pour réinitialiser les valeurs par défaut pour les trois séparateurs de gamme tonale (à 25, 50 et 75), double-cliquez sur chacune des petites flèches.

- La capture de gauche montre l'espacement par défaut des trois séparateurs de gamme tonale : les zones « Hautes lumières », « Tons clairs », « Tons sombres » et Ombres se situent à égale distance les unes des autres.
- La capture du milieu affiche le déplacement maximal de la zone Ombres, ce qui provoque une compression des trois autres zones.
- La capture de droite affiche le déplacement maximal de la zone « Hautes lumières ».

Lorsque vous déplacez les curseurs Ombres et « Hautes lumières » vers le centre de l'histogramme, vous augmentez le contraste des tons moyens (c'est-à-dire le contraste local) : plus la distance entre les séparateurs est grande, moins le contraste local est élevé.

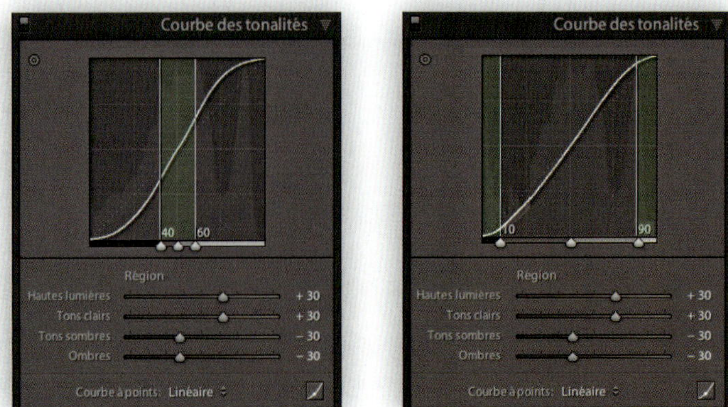

En approchant ou en éloignant les deux séparateurs de gamme tonale latéraux, vous augmentez ou réduisez le contraste des tons moyens.

Les deux figures ci-après montrent une photo pour laquelle j'ai fait appel à l'ensemble des commandes du panneau « Courbe des tonalités ».

- Pour la capture du haut, j'ai appliqué les réglages par défaut : les séparateurs de gamme tonale sont distribués à parts égales, chacune des quatre zones occupe 25 % des valeurs de l'histogramme.
- La capture du bas montre la même photo une fois que les deux séparateurs les plus à droite ont été déplacés pour compresser les « Hautes lumières ». Il en résulte une augmentation du contraste dans les « Tons clairs » et ainsi une meilleure restitution des détails dans le visage du mannequin.

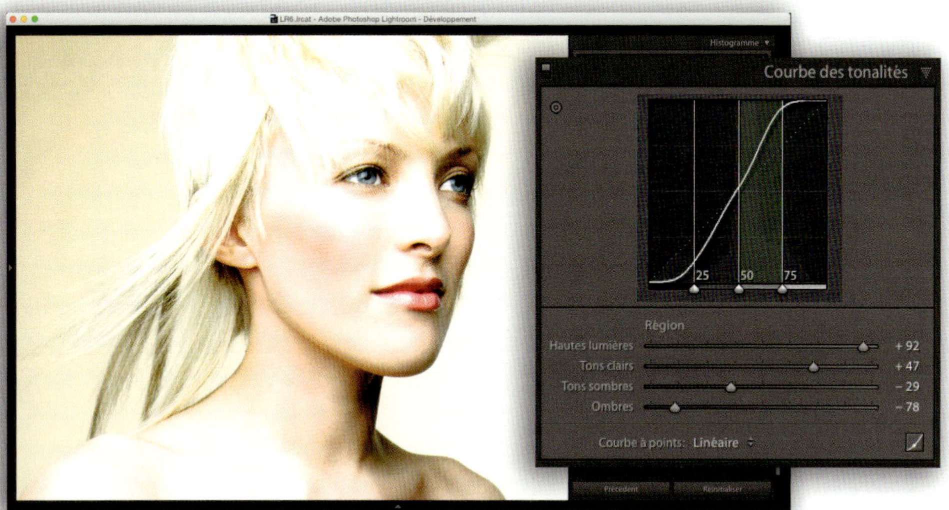

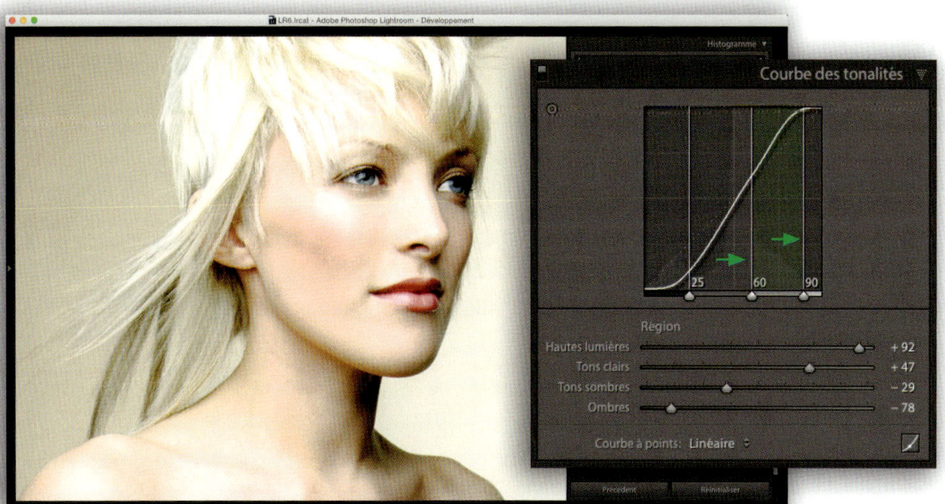

Ici, j'ai ajusté les réglages de l'outil « Courbe des tonalités » de manière à optimiser le contraste de l'image. Dans la capture du haut, les séparateurs de gamme sont répartis de manière égale, chacune des zones occupant un quart des valeurs RVB. Dans la capture du bas, j'ai déplacé les deux séparateurs les plus à droite pour augmenter le contraste dans les tons clairs et ainsi améliorer la tonalité du visage du mannequin.

Le panneau « TSL/Couleur/NB »

Le panneau « TSL/Couleur/NB » comporte un ensemble d'outils pour affiner les teintes des images couleur ou monochromes. Je détaillerai les fonctionnalités des commandes de la section « Noir et Blanc » un peu plus loin dans ce chapitre.

Bien que la section TSL (Teinte, Saturation, Luminosité) s'apparente à la commande Image>Réglages>Teinte/Saturation de Photoshop, elle est bien plus proche du réglage de l'onglet TSL/Niveaux de gris de Camera Raw. Elle fonctionne aussi bien avec des fichiers RAW qu'avec des fichiers de type Bitmap (TIFF, JPEG, PNG et PSD). La section TSL comporte trois onglets dédiés aux composantes Teinte, Saturation et Luminosité, offrant en tout une correction sur huit gammes de teintes, compatibles avec l'outil « Réglage de la cible ».

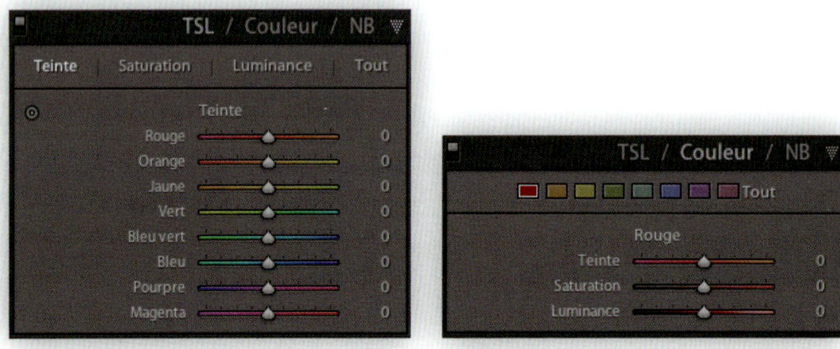

Le panneau « TSL/Couleur/NB » en modes Teinte/Saturation/Luminance et Couleur.

La section Couleur, quant à elle, offre une approche simplifiée des réglages très sophistiqués de la section TSL. Huit boutons (Rouge, Orange, Jaune, Vert, « Bleu vert », Bleu, Pourpre et Magenta) permettent de choisir la couleur à modifier. Trois curseurs distincts dédiés aux paramètres Teinte, Saturation et Luminance permettent ensuite un réglage très fin de chaque couleur.

Quand vous cliquez sur le bouton Tout, le panneau affiche l'ensemble des curseurs.

- Les curseurs Teinte des sections TSL et Couleur corrigent la teinte de chacune des huit gammes de couleurs de façon plus ou moins prononcée : par exemple, si vous déplacez le curseur Teinte du vert, vous pouvez augmenter la composante de cyan dans le vert (déplacement à droite) ou rendre le vert plus jaune (déplacement à gauche).
- Les curseurs Saturation modifient la saturation de la gamme de teintes sélectionnée : déplacez le curseur vers la droite pour amplifier la saturation ou vers la gauche pour désaturer la couleur. Pour transformer une image en noir et blanc, il suffit de déplacer l'ensemble des curseurs à gauche (à -100). Notez que les curseurs Saturation effectuent, tout comme la commande Vibrance du panneau « Réglages de base », une modification « adaptative » : afin de prévenir un écrêtage des teintes les plus saturées, plus une teinte sera saturée au départ, moins elle sera amplifiée.
- Les curseurs Luminance modifient la luminosité des couleurs de chaque gamme de teintes.

Les commandes du panneau TSL peuvent être modifiées « en direct » via l'outil « Réglage de la cible ». Cliquez sur l'un des onglets Teinte, Saturation ou Luminosité, puis sur l'icône de l'outil « Réglage de la cible » pour l'activer (ou sur Cmd/Ctrl + Alt + Maj + N). Survolez la partie de l'image à corriger, puis cliquez et déplacez votre souris verticalement. Attention, il n'est pas toujours évident de corriger plusieurs paramètres en même temps (Teinte, Saturation et Luminosité) avec cet outil : vérifiez toujours le paramètre à régler (sélectionnez-le dans la liste déroulante de la barre d'outils dans « Groupe Cible », ou cliquez sur l'un des boutons Teinte, Saturation ou Luminosité de l'onglet TSL), avant d'activer l'outil « Réglage de la cible ».

Des couleurs exotiques ?
Vous avez certainement déjà remarqué que certaines couleurs du panneau « TSL/Couleur/NB » sont peu communes : elles ne font partie ni des couleurs RVB, ni des couleurs CMJN. Mark Hamburg et Thomas Knoll ont en effet constaté que de nombreux photographes souhaitaient ajuster des couleurs qui ne font pas partie des modèles soustractifs et additifs (bleu-vert et pourpre, par exemple).

1. Si vous êtes portraitiste, vos photos bénéficient sans doute d'un calibrage personnalisé (via le panneau « Étalonnage de l'appareil photo », voir la page 251). Mais si vous photographiez plusieurs types de sujets sans modifier votre étalonnage, passez par le panneau TSL pour corriger des tons chair trop rougeâtres (comme ci-dessous).

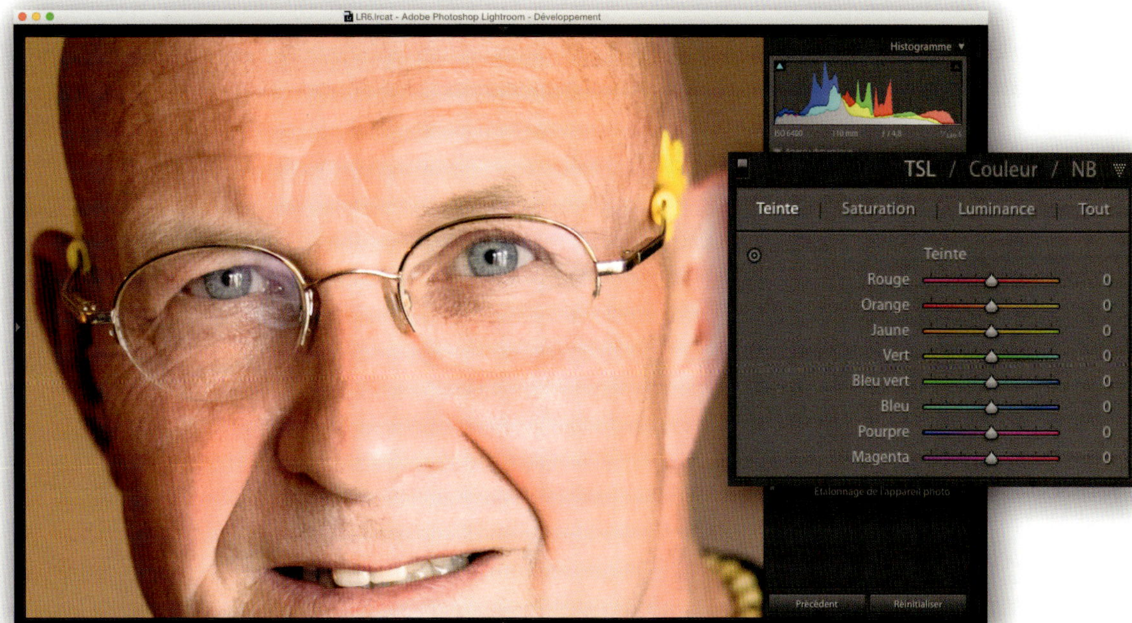

2. La correction est effectuée grâce à l'outil « Réglage de la cible » (activé depuis l'onglet Teinte) : il suffit de cliquer sur l'une des joues, puis de tirer la souris vers le haut pour diminuer la composante rouge tout en augmentant la composante jaune des teintes chair.

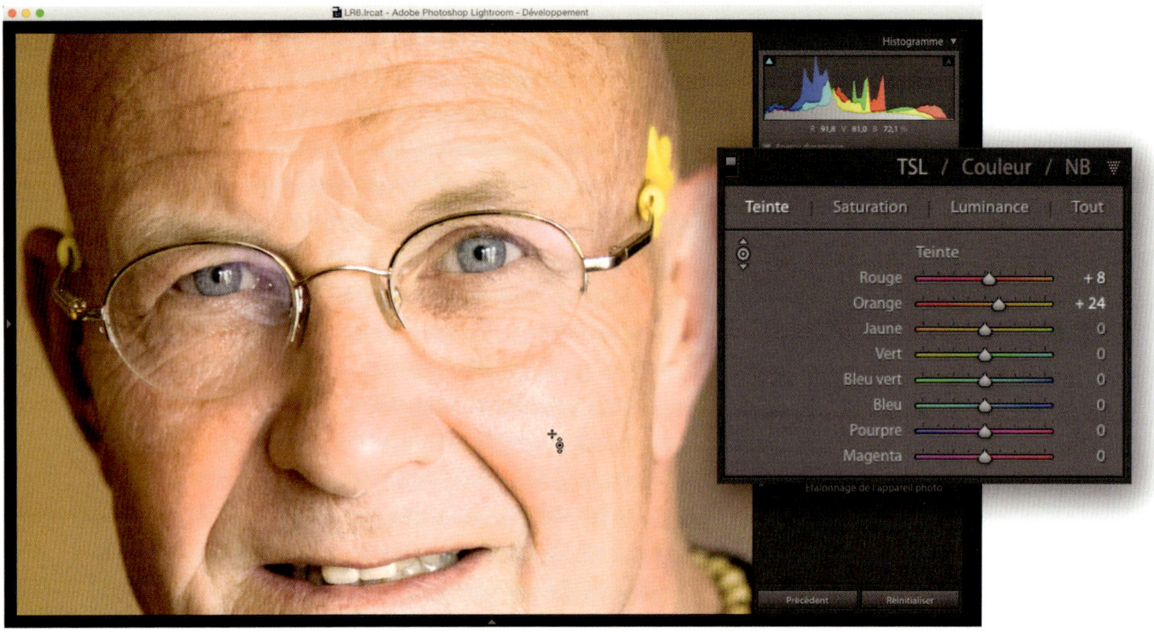

Enregistrer des paramètres prédéfinis
Afin de créer des réglages plus radicaux, il est souvent nécessaire de déplacer plusieurs curseurs à la fois. Pour simplifier le réglage des nombreux curseurs et pour créer des effets créatifs, il suffit d'enregistrer des paramètres prédéfinis avec des réglages identiques pour tous les curseurs (+30, +60, etc.) !

Raccourcis clavier pour l'outil « Réglage de la cible »
Les raccourcis suivants permettent un accès direct à l'outil « Réglage de la cible » :
- à partir de l'onglet Teinte : Cmd/Ctrl + Alt + Maj + H ;
- à partir de l'onglet Saturation : Cmd/Ctrl + Alt + Maj + S ;
- à partir de l'onglet Luminance : Cmd/Ctrl + Alt + Maj + L.

Quant au raccourci Cmd/Ctrl + Alt + Maj + N, il désactive l'outil « Réglage de la cible ».

Assombrir des couleurs de manière sélective

Les mouvements des curseurs de la commande TSL ont un impact bien moins prononcé sur la teinte que les réglages équivalents de la commande Teinte/Saturation dans Photoshop. Dans Lightroom, vous êtes limité à des variations de +/-30. Pour reprendre l'exemple précédent, s'il est possible de rendre des teintes chair plus rouges ou plus jaunes, vous ne pourrez pas les faire tirer vers le vert – ce qui est pourtant possible dans Photoshop. Votre « créativité » est donc restreinte, mais vous pouvez tout de même transformer le bleu d'un ciel en pourpre ou dérégler la « Balance des blancs »... Les réglages de la saturation, quant à eux, correspondent plus ou moins à ceux de Photoshop (malgré les différences déjà mentionnées).

En revanche, les curseurs Luminance de Lightroom se démarquent fortement des outils de Photoshop, et c'est une bonne nouvelle. Le réglage de la luminosité dans la boîte de dialogue Teinte/Saturation de Photoshop est en effet très délicat : lorsque vous déplacez le curseur Luminosité vers la droite, les couleurs subissent une perte de saturation et il est difficile de trouver un réglage satisfaisant pour les deux paramètres Luminosité et Saturation. Les curseurs de Lightroom répondent mieux aux besoins des photographes, car une modification du paramètre Luminance n'a aucun effet sur les paramètres Teinte et Saturation. L'exemple suivant montre comment modifier la luminosité d'une gamme de teintes précise.

1. J'ai souhaité ajouter un effet de filtre polarisant à la photo ci-dessous et assombrir le ciel bleu sans pour autant perturber l'équilibre tonal des autres couleurs. Dans Photoshop, il serait difficile de trouver les bons réglages de luminosité et de saturation.

2. Dans Lightroom, il suffit d'activer l'outil « Réglage de la cible » à partir de l'onglet Luminance, puis de diminuer la luminance du ciel. Cette manipulation modifie seulement le réglage du curseur Bleu (-72) et augmente le contraste entre le ciel et les nuages.

S'il est possible d'appliquer des teintes étranges à un ciel bleu, les ajustements de teinte sont tout de même assez limités dans Lightroom. Pour créer des effets plus prononcés, déplacez plusieurs curseurs à la fois. À titre personnel, j'ai créé plusieurs paramètres prédéfinis qui s'appuient sur un déplacement identique de l'ensemble des curseurs du panneau Teinte (+30, +60, etc.), permettant de créer d'intéressants effets colorés.

Voici le résultat d'un déplacement simultané des huit curseurs du panneau Teinte (-90).

Utiliser les commandes TSL pour réduire l'écrêtage couleur

Votre appareil est capable de saisir une plage de couleurs que de nombreux écrans ou tirages papier auraient du mal à reproduire. Mais le fait que ces couleurs ne s'affichent pas dans Lightroom ne signifie pas pour autant qu'elles ne puissent pas être exploitées.

L'exemple suivant montre une image d'une des nombreuses arches rocheuses naturelles du Parc national des Arches aux États-Unis. Prise à la lumière chaude du coucher de soleil, elle ne révèle que peu de nuances dans les rochers, mais cela est surtout dû au faible gamut de l'écran, incapable de restituer toute la richesse des teintes. Tout dépend de votre écran et de sa capacité à reproduire les couleurs les plus saturées. Tandis que de nombreux photographes travaillent encore avec des écrans de type bureautique, tout juste capables d'afficher le gamut de l'espace couleur sRVB, je possède un écran de meilleure qualité, permettant d'afficher 98 % des couleurs de l'espace Adobe RVB. Un écran de meilleure qualité vous permet ainsi d'afficher davantage de couleurs, rendant leur évaluation plus aisée. En revanche, il reste encore à vérifier si l'image ainsi corrigée pourrait être imprimée correctement : utilisez pour cela la fonction d'épreuvage de Lightroom qui permet la simulation à l'écran plutôt fidèle des couleurs d'un tirage imprimé.

Les curseurs du panneau Luminance ont été ici utilisés pour réduire l'écrêtage des teintes rouges, orange et jaunes.

Le panneau « Corrections de l'objectif »

Grâce à l'outil Upright, qui remédie automatiquement aux défauts de perspective, le panneau « Corrections de l'objectif » corrige la majorité des défauts optiques et de perspective. Il comporte quatre volets : Basique, Profil, Couleur et Manuel.

Corriger automatiquement les défauts optiques

L'option « Activer le profil de correction », située dans la partie supérieure du volet Basique, permet d'appliquer un profil de correction optique qui corrige automatiquement la distorsion et le vignetage. Cela fonctionne avec toutes les images, quels que soient les formats de fichiers, pour peu qu'il existe un profil dans la base des données du logiciel qui corresponde à l'objectif utilisé.

Si Lightroom offre déjà de nombreux profils, élaborés en partie avec l'aide de plusieurs fabricants d'objectifs, vous pouvez utiliser un profil personnalisé si votre objectif ne figure pas encore parmi ceux proposés. Mais très souvent, il vous suffira de valider l'option « Activer les corrections de profil » pour bénéficier de ces corrections. Le menu « Profil d'objectif » du volet Profil choisit ainsi automatiquement le profil approprié et affiche le fabricant et le modèle de l'objectif, ainsi que le profil sélectionné dans trois menus déroulants. Si ces informations ne correspondent pas aux caractéristiques de votre objectif, vous pouvez toujours les rectifier en sélectionnant un autre profil parmi ceux affichés via les menus Marque, Modèle et Profil.

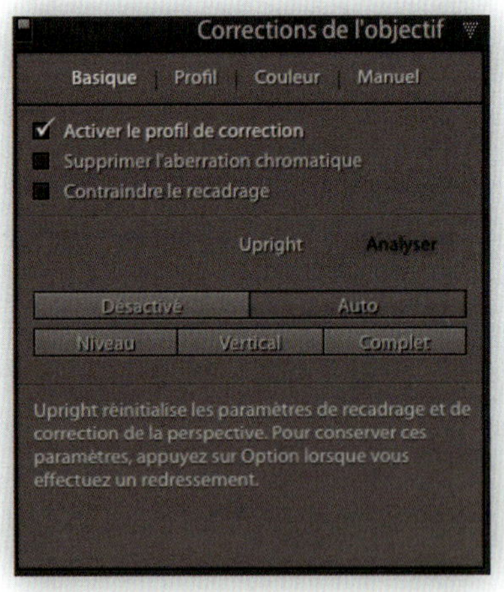

Le volet Basique du panneau « Corrections de l'objectif » applique ici une correction automatique de la distorsion et du vignetage. Il est conseillé de cocher les options « Activer le profil de correction » et « Supprimer l'aberration chromatique » avant de passer dans le menu Upright pour corriger les défauts de perspective.

Les appareils reflex numériques utilisent différents formats de capteur. On distingue notamment les capteurs plein format (dont la surface utile correspond à celle des appareils à film au format 24 × 36 mm) des capteurs APS-C (dont les dimensions sont inférieures). Les profils de correction mis à disposition par Adobe et ses partenaires ont été créés en utilisant des appareils plein format. Un tel profil sera donc toujours valide pour l'ensemble des formats APS-C, les corrections requises pouvant être aisément interpolées à partir de ces informations.

Il est préférable d'utiliser des profils calculés à partir de fichiers RAW pour une correction du vignetage. En fait, pour davantage de précision, la mesure du vignetage et le calcul de la correction requise doivent tenir compte des données brutes au lieu des données préalablement converties au format JPEG ou TIFF, ces dernières ayant déjà subi l'application d'une courbe de compensation de gamma.

Les corrections automatiques se chargent de corriger deux défauts différents : la distorsion et le vignetage. Les curseurs du menu Valeur vous permettent d'affiner les corrections automatiques. À titre d'exemple, les curseurs vous permettent de corriger les aberrations et le vignetage d'un objectif Fish-eye, sans pour autant corriger sa distorsion si caractéristique : pour cela, il suffit de déplacer le curseur Distorsion à gauche, à sa valeur minimale. En revanche, il ne sera que rarement nécessaire de « surcorriger » les réglages par défaut. Toutefois, sachez que vous pouvez les accentuer en déplaçant les curseurs à gauche.

Par défaut, Lightroom examine les métadonnées EXIF de l'image pour choisir automatiquement le profil approprié (option Défaut). L'option Personnalisé ne s'affiche donc dans le menu Configuration que si vous avez modifié les réglages du menu Valeur ou sélectionné un profil différent de celui qui est préconisé par le logiciel. L'option « Enregistrer les nouveaux profils d'objectifs par défaut » vous permettra de modifier un profil existant, de l'enregistrer et de l'appliquer à la place du profil par défaut. Quant à l'option « Réinitialiser les profils d'objectifs par défaut », elle permet de repositionner les curseurs du menu Valeur sur leurs paramètres par défaut.

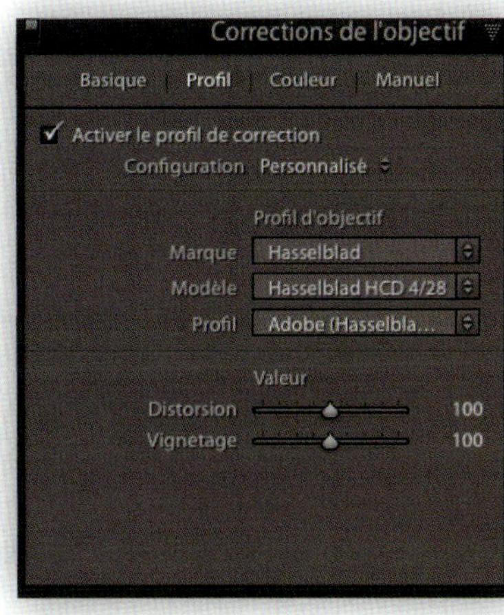

Le volet Profil du panneau « Corrections de l'objectif » corrige ici les aberrations optiques d'un objectif Hasselblad HCD 28 mm f/4.

Trouver et créer des profils personnalisés

Si Lightroom ne propose pas de profil adapté à votre objectif, vous pouvez créer un profil personnalisé à l'aide de l'utilitaire Lens Profile Creator, gratuitement mis à disposition sur le site Adobe Labs (http://labs.adobe.com) et accompagné d'instructions détaillant toute la procédure, des prises de vue d'une mire spécifique jusqu'à la création du profil. Si la caractérisation de vos objectifs et la réalisation de vos propres profils de correction vous semblent trop compliquées, vous pouvez télécharger des profils proposés par d'autres utilisateurs de Lightroom et/ou Camera Raw (privilégiez toujours ceux qui ont été générés à partir de fichiers bruts, les seuls à garantir une mesure et ainsi une correction précise du vignetage) : dans la boîte de dialogue du filtre « Corrections de l'objectif » de Photoshop CS5, CS6 et CC, vous trouverez une fonction permettant de rechercher et de télécharger automatiquement d'autres profils pour vos objectifs.

Malheureusement, Lightroom ne propose pas (encore) une telle fonction de partage de profils. Ainsi, avant de pouvoir utiliser des profils personnalisés ou téléchargés sur un site tiers, il vous faudra connaître le dossier d'enregistrement : sur Mac, il se trouve dans le dossier Bibliothèque\Application Support\Adobe\Camera Profiles\ Lens Correction\1.0, et sous Windows dans le dossier Program Data\Adobe\CameraRaw\LensProfiles\1.0 (Windows 7 et 8).

Une fois le nouveau profil enregistré, redémarrez Lightroom pour qu'il s'affiche parmi les profils du menu « Profil d'objectif ».

Utiliser des profils de correction optique

Voici les étapes nécessaires à la correction de la distorsion optique d'un objectif Fish-eye.

1. Pour cette image, j'ai utilisé un objectif Fish-eye d'une focale de 15 mm, d'où la déformation très importante des lignes droites.

2. Pour corriger cette déformation, j'ai simplement activé l'option « Activer le profil de correction » du volet Profil. J'aurais pu ajuster les curseurs Distorsion et Vignetage du menu Valeur, mais j'ai conservé les valeurs par défaut.

Étape 1

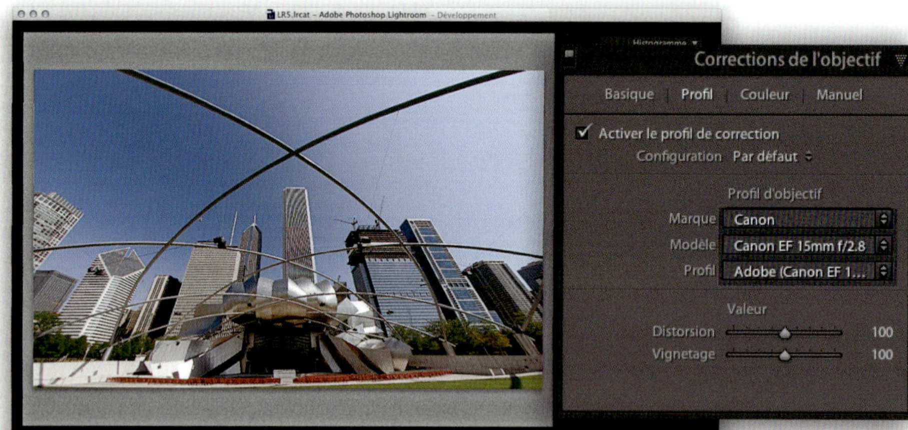

Étape 2

3. Afin de corriger la déformation de perspective provoquée par la contre-plongée, j'ai cliqué dans le volet Basique sur le bouton Complet du menu Upright. J'ai déplacé le curseur Vertical du volet Manuel pour conserver un léger défaut de contre-plongée, puis les curseurs Échelle et Aspect du même volet pour déformer l'image horizontalement et pour en révéler une plus grande partie. En sélectionnant l'option « Contraindre le recadrage », l'image est automatiquement recadrée.

4. Finalement, j'ai ouvert l'image dans Photoshop pour remplir l'espace « perdu » en bas de l'image à l'aide de la fonction « Contenu pris en compte ».

Étape 3

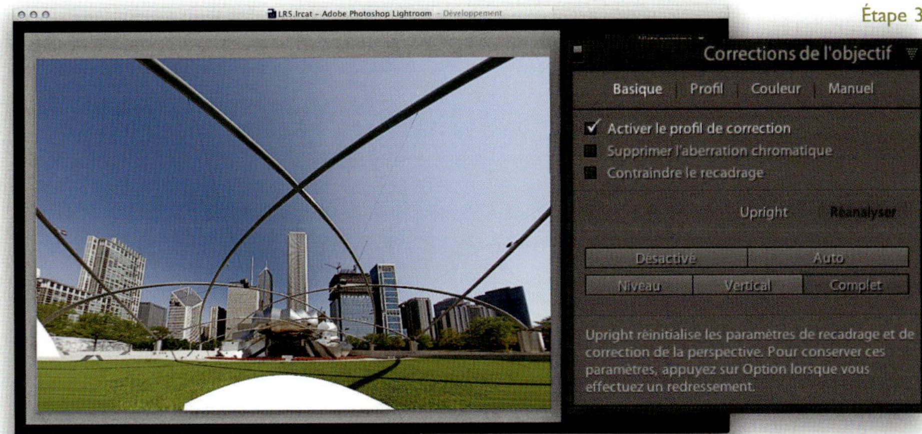

Étape 4

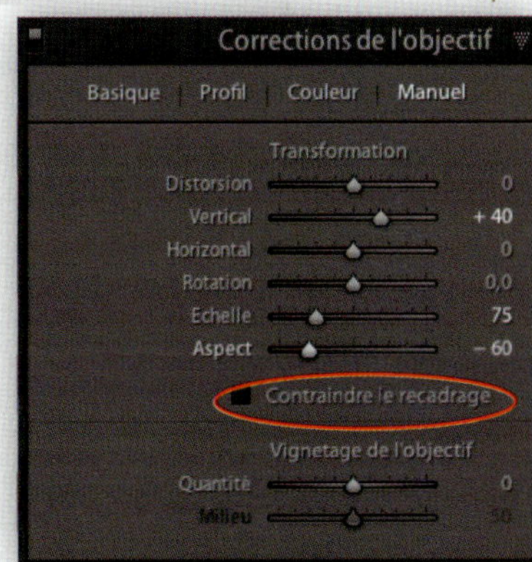

Gérer les corrections optiques embarquées

Certains appareils numériques, par exemple les modèles Panasonic DMC-LX3 et Sony RX100, sont à même d'enregistrer des données de correction optique parmi les données brutes. Depuis la version 2.5, Lightroom peut tirer parti de ces données (baptisées « opcodes » dans la spécification DNG 1.3) pour corriger les aberrations optiques telles que la distorsion, le vignetage et l'aberration chromatique. Pour certains fabricants d'appareils photo, la prise en charge de ces données de correction optique était si importante que leur coopération pour la prise en charge des formats RAW était soumise à la condition d'intégrer également les données en question au sein de Camera Raw et de Lightroom.

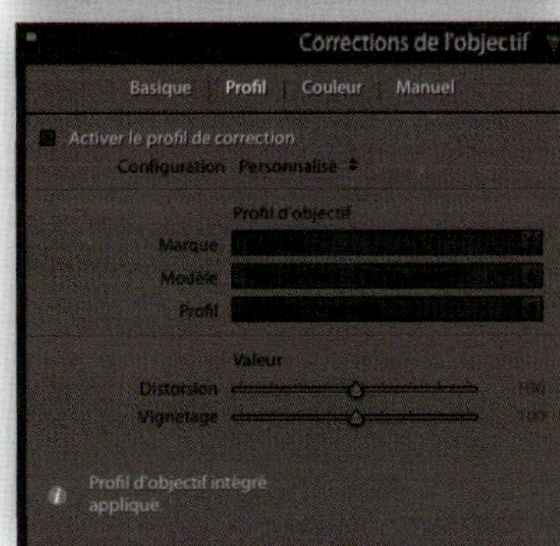

Si l'appareil a incrusté des données de correction optique parmi les données du fichier brut, Lightroom affiche un message vous avertissant de l'application automatique d'un profil de correction optique. Un clic sur l'icône « i » ouvre une boîte de dialogue vous informant plus en détail des corrections appliquées.

Corriger les aberrations chromatiques latérales

Les capteurs des reflex numériques et des dos numériques moyen format les plus récents sont capables d'enregistrer davantage de détails que les films argentiques. Le moindre défaut devient donc gênant.

La fonction « Supprimer l'aberration chromatique », présente dans les volets Basique et Couleur, corrige automatiquement l'aberration chromatique latérale. Celle-ci est provoquée par l'incapacité d'une optique à focaliser tous les rayons de lumière (et donc toutes les couleurs) sur un même plan focal. Il est ainsi courant de voir des franges colorées sur les contours d'une image, surtout avec des objectifs grands-angles à leur pleine ouverture et dans la périphérie du champ d'image. La fonction « Supprimer l'aberration chromatique » élimine une grande partie du défaut en rétrécissant ou en grossissant légèrement une des trois couches RVB par rapport aux deux autres. Notez qu'elle est même disponible si vous ne possédez pas un profil de correction approprié.

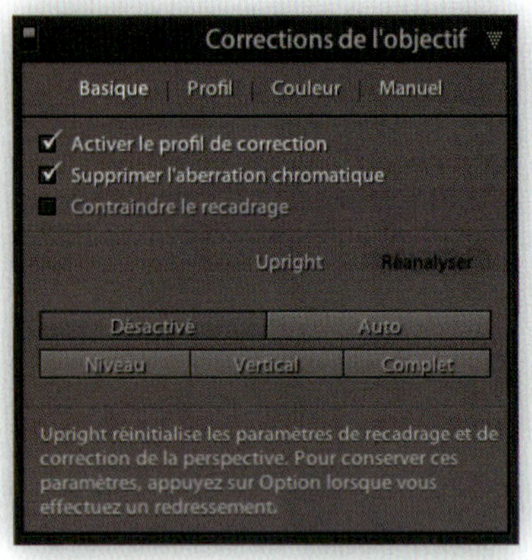

La correction de l'aberration chromatique latérale peut être appliquée en passant par les volets Basique et Couleur (ici dans le volet Basique).

Comme pour l'ajustement des paramètres du panneau Détail, je vous conseille d'afficher votre image à au moins 100 % pour pouvoir juger de l'efficacité de vos corrections.

1. Sur cette photo prise avec un objectif zoom grand-angulaire, les aberrations chromatiques se manifestent sur les contours des montants métalliques.

2. J'ai éliminé ce défaut en activant la fonction « Supprimer l'aberration chromatique », dans le volet Couleur.

Étape 1

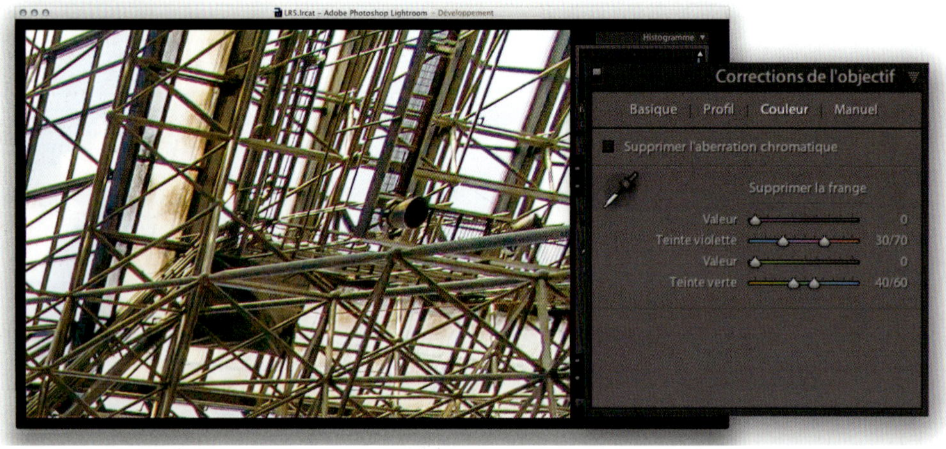

Étape 2

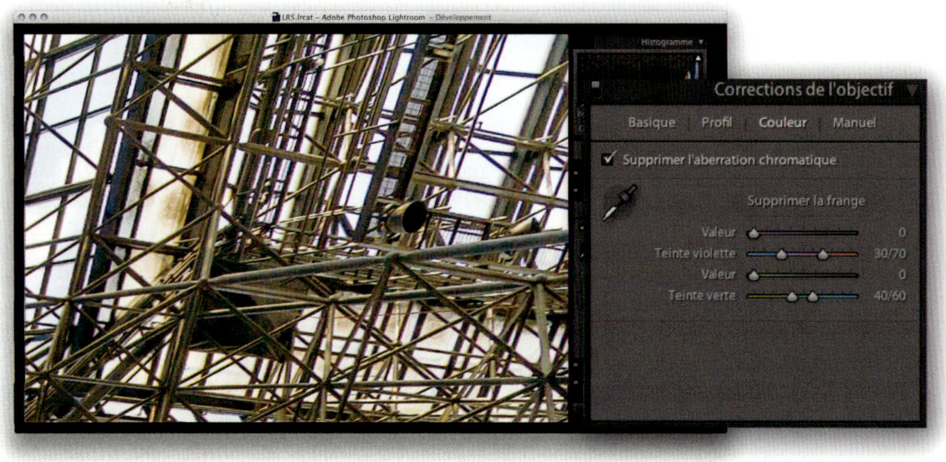

Corriger l'aberration chromatique longitudinale

Les commandes de la section « Supprimer la frange » du volet Couleur permettent d'atténuer des franges colorées – notamment les aberrations chromatiques longitudinales et les franges pourpres, visibles le plus souvent dans les parties surexposées et/ou écrêtées d'une image. Contrairement à l'aberration chromatique latérale, l'aberration chromatique longitudinale peut apparaître dans toute l'image. Elle affecte surtout des objectifs lumineux aux grandes ouvertures et se manifeste alors par des franges pourpres ou magenta lorsque la lumière est focalisée avant le plan focal et des franges vertes lorsqu'elle est focalisée derrière le plan focal. Parfois même, des franges pourpres paraissent lorsque la lumière est focalisée au plan focal, notamment le long des contours à haut contraste, ou en contre-jour lorsqu'elles sont provoquées par des lumières parasites (flare).

La section « Supprimer la frange » comporte quatre curseurs. Parmi les deux curseurs destinés à réduire les franges pourpres, le curseur Valeur offre une plage de réglage entre 0 et 20. Il sert à déterminer le volume de suppression des franges pourpres. Le curseur « Teinte violette » sert ensuite à affiner la plage de couleurs affectées par la correction.

En fait, une correction plus importante des franges pourpres à l'aide du curseur Valeur entraîne parfois une suppression des teintes pourpres et violettes dans l'image et les curseurs de la commande « Teinte violette » aident alors à pondérer cet effet indésirable en ajustant la gamme des couleurs ciblées par la suppression des franges. Pour cela, faites glisser les curseurs l'un après l'autre ou cliquez sur la barre centrale, puis faites la glisser afin d'aligner la sélection de teintes avec une partie différente du spectre de couleurs. Pour réinitialiser les commandes, double-cliquez simplement sur chacun des curseurs ou sur la barre centrale. La distance minimale entre les deux curseurs correspond à 10 unités.

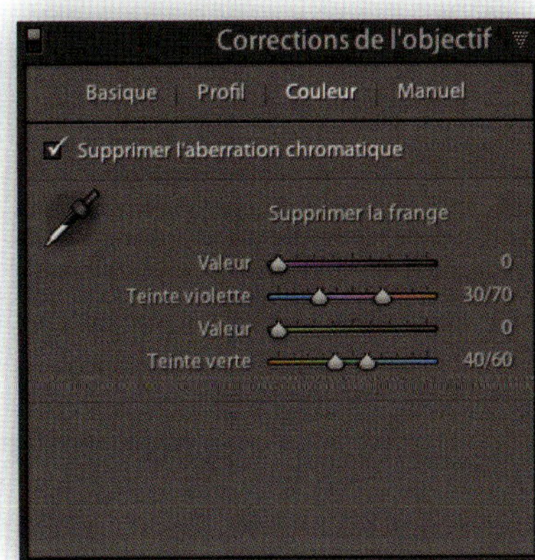

Le volet Couleur et les commandes de la section « Supprimer la frange ».

Le curseur « Teinte verte » et le curseur Valeur qui lui est associé fonctionnent exactement de la même façon que les curseurs dédiés à la suppression des franges pourpres, mais ils contrôlent les franges vertes. Toutefois, la plage de correction du curseur est plus étroite, car elle ne comporte que des valeurs entre 40 et 60 (au lieu de 30 et 70) afin de protéger des teintes vertes et jaunes telles que celles du feuillage.

La suppression des franges dans la pratique

Je vous conseille de toujours commencer par la correction des tonalités et des couleurs de l'image. Cochez ensuite l'option « Activer le profil de correction » pour corriger la distorsion géométrique et le vignetage. Une fois que ces mesures ont été prises, allez au volet Couleur du panneau « Corrections de l'objectif » et activez l'option « Supprimer l'aberration chromatique ». Déplacez ensuite les curseurs de la commande « Supprimer la frange » pour éliminer les franges résiduelles.

Si jamais la correction globale des franges nuit à certaines teintes de l'image, baissez le taux de correction des curseurs Volume, puis appliquez une correction locale à l'aide du curseur « Supprimer la frange » de l'outil « Pinceau de retouche », réglé sur une valeur positive. Là encore, assurez-vous d'avoir appliqué la correction automatique de la distorsion et la correction automatique ou manuelle du vignetage. Comme pour l'ajustement des paramètres du panneau Détail, affichez votre image à au moins 100 % pour pouvoir juger de l'efficacité de vos corrections.

La touche Alt vous aide à visualiser l'effet des curseurs : pressez-la tout en déplaçant un des curseurs Valeur du menu « Supprimer la frange » pour afficher les franges colorées sur un fond blanc et vérifier l'efficacité des corrections. En utilisant la touche Alt conjointement avec l'un des curseurs Teinte, la plage des couleurs à corriger s'affiche en noir sur un fond blanc et seules les franges colorées conservent leur teinte violette ou verte.

Voici les étapes nécessaires à la correction globale des franges colorées.

1. J'ai ajusté la tonalité et les couleurs de l'image, puis j'ai activé la correction automatique des défauts optiques à partir du volet Profil ou Basique du panneau « Corrections de l'objectif » (voir capture ci-dessous).

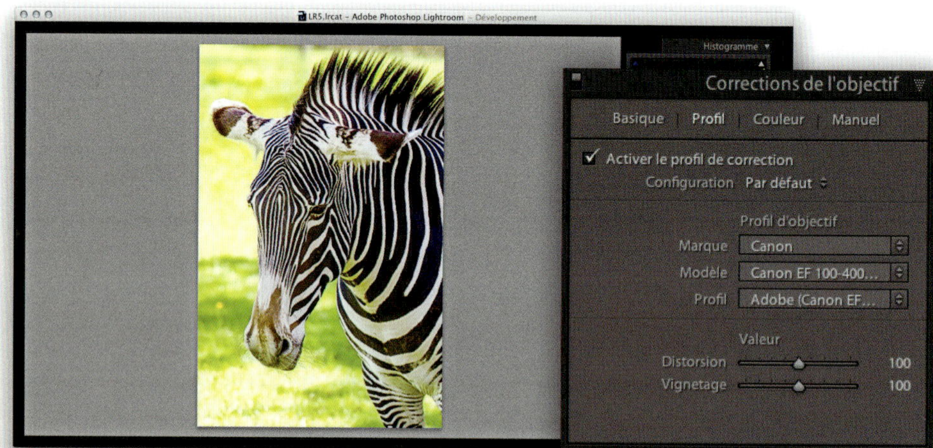

2. J'ai cliqué sur le volet Couleur pour corriger automatiquement l'aberration chromatique latérale (option « Supprimer l'aberration chromatique »), puis j'ai appuyé sur la touche Alt tout en déplaçant le curseur Valeur (associé au curseur « Teinte violette ») pour afficher la position et l'ampleur des franges violettes sur un fond noir.

3. Tout en maintenant la pression sur la touche Alt, j'ai ajusté le curseur Valeur de manière à faire disparaître les franges pourpres. Pour davantage de précision, j'ai affiché l'aperçu à 100 %.

4. J'ai réinitialisé le curseur Valeur avant d'effectuer une correction automatique des franges pourpres. Pour cela, j'ai sélectionné la pipette de l'outil « Sélecteur de couleurs », puis j'ai parcouru l'image afin de localiser une frange de couleur pourpre.

Étape 2

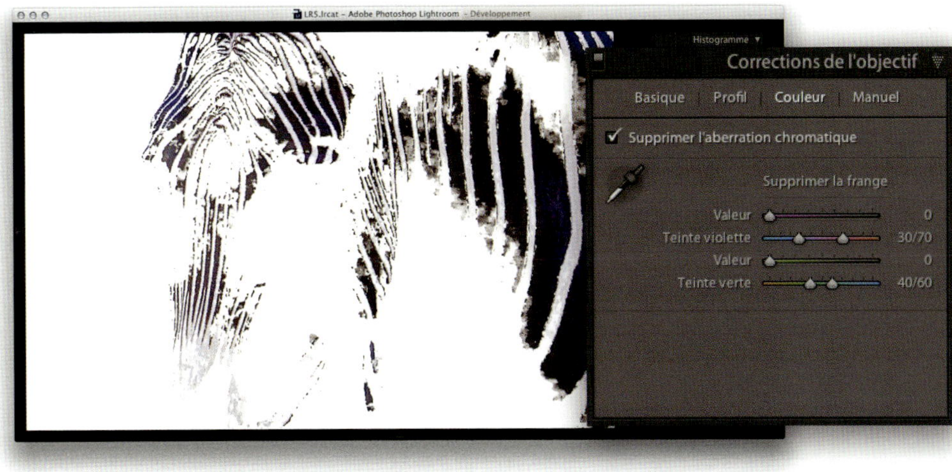

Étape 3

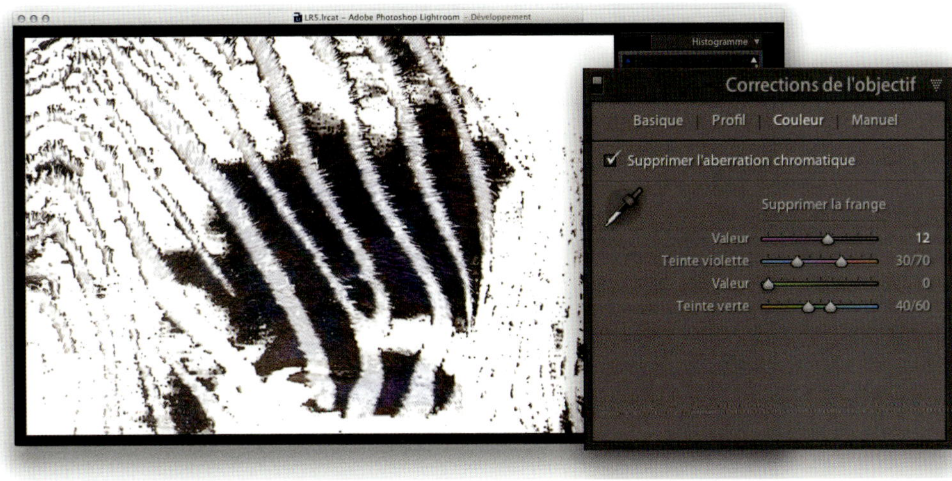

Étape 4

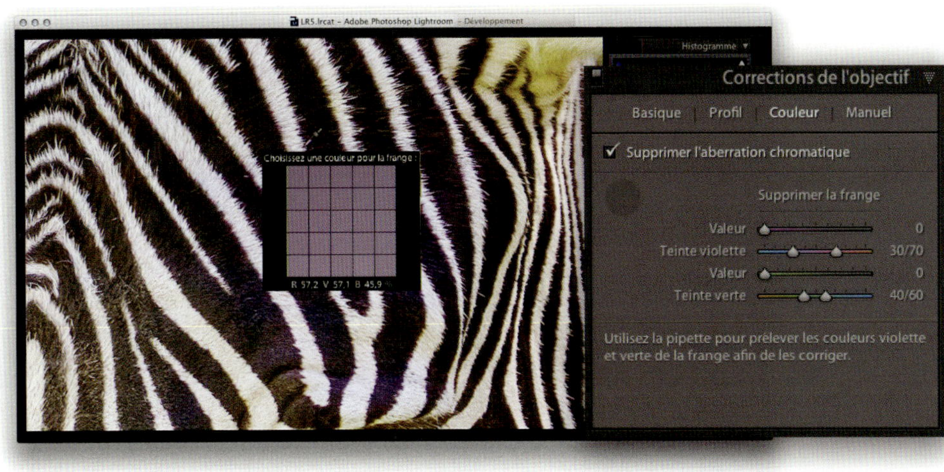

5. Voici l'image une fois que j'ai cliqué sur la frange : l'outil « Sélecteur de couleurs » a automatiquement calculé des valeurs appropriées pour les curseurs Valeur et « Teinte violette ».

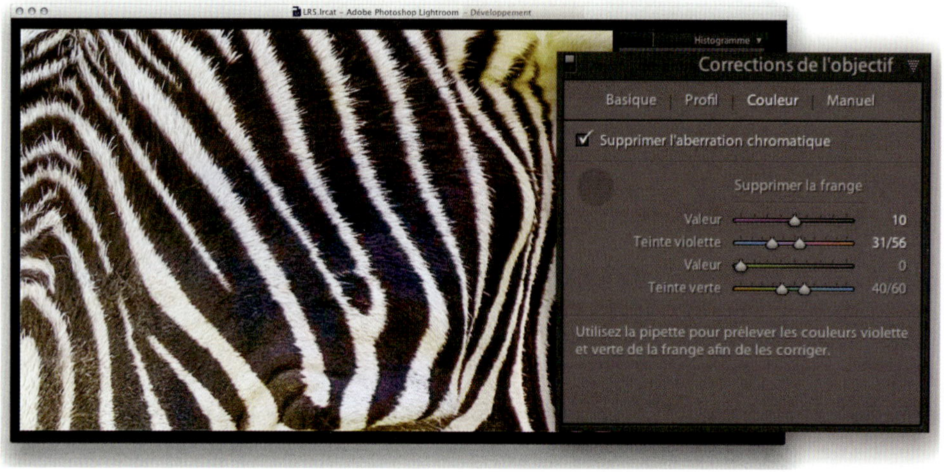

6. Pour finir, j'ai utilisé la touche Alt pour repérer des franges vertes, puis la pipette de l'outil « Sélecteur de couleurs » pour effectuer un ajustement automatique du jeu de curseurs Valeur et « Teinte verte ».

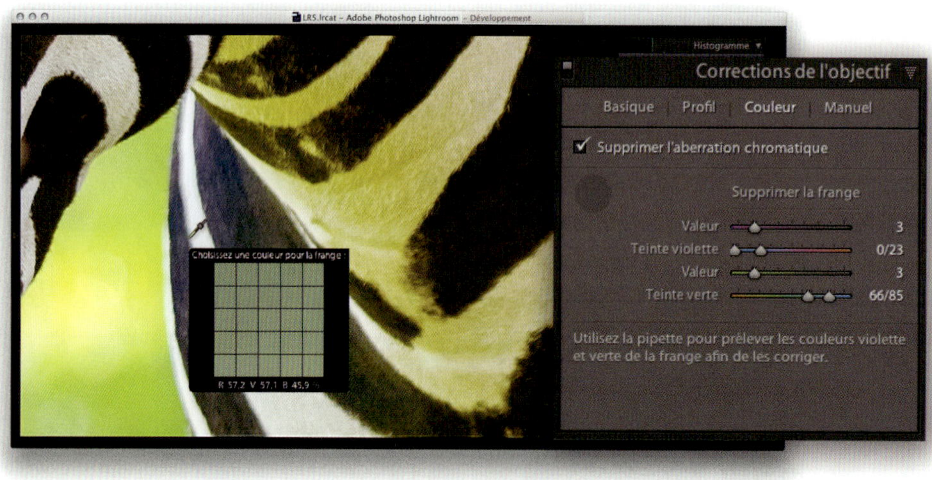

L'outil « Sélecteur de couleurs »

Vous pouvez activer l'outil « Sélecteur de couleurs » pour définir la teinte ciblée par la correction des franges. Pour cela, cliquez avec la pipette sur la frange colorée pour que l'outil « Supprimer la frange » analyse les pixels échantillonnés et calcule automatiquement les valeurs appropriées pour les curseurs Valeur et Teinte. Pour améliorer la précision de l'échantillonnage, n'hésitez pas à afficher votre image à 200 % ou 400 %.

Si la couleur échantillonnée est trop neutre ou lorsqu'elle ne correspond pas aux couleurs vert et pourpre des franges, l'outil vous en avertit : la pipette se remplit de gris et un message vous invite à prélever un nouvel échantillon de couleur dès que vous cliquez sur une couleur inappropriée. Si la pipette détecte une teinte verte ou pourpre, la pipette se remplit de vert ou de pourpre – il suffit de cliquer pour ajuster automatiquement les curseurs Valeur et Teinte.

Faites glisser le curseur de l'outil « Sélecteur de couleurs » sur l'image pour trouver un échantillon de couleur approprié : s'il est trop neutre, la pipette se remplit de gris, sinon elle adopte la couleur de la frange (pourpre ou vert).

Appliquer une correction locale des franges

Les curseurs de correction globale parviennent le plus souvent à éliminer les franges disgracieuses. Toutefois, pour certaines images, les corrections globales s'avèrent insuffisantes et pour d'autres, elles introduisent des artéfacts. Il faut donc parfois recourir à des corrections locales, appliquées à l'aide des outils « Pinceau de retouche » ou « Filtre gradué ».

Remarque
Gardez à l'esprit que le curseur de correction locale ne bénéficie ni de la puissance ni de l'efficacité des commandes de correction globale du panneau « Corrections de l'objectif ». Commencez donc toujours par une correction globale des franges pourpres, puis affinez le résultat à l'aide du curseur « Supprimer la frange ». Enfin, sachez qu'il n'est pas nécessaire de créer de multiples masques de réglage pour amplifier l'effet de correction.

À la différence des corrections globales qui suppriment uniquement des franges de couleur pourpre ou verte, les corrections locales éliminent des franges de toutes les couleurs. Elles agissent donc de manière complètement indépendante, sans qu'il soit nécessaire de passer au préalable par des corrections globales. Si ces dernières s'appliquent aux images indistinctement du processus, les corrections locales sont réservées au tout dernier Processus 2012.

Réglé par défaut sur 0, le réglage du curseur « Supprimer la frange » peut atteindre une valeur comprise entre -100 et +100. Tandis qu'une valeur positive sert à accentuer un réglage global, une valeur négative permet d'atténuer voire annuler l'effet dans certaines parties de l'image. En utilisant la valeur minimale (-100) pour le curseur « Supprimer la frange », vous pouvez ainsi peindre sur certaines parties de l'image et restaurer les couleurs à proximité des franges pourpres, désaturées suite à une correction globale trop zélée.

1. Voici une image qui souffre de franges colorées, provoquées par l'aberration chromatique longitudinale.

2. Après avoir sélectionné le Processus 2012, j'ai activé l'outil « Pinceau de retouche » (raccourci K), réglé le curseur « Supprimer la frange » sur sa valeur maximale (+100), puis peint sur l'image pour réduire les franges. J'ai réussi à les supprimer tout en appliquant la correction uniquement dans les parties les plus affectées par le défaut. Le curseur Moiré, réglé sur la valeur +50, m'a permis d'atténuer davantage les franges.

L'outil Upright

Le panneau « Corrections de l'objectif » permet de corriger automatiquement certains défauts de perspective. Pour cela, Lightroom examine d'abord l'image pour trouver des lignes horizontales ou verticales et calcule ensuite les corrections nécessaires à leur redressement. Le logiciel vous propose de choisir parmi différentes méthodes de correction qui ont été établies en analysant de nombreuses images :

- l'option Auto redresse l'horizon ainsi que les lignes horizontales et verticales tout en privilégiant un recadrage modéré de l'image. Si elle masque automatiquement les parties hors cadre, celles-ci restent partiellement visibles lors d'une correction très importante ;
- l'option Niveau procède uniquement à un redressement de l'image – il s'agit donc d'un outil de redressement automatique ;
- l'option Vertical corrige également un effet de plongée ou de contre-plongée en redressant les lignes verticales ;
- l'option Complet effectue une correction entière de l'horizon et des lignes horizontales et verticales, au prix d'un recadrage plus important.

Le bouton Désactivé annule les réglages automatiques de l'outil Upright tout en conservant l'analyse préliminaire de l'image. En appuyant sur le bouton Réanalyser, l'outil supprime ces données d'analyse pour permettre le calcul d'un nouveau jeu de paramètres de correction.

Quand vous optez pour une des commandes du menu Upright (hormis la commande Désactivé), Lightroom réinitialise à la fois le recadrage et les curseurs du menu Transformation dans le volet Manuel. Notez que cette réinitialisation a uniquement lieu lorsque l'image se prête à une correction automatique des défauts de perspective. Dans le cas contraire, c'est-à-dire en l'absence de lignes verticales ou horizontales dans l'image, l'outil Upright affiche le message « Aucune correction Upright trouvée » au bas du volet Basique.

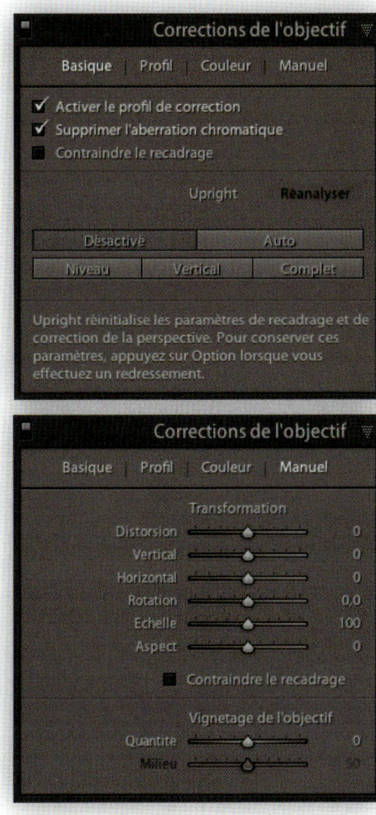

Les volets Basique et Manuel du panneau « Corrections de l'objectif ». Le volet Basique permet d'appliquer des corrections automatiques et le volet Manuel des corrections manuelles des défauts de perspective.

Rappelons que les algorithmes de calcul de l'outil Upright ne se résument pas aux réglages des curseurs Vertical, Horizontal et Rotation du volet Manuel sur leurs valeurs les plus appropriées. Bien au contraire, il s'agit de corrections plutôt sophistiquées qui tiennent compte de l'angle de vision et du centre de projection de l'objectif utilisé. Une correction de perspective peut influer sur une autre : pensez aux réglages d'une rotule photo pour prendre la mesure de leur complexité.

De manière générale, au moins une des quatre méthodes de correction de l'outil Upright parvient à redresser les perspectives. Cependant, la correction proposée paraît parfois trop parfaite. Il est donc souvent utile de la compenser à l'aide des curseurs du volet Manuel. Ainsi, pour réintroduire une convergence discrète des lignes verticales, déplacez le curseur Vertical à une valeur autour de +10. Il est également possible de créer un paramètre prédéfini qui associe une correction automatique des défauts de perspective à un ajustement manuel du curseur Vertical.

Des corrections importantes engendrent irrémédiablement des déformations de l'image et ainsi des parties « vides » (voir l'exemple qui suit). Le cas échéant, l'option « Contraindre le recadrage » recadre l'image automatiquement tout en supprimant les parties déformées. Pour davantage de contrôle, il est également possible de recadrer l'image manuellement à l'aide de l'outil « Recadrer et redresser ». Le curseur Échelle du volet Manuel sert à réduire ou à augmenter les dimensions de l'image suite à une correction des perspectives. Quant au curseur Aspect, il permet de remédier à un étirement vertical ou horizontal de l'image.

Contrairement à celles des autres outils du module Développement, les commandes de l'outil Upright doivent être appliquées dans un ordre bien précis pour obtenir une qualité d'image optimale.

1. Veillez à les utiliser en amont du recadrage et de la correction manuelle des défauts de perspective pour ne pas produire des décalages intempestifs.
2. De même, corrigez les défauts optiques avant de passer à la correction des défauts de perspective pour faciliter la détection des lignes horizontales et verticales.

3. Enfin, gardez à l'esprit que les corrections de l'outil Upright s'appuient sur le repositionnement des pixels de l'image. Pour ne pas déplacer les corrections au pinceau ou au filtre gradué préalablement appliquées, appliquez ces dernières après avoir effectué une correction automatique des défauts optiques et de perspective.

Pour synchroniser les paramètres de l'outil Upright, la boîte de dialogue « Synchroniser les paramètres » permet de choisir parmi les options suivantes :

- l'option « Mode Upright » applique uniquement la méthode de correction choisie pour l'image de référence. Avec cette option, chaque image est corrigée de manière individuelle (notamment en mode Auto) ;
- l'option « Transformations Upright » applique à la fois la méthode de correction et les paramètres de correction aux images sélectionnées. Sélectionnez-la pour corriger une série d'images en vue d'un traitement commun, tel que l'assemblage d'une image panoramique ou celui d'une image à plage dynamique étendue (HDR) à partir d'une série d'images.

1. Pour corriger les défauts de perspective de cette image, j'ai commencé par activer les options « Activer le profil de correction » et « Supprimer l'aberration chromatique » du volet Basique.

2. Dans la section Upright, j'ai cliqué sur le bouton Auto pour laisser l'outil homonyme examiner le contenu de l'image et choisir la correction la plus appropriée pour redresser l'horizon et les lignes horizontales et verticales de l'image. La correction automatique a transformé l'image de manière à supprimer une partie du bas et à introduire des zones blanches sur les bords gauche et droit de l'image.

3. J'ai cliqué sur le bouton Complet pour appliquer une correction plus prononcée des défauts de perspective. L'option Complet produit une image qui correspond peu ou prou à celle obtenue avec l'option Auto : là encore, elle révèle des parties vides, remplies de blanc.

Étape 2

Étape 3

4. En cliquant sur le bouton Niveau, j'ai uniquement redressé la ligne d'horizon sans corriger l'effet de contreplongée.

5. L'option Vertical m'a permis de redresser les lignes verticales. Les corrections opérées par les quatre méthodes diffèrent d'une image à une autre et bien qu'elles puissent paraître similaires, elles produisent des résultats différents. Ici, je préfère celui obtenu à l'aide de l'option Auto.

6. En déplaçant le curseur Vertical (+12) du volet Manuel, j'ai fait en sorte que les verticales convergent un peu, favorisant une perspective plus naturelle. J'ai également ajusté le curseur Aspect (-30) pour augmenter le rapport largeur/hauteur de l'image et compenser un léger écrasement de perspective horizontale. Le passage de la souris sur les curseurs du volet Manuel entraîne la superposition d'une grille à l'aperçu.

7. Pour finir, j'ai sélectionné l'option « Contraindre le recadrage » du volet Manuel afin de recadrer l'image et supprimer les parties superflues. Notez que cette option est également accessible depuis le volet Basique.

Raccourcis clavier

Sur Mac et sous Windows, la combinaison des touches Ctrl + Tab permet de choisir tour à tour les différents modes de l'outil Upright. En appuyant simultanément sur la touche Alt (uniquement sur Mac), vous pouvez conserver le cadrage initialement sélectionné.

Corriger des défauts de perspective

Le volet Manuel du panneau « Corrections de l'objectif » comporte des commandes pour corriger des défauts de distorsion (indépendamment du curseur Distorsion du volet Profil) et de perspective.

- Le curseur Vertical sert à redresser des déformations de perspective caractéristiques de certaines images prises en plongée et en contre-plongée.
- Le curseur Horizontal corrige un défaut d'alignement entre le plan focal et le sujet photographié.
- Le curseur Rotation permet d'ajuster l'orientation des corrections de perspective : bien que vous puissiez l'utiliser à la place de l'outil « Recadrer et redresser », ce dernier est souvent plus adapté pour redresser une image. Cela dit, pour l'exemple suivant, j'ai utilisé une combinaison des deux commandes pour obtenir la correction la plus précise.
- Quant au curseur Échelle, il permet d'augmenter ou de réduire l'aperçu afin d'afficher les bords d'une image corrigée (affichés en gris) et pour faciliter le recadrage des zones déformées.
- Le curseur Aspect permet d'intervenir sur le ratio largeur/hauteur de l'image. Il s'avère particulièrement utile pour restaurer des proportions plus naturelles suite à un déplacement des curseurs Vertical et/ou Horizontal du volet Manuel ou une application de la fonction Upright.

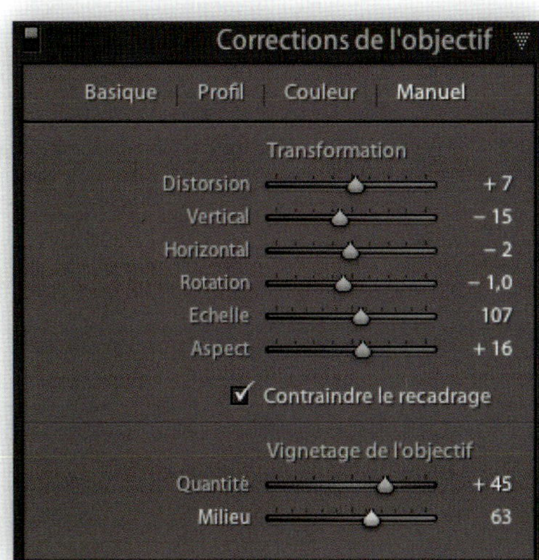

Le volet Manuel du panneau « Corrections de l'objectif ».

Corriger le vignetage

Le vignetage optique est très courant avec les objectifs grands-angles, et particulièrement gênant lorsque votre sujet comporte de grandes plages uniformes. Si vous photographiez un paysage avec un vaste ciel ou un pan de mur, par exemple, vous observerez sans doute un assombrissement des bords dès lors que l'image aura été prise à grande ouverture.

Les curseurs dédiés au vignetage peuvent être employés pour corriger l'assombrissement des bords d'un sujet éclairé de manière non uniforme, par exemple par un seul projecteur ou par un flash électronique.

Le paramètre Quantité de la section « Vignetage de l'objectif », du volet Manuel, détermine la puissance de correction, tandis que le curseur Milieu détermine la largeur de la zone de correction.

1. Le vignetage se manifeste surtout lorsque vous photographiez un sujet comportant une vaste zone uniforme en termes de couleur ou de tonalité. Il se traduira par une augmentation de la densité dans les coins.

2. Pour corriger ce vignetage, j'ai désactivé la correction automatique au profit de la correction manuelle : j'ai appliqué une valeur positive pour la puissance (curseur Quantité à +65), puis j'ai déplacé le curseur Milieu à gauche (30). L'effet de vignetage produit est inversement proportionnel au vignetage optique, ce qui éclaircit les bords. La correction est également plus prononcée que la correction automatique du vignetage.

Si les curseurs du menu « Vignetage de l'objectif » visent avant tout à corriger les coins sombres de l'image, ils peuvent à l'inverse être utilisés pour les provoquer ; en effet, il m'arrive parfois d'obscurcir ou d'éclaircir les coins d'une image afin de la « fermer ». Le panneau Effets comporte une section, appelée « Après recadrage » : en tenant compte des proportions d'une image recadrée, les curseurs Gain et Milieu permettent d'obtenir des résultats équivalents à ceux des curseurs Quantité et Milieu du menu « Vignetage de l'objectif », tandis que le curseur « Contour progressif » permet de modifier la douceur des contours de la vignette, et le curseur Arrondi de rendre la vignette plus ou moins circulaire.

Le panneau Effets

Le panneau Effets regroupe les outils de la section « Après recadrage » de l'ancien panneau Vignetage ainsi que des outils permettant de simuler la texture granuleuse des images argentiques.

Ajouter un effet de vignetage

Les curseurs du menu « Vignetage après recadrage » s'apparentent aux curseurs du menu « Vignetage de l'objectif », du panneau « Corrections de l'objectif ». S'ils visent avant tout à corriger le vignetage tout en tenant compte des proportions d'une image recadrée, ils peuvent être utilisés de la même manière que les curseurs du menu « Vignetage de l'objectif » pour « fermer » une image. Les curseurs Gain et Milieu permettent d'obtenir des résultats équivalents à ceux des curseurs homonymes dans le panneau « Corrections de l'objectif », tandis que le curseur « Contour progressif » permet de modifier la douceur des contours de la vignette, et le curseur Arrondi de rendre la vignette plus ou moins circulaire.

Utilisé à sa valeur minimale (0), le curseur Arrondi permet d'adapter la vignette aux proportions de l'image recadrée. À la valeur maximale (+100), la vignette adopte une forme circulaire. Le curseur « Contour progressif » permet, lui, de créer à sa valeur minimale (0) des bords francs entre la vignette et le pourtour de l'image.

Lightroom désactive l'aperçu des corrections du menu « Vignetage après recadrage » lorsque vous modifiez le cadrage via l'outil « Cadre de recadrage ». Les curseurs du menu « Vignetage après recadrage » sont également opérationnels pour traiter des images non recadrées et ils peuvent être combinés avec d'autres outils, notamment avec les curseurs du panneau « Corrections de l'objectif ». Parmi les images ci-dessous, auxquelles j'ai appliqué différents réglages de la section « Vignetage après recadrage », la quatrième a subi une correction négative du vignetage dans le panneau « Corrections de l'objectif », puis une autre correction, positive, en mode « Incrustation de peinture », dans le panneau Effets.

Différents réglages du menu « Vignetage après recadrage » appliqués à la même image.

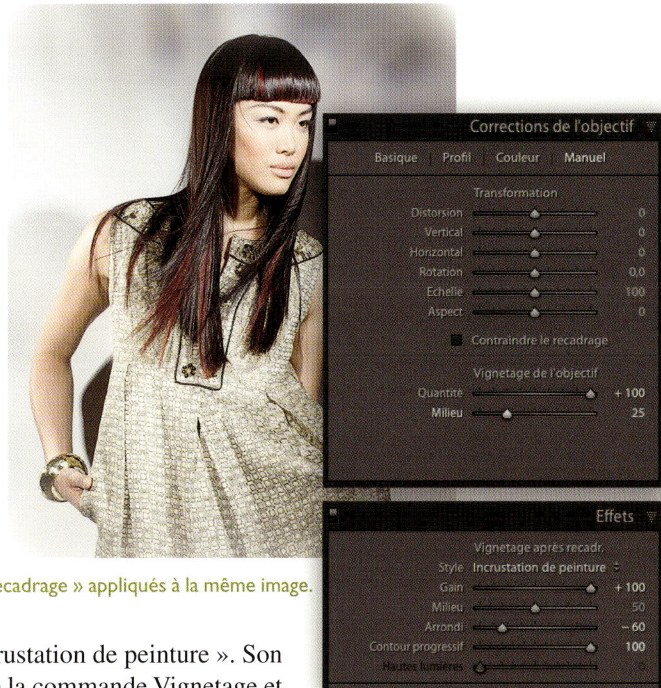

(Suite) Différents réglages du menu « Vignetage après recadrage » appliqués à la même image.

Lightroom 2 ne proposait que le mode « Incrustation de peinture ». Son mode de fonctionnement différait de celui de la commande Vignetage et le rendu des images traitées n'était pas toujours des plus réussis : très souvent, il superposait une sorte de voile brumeux aux images. Heureusement, Lightroom propose depuis la version 3 deux modes supplémentaires permettant de produire des résultats plus naturels et identiques à ceux des curseurs du panneau « Corrections de l'objectif ». Tandis que de nombreux utilisateurs préféraient ces derniers pour obtenir des effets créatifs (les curseurs du menu « Après recadrage » étaient alors souvent considérés comme grossiers), vous pouvez depuis dédier les curseurs du panneau « Corrections de l'objectif » à la seule correction des défauts optiques et ceux du panneau Effets aux applications plus créatives.

Image sur laquelle j'ai appliqué un effet de vignetage visant à éclaircir les bords. Les modes de fusion « Priorité de la couleur » (à gauche) et « Priorité des Hautes lumières » (à droite) ne donnent pas le même résultat.

Si vous utilisez le mode de fusion « Incrustation de peinture », l'effet de vignetage s'apparente à un simple masque gris dont la densité varie selon le taux de vignetage (du blanc au noir).

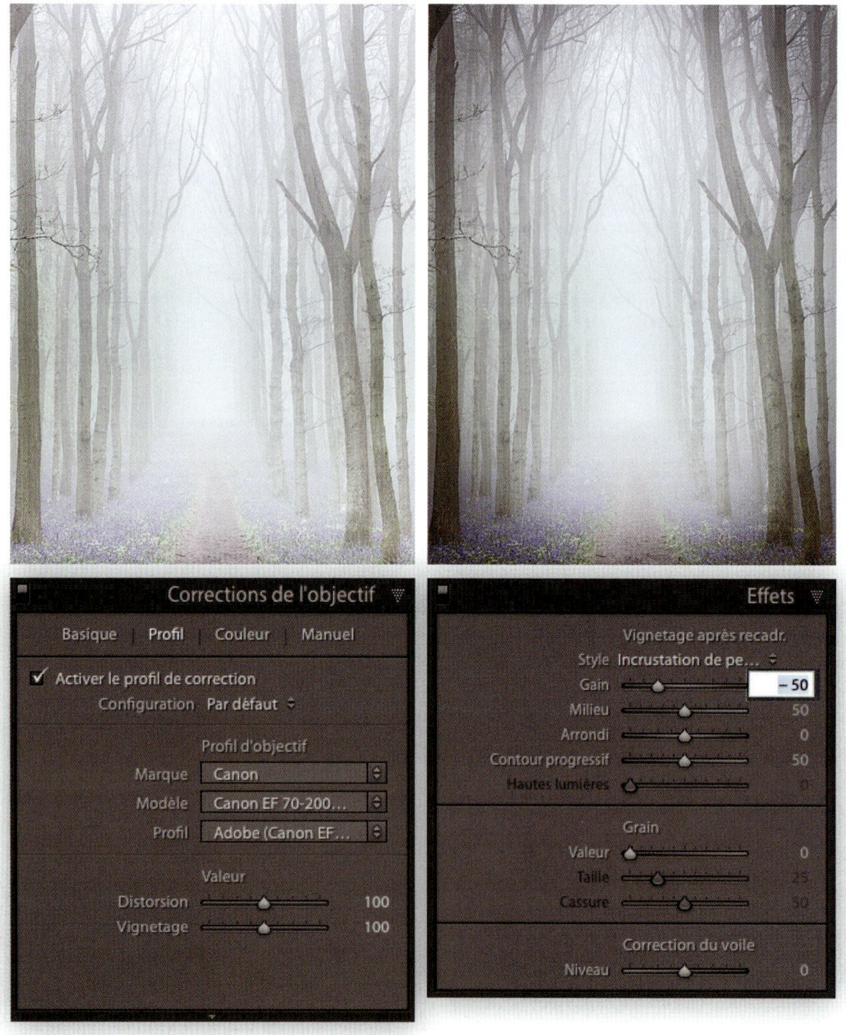

J'ai commencé à corriger le vignetage de cette image prise avec un objectif super grand-angle, grâce aux curseurs Quantité et Milieu du panneau « Corrections de l'objectif ». Puis j'ai procédé à un recadrage en éliminant le bord inférieur, et j'ai appliqué un effet de vignetage en mode « Incrustation de peinture ».

Les modes « Priorité de la couleur » et « Priorité des Hautes lumières » procurent des effets bien plus harmonieux, puisque l'éclaircissement ou l'assombrissement des bords est lié à une correction de l'exposition.

Le mode « Priorité de la couleur » est celui qui agit souvent de la manière la plus subtile : la correction est appliquée suite aux réglages d'exposition du panneau « Réglages de base », mais avant l'application d'une courbe de tonalités. Si ce mode préserve au mieux les couleurs dans les parties assombries, il ne parvient pas à récupérer du détail dans les hautes lumières.

Le mode « Priorité des Hautes lumières » permet d'obtenir des effets plus prononcés ; il applique l'effet de vignette avant même la correction de l'exposition, permettant de récupérer des nuances dans les parties surexposées, mais il tend à altérer les couleurs dans les tons foncés.

Le curseur « Hautes lumières » permet de jouer sur le rendu des hautes lumières, mais il ne s'active qu'en utilisant des valeurs positives pour le curseur Gain. Il permet d'augmenter le contraste dans les parties modifiées, mais uniquement lorsque votre image comporte des hautes lumières claires. Dans l'exemple suivant, le curseur « Hautes lumières » m'a permis d'éclaircir les nuages sur les bords de l'image afin qu'ils retrouvent leurs tonalités initiales. Bien qu'il soit assez difficile de détecter des différences de rendu, le curseur « Hautes lumières » est plus efficace lorsqu'il est employé en mode « Priorité de la couleur ».

Voici une image à laquelle j'ai appliqué trois effets différents de vignette en modes « Priorité de la couleur » (au milieu et à droite) et « Priorité des Hautes lumières » (à gauche). Pour l'exemple de droite, j'ai déplacé le curseur « Hautes lumières » à sa valeur maximale (100).

Ajouter du grain

Les curseurs du menu peuvent être utilisés pour doter vos images numériques d'une texture qui n'est pas sans rappeler celle, granuleuse, du film argentique. À titre personnel, je suis assez dubitatif quant à l'intérêt d'une telle fonction – l'absence de grain n'est-il pas une des raisons pour laquelle de nombreux photographes aiment la photographie numérique ?

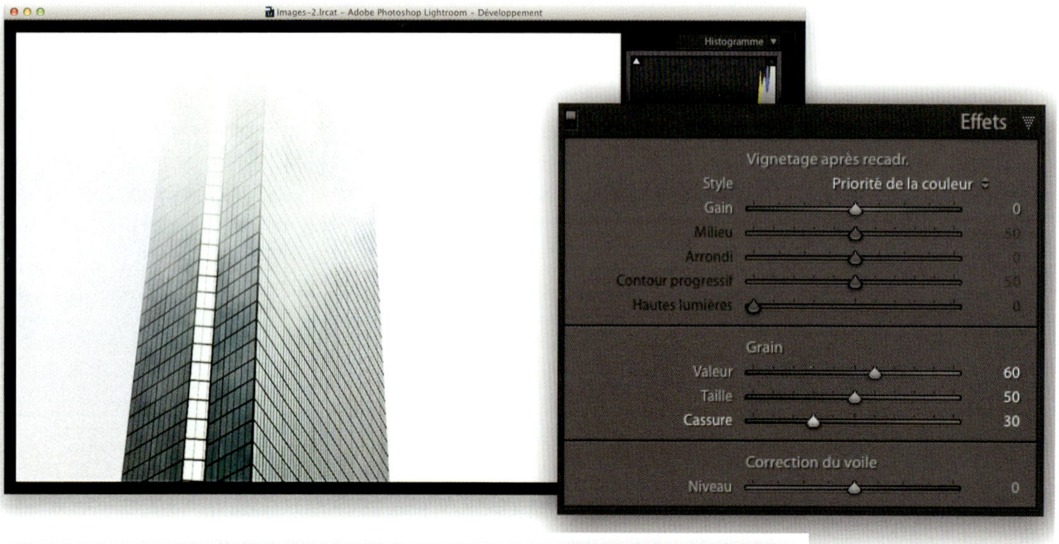

J'ai ajouté du grain à cette image – cependant, la texture granuleuse se distingue uniquement lorsque l'image est affichée à 100 %.

Certes, si votre image comporte des artéfacts très gênants, notamment du bruit de basse fréquence, les curseurs du menu Grain vous permettront d'ajouter un peu de bruit et de maquiller ces défauts sur un grand tirage. Toutefois, ces réglages doivent être assez musclés pour que l'effet de grain se distingue : trop souvent, l'effet sera dilué par l'interpolation de l'image entre l'écran et le tirage. De même, n'espérez pas retrouver cette belle texture sur une image affichée dans une galerie web – là encore, l'incontournable rééchantillonnage de l'image réduira tous vos efforts à néant...

Le panneau « Étalonnage de l'appareil photo »

Les réglages du panneau « Étalonnage de l'appareil photo » vous offrent un contrôle sur la qualité des fichiers convertis, via le choix du profil d'appareil et du processus. Il est également possible de choisir un profil personnalisé (voir plus loin comment les créer).

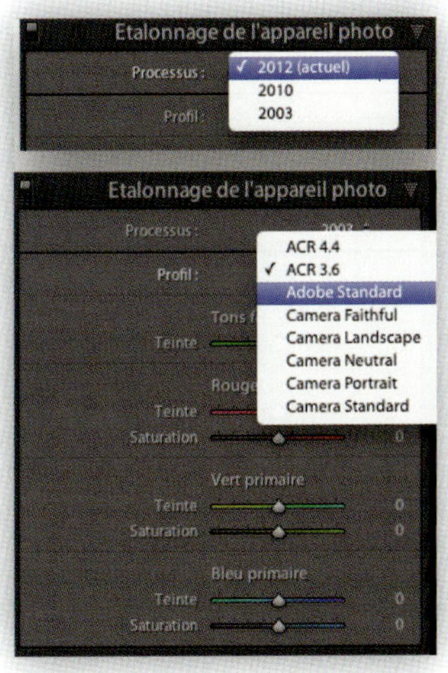

Le panneau « Étalonnage de l'appareil photo ».

(NdT) Lightroom CC et la suppression du voile atmosphérique

Depuis la version 2015.1, le panneau Effets de Lightroom CC offre un menu supplémentaire, « Correction du voile ». Celui-ci comporte un curseur Niveau dont la mission principale est de corriger le voile atmosphérique, phénomène qui réduit à la fois le contraste et la saturation des couleurs des photos prises à l'extérieur. Le curseur Niveau augmente à la fois le contraste local et global ainsi que la saturation des couleurs en s'appuyant sur des algorithmes qui tiennent compte de la distribution des tonalités dans l'image, l'arrière-plan étant rehaussé plus fortement que le premier plan. La fonction « Correction du voile » est plutôt efficace, sous condition d'éviter des réglages trop musclés. De même, il est conseillé de la faire intervenir une fois les réglages de base appliqués, et notamment après la balance des blancs puisqu'elle influe fortement sur l'équilibre et la saturation des couleurs. En optant pour des valeurs négatives, il est possible de renforcer le voile atmosphérique pour créer une ambiance onirique. Malheureusement, la correction du voile n'est pas disponible dans la version à licence perpétuelle de Lightroom. Cependant, les utilisateurs de celle-ci peuvent bénéficier des réglages de cet outil sans en avoir accès aux commandes. Pour cela, il suffit de télécharger, puis installer un jeu de paramètres prédéfinis. Vous trouverez des instructions plus détaillées sur le site questionsphoto.com.

La qualité de dématriçage de Lightroom et Camera Raw est le fruit de plusieurs années de travail, durant lesquelles ont été analysées les couleurs de plusieurs centaines de boîtiers. Il existe deux profils par appareil photo, destinés à définir sa capacité à restituer les couleurs : l'un pour la lumière du jour et l'autre pour la lumière tungstène. Grâce à eux, il a été possible d'extrapoler le rendu des couleurs pour toutes les sources d'éclairage situées entre ces deux extrêmes.

Camera Raw et Lightroom sont ainsi actuellement compatibles avec plus de 400 appareils photo numériques différents et pour de nombreux appareils, il existe de nouveaux profils améliorés. Pour des images corrigées avec une ancienne version de Camera Raw ou Lightroom, vous pouvez ainsi choisir des profils plus ou moins anciens ; pour de nouvelles images, il n'y a pas à hésiter : sélectionnez simplement le profil le plus récent (Adobe Standard) qui est de bien meilleure qualité que les profils plus anciens (dont le nom reflète la version de Camera Raw qui était en vigueur lors de leur création). Nous l'avons déjà évoqué : les anciens profils sont uniquement conservés pour vous permettre de développer vos anciens fichiers.

La différence des couleurs entre les aperçus incorporés et les aperçus générés dans Lightroom a perturbé de nombreux utilisateurs des premières versions du logiciel. S'agissant de copies de taille réduite, les couleurs des aperçus incorporés correspondent à celles des fichiers JPEG issues de l'appareil et à celles de l'afficheur LCD sur le dos de l'appareil ; il n'était donc pas étonnant que les photographes en question préfèrent les couleurs sur leur écran à celles de Lightroom, bien qu'il ne s'agisse dans les deux cas que de deux interprétations d'une même vérité.

Bien heureusement, Lightroom propose plusieurs profils permettant de choisir entre le rendu par défaut de l'appareil (le profil Camera Standard) et celui de Lightroom (le profil Adobe Standard). D'autres profils au suffixe « Camera », plus typés, permettent de simuler les Styles d'image d'un appareil Canon (Paysage, Neutre, Portrait, etc.) et les options du menu optimisation d'image des appareils Nikon (Mode 1, Mode 2, etc.). Gardez à l'esprit qu'il n'existe pas de méthode absolue pour développer une image, les profils en question représentent juste une base de travail : vous pouvez toujours modifier les tonalités et les couleurs d'une image à l'aide des outils du module Développement. Cependant, si vous souhaitez reproduire l'un des rendus proposés par votre boîtier, sachez que le menu Profil est à même de vous satisfaire.

Ici, j'ai appliqué six profils différents à la même image. Les profils Adobe Standard (en haut, à droite) et Camera Standard (en bas, à droite) sont les plus courants : le premier est le plus fidèle et le second reproduit au mieux les couleurs d'un fichier JPEG converti dans l'appareil.

Créer un profil personnalisé à l'aide de DNG Profile Editor

La qualité des profils couleur dans Lightroom est tributaire des mesures obtenues et elle reflète ainsi la qualité des boîtiers analysés. Par ailleurs, d'un exemplaire à un autre du même modèle de boîtier, il existe des dispersions dans la restitution des couleurs. Afin d'améliorer la qualité des profils et pour créer les profils Adobe Standard, le spécialiste couleur Eric Chan s'est servi d'un petit logiciel, DNG Profile Editor, à la fois pour évaluer la qualité des profils existants et pour en créer de nouveaux. L'utilitaire est par ailleurs proposé gratuitement sur le site Adobe Labs (http://labs.adobe.com) dans une version bêta publique. Il est possible d'accomplir un certain nombre d'opérations avec ce logiciel, qui se révèle particulièrement utile pour produire des profils personnalisés.

Voici les étapes nécessaires pour créer un profil qui tienne compte de la restitution des couleurs de votre appareil.

1. Effectuez une prise de vue d'une mire X-Rite ColorChecker (proposée en plusieurs tailles, toutes sont utilisables). Placez la mire devant un fond aux couleurs sombres et neutres et éclairez-la de manière homogène des deux côtés. Il est très utile de prendre plusieurs vues en mode Bracketing (+/-2/3 IL) afin de pouvoir choisir l'image la mieux exposée. (Une image mal exposée ne pourra pas être utilisée pour créer un profil, elle sera refusée par le logiciel.) Une fois l'image transférée sur l'ordinateur et importée dans Lightroom, sélectionnez le profil Adobe Standard (utilisez la commande Cmd/Ctrl + S pour enregistrer les métadonnées dans le fichier), puis exportez l'image au format DNG.

2. Démarrez DNG Profile Editor et sélectionnez ensuite la commande File>Open DNG Image, afin de choisir le fichier DNG converti. Cliquez sur Open pour l'ouvrir, l'utilitaire affiche alors deux fenêtres : une pour l'image de la mire et une autre pour les commandes du logiciel.

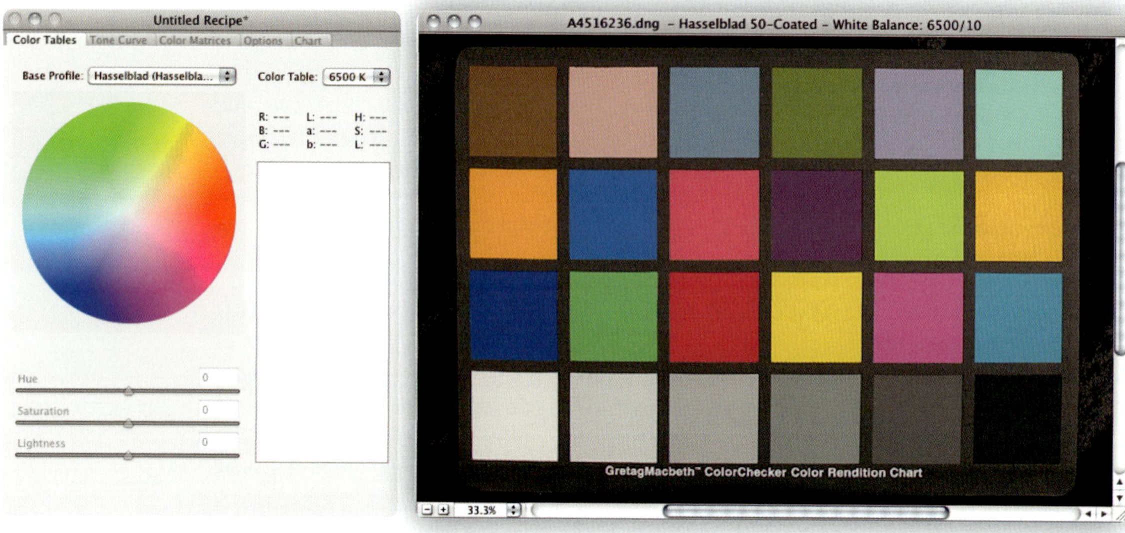

3. Cliquez sur l'onglet Chart, puis déplacez les quatre cercles sur les plages de couleurs situées sur les quatre coins de la mire. Si vous n'analysez qu'une seule image, sélectionnez l'option « Both color tables » afin de créer un seul profil couleur pour les deux illuminants, 6 500 K (« Lumière du jour ») et 2 850 K (« Lumière Tungstène »). Cliquez ensuite sur « Create Color Table ».

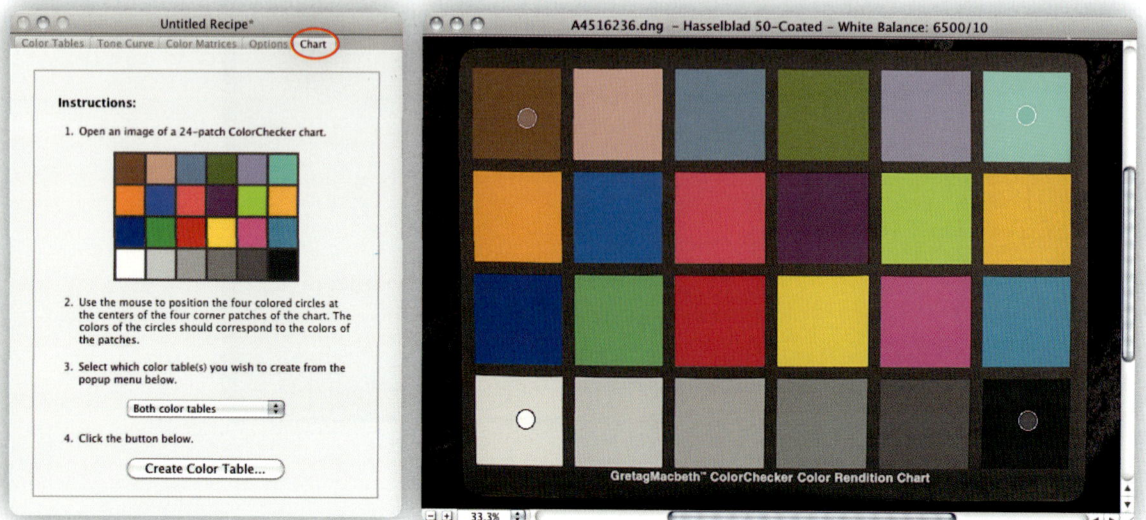

4. La création du profil est très rapide (à peine une seconde). Une fois le profil établi, sélectionnez la commande File>Export Profile (Ctrl/Cmd + E), pour nommer et pour enregistrer le nouveau profil.

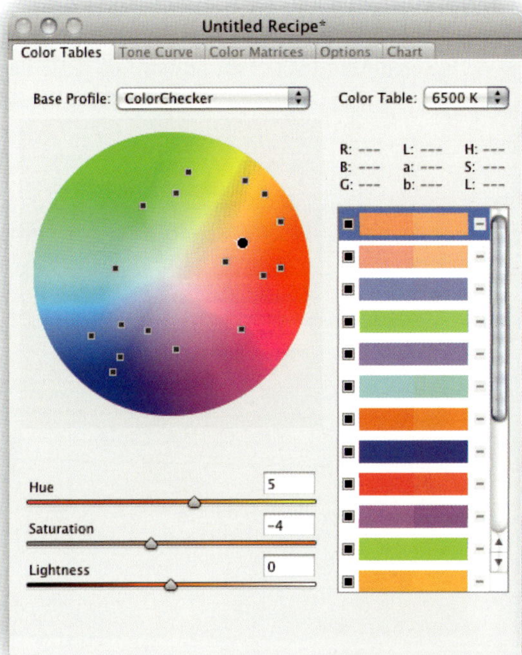

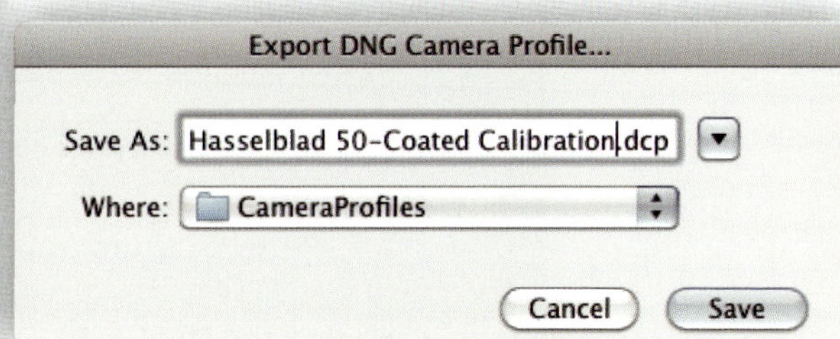

5. Le profil personnalisé est automatiquement enregistré dans le dossier approprié, mais pour qu'il s'affiche dans le menu déroulant Profil, du panneau « Étalonnage de l'appareil photo », dans Camera Raw et Lightroom, il faut quitter et redémarrer les logiciels en question.

6. Avant de créer de nouveaux paramètres par défaut avec votre profil personnalisé, vérifiez les paramètres du module. Les réglages doivent être les plus « neutres » possibles, y compris pour la balance des blancs (« Telle quelle »). Sélectionnez ensuite le nouveau profil, puis la commande Développement>Définir les paramètres par défaut. (Consultez la page 315 pour en savoir davantage, notamment sur la possibilité de créer des paramètres prédéfinis en fonction de la sensibilité ISO et du numéro de série du boîtier.)

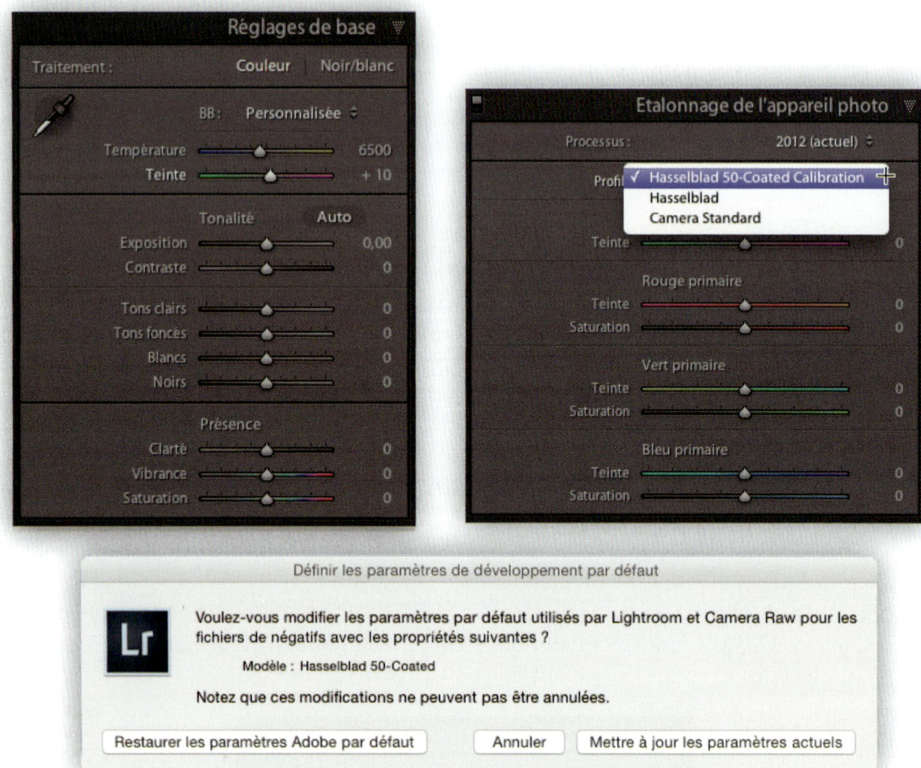

Examiner vos images

Dans le module Développement, vous pouvez comparer des versions Avant/Après de la photo en cours de traitement pour évaluer l'impact des réglages que vous lui appliquez. Pour activer cette fonction très utile, il suffit de cliquer sur le bouton « Alterner entre les modes Avant et Après », situé dans la barre d'outils du module Développement. Cliquez ensuite sur le petit triangle tout en bas, à droite des deux pictos de gauche, afin de sélectionner l'un des modes d'affichage proposés dans le menu déroulant associé.

- Vous pouvez afficher deux cadrages identiques de la même image côte à côte, verticalement si vous sélectionnez le mode « Avant/Après Gauche/Droite », horizontalement si vous lui préférez le mode « Avant/Après Haut/Bas ».

- Les deux modes d'affichage Division partagent l'image en deux moitiés, verticalement (mode « Division Avant/Après Gauche/Droite ») ou horizontalement (mode « Division Avant/Après Haut/Bas »).
- Pour parcourir ces modes d'affichage, vous pouvez cliquer plusieurs fois sur le bouton « Alterner entre les modes Avant et Après ». Utilisez le raccourci Y pour passer au mode « Avant/Après Gauche/Droite », le raccourci Alt + Y pour passer au mode « Avant/Après Haut/Bas », et Maj + Y pour accéder au mode d'affichage Division correspondant. La touche D rétablit le mode d'affichage Loupe.
- Vous pouvez alterner entre les versions Avant/Après d'une image en sélectionnant la commande Affichage>Avant/Après>Avant seulement, ou simplement le raccourci clavier « \ ».
- Tous les modes d'affichage Avant/Après autorisent le zoom et le déplacement dans l'image.

Les aperçus Avant/Après du module Développement permettent de visualiser l'effet d'un réglage. Ici, la perte de piqué provoquée par une surcorrection du bruit chromatique (curseur Couleur du panneau Détail) est clairement visible à droite. L'option d'affichage « Division Avant/Après Gauche/Droite » divise l'image en deux : la moitié gauche montre la version avant traitement, la moitié droite celle après traitement.

Voici les deux modes les plus utilisés pour comparer des réglages. L'image du haut est affichée en mode « Avant/Après Gauche/Droite », l'image du bas en mode « Avant/Après Haut/Bas ».

Gérer les aperçus Avant/Après

Lorsque vous utilisez l'un des modes d'affichage Avant/Après, les corrections effectuées dans le module Développement apparaissent en temps réel. Si vous souhaitez transformer votre version Après en version Avant, appuyez sur le bouton « Copier les paramètres de la photo Après vers la photo Avant ». Si vous trouvez les modifications peu concluantes par rapport à la version Avant intermédiaire, vous pouvez appliquer les réglages de cette dernière à l'image Après (bouton « Copier les paramètres de la photo Avant vers la photo Après »). Les deux boutons « Copier les paramètres » génèrent donc des instantanés des différentes étapes du traitement d'une image. Nous allons voir maintenant comment utiliser cette propriété et comment restaurer l'affichage de la version initiale d'un début de traitement.

Raccourcis clavier
« Copier les paramètres de la photo Après vers la photo Avant » : Cmd/Ctrl + Alt + Maj + ←.
« Copier les paramètres de la photo Avant vers la photo Après » : Cmd/Ctrl + Alt + Maj + →.

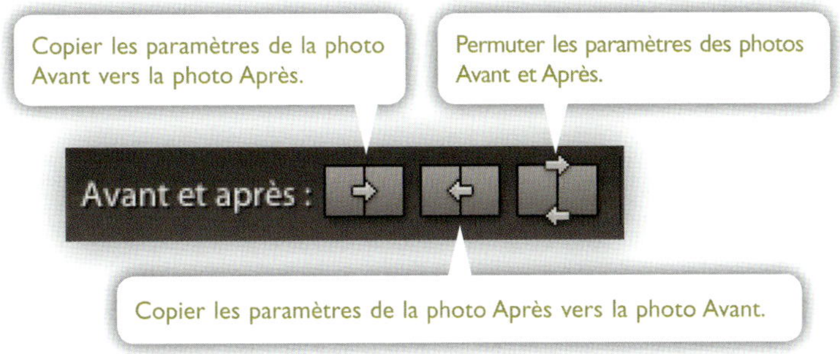

Ces boutons ne s'affichent que si vous avez activé l'un des modes d'affichage Gauche/Droite (comme ici) ou Haut/Bas.

1. Cette capture d'écran montre une image avec les réglages appliqués dans le module Développement.

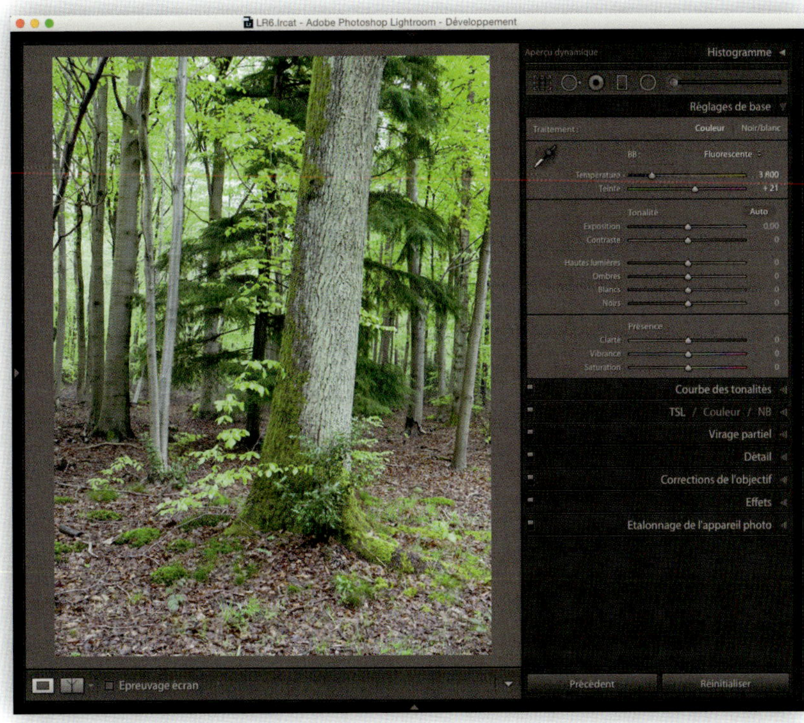

2. J'ai appliqué quelques réglages, notamment pour refroidir l'image, puis j'ai cliqué sur le bouton « Alterner entre les modes Avant et Après » (raccourci Y) afin d'afficher les deux versions côte à côte.

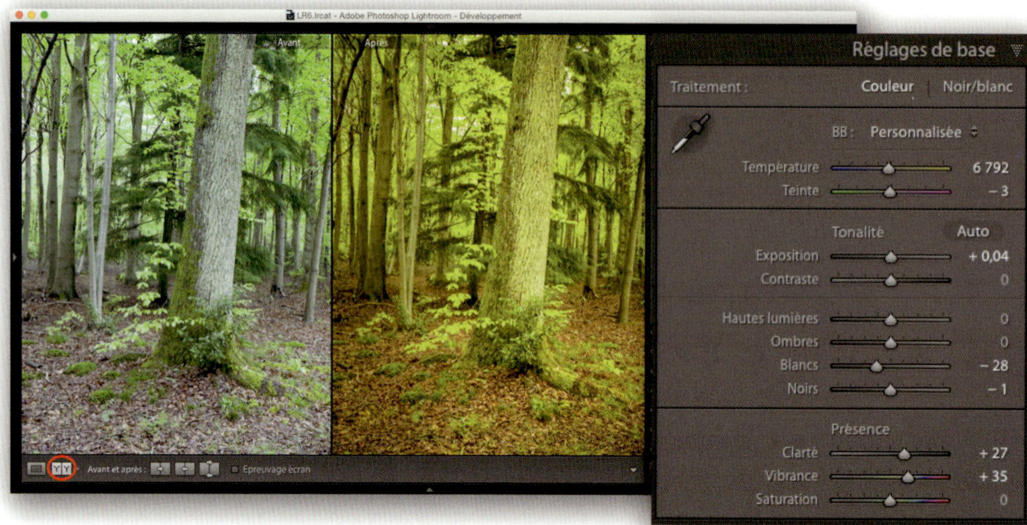

3. J'ai sélectionné à partir du menu déroulant l'option « Division Avant/Après Haut/Bas », puis j'ai affiché les deux versions de l'image au rapport 1:4.

4. En cliquant sur le bouton « Mode Loupe » (raccourci D), j'ai corrigé l'image en l'affichant en mode « Plein écran ».

5. J'ai souhaité remplacer la version initiale par la version Avant actuelle. J'ai cliqué une nouvelle fois sur le bouton « Alterner entre les modes Avant et Après » (raccourci Y), puis j'ai cliqué sur le bouton « Copier les paramètres de la photo Après vers la photo Avant » (Cmd/Ctrl + Option/Alt + Maj + ←). Les deux moitiés de la fenêtre affichent alors la version modifiée.

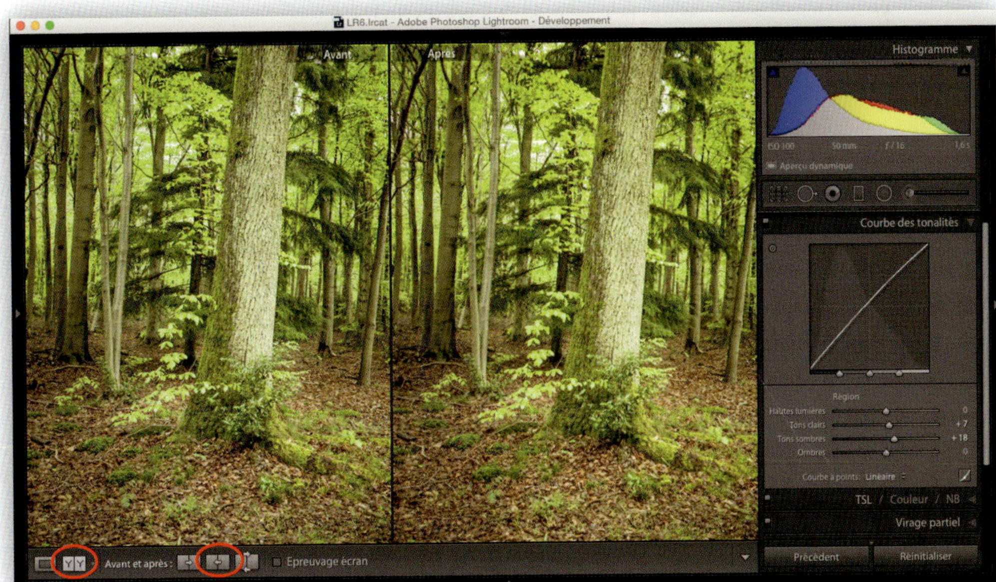

6. La version aux teintes réchauffées représente maintenant la version initiale pour cette image. J'ai pu convertir mon image en noir et blanc, tout en comparant cette nouvelle version avec la version couleur de l'image.

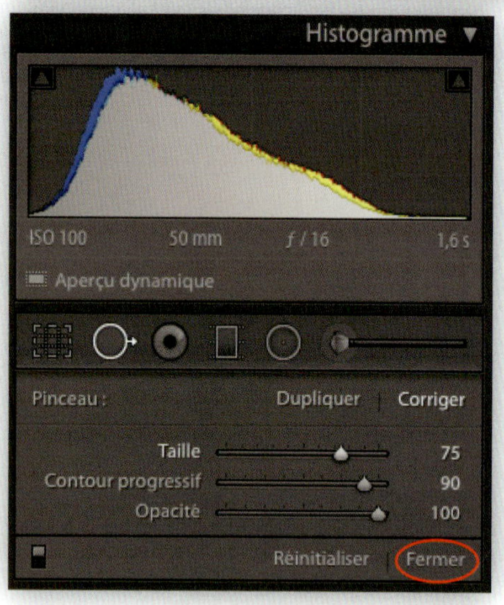

Ces outils sont regroupés dans une barre située sous l'histogramme du module Développement ; de gauche à droite : « Recadrer et redresser », « Suppression des défauts », « Corrections des yeux rouges », « Filtre gradué », « Filtre radial » et « Pinceau de retouche ». Le panneau affiche les options pour l'outil « Suppression des défauts » – masquez le panneau à l'aide du bouton Fermer ou du raccourci D.

Les outils de retouche

Les outils de retouche du module Développement permettent de corriger une image sans réellement altérer sa structure de pixels, les modifications étant enregistrées sous forme d'instructions de traitement. Les réglages ne sont appliqués que lorsqu'on exporte l'image en tant que fichier de type Bitmap (format TIFF, JPEG, PNG ou PSD) ou lorsqu'on la transfère vers une application externe.

L'outil « Suppression des défauts »

L'outil « Suppression des défauts » (touche Q) propose les modes Dupliquer et Corriger. Le mode Dupliquer utilise une sélection à contour lissé (parfait pour repiquer des taches de poussière situées près d'une zone de changement brusque de couleur ou de luminosité) ; il correspond à l'outil Tampon de Photoshop (et non à l'outil Correcteur). Le mode Corriger, plus performant pour la retouche des poussières, est l'équivalent de l'outil Correcteur de Photoshop. Il fusionne la texture du point d'origine avec la luminosité et la couleur situées à proximité de la zone à réparer. Il est très efficace pour dissimuler les zones corrigées par une fusion de texture invisible.

Combinaison d'instantanés de l'outil « Suppression des défauts ».

Avant d'utiliser l'outil « Suppression des défauts », il est préférable de fixer le diamètre des deux cercles (celui qui entoure la zone à retoucher et celui qui entoure la zone source) aux dimensions du défaut à réparer. La méthode la plus rapide passe par le clavier.

1. Appuyez sur la touche « [» pour agrandir le diamètre des cercles et sur «] » pour le réduire.

2. Repérez le défaut à retoucher, puis cliquez dessus pour activer l'outil : vous verrez d'abord apparaître une petite mire en forme de croix dans le cercle délimitant la cible (elle vous aidera à centrer précisément la poussière dans le cercle).

3. Déplacez le deuxième cercle (qui définit la source) pour sélectionner une zone qui servira à recouvrir le défaut. À ce stade, le cercle destination disparaît pour vous permettre d'examiner la retouche. Simultanément, une flèche apparaît pour signaler que l'information est prélevée à l'intérieur du cercle source pour être appliquée à l'intérieur du cercle destination.

L'outil agit lorsque vous relâchez la souris : les deux cercles se transforment en un seul cercle blanc autour du périmètre d'intervention. Il reste visible dans le module Développement tant que vous ne désactivez pas l'outil « Suppression des défauts ».

Puisque Lightroom n'enregistre que des instructions de traitement, vous pouvez modifier vos réglages autant de fois que vous le souhaitez, vous ne perdrez pas en qualité d'image. Cliquez simplement sur l'un des cercles blancs (pour l'activer) afin de faire réapparaître les cercles aux contours plus ou moins marqués pour la source ou la destination. Modifiez ensuite votre réglage : pour agrandir ou réduire le diamètre des deux cercles, placez précisément la souris sur l'un des bords d'un cercle (une double flèche verticale apparaîtra), puis cliquez.

Remarque
Si vous cliquez sur un défaut, tout en appuyant sur la touche Cmd/Ctrl, vous pouvez définir un diamètre de cercle différent chaque fois que vous déplacez la souris.

Sachez que l'outil décide lui-même de l'endroit où il prélève de la matière pour recouvrir le défaut. Tout comme pour l'outil « Correcteur de tons directs » de Photoshop, Lightroom bénéficie heureusement d'algorithmes intelligents, capables de trouver tous seuls l'échantillon idéal pour la zone à retoucher. Ainsi, il ne sera que rarement nécessaire de déplacer systématiquement le cercle source.

Depuis sa version 5, Lightroom intègre des algorithmes améliorés pour la recherche et le positionnement automatique du cercle source et vous pouvez utiliser la touche « / » de votre clavier ou l'option « Sélectionner une nouvelle source » du menu contextuel pour définir automatiquement une nouvelle source. Si l'outil « Suppression des défauts » est plus rapide que l'ancien outil « Suppression des tons directs » de Lightroom 4, l'application de multiples corrections locales continue à réduire les performances du logiciel et a fortiori celles du module Développement.

Désormais, le positionnement automatique du cercle source est encore plus précis sur des zones texturées (rochers, feuillages, écorces, etc.) et tient également compte d'un éventuel recadrage de l'image. L'outil « Suppression des défauts » échantillonne le cercle source en privilégiant les zones à l'intérieur de l'image recadrée, le plus souvent au détriment des zones situées à l'extérieur du cadre actif. La recherche de la source la plus appropriée se fait alors en deux étapes successives : une première pour trouver une source à l'intérieur de la zone de recadrage et une seconde pour en repérer une à l'extérieur de la zone. Si l'échantillon situé à l'extérieur de l'image recadrée s'avère plus adapté, il sera utilisé à la place de l'autre.

Désormais, l'outil « Suppression des défauts » offre un curseur « Contour progressif » permettant de modifier la dureté du masque dans les modes Dupliquer et Corriger, à la fois pour des zones circulaires ou non circulaires. Le curseur de l'outil « Suppression des défauts » arbore deux cercles concentriques pour rendre compte du réglage du « Contour progressif » ; à sa valeur minimale, les deux cercles se superposent.

Les options du menu contextuel de l'outil « Suppression des défauts ».

S'il a toujours été possible d'ajuster dans Photoshop la dureté du contour de l'outil « Tampon de duplication », les outils Correcteur et « Correcteur localisé » bénéficient d'office d'une fonction équivalente pour adoucir les bords du masque.

Le curseur « Contour progressif » de l'outil « Suppression des défauts » est utile à plus d'un titre : d'une part, il permet de définir avec davantage de précision le contour des cercles cibles et sources et d'autre part, il compense en partie un certain manque de douceur des algorithmes de l'outil « Suppression des défauts ». De même, il peut aider à nettoyer la contamination du bord du masque, qui se manifeste parfois lors de l'utilisation du mode Correcteur et de la valeur minimale pour le curseur « Contour progressif ». Le contour progressif est appliqué au masque cible, l'ampleur du réglage étant proportionnelle à la dimension du cercle où, en cas d'un masque non circulaire, à l'épaisseur du coup de pinceau.

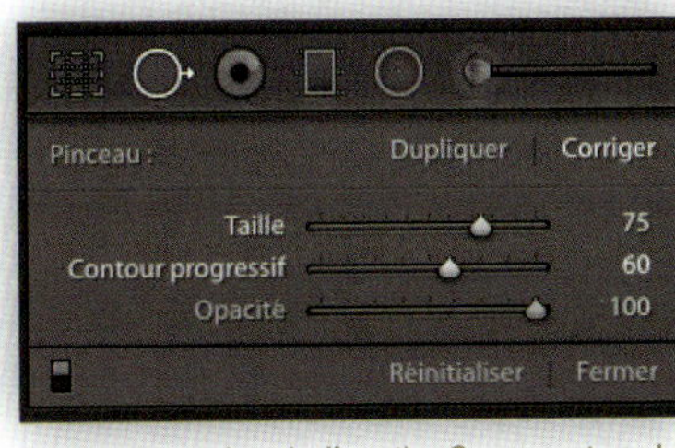

Les commandes de l'outil « Suppression des défauts ».

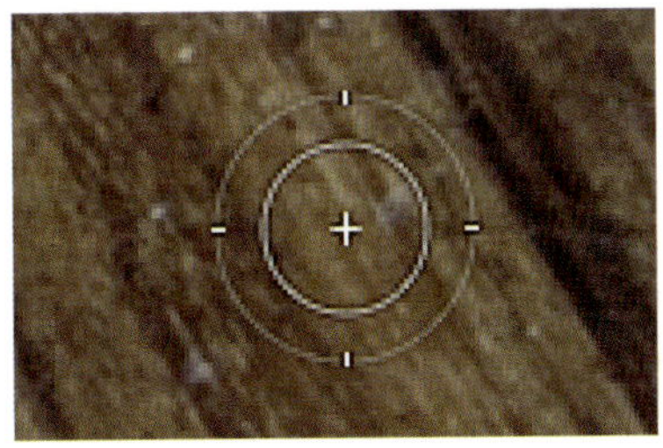
Le curseur de l'outil affiche aussi un réglage maximal pour le curseur « Contour progressif ».

Voici quelques astuces pour exploiter au mieux les possibilités de l'outil « Suppression des défauts ».

- Si vous cliquez sur une tache en mode Corriger sans pour autant repositionner le cercle source, l'outil se comporte de la même manière que l'outil « Correcteur de tons directs » de Photoshop, ce qui est fort utile pour synchroniser les retouches sur plusieurs images à la fois (voir page 271). Pour modifier la taille des cercles, tout en permettant à Lightroom de déterminer la zone à partir de laquelle copier les couleurs et la texture, appuyez sur la touche Cmd/Ctrl.
- Pour masquer les cercles, appuyez sur la touche H de votre clavier. Les cercles réapparaissent lorsque vous cliquez sur un détail à retoucher.
- Le raccourci Cmd/Ctrl + Z permet d'annuler la dernière retouche effectuée. Pour supprimer un cercle, cliquez dessus, puis appuyez sur la touche Suppr.
- Si vous maintenez la pression sur les touches Cmd/Ctrl + Maj tout en déplaçant votre souris, vous pouvez créer un nouveau cercle qui part d'un point d'ancrage.
- En appuyant simultanément sur les touches Cmd/Ctrl + Alt tout en déplaçant votre souris, le cercle part du curseur de votre souris.
- Pour quitter l'outil « Suppression des défauts », cliquez sur le bouton situé dans l'angle inférieur gauche du panneau ou appuyez sur la touche Q de votre clavier.
- Les options d'incrustation s'affichent dans le menu « Outil d'incrustation », niché dans l'angle inférieur gauche de l'Aperçu. Ces options sont communes aux outils « Suppression des défauts », « Correction des yeux rouges », « Filtre gradué » et « Pinceau de retouche ». Si l'option Toujours affiche systématiquement les cercles source et destination, l'option Jamais les masque et l'option Auto ne les affiche que lorsque vous passez la souris sur l'aperçu. Quant à l'option Sélectionné, elle ne montre que les cercles blancs de la dernière intervention.

Je vous propose d'adopter l'option Auto et d'appuyer au besoin sur la touche H de votre clavier pour basculer entre les modes Toujours et Jamais ou sur les touches Maj + H pour alterner entre les modes Sélectionné et Jamais. Ainsi, vous ne serez pas systématiquement perturbé par une profusion de cercles superposés à l'image.

Les options du menu « Outil d'incrustation ».

Nettoyage de poussières et outil Upright

Si l'outil « Tampon de duplication » de Photoshop est à même d'échantillonner des points source ou cible situés au-delà de la zone de travail, l'outil « Suppression des défauts » est limité par les dimensions initiales de l'image. Il est donc impossible de l'utiliser pour retoucher des défauts situés à l'intérieur des zones blanches produites par l'outil Upright.

Afficher les taches de poussière

L'option « Afficher les défauts » dans la barre d'outils sert à faire apparaître des taches de poussière ou d'autres imperfections. Lorsqu'elle est activée, l'aperçu passe en mode « Noir et blanc inversé » pour mieux mettre en évidence les défauts qui s'affichent en blanc sur un fond noir. Le curseur modifie le seuil entre le noir et le blanc et améliore ainsi la visibilité des imperfections. Le réglage de ce curseur ne change pas jusqu'à ce que vous réactiviez l'option « Afficher les défauts » pour traiter une nouvelle image.

1. J'ai pris cette image avec un capteur sale et le rendu de type high-key accentue encore la visibilité des taches de poussière.

2. J'ai coché l'option « Afficher les défauts » dans la barre d'outils, puis j'ai ajusté le curseur associé dans le but d'améliorer la mise en évidence des défauts.

3. Pour finir, j'ai supprimé les taches de poussière détectées à l'aide de l'outil « Suppression des défauts ».

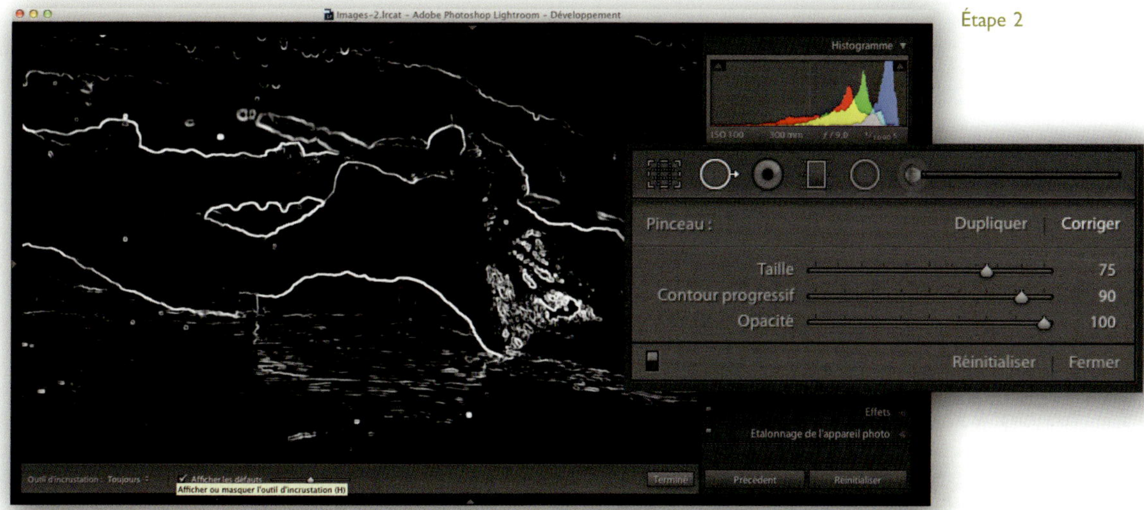

Étape 2

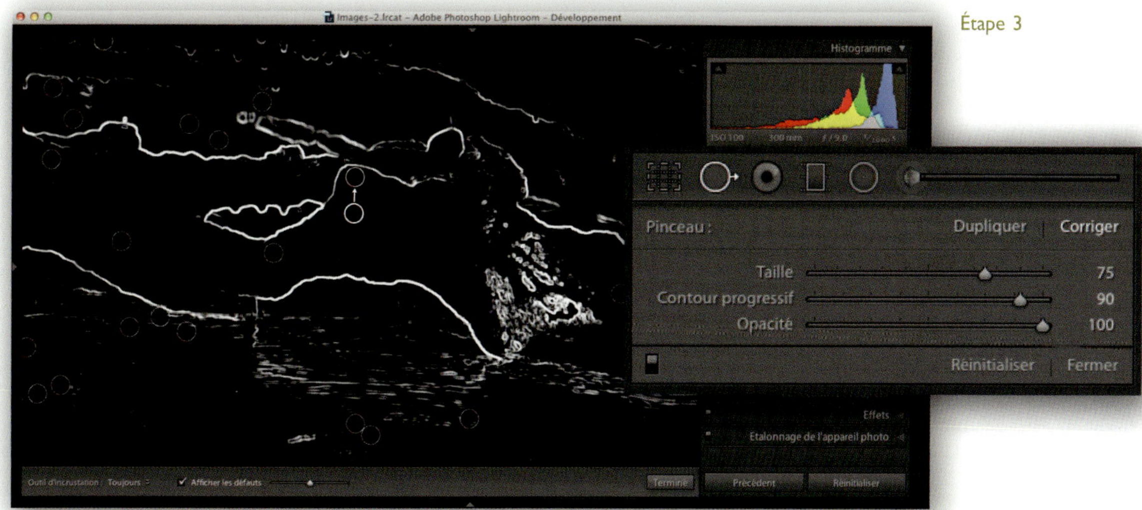

Étape 3

Effectuer des retouches plus sophistiquées

La possibilité de définir des zones de retouche non circulaires est une des nouveautés les plus spectaculaires de Lightroom 5. Désormais, il suffit de cliquer puis de déplacer la souris pour prélever une zone source et retoucher une zone cible. Là encore, Lightroom utilise des algorithmes sophistiqués, à même de trouver tout seuls l'échantillon le plus approprié pour la zone à retoucher. Il est également possible d'utiliser la touche « / » ou l'option « Sélectionner une nouvelle source » à partir du menu contextuel pour sélectionner automatiquement une nouvelle zone source.

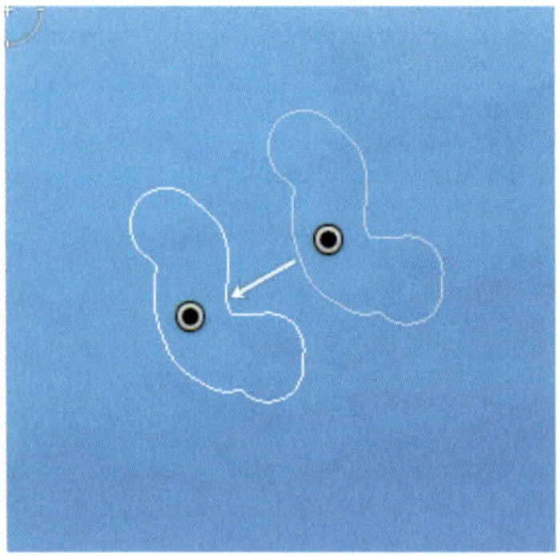

L'affichage d'une retouche dans l'aperçu. La zone source se situe à gauche et la zone cible à droite.

Pour affiner une sélection automatique, cliquez à l'intérieur d'une zone source ou cible, puis faites-la glisser pour la repositionner. En revanche, il est impossible de redimensionner une zone de la même manière qu'un échantillon circulaire. En appuyant sur la touche Maj, vous pouvez prélever une zone horizontale ou verticale. En cliquant une nouvelle fois tout en appuyant sur la touche Maj, la sélection de source est automatiquement réévaluée et la zone sélectionnée liée à une nouvelle zone.

Si le nouvel outil « Suppression des défauts » permet de supprimer des objets ou d'effectuer des retouches plutôt sophistiquées, gardez à l'esprit que son utilisation intensive, notamment en utilisant des zones non circulaires, tend à ralentir le fonctionnement du module Développement de Lightroom.

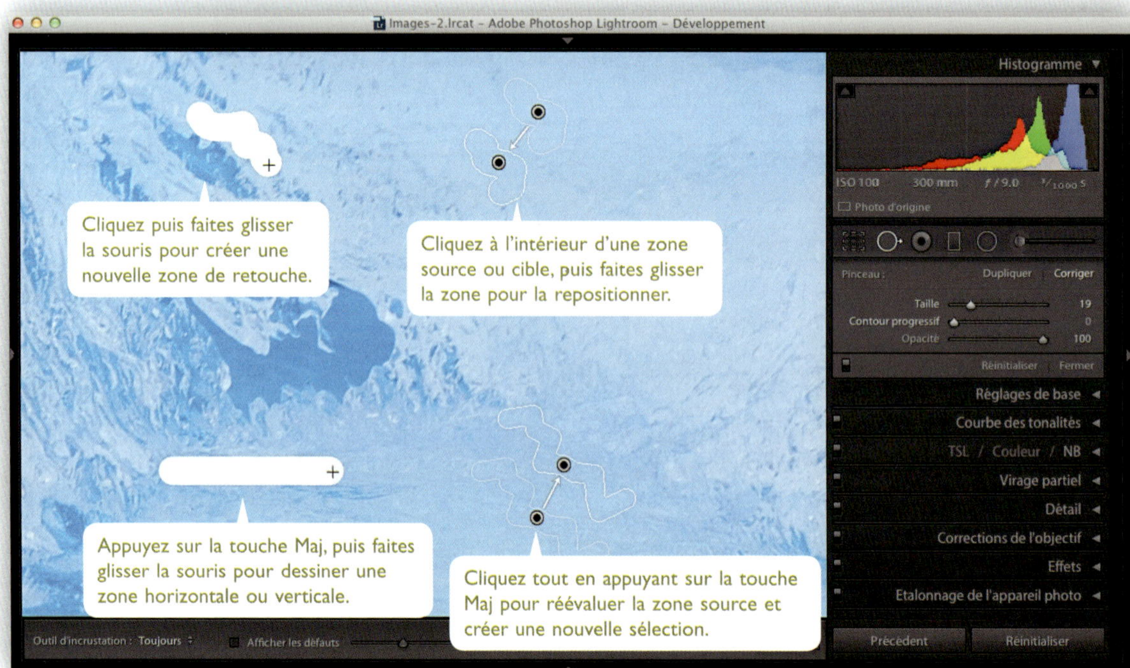

Les différentes manières d'appliquer les retouches au pinceau.

1. J'ai choisi l'image de la page suivante comportant au premier plan une clôture composée de piquets et fils de fer pour vous présenter les nouvelles fonctions de retouche de l'outil « Suppression des défauts ».

2. J'ai sélectionné l'outil « Suppression des défauts » en mode Corriger, puis j'ai cliqué sur le haut d'un des piquets de la clôture pour ajouter une zone cible de forme circulaire. Lightroom a choisi automatiquement une zone source appropriée.

Étape 1

Étape 2

3. J'ai cliqué sur le bas du piquet tout en appuyant sur la touche Maj pour transformer le cercle en zone de retouche qui suit un tracé vertical (voir page suivante).

4. J'ai réitéré la procédure pour éliminer la traverse qui supporte le piquet. Si Lightroom détecte le plus souvent la zone source la plus pertinente, vous pouvez l'aider en appuyant sur la touche « / » ou en cliquant à l'intérieur de la zone source, puis en la déplaçant manuellement.

5. En multipliant les retouches avec l'outil « Suppression des défauts », j'ai pratiquement réussi à supprimer la clôture entièrement. En revanche, de retouches aussi intensives tendent à ralentir la vitesse d'exécution du logiciel.

Étape 3

Étape 4

Étape 5

Synchroniser les réglages

Notez que les ajustements réalisés avec l'outil « Suppression des défauts » sont toujours conservés, quels que soient le nombre et la nature des réglages effectués avant et après la retouche des défauts de l'image. Il est même possible d'appliquer les retouches à une série de photos souffrant des mêmes imperfections, en synchronisant les réglages d'une image corrigée avec ceux des autres images de la même série ou en utilisant le mode « Synchronisation automatique ».

1. Assurez-vous que l'image retouchée est bien l'image « principale », à partir de laquelle les réglages sont copiés sur les autres images de la sélection (l'image principale a une cellule d'un gris plus clair). Cliquez ensuite sur le bouton Synchroniser ou utilisez le raccourci Cmd/Ctrl + Maj + S.

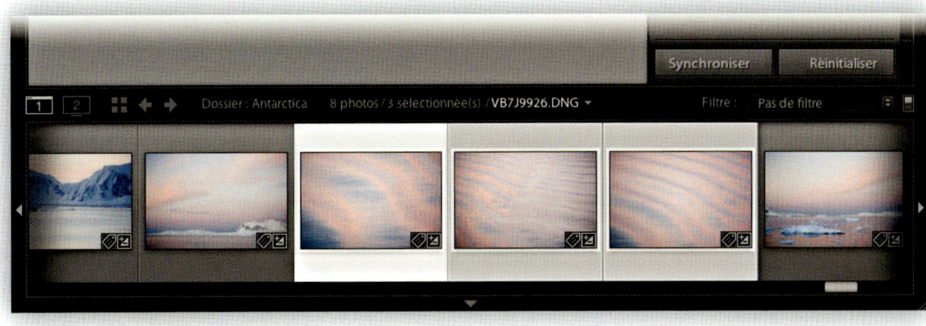

2. Dans la boîte de dialogue « Synchroniser les paramètres », cliquez sur le bouton « Ne rien sélectionner », puis cochez la case « Suppression des défauts ». Cliquez sur le bouton Synchroniser pour appliquer les corrections de retouche à l'ensemble des images sélectionnées.

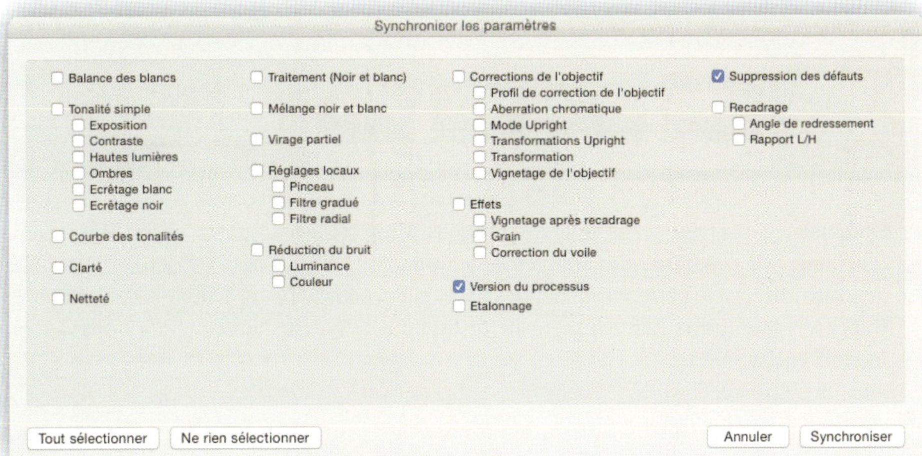

Sur certaines séries d'images, l'utilisation du mode « Synchronisation automatique » donne de meilleurs résultats que la méthode présentée ci-dessus.

Dans l'exemple suivant, j'ai utilisé l'outil « Suppression des défauts » en mode Corriger, en veillant à ne cliquer que sur les taches de poussière à retoucher. Je n'ai donc déplacé aucun cercle destination afin que Lightroom puisse trouver automatiquement les zones de prélèvement (les cercles sources). Bien que cette méthode ne soit pas infaillible (il est nécessaire de vérifier chaque image pour y repositionner éventuellement les cercles sources), elle vous permet de gagner du temps pour corriger des séries de paysages ou de photos de studio qui comportent un ciel ou un fond uniforme.

1. Sélectionnez une série de photos, puis cliquez sur le bouton Synchroniser, tout en appuyant sur la touche Cmd/Ctrl pour passer en mode « Synchronisation automatique ».

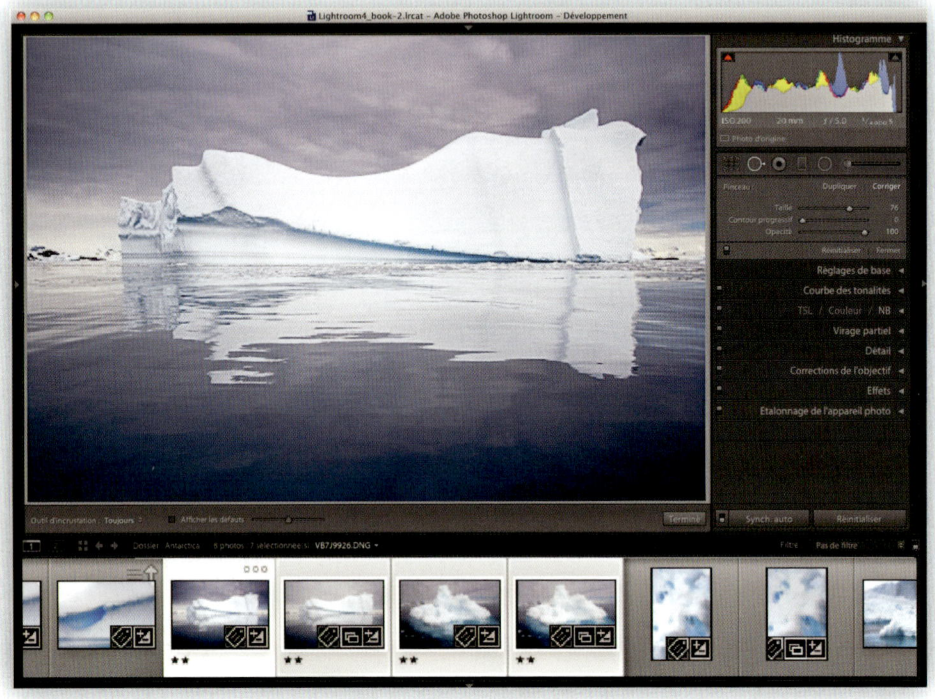

2. Commencez par retoucher une des images ; les réglages seront automatiquement répercutés à l'ensemble des images sélectionnées. J'ai utilisé ici l'outil « Retouche des tons directs » pour retoucher les taches de poussière de l'image de l'étape 1. Rappelez-vous qu'il faut cliquer sur le bouton « Synchr. auto » pour repasser en mode Synchroniser.

L'outil « Correction des yeux rouges »

En portrait au flash, quand le sujet est trop proche de l'appareil photo, l'éclair est projeté directement dans l'œil et provoque un effet « yeux rouges ». Lightroom propose un outil simple et efficace pour corriger ce défaut : ouvrez une image, sélectionnez l'outil « Correction des yeux rouges », dans la barre d'outils, puis tracez un petit rectangle autour de l'œil à retoucher. Lightroom intègre des algorithmes puissants pour détecter la présence du phénomène « yeux rouges », puis pour adapter automatiquement la taille de la zone à traiter à partir du rectangle que vous avez tracé à la main.

Une fois que les zones à traiter sont déterminées, les options de l'outil apparaissent dans la barre d'outils. Si jamais vous n'êtes pas convaincu par la correction automatique, vous pouvez l'affiner manuellement : les options « Taille des pupilles » et Obscurcir permettent d'intervenir finement sur la taille du cercle d'intervention et l'assombrissement de la teinte de la pupille. Vous pouvez supprimer une correction en cliquant sur un rectangle de sélection de l'image, puis sur la touche Suppr de votre clavier. Pour annuler toutes les corrections, cliquez sur le bouton Réinitialiser de la barre d'outils. Pour ajuster la taille du curseur, vous pouvez utiliser la molette de votre souris.

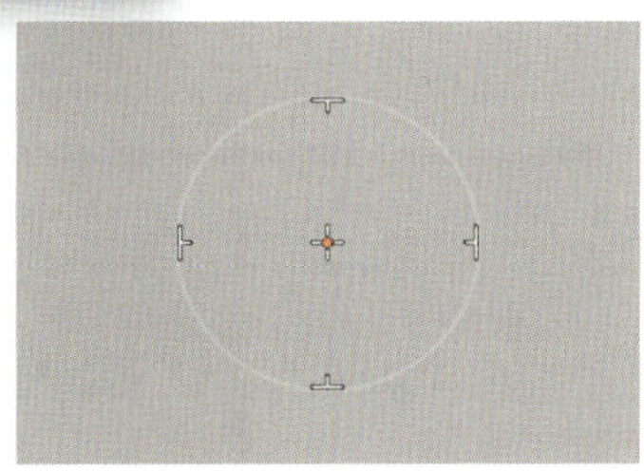

Le curseur de l'outil « Correction des yeux rouges » se compose d'un réticule en forme de croix et des quatre coins du rectangle de sélection.

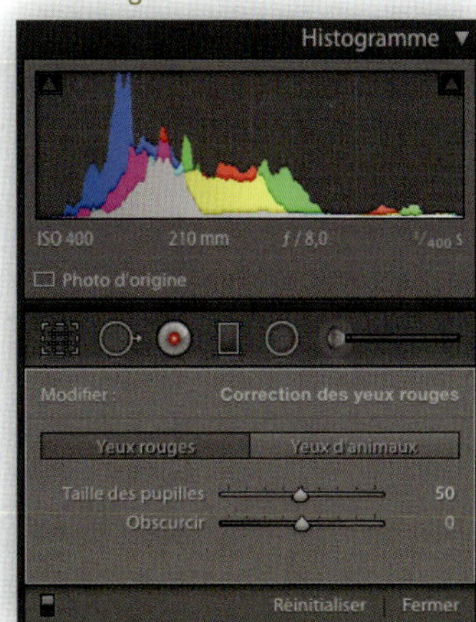

Les options du panneau « Correction des yeux rouges ».

Faut-il désactiver le mode « Anti-yeux rouges » ?

Votre appareil photo ou votre flash électronique propose probablement un mode destiné à réduire les yeux rouges, mais vous empêchera souvent de prendre des photos sur le vif : plusieurs secondes s'écoulent entre les pré-éclairs destinés à éliminer les yeux rouges et le déclenchement de l'éclair principal. Cette attente pourrait facilement gâcher beaucoup d'occasions de saisir des expressions ou des poses photogéniques de photos de groupe, par exemple. Pour cette raison, je préconise l'utilisation du mode Flash par défaut et je corrige a posteriori les éventuels yeux rouges à l'aide de l'outil « Correction des yeux rouges ».

Voyons comment utiliser l'outil « Correction des yeux rouges ».

1. Voici l'extrait très agrandi d'une image souffrant du syndrome « yeux rouges ».

2. J'ai sélectionné l'outil « Correction des yeux rouges », puis j'ai cliqué sur les deux yeux pour corriger le défaut de manière automatique. J'ai fini par ajuster le curseur Obscurcir pour ajuster la luminosité des pupilles.

Étape 1

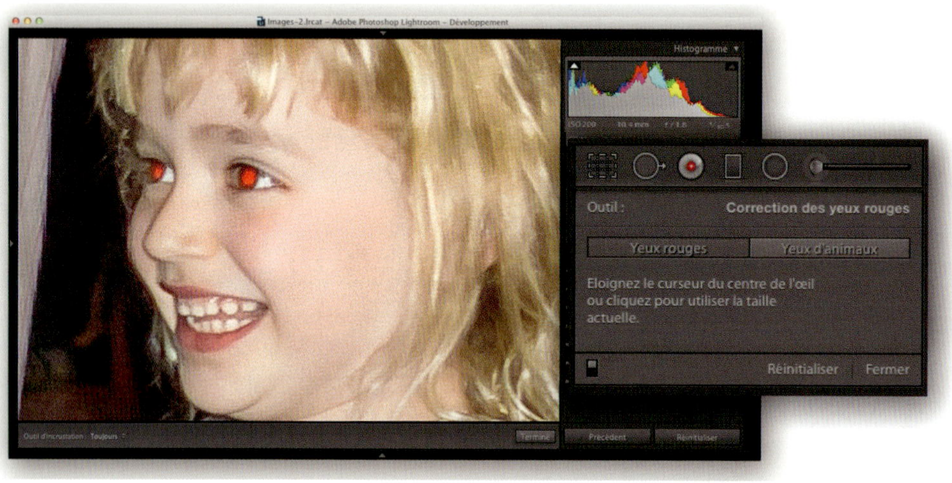

Étape 2

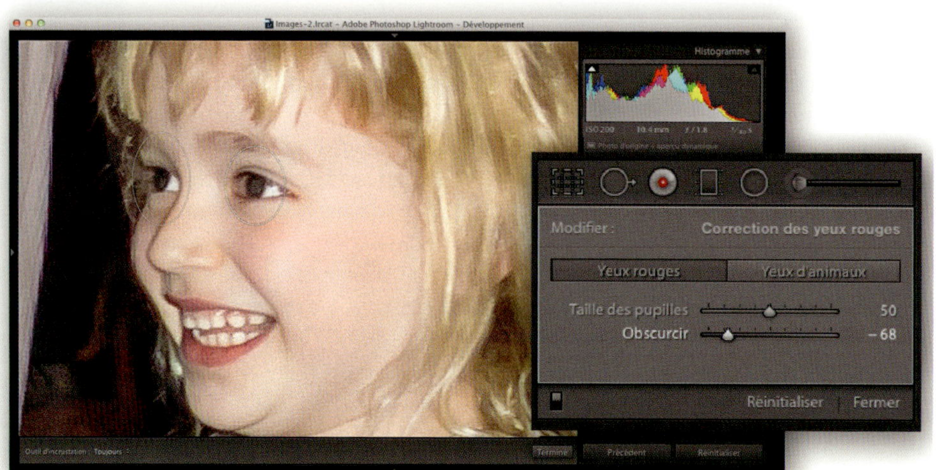

Le mode « Yeux d'animaux »

L'outil « Correction des yeux rouges » comporte également un bouton « Yeux d'animaux » permettant de corriger la coloration rouge, verte ou jaune de la pupille, provoquée par le flash incorporé à l'appareil photo et affectant certaines photos d'animaux. C'est un défaut qui n'est pas facile à corriger un utilisant le mode par défaut. Il est possible d'ajuster la correction en fonction de la taille de chaque pupille (curseur « Taille des pupilles ») et il est également possible d'obscurcir les pupilles (curseur Obscurcir) tout en y ajoutant un reflet spéculaire (option « Ajouter un reflet lumineux »). Ce dernier peut être positionné librement en cliquant dessus puis en le faisant glisser sur chaque œil de l'animal.

1. Dans ce portrait d'un chien, la lumière du flash a été réfléchie par le fond des yeux.

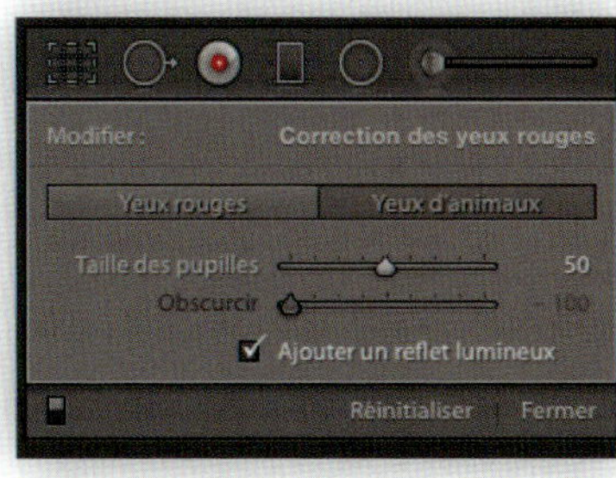

Les commandes du menu « Yeux d'animaux » de l'outil « Correction des yeux rouges ».

2. En mode « Yeux d'animaux », j'ai cliqué sur les deux yeux pour corriger le défaut. J'ai fini par cocher l'option « Ajouter un reflet lumineux » pour ajouter un reflet spéculaire à chaque œil de l'animal.

(NdT) Lightroom CC et la correction locale
Depuis Lightroom CC 2015.1, les panneaux des outils « Filtre gradué », « Filtre radial » et « Pinceau de retouche » intègrent deux curseurs supplémentaires pour ajuster les points blanc (Blancs) et noir (Noirs) d'une image de façon locale. Notez que ces curseurs ne sont pas proposés par Lightroom 6.1, bien que les deux versions partagent le même moteur de développement.

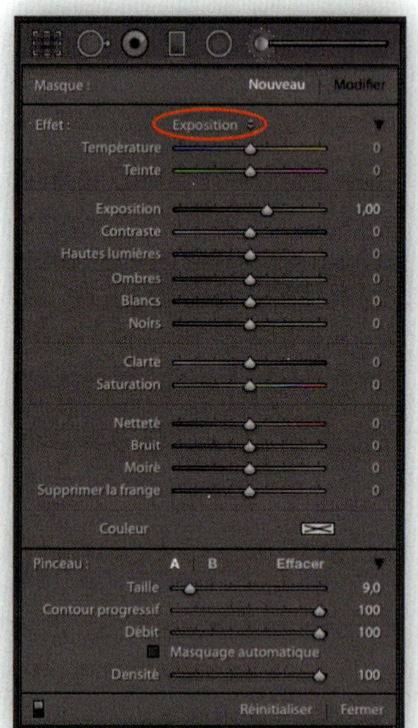

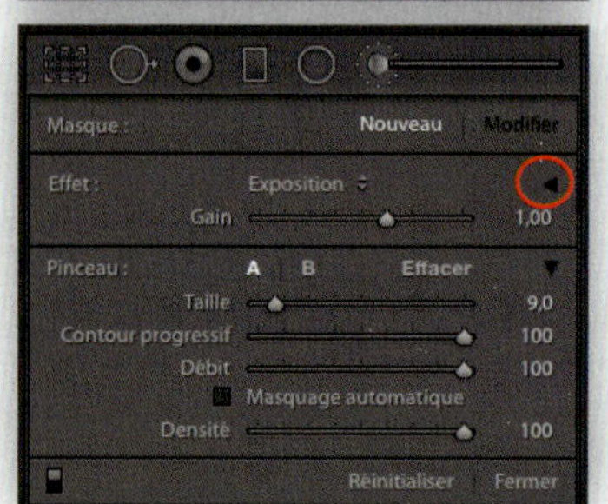

Les réglages des modes Complet (en haut) et Réduit (en bas).

Les corrections locales

Les outils « Pinceau de retouche », « Filtre gradué » et « Filtre radial » sont les véritables stars de Lightroom. Bien plus que de simples outils permettant d'éclaircir ou de foncer certaines zones, ils permettent d'intervenir sur douze paramètres ; l'outil « Pinceau de retouche » dispose également de deux préréglages pour la taille du pinceau et d'une fonction pour masquer automatiquement les zones à ne pas modifier.

À l'instar des outils « Suppression des défauts » et « Correction des yeux rouges », Lightroom applique les corrections de manière non destructive : au lieu de créer une copie au format TIFF ou PSD, à laquelle sont appliquées les corrections, celles-ci sont enregistrées sous forme de texte et automatiquement mises à jour au gré des ajustements. Il est également possible d'appliquer des réglages à plusieurs photos via la commande « Synchroniser les paramètres ».

L'outil « Pinceau de retouche »

À l'ouverture, l'outil « Pinceau de retouche » (raccourci K) se présente en mode Nouveau ; il faut choisir un des réglages proposés (Exposition, Contraste, « Hautes lumières », Ombres, Clarté, Saturation, Netteté, Bruit, Moiré, « Supprimer la frange » et Couleur) avant de pouvoir manier le pinceau.

Sur les figures ci-contre, j'ai cliqué sur le bouton Exposition afin d'appliquer une correction de l'exposition (des valeurs positives pour éclaircir et des valeurs négatives pour assombrir une image). Selon le mode de fonctionnement (boutons ou curseurs), la disposition des outils diffère légèrement. Le mode Complet permet de choisir plusieurs paramètres de correction (Exposition, Contraste, « Hautes lumières », Ombres, Clarté, Saturation, Netteté, Bruit, Moiré, « Supprimer la frange » et Couleur) à la fois et de les enregistrer en tant que nouveau jeu de réglages personnalisé. Le mode Réduit autorise l'application d'un seul paramètre à la fois et d'en régler la force avec le curseur Gain.

Lightroom utilise un pinceau circulaire à deux cercles concentriques dont vous pouvez régler le diamètre (curseur Taille), la dureté du contour (curseur « Contour progressif ») et l'opacité (curseur Densité). En déplaçant le curseur Taille, vous ajustez le diamètre des deux cercles concentriques ; en ajustant le curseur « Contour progressif », le cercle intérieur se dilate ou se contracte pour créer une transition plus ou moins progressive.

Le curseur Débit transforme le curseur du pinceau en aérographe : lorsque le débit est peu important, vous pouvez appliquer des coups de pinceau successifs dont l'opacité augmente au fur et à mesure de vos efforts. Si vous utilisez une tablette graphique, la valeur du curseur Débit sera automatiquement liée à la pression exercée par votre stylet.

Nous l'avons dit, le curseur Densité détermine l'opacité du pinceau, la valeur maximale étant 100. Lorsque vous déplacez le curseur à des valeurs inférieures à 100, vous pouvez utiliser le pinceau pour réduire ou pour gommer (à la valeur 0) les corrections que vous venez d'effectuer. Sous « Pinceau A et B », vous pouvez enregistrer deux réglages différents, afin de passer rapidement d'un type de pinceau à l'autre.

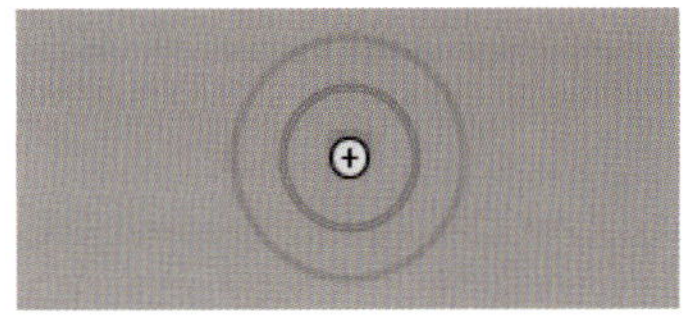

Le curseur de l'outil « Pinceau de retouche ».

Vous pouvez différencier les jeux de réglages par les marqueurs (ou « épingles ») superposés à l'Aperçu, pour chaque nouveau masque de correction locale. Ces marqueurs peuvent être masqués en appuyant sur la touche H de votre clavier ou en sélectionnant l'option Jamais du menu « Afficher les épingles d'édition ». Chaque marqueur représente ainsi une série de retouches au pinceau.

En appuyant sur la touche Alt, puis en cliquant sur Réinitialiser, vous restaurez les réglages initiaux.

Passez votre souris sur le marqueur pour afficher le masque associé et cliquez dessus pour en modifier les paramètres de correction : appuyez sur la touche Option/Alt, puis faites glisser votre souris sur la gauche pour en réduire les valeurs, ou sur la droite pour les augmenter. Une fois satisfait du rendu, vous pouvez appuyer sur la touche Entrée pour valider, ou bien cliquer sur le bouton Nouveau afin de créer un nouveau masque pour chaque groupe de retouches ; le raccourci Cmd/Ctrl + Z sert à supprimer une seule retouche au pinceau ou toute une série. Pour fermer l'outil, cliquez sur le bouton Fermer, appuyez sur la touche K ou cliquez sur l'icône dans la barre d'outils.

Lorsque vous élaborez un jeu de réglages que vous souhaitez réutiliser pour d'autres images, vous pouvez l'enregistrer à l'aide du menu Effet. Ce dernier propose plusieurs paramètres prédéfinis parmi lesquels « Adoucir la peau », qui comporte une combinaison des réglages Clarté (-100) et Netteté (+25).

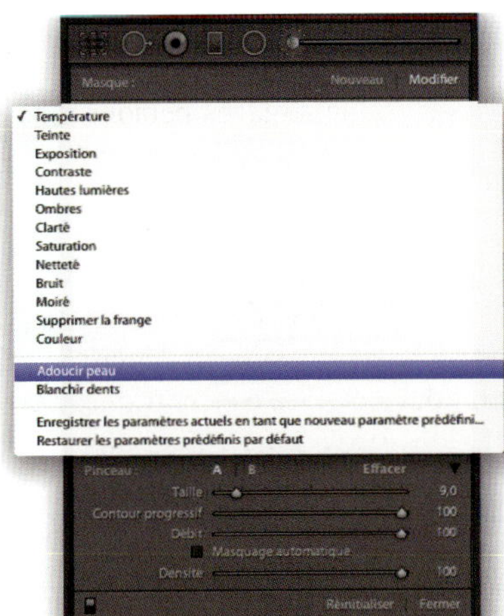

Le menu déroulant Effet.

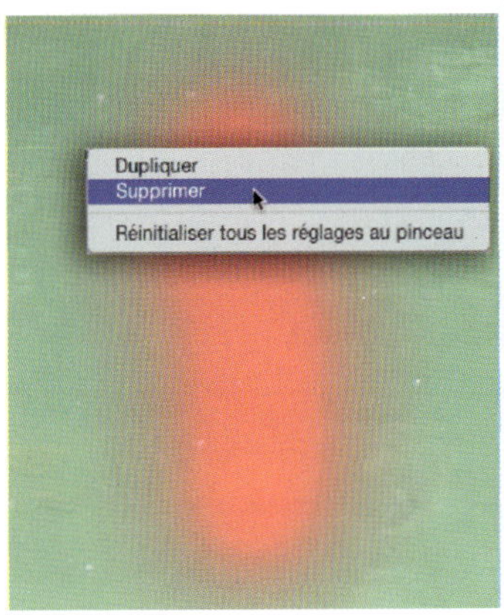

Le menu contextuel de l'outil Pinceau de retouche. Les options permettant de dupliquer, supprimer ou réinitialiser un réglage sont également proposées par les autres outils de retouche locale.

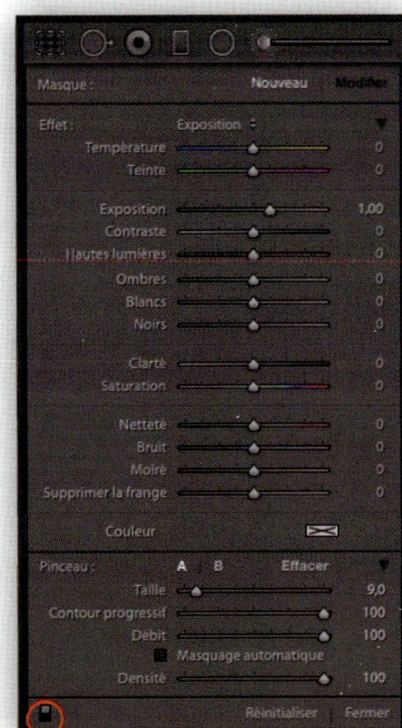

Déplacez l'ascenseur du panneau de droite : les autres panneaux se glissent sous le panneau « Pinceau de retouche », ses réglages restent ainsi toujours accessibles.

1. J'ai appliqué ici plusieurs corrections pour ajuster les hautes lumières et les tons foncés, ainsi que pour optimiser la luminosité et le contraste.

2. J'ai ajouté une série de retouches au pinceau afin d'éclaircir les rochers. Pour cela, j'ai utilisé le paramètre prédéfini « Densité - (Éclaircir) ».

L'option « Masquage automatique ». Avec l'option « Masquage automatique », vous pouvez masquer les parties de l'image qui diffèrent, par leur couleur et leur tonalité, des zones sur lesquelles vous peignez à l'aide du pinceau de réglage. Les corrections sont alors uniquement appliquées là où vous le désirez ; les zones adjacentes sont protégées par le masque dont les paramètres sont mis à jour en temps réel.

Nous allons voir sur l'exemple suivant comment cliquer sur l'arrière-plan et déplacer le curseur afin de « peindre » les parties à colorer, sans que le pinceau déborde sur les parties à protéger (pétales et tiges des tulipes). Il s'agit de neutraliser l'arrière-plan grâce à des coups de pinceau successifs.

Bien que l'option « Masquage automatique » fonctionne parfaitement pour sélectionner des zones de même couleur, il est souvent nécessaire d'affiner les contours en effectuant des allers-retours, tout en appuyant sur la touche Option/Alt afin d'effacer les traces lorsque le pinceau a débordé sur les parties proches des contours. La touche Cmd/Ctrl vous permet de basculer entre les modes « Masquage automatique » et « Par défaut ».

1. L'image possède au départ un ciel plus clair. J'ai cliqué sur le bouton « Pinceau de retouche » pour afficher ses commandes.

2. J'ai sélectionné le curseur Exposition, puis j'ai glissé le curseur vers la valeur -0,50 pour assombrir le ciel. J'ai ensuite commencé à peindre l'arrière-plan ; grâce à l'option « Masquage automatique », le pinceau ne modifie que la luminosité du ciel (voir capture page suivante).

Modifier et Dupliquer un réglage local

Pour dupliquer un réglage local, faites glisser son épingle tout en appuyant sur les touches Cmd + Alt (Mac) ou Ctrl + Alt (Windows). Pour réduire ou augmenter un réglage local, pressez la touche Alt, puis déplacez l'épingle correspondante.

Cliquez sur une zone dont vous souhaitez changer la couleur et couvrez-la au pinceau en mode « Masquage automatique ».

3. Après avoir assombri le ciel bleu, je suis passé en mode Modifier pour affiner les réglages. Un ajustement supplémentaire du curseur Exposition (-0,80) et un autre du curseur Saturation (+45) m'ont ainsi permis d'assombrir davantage le ciel tout en réduisant sa saturation.

Afficher les parties retouchées. En passant votre souris sur le marqueur « épingle », vous pouvez afficher les parties retouchées sous forme de masque gris. Appuyez sur la touche O pour afficher ou dissimuler le masque, sur Maj + O pour en changer la couleur.

Les corrections au « Pinceau de retouche » s'affichent ici en mode Masque.

Masquage automatique et artéfacts
Si la fonction « Masquage automatique » permet de sélectionner automatiquement les régions à corriger, elle peut provoquer dans certains cas des artéfacts sous forme de postérisation. Certes, ces défauts ne sont pas systématiquement présents, mais il convient de surveiller qu'ils n'apparaissent pas.

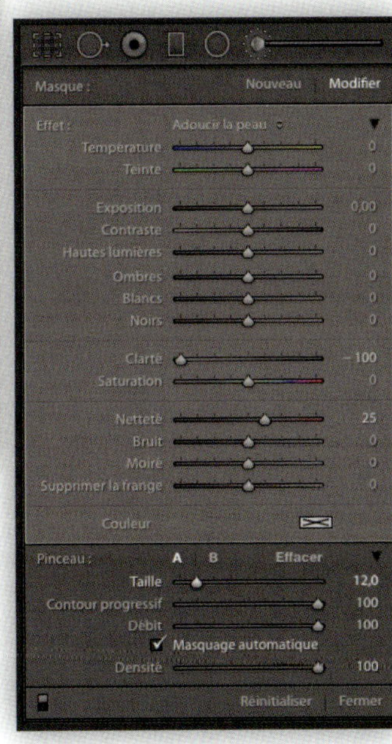

Les réglages du paramètre prédéfini « Adoucir la peau », utilisés pour les images de la page suivante.

Retouches de beauté à clarté négative. Aux pages 196 et 197, on a vu comment utiliser la commande Clarté pour appliquer un effet de diffusion à une photo noir et blanc. Clicio Barroso et Ettore Causa, deux des bêta-testeurs de Lightroom, proposent une utilisation alternative de la clarté négative, cette fois pour adoucir la peau. Si je n'apprécie pas l'apparence de photos de beauté retouchées à outrance, je trouve que le paramètre prédéfini « Adoucir la peau » (reposant sur des réglages Clarté de -100 % et Netteté de 25) fonctionne plutôt bien pour un adoucissement sélectif des tons chair.

Dans l'exemple présenté à la page suivante, j'ai simplement passé le pinceau sur les parties du visage que j'ai souhaité adoucir, sans pour autant activer la fonction « Masquage automatique ». Après avoir appliqué le préréglage « Adoucir la peau », j'ai continué à nettoyer la photo à l'aide de l'outil « Suppression des défauts ».

L'image non retouchée (en haut) et l'image retouchée à l'aide du « Pinceau de retouche » et du paramètre prédéfini « Adoucir la peau » (en bas).

Coloriser une image noir et blanc. Le sélecteur de couleurs permet de « peindre » sur une image. Son fonctionnement est proche de celui de l'outil Pinceau de Photoshop en mode « Remplacement de couleur ». Son champ d'application est aussi vaste que votre imagination : utilisez-le pour changer la couleur des cheveux ou des yeux d'un portrait ou pour rendre le ciel d'une image plus intense.

Dans l'exemple suivant, je suis parti d'une image qui a été convertie en noir et blanc grâce à une désaturation complète, puis j'ai utilisé le « Pinceau de retouche » en mode Couleur avec l'option « Masquage automatique ». Le mode de conversion noir et blanc n'influence pas le rendu, puisque le masquage automatique de Lightroom s'appuie toujours sur les informations couleur sous-jacentes. Il est ainsi possible d'obtenir de bons résultats grâce à la détection des contours du masque qui se base, quant à elle, sur les couleurs des tiges et des pétales des tulipes.

1. J'ai transformé cette image en noir et blanc à l'aide de la commande TSL – tous les curseurs de l'onglet Saturation ont été déplacés à la valeur -100. Il aurait également été possible de déplacer le curseur Saturation du panneau « Réglages de base » ou de cliquer sur le bouton Noir/blanc. J'ai ensuite sélectionné le mode Couleur, puis une couleur verte dans le panneau « Sélectionner une couleur ».

2. J'ai coché l'option « Masquage automatique », puis j'ai passé le curseur sur les tiges et les feuilles (alternance entre deux pinceaux plus ou moins épais, A et B) (voir capture page suivante).

3. Après avoir appuyé sur Entrée pour valider la série de retouches, j'ai commencé une nouvelle série de corrections : j'ai choisi une teinte jaune que j'ai appliquée aux pétales en mode « Masquage automatique ».

Ajuster la température de couleur. Les curseurs Température et Teinte permettent d'intervenir localement sur la balance des blancs. Déplacez le curseur Température à gauche pour refroidir ou à droite pour réchauffer les couleurs. Le curseur Teinte décale les couleurs le long d'un axe magenta-vert. Gardez à l'esprit que les corrections localisées de la balance des blancs se basent toujours sur les corrections globales.

1. Voici une image pour laquelle j'ai corrigé la température de couleur à l'aide des commandes du panneau « Réglages de base ». Les couleurs, légèrement chaudes, conviennent bien à ce portrait d'un jeune homme.

2. Toujours dans le panneau « Réglages de base », j'ai ajusté les curseurs Température et Teinte pour obtenir des couleurs plus froides (voir capture page suivante).

3. Dans l'outil « Pinceau de retouche », j'ai déplacé le curseur Température à gauche, puis j'ai peint sur le visage et le buste du jeune homme pour réchauffer les couleurs et pour créer un contraste saisissant entre les couleurs chaudes du sujet et les couleurs froides du fond.

Étape 2

Étape 3

Corriger les tons foncés. Les curseurs « Hautes lumières » et Ombres permettent d'éclaircir ou d'assombrir localement les hautes lumières et les tons foncés. La photo de l'exemple suivant a été prise devant un fond noir, mais celui-ci conserve encore quelques détails. L'application locale du curseur Ombres (valeurs négatives) m'a permis d'assombrir le fond sans pour autant modifier la luminosité du sujet principal. Il aurait été également possible d'utiliser conjointement les curseurs Exposition et Luminosité, mais le curseur Ombres gomme d'éventuelles petites imprécisions dans l'utilisation du pinceau. Ici, le pinceau débordait à certains endroits sur les visages des deux personnes, mais le curseur Ombres affecte uniquement les tonalités plus sombres.

1. J'ai optimisé les paramètres de développement de cette image, plaçant le curseur Noirs de manière à n'écrêter que les tons les plus foncés de l'image. Malgré tout, le fond n'est pas d'un noir uniforme et présente encore quelques détails gênants.

2. Pour remédier au problème, j'ai sélectionné l'outil « Pinceau de retouche », j'ai déplacé le curseur Exposition à la valeur -0,50 et le curseur Ombres à la valeur -50, puis j'ai commencé à peindre sur le fond pour gommer les détails (voir capture page suivante).

3. Le réglage initial n'étant pas assez prononcé, j'ai continué à peindre avec un réglage de -0,50 pour l'exposition et de -100 pour les Ombres pour ainsi rendre le fond parfaitement uniforme.

Étape 2

Étape 3

Accentuer et augmenter le contraste local. Les curseurs Clarté et Netteté peuvent être utilisés pour modifier le contraste local ou la netteté de certaines parties d'une image : appliqués à des valeurs positives, ils augmentent respectivement le contraste local et la netteté, à des valeurs négatives ils les réduisent.

L'exemple suivant montre une image à laquelle j'ai appliqué les paramètres Clarté et Netteté pour révéler les détails sur la paroi du rocher. Toutefois, pour ne pas accentuer le bruit dans le ciel, j'ai appliqué ces deux paramètres de manière sélective, en peignant directement sur le rocher, tout en évitant d'approcher ses bords, afin de ne pas modifier le ciel.

Notez que les réglages du curseur Netteté se basent toujours sur les réglages globaux du panneau Détail. Une accentuation négative aux valeurs comprises entre 0 et -50 peut être utilisée pour atténuer localement une accentuation trop prononcée. En sélectionnant une valeur de -50, vous pouvez même annuler l'accentuation globale. Aux valeurs inférieures (entre -50 et -100), vous appliquerez même un effet de flou. Si cet effet demeure assez discret, vous augmenterez sa puissance en appliquant plusieurs séries de retouches successives. Reportez-vous au chapitre 6 pour un autre exemple d'accentuation sélective.

1. J'ai sélectionné dans le panneau de l'outil « Pinceau de retouche » les paramètres Clarté (+100 %) et Netteté (+30 %), puis j'ai cliqué sur l'image pour les appliquer à certaines parties de l'image.

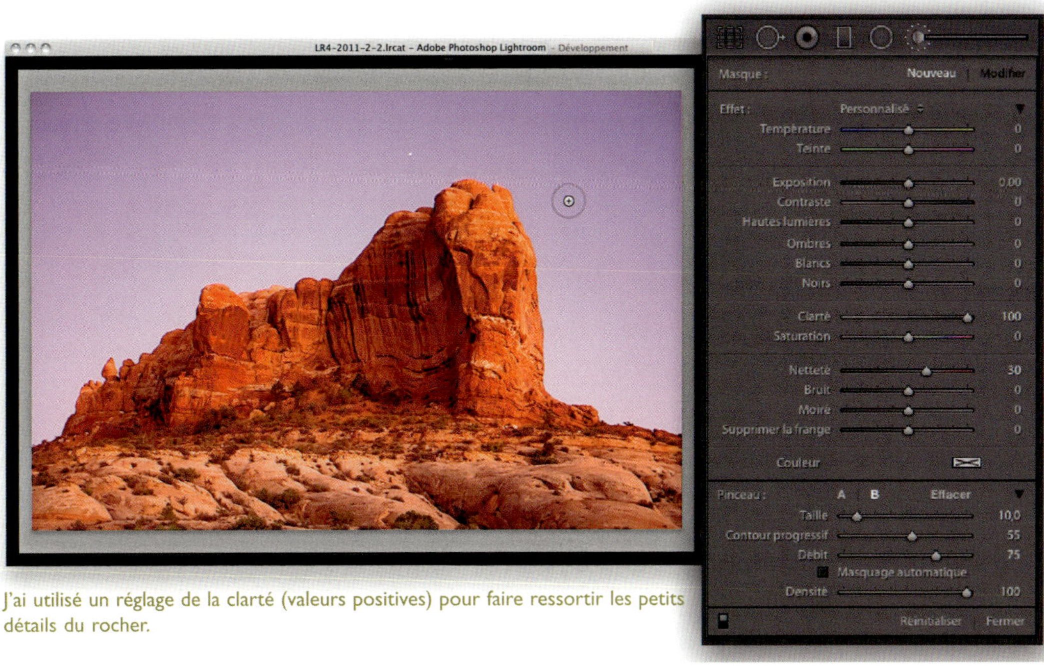

J'ai utilisé un réglage de la clarté (valeurs positives) pour faire ressortir les petits détails du rocher.

2. Pour ne pas accentuer le bruit dans le ciel, j'ai pris soin de ne peindre que la paroi du rocher qui s'affiche ici en mode Masque (en vert).

3. Voici deux extraits agrandis de l'image : la version finale, accentuée de manière sélective (à droite) est bien plus nette que l'image initiale, accentuée de manière globale (à gauche).

L'outil « Filtre gradué »

Tout ce que je viens d'expliquer à propos du « Pinceau de retouche » s'applique également au « Filtre gradué », à quelques nuances près.

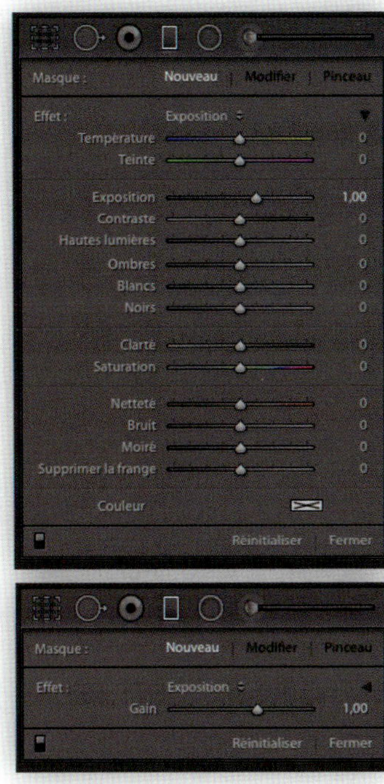

Les commandes de l'outil « Filtre gradué » en modes Complet (en haut) et Réduit (en bas).

L'outil « Filtre gradué » permet d'appliquer un dégradé linéaire sur une image ou une partie d'une image. Cliquez sur l'image pour définir le point de départ du dégradé (à son effet maximal), puis faites glisser le curseur de la souris pour déterminer son étendue. Relâchez la souris pour fixer sa limite.

L'outil « Filtre gradué » ne propose qu'un mode linéaire et il n'est pas possible de définir le point médian du dégradé. Par ailleurs, si vous êtes à la recherche d'un mode radial (circulaire), vous devrez vous contenter des réglages de l'outil Vignetage.

Lorsque vous avez appliqué un « Filtre gradué », il est représenté par un marqueur. Cliquez dessus et faites-le glisser sur l'image pour déplacer la zone d'intervention. En tirant sur les limites du dégradé (lignes parallèles), vous pouvez fixer l'étendue de l'effet ; en cliquant sur la ligne du milieu, vous pouvez réorienter le dégradé.

1. Voici une image pour laquelle j'ai corrigé la tonalité (hautes lumières, tons foncés et contraste) à l'aide des commandes du panneau « Réglages de base ».

2. J'ai cliqué sur l'icône « Filtre gradué » pour afficher les réglages ; j'ai sélectionné un réglage de l'exposition à des valeurs positives (0,44), puis j'ai fait glisser le dégradé diagonalement vers le bas pour assombrir la partie supérieure gauche de l'image.

3. J'ai ensuite décidé d'ajouter un deuxième dégradé avec une valeur de +21 pour le curseur Ombres afin d'éclaircir les tons foncés.

4. J'ai réglé le curseur Teinte sur la valeur -73 pour ainsi ajouter une dominante verte. Après avoir cliqué sur Pinceau, je me suis servi de l'outil « Pinceau de retouche » pour exclure l'arbre du masque gradué.

5. J'ai enfin appliqué deux autres dégradés au premier plan, cette fois pour augmenter l'exposition (0,77).

Étape 4

Étape 5

Retoucher un masque de « Filtre gradué » au Pinceau. Désormais, la barre d'outils des panneaux « Filtre gradué » et « Filtre radial » comporte une option Pinceau permettant de peindre sur un masque de correction locale pour en ajouter ou en effacer des parties. Pour passer en mode Pinceau, il suffit de cliquer sur le bouton idoine. Il est également possible d'utiliser le raccourci Maj + T pour basculer entre les modes Édition et Pinceau. La présence de ce dernier mode explique celle des options pour afficher ou dissimuler le masque (option « Afficher l'incrustation de masque sélectionné » ou raccourci O) et pour en changer la couleur (Maj + O), héritées de l'outil « Pinceau de retouche ».

Dans Lightroom 6/CC, vous avez donc deux manières différentes de contrôler les corrections locales : le masque de « Filtre gradué » ou de « Filtre radial », ainsi que le masque de Pinceau ; le second permettant d'intervenir plus précisément sur le premier, en lui soustrayant ou en lui ajoutant des parties de l'image. L'exemple suivant montre comment utiliser le mode Pinceau pour affiner un masque de « Filtre gradué ». Notez que le même principe s'applique à un masque de « Filtre radial ».

1. J'ai initialement appliqué plusieurs masques de « Filtre gradué » à l'image, visant à assombrir le premier plan et notamment le ciel (Exposition -0,41) tout en assombrissant la partie supérieure de la pagode.

2. J'ai cliqué sur le bouton idoine pour passer en mode Pinceau, puis j'ai effacé, en mode « Masquage automatique », le masque de « Filtre gradué » pour en effacer les parties coïncidant avec la partie supérieure de la pagode.

3. Voici l'image finale ; l'incrustation de masque et les épingles d'édition ont été masquées.

L'outil « Filtre radial »

L'outil « Filtre radial » permet de créer des vignettes décentrées. En plus des commandes du « Filtre gradué », le « Filtre radial » offre le curseur « Contour progressif » qui sert à adoucir le contour du masque de vignette.

Pour appliquer le « Filtre radial », cliquez sur l'aperçu puis faites glisser la souris vers les bords de l'image. Vous ajoutez ainsi une ellipse qui est limitée par une forme rectangulaire dont vous pouvez redéfinir la forme en faisant glisser l'une des poignées d'angle et que vous pouvez repositionner en faisant glisser l'axe central. En maintenant la touche Alt enfoncée, il est possible d'ajouter un masque qui part d'un point d'ancrage. En gardant la pression sur la touche Maj, vous ajoutez un masque partant d'un point central. En associant la touche Cmd (Mac) ou Ctrl (Windows) à un double clic sur l'image, vous créez un nouveau masque qui est centré par rapport aux dimensions actuelles de l'image. En utilisant le même raccourci et en double-cliquant à l'intérieur d'un masque de vignette existant, celui-ci s'étend pour s'adapter aux dimensions (recadrées ou non) de l'image. Utilisez la touche H pour masquer ou afficher les marqueurs de masque et les touches Maj + M ou le double-clic sur un masque existant pour appliquer les réglages et quitter l'outil.

Par défaut, l'effet du « Filtre radial » est maximal au centre et décroît graduellement vers le bord du masque où l'effet est annulé. Vous pouvez inverser l'effet en activant l'option « Inverser le masque » ou en appuyant sur la touche « ' » (apostrophe) de votre clavier. En appuyant sur la touche Alt tout en cliquant sur le marqueur, vous pouvez déplacer la souris à gauche ou à droite pour réduire ou augmenter progressivement la valeur du curseur actif. Enfin, appuyez sur les touches Cmd/Ctrl + Alt, puis faites glisser la souris sur un masque existant pour le dupliquer.

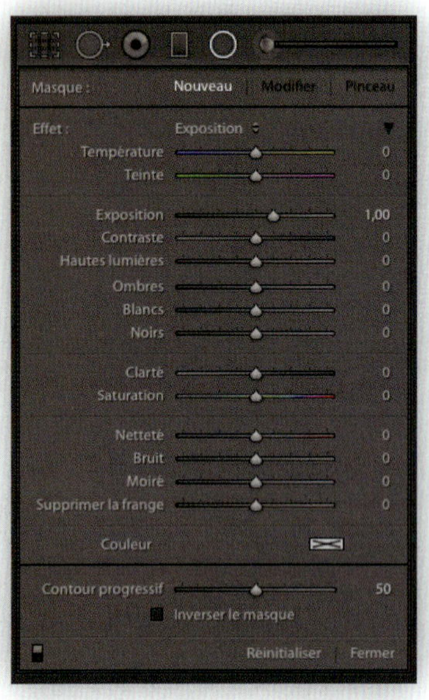

Les options du « Filtre radial ».

Il y a de nombreuses manières d'utiliser le « Filtre radial ». L'exemple le plus courant est l'application d'une vignette, destinée à assombrir ou éclaircir les bords de l'image. Au lieu de les éclaircir ou assombrir à l'aide du curseur Exposition, vous pouvez utiliser les curseurs « Hautes lumières » et Ombres pour exercer davantage de contrôle sur les tonalités de l'image. On pourrait également imaginer d'ajuster la saturation des couleurs de manière à obtenir des couleurs plus saturées dans le centre ou sur les bords de l'image. Comme avec le « Filtre gradué », il est possible d'ajouter de multiples masques à une image. Une fois ajouté, un masque est représenté par un marqueur en forme de broche. Cliquez sur le marqueur pour l'activer et pour afficher le contour elliptique du masque dont vous pouvez ensuite modifier les paramètres de réglage.

1. Après avoir ouvert l'image suivante dans le module Développement, j'ai sélectionné le « Filtre radial », puis j'ai pressé la touche Cmd/Ctrl tout en double-cliquant sur l'aperçu pour créer un nouveau masque qui s'étend jusqu'aux bords de l'image. J'ai ajusté les curseurs Température (-23), Teinte (-79), Exposition (-0,88), Clarté (78) et Saturation (-4) pour créer un effet de vignette.
2. Pour finir, j'ai ajusté les poignées pour aligner le masque avec la roue et son centre avec le moyeu.

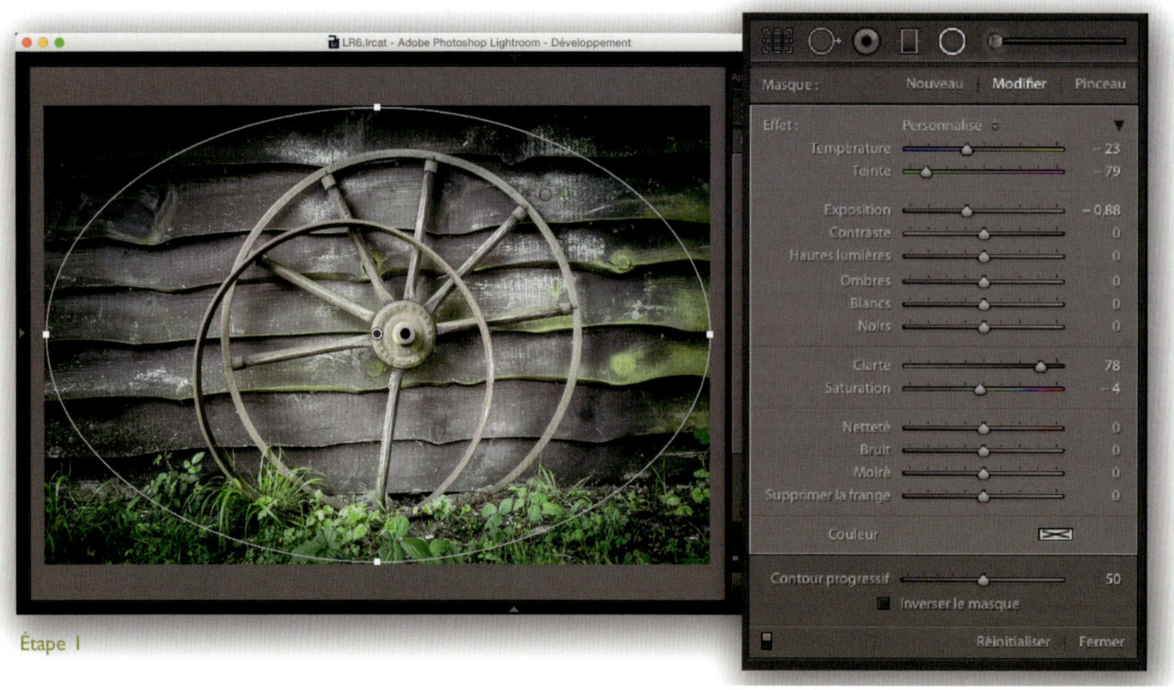

Étape 1

Étape 2

Accentuer la netteté de manière locale. Le « Filtre radial » peut également servir à améliorer le piqué sur les bords de l'image. Si avec certains objectifs très haut de gamme, le piqué en périphérie ne pose plus vraiment problème, la plupart des images bénéficient néanmoins d'une accentuation locale ciblant les bords de l'image. Pour citer un exemple, j'ai récemment acheté un appareil compact numérique Sony RX-100 dont j'apprécie beaucoup le petit gabarit et l'enregistrement des images au format RAW. Toutefois, la netteté des images n'est pas aussi uniforme qu'avec les objectifs de mes reflex numériques que j'utilise fréquemment. Pour y remédier, je me sers du « Filtre radial » pour appliquer un réglage de netteté qui gagne progressivement en vigueur vers les bords de l'image. La perte de piqué suit plutôt un modèle tangentiel et sa compensation un modèle radial, peu propice au renforcement optimal de la netteté périphérique. Nous sommes donc loin de l'efficacité de la commande « Netteté de l'optique » de DxO Optics Pro qui repose sur des profils de correction optique.

Cependant, le « Filtre radial » permet d'améliorer la qualité d'image. Si vous trouvez une utilité à la technique détaillée ci-dessous, n'hésitez pas à créer un paramètre prédéfini de développement que vous pouvez appliquer à toutes les images prises avec le même objectif. Il est également possible d'intégrer cette correction au sein des paramètres par défaut, à condition d'utiliser un appareil photo avec un objectif inamovible.

1. Voici une image que j'ai prise avec mon Sony RX-100. Si le rendu global est excellent, l'image souffre d'une netteté dont la distribution n'est pas uniforme et décroît vers les bords. Pour y remédier, j'ai commencé à appliquer une accentuation globale à l'aide des curseurs du panneau Détail.

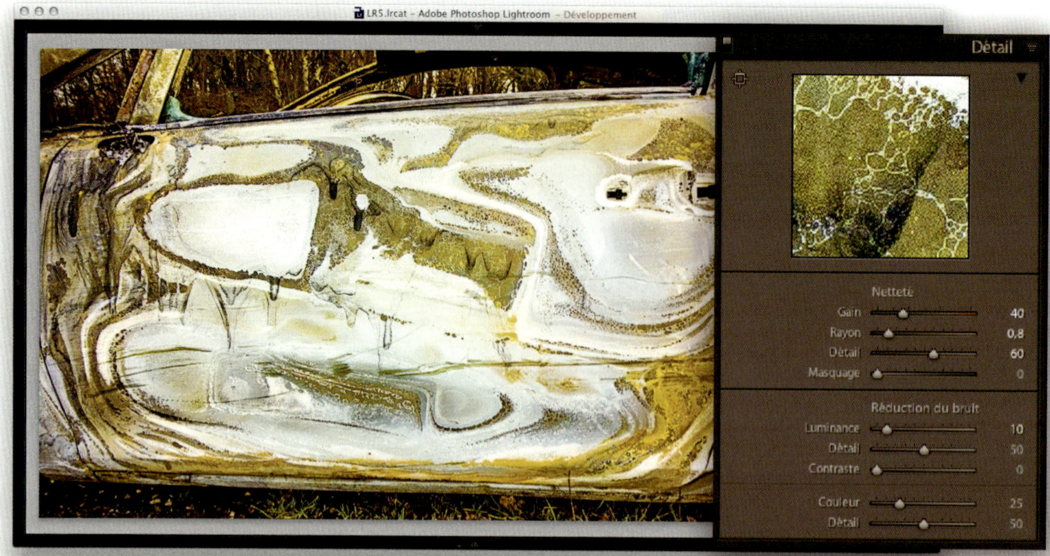

2. Ensuite, j'ai sélectionné l'outil « Filtre radial », puis j'ai double-cliqué sur l'aperçu pour créer un nouveau masque qui est automatiquement centré par rapport aux dimensions de l'image. Pour finir, j'ai désélectionné le curseur « Inverser le masque » pour que l'effet du masque diminue progressivement vers les bords de l'image et déplacé le curseur Netteté sur la valeur +66.

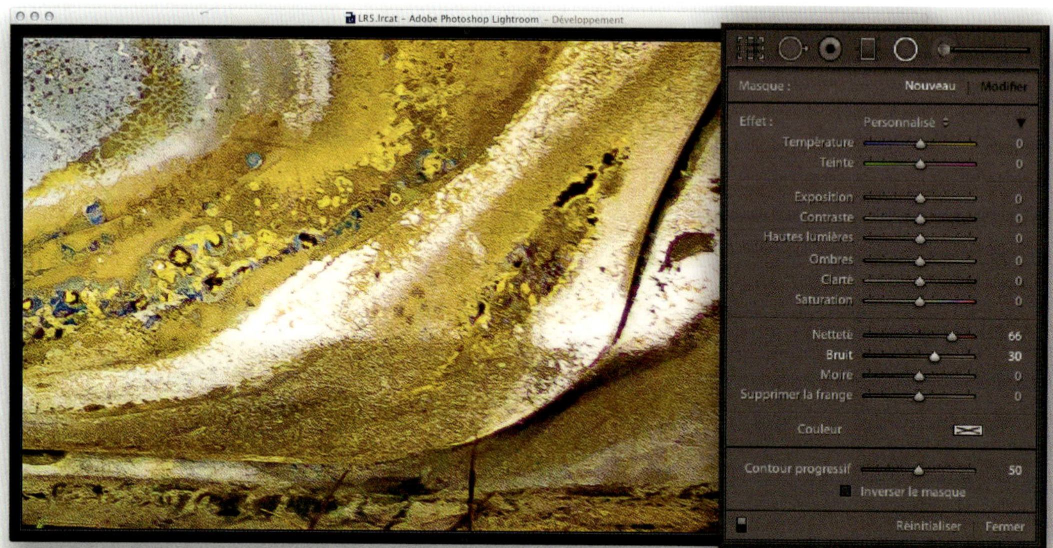

3. Voici page suivante deux extraits fortement agrandis qui montrent l'un des bords de l'image avant (à gauche) et après l'accentuation locale (à droite).

Le panneau Historique

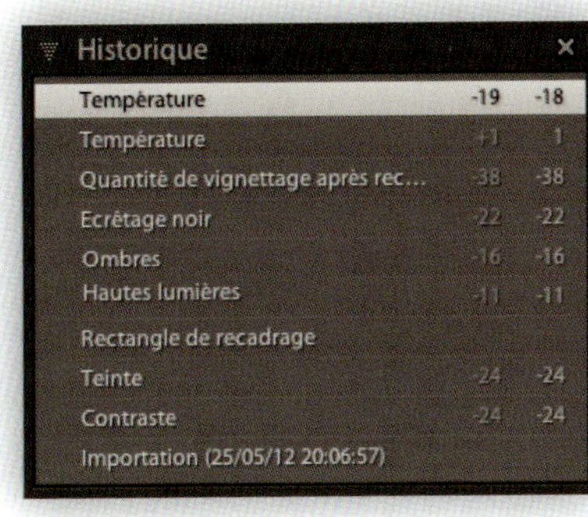

Le panneau Historique.

Toutes les modifications effectuées dans le module Développement sont enregistrées en tant qu'état d'historique dans le panneau Historique situé juste en dessous des panneaux « Paramètres prédéfinis » et Instantanés. L'état d'historique le plus ancien apparaît en bas de l'agrandissement ci-contre : il indique la date et l'heure de l'importation. Les états qui suivent sont affichés par ordre de création (ascendant). Les chiffres de la colonne de droite signalent les changements de réglages des outils de la colonne de gauche.

Il y a plusieurs façons de parcourir les différentes étapes enregistrées dans l'historique.

- Cliquez sur l'un des états d'historique affichés dans le panneau Historique, vous revisiterez ainsi rapidement un état précis.
- Survolez la liste des états à l'aide de la souris, vous pourrez prévisualiser dans l'Aperçu du panneau Navigation l'ensemble des modifications enregistrées avant d'en appliquer une.

La figure suivante présente le panneau Historique après que plusieurs réglages basiques ont été appliqués à une image. Par rapport à son alter ego dans Photoshop, ce panneau possède un atout de taille : tous les états d'historique sont préservés quand vous quittez le logiciel. Il permet de retrouver longtemps après l'ensemble des réglages effectués dans le module Développement et donne accès à un nombre illimité d'états d'historique (beaucoup plus facilement que dans la fenêtre Historique de Photoshop où le nombre d'étapes enregistrées est limité, et où vous utilisez très vite beaucoup de mémoire vive au fur et à mesure de l'avancement du travail).

Pour annuler la dernière étape d'un traitement (et donc l'état d'historique le plus récent), appuyez sur les touches Cmd/Ctrl + Z. Si vous utilisez ce raccourci plusieurs fois de suite, plusieurs étapes seront effacées du haut de la liste de l'historique. Pour les restaurer, passez par la commande Édition>Rétablir du menu ou par le raccourci clavier Cmd/

Ctrl + Maj + Z. Mais attention, si vous quittez Lightroom après avoir supprimé quelques états d'historique, ils seront impossibles à récupérer…

Les corrections successives sont soigneusement répertoriées dans le panneau Historique.

Pour simplifier la gestion de l'historique, le bouton Effacer permet de supprimer l'ensemble des états d'une image (bouton très utile quand ces derniers deviennent trop nombreux) ; le panneau Instantanés sera alors d'un grand secours puisqu'il permet de sauvegarder les états d'historique les plus importants.

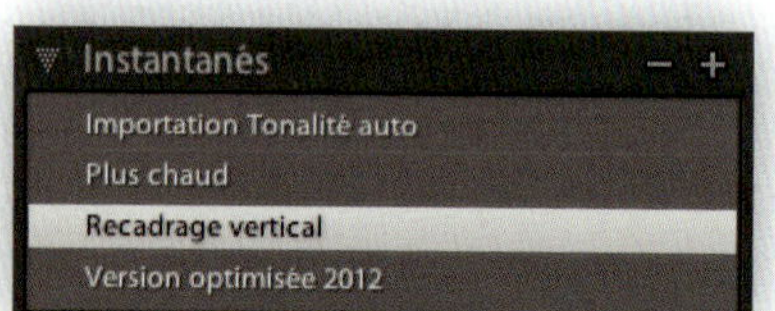

Grâce au panneau Instantanés, vous pouvez enregistrer différentes étapes de l'historique.

Le panneau Instantanés

Le panneau Instantanés a été conçu pour travailler de concert avec le panneau Historique. Comme son nom l'indique, il sert à enregistrer différents instantanés d'une image, ce qui évite d'avoir à parcourir la longue liste du panneau Historique à la recherche d'un état précis.

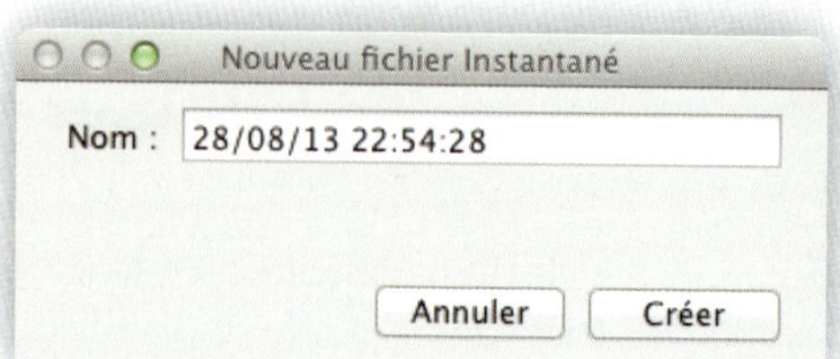

Cliquez sur l'icône « + » pour créer et nommer un nouvel instantané.

Lightroom n'a pas besoin de convertir une image au format TIFF pour préserver un état d'historique : l'outil Instantanés permet d'enregistrer de multiples interprétations, par exemple des versions noir et blanc et couleur d'une même image (voir photos page suivante).

Sélectionnez un état d'historique à transformer en instantané dans le panneau Historique (à moins que vous ne vouliez enregistrer l'état actuel de votre image), puis cliquez sur la petite icône « + » du panneau Instantanés. Donnez un nom à l'instantané, puis appuyez sur la touche Entrée du clavier. Les instantanés sont enregistrés et classés par ordre alphabétique. Le panneau Navigation affiche un aperçu de chacun d'entre eux dès que vous passez sur la liste avec votre souris. Un simple clic suffit pour sélectionner un instantané, un clic sur l'icône « - » le supprime du panneau. Vous pouvez synchroniser les réglages entre plusieurs instantanés via la commande Développement>Synchroniser les instantanés. La boîte de dialogue « Synchroniser avec les instantanés » est d'ailleurs identique à la boîte de dialogue « Synchroniser les paramètres », de la page 307.

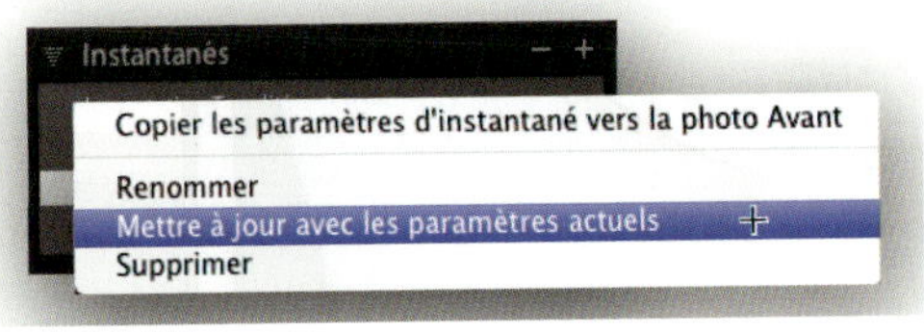

L'option « Mettre à jour avec les paramètres actuels » du menu contextuel est utile pour ajouter de nouveaux réglages à un instantané.

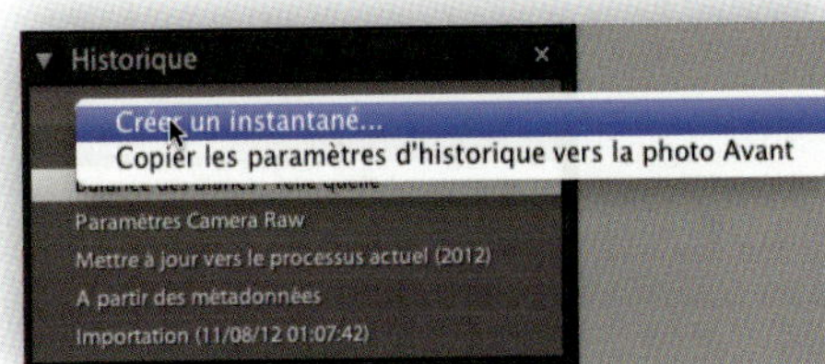

L'option « Créer un instantané » du menu contextuel du panneau Historique permet de créer un instantané à partir d'un état de l'historique.

J'ai d'abord enregistré une version de la photo en tant qu'instantané sous le nom « Processus 2010 Optimisé » (page précédente). Puis j'ai créé et enregistré une version avec des réglages adaptés aux nouvelles routines de développement, appelée ici « Processus 2012 Optimisé ».

L'outil « Synchroniser les instantanés »

Cette commande est très pratique pour mettre des instantanés à jour lorsque vous venez de passer un certain temps à repiquer des poussières sur une photo ou à recadrer l'image. Vous pouvez ainsi appliquer uniquement les réglages de l'outil « Supprimer les tons directs » ou « Cadre de recadrage », sans pour autant modifier les autres réglages des instantanés précédents.

1. J'ai corrigé l'image à l'aide des commandes du module Développement, puis j'ai enregistré les réglages en tant qu'instantané.
2. J'ai continué à améliorer l'image, puis j'ai enregistré un nouvel instantané sous le nom « Processus 2012-Tons chauds ». Les réglages comportent notamment une série de retouches de poussière (voir capture page suivante).
3. Il est parfois utile de faire bénéficier les anciens instantanés de nouveaux réglages effectués a posteriori ; pour ce faire, sélectionnez la commande Paramètres>Synchroniser les instantanés.
4. Dans la boîte de dialogue « Synchroniser avec les instantanés », vous pouvez sélectionner les paramètres à transférer. Ici, j'ai cliqué sur le bouton « Ne rien sélection-

Étape 1

Étape 2

ner », puis j'ai coché l'option « Retouche des tons directs ». En cliquant ensuite sur le bouton Synchroniser, j'ai pu appliquer les retouches effectuées à l'ensemble des instantanés.

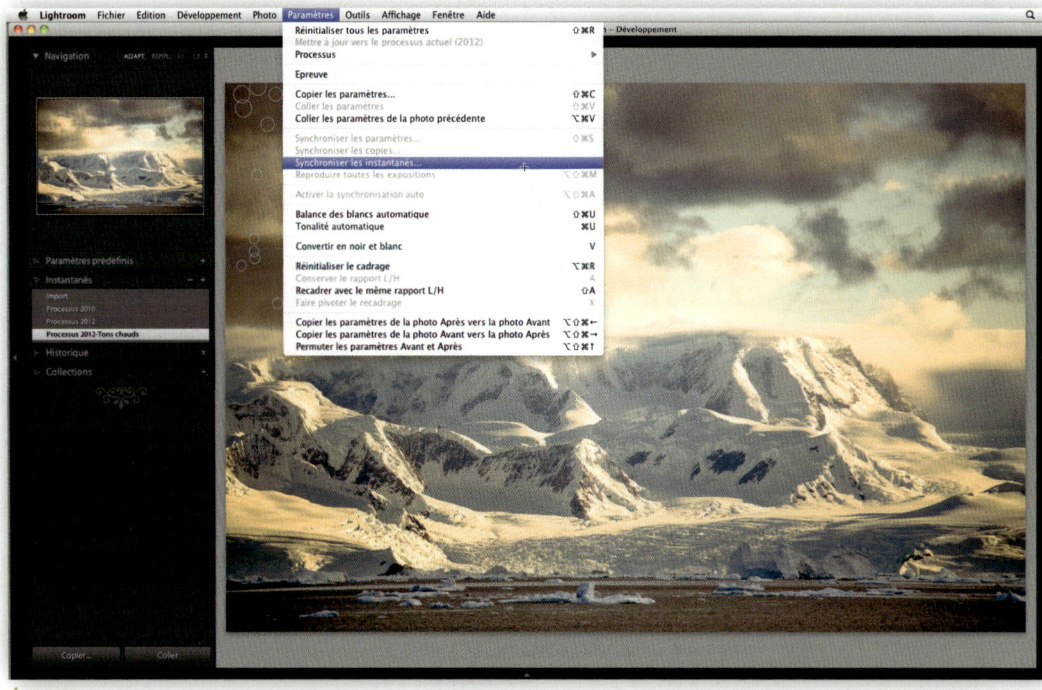

Étape 3

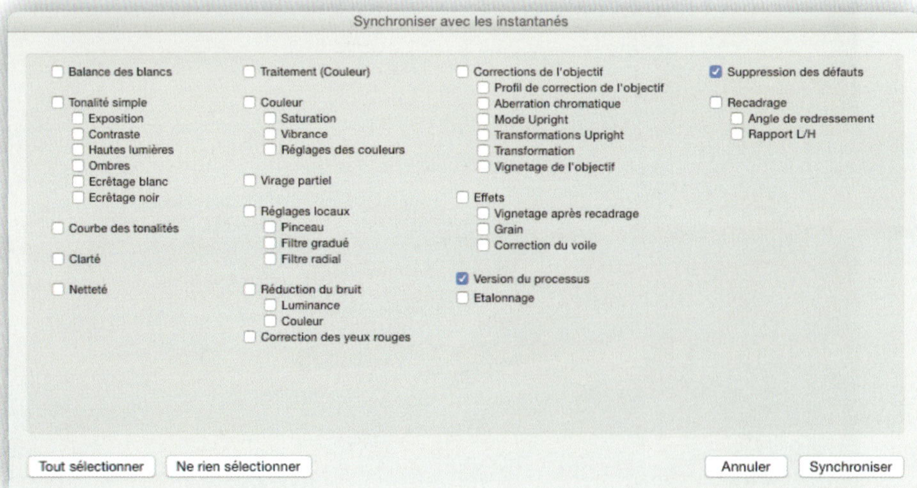

Étape 4

Simplifier votre flux de travail

Créer des copies virtuelles

Les copies virtuelles comportent une icône en bas à gauche de la vignette qui les distingue des originaux.

Lightroom permet de créer des copies virtuelles via l'option « Créer une copie virtuelle » dans le menu contextuel (pour y accéder, sélectionnez une ou plusieurs photos dans le panneau « Film fixe », puis faites un Ctrl + clic sur Mac ou un clic droit sur PC).

La copie virtuelle est automatiquement empilée avec la photo principale, c'est-à-dire qu'elle apparaît à ses côtés dans la grille du module Bibliothèque. Elle est repérée par le badge qui figure en bas à gauche de la vignette.

Les copies virtuelles ne sont pas des photos réelles, mais de simples métadonnées localisées dans la base de la bibliothèque, et qui enregistrent les différents jeux de paramètres de correction. Ce ne sont pas non plus des instantanés, lesquels sont des sauvegardes d'états d'historique et donc des variantes de l'image principale : bien qu'il soit possible de copier/coller des réglages entre différents instantanés, vous ne pourrez pas créer de multiples versions (considérées comme des images indépendantes).

Les copies virtuelles sont affichées ici à côté de l'image principale.

Une copie virtuelle s'apparente donc à une version indépendante d'un instantané : vous pouvez lui appliquer de multiples réglages en toute liberté, par exemple créer plusieurs versions monochromes de votre image ou expérimenter différents recadrages. La capture ci-dessous compare différentes versions d'une même photo, obtenues grâce aux copies virtuelles.

Un des principaux avantages des copies virtuelles est la possibilité de jouer avec différentes interprétations d'une même image, puis de pouvoir les comparer à l'image principale (mode Comparaison).

Grâce aux copies virtuelles, on peut également classer différentes versions d'une même image dans des collections distinctes : créez, par exemple, des versions couleur et noir et blanc à partir d'une image principale, puis distribuez-les dans des collections différentes.

La gestion indépendante des métadonnées d'une copie virtuelle (suppression ou ajout) de celles de l'image principale permet des applications variées. Par exemple, un service de repérage professionnel (société qui recherche des lieux de tournage pour le cinéma, la télévision et la photo) qui utilise les métadonnées pour classer les lieux de tournage qu'il propose (code postal, nom du lieu, coordonnées GPS, etc.) n'a aucun intérêt à inclure ces données commercialement sensibles dans les images qu'il transmet ; les copies virtuelles sont alors bien pratiques.

Synchroniser des paramètres

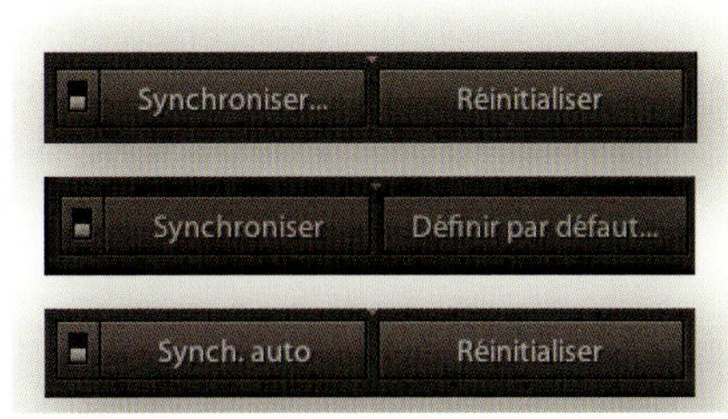

Les boutons « Synchroniser... » et « Synch. auto » servent à uniformiser des réglages de manière manuelle ou automatique sur plusieurs images sélectionnées.

Nous avons beaucoup parlé des outils du module Développement dans ce chapitre, voici maintenant quelques cas pratiques d'application.

Lorsque plusieurs images sont sélectionnées dans le panneau « Film fixe », le bouton Précédent du panneau de droite se transforme en bouton Synchroniser pour homogénéiser les réglages de toutes ces images en se basant sur ceux de l'image principale.

La boîte de dialogue « Synchroniser les paramètres » s'affiche quand vous cliquez sur le bouton Synchroniser (raccourci Cmd/Ctrl + Maj + S). Vous pouvez y sélectionner un par un les réglages à synchroniser. Le bouton « Tout sélectionner » applique l'ensemble des réglages (c'est certainement l'option la plus utilisée). Le bouton « Ne rien sélectionner » décoche toutes les cases ; ensuite, il ne vous reste plus qu'à sélectionner les quelques réglages qui vous intéressent.

Le bouton Synchroniser permet d'appliquer les paramètres de développement de l'image la plus sélectionnée (marquée par une cellule plus claire, presque blanche) aux autres images d'une sélection (marquées par une cellule grise). L'image la plus sélectionnée est celle qui s'affiche dans la fenêtre principale.

Le choix des réglages à appliquer est crucial. Si vous cliquez sur le bouton « Tout sélectionner », l'ensemble des réglages de l'image principale est appliqué aux images de la sélection : vous risquez alors d'écraser des réglages spécifiques à certaines d'entre elles (notamment pour la balance des blancs, le recadrage et la retouche de poussière). Si vous limitez en revanche le nombre de paramètres de façon trop restrictive, certains réglages importants seront omis.

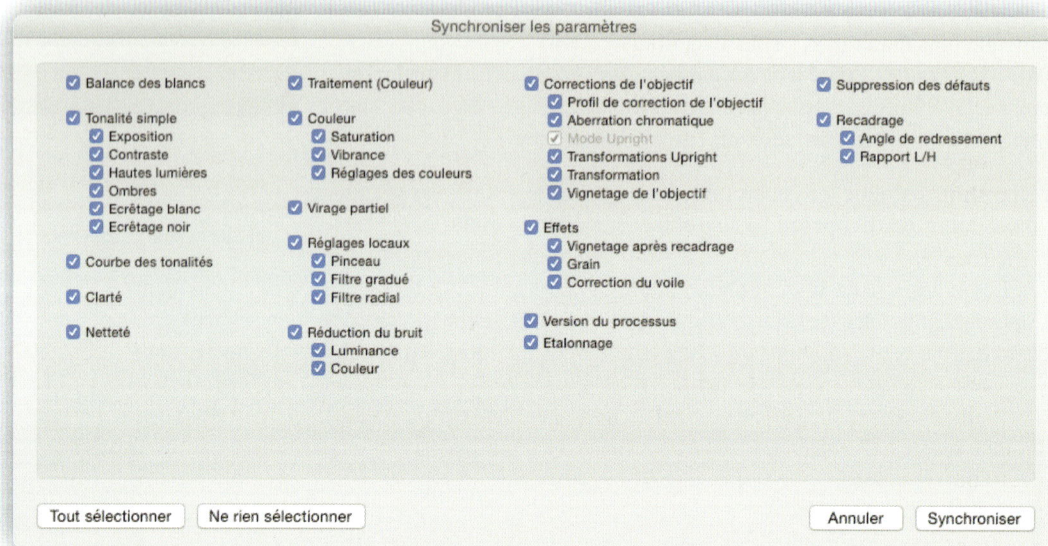

Cliquez sur le bouton Synchroniser pour appliquer les réglages de l'image principale (en gris clair) à toutes les images sélectionnées (en gris foncé).

Si vous cliquez simultanément sur la touche Alt et le bouton « Synchroniser... », ce dernier se transforme en « Synchroniser ». Cliquez dessus pour appliquer le jeu de réglages utilisé lors de la dernière synchronisation sans repasser par la boîte de dialogue « Synchroniser les paramètres ».

En appuyant sur la touche Cmd/Ctrl, vous accédez au bouton « Synch. auto » (Synchronisation automatique) qui synchronise automatiquement les réglages des images sélectionnées. Pour utiliser cette fonction, vous devez choisir des images, puis cliquer sur le bouton Synchroniser tout en maintenant la touche Cmd/Ctrl enfoncée. La synchronisation automatique permet de modifier les réglages de l'image principale, lesquels seront automatiquement répercutés à l'ensemble des images sélectionnées. Pour quitter ce mode automatique, cliquez une nouvelle fois sur le bouton « Synch. auto ». Le bouton Réinitialiser permet de revenir, si besoin est, aux réglages par défaut de Lightroom.

Lightroom et Camera Raw

En tant que membres de la famille Photoshop, Lightroom et Camera Raw partagent le même moteur de conversion RAW. Les corrections appliquées dans l'un des deux logiciels sont ainsi lues et correctement interprétées par l'autre.

Lire les corrections de Lightroom depuis Camera Raw

Pour lire les corrections effectuées dans Lightroom depuis Camera Raw, il faut les enregistrer dans les métadonnées du fichier ou dans un fichier annexe au format XMP, sinon les modifications ne s'affichent pas dans le module externe de Photoshop. Le développement de Camera Raw est directement lié à celui des différentes générations de Photoshop : Camera Raw 6.7 est l'ultime version du module externe compatible avec Photoshop CS5 ; il vous faudra investir dans Photoshop CS6 pour bénéficier de la huitième génération de Camera Raw qui intègre l'ensemble des nouveautés du module Développement de Lightroom 5. Si Camera Raw 9.x, dont il existe des versions pour Photoshop CS6 et CC, est capable de lire et d'afficher l'ensemble des corrections effectuées dans Lightroom 6/CC, seules les versions dédiées à Photoshop CC sont à même de les modifier.

Lire les corrections de Camera Raw depuis Lightroom

Pour lire les corrections effectuées dans Camera Raw à partir de Lightroom, vous devez paramétrer Camera Raw afin qu'il enregistre les modifications dans les métadonnées XMP du fichier ou dans un fichier annexe du même format. Démarrez Bridge et sélectionnez les Préférences Camera Raw à partir du menu Édition ; il est également possible de les ouvrir à partir de Photoshop CS6 et CC (Édition>Préférences>Camera Raw). Dans la section Général, sélectionnez ensuite l'option Enregistrer les paramètres de l'image dans>Fichiers « .xmp » annexes. Ainsi, les réglages de Camera Raw sont toujours enregistrés au sein des métadonnées XMP.

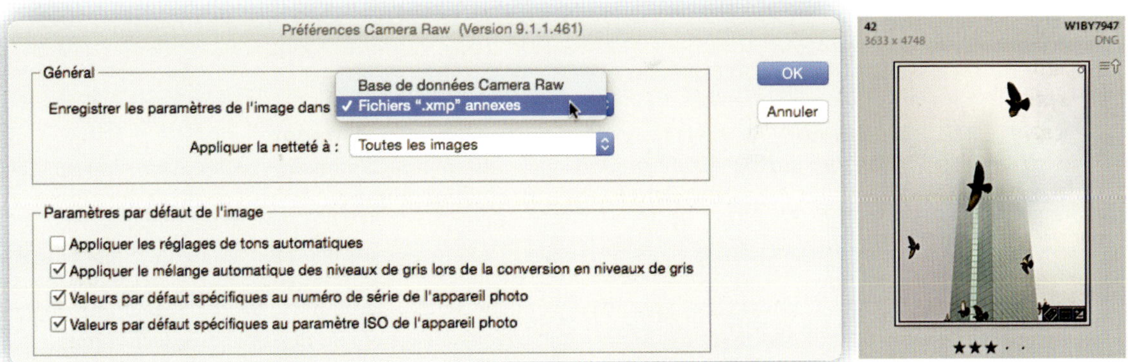

Afin de garantir la synchronisation des paramètres de développement entre Camera Raw et Lightroom, il faut opter pour leur enregistrement dans les métadonnées XMP, au sein du fichier image ou d'un fichier annexe (à gauche). Lorsqu'il existe un conflit de métadonnées, Lightroom affiche une icône d'avertissement en forme de flèche ou de point d'exclamation dans la cellule de la vignette, sous condition d'avoir coché l'option « Métadonnées non enregistrées » dans la section « Icônes des cellules » des « Options d'affichage de la bibliothèque ».

Lorsqu'une image a été modifiée dans un logiciel externe, Lightroom affiche une icône d'avertissement en forme de flèche verticale dans la cellule de la vignette et vous invite à cliquer dessus afin d'accéder à l'aide. Si vous soupçonnez une modification externe des métadonnées XMP d'une image, vous pouvez sélectionner, dans le module Bibliothèque, la commande Métadonnées>Lire les métadonnées depuis le fichier, ou dans le module Développement, la commande Photo>Lire les métadonnées depuis le fichier. Il est également possible de choisir la commande Bibliothèque>Synchroniser le dossier pour importer toutes les modifications à partir des fichiers images.

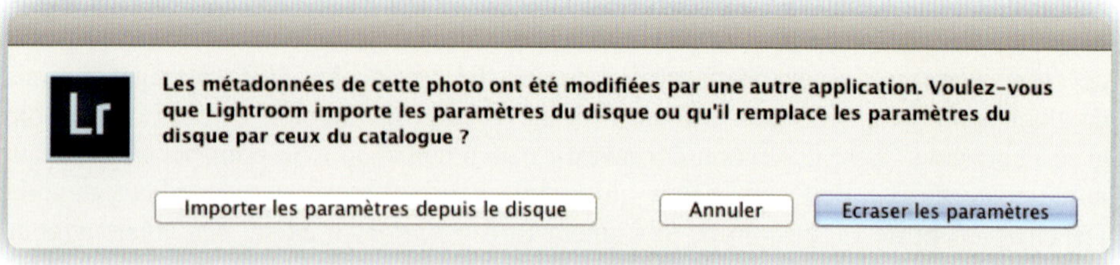

Boîte de dialogue Confirmation qui permet de choisir entre les métadonnées du fichier et celles du catalogue.

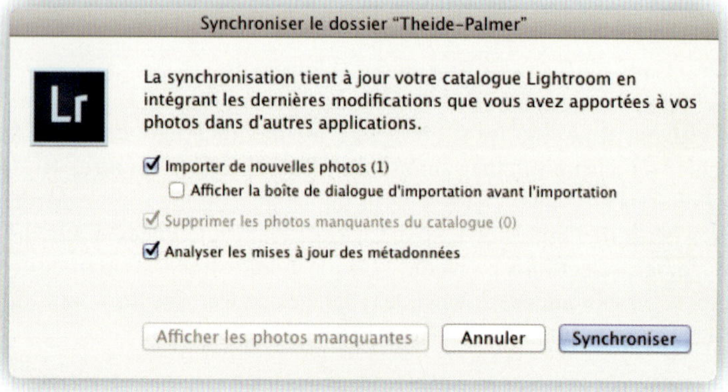

Grâce à la boîte de dialogue « Synchroniser le dossier », Lightroom compare les informations du dossier (images, réglages et métadonnées) avec celles du catalogue.

Synchroniser les réglages entre Camera Raw et Lightroom

Voici une simple démonstration qui vous montre comment synchroniser les réglages d'une série de photos entre Lightroom et Camera Raw.

1. Lightroom affiche une série d'images à laquelle on a appliqué des réglages par défaut.
2. Dans Camera Raw, j'ai ouvert la même série. J'ai optimisé les réglages d'une image avant d'appliquer ces mêmes corrections à l'ensemble des images sélectionnées.
3. Pour les images modifiées dans Camera Raw, Lightroom affiche une icône d'avertissement en forme de point d'exclamation, indiquant un conflit dans les métadonnées. J'ai cliqué dessus, puis sur le bouton « Importer les paramètres depuis le disque » (dans la boîte de dialogue Confirmation) afin d'importer les paramètres appliqués dans Camera Raw à l'intérieur du catalogue de Lightroom.
4. Les corrections appliquées dans Camera Raw s'affichent directement dans Lightroom.

Étape 1

Étape 2

Étape 3

Étape 4

Copier/coller des paramètres

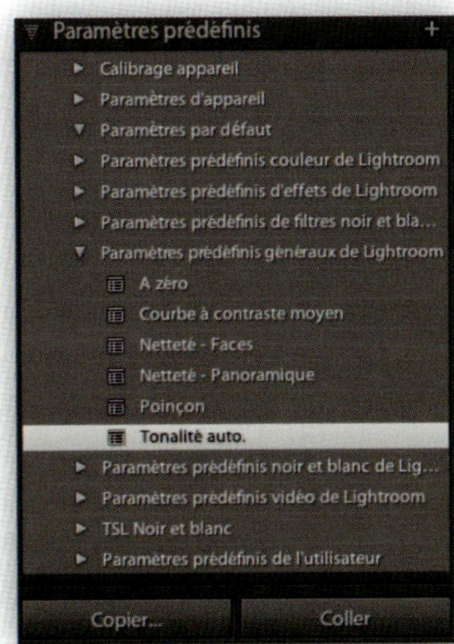

Les boutons « Copier… » et Coller, du bas du panneau de gauche.

Une autre méthode pour synchroniser les paramètres sur plusieurs images est le copier/coller. À partir du module Développement, sélectionnez une image du panneau « Film fixe » et cliquez sur le bouton Copier (en bas du panneau de gauche du module Développement, voir ci-contre) : la boîte de dialogue « Copier les paramètres » s'ouvre. Pour copier les réglages, sans pour autant passer par cette boîte de dialogue, vous pouvez appuyer sur la touche Alt : vous copiez alors les réglages sélectionnés lors de la dernière ouverture de la boîte de dialogue. Pour appliquer ces réglages à une sélection, utilisez le bouton Coller.

Sélectionnez une image, puis appuyez sur Précédent afin d'appliquer les réglages de l'image précédemment sélectionnée. Pour appliquer les réglages de l'image précédente à d'autres images, appuyez sur la touche Maj.

Dans le module Développement, les raccourcis classiques Cmd/Ctrl + C et Cmd/Ctrl + V fonctionnent ; combinez-les à la touche Alt pour ne pas ouvrir la boîte de dialogue. Dans le module Bibliothèque, vous ne pouvez pas accéder aux boutons Copier et Coller : utilisez les raccourcis Cmd/Ctrl + Maj + C pour copier les réglages, Cmd/Ctrl + Maj + V pour les coller, Cmd/Ctrl + Alt + V pour appliquer ceux de l'image précédemment sélectionnée.

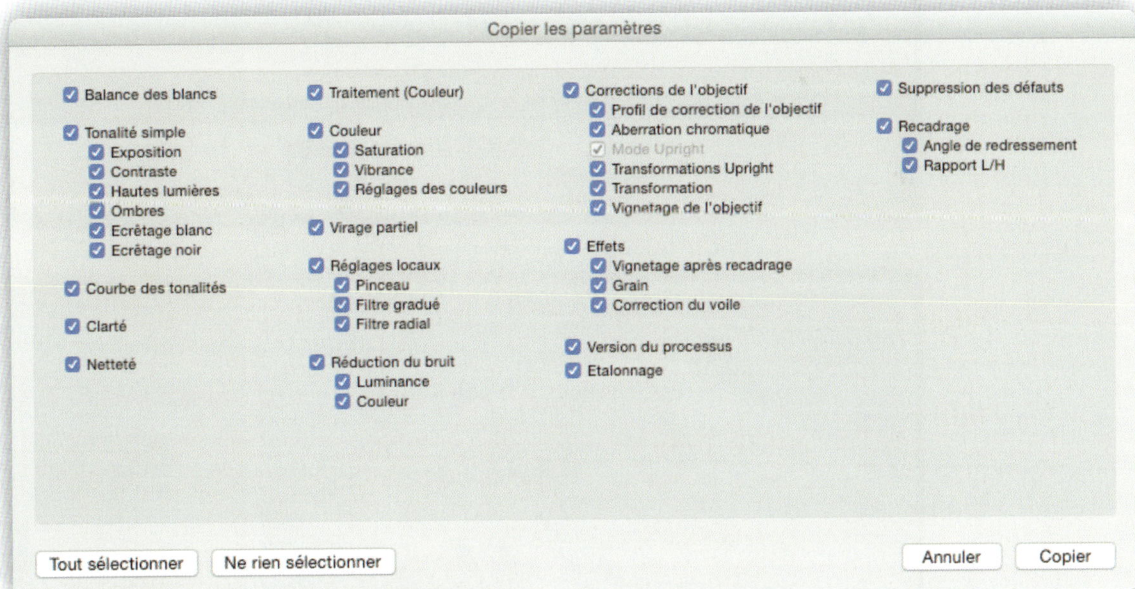

La boîte de dialogue permettant de choisir parmi les paramètres de développement à copier.

> **Appliquer les réglages à plusieurs images**
> Lorsque vous sélectionnez plusieurs images à partir du panneau « Film fixe », le bouton Précédent devient un bouton Synchroniser. Utilisez la touche Maj pour revenir au mode Précédent et pour ainsi appliquer les paramètres de développement de la dernière image corrigée aux images sélectionnées.

Appliquer des réglages précédents

Lightroom enregistre automatiquement les paramètres de développement pour chacune des images sélectionnées, ce qui vous permet d'appliquer ces réglages à d'autres photos du catalogue.

1. Sélectionnez une image à partir du panneau « Film fixe ». Lightroom enregistre automatiquement les paramètres de développement associés en tant que jeu complet.

2. Lorsque vous sélectionnez une autre image et que vous cliquez sur le bouton Précédent, vous lui appliquez automatiquement tous les paramètres de la dernière image sélectionnée.

Étape 1

Étape 2

Enregistrer des paramètres de développement en tant que paramètres prédéfinis

Copier et appliquer des paramètres sera très pratique pour vos besoins à court terme, mais je vous conseille d'enregistrer les réglages couramment utilisés en tant que paramètres prédéfinis. La figure ci-contre montre le panneau « Paramètres prédéfinis » du module Développement ; la figure **ci-dessous** rassemble une longue liste de paramètres.

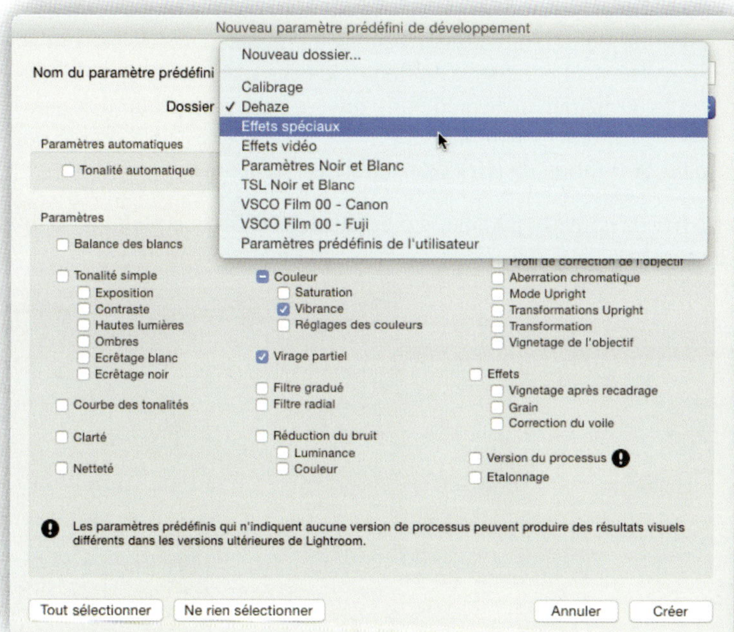

Dans la boîte de dialogue « Nouveau paramètre prédéfini de développement », cochez les réglages que vous voulez inclure dans le futur jeu de paramètres prédéfinis, nommez ce dernier, puis déterminez le dossier dans lequel il sera enregistré. La version du processus détermine les réglages affichés. L'icône d'avertissement vise à vous sensibiliser sur le fait que les versions du processus influent à la fois sur les réglages proposés et sur le rendu des images.

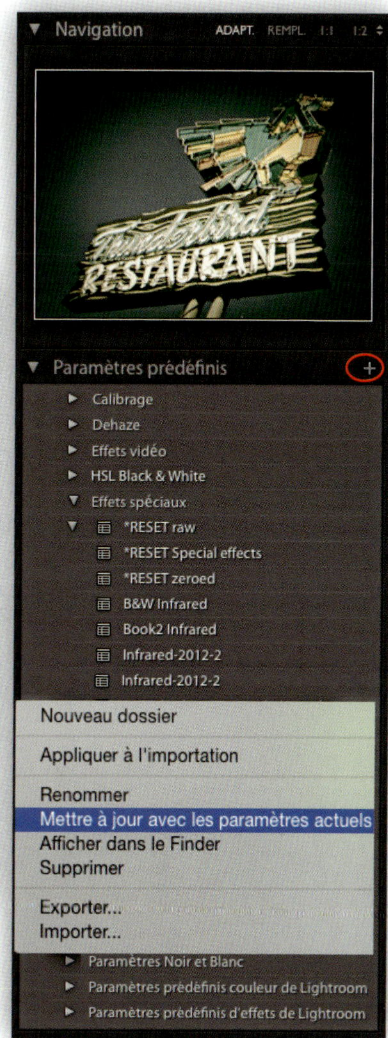

Le panneau Navigation affiche une prévisualisation des paramètres prédéfinis dès que vous les survolez avec la souris, permettant ainsi une évaluation rapide des réglages inclus. Cliquez simultanément sur la touche Ctrl (Mac) ou faites un clic droit (Windows) pour révéler le menu contextuel des paramètres prédéfinis.

Cliquez sur l'icône « - » pour supprimer un paramètre prédéfini de la liste. Cliquez sur l'icône « + » pour ajouter vos propres préréglages : la boîte de dialogue « Nouveau paramètre prédéfini de développement » s'ouvre. Vous pouvez y effectuer une sélection personnalisée des paramètres à préserver (par exemple, vous pouvez créer un paramètre prédéfini qui comprend uniquement les réglages de la balance des blancs et du panneau « Étalonnage de l'appareil photo »). Une fois les paramètres choisis, attribuez un nom au nouveau paramètre prédéfini, puis cliquez sur le bouton Créer.

L'option « Tonalité automatique » est très utile pour appliquer un réglage automatique des principaux paramètres de tonalité (Récupération, Noirs, Luminosité et Contraste).

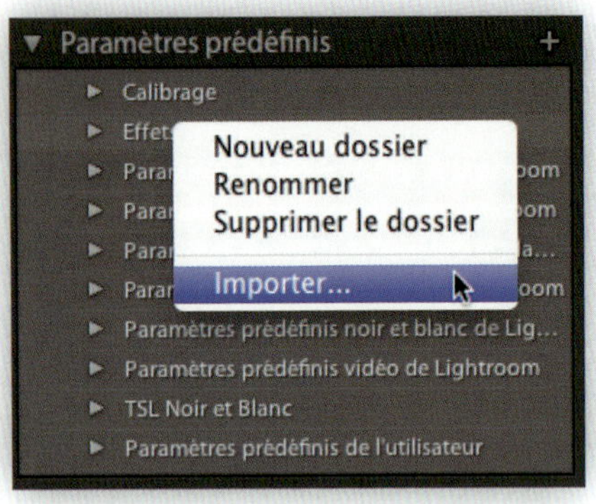

Utilisez le menu contextuel pour importer de nouvelles séries de paramètres prédéfinis. La commande « Importer... » permet de sélectionner et d'importer des paramètres téléchargés.

Bien que cette option soit très intéressante pour corriger automatiquement plusieurs images hétérogènes, vous risquez, sur une série homogène, d'obtenir des rendus différents pour chaque image... Soyez donc prudent.

Créer et gérer des paramètres prédéfinis

Les paramètres prédéfinis du module Développement sont très appréciés des photographes, et nombreux sont ceux qui partagent leurs propres paramètres prédéfinis. Bien qu'il soit possible d'incorporer l'ensemble des corrections du module Développement au sein d'un seul paramètre prédéfini, je trouve plus utile de créer des séries de paramètres prédéfinis qui ne comportent que des paramètres vraiment essentiels. Les pages suivantes vous guideront dans la création de jeux de paramètres prédéfinis.

1. J'ai souhaité enregistrer un nouveau paramètre prédéfini à partir des corrections appliquées à l'image ci-dessous.

2. J'ai cliqué sur l'icône « + » du panneau « Paramètres prédéfinis », puis j'ai sélectionné dans la boîte de dialogue « Nouveau paramètre prédéfini de développement » les réglages qui m'ont permis d'obtenir ce rendu particulier. J'ai ensuite nommé le paramètre prédéfini « Contraste couleur réduit », puis je l'ai enregistré dans le dossier « Effets spéciaux ».

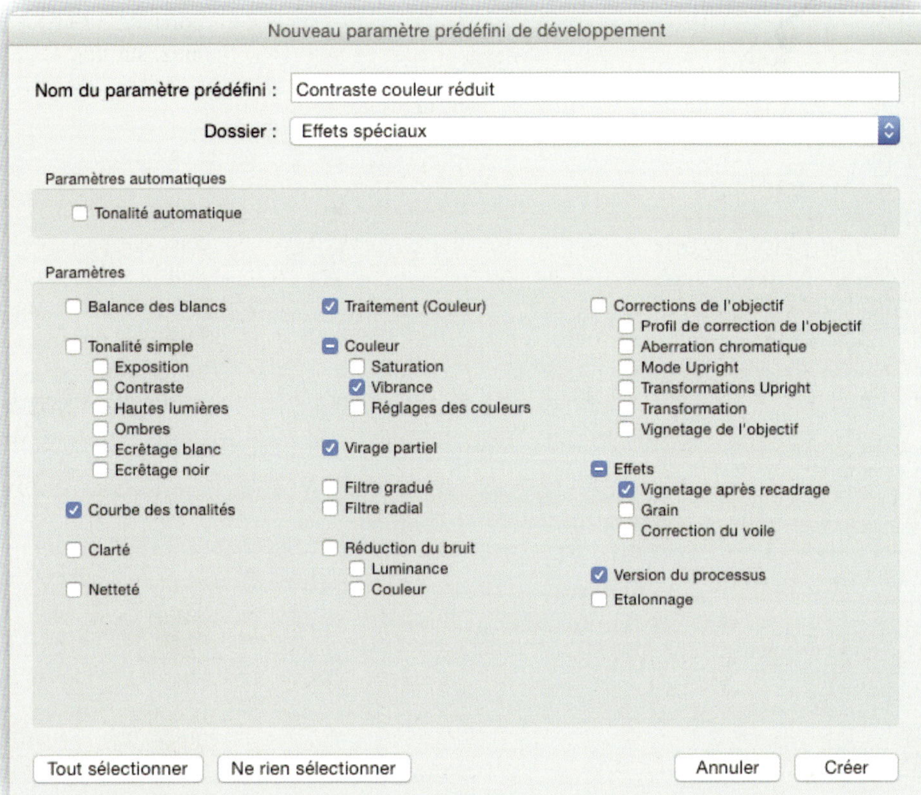

Les paramètres du jeu de réglages prédéfinis « Contraste couleur réduit » s'ajoutent aux réglages initiaux, tout en appliquant un virage partiel. Les inclure dans un seul jeu de réglages prédéfinis est bien pratique, mais cela peut générer des modifications aussi confuses que celles présentées ci-dessous.

	Tonalité Auto	Balance des blancs,	Exposition	Contraste	Hautes lumières	Ombres	Blancs	Noirs	Courbe des tonalités	Clarté	Saturation	Vibrance	Réglages couleur	Réglages couleur	Accentuation	Réduction du bruit	Noir et blanc	Corrections de l'objectif	Effets	Version du processus	Étalonnage
Réglages initiaux		✔	✔	✔	✔	✔	✔	✔	✔			✔						✔		✔	✔
Contraste couleur réduit									✔			✔		✔							
Réglages finaux		✔	✔	✔	✔	✔	✔	✔	✔			✔		✔				✔		✔	✔

Résultat de l'application d'un seul jeu de réglages prédéfinis. Les marques vertes représentent les réglages initiaux et non modifiés, les marques noires les nouveaux réglages préservés dans l'image finale.

	Tonalité Auto	Balance des blancs,	Exposition	Contraste	Hautes lumières	Ombres	Blancs	Noirs	Courbe des tonalités	Clarté	Saturation	Vibrance	Réglages couleur	Réglages couleur	Accentuation	Réduction du bruit	Noir et blanc	Corrections de l'objectif	Effets	Version du processus	Étalonnage
Réglages initiaux		✔	✔	✔	✔	✔	✔	✔	✔			✔								✔	✔
Réglages de l'appareil									✔			✔		✔					✔	✔	
Virage partiel														✔						✔	
Effet infrarouge		✔					✔		✔	✔				✔			✔			✔	
Réglages finaux		✔	✔	✔	✔	✔	✔	✔	✔	✔		✔		✔			✔		✔	✔	✔

Résultats après application de plusieurs jeux de réglages prédéfinis. Dans la rangée « Réglages finaux », les marques vertes représentent les réglages initiaux et non modifiés, les marques noires de nouveaux réglages conservés dans l'image finale, les marques rouges représentent les réglages modifiés lors de l'application successive de plusieurs jeux de paramètres (sauf du dernier jeu de paramètres prédéfinis). Lors de l'application du dernier paramètre prédéfini, « Effet infrarouge », les réglages ont déjà été corrompus par les paramètres précédents.

	Tonalité Auto	Balance des blancs,	Exposition	Contraste	Hautes lumières	Ombres	Blancs	Noirs	Courbe des tonalités	Clarté	Saturation	Vibrance	Réglages couleur	Réglages couleur	Accentuation	Réduction du bruit	Noir et blanc	Corrections de l'objectif	Effets	Version du processus	Étalonnage
Réglages initiaux		✔	✔	✔	✔	✔	✔		✔	✔	✔	✔	✔							✔	✔
Contraste léger									✔											✔	
Tons froids													✔	✔						✔	
Réinitialiser effets spéciaux										✗	✗	✗	✗	✗				✗	✗	✔	✗
Infrarouge noir et blanc		✔					✔		✔	✔							✔			✔	
Virage partiel sépia														✔						✔	
Tons froids														✔						✔	
Assombrir les bords																			✔	✔	
Réglages finaux		✔	✔	✔	✔	✔	✔		✔	✔	✔	✔	✔	✔			✔		✔	✔	✔

Si vous créez des paramètres prédéfinis ciblés, vous pouvez en utiliser plusieurs pour obtenir un rendu particulier. Ce tableau rassemble les paramètres prédéfinis qui ont été appliqués à l'image suivante. Les réglages finaux comportent quelques marques rouges qui représentent les réglages modifiés au cours du traitement. Cependant, contrairement à l'exemple précédent, je n'ai modifié qu'un seul paramètre à la fois. J'ai ajouté un paramètre prédéfini « *RÉINITIALISER effets spéciaux » pour annuler certains réglages antérieurs. Les marques en forme de croix représentent les paramètres qui ont été réinitialisés.

Afin d'éviter une altération des réglages par l'application successive de plusieurs paramètres prédéfinis, il est conseillé de limiter le nombre de paramètres de développement et de dédier les paramètres prédéfinis à des tâches précises (conversion noir et blanc, virage partiel, effet infrarouge, etc.). Par exemple, j'applique un jeu de paramètres prédéfinis pour modifier le contraste et un autre pour appliquer un effet coloré. Je les enregistre même dans plusieurs dossiers afin de simplifier l'accès aux différents paramètres prédéfinis dédiés à la conversion noir et blanc ou à l'application d'un traitement croisé.

Le tableau précedent résume les différentes étapes développées dans les pages suivantes. Observez comment j'ai cumulé plusieurs séries de paramètres prédéfinis pour obtenir le rendu que je voulais. En suivant ma méthode, vous pouvez simplement cliquer sur plusieurs paramètres prédéfinis afin d'en comparer les effets.

1. Après avoir essayé plusieurs paramètres prédéfinis, mon choix s'est arrêté sur une courbe des tonalités afin d'appliquer à l'image une augmentation modérée du contraste.

2. J'ai également essayé quelques effets spéciaux, tel le paramètre prédéfini « Tons froids » du dossier « Effets spéciaux ». Pour revenir à l'état initial, j'ai créé, pour chaque type de paramètre prédéfini, un paramètre Réinitialiser.

3. Après avoir désactivé le paramètre prédéfini, j'ai appliqué le paramètre « Infrarouge Noir et Blanc ».

4. J'ai ensuite essayé plusieurs paramètres prédéfinis du dossier « Virage partiel », en affichant leurs différents rendus dans l'Aperçu du panneau Navigation.

5. J'ai finalement opté pour les paramètres prédéfinis « Virage partiel-Tons froids » et « Tonalité-Assombrir les bords ».

Étape 2

Étape 3

Étape 4

Étape 5

J'ai créé un paramètre destiné à réinitialiser les réglages, nommé « *RÉINITIALISER (*RESET) » pour chaque famille de paramètres prédéfinis. Par exemple, celui du dossier Monochrome annule la conversion en niveaux de gris grâce à un paramètre prédéfini pour lequel j'ai uniquement sélectionné « Traitement (Couleur) » parmi les options de la boîte de dialogue « Nouveau paramètre prédéfini de développement » ; le paramètre prédéfini du dossier « Virage partiel » s'appuie sur une saturation minimale des deux curseurs « Hautes lumières » et « Tons foncés ».

Pour repérer ces paramètres prédéfinis plus rapidement, j'ai utilisé des majuscules, et je les ai fait précéder d'un astérisque (*) afin qu'ils apparaissent systématiquement en tête de la liste des paramètres prédéfinis de chaque dossier.

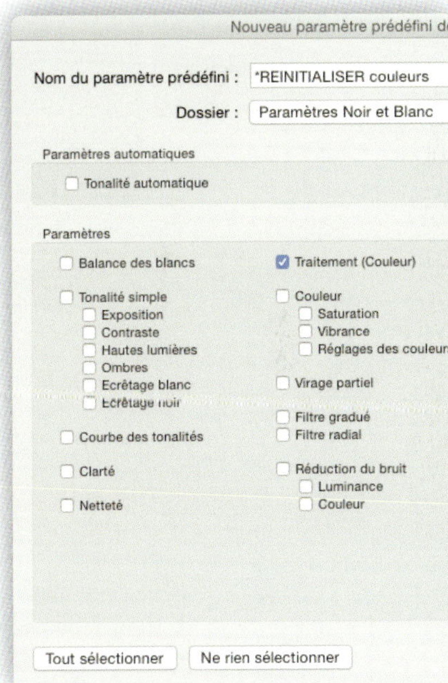

Exemple d'un paramètre prédéfini pour restaurer les couleurs d'une image en noir et blanc.

Créer des paramètres par défaut

Toute fonctionnalité qui peut vous faire gagner du temps est précieuse. Ainsi, la création de paramètres par défaut vous permet d'appliquer (dès l'importation) des paramètres de développement à une série d'images prises avec le même appareil photo (calibrage couleur), à la même sensibilité ISO (correction du bruit) ou avec le même objectif (vignetage, aberrations chromatiques).

1. Créez un dossier dédié aux paramètres spécifiques de votre boîtier et enregistrez-y des paramètres de correction en fonction de la sensibilité ISO de votre appareil. Regroupez d'abord les images prises à des sensibilités différentes. Pour chacun des réglages optimisés pour l'accentuation, tâchez également d'obtenir la réduction du bruit et le rendu couleur adéquats (voir pages 251-256), puis enregistrez-les en tant

Paramètres prédéfinis et version du processus
Pour aider Lightroom à traduire les paramètres de développement spécifiques aux différents processus (Récupération, « Lumière d'appoint », « Hautes lumières », Ombres), n'oubliez pas de cocher l'option « Version du processus ».

que nouveaux paramètres par défaut. Faites attention à ne cocher que les paramètres qui doivent faire partie du paramètre prédéfini, c'est-à-dire « Version du processus », « Réduction du bruit » et Étalonnage. Dans le panneau « Corrections de l'objectif », cochez les options « Activer le profil de correction » et « Supprimer l'aberration chromatique ». De même, assurez-vous d'avoir choisi le Processus 2012 et le profil Adobe Standard. Privilégiez les réglages par défaut pour les autres outils, notamment pour l'outil « Balance des blancs » (« Telle quelle ») du panneau « Réglages de base ».

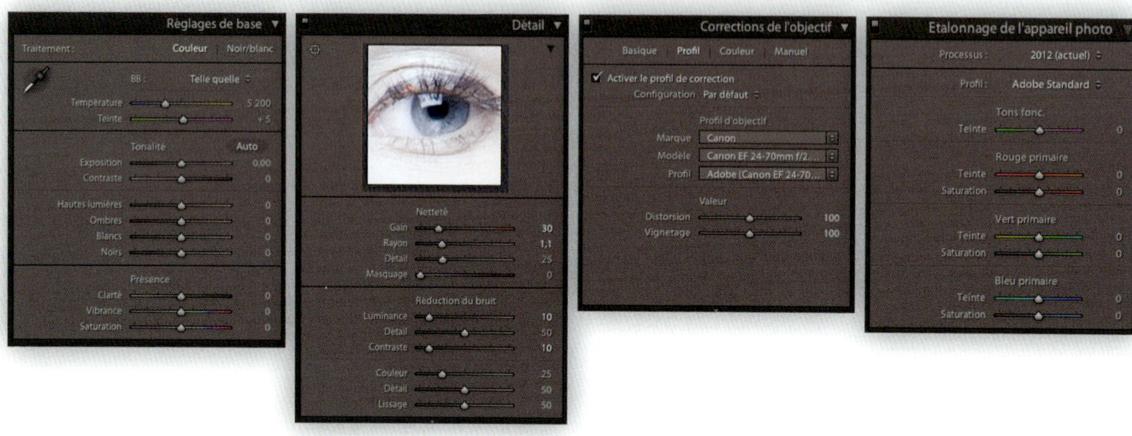

Inclure un profil de correction optique
Les réglages par défaut présentés dans la figure ci-dessus sont très efficaces pour les appareils photo et objectifs que j'utilise, mais leur utilisation n'est pas sans risque. D'une part, l'option « Activer le profil de correction » n'applique pas toujours un profil de correction appropriée et d'autre part, l'application de profils de correction optique provoque une baisse de réactivité de Lightroom.

2. N'oubliez pas de cocher l'option « Valeurs par défaut spécifiques au paramètre ISO de l'appareil photo », dans l'onglet « Paramètres prédéfinis » des Préférences de Lightroom. Il est également possible de cocher l'option « Valeurs par défaut spécifiques au numéro de série de l'appareil photo » si vous possédez plusieurs exemplaires du même modèle d'appareil.

3. Retournez maintenant aux images choisies lors de l'étape 1, puis sélectionnez la commande Développement>Définir les paramètres par défaut. Dans la boîte de dialogue « Définir les paramètres de développement par défaut », cliquez sur le bouton « Mettre à jour les paramètres actuels ». Ainsi, Lightroom applique le paramètre prédéfini à toutes les photos importées a posteriori dans son catalogue et dont la sensibilité ISO, le modèle et le numéro de série de l'appareil sont identiques. Notez toutefois qu'il ne s'agit que d'un réglage initial : si vous sélectionnez un autre paramètre prédéfini (lors de l'importation ou plus tard) qui inclut un ou plusieurs des paramètres Détails, « Corrections de l'objectif » et Étalonnage, vous risquez d'écraser les réglages du paramètre par défaut.

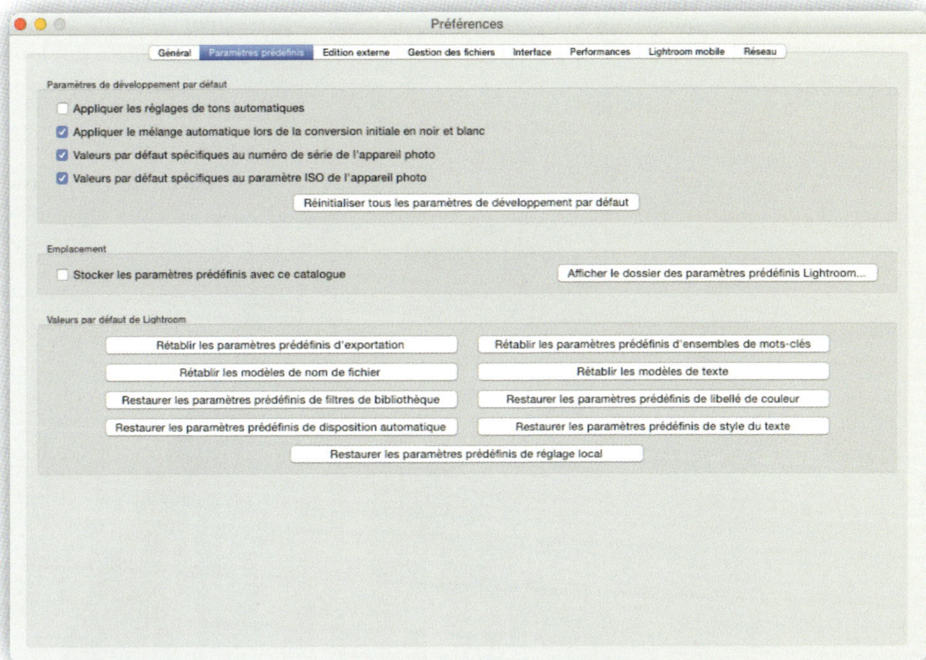

Étape 2

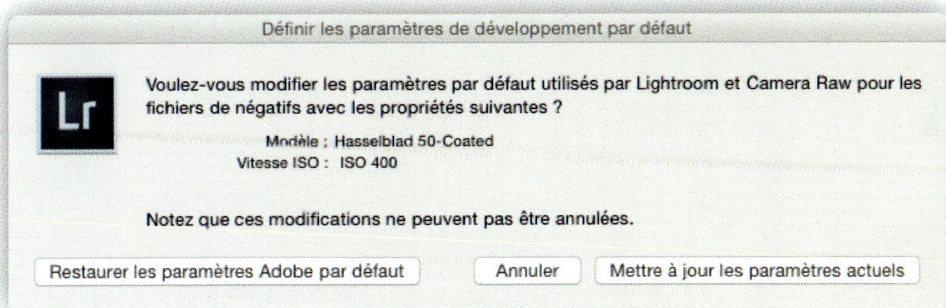

Étape 3

Canon 1Ds Mark III, 14mm,
200 ISO, f/8, 1/100 s,
© Martin Evening 2013.

Chapitre 5
L'art du monochrome

5

J'ai débuté ma carrière de photographe par l'apprentissage de la prise de vue et du tirage noir et blanc. Au fil de mon parcours professionnel, j'ai conservé un attachement très fort pour la photographie en noir et blanc.

Les outils du module Développement de Lightroom sont la solution la plus satisfaisante pour mieux contrôler tous les aspects créatifs de la transformation noir et blanc. Les techniques exposées dans ce chapitre présentent les trois principales méthodes de conversion d'une image couleur. Vous apprendrez notamment à maîtriser l'usage des curseurs dédiés aux niveaux de gris, en modes Manuel et Automatique, et à utiliser l'outil « Réglage de la cible » ainsi que les curseurs de l'outil « Balance des blancs ». L'utilisation alternative des commandes du panneau TSL, la création de styles particuliers (Infrarouge) et l'emploi du panneau « Virage partiel » pour coloriser des images couleur et monochromes seront également évoqués.

Les transformations noir et blanc

Les outils de conversion noir et blanc

La méthode la plus simple pour convertir une image couleur en noir et blanc consiste à utiliser l'une des commandes « Noir et blanc » : la première est située dans le panneau « Développement rapide » du module Bibliothèque, la seconde dans le panneau « Réglages de base » du module Développement. Vous pouvez également cliquer sur le bouton NB du panneau « TSL/Couleur/NB » ou appuyer sur la touche V.

Notez que Lightroom ne convertit pas le fichier en niveaux de gris mais en génère une version désaturée qui reste en RVB. Ce sont en fait les informations des trois couches Rouge, Verte et Bleue qui sont « mélangées » pour créer une image composite en RVB. Si vous connaissez la commande « Mélangeur des couches » de Photoshop (menu Images>Réglages), les curseurs du menu « Mélange noir et blanc » de Lightroom vous seront faciles à appréhender (même s'il y en a huit au lieu de trois, ce qui offre davantage de précision et de souplesse, tout en étant un peu plus complexe). Pour faciliter l'utilisation des huit curseurs, Lightroom propose un réglage automatique

Curseur Saturation
Il existe une autre méthode de conversion noir et blanc que je n'aborde pas dans les pages suivantes : le curseur Saturation. Vous pouvez convertir une image en noir et blanc en déplaçant le curseur Saturation complètement à gauche (-100). La commande Température et les commandes du panneau « TSL/Couleur/Niveaux de gris » seront par la suite très utiles pour affiner la distribution des valeurs des pixels. Bien que cette méthode fonctionne, elle complique inutilement les choses, car toutes les commandes nécessaires se trouvent déjà dans la section « Mélange noir et blanc »...

qui applique une conversion monochrome tributaire du réglage de la « Balance des blancs » du panneau « Réglages de base ». Vous pouvez modifier le réglage automatique en déplaçant les curseurs Température et Teinte du panneau « Réglages de base ».

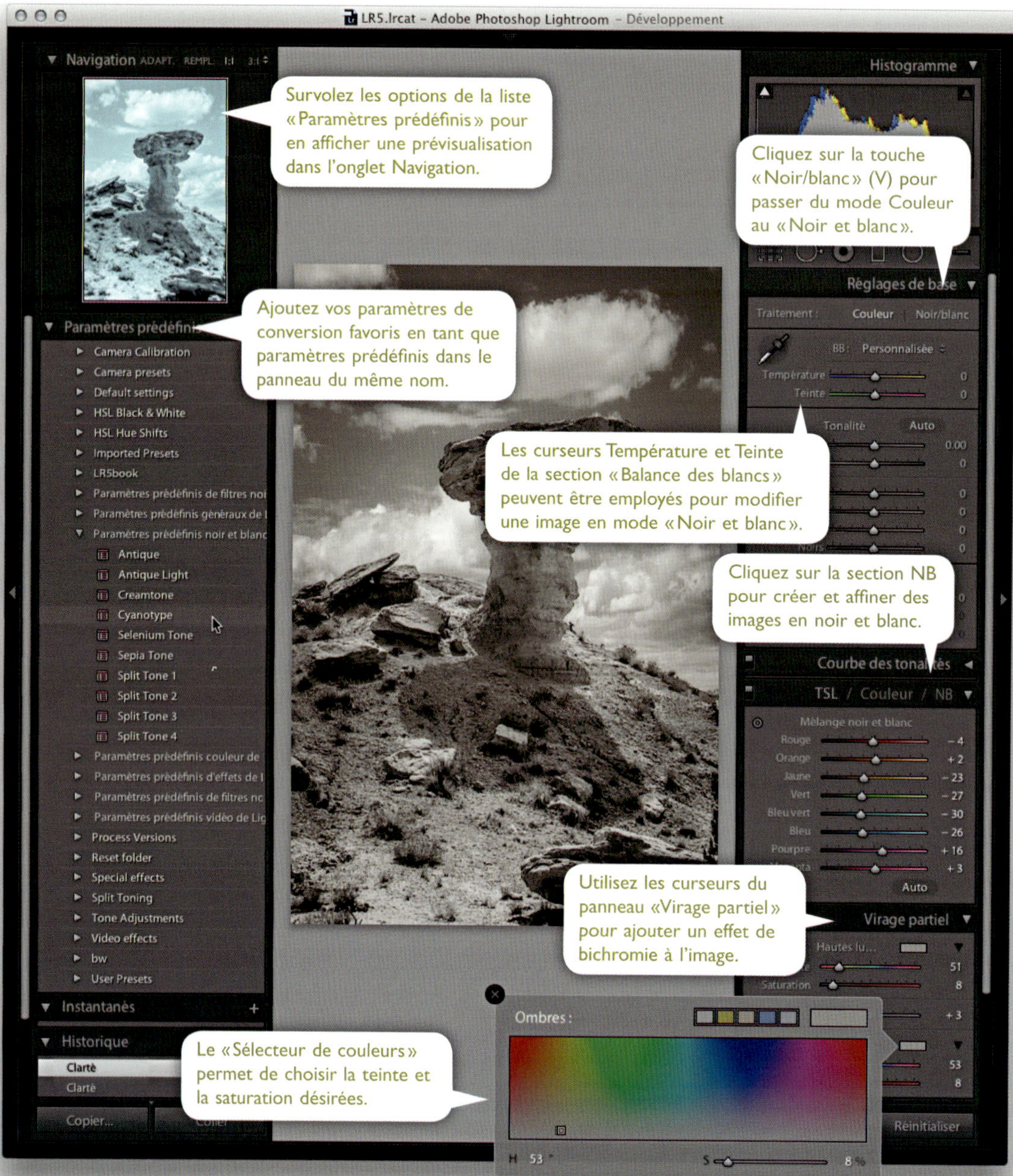

Sur cette capture d'écran du module Développement, j'ai pointé les outils les plus utiles pour la conversion noir et blanc.

En passant en mode « Noir et blanc », vous accéderez au réglage manuel des huit curseurs ; il est ainsi possible de créer des interprétations infinies comme celles ci-contre. Lightroom tend toujours à équilibrer la tonalité, quels que soient les réglages effectués. Toutefois, suite à une modification majeure des paramètres de la section « Mélange noir et blanc », il sera souvent nécessaire de réajuster les réglages Exposition, Contraste et Luminosité.

Le panneau « Virage partiel » peut être utilisé pour ajouter l'effet d'une bichromie aux images noir et blanc, bien qu'il soit également bien utile pour créer des effets de type « traitement croisé ». Pour finir, n'oubliez pas que vos réglages de développement favoris peuvent être enregistrés en tant que paramètres prédéfinis dans le panneau du même nom ; vous y trouverez d'ailleurs quelques préréglages prêts à l'emploi, comme « Création en noir et blanc – Niveaux de gris patinés ».

Ces informations rouge, verte et bleue seront compilées dans une image couleur.

Les options de conversion noir et blanc

Autrefois, les émulsions des films noir et blanc avaient une sensibilité chromatique limitée au bleu, c'est pourquoi le ciel des photos apparaissait souvent complètement blanc. En contrepartie, les photographes pouvaient développer leurs pellicules sous un éclairage rouge – ce dernier ne risquait pas de voiler l'émulsion… L'introduction des émulsions panchromatiques (sensibles à tout le spectre visible) a enfin permis d'exploiter de manière créative la sensibilité chromatique des films modernes. Voici comment perpétuer cette tradition avec vos images numériques.

Une image RVB, par exemple issue d'un fichier RAW développé, est composée de trois images en niveaux de gris qui comportent les informations de luminance du sujet après avoir traversé les filtres rouge, vert et bleu des éléments photosensibles du capteur. Sur votre ordinateur, une photo est ainsi constituée de trois couches, et elle est affichée à travers les minuscules filtres couleur de votre écran LCD.

Ce qu'il ne faut pas faire

Faute d'avoir pris conscience des vastes possibilités qu'offrait l'utilisation des trois couches RVB, certains photographes se résignent à n'utiliser que des techniques de conversion très rudimentaires.

- Pour obtenir des images noir et blanc, certains optent pour une conversion dans l'appareil afin d'obtenir un fichier JPEG « prêt à l'emploi » en niveaux de gris. Ils perdent ainsi toute marge de manœuvre pour optimiser la tonalité de leurs photos et pour contrôler les paramètres de conversion noir et blanc. Le processeur interne de l'appareil convertit le fichier couleur en noir et blanc et détermine seul la manière dont l'information des trois couches sera mélangée. Le processus de conversion supprime l'ensemble des informations de couleur et ne vous laisse que peu de possibilités pour améliorer le fichier.

- La méthode de conversion RVB vers Lab supprime les deux couches a et b, puis convertit la couche Luminance en une seule couche en niveaux de gris. Cette méthode me paraît aussi peu adaptée que la précédente : en effet, supprimer les informations de couleur ne peut qu'appauvrir la qualité du fichier final. (Notez que je ne me prononce pas contre l'emploi du mode de couleur Lab qui suscite actuellement un regain d'intérêt de la part des photographes.)

Grâce au menu « Mélange noir et blanc », vous pouvez combiner l'information de couleur des trois couches précédentes avec des possibilités infinies afin de produire des interprétations variées à partir du même original.

La conversion via le curseur Température

Nous l'avons déjà dit, vous pouvez utiliser les curseurs de l'outil « Balance des blancs » pour affiner la conversion effectuée par un simple clic sur l'un des boutons « Noir et blanc ». Les captures d'écran suivantes montrent deux interprétations possibles à partir d'un même original, obtenues en déplaçant le curseur Température, puis en cliquant sur le bouton Automatique de la section NB (« Noir et blanc ») du panneau « TSL/Couleur/NB ».

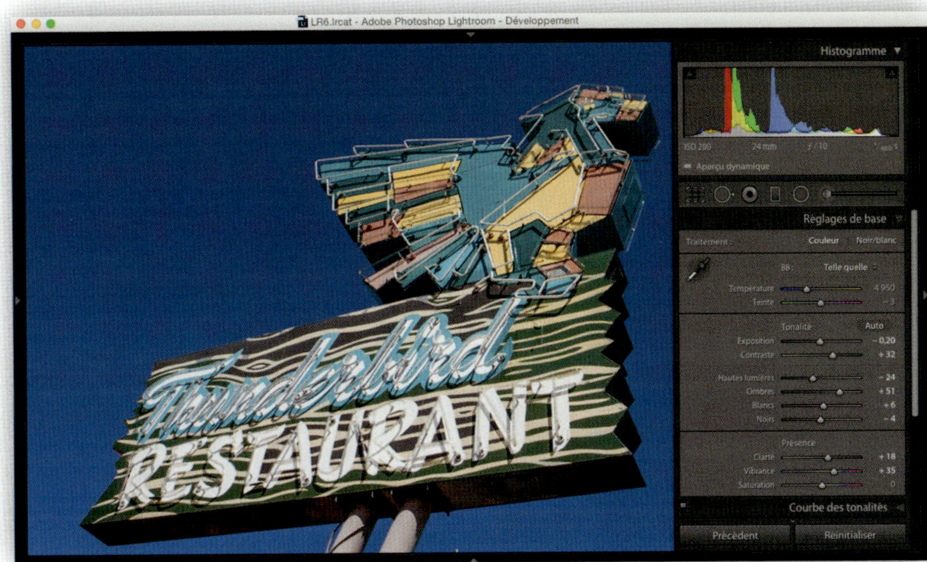

Image de départ en couleurs. Comparez les teintes rouge, verte et bleue aux valeurs de luminosité des photos suivantes.

Passage en noir et blanc avec une température de couleur basse (3 500 K).

Passage en niveaux de gris avec une température de couleur élevée (7 000 K).

Cliquez sur le bouton « Noir/blanc » du panneau « Réglages de base » pour activer l'onglet NB du panneau « TSL/Couleur/NB ». Après avoir effectué un réglage de la « Balance des blancs », mettez à jour le réglage automatique de l'onglet « Niveaux de gris » en cliquant sur le bouton « Réglage auto » afin que ce dernier prenne le nouveau réglage en compte. Sur l'image obtenue avec un réglage « chaud » de la « Balance des blancs » (13 300 K), les teintes rouges et jaunes paraissent plus claires que sur l'image de départ. Lorsque vous déplacez le curseur Température dans la direction opposée (jusqu'à 3 500 K), les mêmes zones se densifient.

Les réglages « idéaux » dépendent bien évidemment de votre sujet. Le petit exercice suivant montre la conversion noir et blanc d'un portrait avec l'outil « Mélange noir et blanc » et le curseur Température.

Le réglage manuel de l'onglet « Noir et blanc »

En désélectionnant le réglage automatique de l'onglet « Mélange noir et blanc », vous aurez presque toute liberté pour créer des conversions noir et blanc parfaitement adaptées à vos images. C'est là où les choses commencent à devenir amusantes, puisque les réglages personnalisés permettent de déterminer la luminosité de l'image noir et blanc pour chaque couleur de la photo d'origine.

Dans l'exemple suivant, on cherche à rehausser le contraste du ciel et des nuages. Les curseurs Vert, « Bleu vert » et Bleu ont été réglés sur des valeurs négatives afin d'assombrir les teintes correspondantes, et la température de couleur (le curseur Température) a été abaissée pour rendre l'image plus froide et accentuer le contraste du ciel. Remarquez que le résultat du mélange des couches est toujours conditionné par les réglages de la « Balance des blancs ».

1. J'ai optimisé la couleur et la tonalité de l'image à l'aide des outils des panneaux « Réglages de base ».

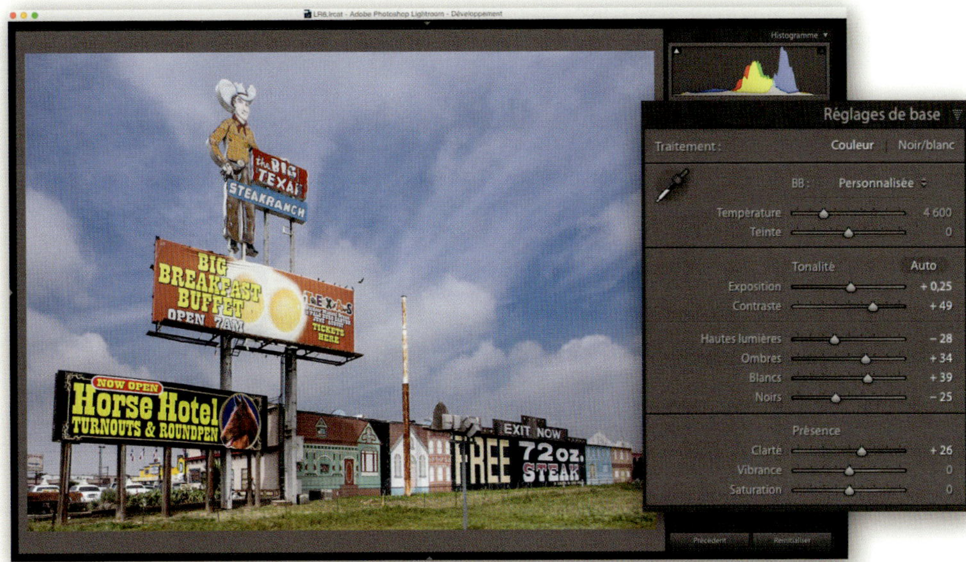

2. Pour obtenir une version monochrome de l'image, j'ai appliqué le réglage par défaut du mélange noir et blanc (Auto).

3. Avec les paramètres par défaut, la version noir et blanc est loin d'être aussi contrastée que je l'aurais souhaité. Voici la même image après avoir effectué quelques réglages dans l'onglet NB (« Noir et blanc »). J'ai activé l'outil « Réglage de la cible », j'ai passé la souris sur l'affiche, en la déplaçant vers le haut pour en éclaircir les teintes jaunes et orangées.

4. Afin d'assombrir le ciel, j'ai passé l'outil « Réglage de la cible » sur lui, en déplaçant la souris vers le bas.

5. Pour augmenter le contraste, j'ai déplacé le curseur Température vers la droite. Pour finir, j'ai appliqué un virage partiel de type sépia.

Chacun des huit curseurs de l'onglet « Mélange noir et blanc » contrôle une gamme de couleurs. Pour obtenir des images noir et blanc très contrastées, vous pouvez augmenter la distance entre les curseurs ou en déplacer plusieurs à la fois. Dans l'exemple précédent, j'ai déplacé simultanément les curseurs Vert, « Bleu vert » et Bleu pour augmenter le contraste entre les tons chauds du rocher et le ciel bleu nuageux. Nous allons maintenant voir comment pousser ce type de rendu à l'extrême.

Curseurs Vibrance et Saturation
Bien que la conversion en noir et blanc soit d'une facilité déconcertante, l'usage des curseurs Vibrance et Saturation devient impossible, ce qui est fort regrettable, puisque les deux commandes contribueraient à affiner le rendu des images noir et blanc. En utilisant la méthode basée sur les commandes du panneau TSL, décrite un peu plus loin, vous garderez la main sur ces deux curseurs.

L'effet infrarouge noir et blanc

Voici ce que peut donner une conversion noir et blanc quand on déplace exagérément les curseurs de la balance des blancs. C'est une des nombreuses possibilités de Lightroom pour opérer des transformations monochromes créatives.

1. Voici l'image d'origine ; j'ai optimisé la restitution des tons moyens.

2. Pour créer un faux rendu infrarouge noir et blanc, j'ai commencé par appliquer un réglage prononcé de la teinte (-150) afin d'éclaircir les teintes vertes sans écrêter pour autant les détails importants.

3. J'ai ensuite cliqué sur le bouton NB du panneau « TSL/Couleur/NB » afin de passer l'image en noir et blanc. Pour obtenir cet effet infrarouge, il ne faut pas oublier de régler les curseurs Jaune et Vert de l'onglet « Mélange des niveaux de gris » sur +100, et le curseur « Bleu vert » sur +50.

Étape 1

Étape 2

Étape 3

4. J'ai également changé quelques réglages du panneau « Réglages de base », notamment grâce au curseur « Hautes lumières » que j'ai réglé à la valeur -100 pour préserver une grande partie des nuances subtiles dans les feuillages, et grâce au curseur Clarté (-37) en vue de créer un effet de diffusion fort agréable.

5. J'ai enfin appliqué un virage partiel aux hautes lumières et aux tons foncés et j'ai ajouté une texture de grain. Les réglages affichés ici ont été parfaits pour cette photo. Si j'avais souhaité appliquer l'effet infrarouge à d'autres images, j'aurais enregistré l'ensemble de ces réglages en tant que paramètre prédéfini.

Étape 4

Étape 5

Pour obtenir cet effet si particulier, n'oubliez surtout pas d'éclaircir les teintes vertes en appliquant les réglages de l'étape 2 et de choisir une valeur négative pour le curseur Clarté (les autres réglages, notamment ceux du panneau « Réglages de base », dépendent de la tonalité de votre image et doivent donc être affinés au cas par cas). Pour finir, l'ajout de grain via le panneau Effets permet de simuler l'aspect d'une photo infrarouge argentique.

Travailler des images monochromes

Si vous possédez un bon profil pour votre imprimante ou une imprimante avec des encres dédiées au noir et blanc, vous pourrez effectuer des tirages noir et blanc sans dominante de couleur. Voici plusieurs exemples d'obtention d'images sublimes ou d'effets saisissants avec les outils de Lightroom.

Le panneau «Virage partiel»

Le virage partiel est une technique répandue et couramment utilisée en argentique. Autrefois, les photographes utilisaient un produit chimique (solution de blanchiment) pour éliminer une partie des nuances d'une épreuve papier, puis retraitaient la partie blanchie à l'aide d'un colorant. Ils pouvaient ainsi obtenir une photo dont certaines zones conservaient la couleur d'origine et d'autres adoptaient la couleur choisie. Il était assez difficile de trouver le temps d'immersion approprié, car il s'agissait de ne pas blanchir toute l'image afin de préserver la matière d'origine dans les ombres. Pour obtenir des teintes différenciées pour les ombres et les hautes lumières, plusieurs procédés étaient possibles avec des produits tels que le ferricyanure de potassium, le sélénium, la thiocarbamide, etc.

En numérique, les outils du panneau « Virage partiel » ont pour objectif principal de coloriser une image couleur qui a été passée en noir et blanc. Les curseurs Teinte permettent de déterminer une couleur, et les curseurs Saturation contrôlent la saturation de chacune des deux gammes de tons (hautes lumières et tons foncés). Si vous déplacez l'un des curseurs Teinte, tout en appuyant sur la touche Alt, la fenêtre principale affiche un aperçu très saturé de l'image, ce qui permet de trouver un réglage approprié pour le curseur Teinte sans avoir besoin de toucher aux curseurs Saturation. Le curseur Balance, quant à lui, permet de donner davantage d'impact à un virage au détriment d'un autre.

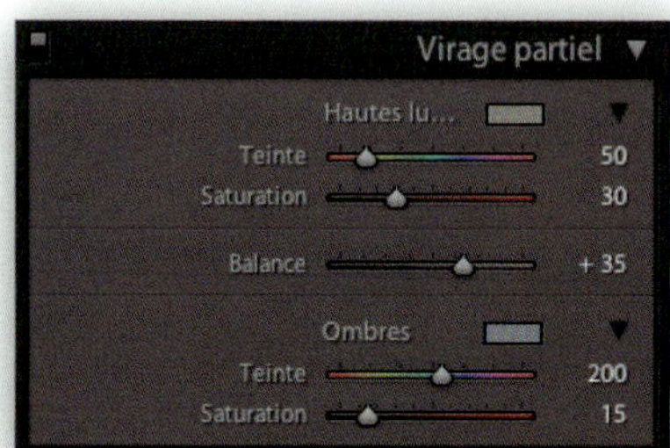

Le panneau «Virage partiel».

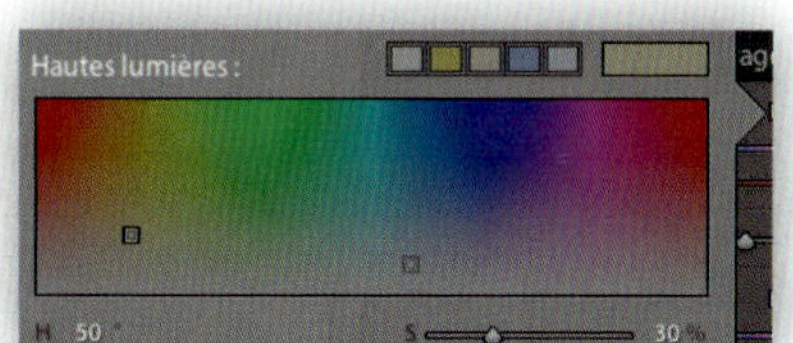

Cliquez sur le nuancier pour sélectionner une nouvelle teinte à appliquer.

Un nuancier de couleurs flottant rend plus facile la sélection des teintes à appliquer. Cliquez sur l'une des plages couleur des sections « Tons clairs » et « Tons foncés », puis sur la teinte souhaitée. Il est même possible d'échantillonner une couleur à partir de n'importe quel point de l'écran : cliquez sur la gamme de couleurs puis, tout en maintenant la touche gauche de votre souris enfoncée, passez celle-ci sur votre écran – l'aperçu adopte différentes dominantes au gré de vos mouvements. Notez que le nuancier de couleurs affiche à la fois la position des teintes des tons clairs et des tons foncés, ce qui permet de mesurer leur écart de teinte et de saturation.

Contrairement au virage partiel « argentique », vous êtes libre du choix des teintes utilisées. Il peut parfois être utile de choisir des teintes opposées pour les hautes lumières et les tons foncés, comme une teinte froide (bleutée) pour les tons foncés et une teinte chaude (orange ou jaune) pour les hautes lumières. Si, au contraire, vous souhaitez obtenir un rendu plus uniforme, vous pouvez appliquer des réglages identiques ou proches pour les curseurs Teintes et Saturation.

1. La photo suivante a été convertie à l'aide des curseurs de l'onglet NB.
2. Grâce aux curseurs du panneau « Virage partiel », j'ai appliqué une teinte chaude de type sépia aux hautes lumières et une teinte froide aux tons foncés. J'ai ensuite réglé l'intensité des teintes à l'aide des curseurs Saturation, puis j'ai déplacé le curseur Balance à droite pour réchauffer les tons moyens de l'image (voir page suivante).

Étape 1

Étape 2

Créer une bichromie à partir d'une image couleur

Les curseurs du panneau « Virage partiel » sont également très efficaces sur des photos couleur. Si vous souhaitez sublimer vos images par un rendu aux couleurs décalées (tant apprécié par les réalisateurs de cinéma et les directeurs artistiques de spots publicitaires), vous créerez facilement des effets extraordinaires que vous pourrez enregistrer ensuite en tant que paramètre prédéfini.

1. Voici une photo dotée de couleurs « ordinaires », bien exposée et développée à l'aide des paramètres par défaut du panneau Développement.

2. Ici, j'ai converti l'image en noir et blanc. L'effet coloré est obtenu grâce aux réglages du panneau « Virage partiel ». J'ai simulé la technique du traitement croisé en appliquant une teinte jaune aux tons clairs et une teinte verte aux tons foncés.

3. Pour faire apparaître l'effet de type « traitement croisé », j'ai converti l'image en couleurs.

4. Enfin, j'ai modifié les réglages du panneau « Virage partiel » pour créer un nouvel effet couleur.

Étape 1

Étape 2

Étape 3

Étape 4

Le panneau TSL – Désaturer les couches couleur

La méthode de transformation noir et blanc que nous allons aborder maintenant sort un peu des sentiers battus ; elle rend pourtant de grands services pour la photo de paysage.

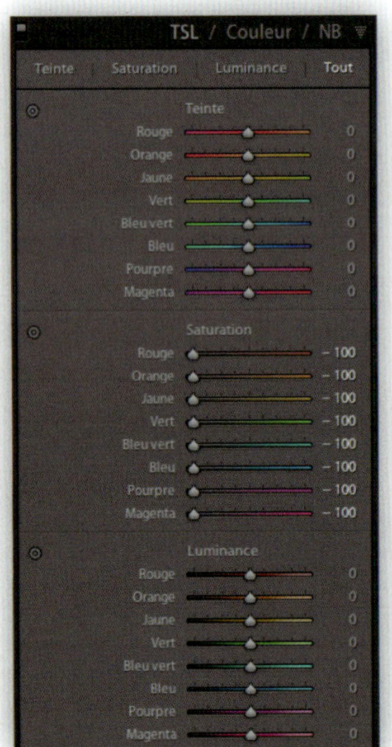

Le panneau TSL affiche ici tous ses curseurs ; les curseurs de la section Saturation sont à -100.

Nous l'avons dit, transformer des images couleur en noir et blanc via le curseur Saturation (-100) ne présente qu'un intérêt très limité, le bouton NB du panneau « TSL/Couleur/NB » offrant davantage de souplesse. Toutefois, si vous déplacez simultanément tous les curseurs du panneau « TSL/Couleur/NB » à gauche (c'est-à-dire sur la valeur -100), vous pouvez régler les curseurs Luminance et Teinte pour créer des photos noir et blanc très intéressantes, similaires à celles que l'on obtient avec la méthode habituelle.

Vous pouvez créer un jeu de paramètres prédéfinis pour l'appliquer à plusieurs images : réglez tous les curseurs Saturation du panneau TSL sur la valeur -100, puis enregistrez ces réglages en tant que nouveau paramètre prédéfini.

Pour convertir une image en noir et blanc, il faut lui appliquer le paramètre prédéfini enregistré plus haut. Déplacez ensuite les curseurs de l'onglet Luminance afin d'éclaircir ou assombrir certaines couleurs de l'image. Vous pouvez les modifier directement à l'aide de l'outil « Réglage de la cible » ; activez-le à l'aide du raccourci Cmd/Ctrl + Option/Alt + Maj + L, et désactivez-le à l'aide du raccourci Cmd/Ctrl + Option/Alt + Maj + N. En revanche, notez que les curseurs de l'onglet Teinte n'ont ici aucun effet sur la tonalité de l'image.

Si vous jugez cette méthode trop compliquée pour des résultats à peine meilleurs que ceux obtenus à l'aide du panneau NB, détrompez-vous. Je viens de parler des curseurs Vibrance et Saturation, inopérants en mode « Noir et blanc » ; or, ils sont assez utiles pour influer sur le rendu des images converties. Si le curseur Saturation du panneau « Réglages de base » peut être utilisé pour amplifier les réglages du panneau TSL, le curseur Vibrance agit de manière plus subtile : souvent à l'opposé du curseur Saturation, le curseur Vibrance rend certaines couleurs plus denses lorsqu'il est utilisé à des valeurs négatives – ainsi, il est très utile pour simuler l'emploi d'un filtre rouge afin d'obtenir des ciels très denses.

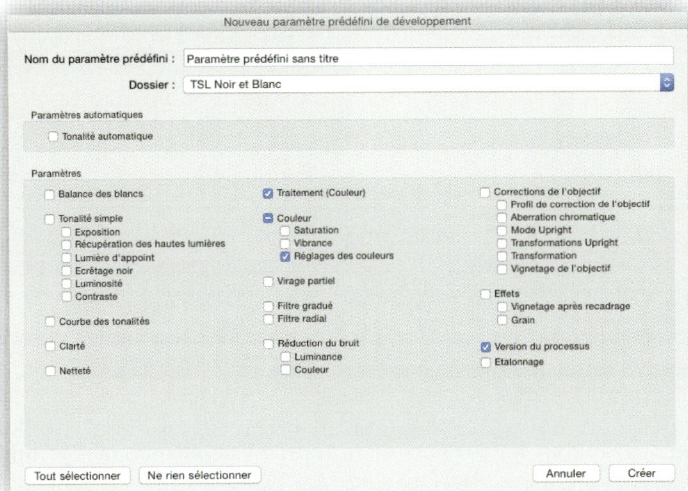

Cochez les options Traitement (Couleur) et « Réglages des couleurs » avant d'enregistrer un paramètre prédéfini dédié à la désaturation en mode TSL. Veillez également à cocher l'option « Version du processus ».

1. Sur cette photo, j'ai d'abord effectué de petites modifications aux réglages par défaut du module Développement.

2. Voici la photo après transformation en noir et blanc grâce à une désaturation complète dans le panneau TSL (les curseurs Saturation à -100). J'ai également ajouté un virage partiel.

3. J'ai ensuite ajusté tous les curseurs de la section Luminosité, puis je suis passé à la vibrance pour la réduire.

4. J'ai affiné le rendu à l'aide des curseurs du panneau « Étalonnage de l'appareil photo ». Un ajustement des curseurs Teinte (-45) et Saturation (+100) du menu « Bleu primaire » m'a ainsi permis de rendre le ciel plus dense.

Pour cette méthode de conversion, je vous suggère d’expérimenter les curseurs Vibrance et Saturation du panneau « Réglages de base ». Par exemple, la teinte bleue d’un ciel paraîtra plus foncée après un déplacement du curseur Vibrance vers la gauche ou après un déplacement du curseur Saturation vers la droite. Les curseurs Teinte et Saturation du menu « Bleu primaire » du panneau « Étalonnage de l’appareil photo » sont également très utiles pour densifier le ciel. L’utilisation des curseurs du panneau « Étalonnage de l’appareil photo » n’est pas obligatoire, mais elle complète favorablement les autres outils dédiés à la transformation noir et blanc.

À noter aussi que les curseurs en question sont très utiles pour accentuer le contraste entre le ciel et les nuages. Il s’agit alors d’une méthode qui tend à produire moins d’artéfacts que les méthodes présentées en début de chapitre.

Canon EOS 1Ds Mark III,
24 mm, 200 ISO, f/10, 1,6 s,
© Martin Evening 2014.

Chapitre 6

Accentuer l'image et réduire le bruit

6

Plusieurs raisons rendent nécessaire l'accentuation d'une image au début de la chaîne de traitement. Par exemple, le dématriçage (indispensable pour transformer la lumière reçue par les photosites en informations couleur) et le filtre passe-bas (employé pour réduire le moirage) génèrent des images dont les contours sont moins définis que ce que l'on pourrait souhaiter ; il se peut aussi que la qualité de votre objectif laisse à désirer. Appliquer un peu d'accentuation à ce stade précoce produit une image suffisamment nette à l'écran, tout en évitant des artéfacts disgracieux et impossibles à corriger par la suite. L'accentuation en fonction de la source (typologie du sujet et du fichier numérique généré) est réservée aux seuls fichiers RAW et doit être appliquée avec modération.

Ce chapitre va vous en montrer l'importance et vous expliquer conjointement comment réduire le bruit numérique. Il détaille le fonctionnement des curseurs dédiés à l'accentuation du panneau Détail et donne des conseils sur les réglages à appliquer pour obtenir des images plus nettes et mieux définies.

Accentuer en fonction de la source

Partie intégrante de Photoshop dès ses débuts, le filtre Accentuation n'a pas évolué de manière significative depuis. Cependant, au fil des différentes versions de Photoshop, nous avons appris à maîtriser ses commandes, grâce à différentes techniques et astuces visant à optimiser son usage.

Nous devons beaucoup à Bruce Fraser, auteur de nombreux ouvrages et expert mondialement reconnu de Photoshop. Ses recherches sur l'accentuation dans Photoshop, et notamment ses méthodes prônant l'accentuation à différentes étapes du traitement, selon la source de l'image et sa destination finale, nous ont beaucoup aidé à trouver des stratégies appropriées aux différents types d'images. Ses ouvrages et ses recherches ont également beaucoup influencé la conception des outils d'accentuation de Lightroom.

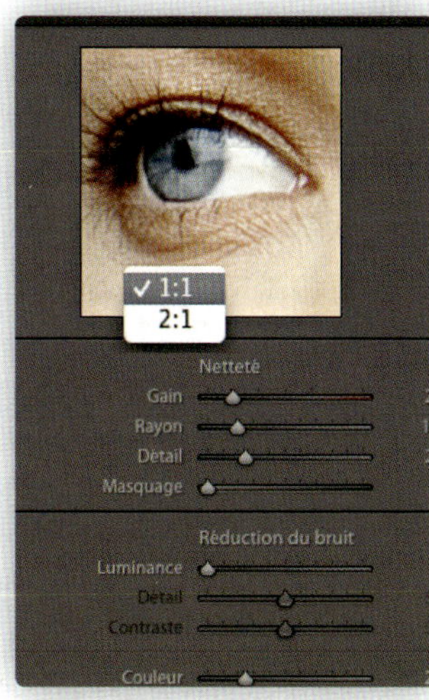

Le panneau Détail comprend une fenêtre d'aperçu dont vous pouvez définir le rapport de grossissement depuis le menu contextuel.

Nous l'avons déjà dit, l'accentuation en fonction de la source vise à compenser le manque de netteté dont souffrent la plupart des images numériques. Notez que les curseurs restent à zéro lorsque vous traitez des images de type

Bitmap (TIFF, JPEG, PNG et PSD) : seuls les fichiers RAW profitent d'un réglage par défaut pour l'accentuation. En effet, les fichiers JPEG ont, pour la plupart, déjà subi un traitement dans le boîtier, contrairement aux fichiers « bruts » ; les autres fichiers Bitmap (TIFF, PSD), déjà traités dans Photoshop, n'ont d'habitude guère besoin d'accentuation supplémentaire.

Conçues pour n'accentuer que les contours de l'image tout en protégeant ses aplats, les commandes du panneau Détail évitent l'augmentation du bruit et l'apparition d'artéfacts. Certains logiciels de développement RAW accentuent clandestinement les fichiers bruts afin de prouver la supériorité de leurs algorithmes de dématriçage... Heureusement, d'autres sont plus transparents : Lightroom, par exemple, vous autorise à désactiver l'accentuation en déplaçant le curseur Gain complètement à gauche. Lightroom accentue uniquement les informations situées sur la couche Luminosité de l'image, ce qui se révèle très avantageux puisque les informations de couleur sont souvent à l'origine d'éventuels artéfacts colorés lorsqu'elles subissent une accentuation même modérée.

Certains utilisateurs des premières versions de Photoshop pratiquaient une conversion de l'image RVB en mode Lab afin de n'accentuer que la couche Luminosité avant de reconvertir l'image en mode RVB. Depuis Photoshop 3, il est possible (et moins destructif) d'accentuer en mode RVB, puis d'utiliser le mode de fusion Luminosité pour limiter l'accentuation aux seules informations de luminosité. Lightroom utilise une méthode similaire et vous propose d'examiner l'image en mode Luminosité : appuyez sur la touche Alt, puis déplacez le curseur Gain du panneau Détail. Ce même raccourci clavier isole les effets des trois autres curseurs d'accentuation. Notez qu'avec une image dotée de réglages plus anciens (Processus 2003), cela fonctionne uniquement lorsque l'image est affichée à au moins sa taille réelle. Quant aux images corrigées en optant pour l'un des deux Processus 2010 ou 2012, leurs réglages d'accentuation peuvent être évalués à des rapports de grossissement écran inférieurs à 100 %.

L'accentuation en fonction de la sortie, quant à elle, est appliquée à la toute fin du traitement, en dernière étape avant l'impression ou l'enregistrement final. Les commandes d'accentuation du panneau « Travaux d'impression » du module Impression ne permettent pas la simulation à l'écran du rendu de l'image imprimée. La seule solution consiste à les imprimer avec différents paramètres avant de les évaluer ; leur bon dosage dépend du procédé d'impression (laser, sublimation thermique ou jet d'encre), du format et de la résolution d'impression, ainsi que du papier utilisé (couché, perlé, lustré ou brillant). Fort heureusement, Lightroom bénéficie des algorithmes très sophistiqués du plug-in PhotoKit Sharpener de l'éditeur Pixel Genius : le choix des paramètres appropriés est presque entièrement automatisé.

De meilleurs algorithmes pour le développement RAW

Depuis sa troisième mouture, Lightroom offre de meilleurs algorithmes pour le dématriçage, l'accentuation et la réduction du bruit. Il en résulte une qualité d'image sensiblement améliorée pour des fichiers bruts. De même, certains changements jouant sur la synthèse des informations couleur issues de la matrice Bayer (et notamment celles de la couche verte) du Panasonic G1 bénéficient aux fichiers provenant d'autres appareils. En revanche, ces améliorations ne s'étendent qu'aux fichiers RAW provenant de capteurs à matrice Bayer, les fichiers bruts produits par d'autres types de capteurs plus « exotiques » (Fuji Super CCD et certains capteurs à quatre filtres couleur) sont développés en utilisant les anciens algorithmes de Camera Raw, rassemblés sous le libellé « Processus 2003 ».

Processus 2003 et réduction du bruit
L'ancien Processus 2003 comprenait un traitement du bruit, appliqué lors du dématriçage des fichiers RAW. Les Processus 2010 et 2012 remplacent ce traitement par un autre, appliqué à travers les curseurs du menu Réduction du panneau Détail. De ce fait, vous trouverez souvent nécessaire de réduire les réglages des curseurs Gain et Détail du menu Netteté après avoir migré les réglages du Processus 2003 vers le Processus 2010 ou 2012.

Vous constaterez sans doute que les Processus 2010 et 2012 « résistent mieux » au bruit, c'est-à-dire qu'ils s'évertuent à éliminer les formes de bruits considérées comme étant particulièrement gênantes. Les développeurs sont partis du constat que les taches colorées du bruit couleur de basse fréquence et les structures régulières du bruit structurel permanent sont bien plus envahissantes que la texture irrégulière et aléatoire du bruit de luminance. Si les nouveaux algorithmes offrent ainsi une réduction efficace du bruit de chrominance et du bruit structurel, ils conservent une partie du bruit de luminance, dont la texture s'apparente à celle, aléatoire, du grain argentique. Il en résulte une apparence beaucoup plus naturelle des images traitées, lesquelles présentent davantage de détails et une texture d'image plus fine.

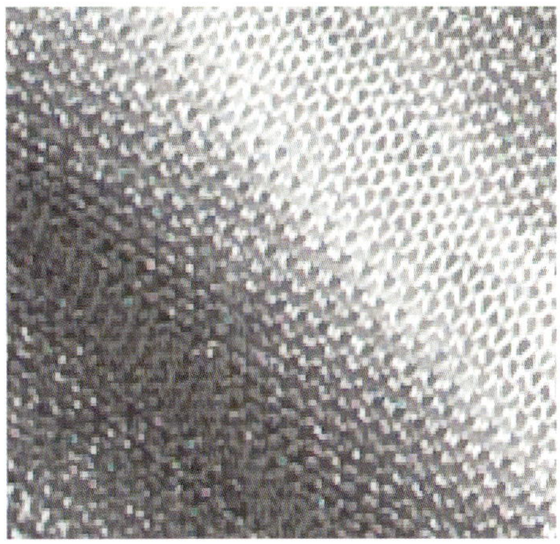

Le bruit coloré se manifeste lorsque vous photographiez des tissus brillants. Les nouveaux algorithmes aident à les éliminer.

La réduction du bruit n'est pas la seule correction à avoir bénéficié des nouveaux algorithmes. L'accentuation en est une autre. L'accentuation se fonde sur des halos clairs et foncés qui sont ajoutés le long des contours d'image afin d'y augmenter le contraste de manière artificielle. Selon Eric Chan, ingénieur responsable des nouveaux algorithmes, « l'accentuation est réussie lorsque les halos sont visibles sans se faire remarquer ». Les Processus 2010 et 2012 bénéficient ainsi de réglages plus subtils (les halos clairs sont moins clairs et les halos foncés moins foncés qu'auparavant) qui augmentent la netteté des images sans pour autant créer des artéfacts gênants. En sélectionnant des valeurs comprises entre 0,5 et 1,0 pour le Rayon, les halos sont maintenant plus fins, permettant de mieux accentuer certaines photos de paysage dotées de nombreux petits détails. Notez également que la commande Netteté des outils de correction locale (« Filtre gradué » et « Pinceau de retouche ») est liée à celles du panneau Détail du module Développement. Vous pouvez ainsi utiliser ces outils pour pondérer les réglages de netteté de manière locale. Pour finir, vous disposez de nouveaux outils pour la réduction du bruit, permettant davantage de contrôle sur la réduction du bruit de chrominance et de luminance.

L'image en entier.

Fichiers Bitmap et réglages d'accentuation

Par défaut, Lightroom n'accentue que les fichiers bruts (RAW et DNG), l'accentuation étant désactivée (valeur 0) pour les fichiers Bitmap (JPEG, TIFF, PNG et PSD). Hormis pour certains fichiers numérisés, il est en effet rarement nécessaire de recourir aux corrections de netteté du panneau Détail.

Comparaison visuelle entre les algorithmes des Processus 2003 (en haut) et 2012 (en bas). L'image à l'origine des extraits fortement agrandis (400 %) provient d'un Canon EOS 1Ds Mark III et d'un objectif EF 70-200 mm L USM (70 mm, f/6,3, 1/320 s à 160 ISO).

Les paramètres prédéfinis pour l'accentuation

Pour vous initier aux commandes d'accentuation du module Développement, vous pouvez choisir, suivant le type de l'image à accentuer, l'un des deux paramètres prédéfinis du menu « Paramètres prédéfinis généraux de Lightroom » du panneau « Paramètres prédéfinis ». Pour affiner le rendu, suivez les conseils des pages 351 à 357.

« Netteté – Faces ». Pour ce portrait, j'ai choisi le paramètre prédéfini « Netteté – Faces » dont les réglages sont particulièrement bien adaptés aux images (notamment les portraits) pour lesquelles vous souhaitez à la fois accentuer les détails (yeux, lèvres, cils et sourcils) et protéger les aplats (peau). Il est parfois nécessaire d'augmenter la force des réglages en déplaçant le curseur Gain vers la gauche, ou d'atténuer l'accentuation des tons chair en déplaçant le curseur Masquage vers la droite. Cela est particulièrement utile lorsque les tons chair paraissent trop « croustillants » – une valeur plus importante pour le masquage aidera alors à conserver la douceur des dégradés.

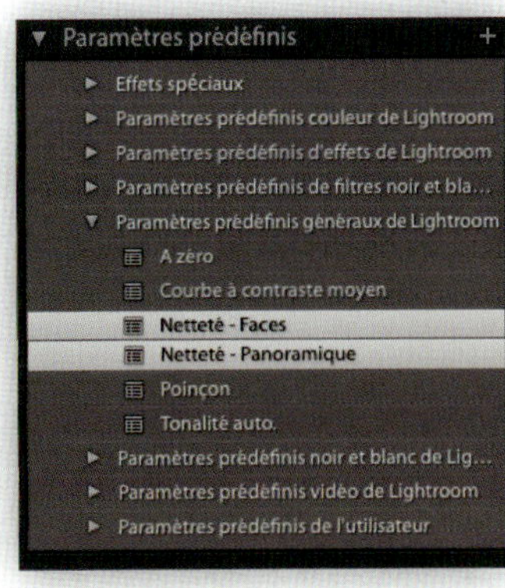

Le panneau « Paramètres prédéfinis » du module Développement comprend deux paramètres prédéfinis dédiés à l'accentuation.

Exemple d'application du paramètre prédéfini « Netteté – Faces ».

« Netteté – Panoramique ». Les réglages du paramètre « Netteté – Panoramique » sont plus adaptés aux images qui comportent de nombreux détails fins, telle l'image de la figure ci-dessous.

Exemple d'application du paramètre prédéfini « Netteté – Panoramique ».

Image choisie pour l'étude des curseurs du panneau Détail.

J'ai préparé une image dédiée à l'étude des différents curseurs du panneau Détail : l'œil et son pourtour permettent d'évaluer les effets d'une accentuation optimisée pour des portraits (pour accentuer les cils sans pour autant renforcer la texture de la peau), et l'angle inférieur droit de l'image suggère de tester une accentuation visant à accentuer des textures subtiles. La partie gauche de l'image comprend de nombreux détails et contours de contraste élevé, permettant d'examiner les effets d'une accentuation consacrée aux détails de haute fréquence. Notez que les lignes horizontales ont été ajoutées pour révéler les halos d'accentuation provoqués par le déplacement du curseur Rayon.

S'il était auparavant nécessaire d'agrandir l'aperçu image à au moins 100 % (1:1) pour se rendre compte des effets des réglages du panneau Détail, les nouveaux algorithmes « 2010 » et « 2012 », permettent d'évaluer la netteté à des rapports de grossissement moins importants. Cependant, seul un affichage à la taille réelle permettra de prévisualiser de manière fiable la netteté d'une image. Si l'image s'affiche à un taux inférieur à 100 %, une icône en forme de point d'exclamation vous avertit : cliquez dessus pour afficher l'aperçu de la fenêtre principale au rapport imposé. En cliquant sur la petite flèche située dans son angle supérieur droit, le panneau Détail ouvre sa propre fenêtre d'aperçu, affichant un extrait de l'image à 100 % : cliquez dessus, puis déplacez votre souris pour afficher différents extraits ou utilisez l'outil « Réglage de la cible » du panneau pour visualiser tour à tour les différentes zones qui vous intéressent.

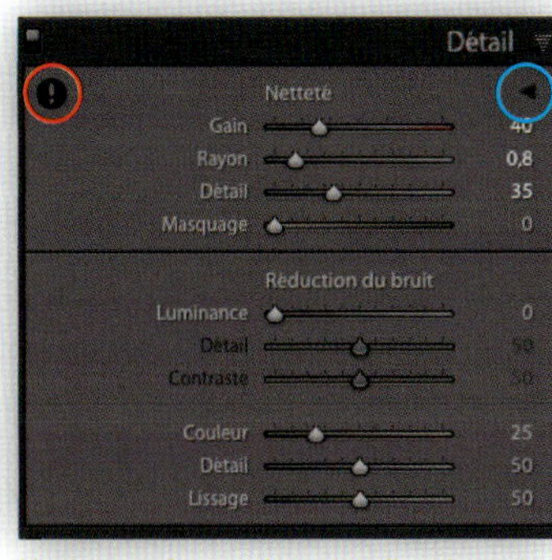

L'icône en forme de point d'exclamation (cercle rouge) signale que l'image est affichée à un grossissement inférieur à 100 %. Cliquez sur lui pour y remédier. L'icône en forme de triangle (cercle bleu) permet de masquer ou afficher l'aperçu du panneau Détail.

Les commandes d'accentuation

Les curseurs Gain et Rayon contrôlent le volume d'accentuation et sa distribution.

Curseur Gain

1. Le curseur Gain agit sur la force de l'accentuation : plus vous le déplacez vers la gauche, plus vous accentuez l'image. Son fonctionnement est proche de celui du curseur Gain de l'outil Accentuation de Photoshop, mais son échelle ne s'étend que de 0 (aucune accentuation) à 150 (accentuation maximale). Si la valeur maximale est quelque peu excessive, il est possible de pondérer son effet grâce aux curseurs Détail et Masquage (voir plus loin). Bien qu'il soit rarement nécessaire de recourir à la valeur maximale du curseur Gain, elle donne une marge de manœuvre parfois utile. Sur la figure ci-dessous, j'ai utilisé une valeur de Gain de 25.

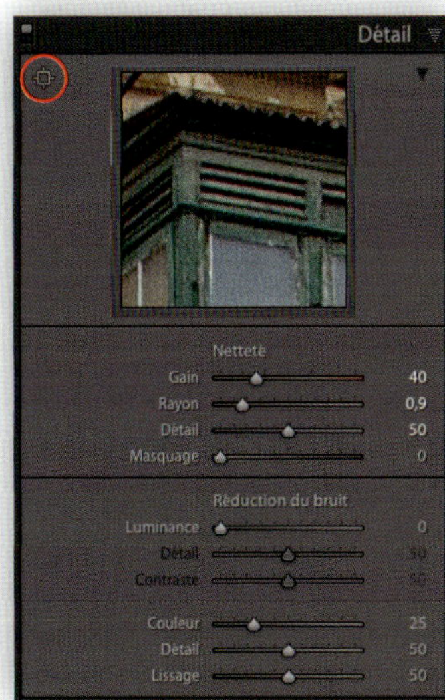

L'outil « Réglage de la cible » (picto carré en haut à gauche) permet de définir la zone d'intérêt agrandie à 100 %.

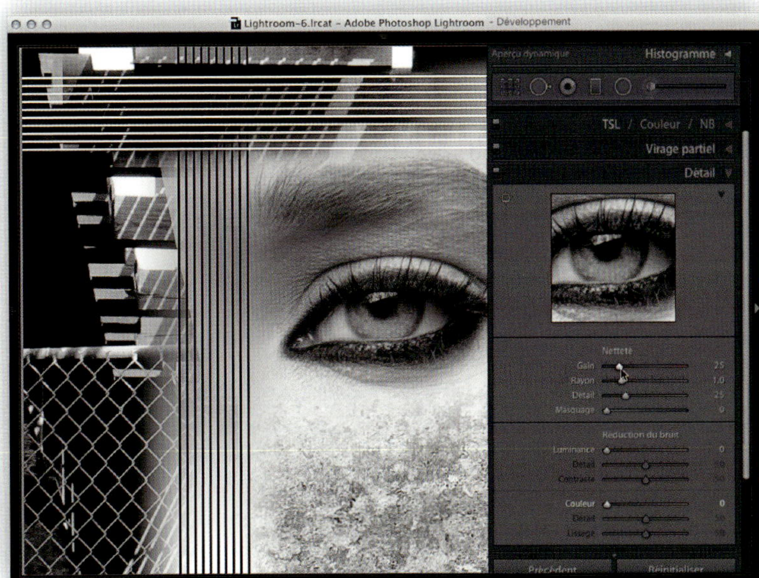

2. En déplaçant le curseur à 100, les détails sont davantage accentués et paraissent plus nets.

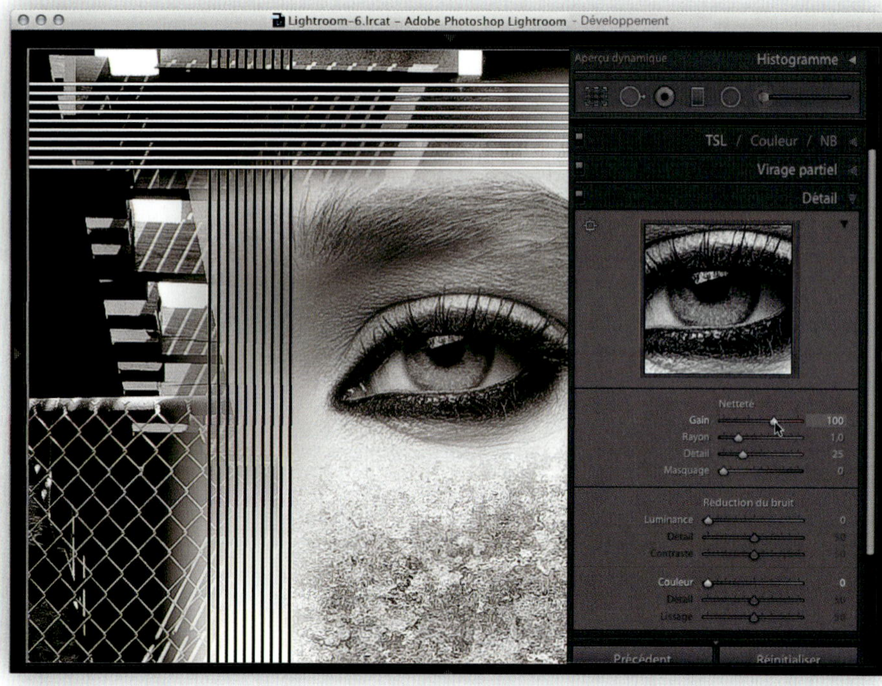

Employé seul, le curseur Gain est une commande assez peu sophistiquée, mais grâce aux outils qui permettent de contrôler la distribution et de supprimer les halos d'accentuation, Lightroom offre l'un des outils d'accentuation les plus aboutis du marché. Il faut juste éviter de tomber dans les excès : à sa taille réelle (100 %), une image ne doit pas afficher d'artéfacts d'accentuation…

Curseur Rayon

1. Pour cette étape et la suivante, j'ai pressé la touche Alt/Option pour afficher à l'écran les effets du curseur Rayon. À sa valeur minimale, ce curseur agit davantage sur les mailles du grillage que sur l'œil et les cils, plus fins. Ses effets portent aussi sur les lignes verticales et horizontales, démontrant ainsi l'utilité d'un rayon inférieur à 1 pour accentuer des images très détaillées, par exemple des photos d'architecture ou des paysages. Avec les deux dernières versions de Lightroom, des valeurs pour le Rayon comprises entre 0,5 et 1,0 génèrent des halos d'accentuation plus fins.

2. Lorsque le curseur Rayon est au maximum (3), la largeur du halo d'accentuation augmente jusqu'à ne plus vraiment accentuer les fins contours de l'image. Si les textures du grillage semblent légèrement adoucies, les cils et la pupille semblent en revanche bénéficier d'une accentuation plus franche, grâce aux valeurs plus élevées du curseur Rayon. Pour cette raison, j'adopte très souvent une valeur supérieure à 1 pour le Rayon, afin d'accentuer des images comportant de nombreux détails à contours doux, notamment des portraits.

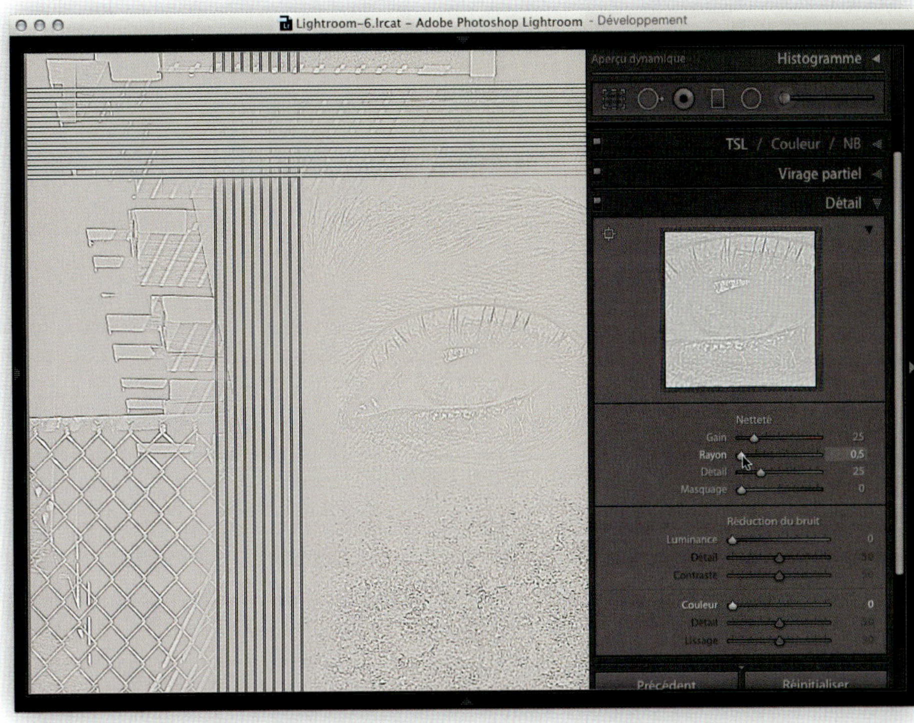

Étape 1

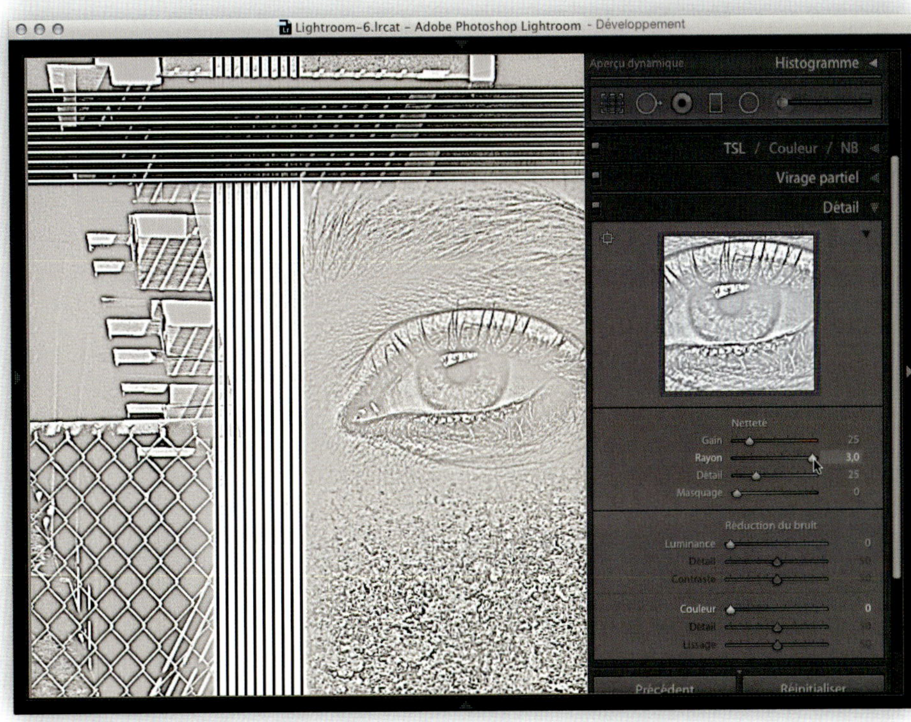

Étape 2

Interpréter l'aperçu en niveaux de gris
Comme nous l'avons déjà vu, lorsque vous déplacez le curseur Gain tout en appuyant sur la touche Alt/Option, vous pouvez évaluer l'effet cumulé des curseurs d'accentuation sur la couche Luminosité. Mais comment interpréter les aperçus des curseurs Rayon et Détail ? Les utilisateurs aguerris de Photoshop n'auront aucun mal à comprendre que ces aperçus simulent l'application du filtre passe-haut (en mode de fusion Incrustation) sur une copie de l'arrière-plan. Avec ce filtre, pratiquement toute l'image devient grise à l'exception des contours du sujet, et grâce au mode de fusion, vous amplifierez l'écart des tons clairs et foncés avec les tons moyens, pour augmenter la netteté apparente. Lorsque vous utilisez la touche Alt/Option avec les curseurs Rayon et Détail, vous affichez l'accentuation des contours en simulant un calque séparé et en isolant les effets conjugués des trois curseurs Gain, Rayon et Détail.

Les commandes de pondération

Les deux curseurs Détail et Masquage pondèrent l'effet d'accentuation des curseurs Gain et Rayon.

Curseur Détail

Le curseur Détail vise à supprimer les halos d'accentuation afin que vous puissiez vous concentrer sur l'accentuation des contours. Il permet également d'augmenter le volume d'accentuation à l'aide du curseur Gain, sans pour autant générer de nouveaux halos. À sa valeur minimale (0), le curseur Détail applique un effet maximal à la suppression des halos ; à sa valeur maximale (100), il n'intervient pas sur leur suppression. En Processus 2010 et 2012, le curseur Détail privilégie les hautes fréquences, c'est-à-dire qu'il accentue davantage les détails que les aplats.

1. J'ai choisi pour cette première étape une valeur minimale (0). Les halos d'accentuation ont été presque totalement supprimés. La combinaison des curseurs Détail (valeur peu élevée) et Rayon (valeur élevée) permet d'accentuer davantage l'image afin de révéler ses détails les plus fins (œil, cils), tout en supprimant les halos d'accentuation sur les aplats (tons chair).

2. Lorsque le curseur Détail se trouve à sa valeur maximale (100), il ne filtre plus l'accentuation ; celle-ci s'applique ainsi sans distinction à l'ensemble de l'image. L'effet cumulé des curseurs Gain et Rayon s'apparente à celui des curseurs de la commande Accentuation de Photoshop.

3. À une valeur intermédiaire (50), le curseur Détail peut être utilisé pour cibler les zones qui nécessitent davantage d'accentuation. Utilisez une valeur autour de 15 pour supprimer l'accentuation des parties les plus douces d'un portrait, et une valeur plus élevée pour accentuer davantage les détails très subtils, grâce à une moindre suppression des halos d'accentuation.

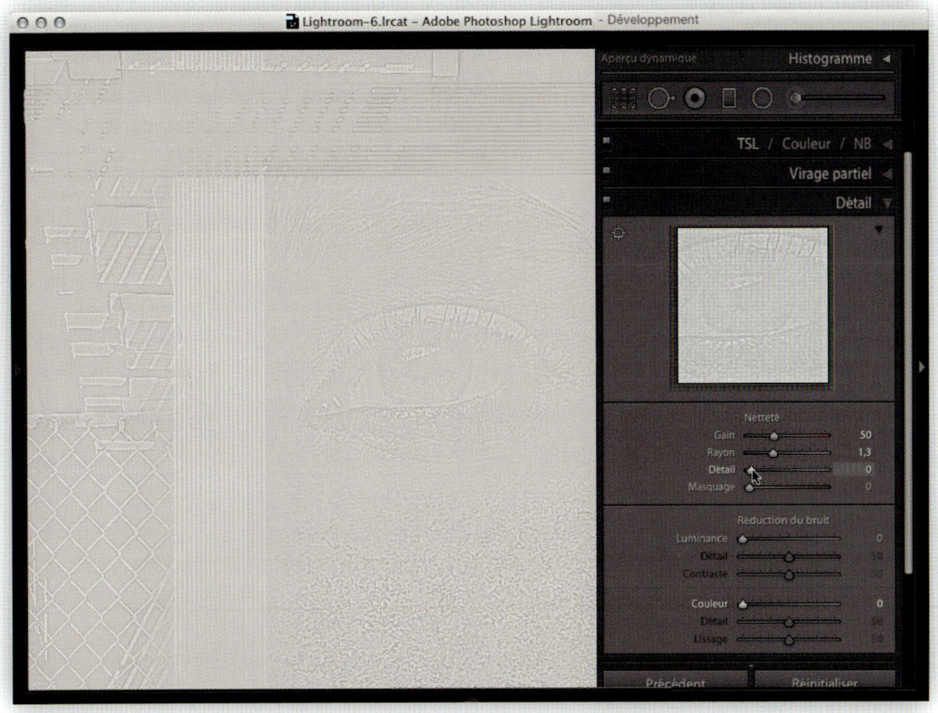

Étape 1

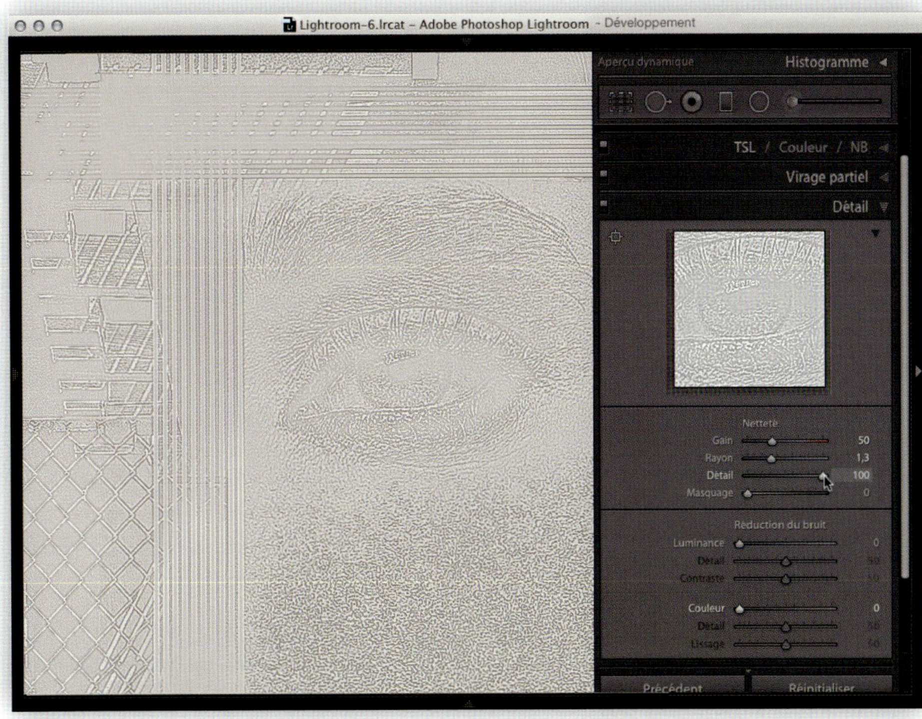

Étape 2

Étape 3

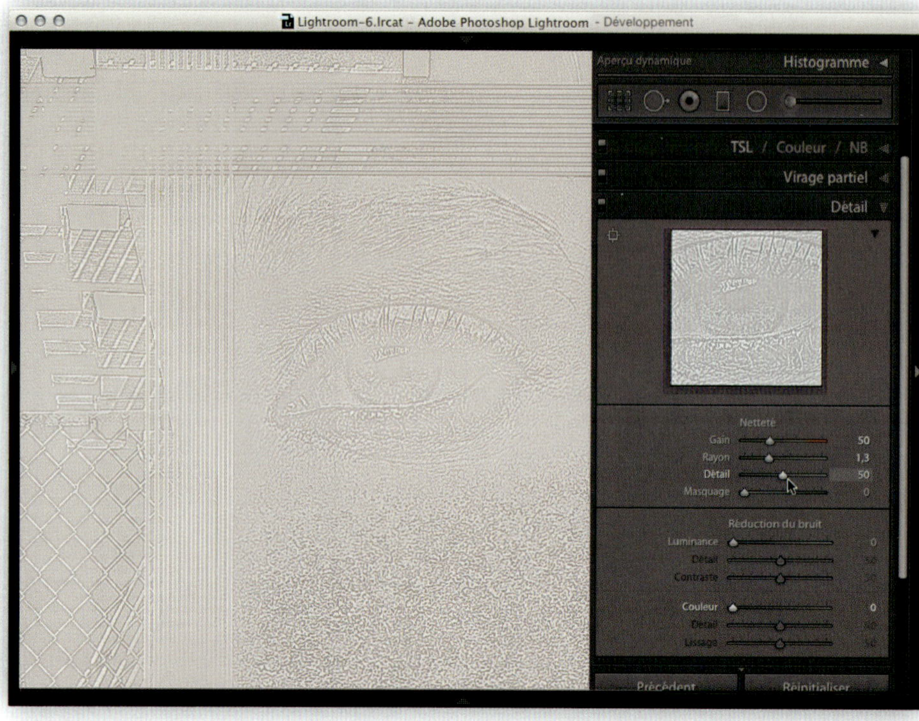

Curseur Masquage

S'inspirant des recherches de Bruce Fraser, le curseur Masquage est destiné à pondérer les effets des deux premiers curseurs Gain et Rayon. Si vous souhaitez en apprendre davantage sur le remarquable travail de Bruce Fraser, je vous conseille la lecture de l'ouvrage *Netteté et accentuation avec Photoshop CS2*, paru en 2007 aux éditions Eyrolles (traduction française), et qui reste toujours d'actualité.

Utilisez ce curseur pour créer directement un masque à partir de l'image, afin de protéger les zones que vous ne souhaitez pas accentuer. Si vous déplacez le curseur Masquage complètement à gauche (à sa valeur minimale), Lightroom ne crée pas de masque ; l'accentuation est ainsi appliquée indifféremment à toute l'image. Au fur et à mesure que vous déplacez le curseur vers la droite, il protège certaines zones.

Le masque s'inspire directement de l'image et distingue intelligemment les contours contrastés (affichés en blanc sur le masque) des zones moins détaillées et à tons continus (affichées en noir), qui sont automatiquement protégées des effets de l'accentuation. Notez que la création du masque est assez gourmande en ressources : si un ordinateur récent et puissant ne montre aucun signe de ralentissement, un ordinateur plus ancien mettra du temps à rafraîchir l'aperçu.

1. J'ai réglé le curseur Masquage sur 50 tout en appuyant sur la touche Alt/Option. À ce réglage intermédiaire, certaines parties moins détaillées (affichées en noir) bénéficient déjà de la protection du masque. Notez qu'en utilisant les algorithmes de traitement

2010 et 2012, il n'est plus nécessaire de visualiser l'aperçu à 100 % pour utiliser la touche Alt/Option ; en utilisant l'ancienne version 2003, le mode Masque ne s'affiche en revanche qu'après avoir agrandi l'aperçu image à la « taille réelle des pixels ».

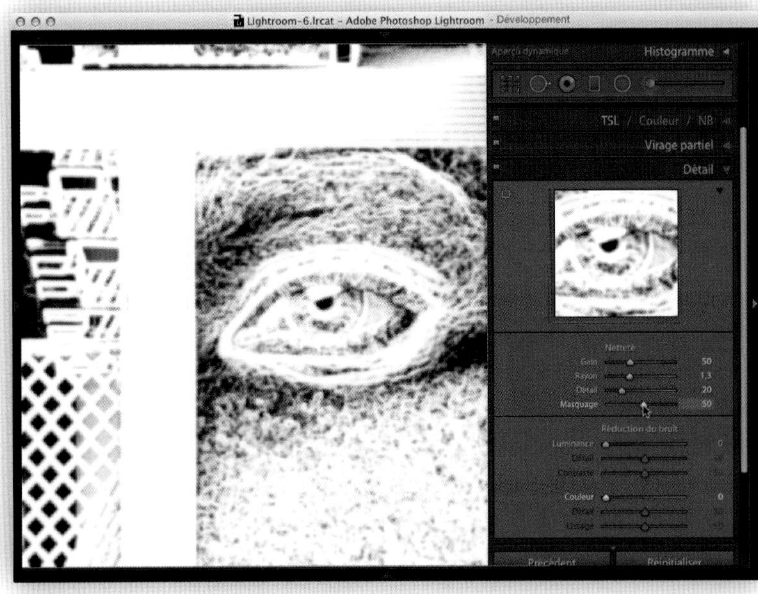

2. À sa valeur maximale (100), le curseur Masquage protège les aplats de l'image, tout en préservant l'accentuation des détails fins. Lightroom n'applique l'accentuation qu'aux parties blanches du masque ; ses parties noires sont intégralement protégées et ne subissent aucune accentuation.

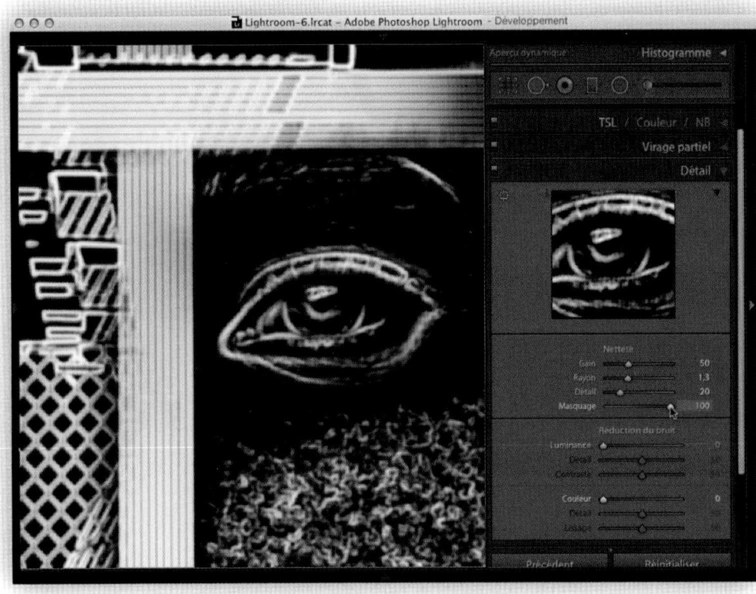

Les réglages manuels

Voici comment utiliser les fonctions des différents curseurs du panneau Détail pour accentuer une image.

1. J'ai appliqué ici (voir capture ci-dessous) un taux d'accentuation qui privilégie les détails. Un Rayon de 0,7 applique des halos d'accentuation autour des contours les plus fins, une valeur de 70 pour le Détail réduit la suppression des halos pour une netteté maximale, et un Gain de 33 applique, grâce à un Masquage réduit (100), une accentuation plutôt subtile à toute l'image. Cette image bénéficie, comme tant d'autres prises aux sensibilités ISO peu élevées, d'une réduction plutôt subtile du bruit de luminance (10).

2. J'ai ensuite déplacé les curseurs pour une accentuation optimale des détails autour de l'œil. Un Rayon de 1,4 ajoute des halos plus larges au niveau des cils, et un Détail de 20 supprime les halos dans les régions moins détaillées. Une valeur de Masquage de 85 m'a permis d'accentuer seulement les zones qui pouvaient en bénéficier, à savoir les contours de l'œil et les cils. J'ai choisi un Gain de 45 au lieu de la valeur par défaut (25), car il était nécessaire de compenser les effets des curseurs Détail et Masquage qui supprimaient une partie de l'accentuation.

L'accentuation créative

La règle d'or consiste à accentuer les images jusqu'à ce qu'elles paraissent nettes à l'écran sans pour autant rendre visibles les halos d'accentuation. Toutefois, pour certaines images, il est assez difficile de trouver un réglage approprié. Fort heureusement, elles peuvent tirer parti des corrections locales qui bénéficient depuis Lightroom 3 de meilleurs algorithmes pour l'accentuation.

En ajustant le curseur Netteté des outils « Filtre gradué » ou « Pinceau de retouche », vous augmentez la netteté de certaines zones d'une image. Le taux d'accentuation se base sur les réglages du panneau Détail.

1. Pour cette image, j'ai d'abord ajusté les curseurs d'accentuation du panneau Détail afin d'accentuer la statue de manière globale. Toutefois, elle manque encore de netteté.

2. Afin de l'accentuer davantage, j'ai sélectionné le « Pinceau de retouche », puis j'ai déplacé le curseur Netteté jusqu'à la valeur +100. Le réglage d'accentuation locale tient compte des réglages globaux, et notamment des paramètres Rayon, Détail et Masquage. Ici, le « Pinceau de retouche » permet de peindre sur les zones à accentuer (voir capture page suivante).

3. Pour obtenir la version finale présentée page 361, j'ai ajouté un nouvel ensemble de réglages locaux avec une valeur de Netteté de -70. En peignant l'arrière-plan de la statue, j'ai réussi à augmenter le contraste entre la statue nette et l'arrière-plan flou.

Étape 1

Étape 2

Étape 3

L'accentuation négative

Si vous utilisez des valeurs comprises entre 0 et -50, vous pouvez utiliser le curseur Netteté pour atténuer la netteté de manière locale. Une valeur de -50 pour l'accentuation locale annule ainsi l'accentuation globale, des réglages entre -50 et -100 introduisent même un effet de flou plutôt subtil. S'il est possible d'obtenir des valeurs inférieures à -100 et supérieures à 100 en appliquant l'effet d'accentuation (ou de flou) en plusieurs étapes successives, il existe un seuil pour l'effet de flou qu'il est impossible de franchir, même en multipliant le nombre d'étapes.

Il existe plusieurs scénarios justifiant l'emploi d'une accentuation à des valeurs négatives. À titre personnel, j'utilise cette technique de temps en temps pour simuler une faible étendue de profondeur de champ. De ce fait, je préfère appliquer l'accentuation négative via l'outil « Filtre gradué ». Une autre technique très recherchée consiste à produire des séquences vidéo qui s'évertuent à simuler le rendu et la faible profondeur de champ de modèles réduits. J'ai vu un certain nombre de réalisations très réussies, mais il y en a une qui sort du lot : « The Sandpit », produit par Sam O'Hare (http://vimeo.com/9679622). Sam a développé les fichiers RAW dans Lightroom, mais l'effet de flou a été ajouté ultérieurement dans un autre logiciel. Cependant, l'exemple suivant montre qu'il est possible d'effectuer tout le travail dans Lightroom.

1. Voici l'image avant l'application d'un effet de flou local.

2. Pour commencer, j'ai sélectionné l'outil « Filtre gradué », puis j'ai déplacé les curseurs Netteté et Clarté jusqu'aux valeurs -100 et -30. J'ai répété cette opération deux fois afin d'obtenir un effet de flou trois fois plus prononcé.

3. Pour finir, j'ai réitéré les réglages dans la partie inférieure de l'image avec pour seule différence quatre applications successives (au lieu des trois à l'étape précédente) de façon à rendre l'effet de flou maximal.

Réduire le bruit d'une image

Les curseurs de la section « Réduction du bruit » (Luminance et Couleur) peuvent être employés pour réduire le bruit numérique, plus ou moins visible sur les images. Avec un appareil reflex récent utilisé à sa sensibilité ISO minimale, le bruit sera très discret, mais dès que vous augmenterez le réglage de sensibilité, il deviendra visible. Gardez à l'esprit que face au bruit, les appareils photo numériques sont inégaux ; certains capteurs (et notamment ceux des compacts numériques) ont un niveau de bruit particulièrement important, surtout aux sensibilités ISO les plus élevées.

Réglages par défaut
Les réglages de traitement de bruit de Lightroom s'adaptent automatiquement aux caractéristiques du capteur tout en tenant compte de la sensibilité ISO. L'amplitude des réglages pour la correction du bruit de chrominance et de luminance varie donc en fonction de l'appareil photo utilisé, par l'intermédiaire d'un profil de correction qui a été optimisé pour chaque modèle. Si le comportement des curseurs semble similaire, les valeurs appliquées en coulisse sont donc bien différentes.

Bien que les algorithmes de traitement du bruit des Processus 2010 et 2012 soient particulièrement efficaces pour le réduire, ils ne parviennent pas pour autant à le supprimer. Mais rassurez-vous : il est en effet rarement souhaitable de supprimer l'intégralité du bruit, une image ainsi traitée aurait un aspect trop lisse et artificiel lorsqu'elle est examinée de près. Les développeurs du logiciel ont estimé qu'il valait mieux débarrasser le bruit de ses composantes vraiment gênantes (bruit de basse fréquence et bruit structurel) et d'en conserver la partie aléatoire, perçue par la plupart des photographes comme étant naturelle. Une image traitée dans Lightroom est ainsi affranchie d'artéfacts disgracieux, mais conserve une structure et un rendu proches de ceux d'un film argentique. Toutefois, il sera souvent nécessaire de recourir aux curseurs du panneau Détail, ciblant les deux types de bruits : le bruit de luminance et de chrominance.

Réduire le bruit de luminance

Le curseur Luminance aide à réduire le bruit de luminance qui se manifeste par une structure granuleuse présente à toutes les sensibilités ISO, bien qu'elle soit plus perceptible aux sensibilités les plus élevées. Réglé par défaut sur 0 %, le réglage peut atteindre une valeur comprise entre 5 et 20 % ; je vous déconseille d'aller au-delà de 50 % (sauf pour les cas désespérés).

Considéré par Jeff Schewe comme le cinquième curseur de la commande Accentuation, le curseur Luminance pondère l'effet des curseurs d'accentuation. Il tend à lisser les contours d'une image et il faut ainsi trouver un juste équilibre entre la suppression du bruit de luminance et l'accentuation des contours.

Le curseur Détail du menu Luminance pondère l'effet du curseur Luminance. Réglé par défaut sur 50, le curseur augmente le lissage du bruit de luminance lorsqu'il est déplacé à gauche, en sacrifiant des détails car ce lissage ne sait pas distinguer le bruit des détails d'une image. Lorsqu'il est poussé à droite, il réduit le lissage du bruit et conserve davantage de détails.

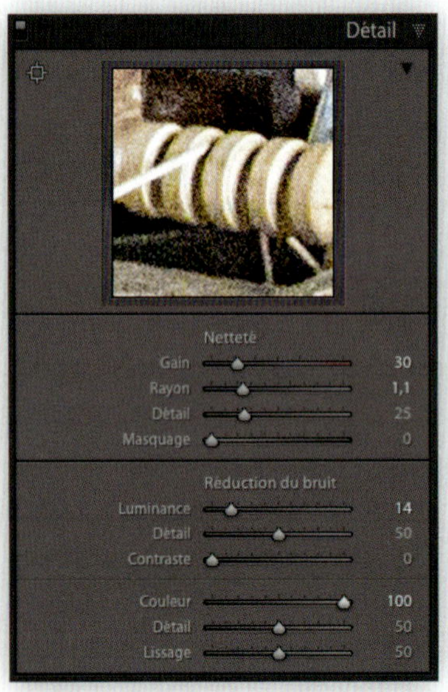

Le panneau Détail affiche ici les réglages pour la réduction du bruit.

Le curseur Contraste du menu Luminance contrôle l'aspect des zones corrigées. Lorsque vous poussez le curseur à gauche, leur rendu est plus uniforme mais parfois trop lisse et artificiel ; lorsque vous le poussez à droite, la texture de l'image est mieux préservée, mais elle sera d'aspect plus rugueux, surtout aux sensibilités ISO les plus élevées. Notez que l'influence du curseur Contraste est inversement proportionnelle à celle du curseur Détail : plus la valeur du curseur Détail est importante, moins le curseur Contraste contribue à la correction du bruit de luminance.

Avec certaines images plus anciennes, il est nécessaire de pousser le curseur Luminance jusqu'à des valeurs comprises entre 15 et 25 pour ainsi reproduire le rendu de l'ancien Processus 2003. Voici quelques précisions destinées aux nouveaux utilisateurs de Lightroom.

- Les images corrigées dans Lightroom 1 ne présentent aucune différence d'aspect en termes de bruit.
- Les images corrigées dans les versions ultérieures de Lightroom 1 et 2 paraissent plus bruitées lorsque vous les ouvrez une nouvelle fois dans une version plus récente du logiciel. Toutefois, cette différence se manifestera surtout avec des images prises aux sensibilités ISO plus élevées et ayant nécessité une correction du bruit de luminance.

Réduire le bruit de chrominance

Le bruit chromatique, le plus gênant, s'étend sur toute l'image et y superpose une texture multicolore. Le curseur Couleur réduit progressivement ses artéfacts colorés. En le réglant à sa valeur par défaut (25), sa correction est déjà plutôt efficace. Vous pouvez régler ce curseur à sa valeur maximale (100 %) sans pour autant générer les artéfacts qui accompagnaient jusque-là une suppression trop zélée du bruit de chrominance. Toutefois, un déplacement du curseur Couleur produit parfois une désaturation des couleurs les plus subtiles, notamment avec certaines images comportant de nombreux détails colorés et prises aux sensibilités ISO les plus élevées.

Le curseur Détail du menu Couleur aide alors à préserver les informations couleur situées le long des contours. Si le curseur Détail préserve davantage de détails et de nuances couleur aux réglages supérieurs à 50, il tend également à produire des taches colorées le long des contours protégés. Notez qu'il faut agrandir l'aperçu à plus de 400 % pour observer les effets de ce curseur.

Il est important de connaître son appareil et sa réaction aux différentes conditions de lumière. Bien que certains jugulent bien le bruit, il n'est pas toujours facile de concéder une sensibilité ISO élevée au profit d'une vitesse d'obturation. Vous pouvez employer un trépied ou un système stabilisé (intégré dans l'objectif ou dans l'appareil) et employer alors une sensibilité ISO plus faible afin d'obtenir une meilleure qualité d'image.

Pour corriger le bruit d'une image, je vous conseille :

- de commencer par le curseur Luminance afin d'éliminer les petites traces de bruit de luminance ;
- de passer ensuite au curseur Couleur afin de réduire le bruit de chrominance.

Si le curseur Luminance supprime la plus grande partie du bruit de luminance, il risque également de lisser l'image à outrance. L'augmentation du lissage entraîne immanquablement une perte de piqué. Au lieu de corriger chacune de vos images séparément, vous pouvez créer des jeux de « Paramètres prédéfinis » intégrant des paramètres de réduction du bruit en fonction de la sensibilité ISO.

Pour finir, sachez qu'il est vain de vouloir éliminer la moindre trace de bruit, d'autant plus que le procédé d'impression gomme une grande partie du bruit résiduel.

1. Sur les figures suivantes, on visualise une photo prise à 6 400 ISO. Ici, tous les curseurs de réduction de bruit ont été déplacés sur leurs valeurs par défaut.

2. Dans un premier temps, j'ai réglé le curseur Couleur à 70 %. Si ce réglage a supprimé le bruit de chrominance, il a également désaturé les couleurs le long des contours, diminuant ainsi la netteté des détails (voir capture au bas de la page suivante).

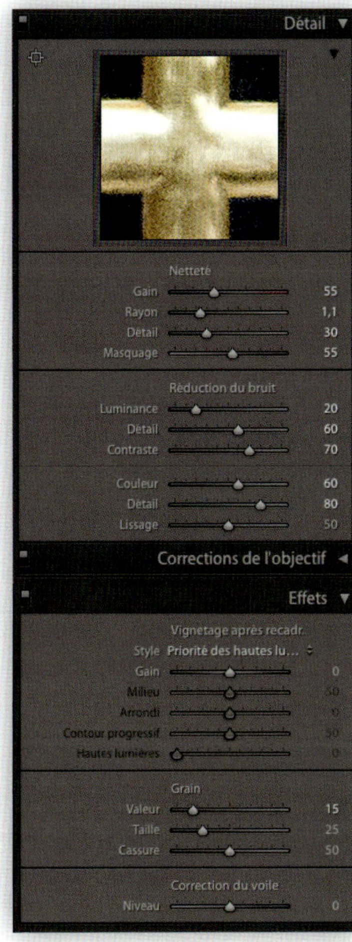

Si vos images sont très bruitées, vous pouvez recourir aux commandes du menu Grain du panneau Effets pour ainsi réinjecter de la matière dans une image qui possède un aspect trop lisse, provoqué par une correction du bruit trop zélée.

Remarque
Depuis sa version 4, Lightroom bénéficie d'une meilleure correction du bruit de chrominance aux réglages de balance des blancs plus extrêmes (par exemple, aux températures de couleur inférieures ou égales à 3 200 K). Cette correction plus fine réduit le bruit chromatique de basse fréquence qui se manifeste par des taches colorées.

3. Pour compenser la désaturation des couleurs, j'ai poussé le curseur Détail de la section Couleur à 100 %, ce qui m'a permis de supprimer le bruit coloré tout en préservant la netteté des contours. Pour finir, les curseurs du menu Luminance éliminent la plus grande partie du bruit de luminance. La figure ci-contre permet de comparer les réglages de l'étape 2 à ceux de l'étape 3.

Étape 1

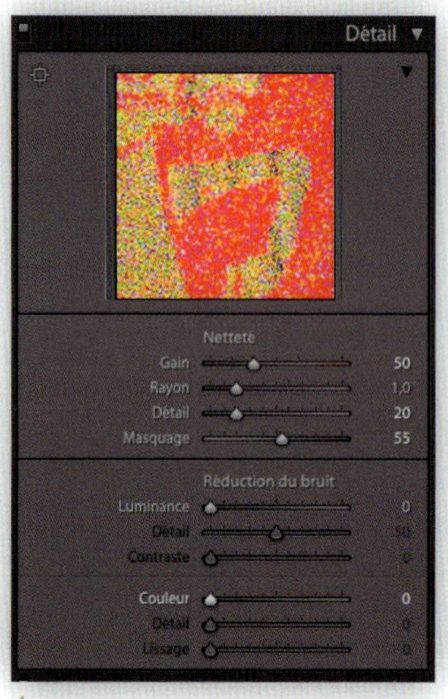

Étape 2

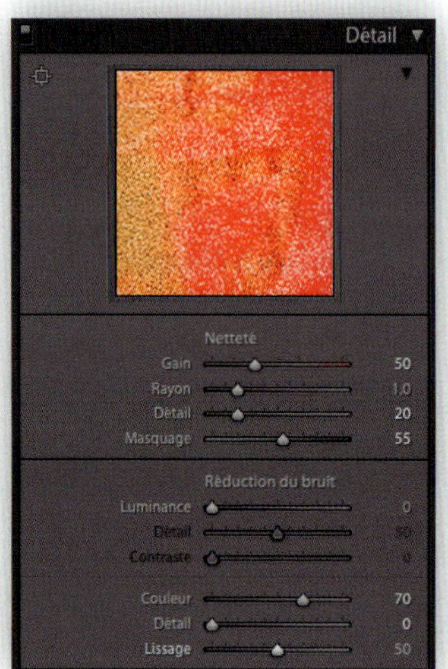

Le nouveau curseur Lissage vous aide à réduire le bruit chromatique de basse fréquence lequel se manifeste par des marbrures ou des amas colorés. Il s'agit d'un défaut pouvant se présenter à la fois sur des images prises aux sensibilités basses et élevées et notamment dans les tons foncés. Par défaut, le curseur Lissage est positionné sur la valeur 50, le rendu qui en résulte étant alors analogue à celui produit par les anciennes versions

Étape 3

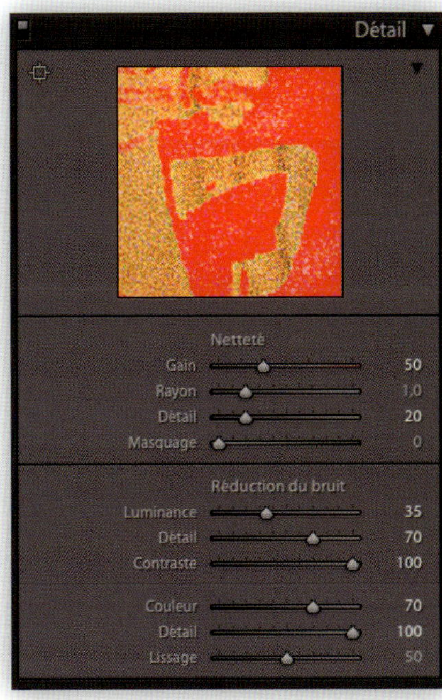

de Lightroom et Camera Raw. En déplaçant le curseur à droite, celui-ci fait progressivement disparaître les artéfacts en question tout en introduisant un effet de lissage. Comme vous pouvez le voir dans l'exemple suivant, la différence de rendu entre les valeurs minimales (0) et maximales (100) du curseur Lissage peut être très marquée. Cependant, certaines images en bénéficient davantage que d'autres. De même, l'augmentation du lissage des couleurs s'accompagne parfois d'une baisse de performance.

1. Cet extrait à 50 % d'une image saisie avec un appareil moyen format Pentax 645Z (intégrant un capteur CMOS Sony de 50 mégapixels) à 12 800 ISO présente des marbrures colorées lorsque le curseur Lissage est à son réglage minimum (0).

2. En déplaçant le curseur Lissage à droite, jusqu'à sa valeur maximale (100), je suis parvenu à supprimer le défaut.

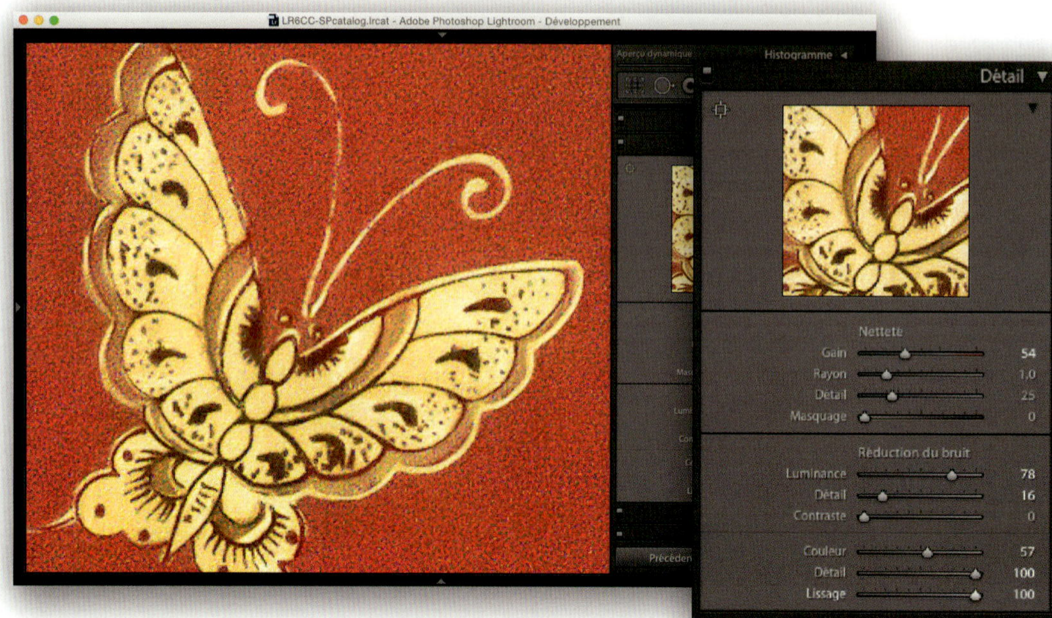

Réduire le bruit de manière locale

Les outils de correction locale « Filtre gradué », « Filtre radial » et « Pinceau de retouche » intègrent un curseur Bruit, permettant de réduire le bruit de façon locale. En le poussant à droite, vous augmentez la correction du bruit appliquée à la zone préalablement sélectionnée. Comme les réglages d'accentuation locale, les réglages de réduction du bruit locale augmentent d'une manière proportionnelle les réglages globaux destinés à réduire le bruit de luminance et de chrominance. Vous pouvez utiliser le curseur Bruit pour augmenter la correction du bruit là où vous le jugez nécessaire. À titre personnel, je le trouve très utile pour nettoyer les tons foncés d'une image ayant nécessité un éclaircissement préalable. Au lieu d'appliquer une correction globale, vous pouvez la limiter aux seuls tons foncés, grâce aux filtres « Filtre gradué », « Filtre radial » et « Pinceau de retouche ».

En déplaçant le curseur Bruit du « Pinceau de retouche » à gauche, vous pouvez réduire localement l'ampleur de la réduction du bruit globale. Cela peut vous sembler étrange, mais les valeurs négatives offrent une nouvelle approche de correction du bruit : commencez par appliquer une correction globale importante, puis utilisez le pinceau pour réduire la correction dans les parties où vous souhaitez préserver davantage de détails.

1. Sur certaines zones, les réglages du panneau Détail n'ont pas pu éliminer le bruit.

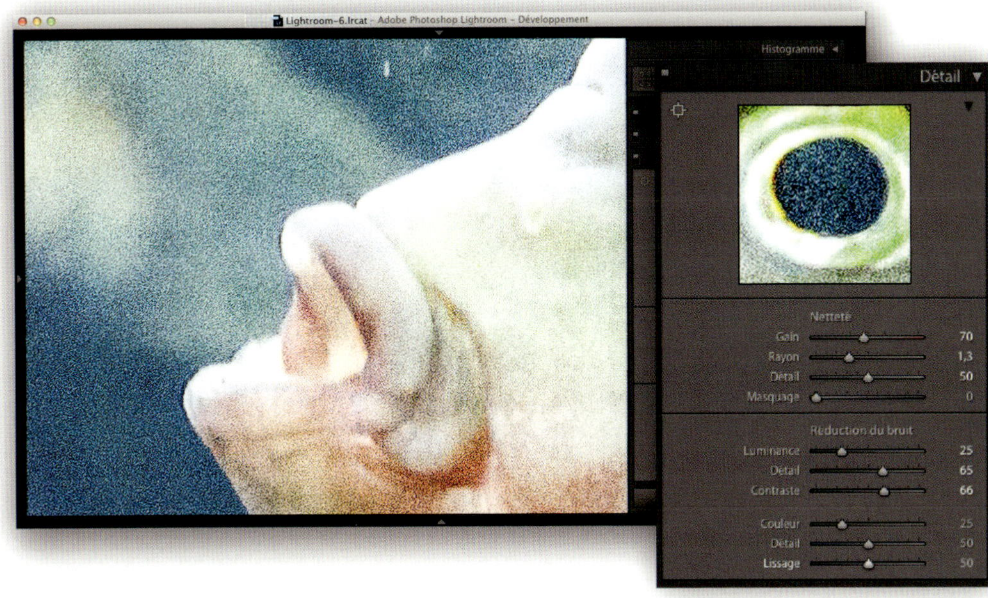

2. Pour réduire le bruit dans les parties les plus affectées, j'ai déplacé le curseur Bruit à sa valeur maximale (+100), puis j'ai passé le pinceau sur l'arrière-plan de l'image.

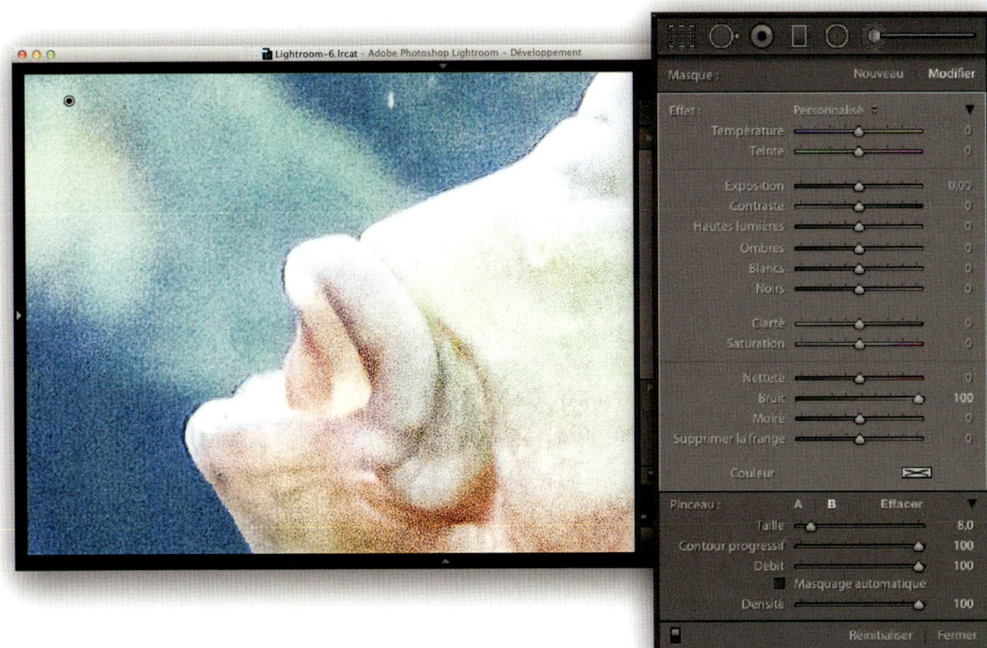

Réduction locale du moiré

Le moiré est un effet d'interférence qui est le plus souvent associé aux images issues de dos numériques moyens formats. Contrairement aux appareils reflex numériques, les capteurs de ces dos numériques sont dépourvus de filtres passe-bas.

Si le plus petit détail dans une image occupe une largeur supérieure à un pixel, le capteur n'éprouve aucune difficulté pour le reproduire. Mais si sa largeur est inférieure à celle d'un pixel, le capteur produit parfois des pixels dont la luminosité et/ou la couleur sont altérées. Sachez que ce problème n'affecte pas uniquement les dos numériques moyen format. Certains appareils reflex numériques, et notamment certains modèles à très haute résolution, en souffrent aussi. La vue agrandie de l'image, ci-contre, provient d'un appareil reflex numérique Kodak DCS 14N, particulièrement sensible au moiré.

Afin de remédier à ce problème, Lightroom dispose d'un nouveau curseur Moiré, présent parmi les commandes des outils de correction locale. Son fonctionnement est équivalent à celui du curseur Bruit : poussez-le à droite pour réduire l'effet de moiré ; plus la valeur est importante, plus la correction est conséquente. Parfois, il est même nécessaire de l'appliquer deux fois de suite pour éliminer des artéfacts particulièrement tenaces.

Gardez à l'esprit que la correction du moiré tend à produire une désaturation des couleurs le long des contours. En effet, le « Pinceau de retouche » échantillonne un grand nombre de pixels autour de la zone à corriger pour ainsi déterminer la couleur de remplacement appropriée. De ce fait, pour retoucher l'image ci-contre de l'opéra de Sydney, j'ai choisi un pourtour assez dur pour le pinceau. Ainsi, pour calculer la bonne couleur, le pinceau n'a pas été perturbé par les couleurs des zones adjacentes, et notamment par le bleu du ciel. De même, il est utile de choisir l'option « Masquage automatique » et de créer de nouveaux types de pinceaux pour retoucher les parties affectées par le moiré.

Comme le curseur Bruit, le curseur Moiré autorise des corrections aux valeurs négatives. Cela vous permet de peindre une ou plusieurs fois avec des valeurs positives sur les artéfacts, puis de pondérer ces corrections avec le pinceau et des valeurs négatives.

Fichiers Bitmap et correction du moiré

Le curseur agit de manière plutôt efficace sur les artéfacts colorés des fichiers RAW, s'appuyant sur les informations de la couche verte, plus nombreuses que celles des couches rouge et bleue. Les fichiers Bitmap (JPEG, TIFF, PSD et PNG) ne bénéficient pas de corrections aussi puissantes : les informations couleur de la couche verte ont été entérinées lors du dématriçage, subissant une pollution de la part des autres couches couleur.

1. Voici une partie agrandie d'une image qui montre le toit de l'opéra de Sydney. Elle révèle une texture de moiré très gênante.

2. J'ai réussi à éliminer les artéfacts en poussant le curseur Moiré à sa valeur maximale (+100), puis en passant le pinceau sur les parties affectées.

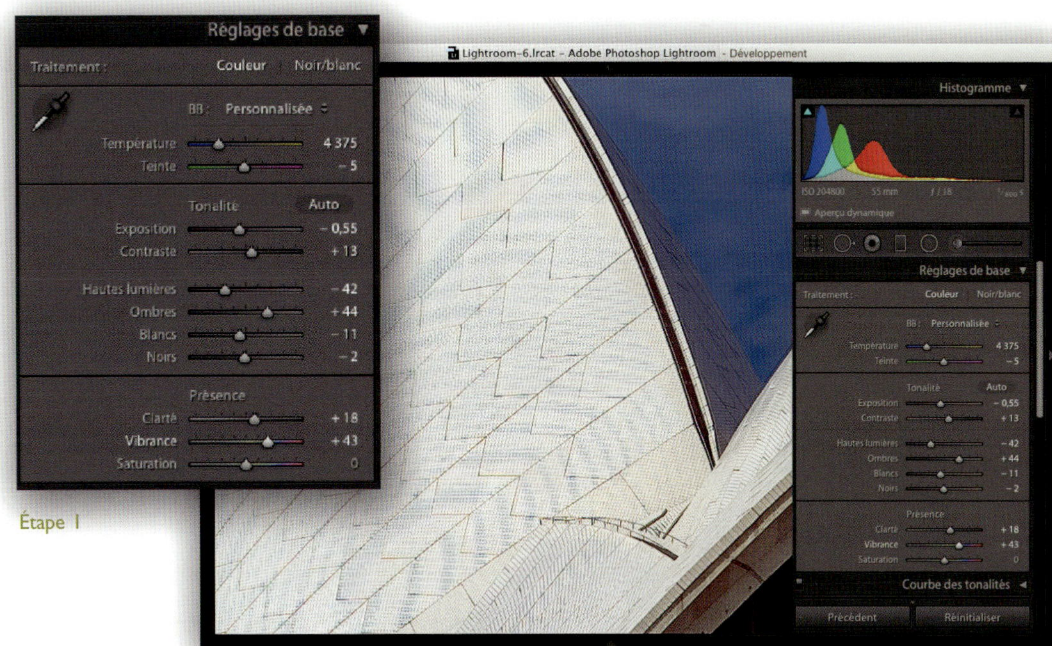

Étape 1

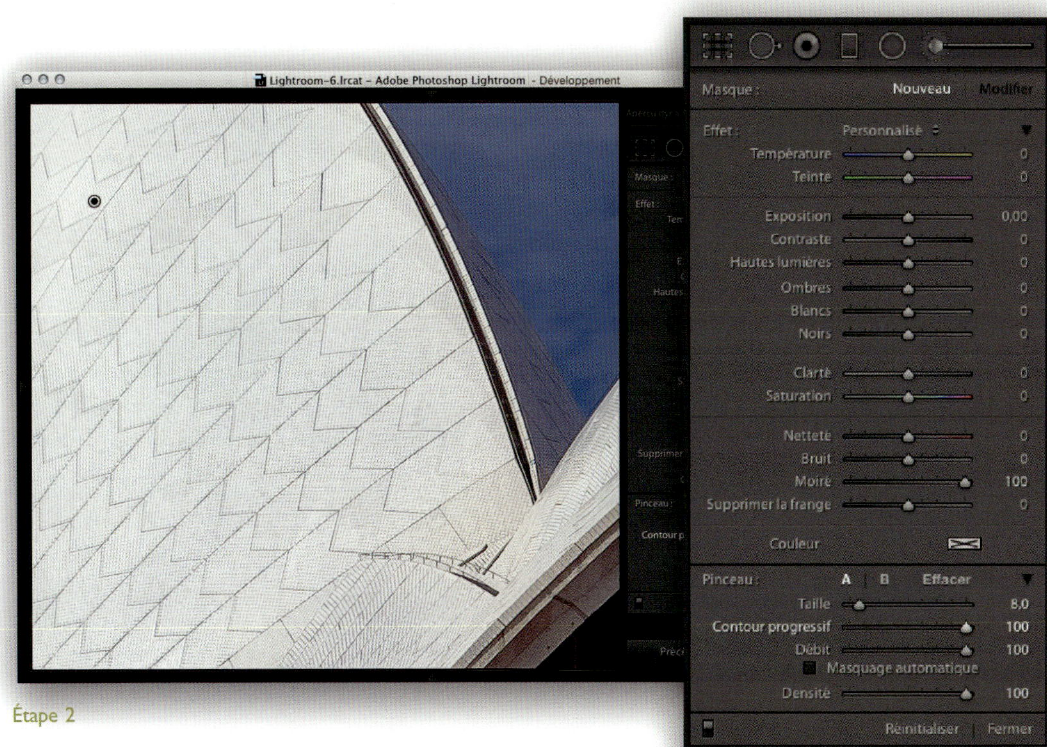

Étape 2

Canon EOS 1Ds Mark III, 50 mm,
100 ISO, f/11, 1/125 s,
© Martin Evening 2009.
Mannequin : Kelly/Nevs Models,
Maquillage : Camilla Pascucci,
Coiffure : Bryan Gallagher,
Stylisme : Harriet Cotterill

Chapitre 7
Exporter des images

7

Afin de mieux comprendre le lien entre Lightroom et Photoshop, il faut concevoir Lightroom comme un logiciel de gestion et de développement pour de gros volumes de photos, et Photoshop comme un logiciel de retouche plus précis, pour certaines photos seulement. En effet, s'il partage de nombreuses fonctionnalités avec Camera Raw et Lightroom, Photoshop reste le logiciel de retouche par excellence.

Comment faire collaborer efficacement Photoshop et Lightroom ? Afin de répondre à cette question essentielle, voyons d'abord comment transférer des photos d'un logiciel à l'autre, comment tirer profit du module Exporter pour développer une ou plusieurs photos, et comment améliorer votre flux de production grâce aux scripts très sophistiqués de Photoshop.

Ouvrir des images dans Photoshop

Les chapitres précédents traitent largement de la correction d'images à l'aide des outils de Lightroom. Rappelez-vous que ces corrections sont non destructives et qu'elles ne sont jamais directement appliquées aux originaux ; lorsque vous dupliquez un fichier maître, vous n'en créez qu'une copie virtuelle ou un instantané. En revanche, si vous souhaitez apporter des modifications supplémentaires à une image dans un logiciel tiers, tel que Photoshop, Paintshop Pro ou Gimp, il est nécessaire de générer des copies de vos images.

Le menu Modifier dans Photoshop

La commande Modifier (Cmd/Ctrl + E) génère une copie (nouvelle version) du fichier image au format TIFF ou PSD. Reconnu par la plupart des logiciels de traitement d'images, le format TIFF incorpore par défaut un aperçu aplati et conserve toutes les informations spécifiques de Photoshop, notamment les calques, les couches alpha et les tracés. Plus efficace et plus rapide pour l'ouverture, l'enregistrement et les taux de compression, le format PSD offre tous les avantages du format TIFF, pour peu que vous sélectionniez l'option « Toujours maximiser la compatibilité des fichiers PSD et PSB » dans l'onglet « Gestion des fichiers », des Préférences de Photoshop. Vous pouvez choisir l'espace couleur ProPhoto RVB, Adobe RVB ou sRVB, et l'option 16 bits/composant (pour conserver autant d'informations de couleur que possible) ou l'option 8 bits/composant (pour obtenir des fichiers moins volumineux et compatibles avec la plupart des logiciels).

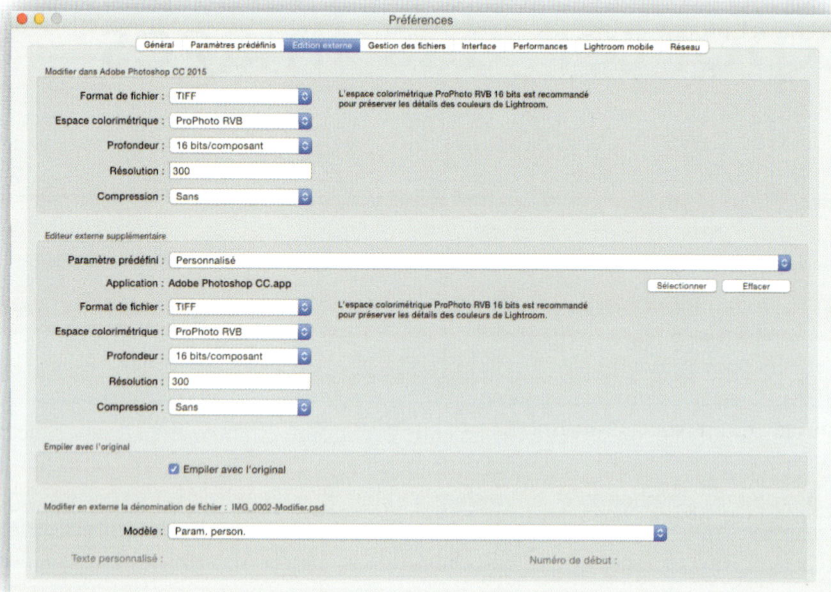

Dans l'onglet « Édition externe » des Préférences de Lightroom, sélectionnez le format de fichier, l'espace couleur et la profondeur en bits pour la copie de l'original que vous transférez à Photoshop ou à un autre logiciel d'édition externe.

Lorsque vous modifiez un fichier Bitmap dans une application externe, vous pouvez envoyer le fichier d'origine ou une copie, avec ou sans prise en compte des paramètres de développement.

Lightroom et Bridge

Une des raisons pour lesquelles je préfère Lightroom à Bridge est que les règles de gestion de fichiers y sont plus cohérentes que celles de l'explorateur de fichiers de Photoshop. Si vous avez configuré Bridge pour ouvrir automatiquement tous les fichiers TIFF et JPEG pris en charge, les images en question s'ouvrent dans Camera Raw au lieu de s'ouvrir dans Photoshop, ce qui peut prêter à confusion.

Notez que Lightroom choisit toujours la version la plus récente de Photoshop et l'affiche dans la partie supérieure de l'onglet « Édition externe » des Préférences en tant que principal logiciel d'édition externe.

Si vous modifiez un fichier RAW, il s'ouvre directement dans Photoshop, sans passer par la boîte de dialogue du module externe Camera Raw. Dans le cas d'un fichier Bitmap (au format PSD, TIFF ou JPEG), Lightroom vous propose trois options.

- L'option « Modifier l'original » ouvre directement le fichier Bitmap dans Photoshop. Sélectionnée par défaut, cette option est sans doute la plus utile pour traiter un fichier multicalque ou une copie Bitmap du fichier maître, car elle n'exige pas la création d'une nouvelle copie.
- L'option « Modifier une copie » permet de corriger une copie du fichier d'origine dans Photoshop, sans appliquer de corrections dans Lightroom.
- L'option « Modifier une copie avec les corrections Lightroom » permet d'appliquer des paramètres de développement à une copie du fichier d'origine et de l'envoyer dans Photoshop pour des corrections supplémentaires.

Le menu « Éditeur externe supplémentaire »

Dans le menu « Éditeur externe supplémentaire », de l'onglet « Édition externe » des Préférences, vous pouvez spécifier les paramètres pour un autre logiciel (Photoshop Elements, Affinity Photo, DxO Optics Pro, Gimp, etc.) ou pour une autre configuration de Photoshop. Cliquez simplement sur le bouton Sélectionner pour choisir le logiciel en question. Une fois le logiciel spécifié, vous pouvez le sélectionner à partir du menu Photo>Modifier dans, via l'option correspondante qui figure juste en dessous de l'option par défaut (la version la plus récemment installée de Photoshop). Pour modifier une ou plusieurs photos dans l'éditeur externe secondaire, sélectionnez-les dans le panneau « Film fixe » ou la Grille du module Bibliothèque et appuyez ensuite sur les touches Cmd/Ctrl + Option/Alt + E.

- Si vous sélectionnez un fichier RAW, seule l'option « Retoucher la photo avec Photoshop » est disponible. Vous créez ainsi une copie aplatie de votre fichier RAW qui est ouverte dans Photoshop ou dans le logiciel spécifié.
- Si le fichier à modifier dans l'éditeur externe est un fichier RAW, la boîte de dialogue Modifier ne vous propose qu'une seule option, « Modifier une copie avec les corrections Lightroom ». Le logiciel crée ainsi une copie du fichier d'origine, à laquelle ont été appliqués les paramètres de développement que vous avez sélectionnés dans Lightroom. Le logiciel ajoute au nom du fichier le suffixe « -Modifier » et l'intègre au catalogue ouvert. Si vous pouvez le modifier grâce au menu déroulant situé en bas de l'onglet « Édition externe » des Préférences de Lightroom, ce suffixe se voit automatiquement augmenté par un chiffre incrémentiel (-Modifier-1, -Modifier-2, -Modifier-3, etc.) lorsque vous créez plusieurs copies successives à partir d'un seul fichier maître. Une fois les corrections et les retouches apportées à la copie, enregistrez-la et fermez votre éditeur externe : l'aperçu du module Bibliothèque est automatiquement mis à jour par Lightroom et reflète les dernières modifications.

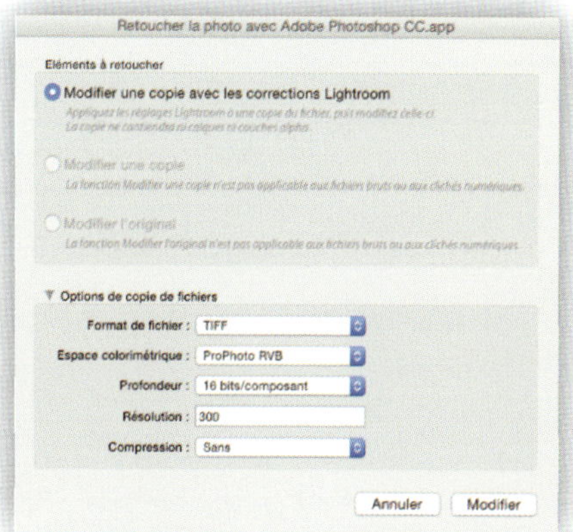

Lorsque vous modifiez un fichier RAW via la commande Modifier de l'éditeur externe supplémentaire (Cmd/Ctrl + Option/Alt + E), l'option « Modifier une copie avec les corrections Lightroom » est la seule disponible. Les paramètres de développement de Lightroom sont appliqués au fichier transféré ; lorsque vous cochez l'option « Empiler avec l'original », la copie corrigée est automatiquement empilée avec le fichier d'origine.

Créer des paramètres prédéfinis d'éditeur externe

Les paramètres prédéfinis dédiés aux éditeurs externes sont utiles pour spécifier plusieurs applications comme éditeurs externes et pour créer différents jeux de paramètres pour le traitement des photos (formats TIFF, PSD, etc.). Ils s'ajoutent aux options du menu « Éditeur externe supplémentaire », de l'onglet « Édition externe », et peuvent être directement sélectionnés à partir du menu Photo>Modifier dans.

Format PSD

Notez qu'avec certains logiciels, notamment Photoshop Elements, le format de fichier PSD n'est pas proposé.

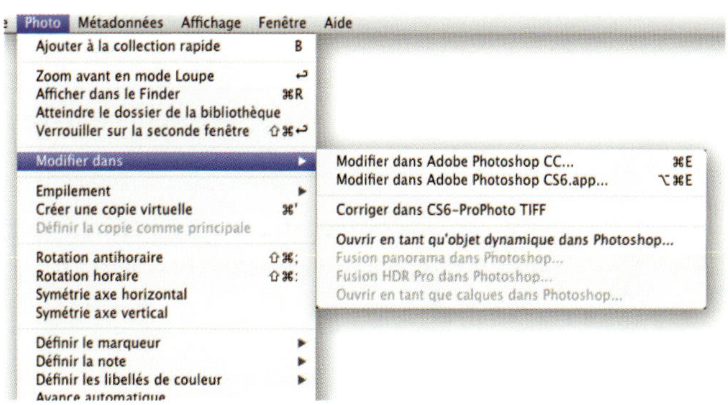

L'éditeur externe principal et l'éditeur externe secondaire peuvent être sélectionnés à partir du menu Photo>Modifier dans et du menu contextuel de Lightroom.

Lorsque vous modifiez un fichier TIFF, PSD ou JPEG en passant par la commande « Modifier dans l'éditeur externe supplémentaire » (Cmd/Ctrl + Option/Alt + E), toutes les options sont disponibles.

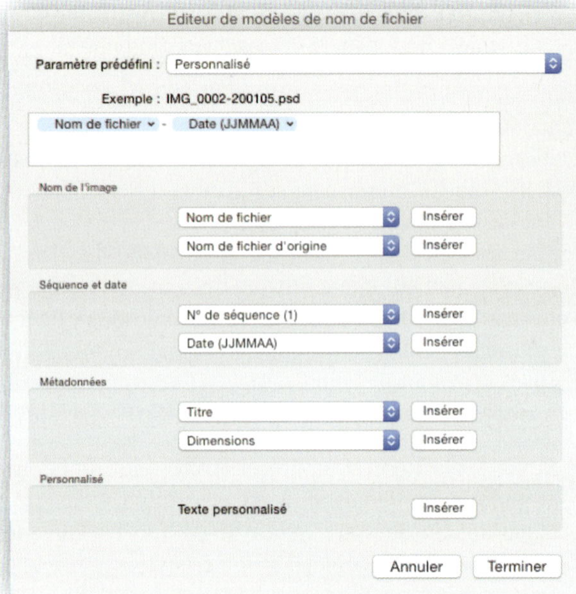

L'éditeur de modèles de nom de fichier permet de créer un paramètre prédéfini qui ajoute automatiquement la date de création du nouveau fichier au nom du fichier d'origine.

Nous allons voir qu'il est très simple de modifier des images dans Photoshop.

1. En passant par la commande « Modifier dans l'éditeur externe », j'ai créé une copie d'un de mes fichiers RAW. J'ai également coché l'option « Empiler avec l'original ».

2. Une fois ouverte dans Photoshop, j'ai retouché la copie avant de l'enregistrer (Fichier>Enregistrer) et de fermer (le fichier).

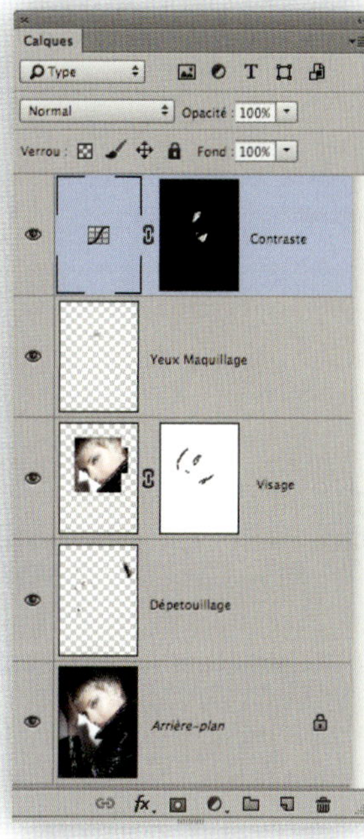

3. Dans Lightroom, la copie modifiée s'affiche à côté de l'original dans la Grille et dans le panneau « Film fixe ». Elle a été automatiquement enregistrée dans le dossier hébergeant le fichier d'origine ; l'aperçu de la Grille arbore une icône avec le chiffre 2, indiquant qu'il s'agit de la deuxième image d'une pile.

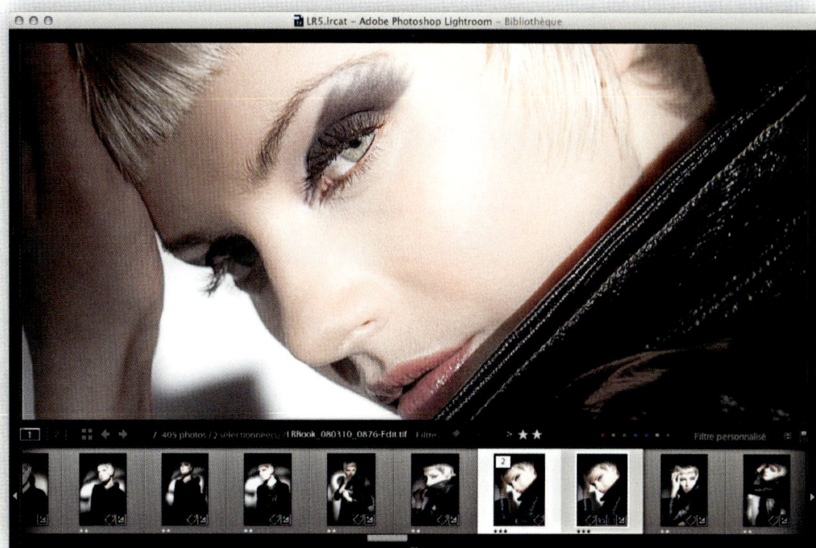

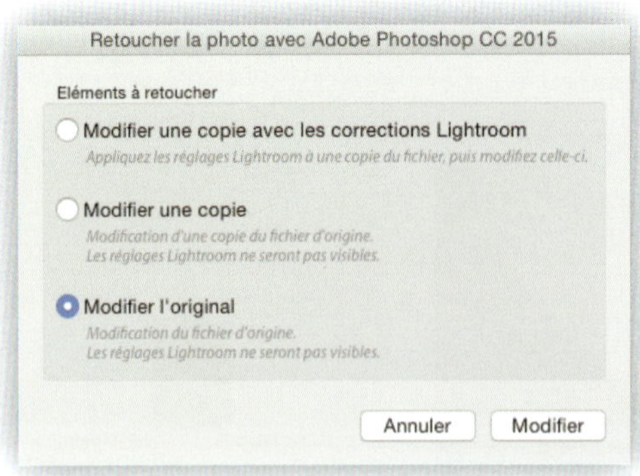

4. Les raccourcis clavier Cmd/Ctrl + E ou Cmd/Ctrl + Option/Alt + E et l'option « Modifier l'original » me permettent de modifier l'image une nouvelle fois dans Photoshop (option « Modifier l'original »).

Lightroom et Camera Raw

Lorsque vous modifiez un fichier RAW en passant par Photoshop, Lightroom confie au plug-in Camera Raw l'application des paramètres de développement et la conversion au format TIFF ou PSD. Le fichier ainsi créé demeure alors dans un état temporaire et intermédiaire, pour peu que vous ne l'enregistriez pas dans Photoshop. Selon votre version de Photoshop et celle du plug-in Camera Raw, tous les paramètres de développement ou seulement une partie sont transcrits.

- Photoshop CC (Camera Raw 9.x) reconnaît l'ensemble des corrections appliquées dans Lightroom 6/CC.
- Photoshop CS6 (Camera Raw 9.x) traduit la plupart des nouvelles corrections, mais il ne permet pas de modifier les nouveaux réglages du module Développement de Lightroom 5 et 6/CC.
- Quant à Photoshop CS5, il traduit les réglages du Processus 2010 pour peu que vous ayez installé la dernière version du plug-in Camera Raw. Toutefois, Camera Raw 6.x ne saurait pas interpréter les réglages du Processus 2012.
- Si vous utilisez Lightroom avec une ancienne version de Photoshop et de Camera Raw, Lightroom affiche une boîte de dialogue qui vous en avertit et qui vous propose de convertir votre fichier dans Lightroom, avant même de transférer la copie Bitmap ainsi créée dans Photoshop.

Version du Processus et Camera Raw
Contrairement à ce que l'on pourrait penser, certains réglages associés à la version 2003 du Processus de traitement ne sont pas pleinement compatibles avec Camera Raw 5 et Photoshop CS4. Les Processus 2003 et 2010/2012 se différencient surtout par la gestion de l'accentuation et de la réduction du bruit. En effet, il est possible d'ajouter du grain à une image sans pour autant mettre à jour les paramètres de développement vers la version 2010. Une boîte de dialogue s'affiche donc, vous invitant à convertir votre fichier dans Lightroom, même si l'image à transférer dans Photoshop comporte des paramètres plus anciens.

Enregistrer des paramètres prédéfinis pour l'édition externe

Si vous utilisez plusieurs logiciels et plusieurs réglages en cas de traitement des images dans une application externe, vous pouvez enregistrer pour chacune des configurations un jeu de paramètres prédéfinis dans l'onglet « Édition externe » des Préférences. À titre personnel, j'ai enregistré différents paramètres prédéfinis suivant le logiciel (Photoshop CC ou CS6) et le format de fichier (TIFF ou PSD) utilisé. Après l'avoir enregistré (option « Enregistrer les paramètres actuels en tant que nouveau paramètre prédéfini »), le paramètre prédéfini s'affiche parmi les différentes options du menu déroulant (Photo>Modifier dans).

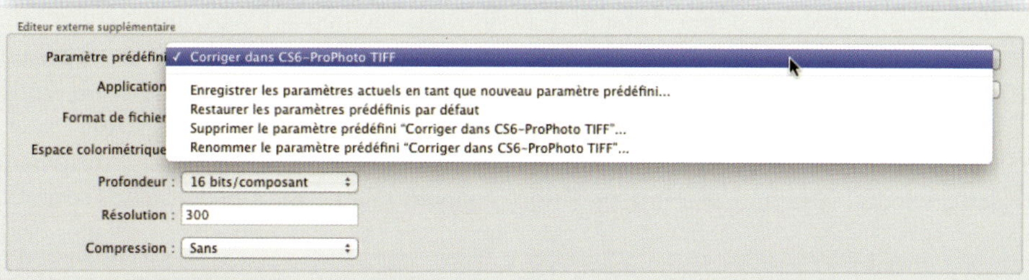

L'éditeur externe supplémentaire.

Retoucher une version optimisée dans Photoshop

Étant donné qu'il existe de nombreuses méthodes pour produire de saisissantes images noir et blanc, on pourrait se demander quand et dans quel logiciel effectuer ces transformations. Concrètement, faut-il passer par l'outil « Mélange noir et blanc », de Lightroom, pour convertir une image en noir et blanc, puis par Photoshop pour la retoucher ? Cela est envisageable, mais il faut garder à l'esprit que cette méthode est irréversible : il ne sera plus possible de retrouver le fichier d'origine (en couleurs) après l'avoir converti et retouché. Par conséquent, je préfère retoucher une version « optimisée » de l'image dans Photoshop avant de la transformer en noir et blanc dans Lightroom. Voici comment faciliter le passage entre les deux logiciels.

1. J'ai commencé par sélectionner deux images depuis le panneau « Film fixe » : un fichier RAW et une copie au format TIFF que j'avais préalablement retouchée dans Photoshop.

2. Ensuite, j'ai créé une copie virtuelle. Il existe deux méthodes : la première à partir de la copie TIFF puis la commande Photo>Modifier dans Photoshop, la seconde en créant une version optimisée du fichier d'origine que l'on enverra dans Photoshop, à l'aide du raccourci clavier Cmd/Ctrl + Option/Alt + E. Pour la raison évoquée plus haut, j'ai privilégié la seconde option, car elle me permet de retrouver l'image originale (en couleurs) si jamais son interprétation monochrome ne me satisfait pas.

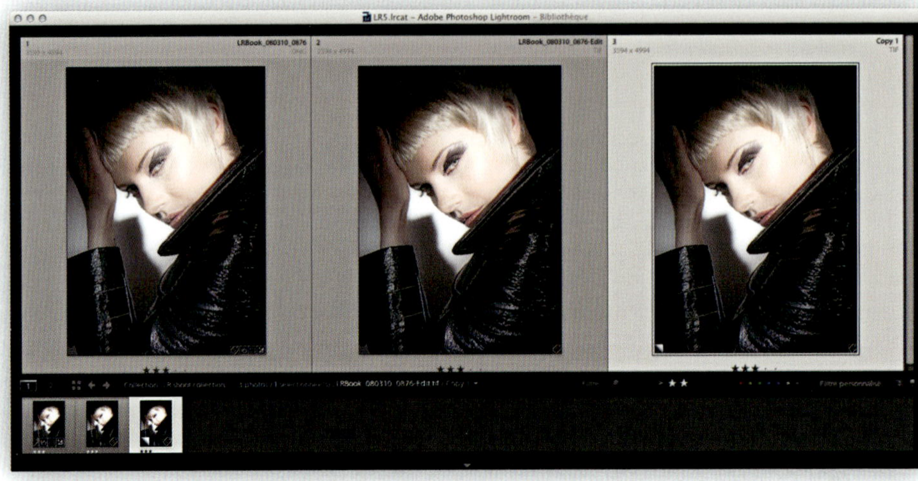

3. La question qui se pose maintenant est de savoir comment retoucher une version optimisée de l'image dans Photoshop, tout en étant capable de prévisualiser son rendu final (monochrome) dans Lightroom. Il suffit de sélectionner la copie virtuelle et la nouvelle copie modifiée dans Photoshop, puis d'appuyer sur le bouton Synchroniser afin de synchroniser les réglages qui contribuent au rendu monochrome. Veillez simplement à ce que la copie virtuelle soit l'image principale (en gris clair) à partir de laquelle vous appliquez les réglages à la copie Bitmap (en gris plus foncé).

4. J'ai appliqué à la copie Bitmap les paramètres Traitement (« Noir et blanc »), « Mélange noir et blanc », « Virage partiel » et Vignetage après recadrage de la copie virtuelle.

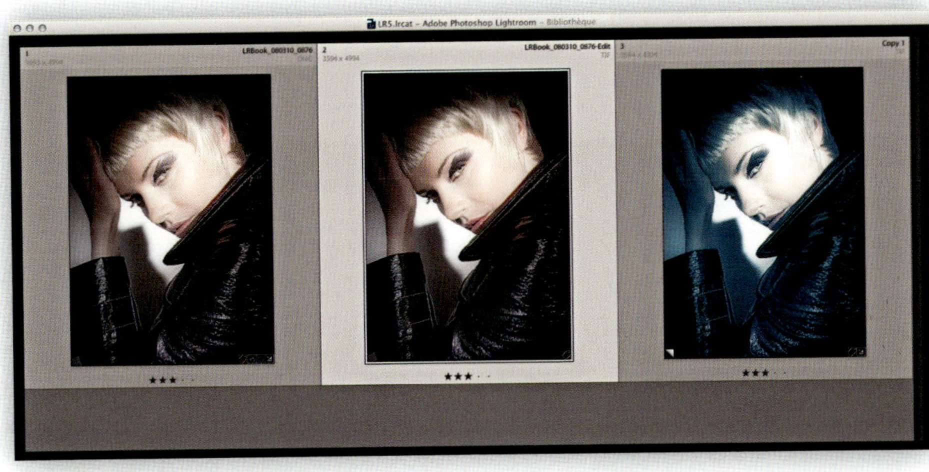

5. J'ai poursuivi la retouche dans Photoshop en resélectionnant la commande Photo>Modifier dans Photoshop, en ayant coché cette fois l'option « Modifier l'original » ce qui m'a permis de retoucher la version optimisée de l'image (en couleurs).

6. La copie Bitmap ne reflète pas seulement les retouches effectuées dans Photoshop, mais également les réglages spécifiques à la transformation monochrome, appliqués grâce à la synchronisation des paramètres à l'étape précédente. Cependant, il faut enregistrer l'image dans Photoshop afin que toutes les corrections s'affichent dans Lightroom.

7. Si vous êtes sur Mac OS X, vous pouvez faire en sorte (avec le logiciel Spaces) que Photoshop et Lightroom s'affichent sur deux écrans séparés. Il est très facile de passer d'un logiciel à l'autre en appuyant simplement sur n'importe quelle touche de votre clavier ; si vous avez deux écrans, vous afficherez Photoshop sur l'un et Lightroom sur l'autre.

Les retouches avancées

Lightroom bénéficie directement des dernières fonctionnalités de Photoshop en matière de traitement d'images, notamment des commandes « Fusion panorama dans Photoshop », « Fusion HDR Pro dans Photoshop » et « Ouvrir en tant que calques dans Photoshop », fonctions présentées plus loin. Elles permettent de modifier des images directement à partir de Lightroom, mais n'imposent pas pour autant la création de copies de travail supplémentaires.

- La commande « Ouvrir en tant qu'objet dynamique dans Photoshop » permet de développer une image en tant qu'objet dynamique et de l'ouvrir dans Photoshop, en préservant la possibilité de la modifier dans Camera Raw.
- La commande « Fusion panorama dans Photoshop » permet d'assembler une série d'images à l'aide du module Photomerge de Photoshop.
- La commande « Fusion HDR Pro dans Photoshop » mélange les images sélectionnées en une seule image à grande étendue dynamique, qu'il faut enregistrer ensuite dans un fichier échantillonné au choix en 32, 16 ou 8 bits par couche.
- La commande « Ouvrir en tant que calques dans Photoshop » développe les images sélectionnées et ouvre ensuite dans Photoshop une seule image à multiples calques ; chaque calque comporte l'une des images de départ. Il est ensuite possible d'aligner ces calques (Édition>Alignement automatique des calques), de convertir l'image en objet dynamique ou de choisir un mode d'empilement parmi ceux proposés par Photoshop.

Développer des images en tant qu'objets dynamiques

J'ai souhaité fusionner deux images en une seule, tout en gardant la possibilité de modifier, dans Photoshop, les paramètres de développement que j'avais appliqués dans Lightroom. Pour ouvrir des fichiers RAW sous forme d'objets dynamiques dans Photoshop, assurez-vous que la version du plug-in Camera Raw soit compatible avec les paramètres de développement de Lightroom.

1. J'ai tout d'abord sélectionné la photo du château de Édimbourg, puis j'ai choisi la commande Photo>Modifier dans>Ouvrir en tant qu'objet dynamique dans Photoshop.

2. J'ai ensuite double-cliqué sur le calque d'objet dynamique pour modifier les paramètres de développement dans Camera Raw : j'ai appliqué une balance des blancs pour la réchauffer un peu ainsi que d'autres réglages de base.

3. J'ai ensuite ouvert la seconde image en tant qu'objet dynamique, puis je l'ai faite glisser sur le premier objet dynamique. Je l'ai placée au-dessus de l'objet dynamique comportant la photo du château.

4. Dans Photoshop, j'ai utilisé l'outil « Sélection rapide » pour choisir le ciel de l'image principale (château), et à partir de la sélection, j'ai créé un masque destiné à être appliqué au second calque comportant les nuages dramatiques.

5. J'ai ouvert une nouvelle fois le second objet dynamique dans Camera Raw afin de modifier les paramètres de développement, et notamment pour harmoniser la balance des blancs entre les deux images. J'ai également souhaité appliquer un dégradé pour assombrir la partie supérieure du ciel.

6. Voici l'image finale qui conserve les deux calques, permettant de modifier au besoin les paramètres de développement de chaque image.

Synchroniser les réglages de Lightroom avec ceux de Photoshop
Vous pouvez lier une image du catalogue Lightroom avec un objet dynamique. Une fois celui-ci créé et ouvert dans Photoshop, il reflète les réglages préalablement appliqués à l'image au sein du module Développement Lightroom.

Exporter vos fichiers

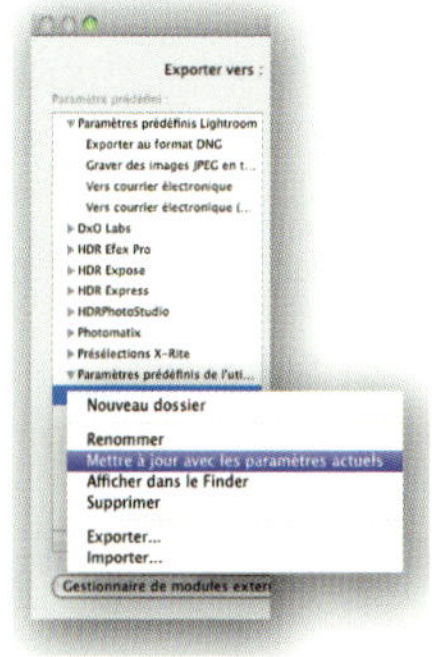

Le menu contextuel permet de gérer les paramètres prédéfinis.

La commande Exportation permet de convertir, puis d'enregistrer les images en tant que fichiers finalisés aux formats DNG, TIFF, PSD ou JPEG. Sélectionnez vos images et exportez-les via la commande Fichier>Exporter ou par le raccourci clavier Cmd/Ctrl + Maj + E. Appuyez ensuite sur la combinaison de touches Cmd/Ctrl + Option/Alt + Maj + E pour appliquer les derniers réglages utilisés et pour éviter l'ouverture de la boîte de dialogue Exporter.

Paramètre prédéfini. La section « Paramètre prédéfini » comprend quelques réglages avancés. L'option « Vers courrier électronique » permet d'envoyer directement des fichiers JPEG développés. Il existe d'autres paramètres prédéfinis, par exemple « Exporter au format DNG » ou « Graver des images JPEG en taille réelle ». Utilisez ce panneau pour créer vos propres paramètres prédéfinis.

Emplacement d'exportation. Vous devez commencer par choisir un dossier de destination. Il sera mémorisé d'une exportation à l'autre ; il est ainsi facile d'attribuer un dossier du Bureau à la réception systématique de tous les fichiers finalisés (option « Dossier spécifique »). Il est également possible de choisir le dossier comportant les images sources (option « Dossier de la photo d'origine »). Les options « Dossier de base » (dossier Utilisateur), « Dossier Documents » et « Dossier Images » proposent trois emplacements parmi les plus courants.

Le menu « Fichiers existants » vous propose plusieurs options :

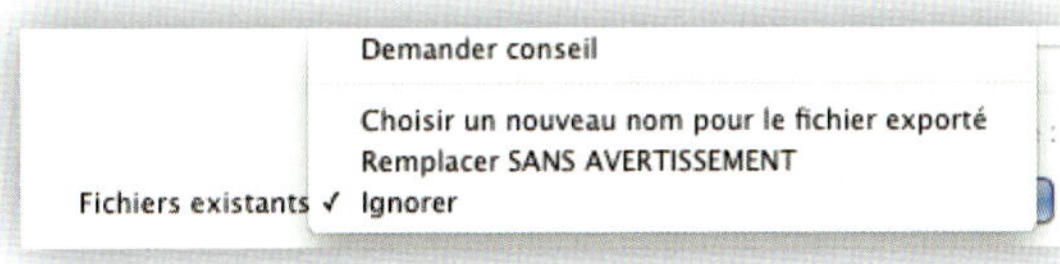

Le menu déroulant « Fichiers existants ».

- « Choisir un nouveau nom pour le fichier exporté » crée un nouveau fichier maître ;
- « Demander conseil » vous laisse choisir un nouveau nom lorsque le fichier créé porte le même nom que l'un des fichiers du catalogue ;
- « Remplacer SANS AVERTISSEMENT » signale par ses majuscules qu'il est potentiellement dangereux d'écraser des fichiers existants. En effet, si vous exportez par exemple des fichiers JPEG fortement compressés destinés à l'envoi par e-mail, ils pourront écraser vos fichiers d'origine ; de même vous risquerez de remplacer des fichiers multicalques au format TIFF ou PSD par des copies aplaties.

Dans le menu « Exporter vers », lorsque vous sélectionnez l'option « Dossier de la photo d'origine », vous pouvez exporter une copie d'un fichier d'origine, l'enregistrer dans le même dossier que ce dernier, la réimporter dans le catalogue Lightroom et l'empiler avec le fichier d'origine (grâce à l'option « Empiler avec l'original »).

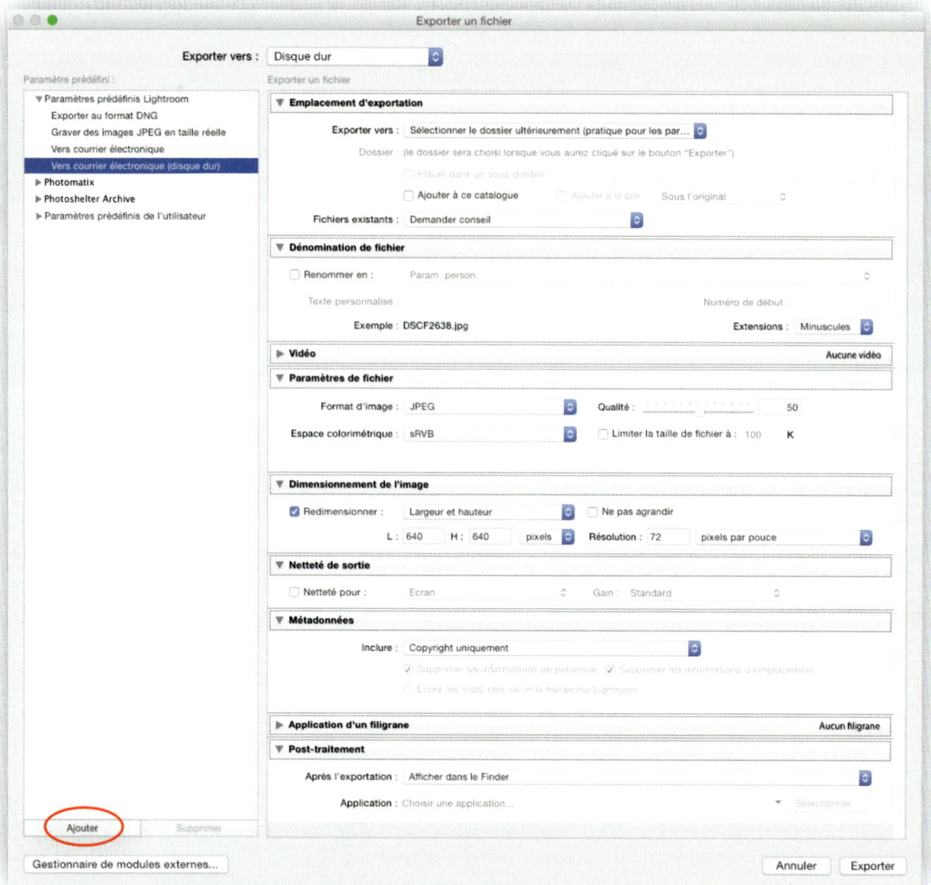

Dans la boîte de dialogue Fichier>Exporter, vous pouvez ajouter des paramètres prédéfinis : définissez vos paramètres personnalisés, puis cliquez sur Ajouter pour les enregistrer en tant que paramètres prédéfinis. Notez que la vitesse d'exportation dans Lightroom 6/CC est environ deux fois plus rapide, au détriment de la vitesse d'exécution d'autres processus se déroulant en parallèle.

L'option Exporter vers>Dossier de la photo d'origine facilite la création de copies au format JPEG, TIFF, PSD ou DNG ; l'option «Ajouter à la pile» permet de les regrouper avec l'original.

1. J'ai utilisé le « Filtre de bibliothèque » pour afficher uniquement les originaux (fichiers maîtres) dotés d'une note supérieure ou égale à trois étoiles.

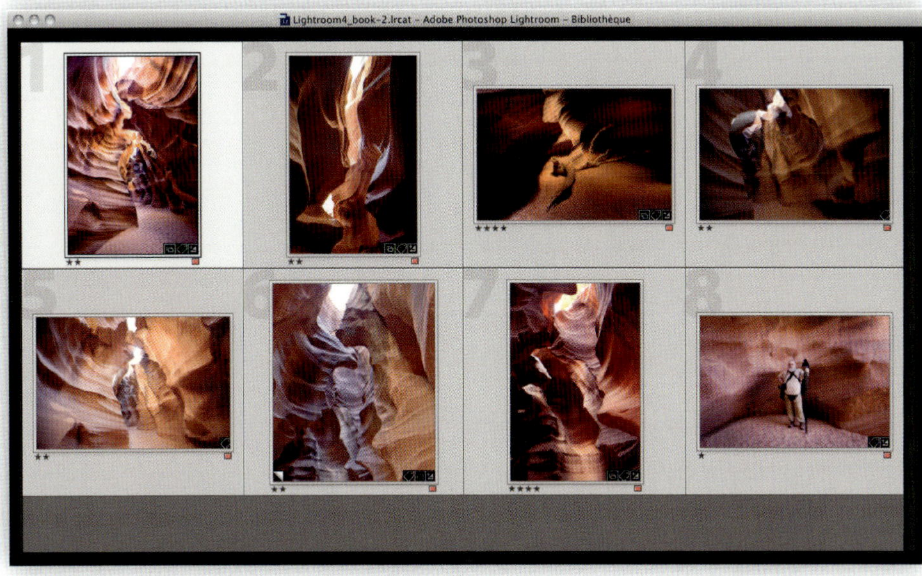

2. La commande Exportation (Cmd/Ctrl + Maj + E) m'a permis d'exporter des copies au format TIFF et de les réimporter automatiquement dans le dossier comportant les originaux. Les options choisies sont celles de la figure ci-dessous.

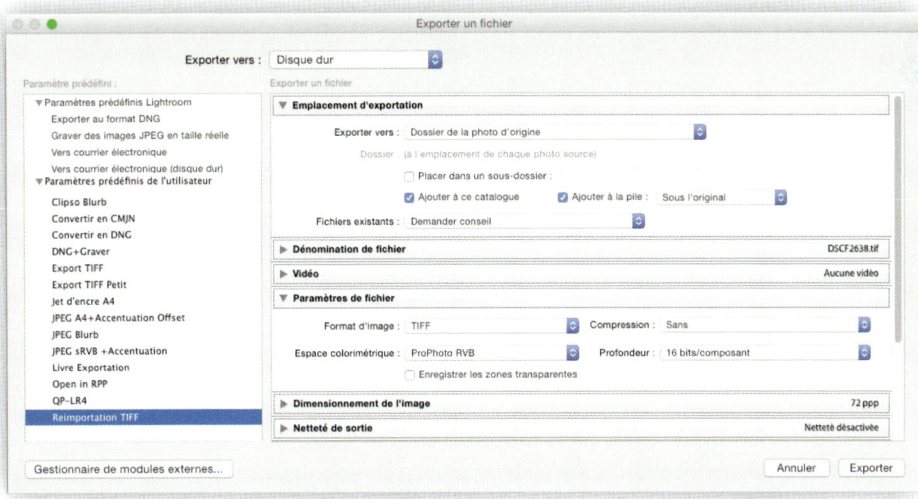

3. Les fichiers exportés s'affichent côte à côte avec les fichiers d'origine au format RAW, avec lesquels ils ont été empilés.

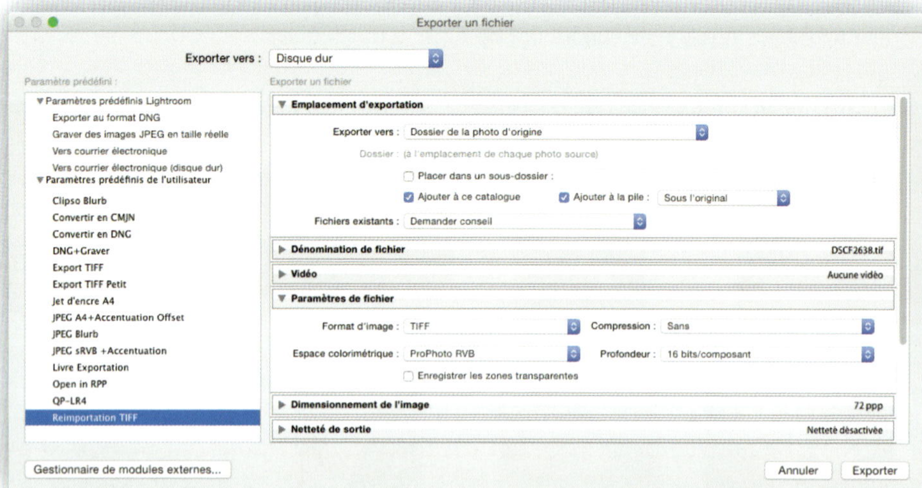

Dénomination de fichier. Pour garder le nom du fichier d'origine, conservez l'option par défaut, « Nom du fichier », dans « Dénomination de fichier ». Si vous exportez des images pour le Web, ajoutez le suffixe « _web » pour les différencier des images originales.

Paramètres de fichier. Ce menu permet de choisir l'un des formats d'enregistrement (JPEG, TIFF, PSD ou DNG). Il est également possible de conserver le format des fichiers originaux, ce qui est surtout intéressant lorsqu'il s'agit de fichiers vidéo ou de fichiers convertis en mode CMJN. Quand vous modifiez des fichiers dans la Bibliothèque, vous restez dans l'espace couleur RVB propre à Lightroom. Dès que vous exportez un fichier, une conversion vers l'un des trois espaces de travail (sRGB, Adobe RGB 1998, ProPhoto RGB) est effectuée.

- Les espaces de travail Adobe RGB et ProPhoto RGB sont particulièrement adaptés pour préparer des photos en vue d'une impression sur presse offset ou traceur.
- Parmi les trois espaces de sortie proposés, l'espace ProPhoto RGB possède le gamut le plus large. Couvrant plus de couleurs qu'un appareil numérique ne peut en capter, il préserve l'intégrité des couleurs d'un fichier RAW et s'impose ainsi comme espace de référence pour vos productions haut de gamme. Toutefois, son utilisation requiert une attention particulière : seuls les logiciels capables de gérer les couleurs (Photoshop, Expression Media, etc.) peuvent correctement les afficher. Cela exclut de choisir cet espace pour publier des images sur le Web ou quand on envoie ses photos à des personnes peu formées ou mal équipées.
- L'espace Adobe RGB 1998, dont le gamut se situe entre ceux des espaces sRGB et ProPhoto RGB, est le choix naturel de la plupart des photographes. Largement adopté par les intervenants de l'univers photo (photographes, graphistes, agences de presse, maisons d'édition, etc.), sa gamme de couleurs est très proche de celle que peut afficher un écran. Bien que le rendu d'une image Adobe RGB 1998 soit alors moins catastrophique (et de loin) que celui d'une image avec un profil ProPhoto RGB, je vous déconseille l'utilisation de l'espace Adobe RGB pour le Web : le rendu reste peu flatteur.

- Si l'espace de travail sRGB est peu adapté à l'impression photo (très petit, il écrête une partie des teintes verte et bleue), il s'impose en revanche pour le Web. Utilisez-le quand vous avez des photos à envoyer (par e-mail ou via une connexion FTP) à des clients qui ne savent pas gérer les couleurs : vous aurez ainsi la garantie que vos images s'afficheront correctement sur leurs écrans.

Pour la profondeur d'analyse, vous pouvez choisir un codage de 8 ou 16 bits par couche. De nombreux photographes prônent l'utilisation du mode 16 bits par couche qui permet de disposer de toute la subtilité d'une image brute pour la retouche d'images. Tout comme les autres logiciels de développement RAW, Lightroom permet d'effectuer l'ensemble des modifications (réglage de la balance des blancs, modification de la luminosité et de la couleur, recadrage et retouche, etc.) en 16 bits par couche, quels que soient le format et le codage choisi lors de l'exportation. Tant que vous travaillez dans Lightroom, vous bénéficiez ainsi de toute la souplesse du codage 16 bits; le simple fait d'exporter ensuite votre image en 8 bits par couche n'est donc pas vraiment dangereux pour la qualité d'image. Si vous souhaitez poursuivre le traitement de l'image dans Photoshop ou si vous préférez conserver un fichier maître d'une qualité aussi élevée que possible, choisissez l'enregistrement en 16 bits par couche au moment de l'exportation.

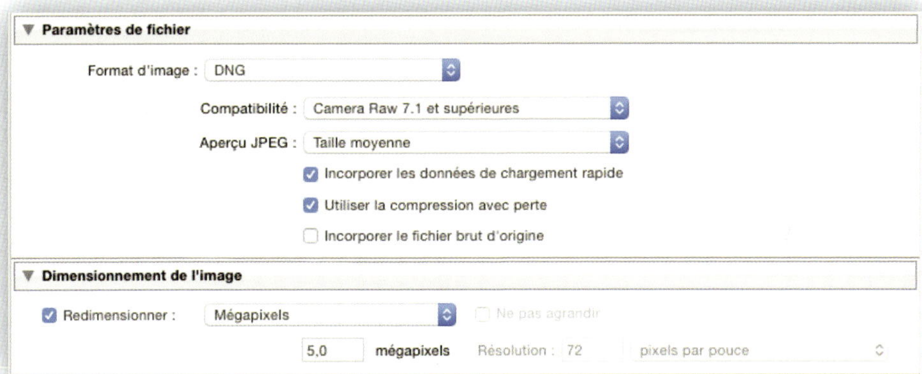

Réglages spécifiques au format d'enregistrement DNG, identiques à ceux dans Camera Raw et dans l'utilitaire DNG. Dans le menu « Dimensionnement de l'image », vous pouvez changer les dimensions d'un fichier DNG pour lequel vous avez préalablement choisi une compression avec perte. Vous pouvez conserver un calque transparent lors de l'exportation d'un fichier TIFF.

Il est possible d'enregistrer vos fichiers JPEG, TIFF et PSD au format DNG. Tandis que cette option est très utile pour incorporer les métadonnées XMP, elle l'est beaucoup moins pour réduire le poids des fichiers convertis. Le format DNG applique un taux de compression bien plus faible que le format JPEG : ainsi, les fichiers finaux ne sont guère moins volumineux que les originaux au format TIFF ou PSD. Si certains internautes mal informés semblent affirmer le contraire, l'enregistrement au format DNG ne s'apparente pas à la création d'un fichier RAW – il s'agit en fait d'un fichier DNG linéaire dont la structure des données ne diffère guère de celle d'un fichier Bitmap.

Dimensionnement de l'image. Sauf dans le cas de l'exportation de fichiers au format initial ou de fichiers DNG non compressés, vous pouvez choisir l'une des options permettant de réduire la taille de sortie et définir la résolution en pixels par pouce (ppp) ou en pixels par centimètre.

- Si vous cochez l'option Redimensionner, vous avez le choix entre les options Dimensions (permettant de définir les dimensions précises de l'image et d'en modifier le rapport largeur/hauteur), « Bord large » et « Bord étroit » (pour adapter en priorité la largeur ou la hauteur). L'option « Largeur et hauteur » est très utile pour fixer les dimensions maximales des images d'un dossier comportant à la fois des photos horizontales et verticales. Notez qu'il est également possible de spécifier le nombre de mégapixels pour les images exportées. Le champ Résolution permet de définir la résolution de l'image finale, en pixels par pouce ou en pixels par centimètre. Gardez en mémoire que le choix de la résolution n'influe pas sur les dimensions finales de l'image.

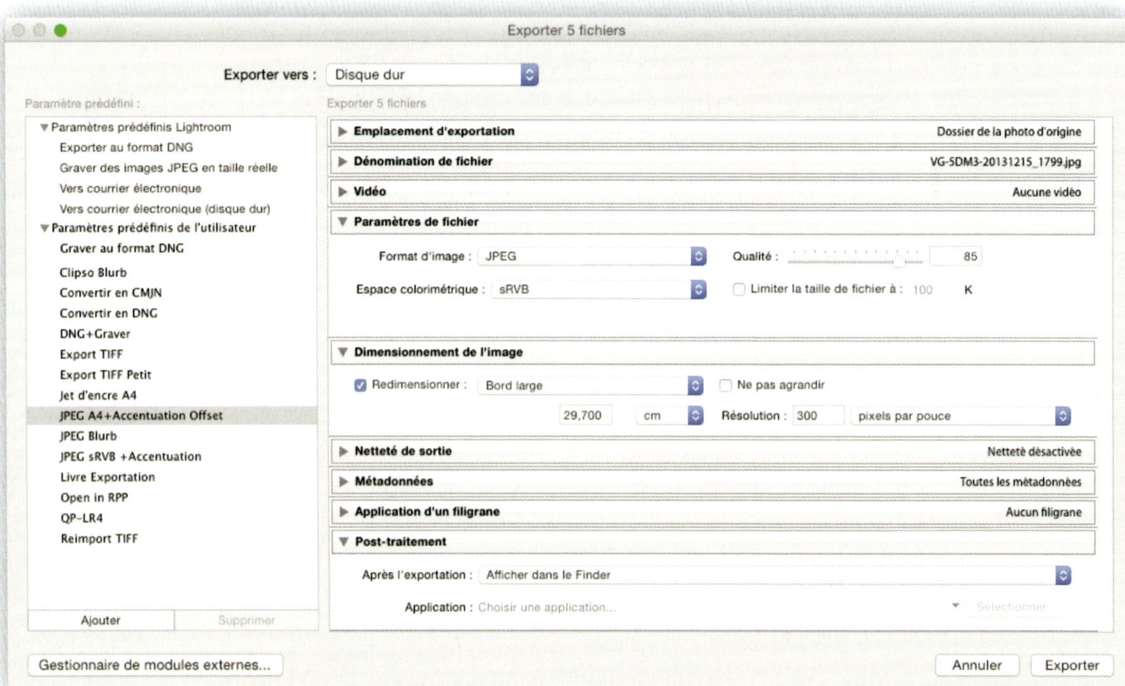

La boîte de dialogue Exporter affiche ici le menu « Dimensionnement de l'image ». J'ai masqué les autres panneaux, mais leur en-tête respectif affiche fort heureusement un sommaire des paramètres choisis.

- Il est maintenant possible de changer les dimensions des fichiers DNG tout en exerçant le même contrôle sur les couleurs et les tonalités des fichiers redimensionnés (et ainsi dématricés). Avant de pouvoir procéder au redimensionnement, il faut cocher les options « Utiliser la compression avec perte », du menu « Paramètres de fichier », et Redimensionner, du menu « Dimensionnement de l'image ». Ensuite, Lightroom vous propose de choisir parmi les options Mégapixels et « Bord large ». La première option permet d'adapter les dimensions du fichier final en fonction du nombre de mégapixels spécifié et la deuxième de choisir le nombre de pixels pour le bord le plus large de l'image. Si en redimensionnant un fichier DNG, vous procédez toujours au dématriçage des données brutes, celles-ci sont conservées dans un espace linéaire. Il ne s'agit donc plus à proprement parler d'un fichier brut, mais la plupart des outils de correction de couleur et de tonalité demeurent opérationnels et aussi efficaces que pour un véritable fichier RAW ou DNG. L'ampleur de certaines corrections (par exemple, la correction du vignetage et de la distorsion), est automatiquement adaptée aux dimensions du fichier de sortie. Notez que l'option « Utiliser la compression avec perte » est automatiquement désactivée une fois les fichiers exportés.

Il est parfois nécessaire de redimensionner ses fichiers, soit pour les agrandir (grandes affiches, impressions en double page de magazine), soit pour les réduire (e-mails, Web, etc.). Dans Photoshop, il existe plusieurs algorithmes pour redimensionner une image : « Bicubique plus lisse » produit de meilleurs résultats pour agrandir une image, « Bicubique plus net » pour la réduire. Lightroom et Camera Raw, quant à eux, utilisent une méthode adaptative qui s'appuie sur un mélange des algorithmes Bicubique et « Bicubique plus net » pour réduire, et un mélange de Bicubique et « Bicubique plus lisse » pour augmenter les dimensions d'un fichier. Toutefois, Photoshop CC propose un nouvel algorithme de redimensionnement privilégiant la netteté des contours. Il donne une qualité d'interpolation encore meilleure lors des agrandissements importants.

Quand et comment interpoler ses images ? Faut-il accentuer une image dans Lightroom, puis la redimensionner dans Photoshop ? Où faut-il plutôt désactiver l'accentuation, redimensionner l'image dans Lightroom pour l'accentuer ensuite dans Photoshop ? Selon mes propres essais, la première méthode semble produire de meilleurs résultats : dans Lightroom, l'accentuation ne semble pas renforcer les artéfacts d'accentuation.

L'image de gauche a été accentuée et agrandie deux fois dans Lightroom, celle de droite a été seulement agrandie, puis réimportée dans Lightroom pour être accentuée avec les paramètres appliqués à la moitié gauche de l'image. Les extraits sont ici affichés à leur taille réelle (100 %).

Netteté de sortie. Les options proposées correspondent aux réglages d'accentuation du panneau Impression ; elles permettent de les appliquer aux images que vous souhaitez imprimer via un autre logiciel, notamment Photoshop ou un RIP dédié. Les options du menu Netteté vous permettent de définir l'utilisation finale de l'image (affichage à l'écran, impression sur un support mat ou brillant, etc.), et celles du menu Gain, le taux d'accentuation. Les options du menu « Netteté de sortie » ne sont pas adaptées à l'impression offset en mode CMJN, domaine dans lequel Photoshop reste toujours le maître incontesté ! En revanche, elles peuvent être utiles pour préparer des images destinées à d'autres procédés d'impression, notamment l'impression laser et le tirage en Minilab.

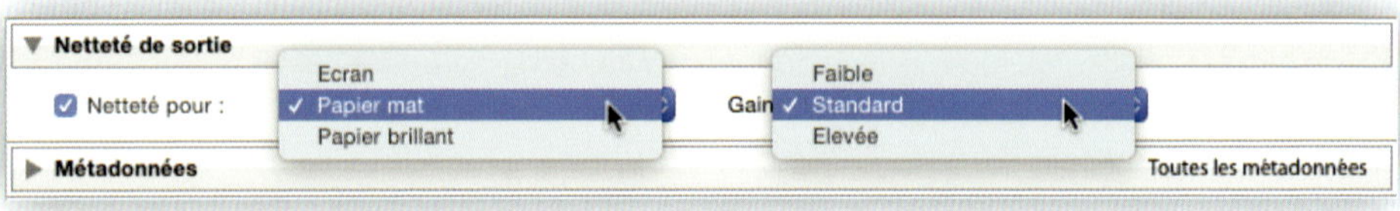

Options pour l'accentuation en fonction de la sortie et l'ajout de métadonnées.

Métadonnées. Les options du menu Métadonnées permettent d'exporter des images sans inclure certaines métadonnées, notamment les mots-clés. Vous pourrez l'utiliser si vous ne souhaitez pas diffuser certaines informations ou lorsque le poids du fichier final est important. Utilisez les options « Copyright uniquement » ou « Informations de copyright ou de contact uniquement » pour réduire les métadonnées et pour exclure les mots-clés. L'option « Tout sauf les informations sur l'appareil et sur Camera Raw » permet d'exclure les métadonnées EXIF et les paramètres de développement, et l'option Tout, d'inclure toutes les métadonnées du fichier d'origine. Quant à l'option « Supprimer les informations d'emplacement », elle supprime les métadonnées IPTC et GPS comportant des informations relatives au lieu de prise de vue. L'option « Écrire les mots-clés selon la hiérarchie Lightroom », activée par défaut, fait en sorte que les mots-clés soient toujours inscrits dans la balise XMP du fichier exporté, ce qui permet de retrouver ces informations intactes lorsque vous l'ouvrez sur un autre ordinateur où vous avez installé une autre copie de Lightroom. Si les deux ordinateurs partagent la même hiérarchie de mots-clés, ces derniers seront affichés de manière correcte, et ce, même si vous décochez l'option « Écrire les mots-clés selon la hiérarchie Lightroom ». Lorsque vous utilisez une hiérarchie différente pour le second ordinateur, les mots-clés « Lieux<États-Unis<Californie » seront retranscrits en tant que « Californie, États-Unis, Lieux » ; ils perdent ainsi leur organisation hiérarchique.

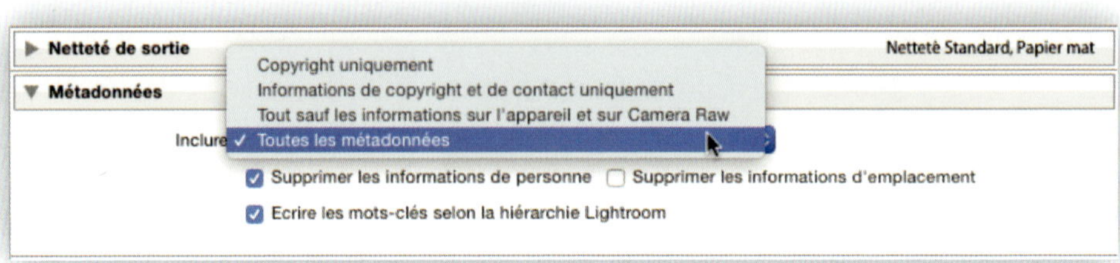

Options pour l'application de métadonnées et d'un filigrane.

Application d'un filigrane. Si les premières versions du logiciel se cantonnaient à l'ajout d'une mention de copyright au bas des images exportées, le menu «Application d'un filigrane» offre maintenant beaucoup plus de contrôle sur le positionnement et l'apparence du filigrane. Il est ainsi possible d'ajouter un simple texte (option «Filigrane de copyright simple») ou un filigrane plus élaboré (option «Modifier les filigranes») sous forme de texte ou d'image.

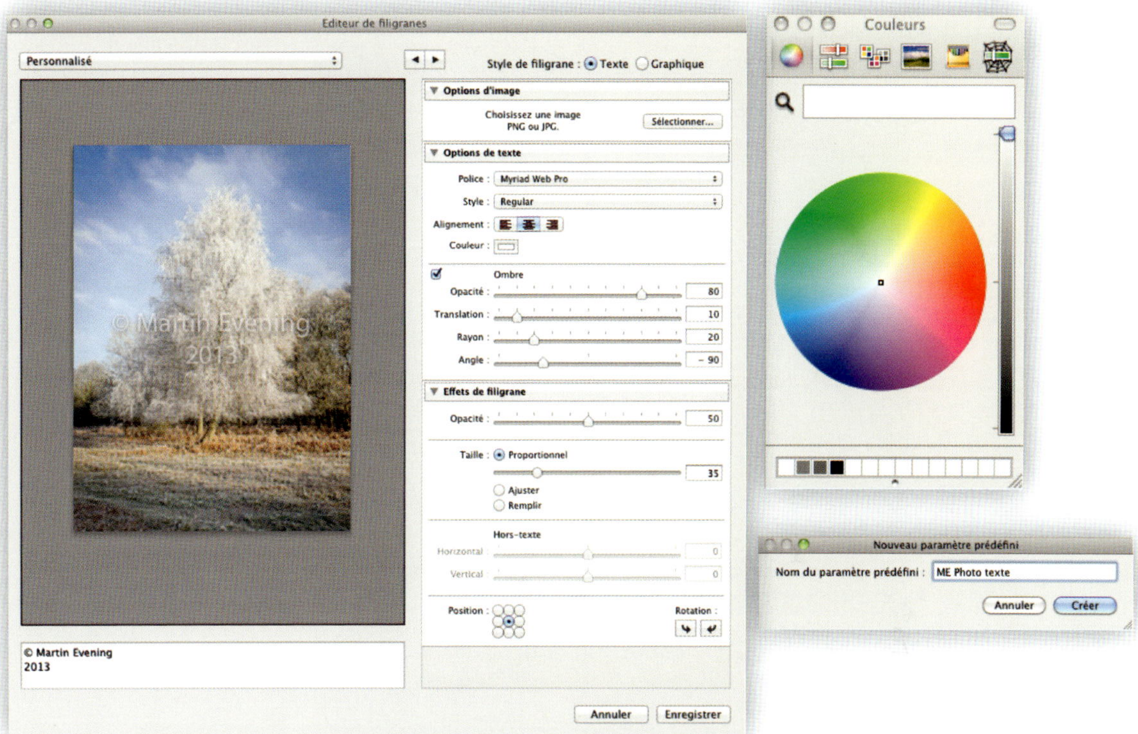

Pour créer ou pour modifier un filigrane, sélectionnez l'option «Modifier les filigranes» (Lightroom ou Édition>Modifier les filigranes) à partir du menu «Application d'un filigrane». Dans la boîte de dialogue «Éditeur de filigranes», en mode Texte, saisissez le texte souhaité et précisez son emplacement sur les photos grâce au menu Position. Les commandes du menu «Effets de filigrane» permettent d'ajuster l'apparence du filigrane (taille, position, orientation, opacité et couleur), les commandes du menu Ombre permettent de lui ajouter une ombre portée et de finement ajuster l'apparence de celle-ci. Une fois satisfait des réglages, cliquez sur le menu déroulant situé en haut à gauche, puis sélectionnez la commande «Enregistrer les paramètres actuels en tant que nouveau paramètre prédéfini». Le paramètre personnalisé s'affiche ensuite directement dans le menu «Application d'un filigrane», du panneau Exporter.

En cliquant sur le bouton Graphique, vous pouvez incruster un logo au format PNG ou JPEG à vos images. Hormis de simples réglages de l'opacité et de la taille, la boîte de dialogue « Éditeur de filigranes » n'offre aucun outil pour modifier l'apparence des logos. Appuyez-vous donc sur Photoshop pour créer des logos plus originaux comme celui de la figure ci-dessous.

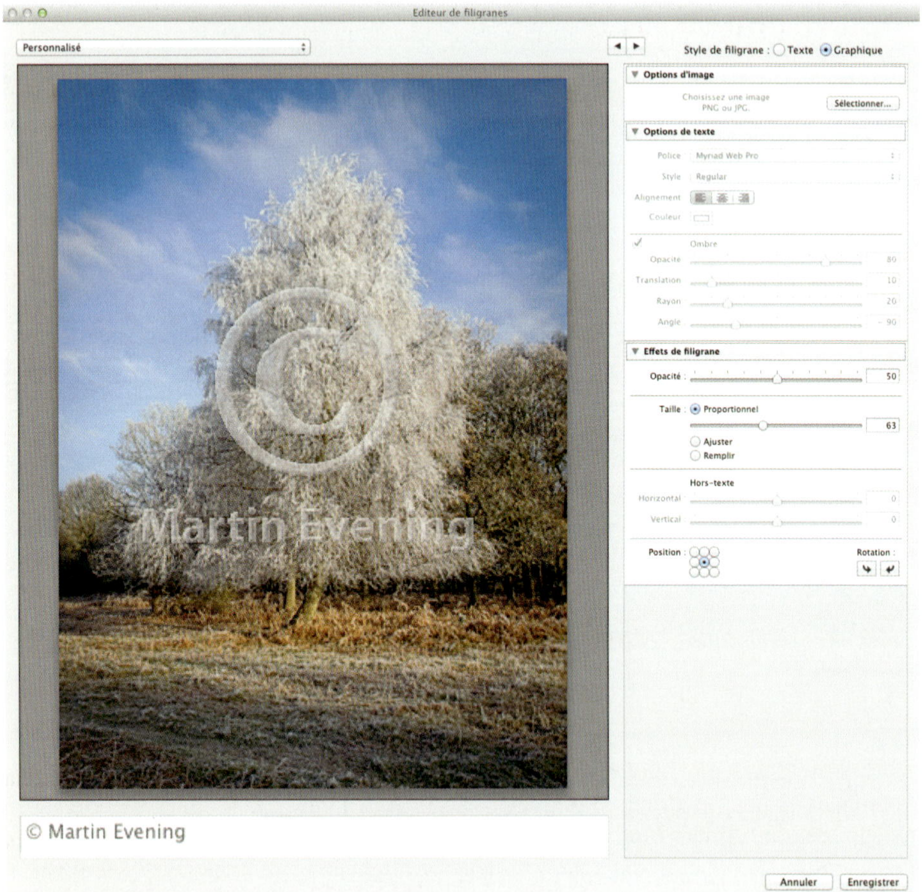

Post-traitement. Une fois convertis, les fichiers peuvent être affichés dans le Finder ou l'explorateur Windows, ou bien gravés sur un CD-Rom ou DVD-Rom, grâce aux options de la section Post-traitement. Pour aller encore plus loin, voyez plus loin la création et l'utilisation des droplets.

Ajouter des scripts Photoshop

Le menu Post-traitement permet d'incorporer des scripts Photoshop dans votre flux de production Lightroom. Pour cela, il suffit d'enregistrer un script que vous souhaitez faire exécuter à la fin de l'exportation des fichiers. Voici comment créer un script Photoshop qui permet de convertir vos fichiers RVB en fichiers CMJN, et qui inclut les étapes nécessaires à l'accentuation et à la conversion colorimétrique du fichier. Inspirez-vous de la procédure suivante pour créer vos propres scripts.

1. J'ai ouvert une image dans Photoshop, et j'ai enregistré un script comportant plusieurs étapes permettant de définir une résolution de 300 ppp, d'accentuer l'image à l'aide du plug-in PhotoKit Output Sharpener, d'aplatir les calques et de convertir l'image en mode CMJN et en 8 bits par couche (voir capture ci-dessous).

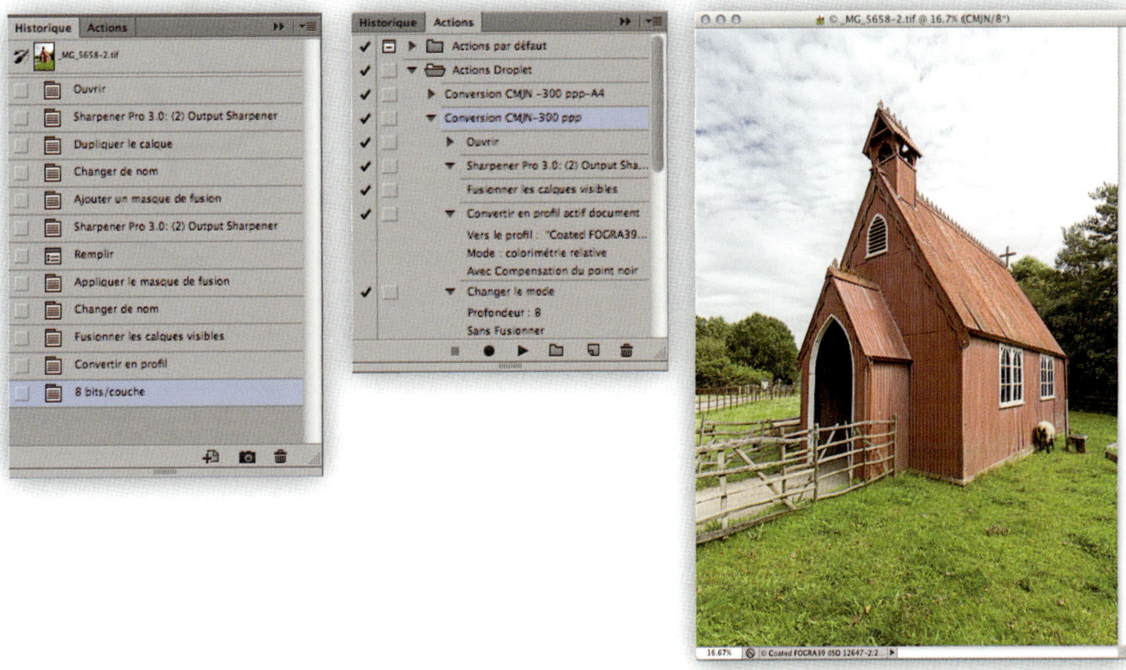

2. Après avoir sauvegardé le script, je l'ai enregistré en tant que droplet. Pour cela, j'ai choisi la commande Fichier>Automatisation>Créer un droplet, et j'ai appliqué les réglages de la figure de la page suivante. J'ai ensuite sélectionné dans le menu Destination l'option « Enregistrer et Fermer », puis j'ai enregistré le droplet dans le dossier « Export Actions » (bouton « Enregistrer sous »).

3. Le dossier « Export Actions » se trouve :

- sur Mac OS X, dans Utilisateur/Bibliothèque/Application Support/Adobe/Lightroom ;
- sous Windows Vista et Windows 7, dans AppData/Roaming/Adobe/Lightroom.

4. Dans Lightroom, j'ai sélectionné les images à exporter. Dans la boîte de dialogue Exporter, j'ai spécifié, dans le menu « Emplacement d'exportation », un nouveau dossier d'enregistrement appelé « TIFF CMJN ». Dans le menu « Paramètres de fichier », j'ai opté pour le format TIFF sans compression (Compression>Sans) ainsi que pour l'espace ProPhoto RVB, très proche de l'espace natif de Lightroom. J'ai également

opté pour un redimensionnement des images (30 cm pour la côte la plus longue), puis j'ai choisi, dans le menu Post-traitement>Après l'exportation, le droplet créé à l'étape 2. Enfin, j'ai enregistré l'ensemble des paramètres en tant que nouveau paramètre prédéfini, sous le nom « Convertir en CMJN-TIFF-300ppp ».

Astuce
Vous pouvez créer plusieurs paramètres prédéfinis, basés sur différents réglages et profils CMJN afin de tenir compte des différents éditeurs et des imprimeries avec lesquels vous travaillez.

5. Une fois que j'ai cliqué sur Exporter, Lightroom a exporté les images au format TIFF et les a enregistrées dans le dossier spécifié. Les images ont été redimensionnées à 30 cm pour la largeur (photos horizontales) ou la hauteur (photos verticales), puis ouvertes dans Photoshop où se sont déroulées les étapes enregistrées lors de la création du script. Voici le dossier avec les huit images exportées, préparées à la photogravure et à la mise en page.

Étape 2

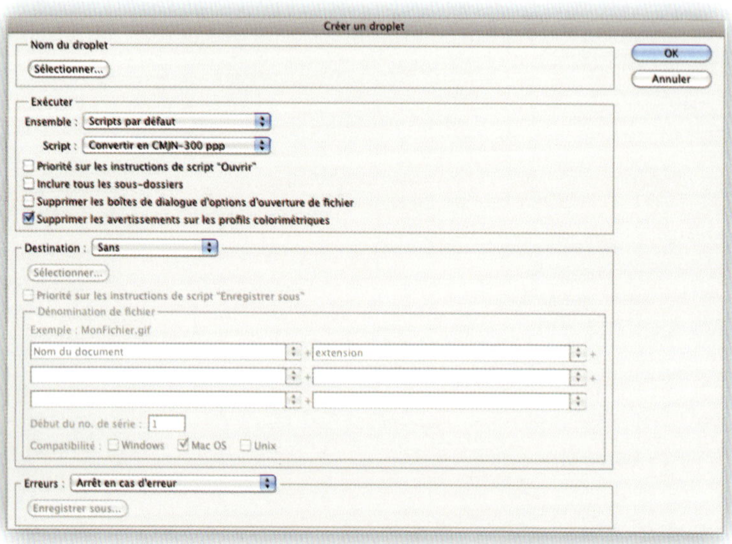

Étape 3

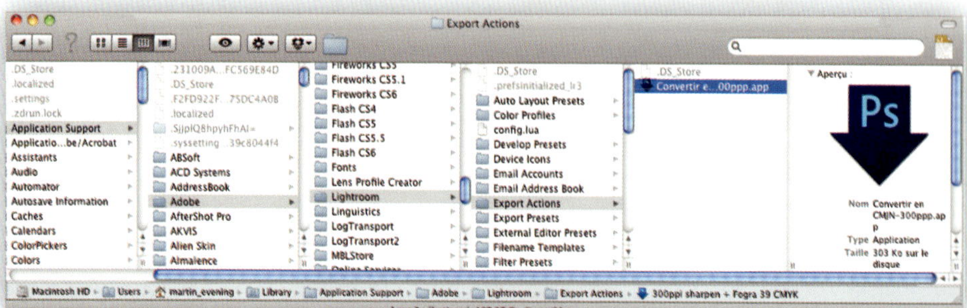

Étape 4

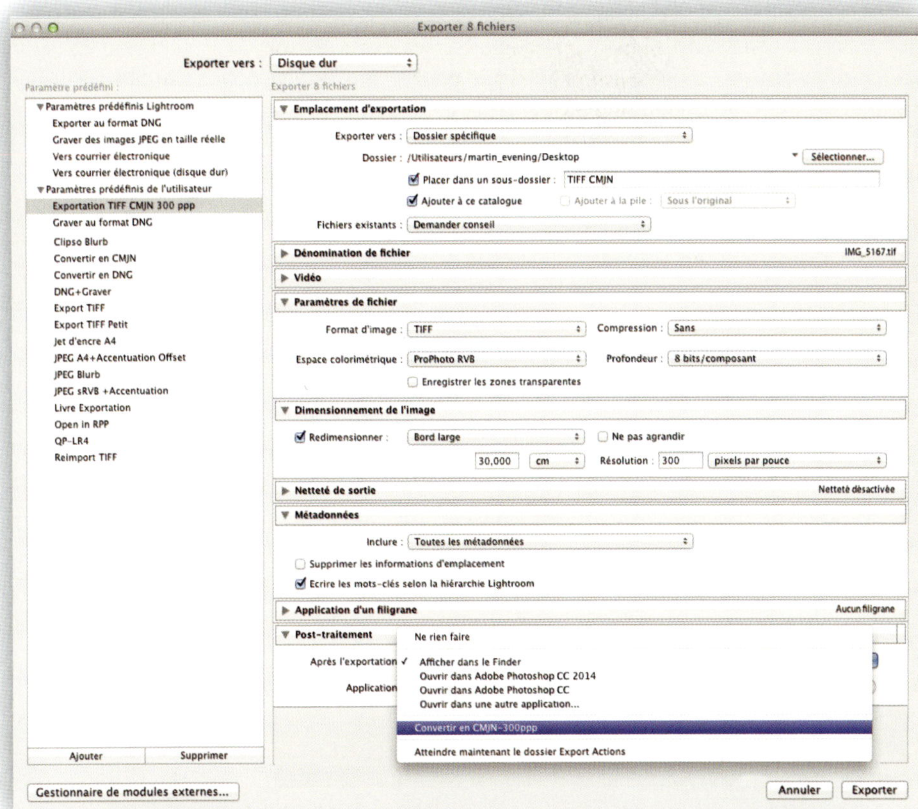

Étape 5

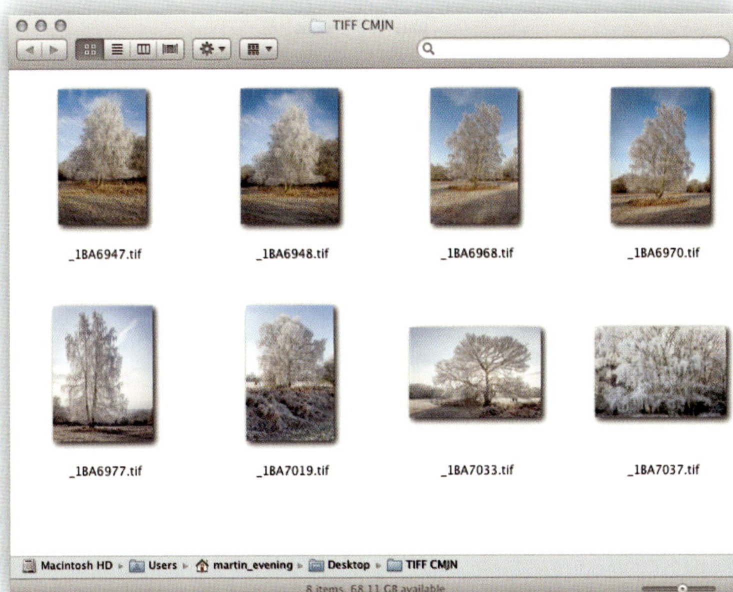

Exportation et gravure sur CD-Rom ou DVD-Rom

La figure ci-dessous montre comment vous pouvez graver vos fichiers finalisés sur des disques. La boîte de dialogue Exporter a ici été configurée pour convertir une sélection d'images au format DNG à partir du paramètre prédéfini « Exporter au format DNG ». J'ai choisi d'enregistrer les fichiers convertis dans le sous-dossier « Fichiers DNG exportés ».

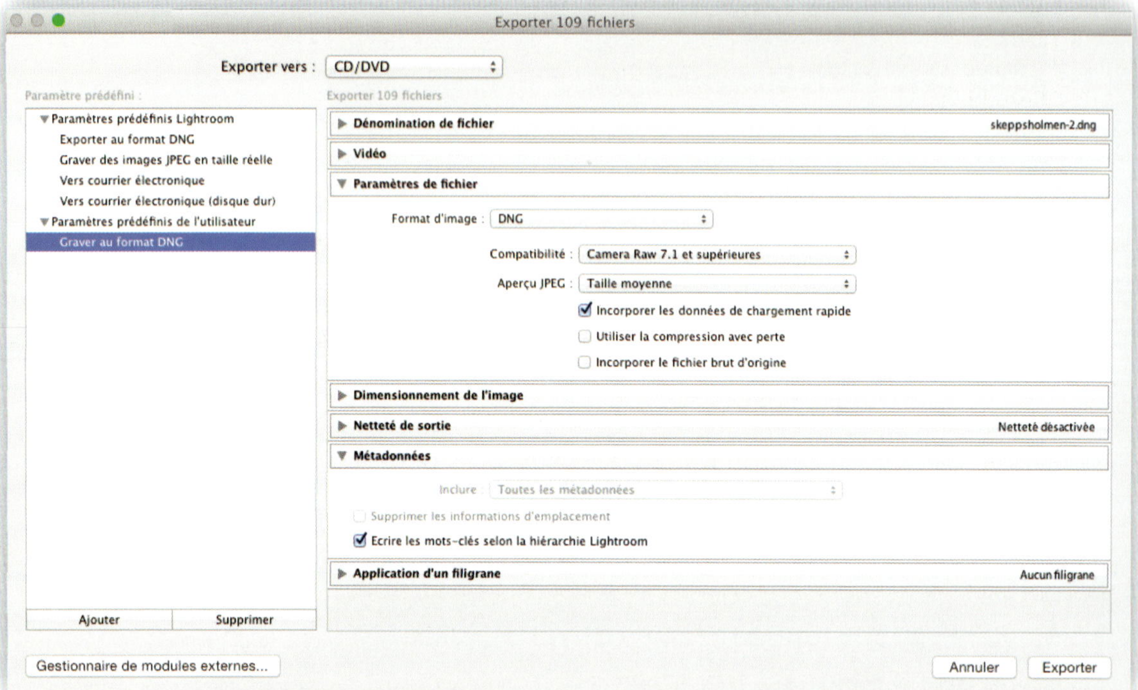

Les options de la boîte de dialogue Exporter permettent de graver les fichiers exportés sur un DVD-Rom ou CD-Rom.

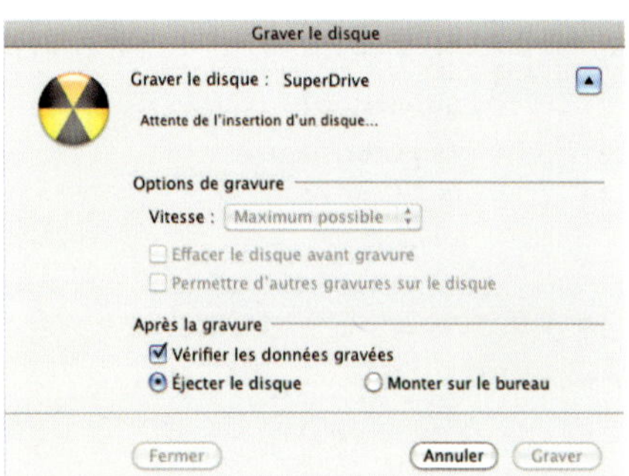

En sélectionnant l'option « Graver les images exportées sur un disque », vous pouvez sélectionner le graveur. Cliquez ensuite sur Graver.

Il existe bien évidemment plusieurs options de post-traitement, je vous conseille néanmoins de toujours graver vos fichiers sur un CD-Rom ou DVD-Rom pour les sauvegarder.

1. Une fois que vous avez cliqué sur le bouton Exporter et enregistré vos images dans le nouveau dossier (précisé dans l'option Dossier), Lightroom ouvre la boîte de dialogue « Graver le disque », dans laquelle vous devez sélectionner votre graveur.

2. Cliquez sur le bouton Graver, pour accéder à la boîte de dialogue « Résumé de gravure » ; vous pouvez y entrer le nom de votre compilation de gravure. Lightroom vous avertit alors d'un éventuel espace disque insuffisant et vous propose de graver sur plusieurs disques, en divisant le volume des données en plusieurs parties égales.

Envoyer des images par courrier électronique

Lightroom vous permet d'exporter des images en tant que pièces jointes d'un message électronique, tout en vous permettant d'utiliser votre logiciel de courrier électronique préféré. Il existe différentes manières de procéder :

- le paramètre prédéfini « Vers courrier électronique », de la boîte de dialogue Exporter ;
- la commande Fichier>Envoyer des photos par courrier électronique (Ctrl/Cmd + Maj + M) ;
- la commande « Envoyer des photos par courrier électronique », du menu contextuel (module Bibliothèque).

Dans tous les cas, Lightroom crée des fichiers temporaires à partir des images sélectionnées et les ajoute en tant que pièces jointes à un nouveau message électronique. Une fois le message envoyé, les fichiers temporaires sont automatiquement effacés. Le passage par la boîte de dialogue Exporter vous offre davantage de contrôle sur l'aspect des fichiers envoyés (taux de compression JPEG, accentuation finale, filigrane, etc.). À noter que la boîte de dialogue Exporter vous propose aussi un second paramètre prédéfini, « Vers courrier électronique (disque dur) », permettant d'enregistrer les images sur votre disque dur. Les réglages de ce paramètre prédéfini correspondent ainsi à l'option par défaut de Lightroom 3.

1. Sélectionnez « Envoyer des photos par courrier électronique » à partir du menu Fichier (ou le paramètre prédéfini « Vers courrier électronique » de la boîte de dialogue Exporter) pour ouvrir une nouvelle boîte de dialogue, permettant de préparer l'envoi du courrier électronique. Je me suis servi de Mail, logiciel fourni avec Mac OS X. Vous pouvez insérer l'adresse e-mail de votre correspondant et cliquer sur les boutons Cc et Cci pour ajouter d'autres destinataires. Le menu « Paramètre prédéfini », en bas à gauche de la boîte de dialogue, permet de choisir parmi plusieurs configurations pour les dimensions et la qualité des fichiers à envoyer. Cliquez sur « Créer un paramètre prédéfini » pour enregistrer un nouveau jeu de paramètres.

2. Après avoir cliqué sur le bouton Adresse, vous pouvez consulter et gérer vos adresses e-mail, notamment pour créer de nouveaux groupes de diffusion, facilitant l'envoi simultané de vos images à des cercles différents (famille, amis, collègues de travail, etc.). Notez que Lightroom ne gère pas les adresses e-mail enregistrées au sein de votre gestionnaire d'adresses ou logiciel de courrier électronique – pour les gérer, il est ainsi nécessaire de les renseigner une par une dans la boîte de dialogue « Carnet d'adresses Lightroom ».

3. Cliquez sur le bouton OK. Lightroom enregistre les images sous forme de fichiers temporaires et les place sous forme de pièces jointes dans votre message. Si vous le souhaitez, vous pouvez ajouter quelques lignes de texte avant d'envoyer le message.

Étape 1

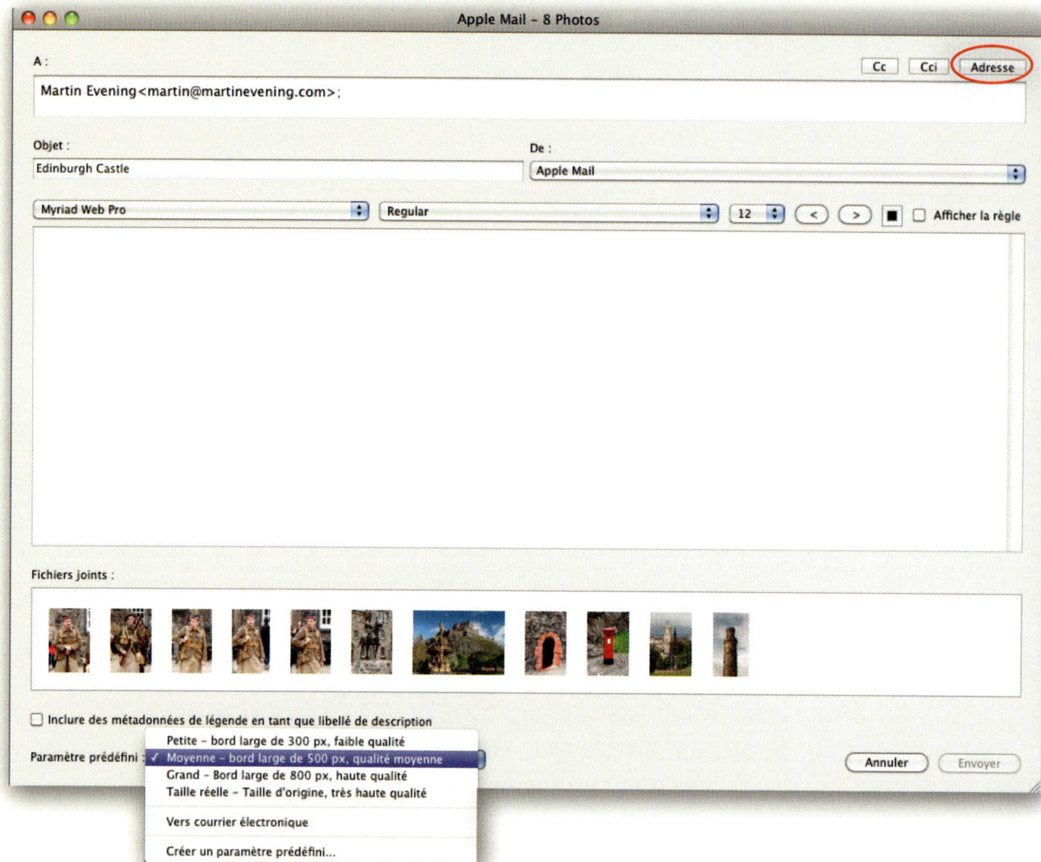

Étape 2

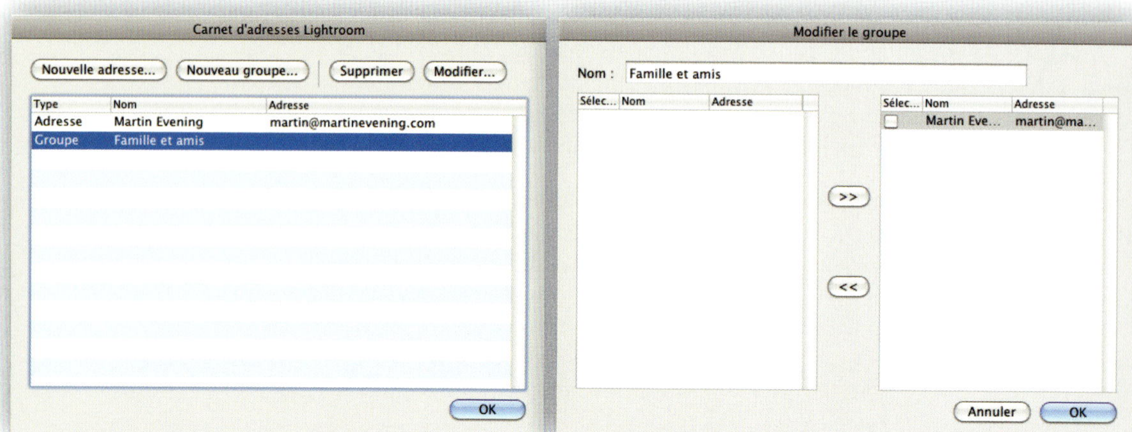

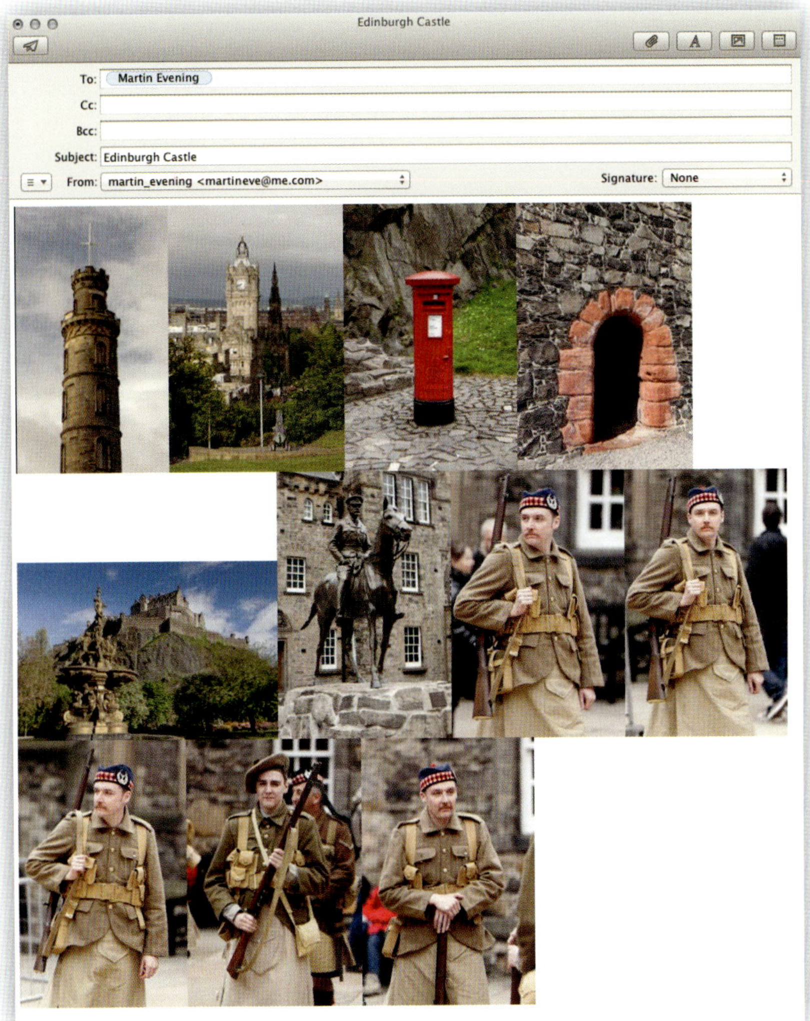

Étape 3

Les plug-ins dédiés à l'exportation

Vous pouvez intégrer de nombreux modules externes et les rendre accessibles depuis la boîte de dialogue Exporter. Vous trouverez les plug-ins d'exportation de Jeffrey Friedl (Zenfolio, SmugMug, Flickr, Picasa Web, Facebook, etc.) sur la page web http://regex.info/blog/lightroom-goodies, et les plug-ins développés par Timothy Armes, sur la page web http://www.photographers-toolbox.com/index.php. Pour les installer, cliquez sur le bouton « Gestionnaire de modules externes », puis sur le bouton Ajouter pour installer le plug-in téléchargé. Le bouton « Échange de module externe », situé au bas à gauche du « Gestionnaire de modules externes Lightroom », permet de découvrir d'autres plug-ins répertoriés sur le site Lightroom Exchange (http://www.adobe.com/cfusion/exchange/index.cfm?event=productHome&exc=25&loc=en_us).

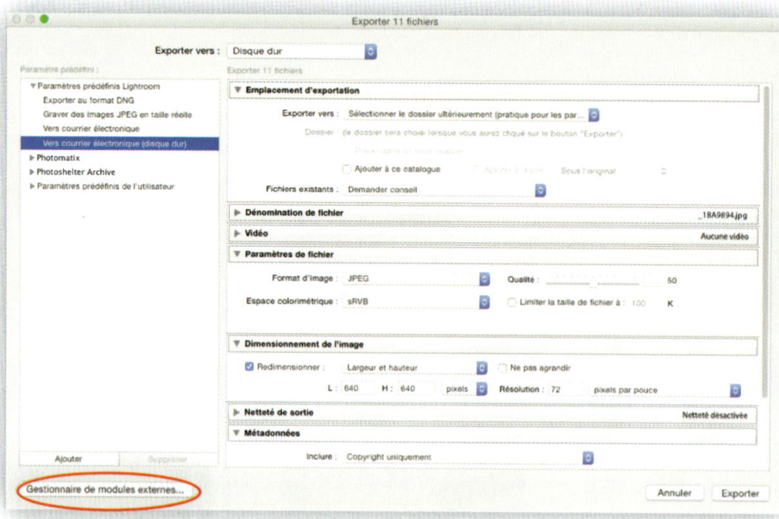

Le « Gestionnaire de modules externes » s'intègre sans heurts dans la boîte de dialogue Exporter.

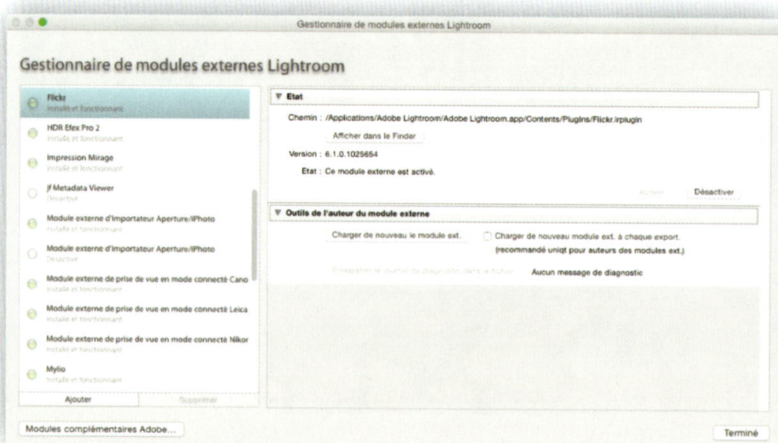

Le « Gestionnaire de modules externes Lightroom » affiche ici plusieurs modules externes installés et opérationnels.

Exporter des fichiers vidéo

Le menu Vidéo de la boîte de dialogue propose d'exporter des fichiers vidéo. Après avoir coché l'option « Inclure des fichiers vidéo », vous pouvez choisir parmi trois options différentes.

L'option Original permet d'exporter des séquences animées dans leur état original, c'est-à-dire sans tenir compte des éventuelles corrections appliquées dans Lightroom. Si vous avez édité vos fichiers vidéo dans Lightroom, en passant par les outils du module Bibliothèque, vous pouvez les exporter en sélectionnant une des options DPX ou H.264 à partir du menu déroulant « Format vidéo ». Ainsi, vous faites en sorte que les modifications effectuées dans Lightroom soient appliquées aux fichiers exportés.

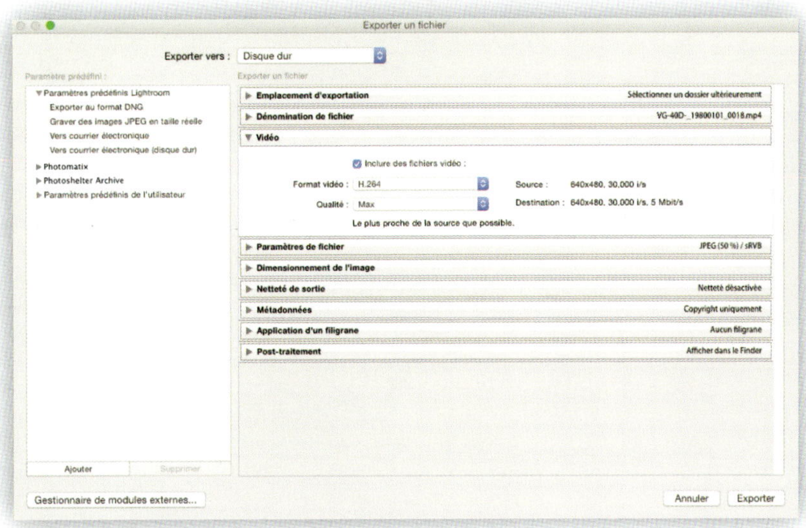

Exporter un fichier vidéo.

Parmi les deux formats d'enregistrements proposés, le format H.264 est sans doute le plus courant. C'est le format par défaut des disques Blu-ray et il est aussi couramment utilisé pour des contenus web, diffusés en flux *(streaming)*. Utilisez-le de préférence pour préparer des séquences animées destinées aux sites de partage YouTube, Vimeo ou iTunes. Le menu déroulant propose quatre options pour contrôler les dimensions et la qualité d'image des fichiers exportés.

- Lorsque votre fichier original a pour dimensions 1 920 × 1 080 pixels et un débit de 25 images par seconde, l'option Max vous propose une qualité qui est quasiment identique à celle du fichier d'origine (1 920 × 1 080, 25 ips et 22 Mbits/s).
- Si l'option Élevée produit des fichiers de très bonne qualité, elle réduit dans certains cas le débit d'images (1 920 × 1 080, 25 ips et 22 Mbits/s).
- L'option Moyenne est adaptée à l'affichage sur le Web et sur des tablettes PC haut de gamme (1 280 × 720, 25 ips et 8 Mbits/s).
- Quant à l'option Faible, elle se prête surtout à l'affichage sur des écrans de téléphones mobiles (480 × 270, 25 ips et 1 Mbit/s).
- Le format DPX *(Digital Picture Exchange)* est un format couramment utilisé en cinéma numérique. Il enregistre les données de façon non destructive et le poids d'un dossier issu de l'exportation d'un fichier vidéo est ainsi nettement plus lourd que celui du fichier original. De ce fait, le fichier DPX est surtout destiné à servir comme format de travail intermédiaire dans des logiciels d'édition vidéo professionnels tels qu'After Effects et Premiere Pro. Pour le format DPX, Lightroom propose trois options : 24p gamme entière (1 920 × 1 080, 24 ips), 25p gamme entière (1 920 × 1 080, 25 ips) et 30p gamme entière (1 920 × 1 080, 30 ips), se distinguant principalement dans le débit d'images.

Canon EOS 1Ds Mark III, 200 mm, 200 ISO, f/3.5, 1/400 s, © Martin Evening 2014.

Chapitre 8
Imprimer

Aux débuts de Photoshop, peu de photographes auraient pu imaginer que l'on puisse obtenir un jour des tirages numériques de qualité équivalente aux tirages argentiques. L'impression numérique a fait des progrès spectaculaires en quelques années, aussi bien en termes de qualité que de tarifs. Hélas, nombreux sont ceux qui se heurtent encore à la complexité des pilotes d'impression et qui n'arrivent toujours pas à obtenir des rendus de couleur satisfaisants – et ce, malgré les avancées incontestables de la gestion des couleurs.

Le module Impression de Lightroom, qui offre beaucoup plus de contrôles que la boîte de dialogue d'impression de Photoshop, est destiné à faciliter ces procédures et à les rendre efficaces, notamment en affichant un aperçu fidèle de la mise en page et en offrant une gestion d'impression par lot qui permet d'imprimer plusieurs images en une seule fois (en mode Brouillon pour des planches-contacts ou en mode Standard pour une qualité d'impression optimale). Pour obtenir des tirages de qualité constante jour après jour, les réglages peuvent être enregistrés en tant que paramètre prédéfini.

- Le panneau « Style de disposition » offre plusieurs alternatives pour la mise en page des photos à imprimer : « Une seule image/planche-contact » pour imprimer une ou plusieurs images par page, « Collection d'images » et « Collection d'images personnalisée » pour placer la même image ou plusieurs en différentes tailles sur une ou plusieurs pages.

En cliquant sur le bouton « Créer une impression enregistrée », situé dans la barre au-dessus de l'aperçu, vous enregistrez l'image sélectionnée ainsi que les paramètres d'impression associés au sein d'une collection.

- Le panneau « Paramètres d'image » permet de définir le placement d'une ou de plusieurs photos entre les marges, de faire une rotation automatique pour utiliser au mieux la surface du papier, de zoomer, de recadrer et d'ajouter un contour autour des photos.

- Le panneau Disposition peut être utilisé pour définir les marges, le quadrillage et l'espacement des cellules. Pour vous assister, Lightroom

Sauvegarder les réglages d'impression
Pour sauvegarder à la fois les réglages d'impression et les paramètres de mise en page d'une collection d'images, vous pouvez créer une nouvelle collection dans le module Bibliothèque.

propose plusieurs gabarits d'impression que vous pouvez sélectionner dans l'« Explorateur de modèles » du panneau de gauche. La figure de la page suivante présente un modèle personnalisé nommé « Fine Art » dont les unités de la règle sont affichées en pouces.

- Si le panneau Repères permet de contrôler l'affichage des différents guides et repères, le panneau Page permet d'ajouter certaines informations à l'impression : votre plaque d'identité (texte ou logo), des folios, des traits de coupe et des légendes sur les planches-contacts.
- Le panneau « Travaux d'impression » donne accès à l'ensemble des paramètres d'impression. Les options des menus « Mise en page » et « Résolution d'impression » servent à redimensionner les images pour l'impression.
- La commande « Impression en mode Brouillon » est très précieuse pour les travaux nécessitant une grande vitesse d'impression : elle utilise les aperçus au format JPEG (générés automatiquement à l'importation des images dans le catalogue) ; lorsque vous désactivez le mode Brouillon, Lightroom imprime à partir de vos fichiers d'origine.
- La commande « Netteté d'impression » (inaccessible, quant à elle, en mode Brouillon) applique une accentuation pour compenser la perte de netteté liée au processus d'impression ; elle propose les options Faible, Standard et Élevée.
- Pour une impression facile, sélectionnez dans la section Profil l'option « Géré par l'imprimante » ; si vous êtes plus exigeant et plus expérimenté, choisissez dans cette section votre profil d'impression et le mode de rendu adapté.
- Le menu « Réglage d'impression » offre deux curseurs, permettant d'ajuster la luminosité et le contraste des images imprimées. Il s'agit de réglages appliqués à la volée, c'est-à-dire qu'ils ne sont pas enregistrés parmi les paramètres de développement de l'image.
- Cliquez sur le bouton « Mise en page » pour spécifier le format et l'orientation de la page, puis sur le bouton « Paramètres d'impression » pour définir le type de papier et la qualité d'impression que vous souhaitez. Les paramètres des deux boîtes de dialogue « Mise en page » et « Paramètres d'impression » (sous Windows, seul le bouton « Mise en page » existe…) peuvent être enregistrés dans un gabarit d'impression. Cliquez sur le bouton Imprimante ou Imprimer pour lancer l'impression.

Le panneau « Paramètres d'image »

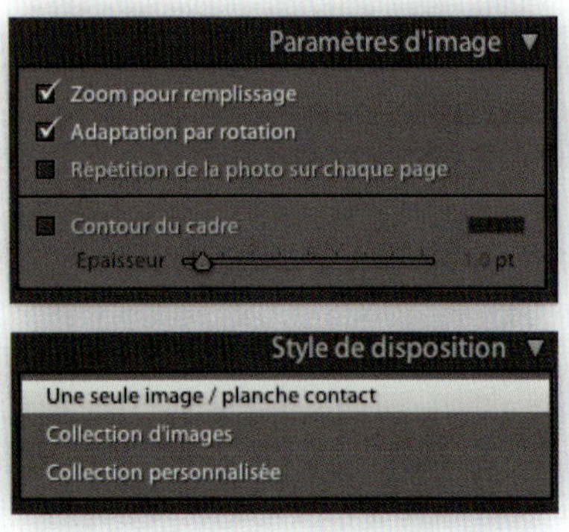

Les options des panneaux « Style de disposition » et « Paramètres d'image ».

Les paramètres d'image permettent de définir la disposition des images dans la page. Avec l'option « Zoom pour remplissage », la photo occupe la surface de la cellule (zone réservée à chaque photo dans une page ; le gabarit détermine le nombre de cellules par page), quitte à ce qu'elle soit recadrée. Les images ainsi recadrées peuvent être déplacées dans les cellules du gabarit d'impression.

L'option « Adaptation pour rotation » fait pivoter les images afin qu'elles correspondent à l'orientation des cellules. C'est une option très utile pour imprimer une série de photos mélangeant images verticales et horizontales : on peut ainsi optimiser l'utilisation de l'espace disponible.

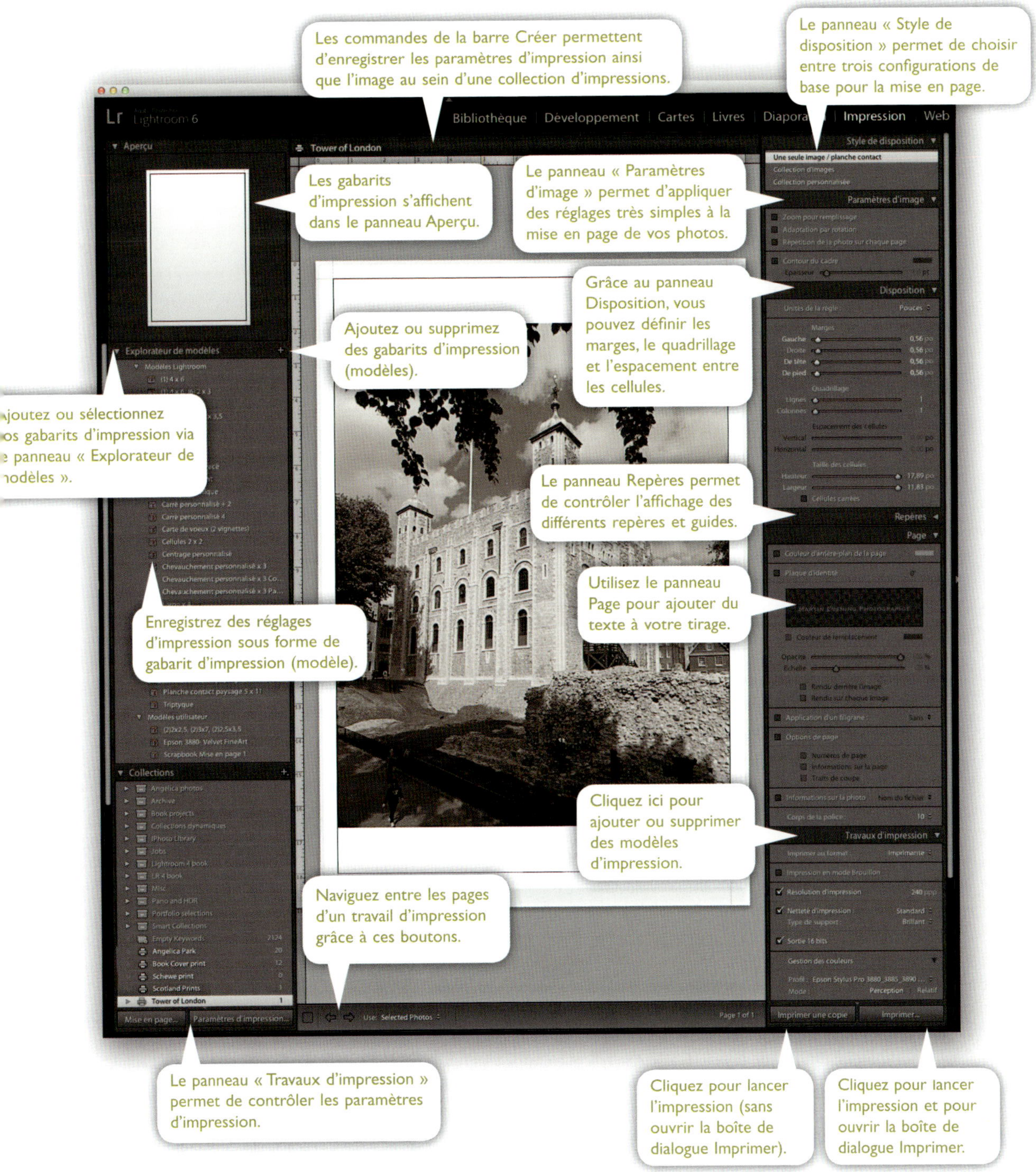

L'interface du module Impression.

L'option « Répétition de la photo sur chaque page » s'applique à une mise en page de plusieurs cellules et permet d'imprimer plusieurs fois une même photo par page. L'exemple au bas de la page 412 montre une mise en page à 2 × 2 cellules pour laquelle j'ai choisi cette option.

1. J'ai sélectionné les quatre photos ci-dessous à partir du panneau « Film fixe », puis j'ai sélectionné le gabarit Cellules 2 × 2 pour les afficher dans une grille de 2 × 2 cellules. Je n'ai pas encore appliqué de paramètres d'image.

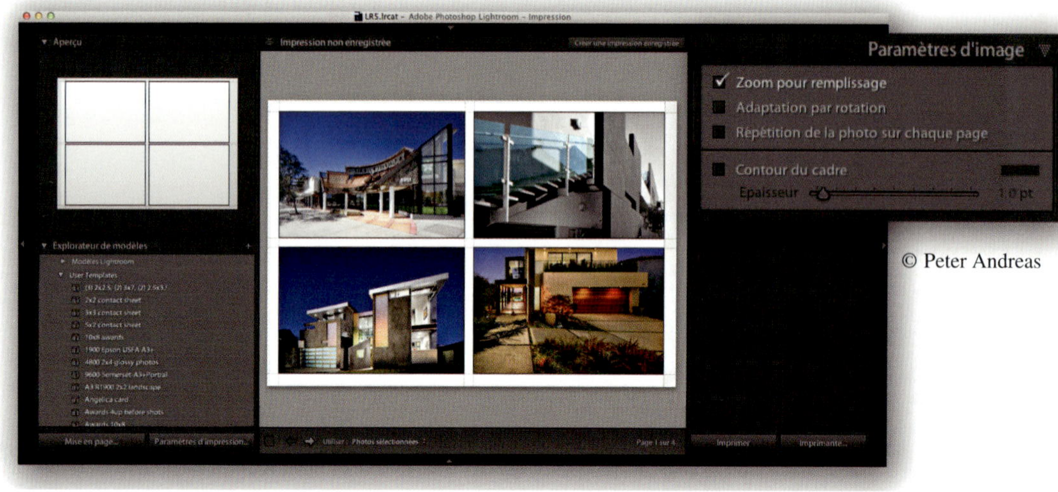

© Peter Andreas

2. Malgré l'option « Zoom pour remplissage », on peut toujours déplacer les images dans la grille. Cliquez sur l'aperçu d'impression, puis déplacez la souris pour améliorer le cadrage des images.

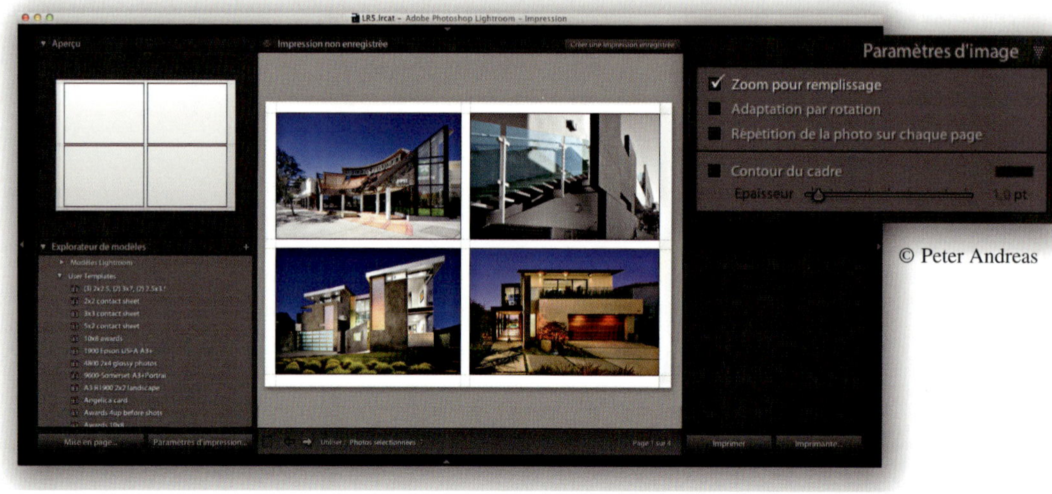

© Peter Andreas

3. L'option « Adaptation par rotation » permet de faire pivoter les images afin qu'elles s'adaptent au mieux à l'espace disponible. J'ai ici fait pivoter deux photos verticales pour les adapter au gabarit Cellules 2 × 2 qui impose une disposition horizontale.

© Peter Andreas

4. Voici ce que l'on peut obtenir avec l'option « Répétition de la photo sur chaque page » ; seule la première des quatre pages demandées est présentée ici.

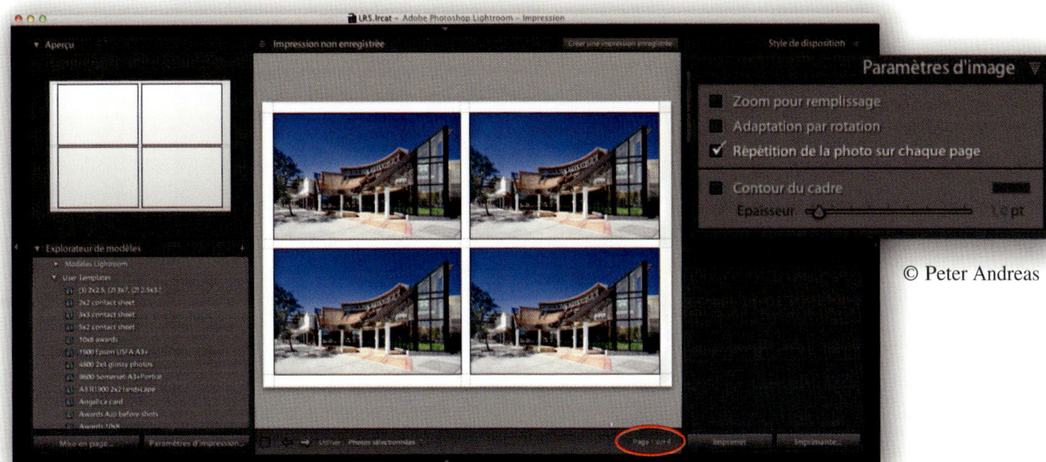

© Peter Andreas

Les panneaux « Style de disposition » et Disposition

Le panneau « Style de disposition » permet de choisir entre trois options pour la mise en page des images à imprimer : « Une seule image/planche-contact », « Collection d'images » et « Collection personnalisée ». Selon l'option sélectionnée, les autres panneaux du module Impression présentent des commandes différentes.

Ajuster les marges et les cellules
Une méthode rapide pour ajuster les marges et la taille des cellules d'une mise en page consiste à faire glisser un repère dans le plan de travail : les images s'ajustent souvent automatiquement à l'espace disponible. Il est également possible de déplacer les curseurs du panneau ; cette méthode est à privilégier quand vous souhaitez obtenir une taille précise pour vos images.

C'est dans le panneau Disposition que l'on détermine le positionnement d'une ou plusieurs images dans une page. Notez qu'il existe deux options pour le panneau « Style de disposition », nous parlerons ici des options accessibles lorsque vous sélectionnez l'option « Une seule image/planche-contact ». Pour mieux comprendre le fonctionnement des curseurs du panneau Disposition, je vous conseille de faire défiler plusieurs gabarits d'impression. Les réglages du panneau Disposition, affichés ci-contre, sont appliqués aux quatre images de la page reproduite ci-dessous. Il est intéressant d'observer comment les réglages de la section Marges l'emportent sur ceux du quadrillage et de l'espacement des cellules : une fois les marges fixées, les autres paramètres s'ajustent automatiquement pour occuper l'espace qui reste entre ces marges.

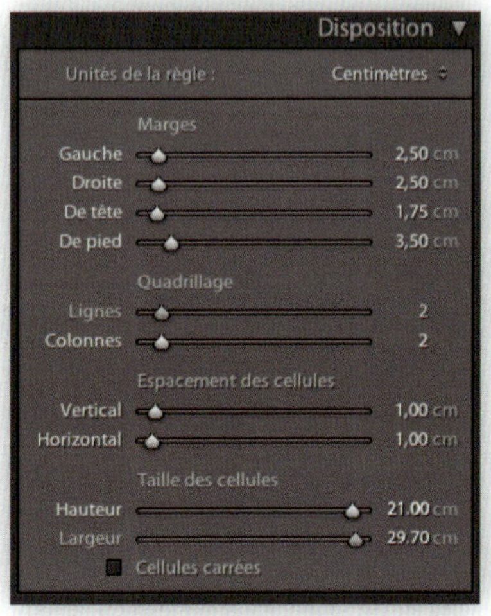

Le panneau Disposition.

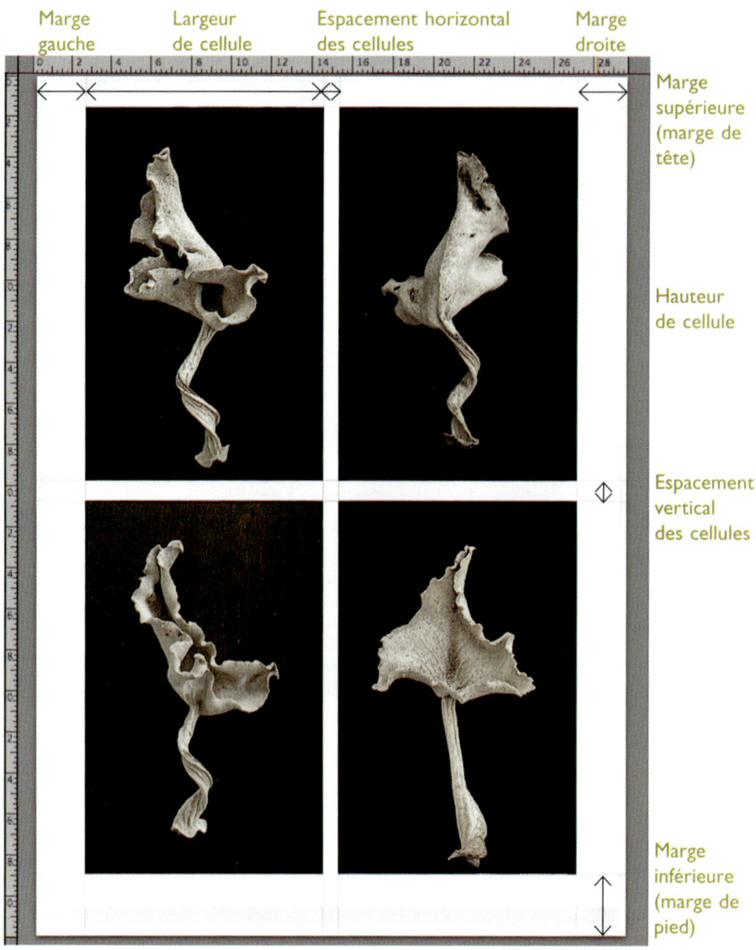

Les différents éléments constituant cette mise en page peuvent être modifiés dans le panneau Disposition.

Règles

Vous pouvez activer ou désactiver l'affichage des règles grâce à la commande Afficher les repères>Règles (ou Cmd/Ctrl + R). Pour définir l'unité de mesure de la règle, cliquez sur les unités affichées dans le panneau Disposition, puis sélectionnez Centimètres, Millimètres, Points ou Picas.

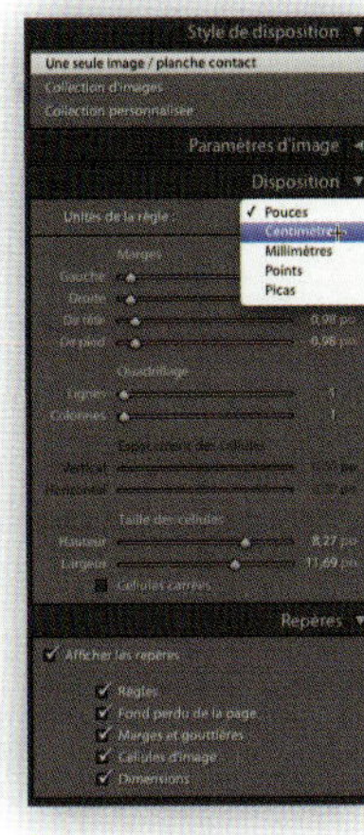

Le panneau Disposition permet de choisir entre Centimètres, Millimètres, Points ou Picas pour l'affichage des dimensions.

Quadrillage et taille des cellules

- Pour positionner précisément une ou plusieurs images dans une page, définissez de préférence les marges en premier. Pour centrer une photo dans une page, n'oubliez pas que les marges doivent être disposées de manière équidistante des bords de la photo.
- Pour n'imprimer qu'une photo par page, vous pouvez sélectionner un gabarit, dont le quadrillage n'occupe qu'une ligne et qu'une colonne ; la grille occupera alors tout l'espace disponible entre les marges. Pour imprimer plusieurs photos sur une même page, modifiez le nombre de lignes et de colonnes.
- Les curseurs Hauteur et Largeur, de la section « Taille des cellules », modifient la dimension des cellules (dont le nombre a été défini dans la section Quadrillage). Déplacez les curseurs vers la droite afin d'augmenter la taille des cellules, et vers la gauche pour la réduire – cela réduit également l'espace imprimable. Notez que les cellules restent toujours centrées à l'intérieur des marges qui fixent l'espace disponible dans la grille. Quand vous modifiez les marges, vous modifiez également la taille et l'espacement des cellules.
- Les deux curseurs « Espacement des cellules » s'activent dès que vous utilisez un quadrillage d'au moins deux cellules. Sur l'exemple de mise en page 2 × 2 de la page précédente, j'avais choisi un espacement d'un centimètre entre les cellules, en vertical comme en horizontal.
- Les différents repères facilitent une mise en page précise : grâce à l'option « Fond perdu de la page », les parties non imprimables de la page apparaissent en gris clair. Les options « Règles », « Marges et gouttières » et « Cellules d'image » permettent d'afficher ou de masquer ces guides un par un ; l'option « Afficher les repères » contrôle l'affichage simultané des quatre guides.

Les deux exemples suivants montrent comment utiliser ces différentes options.

1. La capture ci-après présente une mise en page dont les marges (en rose) amputent la surface imprimable de 2,5 cm à gauche, à droite, en bas et en haut de la page. La hauteur de l'unique cellule a été fixée à sa valeur maximale : 27,89 cm. La largeur de la cellule ayant été limitée à 38,66 cm, l'image ne remplit pas la cellule en hauteur.

2. Dans le second exemple, les marges sont les mêmes, mais la hauteur et la largeur de la cellule ont été réduites aux dimensions d'une page A4 (21 × 29,7 cm). Puisque j'ai coché l'option Dimensions, la taille d'impression de l'image s'affiche dans l'onglet supérieur gauche de l'aperçu.

Étape 1

Étape 2

Imprimer plusieurs images par page

Une fois que vous avez choisi d'imprimer plusieurs images sur une page, les options de la section « Espacement des cellules » vous permettent de définir l'espace entre deux cellules. Notez que les réglages des sections « Taille des cellules » et Marges sont liés : un ajustement d'un des curseurs affectera toujours l'autre. Pour la figure ci-dessous, j'ai créé un gabarit de planche-contact 3 × 3, pour lequel j'ai choisi un espacement de 0,5 cm (vertical et horizontal) entre les cellules. Choisir cet espacement a modifié la taille des cellules.

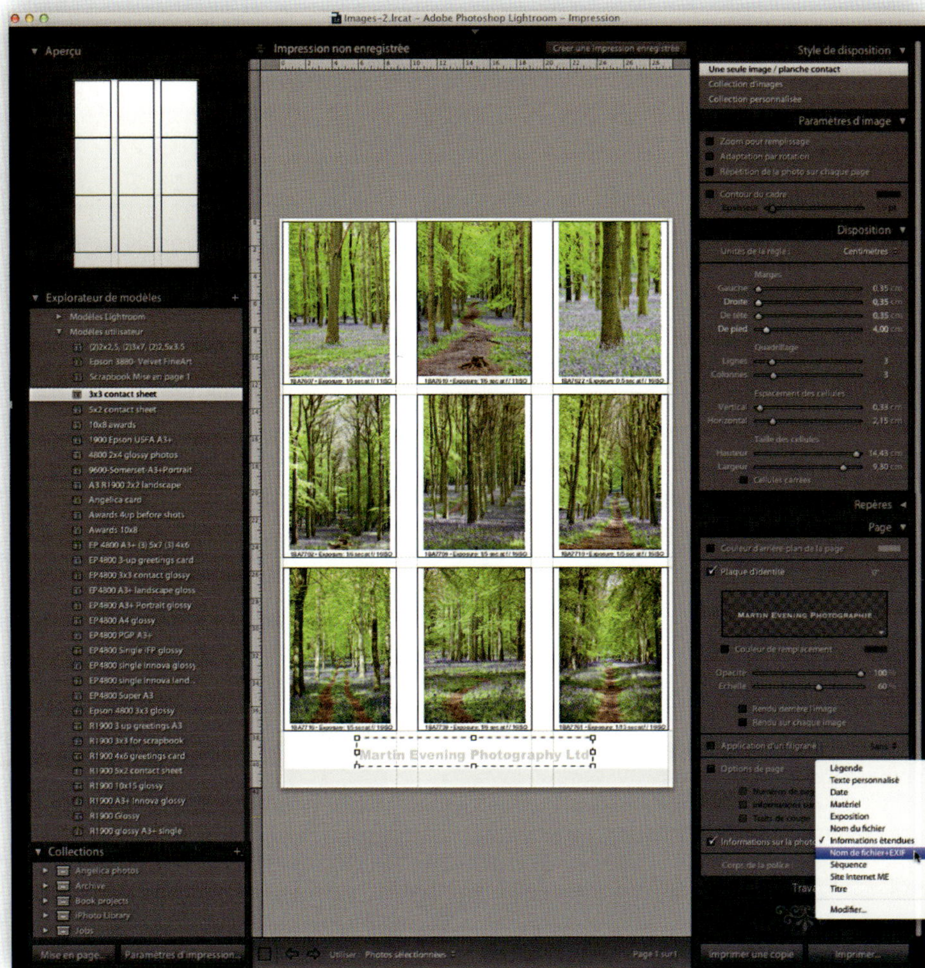

Planche-contact 3 × 3 qui affiche les réglages des panneaux Disposition et Page.

L'option « Cellules carrées », ici désactivée, est très utile lorsque l'on veut imprimer des images verticales et horizontales sur une même page ; elle détermine une taille d'impression identique pour toutes les vignettes et évite d'avoir à faire pivoter les images pour s'adapter à l'orientation de leur cellule.

Imprimer en PDF
Créer un document au format PDF à partir du module Impression au lieu d'imprimer une planche-contact peut présenter plusieurs avantages : les logiciels Adobe Reader et Acrobat permettent de sélectionner les planches-contacts à imprimer, tandis que Lightroom impose d'imprimer toutes les pages. De plus, le format PDF est lisible sur la plupart des ordinateurs ; il est très facile de transmettre un fichier PDF à ses clients afin qu'ils puissent visionner et imprimer les planches sans manipulation particulière.

Lightroom est particulièrement performant pour imprimer des planches-contacts comprenant beaucoup d'images. Ce sont les réglages du panneau « Travaux d'impression » qui déterminent le temps nécessaire pour générer les pages. Je vous conseille d'imprimer vos planches-contacts en mode Brouillon, afin que Lightroom utilise les aperçus JPEG générés lors de l'importation de vos photos. Mais attention, lorsque vous imprimez des photos que vous venez tout juste d'importer, il est probable que le logiciel n'ait pas encore terminé la génération des aperçus – surtout lorsqu'il est question de plusieurs centaines d'images. Vos images imprimées seront alors pixellisées. En effet, Lightroom extrait d'abord les vignettes intégrées aux fichiers bruts, puis après avoir généré des aperçus de taille « standard », il crée des aperçus haute qualité. N'oubliez donc pas de contrôler vos images dans l'interface d'impression afin de repérer celles dont l'aperçu n'est pas encore finalisé : si vous voyez une icône d'avertissement, attendez quelques minutes avant de lancer l'impression. Toutefois, Lightroom 6/CC étant nettement plus rapide que les versions précédentes du logiciel, vous ne devriez pas souvent voir apparaître l'icône en question.

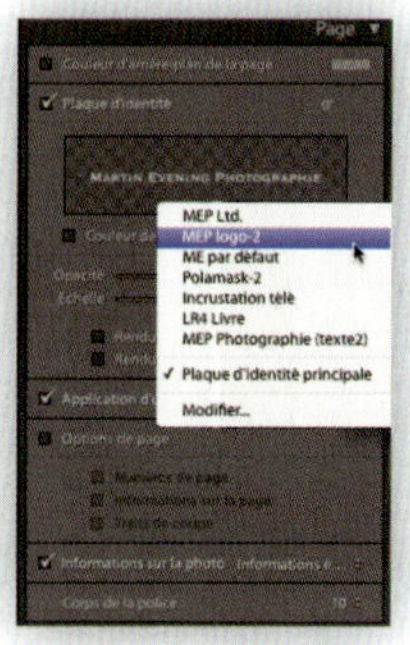

Le menu « Plaque d'identité » du panneau Page.

Le panneau Page

Les options du panneau Page permettent d'ajouter des informations sur les pages à imprimer. Quand la case « Plaque d'identité » est cochée, vous pouvez cliquer sur l'aperçu de cette plaque pour révéler une liste de paramètres prédéfinis, et cliquer sur l'option Modifier pour ouvrir la boîte de dialogue « Éditeur de plaque d'identité ». Choisissez alors une plaque d'identité graphique (qui permet d'ajouter un logo) ou une plaque d'identité avec un style texte (qui permet d'ajouter votre nom). Utilisez ensuite les curseurs Opacité et Échelle.

Bien que j'aie fait appel, pour l'exemple qui va suivre, au curseur Échelle pour agrandir la plaque d'identité à 80 %, il est plus facile de saisir une poignée du calque Texte, puis de la faire glisser pour ajuster ses dimensions. Vous pouvez également faire pivoter la plaque d'identité à l'aide du bouton « Rotation de la plaque d'identité », situé dans le coin supérieur droit du panneau Page ; pour passer d'une rotation horaire à une rotation antihoraire, appuyez en même temps sur la touche Alt.

Pour incruster votre nom ou votre logo, sélectionnez l'option « Rendu sur chaque image ». Grâce à l'option « Rendu derrière l'image », vous pouvez remplir l'espace de la grille avec un logo, puis l'afficher derrière l'image.

Ajouter un copyright
En superposant une plaque d'identité de style texte à une image, il est très facile d'ajouter un copyright en filigrane sur vos impressions. Reportez-vous au chapitre 9 pour connaître les fonctionnalités de Lightroom permettant d'ajouter un filigrane aux images.

1. Lorsque la plaque d'identité est activée, vous pouvez l'ajouter à votre mise en page.
2. Cliquez sur l'aperçu de la plaque d'identité pour modifier ses réglages. Après avoir cliqué sur l'option Modifier, choisissez un style et une taille de caractères personnalisés dans l'« Éditeur de plaque d'identité ». Pour changer la couleur des caractères, cliquez sur le bouton idoine, puis utilisez le sélecteur de couleurs de votre système d'exploitation.

3. J'ai cliqué ici sur le calque de texte de la plaque d'identité, puis je l'ai tiré vers le bas tout en le centrant par rapport à la photo. J'ai ensuite ajusté le curseur Échelle afin de réduire le texte.

Étape 1

Étape 2

Étape 3

Ajouter un cadre personnalisé

Bien que les spécifications de l'« Éditeur de plaque d'identité » semblent prouver le contraire, il est possible de choisir une image dont la hauteur dépasse la limite de 57 pixels, pour peu qu'elle ne soit pas destinée à remplacer la plaque d'identité du panneau supérieur de Lightroom, mais soit superposée à une autre image. Ainsi, vous pouvez utiliser ces images à l'intérieur du module Impression afin d'incruster un logo d'entreprise ou une signature numérisée. Mon ami Sean McCormack m'a montré cette méthode pour ajouter un cadre personnalisé à une image, via la fonction « Plaque d'identité », du panneau Incrustations. Si cet exemple présente l'utilisation d'un tirage Polaroid numérisé, vous pouvez également utiliser vos propres cadres, quitte à en créer de nouveaux à l'aide de Photoshop.

1. Dans Photoshop, j'ai créé ce fichier simulant la bordure d'un film Polaroid. J'ai masqué le centre et les contours semi-transparents du cadre, puis j'ai ajouté un calque. Enfin, j'ai enregistré le fichier multicalque au format PSD et une copie aplatie au format PNG.

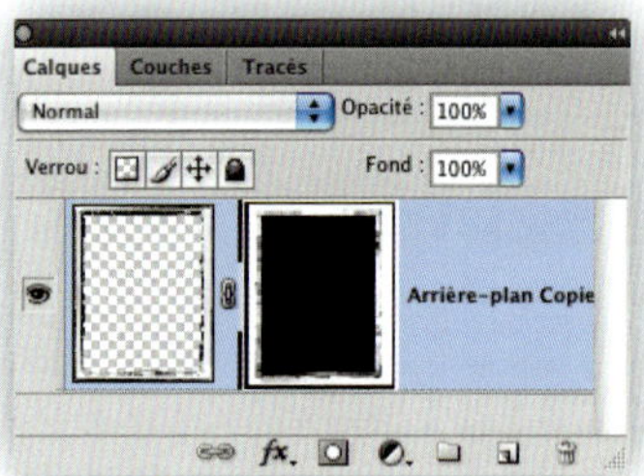

2. Dans Lightroom, j'ai sélectionné l'option « Éditer à partir du menu déroulant de la plaque d'identité », puis dans la boîte de dialogue « Éditeur de plaque d'identité », l'option « Utiliser une plaque d'identité graphique ». Après avoir cliqué sur la zone d'aperçu, j'ai sélectionné le fichier au format PNG dans la boîte de dialogue Ouvrir. J'ai enfin enregistré la nouvelle plaque d'identité (option « Enregistrer sous » du menu déroulant « Activer la plaque d'identité »).

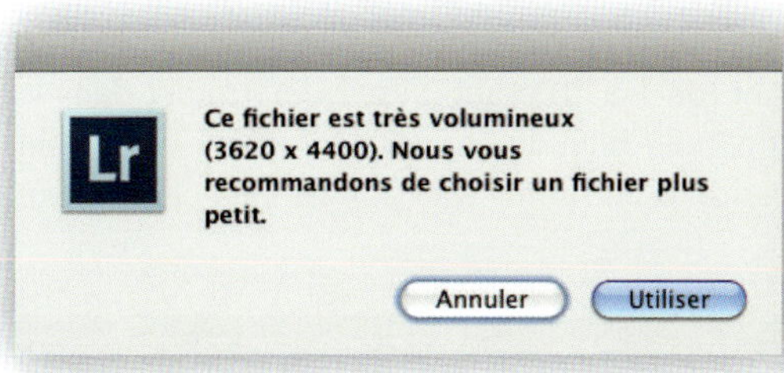

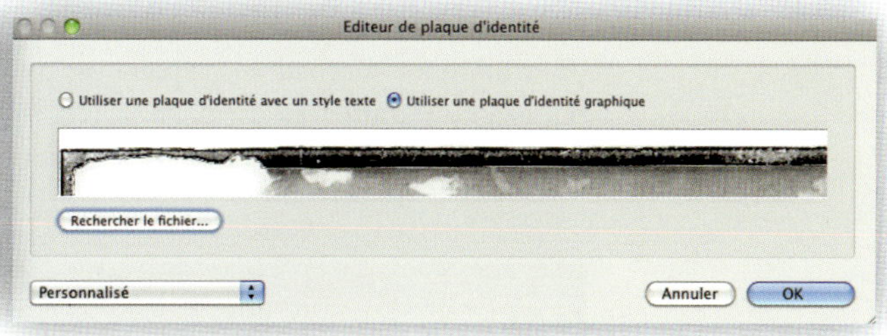

3. Après avoir activé la nouvelle plaque d'identité, j'ai redimensionné le cadre Polaroid pour le positionner précisément sur l'image.

Les options de page

Les options de page du panneau Page ajoutent quelques éléments bien pratiques à vos impressions :

- les traits de coupe sont utiles lorsque vous souhaitez couper la bordure blanche d'une photo ;
- quelques informations sur la méthode d'impression (option « Informations sur la page »), notamment le taux d'accentuation (« Netteté d'impression »), le profil ICC et l'imprimante utilisés. Ces informations sont très utiles lorsque vous testez plusieurs profils et réglages d'impression ;
- des folios (option « Numéros de page ») qui permettent de libeller une collection de tirages selon un ordre défini.

J'ai imprimé cette photo sur fond blanc, c'est pourquoi j'ai ajouté un contour noir très fin pour marquer son cadre. L'épaisseur du trait (de 1 à 20 points) est à déterminer dans le panneau « Paramètres d'image ». Notez que, pour bien distinguer un contour de 1 point d'épaisseur, il faut une résolution d'impression d'au moins 300 ppp (points par pouce).

Les options de page du panneau Page.

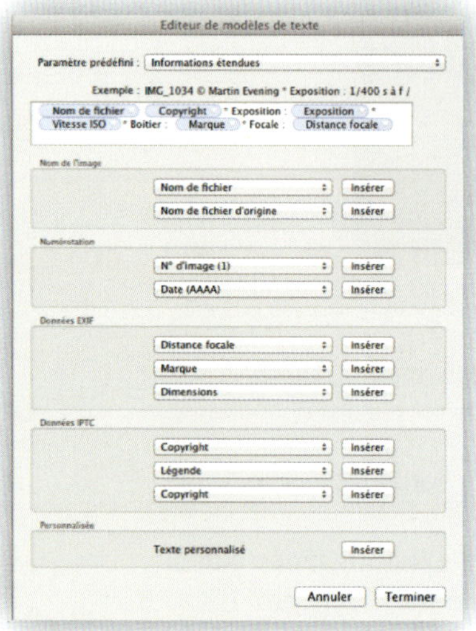

L'« Éditeur de modèles de texte » : cliquez sur un élément de texte, puis sur l'un des boutons Insérer afin de le modifier. Sinon, cliquez sur Insérer pour ajouter un nouvel élément de texte.

Les informations sur la photo

La section « Informations sur la photo » du panneau Page permet d'ajouter une sélection de métadonnées EXIF au bas de chaque image. Cliquez sur le menu pour choisir une des informations les plus usuelles, comme le nom du fichier ou la date de prise de vue. Pour faire apparaître plusieurs de ces informations à la fois, cliquez sur l'option Modifier qui ouvre l'« Éditeur de modèles de texte », et composez une chaîne de texte à partir des métadonnées EXIF ; vous pourrez l'enregistrer en tant que paramètre prédéfini (Paramètre prédéfini>Enregistrer en tant que nouveau paramètre prédéfini). Il suffira ensuite de sélectionner le paramètre prédéfini dans la liste déroulante, puis de déterminer la taille des caractères (« Corps de la police »). Quand vous créez un paramètre prédéfini (comme ci-contre), vous pouvez remplacer un élément de texte en cliquant dessus dans la fenêtre d'édition, puis en cliquant sur l'un des boutons Insérer ; si vous cliquez directement sur l'un des boutons en question, vous ajoutez un nouvel élément de texte à la chaîne de texte.

Il est intéressant de créer autant de paramètres prédéfinis que vous avez d'usages de vos tirages : lorsque vous cataloguez une série d'images, il est fort utile d'imprimer les informations techniques relatives à chaque photo sur les planches-contacts. En revanche, lorsque vous envoyez des planches-contacts à vos clients, elles peuvent ne comporter que le nom des fichiers, leurs légendes et votre copyright.

Les « Informations de la photo » sont ajoutées au bas de chaque image de la page. Ici, j'ai choisi le paramètre prédéfini « Informations étendues », créé à l'aide des informations EXIF de la figure précédente.

Les panneaux « Collection d'images » et « Collection personnalisée »

Après avoir examiné les commandes propres au mode « Une seule image/planche-contact », voici celles qui sont spécifiques aux modes « Collection d'images » et « Collection personnalisée ». Ces modes proposent notamment plusieurs gabarits d'impression (accessibles depuis le panneau « Explorateur de modèles ») permettant de placer une seule image ou plusieurs images plusieurs fois et en différentes tailles sur une ou plusieurs pages, ce qui se révèle très utile pour certains portraitistes et photographes de mariage.

Panneau « Paramètres d'image ». Il comporte la commande « Bordure de photo », qui permet d'ajouter une marge blanche, et la commande « Contour interne », pour ajouter un contour aux photos.

Panneau « Règles, grille et repères ». Si les options du panneau « Règles, grille et repères » correspondent à celles du panneau Repères du mode « Une seule image/planche-contact », le menu Grille permet de désactiver la grille. Les options du menu « Magnétisme de la grille » permettent de personnaliser la mise en page de la collection d'images par un glisser/

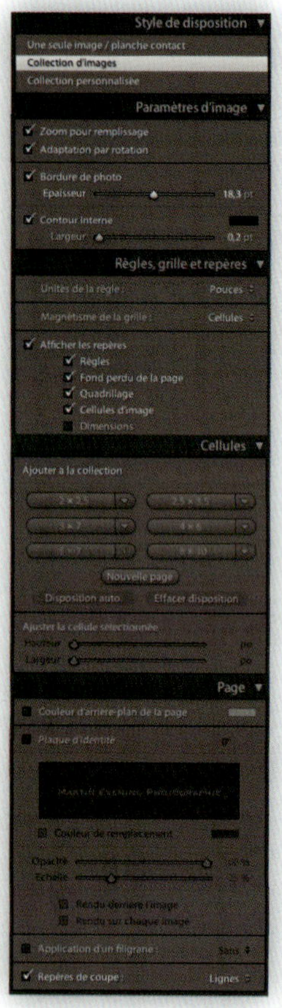

Les options du style de disposition « Collection d'images ».

déposer des cellules individuelles. Vous pouvez ainsi repositionner les cellules librement (option Désactivé) en fonction de la Grille (option Grille) ou en tenant compte du positionnement des autres cellules (option Cellules).

Panneau Cellules. Pour créer un nouveau gabarit de mise en page, sélectionnez dans le panneau « Style de disposition » l'une des options « Collection d'images » ou « Collection personnalisée ». Dans le panneau Cellules, cliquez sur « Effacer disposition ». Ajoutez ensuite de nouvelles cellules à votre page en cliquant sur un ou plusieurs boutons de la section « Ajouter à la collection ». Les dimensions des cellules s'étendent de 2 × 2,5 pouces (5 × 7,5 cm) à 8 × 10 pouces (13 × 18 cm) ; vous pouvez également ajouter un modèle personnalisé en cliquant sur Modifier et en spécifiant ses dimensions dans la boîte de dialogue « Nouvelle taille personnalisée ». Pour une meilleure mise en page, cliquez sur « Disposition automatique » ; Lightroom tente alors de trouver la meilleure disposition pour les cellules sélectionnées, en optimisant la place disponible et en conservant des marges autour des photos pour un découpage plus aisé. Alternativement, vous pouvez déplacer les cellules par un simple glisser/déposer ; les options du menu Magnétisme sont alors très utiles pour aligner les cellules. Utilisez ensuite les commandes « Zoom pour remplissage », « Adaptation par rotation » et « Bordure de la photo » du panneau « Paramètres d'image », pour décider comment remplir les cellules et pour affiner la mise en page.

Si vous ajoutez de nouvelles cellules et qu'il ne reste plus de place sur la page, Lightroom ajoute automatiquement une nouvelle page ; cliquez sur le bouton « Nouvelle page » pour en ajouter manuellement.

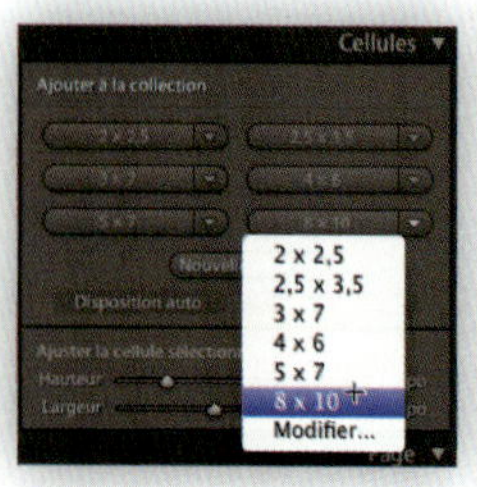

Cliquez sur l'une des petites flèches et sélectionnez l'option Éditer afin de créer de nouvelles tailles de cellules.

Le gabarit d'impression « (3) 2 × 2,5, (2) 5 × 7, (2) 2,5 × 3,5 ».

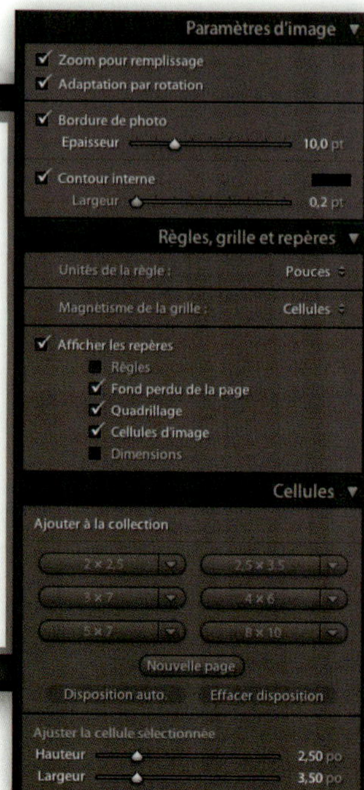

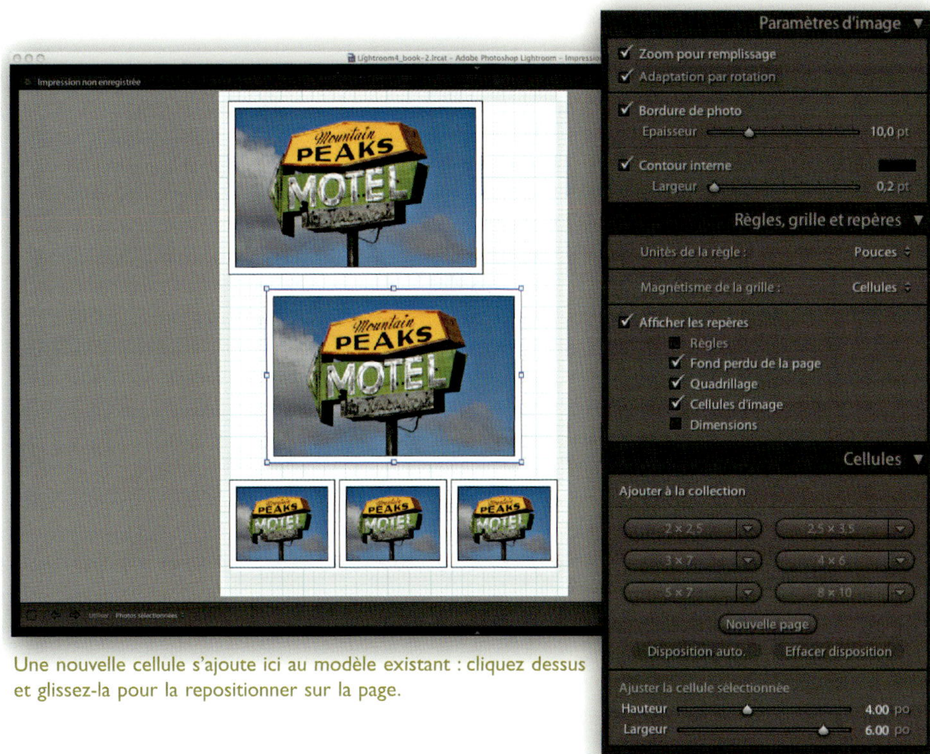

Une nouvelle cellule s'ajoute ici au modèle existant : cliquez dessus et glissez-la pour la repositionner sur la page.

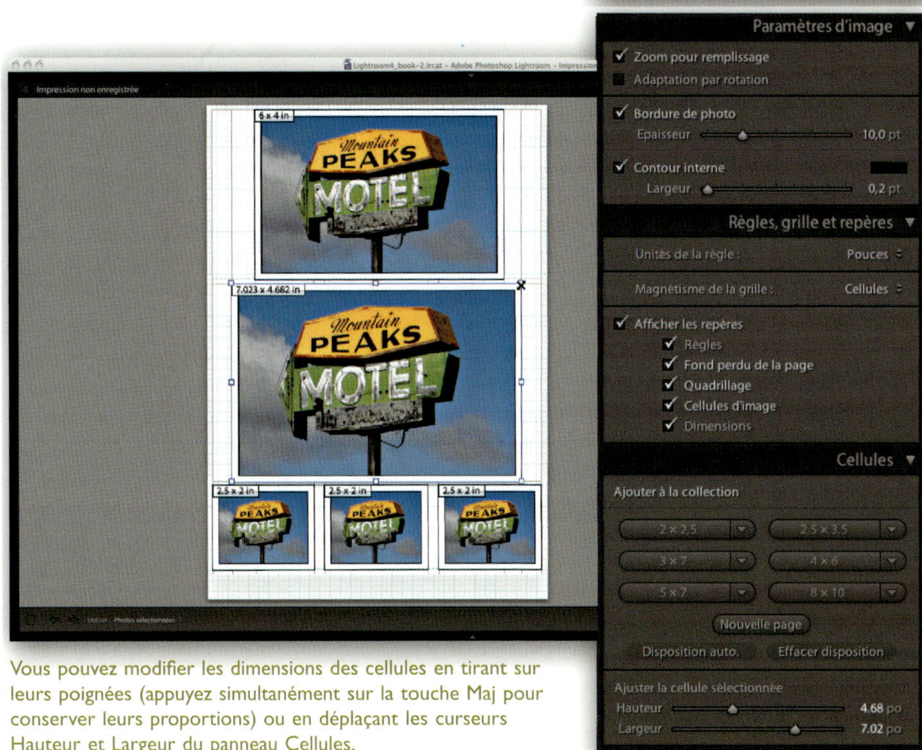

Vous pouvez modifier les dimensions des cellules en tirant sur leurs poignées (appuyez simultanément sur la touche Maj pour conserver leurs proportions) ou en déplaçant les curseurs Hauteur et Largeur du panneau Cellules.

Plus vous ajoutez de cellules, plus elles « débordent » sur de nouvelles pages. Vous pouvez également appuyer directement sur « Nouvelle page ».

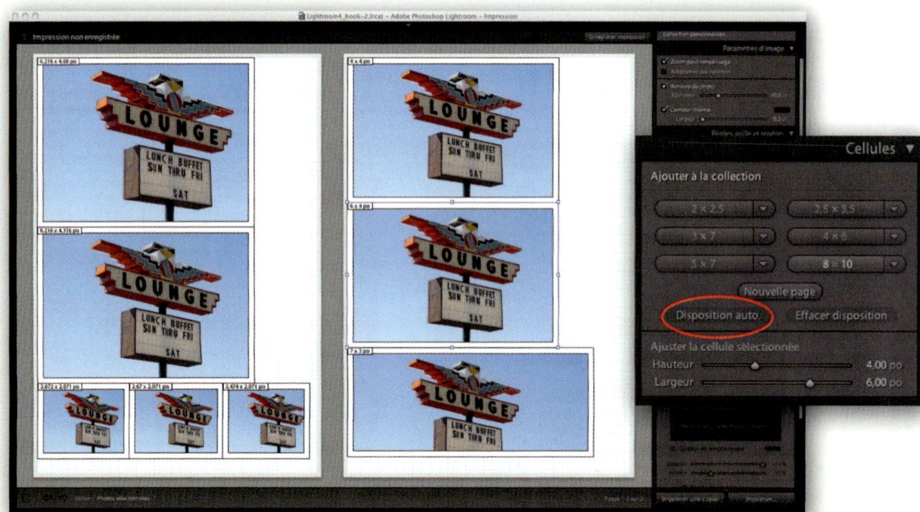

Pour optimiser la mise en pages, j'ai cliqué sur « Disposition automatique ». Sachez qu'il est également possible d'éditer la position des images à l'intérieur des cadres en appuyant sur la touche Ctrl/Cmd, puis en les faisant glisser dans la position désirée.

« Collection personnalisée »

Le style de disposition « Collection personnalisée » permet de placer plusieurs photos sur une ou plusieurs pages, tout en définissant librement les dimensions et la disposition pour chacune des images. Il est également possible d'enregistrer le modèle de mise en page afin de l'appliquer à d'autres images. L'exemple suivant montre comment créer et imprimer des pages rappelant l'esthétique du *scrapbooking* et comment enregistrer une mise en page en vue d'un usage ultérieur.

1. Il existe deux méthodes pour ajouter des images. D'une part, vous pouvez cliquer sur les boutons du panneau Cellules pour ajouter des cellules (ici aux dimensions 5 × 7,5 cm) à la page. Ensuite, vous pouvez recadrer chacune des cellules et déposer les images par simple glisser/déposer depuis le panneau « Film fixe ». Cette procédure vous offre un meilleur aperçu de la mise en page finale. D'autre part, vous pouvez sélectionner les images à ajouter directement dans le panneau « Film fixe » pour les faire glisser sur la page.

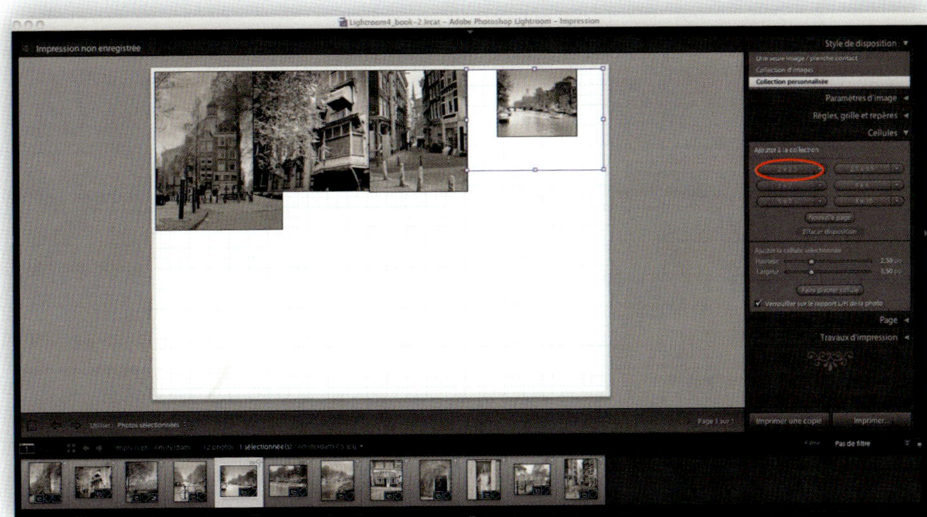

2. Cliquez ensuite sur chacune des images et faites glisser ses poignées pour adapter ses dimensions. Les options du menu contextuel, accessibles via un clic droit sur la cellule (voir capture page suivante), permettent de positionner la cellule au premier plan ou à l'arrière-plan, de faire pivoter la cellule ou d'adapter ses dimensions aux proportions de la photo. La commande « Ancrer la cellule » permet de fixer la position de celle-ci sur la page. En cliquant une ou plusieurs fois sur le bouton « Nouvelle page », vous pouvez ajouter de nouvelles pages. Une image ancrée est alors automatiquement répétée sur chacune des pages de la collection, ce qui s'avère très pratique pour placer certains visuels ou logos sur toutes les pages imprimées.

3. Voici, en bas de la page suivante, la mise en page finalisée qui comporte autant de cellules qu'il faut pour couvrir toute la surface imprimable de la page. Les bordures noires aident à la mise en page et n'apparaîtront pas sur l'impression finale. Notez qu'il est également possible d'incruster une plaque d'identité pour ensuite placer un logo ou un copyright sur la page imprimée. Dans le panneau Page, j'ai coché l'option « Plaque d'identité » et j'ai utilisé les réglages de la figure suivante pour placer la

plaque d'identité dans l'angle inférieur droit de la page. En cochant l'option « Rendu sur chaque image », la plaque d'identité s'ajoute sur chaque image de la mise en page.

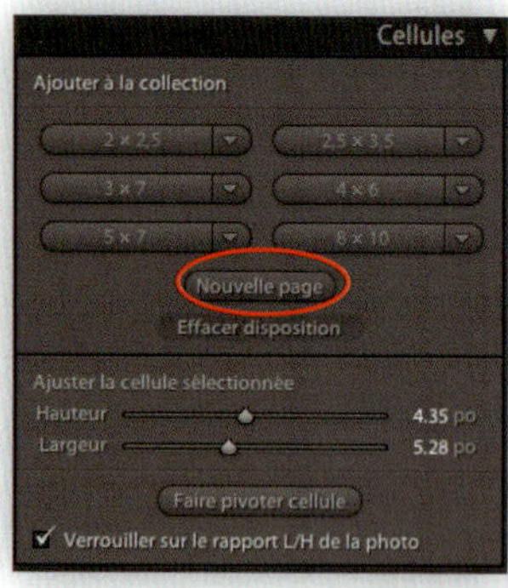

Étape2

Les flèches de la barre d'outils permettent de naviguer entre les différentes pages (la fenêtre d'aperçu n'affiche que six pages à la fois).

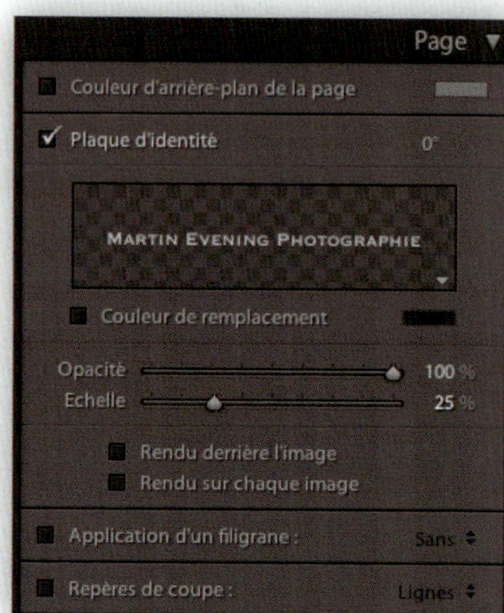

Étape3

Panneau Page. Hormis l'incrustation de la plaque d'identité (reportez-vous aux pages 439-441), le panneau Page des modes « Collection d'images » et « Collection personnalisée » permet d'ajouter des repères de coupe sous forme de lignes ou de traits. Cette option n'est pas proposée en mode « Une seule image/planche-contact », mais vous pouvez utiliser l'astuce suivante : déterminez les dimensions de la cellule, puis ajoutez-les aux tailles de cellules proposées (option Modifier). Enfin, ajoutez une cellule, cochez l'option « Repères de coupe », puis positionnez l'image sur la page en utilisant les lignes de coupe (option Lignes). Il est ainsi possible d'obtenir une impression pleine page, grâce à un alignement parfait sur les lignes de découpe.

Exemple d'une image à laquelle j'ai ajouté des repères de coupe pour davantage de précision.

La boîte de dialogue « Mise en page »

Avant de pouvoir imprimer, un passage par la boîte de dialogue « Mise en page » s'impose. Cliquez sur le bouton « Mise en page », situé au bas du panneau de gauche, pour accéder à la boîte de dialogue correspondante (raccourci Cmd/Ctrl + Maj + P). Sélectionnez alors l'imprimante, la taille d'impression et l'orientation du papier (Portrait ou Paysage). Les options de taille d'impression dépendent bien évidemment du modèle de votre imprimante ; mais si la taille d'impression souhaitée n'y figure pas, vous pouvez l'ajouter manuellement.

Sur Mac, sélectionnez l'imprimante à configurer dans le menu « Format pour », la taille d'impression dans le menu « Taille du papier », et l'orientation du papier dans le menu Orientation. Le menu Réglages vous permet d'enregistrer les nouveaux réglages en tant que réglages par défaut. Pour l'option Échelle, je vous conseille de préserver la valeur par défaut (100 %), le panneau Disposition offrant davantage de souplesse pour l'ajustement des dimensions de l'image dans la page.

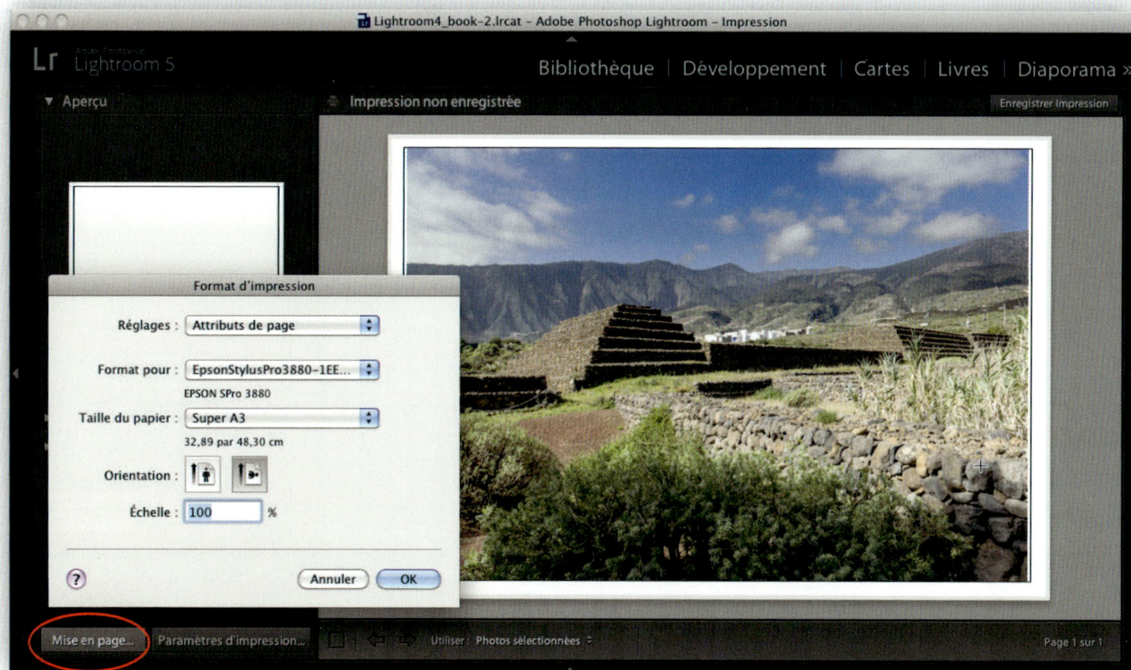

La boîte de dialogue « Mise en page » (sur Mac).

Sous Windows, sélectionnez une imprimante dans le menu Nom, la taille d'impression dans le menu Taille et l'orientation du papier dans le menu Orientation. Cliquez ensuite sur OK pour fermer la boîte de dialogue « Configuration de l'impression ». Vous pouvez également cliquer sur Propriétés afin d'accéder directement aux « Paramètres d'impression », au lieu de cliquer sur le bouton « Paramètres d'impression » de Lightroom (comme sur Mac).

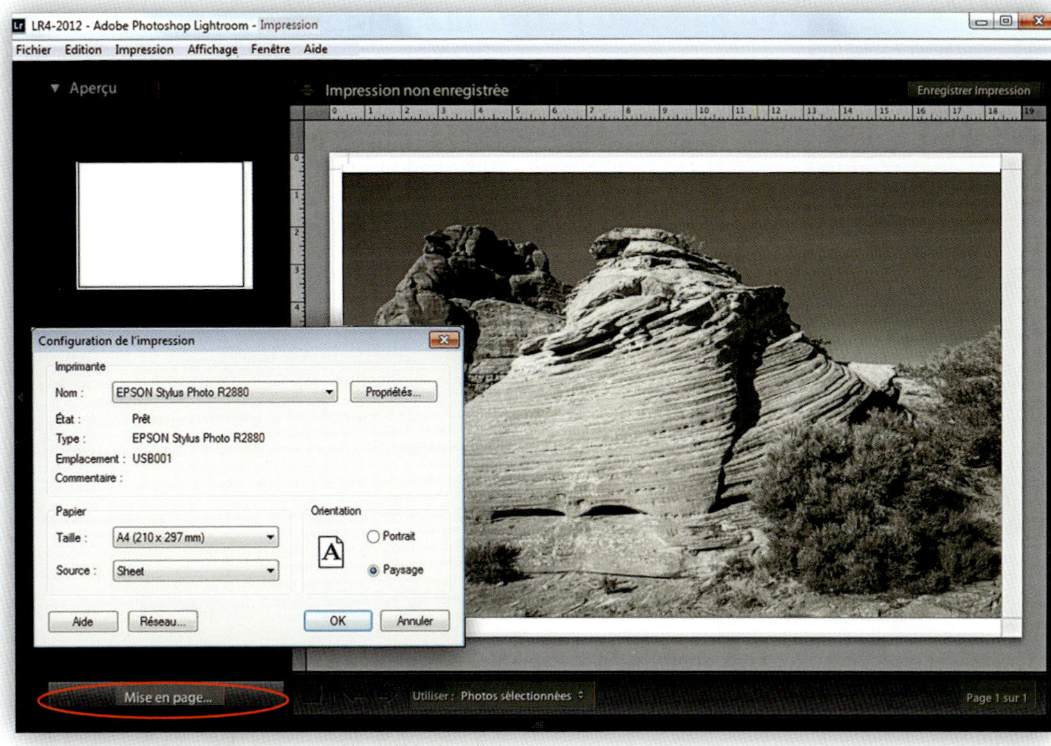

La boîte de dialogue « Mise en page » (sous Windows).

La résolution d'impression

Il est inutile de redimensionner votre image dans Lightroom avant l'impression. Après avoir paramétré les réglages de mise en page, vous pouvez définir la résolution d'impression dans le panneau « Travaux d'impression » ; le réglage par défaut est de 300 points par pouces ou dpi (1 pouce égale 2,54 cm). En fonction de la résolution d'impression souhaitée, Lightroom rééchantillonnera l'image pour que son nombre de pixels corresponde aux dimensions définies dans le panneau Disposition. Jeff Schewe recommande de rééchantillonner une image à 360 ppp si sa résolution native est inférieure à cette valeur et de la rééchantillonner à 720 ppp si sa résolution native se situe entre 360 et 720 ppp.

Notez que la résolution d'impression mentionnée ici n'a aucun rapport avec la valeur utilisée par les fabricants d'imprimantes pour indiquer le nombre de gouttelettes qu'une imprimante est capable de projeter sur un pouce de papier. Tandis que la première valeur dépend des dimensions et donc de la qualité de votre fichier, la seconde est souvent manipulée par de savants stratèges du marketing : quelle que soit la valeur annoncée (2 880, voire 5 760 ppp), votre imprimante ne dépassera que rarement une résolution réelle de 300 à 350 ppp.

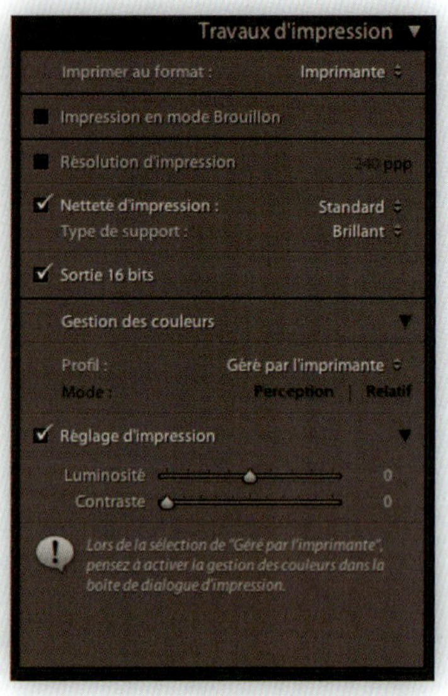

Le panneau « Travaux d'impression ».

Le panneau « Travaux d'impression »

La gestion des couleurs pour l'impression

La section « Gestion des couleurs » offre des options simples et puissantes. Si vous souhaitez vous faciliter la tâche (reportez-vous sinon à la section « Imprimer avec des profils ICC personnalisés »), sélectionnez l'option « Géré par l'imprimante », dans la section Profil, puis cliquez sur « Paramètres d'impression » afin d'ouvrir la boîte de dialogue qui apparaît sur les captures des pages suivantes. En principe, il suffit de vérifier que votre imprimante est sélectionnée (vérifier également les réglages de mise en page), puis de définir les réglages d'impression appropriés, notamment le type de papier et la qualité d'impression. Mais n'oubliez pas le réglage le plus important : puisque c'est l'imprimante qui gère les couleurs, vous devez cocher l'option ColorSync, dans le menu « Gestion des couleurs » de l'imprimante (Mac), ou l'option ICM dans le panneau « Plus d'options » (Windows). Cliquez ensuite sur Enregistrer pour valider ces réglages.

Imprimer avec Lightroom

Quelle que soit votre méthode d'impression, la procédure restera la suivante.

1. Sélectionnez l'imprimante et la taille d'impression dans le menu « Mise en page ».
2. Déterminez ensuite les paramètres d'impression pour indiquer à Lightroom la manière dont les données d'impression seront traitées par l'imprimante.
3. Cliquez sur le bouton Imprimer (raccourci Cmd/Ctrl + P) afin d'accéder à la boîte de dialogue Imprimer.

Nous allons maintenant détailler quelques étapes des réglages à adopter lors de l'impression sur une imprimante jet d'encre Epson. (Notez que les boîtes de dialogue et leurs options varient d'une imprimante à une autre.) Bien que les pilotes d'impression aient été développés par les fabricants eux-mêmes, ils doivent s'accommoder des contraintes du système d'exploitation pour lequel ils ont été conçus. Apple et Microsoft n'ont pas su trouver d'architecture commune pour les réglages d'impression, aussi allons-nous examiner des procédures adaptées aux deux systèmes Mac et Windows. Une fois que vous aurez trouvé les bons réglages de mise en page et d'impression, il vous sera facile de les sauvegarder en tant que paramètre prédéfini.

Autrefois, les profils ICC livrés avec le pilote de votre imprimante étaient tout juste bons à obtenir des résultats pas trop éloignés de l'affichage écran. Afin de vraiment faire correspondre les couleurs d'une impression à celles des aperçus sur un écran calibré, il fallait utiliser des profils ICC « faits main ». Aujourd'hui, la qualité des profils intégrés est devenue très honorable, et les imprimantes d'une même gamme ont des rendus colorimétriques extrêmement proches.

La méthode présentée dans les pages suivantes est une procédure simplifiée qui satisfait la plupart des photographes. À titre personnel, je ne l'utilise qu'en mode Brouillon afin d'obtenir rapidement des planches-contacts ; pour imprimer de beaux tirages, je préfère utiliser mon propre profil ICC, optimisé pour ma combinaison imprimante/papier. Si vous souhaitez obtenir davantage de précisions (en sélectionnant vous-même le mode de rendu) ou utiliser des papiers « exotiques » (pour lesquels le fabricant ne propose pas de profil), reportez-vous aux pages 437 et 438.

Les réglages gérés par l'imprimante

Sur Mac OS X

1. Cliquez sur le bouton « Paramètres d'impression », du module Impression, afin d'ouvrir la boîte de dialogue Imprimer qui affiche ici les réglages pour une imprimante Epson Stylus Pro 3880. N'oubliez pas de sélectionner votre imprimante via la boîte de dialogue « Mise en page ».

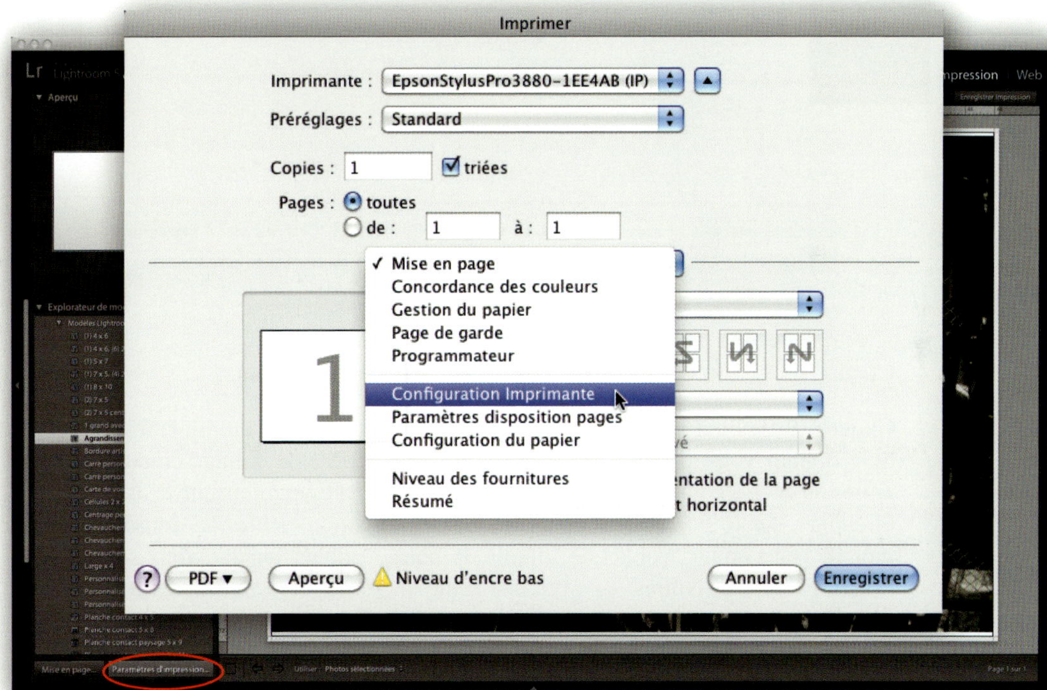

2. Dans cet exemple, je me suis limité aux options les plus importantes : dans le menu Support, sélectionnez le type de papier utilisé pour l'impression, puis dans le menu Qualité, la qualité d'impression. J'ai choisi ici l'option « Plus d'options » et une résolution de haute qualité (voir capture page suivante).

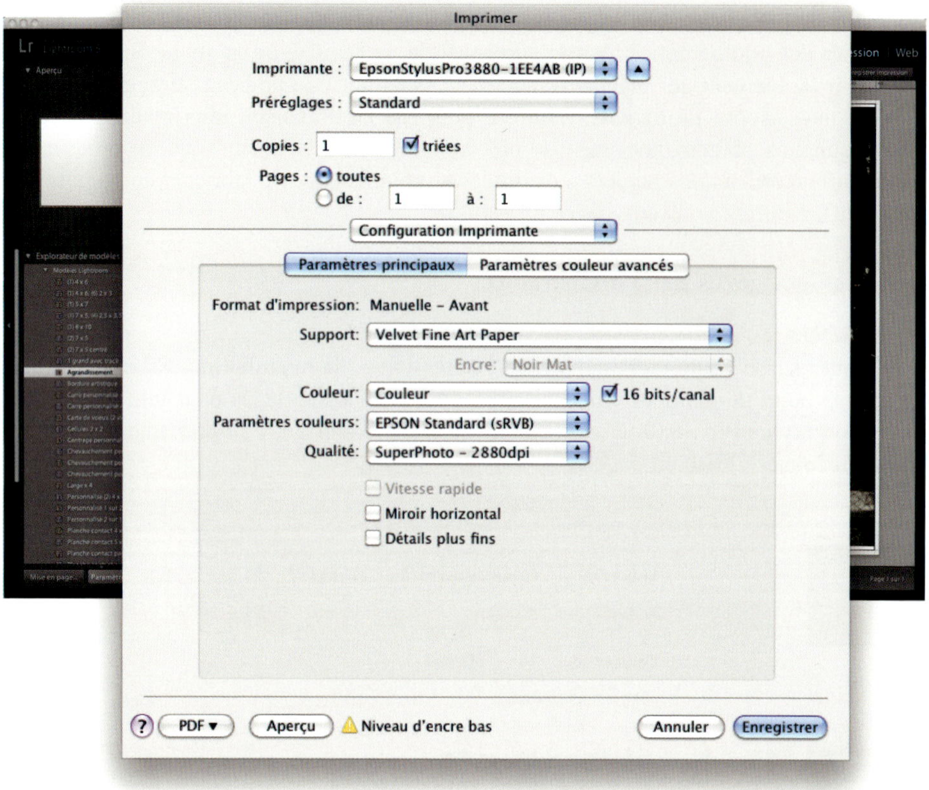

Sous Windows

1. Cliquez sur le bouton « Mise en page » du module Impression.

2. Cliquez sur le bouton Propriétés afin d'accéder aux réglages du pilote d'impression. Sélectionnez votre papier dans le menu Support, et le type d'encre employé (encres noires ou encres couleurs) dans le menu Couleur. Sélectionnez ensuite le mode Avancé et cliquez sur le bouton « Plus d'options ». (Attention, seules les imprimantes les plus récentes sont capables de fournir de bons résultats lorsque vous sélectionnez l'option « Encres Noires » – avec une seule encre noire, votre impression souffrira d'un manque de profondeur, elle sera plate.)

3. Dans la boîte de dialogue « Plus d'options », il faut maintenant régler la qualité d'impression. Sélectionnez l'option ICM (qui correspond à l'option ColorSync sur Mac) afin d'activer la gestion des couleurs du pilote d'impression. Cliquez une première fois sur OK pour retourner à la boîte de dialogue Propriétés, une deuxième fois pour retourner à la boîte de dialogue « Configuration de l'impression » et une troisième et dernière fois pour retourner à Lightroom.

Étape1

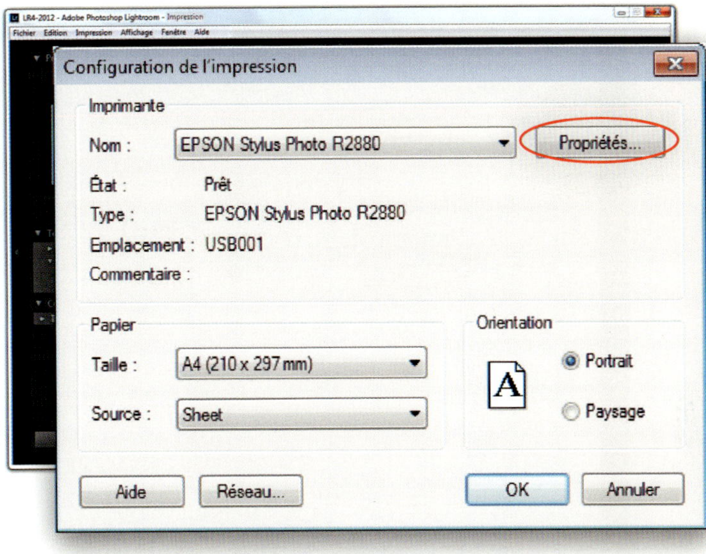

Important
Lorsque vous laissez votre imprimante gérer les couleurs, il est important de choisir l'une des options ColorSync (Mac OS X) ou ICM (Windows). En revanche, ignorez les autres options disponibles, notamment celles qui vous invitent à désactiver la gestion des couleurs de l'imprimante…

Étape2

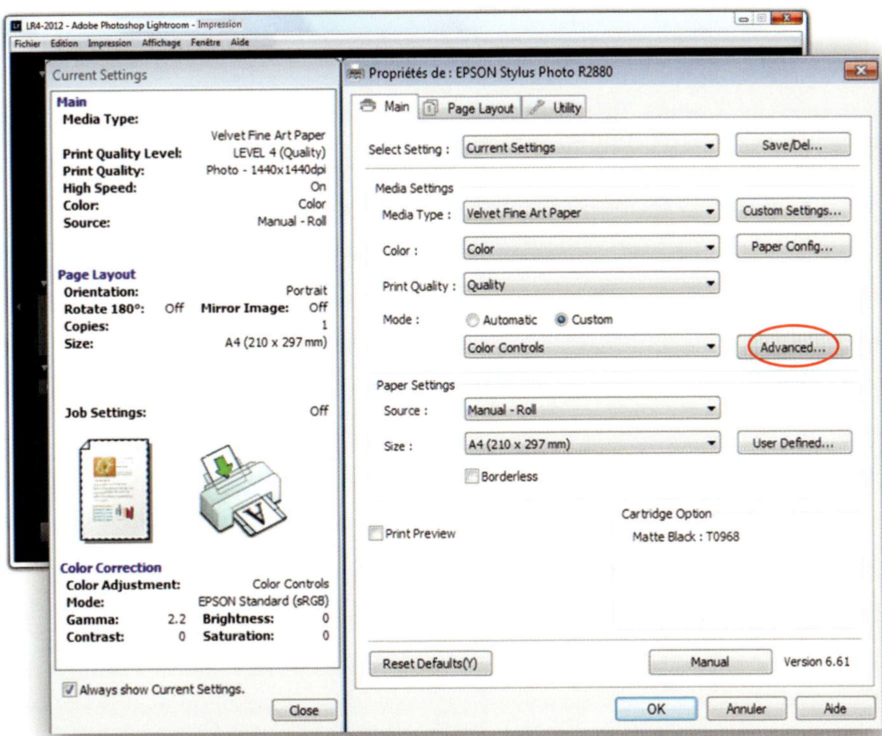

Étape3

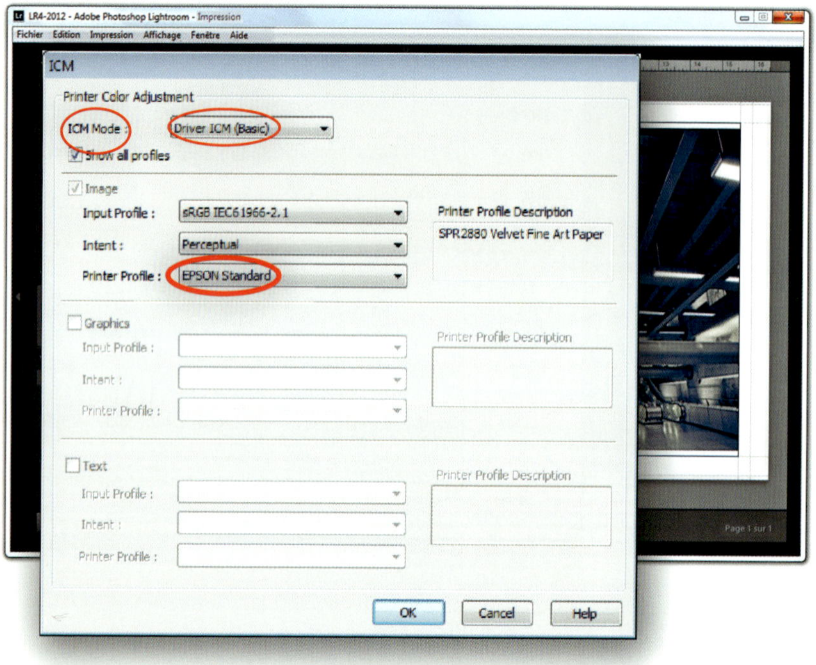

Réglages d'impression

Le panneau « Travaux d'impression » intègre deux commandes pour modifier la luminosité et le contraste de l'image imprimée (activez dans un premier temps l'option « Réglage d'impression »). Ces réglages sont indépendants de ceux appliqués à partir des autres modules de Lightroom et ne sont pas traduits par l'aperçu du module Impression. Quelle est la raison d'être des curseurs Luminosité et Contraste ? Considérez-les un peu comme des rustines, destinées à compenser un décalage éventuel entre l'impression et l'affichage sur l'écran. À titre personnel, j'estime qu'ils n'offrent pas une vraie solution pour vaincre le « syndrome du tirage trop sombre ». Les pages 434 à 436 vous présentent en revanche plusieurs pistes, permettant à la fois de comprendre l'origine et de trouver une solution efficace aux problèmes d'impression.

Imprimer

Après avoir défini les réglages de mise en page et les paramètres d'impression, cliquez sur le bouton Imprimer pour transmettre les données à l'imprimante.

Il n'est pas nécessaire de revenir sur les réglages de la boîte de dialogue Imprimer. Cependant, sur Mac, vérifiez que le menu Préréglages affiche bien l'option Standard (si le menu affichait une configuration personnalisée, sélectionnez Standard à sa place). Cette précaution est importante, car une configuration personnalisée comporte souvent un réglage divergent pour la gestion des couleurs. Cliquez ensuite sur Imprimer pour lancer l'impression.

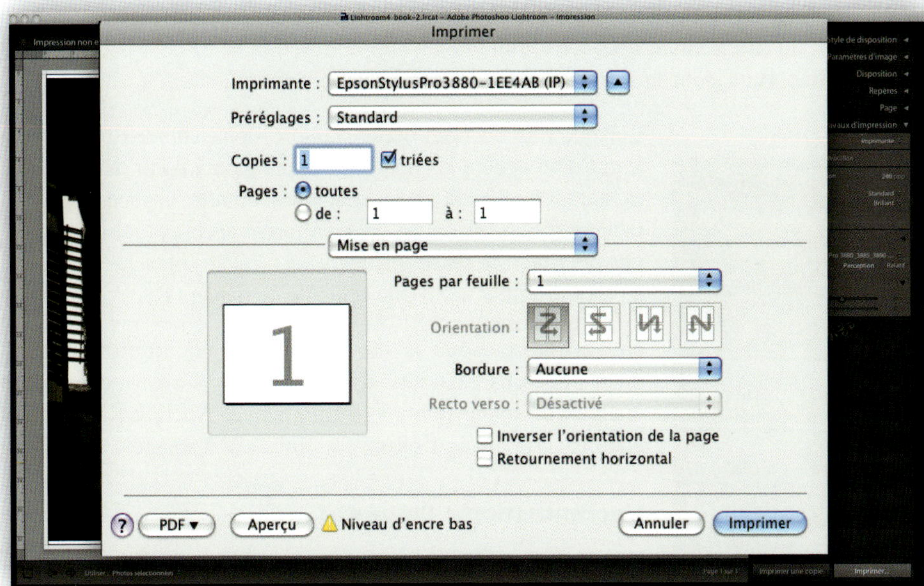

La boîte de dialogue Imprimer, sur Mac.

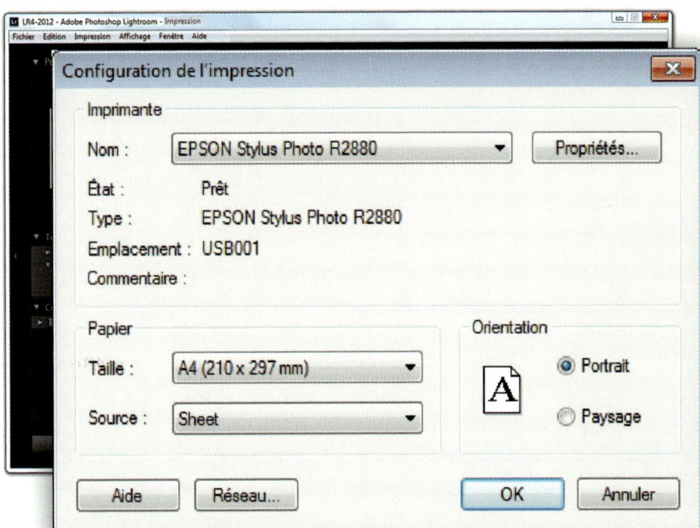

La boîte de dialogue Imprimer, sous Windows.

Les modes d'impression

Lorsque vous cliquez sur Imprimer (Mac) ou sur OK (PC) en utilisant le mode d'impression Standard, Lightroom analyse les fichiers d'origine (fichiers RAW ou Bitmap), puis les redimensionne pour les ajuster à la taille d'impression souhaitée. Bien que cette méthode d'impression donne des résultats de qualité optimale quelles que soient les dimensions du tirage final, elle consomme beaucoup de ressources et nécessite parfois un temps important pour la lecture et le redimensionnement des photos.

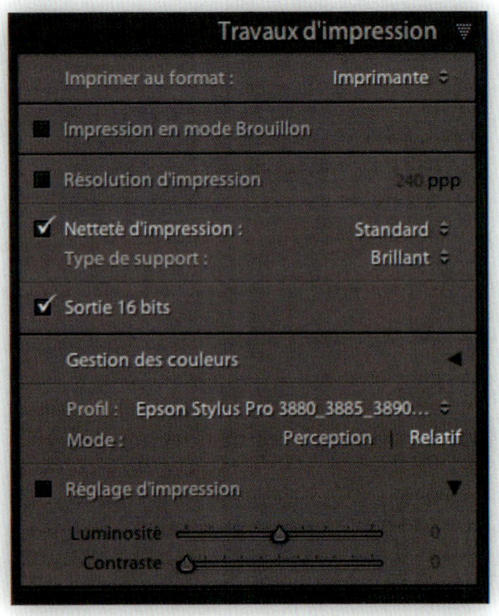

J'ai choisi ici les options Standard et Brillant pour l'accentuation, le mode Brouillon étant désactivé et les couleurs gérées par Lightroom.

Interpolation et résolution d'impression

Lorsque vous imprimez des tirages grand format à partir d'une image comportant des informations de « haute fréquence » (c'est-à-dire comportant beaucoup de fins détails), il est conseillé de cocher l'option permettant d'afficher les dimensions de la photo (panneau Repères). Si la résolution de sortie est très inférieure à 300 ppp, utilisez le menu « Résolution d'impression » pour y définir une résolution supérieure de 50 % à la résolution native. Ainsi, Lightroom interpolera les dimensions de l'image en utilisant un mélange entre les algorithmes Bicubique et « Bicubique plus lisse » en amont de l'accentuation à l'impression. Si ce traitement n'est pas nécessaire pour toutes les images, il aide à préserver la netteté des contours d'une image comportant de nombreux petits détails. Notez également que vous pouvez aller jusqu'à 720 ppp (contre 480 ppp pour Lightroom 2), certains photographes, et notamment Jeff Schewe, avaient découvert que le rendu de certaines images était amélioré avec une résolution d'impression plus importante.

Lorsque vous cochez l'option « Impression en mode Brouillon », Lightroom génère les fichiers d'impression à partir des aperçus existants : au lieu de prendre quelques minutes, la génération des fichiers d'impression est presque instantanée, ce qui peut faire une énorme différence lorsque vous créez 10 planches-contacts à partir d'un dossier d'une centaine de fichiers RAW…

Notez que, puisque le mode d'impression imprime à partir des aperçus existants, il est important d'avoir généré des aperçus de haute qualité (Bibliothèque>Aperçu>Rendu des aperçus 1:1) avant d'imprimer une série d'images.

L'accentuation à l'impression

Le mode Brouillon est adapté à tous les travaux d'impression pour lesquels la rapidité d'impression est essentielle. En revanche, pour un tirage de qualité optimale, il vaut mieux désélectionner cette option pour imprimer en mode Standard. Il est alors possible d'appliquer une accentuation « à la volée » aux tirages imprimés.

En effet, le processus d'impression réduit inéluctablement la netteté d'une image photographique. Pour compenser cette perte, une étape d'accentuation supplémentaire est souvent nécessaire. Cependant, il est impossible de prévisualiser le résultat de cette accentuation, car Lightroom l'applique uniquement au fichier temporaire envoyé à l'imprimante (et non au fichier d'origine dans le catalogue).

Depuis sa quatrième version, Lightroom bénéficie de nouvelles méthodes d'accentuation, fruit d'une collaboration étroite entre les sociétés Adobe et Pixel Genius, visant à incorporer les algorithmes du plug-in PhotoKit Sharpener dans Lightroom. Sélectionnez le type de support (Mat ou Brillant) et, dans le menu « Netteté d'impression », le réglage Standard. Vous pouvez également choisir l'option Faible ou Élevée si vous souhaitez réduire ou augmenter la netteté des contours du tirage.

Imprimer en mode 16 bits

Si, par défaut, Lightroom privilégie le mode 8 bits pour l'envoi des fichiers temporaires à l'imprimante, il propose avec certaines imprimantes Epson et Canon plus récentes l'impression en mode 16 bits, pour peu que vous ayez installé au préalable le pilote d'impression approprié et sélectionné l'option « Sortie 16 bits » dans le panneau « Travaux d'impression » de Lightroom.

En ce qui concerne les avantages de ce mode d'impression, les opinions divergent : si certains utilisateurs des nouvelles imprimantes le jugent inutilement lourd, d'autres ne détectent aucune différence visible à l'œil nu. Pour ma part, j'estime que l'option 16 bits ne ralentit pas mon flux de production – je la laisse donc activée par défaut.

Imprimer un fichier JPEG

Vous avez déjà pu apprécier la facilité du module Impression pour créer des planches-contacts et pour incruster un logo, une signature ou un cadre personnalisé aux images imprimées. De fait, de nombreux utilisateurs de Lightroom réclamaient une fonction pour produire des images directement à partir de ce module. Grâce à l'option « Fichier JPEG » du menu « Imprimer au format », il est maintenant possible de générer une image au format JPEG qui remplace le fichier temporaire envoyé à l'imprimante.

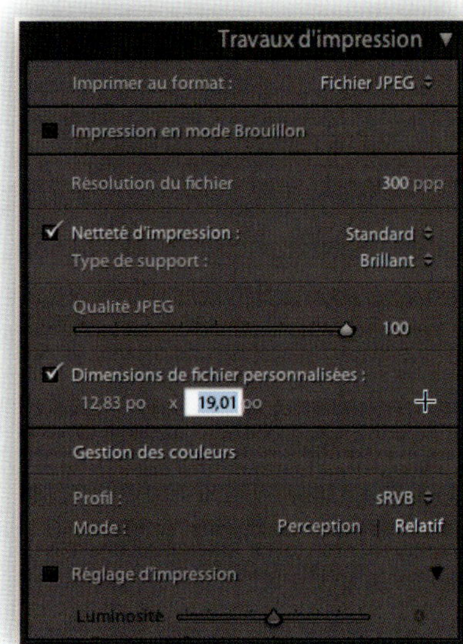

Les réglages du panneau « Travaux d'impression » pour imprimer un fichier JPEG : vous pouvez modifier la résolution et les dimensions du fichier final.

L'option « Impression en mode Brouillon » peut servir à créer des planches-contacts transmissibles par e-mail et imprimées sur l'imprimante d'un client ou d'un collègue. Lorsque vous désactivez cette option, vous pouvez appliquer une accentuation aux images imprimées, grâce aux options présentées plus haut.

Vous pouvez également modifier la résolution à l'aide du menu « Résolution du fichier » ; le curseur « Qualité JPEG » permet, quant à lui, de choisir un taux de compression en fonction de l'utilisation de l'image – sélectionnez la valeur la plus élevée (100) pour une qualité optimale. En cochant l'option « Dimensions de fichier personnalisées », vous pouvez modifier les dimensions et les proportions de l'image.

Le menu Profil vous propose trois espaces de sortie (sRVB, Adobe RVB et ProPhoto RVB) ainsi que des profils d'imprimante préalablement sélectionnés (voir page 438). Enfin, vous pouvez choisir le mode de rendu colorimétrique le plus approprié (voir page 441).

Imprimer avec des profils ICC personnalisés

Jusqu'ici, nous avons examiné les réglages nécessaires pour imprimer rapidement à partir de Lightroom en utilisant la gestion des couleurs du pilote d'imprimante. Afin d'obtenir des tirages d'une qualité encore supérieure, vous pouvez confier la gestion des couleurs à Lightroom.

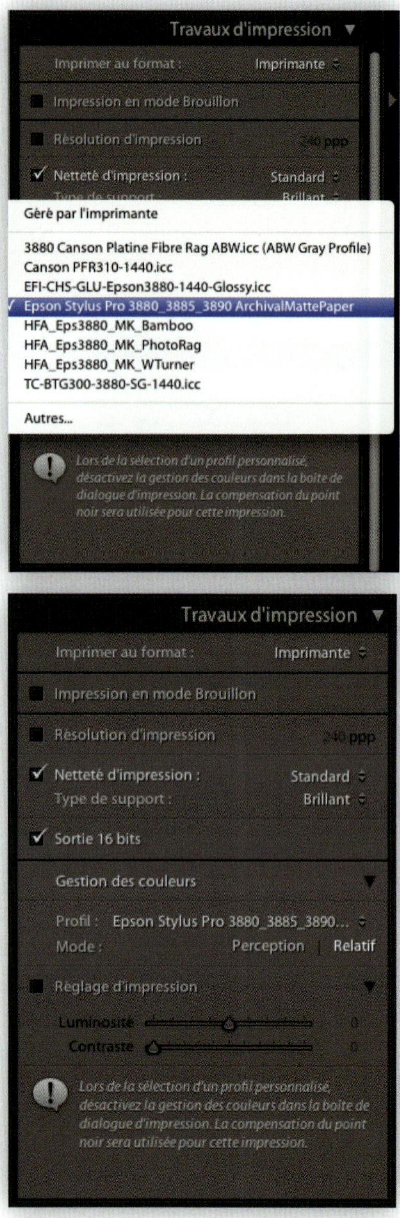

Différents profils ICC pour l'impression : cliquez sur Autres pour choisir les profils à afficher.

Pour cela, il est nécessaire de désactiver l'option « Géré par l'imprimante » en sélectionnant l'un des profils ICC de la liste déroulante Profil. Ce menu vous permet de choisir un profil générique (c'est-à-dire livré avec le pilote d'imprimante) ou un profil personnalisé (c'est-à-dire créé exclusivement pour votre imprimante).

Notez que si vous sélectionnez un profil générique, il est impératif que le papier sélectionné dans les paramètres d'impression corresponde à celui pour lequel a été créé le profil. Lorsque vous sélectionnez un profil personnalisé, les réglages d'impression doivent être identiques à ceux utilisés pour la création du profil. Mais avant toute chose, il est important de désactiver la gestion des couleurs de l'imprimante afin de ne pas convertir les couleurs une seconde fois (ce qui donne de mauvais résultats).

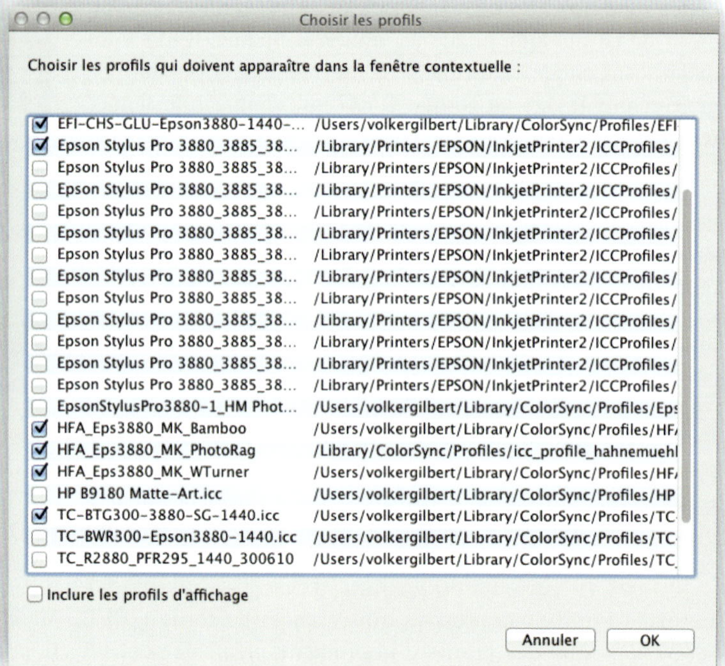

Le menu déroulant Profil affiche uniquement les profils que vous avez sélectionnés.

Les réglages gérés par Lightroom

Sur Mac

Les étapes présentées ici sont très proches de celles détaillées dans la section « Les réglages gérés par l'imprimante », page 431.

1. Cliquez sur le bouton « Paramètres d'impression » de Lightroom pour ouvrir la boîte de dialogue Imprimer, qui montre l'éventail des options disponibles pour une imprimante Epson Stylus Pro 3880.

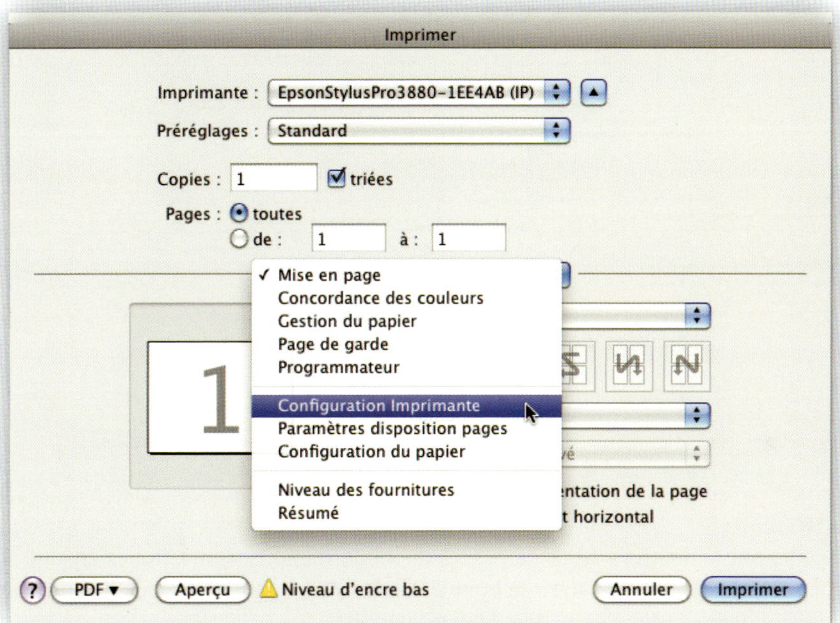

2. Les options des onglets « Configuration Imprimante » et « Gestion des couleurs de l'imprimante » déterminent la qualité d'impression.

   J'ai sélectionné un profil générique Premium Glossy Photo Paper. Il est important que le papier utilisé corresponde bien au profil sélectionné dans Lightroom, ce qui est le cas ici : le menu Support affiche bien le papier correspondant.

   J'ai ensuite sélectionné la qualité d'impression (SuperPhoto-2 880dpi), puis je suis allé dans l'onglet « Gestion des couleurs de l'imprimante » pour y sélectionner l'option Désactivé (« Pas de calibrage couleur »), afin de désactiver la gestion des couleurs par le pilote d'imprimante.

   Si vous avez choisi un profil personnalisé, tâchez d'utiliser les réglages de la mire de calibrage. Cliquez sur le bouton Enregistrer pour les sauvegarder.

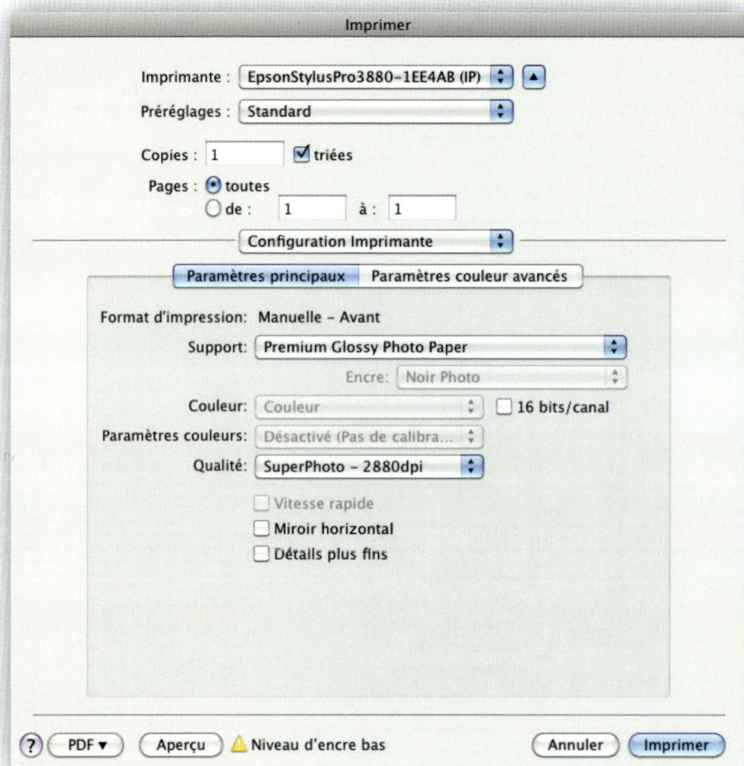

Sous Windows

1. Cliquez sur le bouton « Mise en page » du module Impression. Cliquez ensuite sur le bouton Propriétés, pour ouvrir la boîte de dialogue « Configuration de l'impression », et sélectionnez le type de papier (menu Support).

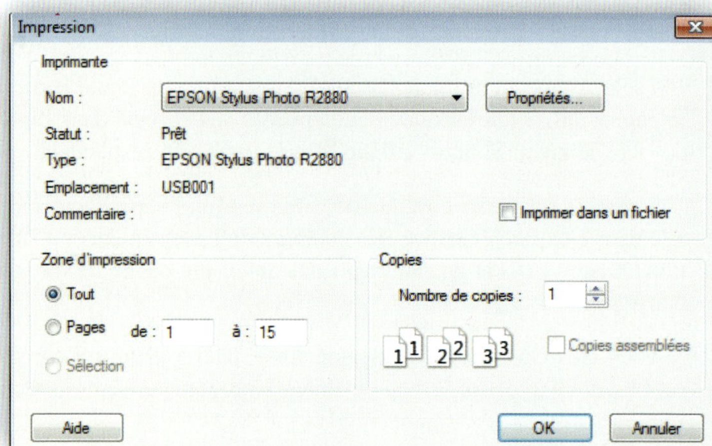

Adobe Color Engine et Compensation du point noir
Lightroom utilise le moteur de conversion colorimétrique Adobe Color Engine (ACE) qu'il partage avec Photoshop et les autres applications de la Creative Suite. Lorsque vous désélectionnez l'option « Géré par l'imprimante », Lightroom effectue par défaut une compensation du point noir, ce qui garantit que les noirs les plus foncés de votre image seront reproduits par les noirs les plus foncés de l'imprimante.

2. Sélectionnez la qualité d'impression dans la boîte de dialogue « Paramètres d'impression » et cochez l'option « Pas de calibrage couleur ».

   Cliquez ensuite une première fois sur OK pour retourner dans la boîte de dialogue « Configuration de l'impression », puis une seconde fois pour retourner dans Lightroom.

   Cliquez ensuite sur le bouton « Imprimer une copie » afin de lancer l'impression, sans pour autant ouvrir une nouvelle fois les boîtes de dialogue « Paramètres d'impression » et « Configuration de l'impression ».

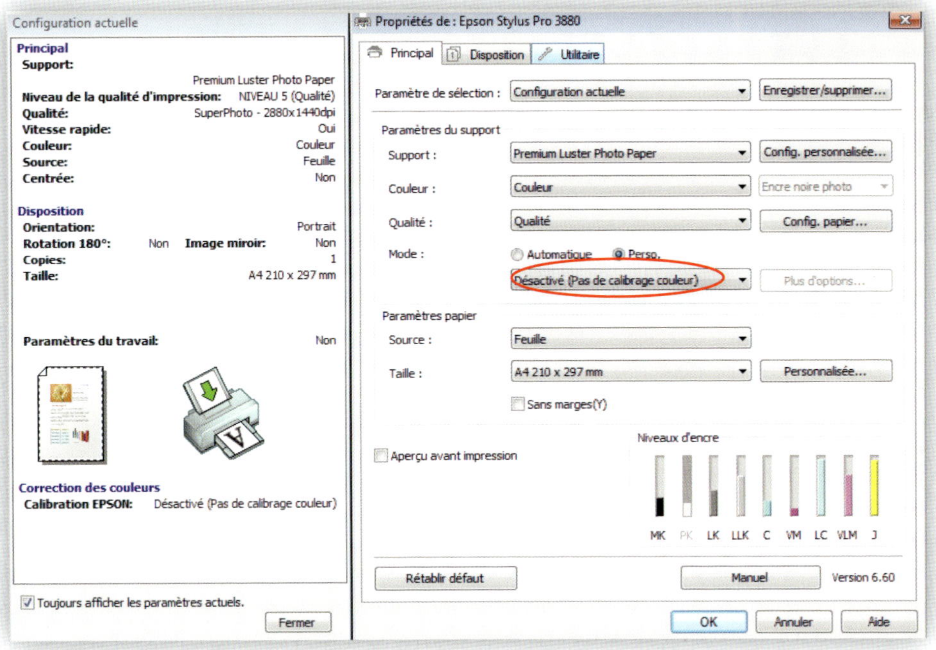

Le mode de rendu couleur

Lorsque vous désélectionnez l'option « Géré par l'imprimante », pour laisser Lightroom gérer les couleurs, vous pouvez choisir le mode de rendu Perception ou Relatif. Malheureusement, il est encore impossible de prévisualiser et de comparer les résultats procurés par les deux modes : il est donc indispensable de bien connaître leurs différences afin de pouvoir choisir celui qui est le mieux adapté.

- Le mode de rendu Relatif modifie toutes les couleurs de l'image source afin qu'elles rentrent dans le gamut du profil d'impression sélectionné. Bien qu'il conserve mieux les couleurs que le mode Perception, il rapatrie toutes les couleurs situées à l'extérieur de l'espace cible à sa limite, il n'est donc pas rare que deux couleurs différentes soient reproduites par une seule – gare à la postérisation !

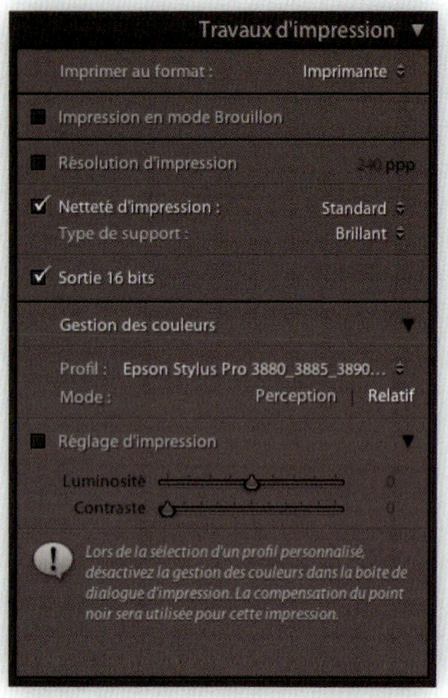

Le menu « Mode de rendu » permet de choisir entre les deux modes Relatif et Perception.

- Le mode de rendu Perception modifie toutes les couleurs de l'espace source afin qu'elles rentrent dans l'espace cible. Lorsque vous sélectionnez ce mode, vous conservez les rapports de proximité entre les couleurs ; il en résulte des nuances et des dégradés de couleur très naturels. Le mode de rendu Perception n'a qu'un seul défaut : il « désature » l'ensemble des couleurs de l'image.

Pour apprécier les différences de rendu entre les deux modes, imprimez une image avec des teintes très saturées, par exemple une photo de fleur. Avec le mode de rendu couleur Relatif, les couleurs les plus saturées sont écrêtées ; avec le mode Perception elles sont préservées, mais la saturation est réduite.

Chaque mode de rendu possède ses supporters et ses détracteurs. Personnellement, je les utilise l'un comme l'autre : si ma photo n'a que peu de couleurs très saturées, je privilégie le mode couleur Relatif, surtout lorsque j'imprime sur du papier brillant avec une des dernières imprimantes à large gamut. Mais il existe encore des imprimantes dont le gamut est limité, notamment lorsque vous imprimez sur du papier mat de type Fine Art avec des encres noires mates. Mon imprimante HP9180, par exemple, possède un gamut beaucoup plus étriqué dans les ombres que l'Epson 4800 : avec le mode Relatif, j'observe souvent une perte d'informations dans les tons foncés. Lorsque j'imprime des images avec des parties sombres en mode Perception, j'obtiens des dégradés plus naturels dans les tons foncés.

Épreuvage sur écran et impression

L'épreuvage sur écran a été introduit avec Lightroom 4. Il permet d'anticiper à l'écran l'apparence visuelle d'une image imprimée, puis d'optimiser son rendu pour un périphérique de sortie donné. L'épreuvage sur écran s'effectue obligatoirement dans le module Développement : d'une part il est seul à fournir un aperçu fidèle de l'image imprimée et d'autre part, il offre les outils de correction, et notamment ceux des panneaux « Réglages de base », « Courbe des tonalités » et TSL, pour faire correspondre les couleurs et les tonalités de l'image cible (simulée à l'écran) à l'image source. Mais avant d'explorer en détail la fonction « Épreuvage écran » de Lightroom et ses possibilités, il est nécessaire de se pencher sur les limites de la gestion des couleurs.

La fidélité des couleurs est une notion toute relative

La gestion des couleurs est censée reproduire fidèlement les couleurs d'un sujet. Mais elle est aussi une source intarissable de frustrations, dues à des attentes déraisonnables. En effet, si la gestion des couleurs peut vous aider à trouver une correspondance entre les couleurs d'un sujet et celles d'un écran ou tirage imprimé, sachez qu'un écran ou un tirage peine à reproduire toutes les informations d'une scène photographiée contrastée, le taux de contraste (10 000:1) de cette dernière étant jusqu'à dix fois supérieur à celui d'un écran (1 000:1) et trente fois supérieur à celui d'un tirage (300:1).

Plus important encore, la capacité de chaque périphérique de la chaîne à saisir ou reproduire les couleurs est une condition sine qua non pour la fidélité de ces dernières.

- Les informations de tonalité et de couleur d'une image relèvent de la sensibilité spectrale du capteur de l'appareil photo. Finalement, une couleur n'est reproduite à l'écran ou sur un tirage que si le capteur est à même de l'apercevoir et de l'enregistrer.
- Le format d'enregistrement influe fortement sur la restitution des couleurs : mis à part une marge de manœuvre plus restreinte au post-traitement, un fichier JPEG possède une étendue des couleurs (gamut) qui est plus réduite que celle d'un fichier RAW. À noter que le gamut d'un fichier JPEG est tributaire de l'espace couleur choisi à la prise de vue (sRVB ou Adobe RVB).

Voici deux captures d'écran d'une image avec la fonction « Épreuvage écran » activée. Alors que la première image (en haut) montre l'aperçu sur un écran NEC 3090WQXi (gamut étendu, Adobe RVB), la seconde (en bas) représente l'aperçu sur un écran Apple LCD (gamut standard, sRVB).

L'écran constitue probablement le goulot d'étranglement le plus important pour la reproduction des couleurs. Le gamut de la plupart des écrans contemporains, de type LCD ou LED, est inférieur à celui des images affichées et proche de l'espace couleur sRVB. Si de nombreux photographes enregistrent leurs images au format RAW et les impriment sur des imprimantes capables de reproduire des couleurs très saturées, ils les affichent sur des écrans qui sont loin de restituer une telle richesse de teintes. C'est aussi la raison pour laquelle je vous conseille d'investir dans un écran haut de gamme (Eizo, NEC, LaCie, Quato), seul à couvrir presque toutes les couleurs de l'espace Adobe RVB, des presses offset et imprimantes photo à jet d'encre. À quoi bon acheter les meilleurs appareils photo, objectifs et imprimantes si vous limitez leur potentiel avec un écran bon marché ? Les figures ci-contre montrent les différences en termes de qualités d'affichage entre un écran à gamut étendu (en haut, NEC 3090WQXi) et un écran standard (en bas, Apple LCD) : même en activant la fonction « Épreuvage écran » de Lightroom 4, l'écran *wide gamut* affiche une gamme de couleurs plus vaste. Toutefois, même l'écran haut de gamme n'était pas capable de représenter fidèlement les couleurs d'un tirage imprimé, plus riches dans les teintes bleues et cyan.

- S'il est possible d'obtenir à l'écran un aperçu relativement fidèle de l'image, c'est la qualité du profil d'impression qui détermine la manière avec laquelle les couleurs sont reproduites sur le tirage. Pour pouvoir imprimer une image avec le profil d'imprimante, ses couleurs doivent être modifiées afin qu'elles rentrent dans le gamut du profil d'impression. Le processus de conversion est purement mathématique et ne tient pas compte des couleurs les plus importantes dans l'image. Cependant, il est possible de l'adapter en fonction de l'image à imprimer.
- Les conditions d'observation du tirage imprimé représentent un autre critère important pour le jugement de la fidélité des couleurs. Plus particulièrement, il s'agit de la différence de luminosité entre l'écran et l'éclairage utilisé pour examiner vos tirages. La plainte fréquente « mes tirages sont trop sombres », prononcée par de nombreux utilisateurs des forums consacrés à Lightroom et Photoshop, laisse immédiatement penser à un dysfonctionnement du système de gestion des couleurs. Mais souvent, la réalité

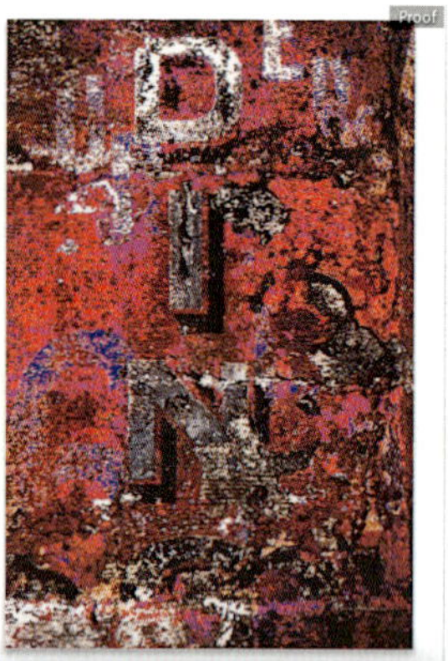

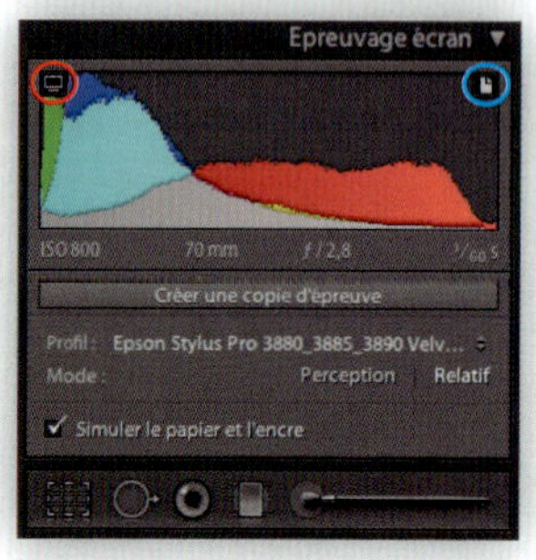

L'histogramme s'affiche ici en mode « Épreuvage écran » : il possède deux témoins d'écrêtage dont le premier (à droite, cerclé en bleu) est dédié aux couleurs de l'écran. Les couleurs situées à l'extérieur de l'étendue des couleurs de l'écran apparaissent en bleu dans la zone d'aperçu de l'image. Le second témoin d'écrêtage (à gauche, cerclé en rouge) est dédié aux couleurs du tirage imprimé (raccourci Maj + S). Les couleurs situées à l'extérieur de l'étendue des couleurs du couple imprimante/papier apparaissent en bleu dans la zone d'aperçu de l'image. Si vous passez le curseur sur l'image, le panneau « Épreuvage écran » affiche sous l'histogramme les valeurs RVB (entre 0 et 255) du profil d'impression simulé.

est toute autre. Gardez à l'esprit que pour juger la luminosité et les couleurs d'un tirage, l'éclairement lumineux du tirage doit être identique à l'intensité lumineuse de l'écran. Or, l'imprimante se situe souvent à proximité de l'ordinateur dans une pièce faiblement éclairée. Si cette configuration favorise la correction des images dans Lightroom et Photoshop, elle pénalise l'examen des tirages imprimés puisque leur rendu parait systématiquement trop sombre par rapport à l'aperçu affiché sur l'écran. Je l'avais déjà évoqué plus haut : pour pouvoir juger de la qualité d'un tirage imprimé, il convient de l'examiner sous un éclairage dont la luminosité est proche de celle de l'écran, par exemple la lumière du jour dans une pièce convenablement éclairée. Une solution idéale consiste à employer une cabine lumineuse permettant d'ajuster la puissance de l'éclairage normalisé pour l'harmoniser avec celle du retroéclairage de l'écran.

Alors qu'il était rare d'atteindre une luminosité de 110 cd/m2 avec les vieux écrans à tubes cathodiques dont la luminosité maximale diminue de surcroît au fil des années, de nombreux écrans TFT, et notamment les modèles les moins onéreux, affichent une luminosité excessive. Si la norme actuelle privilégie une surface brillante, une grande luminosité et un taux de contraste important pour afficher des films et jeux vidéo de manière optimale, un écran dédié au traitement d'images doit être capable de fonctionner avec une luminosité maximale comprise entre 110 et 140 cd/m2. S'il faut toujours commencer par réduire la luminosité maximale de l'écran, n'oubliez pas qu'il est encore plus important de calibrer et de caractériser ce dernier.

L'épreuvage sur écran dans la pratique

Activez la fonction « Épreuvage écran » depuis la barre d'outils du module Développement, située entre l'aperçu et le panneau « Film fixe » (raccourci S), puis sélectionnez le profil à simuler à partir du menu déroulant Profil. Vous constatez plusieurs changements dans l'interface du logiciel : l'aperçu est placé sur un fond blanc, le rendu de l'image change en fonction du profil sélectionné, le panneau Histogramme devient le panneau « Épreuvage écran » et se met à jour pour refléter les couleurs du profil à simuler. Si vous cochez l'option « Simuler le papier et l'encre », la tonalité et la couleur de l'arrière-plan de l'image tiennent compte des informations sur le blanc papier, stockées au sein du profil sélectionné. Vous pouvez comparer plusieurs profils d'impression en les sélectionnant l'un après l'autre depuis le menu déroulant Profil. Le menu Mode vous permet de choisir parmi deux modes de rendu, Perception et Relatif qui correspondent aux options Perception et « Colorimétrie relative » de Photoshop. Les témoins d'écrêtage permettent de détecter les couleurs situées à l'extérieur des gamuts de l'écran et de l'imprimante.

La barre d'outils du module Développement ; la fonction « Épreuvage écran » est activée.

Dès que vous commencez à modifier une des commandes du panneau de droite du module Développement, Lightroom affiche une boîte de dialogue (voir la figure ci-dessous) vous invitant à créer une copie virtuelle de l'image sélectionnée. Une fois la demande confirmée, les commandes du panneau « Épreuvage écran » sont surlignées et le champ « Nom de la copie » du panneau Métadonnées du module Bibliothèque est rempli par le nom du profil. Sélectionnez maintenant parmi les modes de rendu Perception et Relatif celui qui procure à l'image le rendu le plus plaisant. En cliquant sur le bouton « Alterner entre les modes Avant et Après », vous affichez l'image avec son profil d'origine côte à côte avec l'épreuve virtuelle, simulant le profil d'impression. Utilisez ensuite les outils de correction du module Développement pour faire en sorte que l'épreuve virtuelle ressemble le plus possible à l'image Avant. Le plus souvent, l'aperçu de l'épreuve sur écran affiche une interprétation moins contrastée que l'original, qui s'explique par le taux de contraste plus réduit du tirage imprimé. Le taux de contraste d'un papier de surface brillante est proche de 300:1 et celui d'un papier de surface mate encore plus réduit.

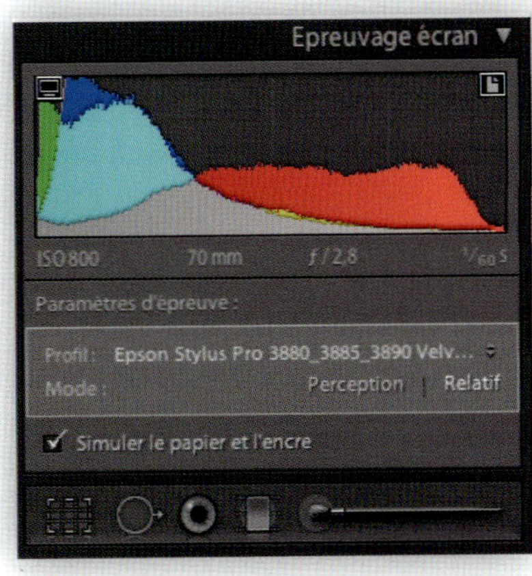

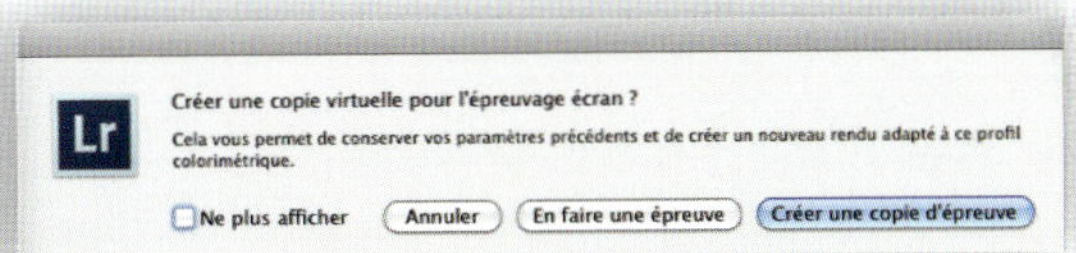

Cliquez sur « Créer une copie d'épreuve » pour créer une nouvelle copie virtuelle. Si vous commencez à ajuster des photos, Lightroom vous demande si vous souhaitez créer une copie virtuelle pour l'épreuvage sur écran. Cliquez sur « Créer une copie d'épreuve » afin de préserver l'image d'origine et travailler sur la copie. Cliquez sur « En faire une épreuve » pour modifier l'image d'origine.

Voici une image, affichée côte à côte avec son épreuve sur écran. Le profil utilisé pour l'épreuvage est automatiquement ajouté au champ « Nom de la copie » du panneau Métadonnées.

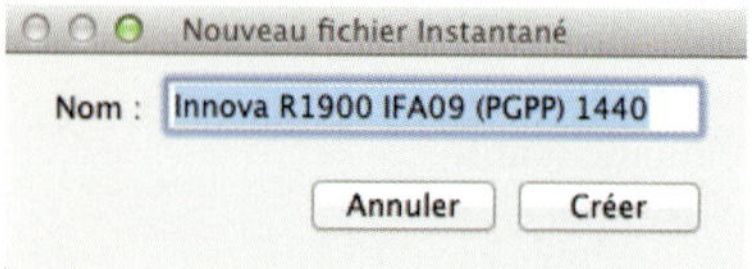

Avec la fonction « Épreuvage sur écran » activée, un nouvel instantané adopte automatiquement le nom du profil d'imprimante simulé.

Menu contextuel
Effectuez un clic droit sur l'arrière-plan de la fenêtre principale pour changer sa couleur.

Concentrez-vous prioritairement sur le contraste tonal. Utilisez les commandes du panneau « Courbe des tonalités » pour récupérer le contraste de l'image maître. Vous pouvez également recourir au curseur Clarté du panneau « Réglages de base » pour augmenter le contraste local. Cette dernière commande est particulièrement utile pour préparer des images destinées à l'impression sur un support mat.

Poursuivez avec la correction des couleurs, plus délicate. Sachez que celle-ci sera uniquement efficace si vous travaillez avec un écran capable d'afficher les couleurs de façon fidèle. Si tel est le cas, je vous conseille d'ajuster les paramètres Teinte, Saturation et Luminance du panneau TSL pour ainsi peaufiner certaines couleurs. Si votre image possède des couleurs trop saturées pour être reproduites dans le tirage, vous pouvez jouer sur la relation entre la luminance et la saturation des couleurs dans l'aperçu de l'épreuve pour ainsi vous approcher des couleurs de l'original.

1. Pour simuler les couleurs imprimées d'un tirage, activez la commande « Épreuvage écran », puis sélectionnez un profil d'impression depuis le menu Profil. Je vous conseille de valider l'option « Simuler le papier et l'encre ». Elle ajuste l'affichage de l'aperçu en fonction de la plage de contraste du support d'impression. Si vous modifiez une des commandes du panneau de droite, Lightroom affiche une boîte de dialogue vous invitant à créer une copie virtuelle de l'image sélectionnée. Cliquez sur « Créer une copie d'épreuve ».

2. Cliquez ensuite sur « Alterner entre les modes Avant et Après (YY) » pour juxtaposer deux aperçus montrant l'image originale et sa simulation d'épreuve. Changez entre les modes de rendu Perception et Relatif pour choisir le rendu le plus cohérent.

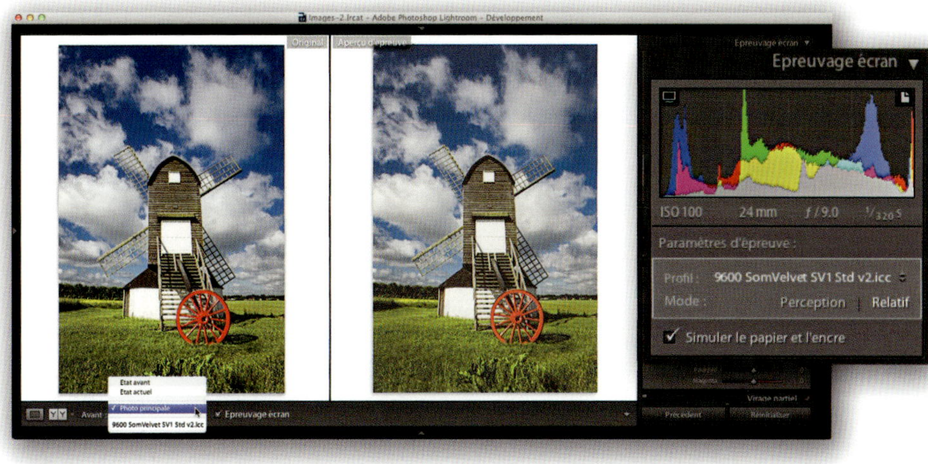

3. Ensuite, j'ai décidé de compenser le contraste tonal de l'image imprimée. Pour cela, je me suis servi du panneau « Courbe des tonalités ». Si vous imprimez sur un support mat, vous pouvez utiliser le curseur Clarté pour ainsi augmenter le contraste des tons moyens.

4. Dans le panneau « TSL/Couleur/NB », j'ai déplacé les curseurs Teinte, Saturation et Luminance pour affiner le contraste entre différentes couleurs et pour ainsi obtenir des teintes proches de celles de l'original. S'il n'est pas toujours possible de parvenir à une correspondance parfaite, l'épreuvage sur écran vous aide à estomper en grande partie les éventuelles différences entre les couleurs de l'original et les couleurs du tirage imprimé.

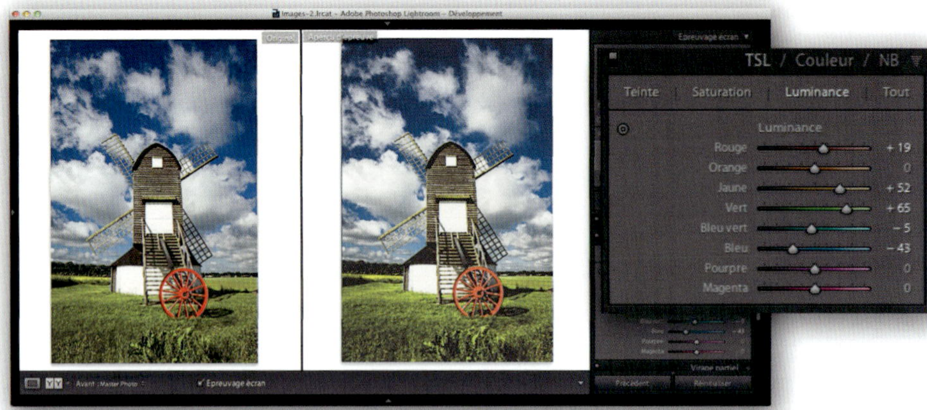

Une fois activé le mode d'affichage Avant/après, celui-ci propose plusieurs options d'affichage pour l'état « Avant » :

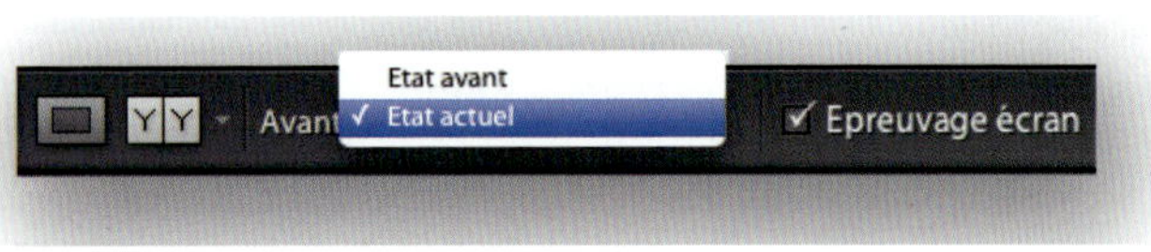

L'option « État avant » après sélection d'une image maître.

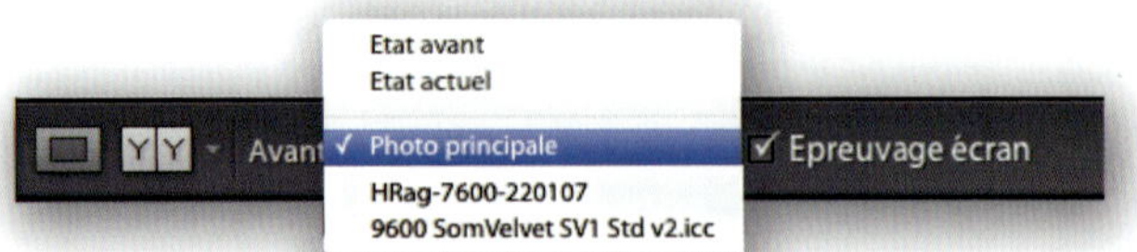

L'option « État avant » après sélection d'une copie virtuelle.

Attention
Avant d'imprimer, assurez-vous d'avoir sélectionné les paramètres ayant servi à la correction de l'image dans le module Développement (profil d'impression et mode de rendu).

- en sélectionnant une image principale, Lightroom vous laisse choisir parmi les options « État avant » et « État actuel ». Par défaut, l'option « État avant » affiche l'image en désactivant l'épreuvage sur écran, avec le rendu qu'elle avait lors de son importation. Pour choisir un état d'historique différent, désactivez la fonction « Épreuvage écran », sélectionnez un état différent, puis réactivez la fonction « Épreuvage écran » avant de choisir l'option « État actuel ». Celle-ci vous permettra de comparer deux versions de l'image (avec et sans prise en compte du profil d'imprimante), tout en affichant les derniers paramètres de développement et sans avoir à créer une nouvelle copie virtuelle ;
- en sélectionnant une copie virtuelle, le logiciel propose trois options d'affichage : « État avant », « État actuel » et « Photo principale ». Cette dernière vous permet de juxtaposer deux aperçus, présentant respectivement les modifications apportées à la copie virtuelle d'épreuve et celles apportées à l'image principale. Le menu déroulant Avant propose plusieurs entrées, permettant de comparer le rendu de différentes copies d'épreuve, avec pour chacune des paramètres d'impression différents (papier, imprimante). Leurs noms proviennent alors directement du champ de métadonnées « Nom de la copie ». Si vous créez une copie virtuelle tandis que la fonction « Épreuvage écran » est activée, ce champ est automatiquement rempli avec le nom du profil sélectionné. Sinon, le logiciel choisira un nom par défaut (Copie 1, etc.).

Les options d'affichage « État avant », « État actuel » et « Photo principale » sont très pratiques si vous avez besoin d'un tel niveau de complexité. À titre personnel, je me contente des étapes décrites dans les pages précédentes, basées sur la création d'une copie virtuelle que vous pouvez éditer et enregistrer indépendamment de la photo principale.

Enregistrer un paramètre prédéfini

Une fois la mise en page de votre photo définie et les paramètres de mise en page et d'impression réglés, vous pouvez enregistrer l'ensemble des réglages en tant que paramètre prédéfini. Cliquez simplement dans l'explorateur de modèles sur le bouton Ajouter, afin d'inclure le nouveau paramètre prédéfini dans la liste des modèles d'impression. Pour supprimer un paramètre prédéfini, il suffit de le sélectionner dans la liste, puis d'appuyer sur Supprimer.

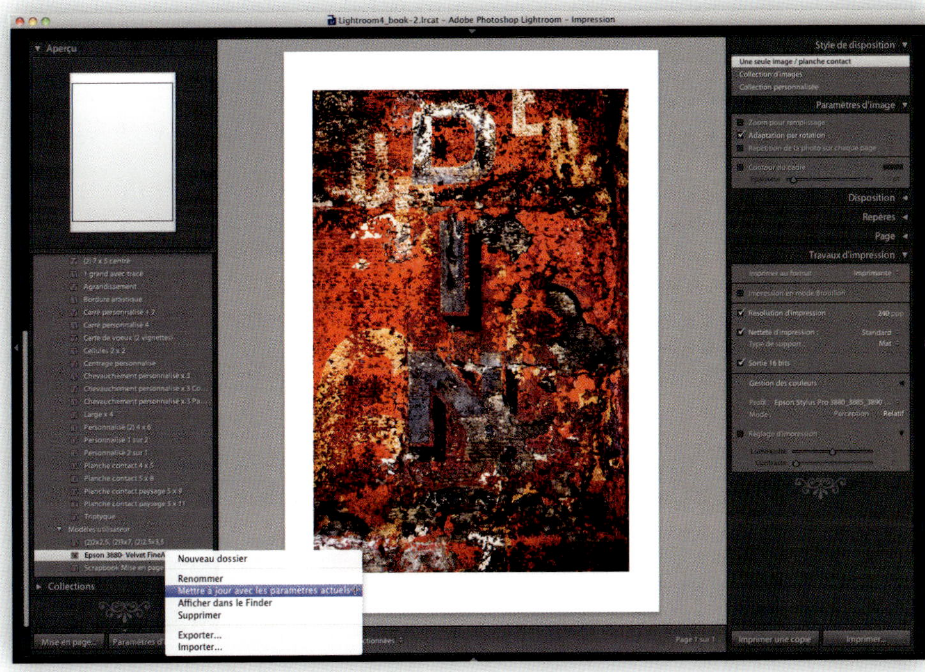

Pour enregistrer un jeu de réglages de mise en page sous forme de paramètre prédéfini, cliquez sur le bouton « Créer un paramètre prédéfini », puis nommez le nouveau paramètre. Pour mettre à jour un paramètre existant, effectuez un clic droit (Windows) ou appuyez sur la touche Ctrl (Mac) pour accéder à l'option « Mettre à jour avec les paramètres actuels » du menu contextuel.

Pour mettre à jour un paramètre prédéfini, cliquez sur son nom dans l'explorateur de modèles, puis cliquez droit (ou Ctrl + Clic) afin d'afficher les options du menu contextuel. L'option « Mettre à jour avec les paramètres actuels » permet d'ajouter vos dernières modifications.

Canon EOS 550D, 50 mm,
1600 ISO, f/8, 1/125 s

Chapitre 9
Présenter son travail

9

Vous êtes-vous déjà demandé combien de vos photos étaient tirées sur papier ? L'époque où les photographes faisaient développer leurs pellicules négatif couleur et en demandaient systématiquement un tirage papier est manifestement révolue.

Aujourd'hui, beaucoup préfèrent envoyer leurs photos de vacances par courrier électronique ou les télécharger sur un site web. Pour tenir compte de cette évolution, j'ai dédié ce chapitre à la présentation des images, que ce soit à l'écran, via un diaporama ou une galerie web, ou dans un livre photo. Lightroom dispose pour cela de trois modules : le module Web, qui permet de créer rapidement une ou plusieurs galeries web, le module Diaporama et le module Livres. Intéressons-nous tout d'abord à ce dernier, qui vous permettra de réaliser des livres photo de qualité professionnelle.

Le module Livres

Le module Livres de Lightroom envoie votre projet mis en pages au serveur de Blurb, prestataire mondialement reconnu pour la qualité d'impression de ses produits. C'est le seul prestataire d'impression proposé pour l'instant par Adobe, mais vous pouvez toutefois exporter votre livre au format PDF et le faire imprimer par le prestataire de votre choix, pour peu que les formats d'impression proposés correspondent à ceux du module Livres.

- Les outils du panneau « Paramètres du livre » permettent de choisir la taille et le format du livre, sa couverture (souple ou rigide) et le support d'impression (glacé, perlé, mat ou non couché). Il propose également une option permettant d'exporter le livre mis en pages au format PDF. Au fur et à mesure que vous ajoutez des images à votre projet de livre, le panneau « Paramètres du livre » en affiche le prix estimé.
- Le panneau « Disposition automatique » permet de créer des mises en pages instantanées, en plaçant les images automatiquement sur les pages en fonction du paramètre prédéfini sélectionné. Il y est également possible d'effacer la mise en pages en cours et d'enregistrer ses propres paramètres prédéfinis pour la mise en pages automatique.
- Le panneau Page permet de choisir parmi plus de 180 gabarits de mise en pages et le panneau Repères permet d'afficher ou de masquer un certain nombre de repères de mise en pages.

- Les outils du panneau Cellule contrôlent les marges autour des photos et des champs de texte et offrent ainsi une solution simple et efficace pour le positionnement des éléments sur les pages du livre.
- Le panneau Légende permet d'insérer un texte personnalisé ou d'utiliser les métadonnées des champs IPTC Titre et Légende pour légender vos images.
- Le panneau Type permet de bénéficier de la plupart des polices de caractères et styles d'InDesign et de Photoshop.
- Par défaut, la fenêtre principale possède un fond en couleur blanc papier. Le panneau Arrière-plan permet de changer cette couleur, par exemple pour obtenir un arrière-plan noir. Il est également possible de remplacer le fond uni par une image de votre choix ou par un des arrière-plans fournis avec le module.

Les principaux éléments du module Livres.

La barre d'en-tête permet d'effacer ou d'enregistrer le projet de livre en cours.

Créer un livre photo

Sélectionnez plusieurs images dans le module Bibliothèque, le panneau « Film fixe » ou le panneau Collections du module Livres. Par défaut, Lightroom présente les images en mode « Afficher toutes les pages ». Les photos sélectionnées s'affichent dans le panneau « Film fixe », mais les pages du livre sont encore vides.

1. Pour commencer, sélectionnez un des paramètres prédéfinis du panneau « Disposition automatique ».
2. Appuyez sur « Disposition auto » pour créer une première mise en pages.
3. Pour appliquer une autre mise en pages, cliquez sur « Effacer disposition » ou sur le bouton « Effacer le livre », de la barre d'en-tête, puis effectuez une nouvelle mise en pages automatique basée sur un autre paramètre prédéfini. Il est important de se familiariser avec cette procédure.

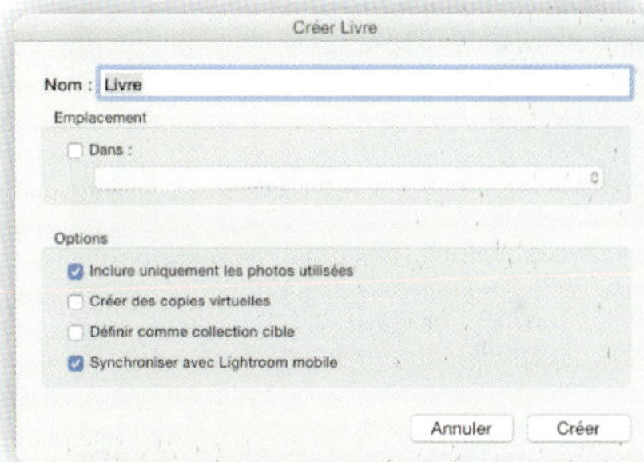

La boîte de dialogue « Créer Livre » permet de définir le nom et le lieu d'enregistrement d'une nouvelle collection Livre. Vous pouvez choisir d'inclure uniquement les photos utilisées. Si vous désactivez cette option, toutes les images du panneau « Film fixe » sont ajoutées à la collection. Notez que cette option ne s'affiche que lorsque vous ne sélectionnez qu'une partie des images visibles dans le panneau « Film fixe ».

La mise en pages et les images sélectionnées sont automatiquement enregistrées. À la prochaine ouverture du module, elles s'afficheront, même si vous avez entre temps sélectionné d'autres images. Il suffit de cliquer sur « Effacer disposition » pour supprimer la mise en pages enregistrée, ou sur « Enregistrer livre » pour la sauvegarder sous forme de collection (les réglages sont ainsi associés aux images de la collection), puis sur « Effacer disposition » pour commencer une nouvelle mise en pages. Notez que Lightroom affiche une icône rouge en forme de point d'exclamation pour vous avertir du défaut de disponibilité d'une image ou un message d'avertissement lorsque le nombre d'images sélectionnées dépasse le nombre autorisé de pages (240).

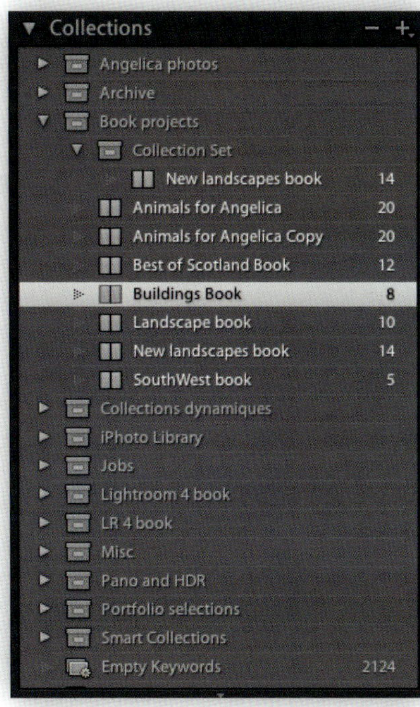

Le panneau Collections.

Les réglages d'une collection Livre sont automatiquement mis à jour lorsque vous modifiez la mise en pages du livre. Ce n'est pas toujours avantageux : si les modifications sont automatiquement enregistrées, vous risquez aussi de perdre vos réglages antérieurs, notamment en cas de modifications très importantes. Pensez donc à toujours dupliquer une collection avant de lui appliquer des changements. Pour cela, appuyez sur la touche Alt, puis faites glisser la collection à l'intérieur du panneau Collections pour en créer une nouvelle copie.

Le panneau « Paramètres du livre »

Le panneau « Paramètres du livre » permet de définir l'apparence du livre.

1. Sélectionnez le format d'enregistrement. L'option Blurb permet de créer un livre photo à imprimer par Blurb, et l'option PDF de sauvegarder la mise en pages au format PDF.
2. Passez au choix du format (carré, Paysage ou Portrait) et de la taille (petite ou grande) du livre. Notez qu'il n'est pas possible d'associer librement les proportions et dimensions souhaitées ; seuls les formats commercialisés par Blurb s'affichent. La fenêtre principale affiche toujours un aperçu du livre imprimé, en fonction des options choisies.

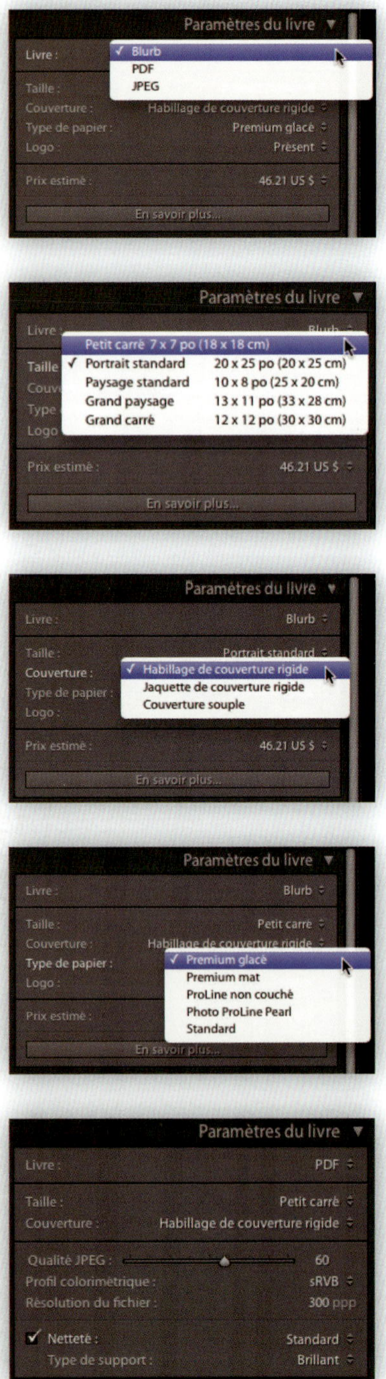

Les outils du panneau « Paramètres du livre ».

3. Pour la couverture, vous pouvez choisir parmi les options « Habillage de couverture rigide », « Jacquette de couverture rigide » et « Couverture souple ». Si vous exportez votre livre sous forme de fichier PDF, le panneau « Paramètres du livre » propose une quatrième option : « Aucune couverture ».

4. Le menu déroulant « Type de papier » propose quatre supports différents. Si les supports « Premium glacé » et « Premium Mat » sont les moins onéreux, les supports « ProLine non couché » et « Photo ProLine Pearl » offrent une finition plus raffinée, à un tarif légèrement plus élevé.

5. L'option Logo ajoute ou non le logo Blurb à la fin du livre ; le prix du livre augmente si jamais vous préférez ne pas l'inclure.

6. Le prix affiché au bas du panneau reflète toujours vos paramètres actuels (format, support, couverture, nombre de pages, etc.). Il ne tient pas compte des frais d'envoi et des remises proposées lors d'une commande de plusieurs exemplaires d'un même livre photo. À noter aussi que le menu déroulant « Prix estimé » permet de choisir parmi différentes monnaies (dollars américains, canadiens et australiens, livres anglaises, euros), en fonction du prestataire qui imprimera votre livre.

Exporter en PDF

- Si vous sélectionnez l'option PDF, vous pouvez utiliser le curseur « Qualité JPEG » pour jouer sur le taux de compression et le poids du fichier PDF. En déplaçant le curseur à gauche, vous réduisez à la fois le poids de fichier et la qualité d'image.
- Le menu « Profil colorimétrique » permet de choisir parmi trois profils couleur (sRGB, Adobe RGB et ProPhoto RGB) pour le fichier exporté. L'option sRGB est sans doute la plus appropriée pour obtenir des couleurs fidèles. En optant pour Autres, vous pouvez sélectionner d'autres profils RVB et notamment des profils d'imprimante.
- Les options d'accentuation des menus Netteté et « Type de support » sont identiques à celles du module Impression, comportant trois taux d'accentuation (Standard, Faible et Élevée) et deux types de supports (Brillant et Mat). Les réglages proposés sont destinés à préparer des images à l'impression sur une imprimante jet d'encre ou un traceur. Ils peuvent également dépanner pour accentuer des images imprimées sur une presse CMJN ou une presse numérique RVB de type Indigo.
- Lorsque vous créez un livre photo Blurb, l'accentuation est appliquée par défaut avec les réglages standards.

Sachez que l'option PDF peut servir à produire des livres photo destinés à être affichés sur des tablettes iPad. Dans ce cas, mieux vaut désactiver l'accentuation. Si vous sélectionnez l'option Blurb dans le menu Livre, le panneau de gauche affiche dans sa partie inférieure le bouton « Exporter le livre au format PDF ». Ce bouton est très utile pour examiner la mise en pages et la qualité d'impression de votre livre dans Acrobat ou Acrobat Reader avant de le transmettre aux services d'impression de Blurb. Une autre possibilité consiste à l'imprimer sur votre imprimante de bureau.

Raccourcis clavier
Afficher toutes les pages : Cmd/Ctrl + E
Afficher la double page : Cmd/Ctrl + R
Afficher une seule page : Cmd/Ctrl + T
Passage à l'affichage zoomé : Cmd/Ctrl + U
Passage au mode d'affichage suivant : Cmd/Ctrl + « = »
Passage au mode d'affichage précédant : Cmd/Ctrl + « - »
Agrandir ou réduire l'affichage en mode « Afficher toutes les pages » : touches « + » ou « - »

Le panneau Aperçu

Le panneau Aperçu affiche toujours la première de couverture de votre projet de livre. Il propose trois options d'affichage :

- l'option Adapter permet d'afficher la première et la quatrième de couverture ;
- l'option 1:1, d'afficher la première de couverture en entier ;
- l'option 4:1, d'obtenir une vue fortement agrandie d'un extrait de l'aperçu.

En mode 1:1 ou 4:1, faites glisser le petit rectangle pour vous déplacer sur la page.

Le panneau Aperçu

La barre d'outils

La barre d'outils partage avec le panneau Aperçu une partie des modes d'affichage.

- En mode « Afficher toutes pages », le curseur Vignettes permet de modifier le rapport de grossissement des pages.
- Si vous cliquez sur le compteur de pages, situé au milieu de la barre, vous pouvez choisir la page à afficher en tapant simplement son numéro dans le champ prévu.
- En réitérant ces étapes une ou plusieurs fois, avec à chaque fois un autre numéro de page, vous pouvez ajouter une ou plusieurs nouvelles pages à la sélection de pages affichées.
- En modes « Afficher une seule page » et « Afficher la double page », il suffit de cliquer sur une des flèches au milieu de la barre d'outils pour passer à la page ou double page précédente ou suivante.

La barre d'outils en mode « Afficher toutes les pages » (en haut) et en mode « Afficher la double page » (en bas).

Le panneau « Disposition automatique »

À chaque nouveau projet, vous serez confronté au « syndrome de la page blanche ». S'il est toujours utile d'avoir des compétences en mise en pages, il est facile de se perdre dans les différentes options et gabarits proposés par Lightroom. Heureusement, le module Livres est capable de remplir les pages tout seul, grâce aux commandes du panneau « Disposition automatique ». Cliquez sur le bouton « Disposition auto » dès que vous commencez un nouveau projet pour générer automatiquement une mise en pages complète à partir du paramètre prédéfini sélectionné.

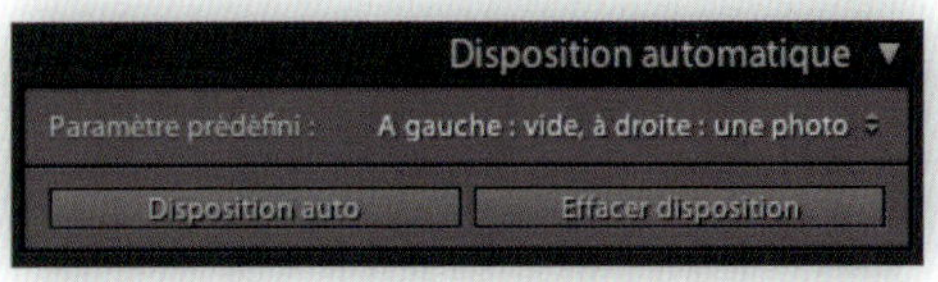

Le panneau « Disposition automatique ».

L'« Éditeur de paramètres prédéfinis de disposition automatique »

Avant de démarrer la mise en pages automatique, commencez toujours par la sélection ou la création d'un paramètre prédéfini. Pour cela, sélectionnez l'option « Modifier les paramètres prédéfinis de disposition automatique », depuis le menu « Paramètre prédéfini », ou alors un des paramètres prédéfinis existants.

L'« Éditeur de paramètres prédéfinis de disposition automatique » permet de séparer la disposition des pages gauches de celle des pages droites. Au lieu de remplir une page, l'option Vide la laisse blanche et l'option « Identique au côté droit » harmonise la mise en pages des doubles pages du livre.

En mode « Disposition fixe », vous pouvez choisir parmi différents gabarits. Sélectionnez d'abord le type de mise en pages (1 photo, 2 photos, etc.), puis un gabarit parmi ceux affichés. Le menu « Zoom photos vers » propose deux options pour ajuster les images aux cellules, via un zoom ou un remplissage. L'option « Correspondance bords larges », uniquement disponible avec l'option Ajuster, permet d'harmoniser les dimensions des bords les plus larges des images, et ce, quelle que soit leur orientation, horizontale ou verticale.

L'option « Ajouter du texte aux photos » remplit automatiquement les champs de texte avec les légendes IPTC.

- Vous pouvez les aligner avec les images et choisir un style de texte (voir la page 466 pour l'enregistrement des paramètres prédéfinis de styles de texte).
- Si vous sélectionnez l'option « Aléatoire à partir des favoris », vous limitez la sélection des gabarits de mise en pages aux seuls gabarits que vous avez préalablement enregistrés parmi les gabarits favoris. Cette option choisit un des gabarits favoris, puis remplit automatiquement les pages en respectant le nombre de photos par page, défini par l'option « Nombre de photos » (entre 1 et 4).

Modifier les pages du livre

Si la mise en pages automatique vous aide à vous familiariser avec les commandes du module Livres, il sera presque toujours nécessaire de l'affiner manuellement. La figure suivante vous montre une vue générale d'un projet de livre. Elle permet de faire des ajustements à la fois simples et rapides.

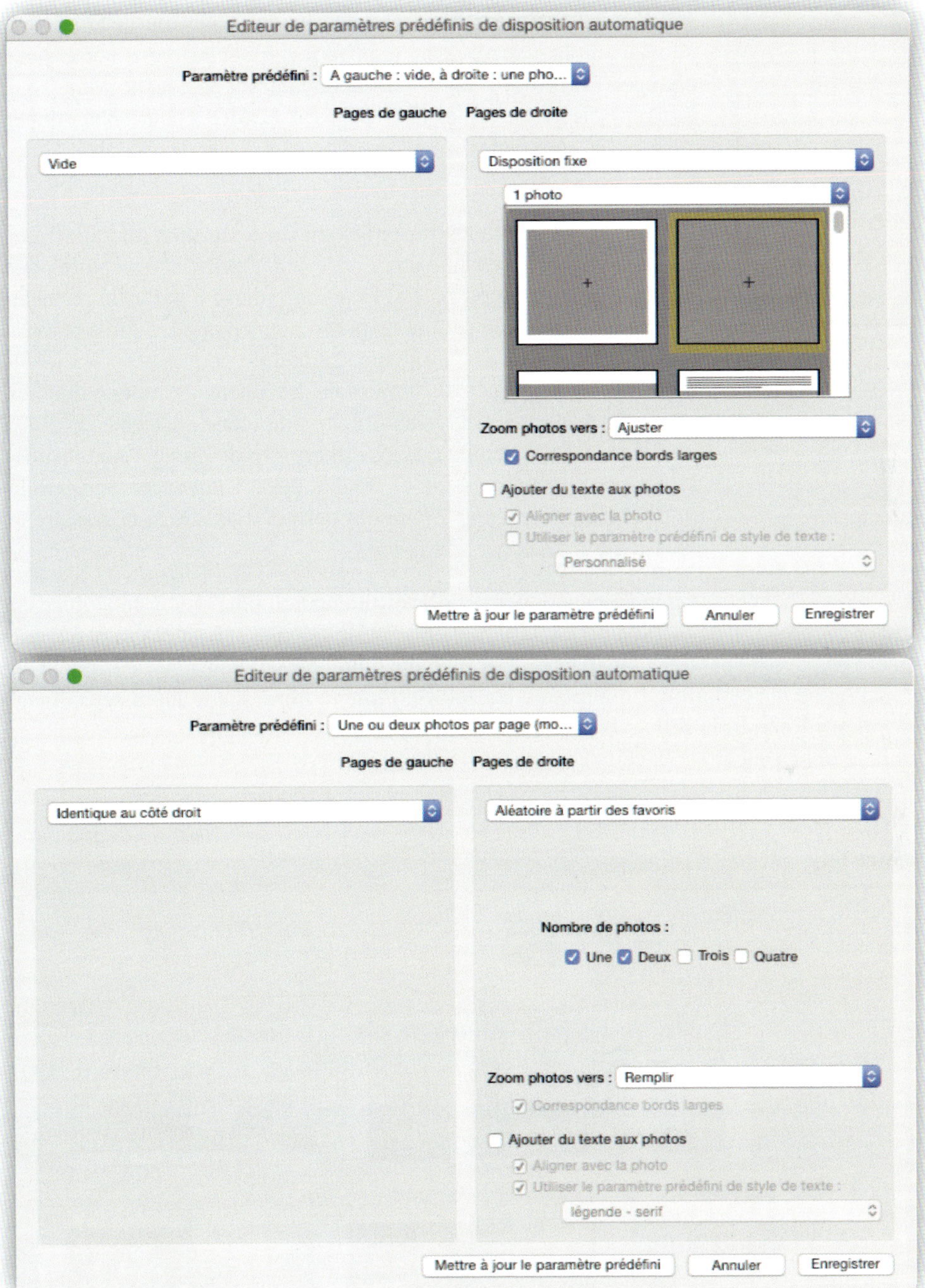

Le menu « Paramètre prédéfini » du panneau « Disposition automatique » permet de définir la manière avec laquelle les images sont réparties sur les pages. Le mode « Disposition fixe » permet de choisir parmi différents gabarits, alors que l'option « Aléatoire à partir des favoris » place les images en fonction des gabarits préalablement enregistrés en tant que Favoris. Quand vous cochez les boutons Une et Deux du menu « Nombre de photos », Lightroom ne choisit que parmi les gabarits favoris qui comportent une ou deux images par page.

Dans le panneau « Film fixe », les vignettes affichent un chiffre dans la partie supérieure du cadre, indiquant le nombre de fois que l'image est utilisée au sein du livre. La barre de filtre du panneau « Film fixe » permet de filtrer les images selon qu'elles sont utilisées ou non dans le livre.

Vous pouvez, par exemple, cliquer sur une page (ou juste en dessous) pour la sélectionner, puis faire glisser la barre jaune pour changer l'ordre des pages. En appuyant sur la touche Maj, vous pouvez sélectionner plusieurs pages à la fois ; pour sélectionner l'ensemble des pages d'un projet, appuyez sur les touches Cmd/Ctrl + A.

Cliquez sur les cellules de photo ou de texte pour modifier leur contenu : déplacez ensuite une image d'une cellule à une autre pour changer sa position ou faites glisser une image à partir du panneau « Film fixe » sur une cellule de photo pour remplacer l'image existante. Effectuez un clic droit sur une cellule pour accéder au menu contextuel : il permet de supprimer des photos. Une des doubles pages de la figure ci-dessous affiche une icône en forme de point d'exclamation, signalant que les dimensions de l'image sont insuffisantes pour une impression en double page. Cliquez sur une cellule pour afficher le curseur Zoom qui permet d'ajuster si nécessaire le taux d'agrandissement de la photo.

L'option « Afficher la double page » permet d'avoir un aperçu plus précis de la mise en pages du projet. Dans l'exemple de la figure en haut de la page suivante, j'ai placé une photo de paysage sur une double page. J'ai souhaité réduire les dimensions de la photo en fonction de la résolution d'impression conseillée. Pour ce faire, j'ai d'abord sélectionné l'option « Remplir la cellule avec la photo », puis j'ai cliqué sur la photo pour la déplacer vers le bord gauche de la cellule.

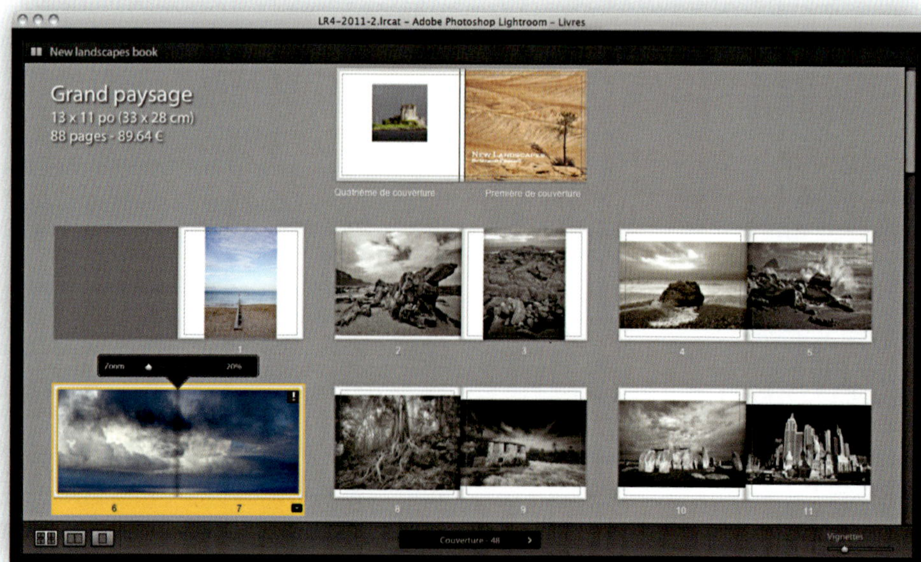

Le mode « Afficher toutes les pages ».

En mode « Afficher la double page », vous pouvez utiliser les flèches de la barre d'outils ou celles de votre clavier pour vous déplacer entre les différentes pages doubles. En cliquant sur le bouton « Modification de la page », vous accéderez à l'ensemble des options de mise en pages du panneau Page, comprenant une douzaine de gabarits différents.

« Afficher une seule page » est la dernière des options d'affichage du module Livres. Comme son nom l'indique, elle n'affiche qu'une seule page du projet (voir illustration ci-dessous en bas).

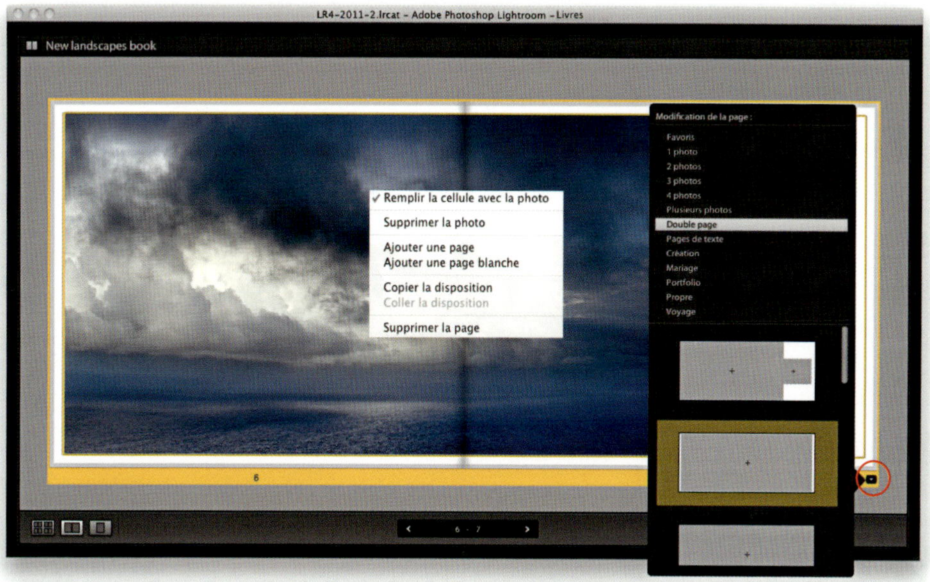

Le mode d'affichage « Afficher la double page ».

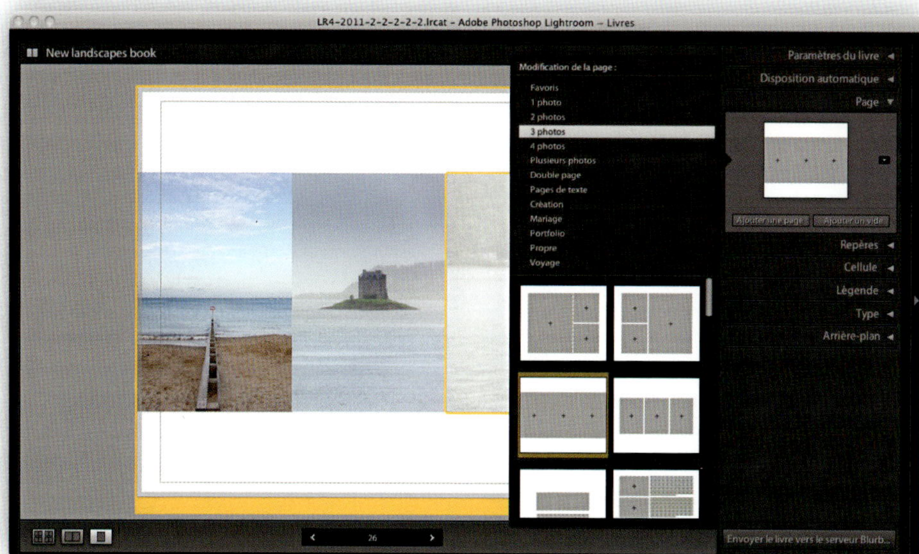

Le mode d'affichage « Afficher une seule page ».

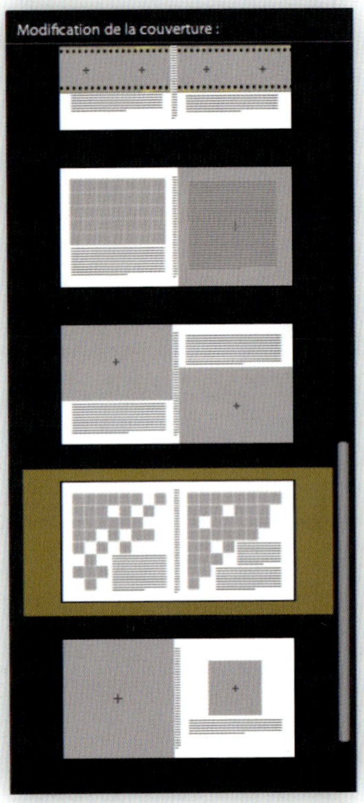

Quelques options de mise en pages dédiées aux couvertures.

Modifier les pages de couverture

Les pages de couverture avant et arrière (dites « première » et « quatrième de couverture », N.d.E.) se distinguent des autres pages du livre et possèdent un ensemble distinct de gabarits de mise en pages. Parmi eux, le quatrième en partant du haut, mis en évidence dans la figure ci-contre, est assez intéressant puisqu'il permet de placer plusieurs images du livre sur la couverture. Ce gabarit est également utilisé dans les figures page suivante. Le gabarit en haut de la liste permet de placer des images sur la couverture avant et arrière, tout en leur superposant du texte.

Vous aurez également besoin d'ajouter du texte sur le dos du livre (improprement appelé « la tranche » par Lightroom, N.d.E.). Il suffit de cliquer dans sa zone de texte pour appliquer au texte une rotation de 90°. Suivant la taille des caractères, il sera probablement nécessaire d'ajuster le positionnement du texte pour qu'il soit centré sur la largeur du dos.

Note
Je détaillerai un peu plus loin la façon de configurer le texte à l'intérieur des cellules de texte et notamment le contrôle la justification du texte et l'espacement entre les cellules (rembourrage) pour positionner le texte sur les pages de couverture.

Le panneau Page

Le bouton « Ajouter une page », du panneau Page, permet d'ajouter une nouvelle page tout en appliquant les paramètres du modèle qui s'affiche dans l'aperçu du même panneau.

- En cliquant sur « Ajouter un vide », vous pouvez ajouter une nouvelle page blanche, sans contenu.
- Si vous cliquez sur la petite flèche, vous accéderez à un menu de mise en pages, permettant de choisir parmi différents gabarits fournis (1 photo, 2 photos, etc.) et des gabarits personnalisés.
- Cliquez sur le menu déroulant pour ajouter une mise en pages à vos favoris. En effectuant un clic droit sur un favori, vous pouvez le supprimer de la liste des favoris.
- Les commandes « Copier la disposition » (Cmd/Ctrl + Maj + C) et « Coller la disposition » (Cmd/Ctrl + Maj + C) permettent de copier/coller une ou plusieurs pages du projet de livre. Vous ajoutez ainsi de nouvelles pages vides au point d'insertion sélectionné, sans pour autant inclure les images.

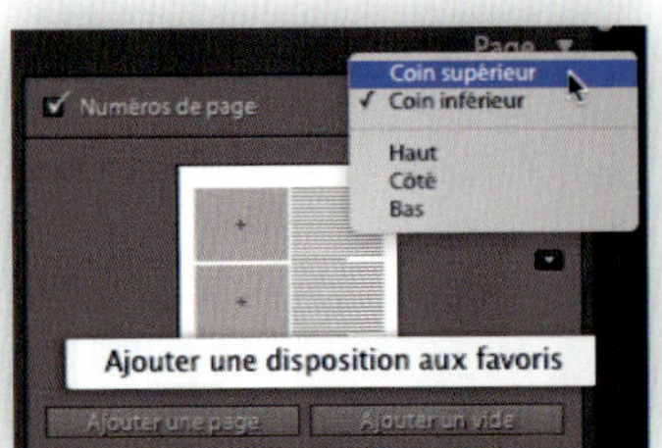

Le panneau Page.

Ajouter une disposition aux favoris

En effectuant un clic droit sur le panneau Page ou sur le sélecteur de modèles de ce panneau, vous pouvez enregistrer un modèle de mise en pages en tant que mise en pages favorite. En effectuant un nouveau clic droit, vous le supprimez de la liste des favoris (option « Supprimer la mise en forme des favoris »). Les éléments de cette liste servent à la mise en pages automatique. Dans le panneau Page, elles se distinguent par une icône en forme de cercle plein, située dans l'angle supérieur droit.

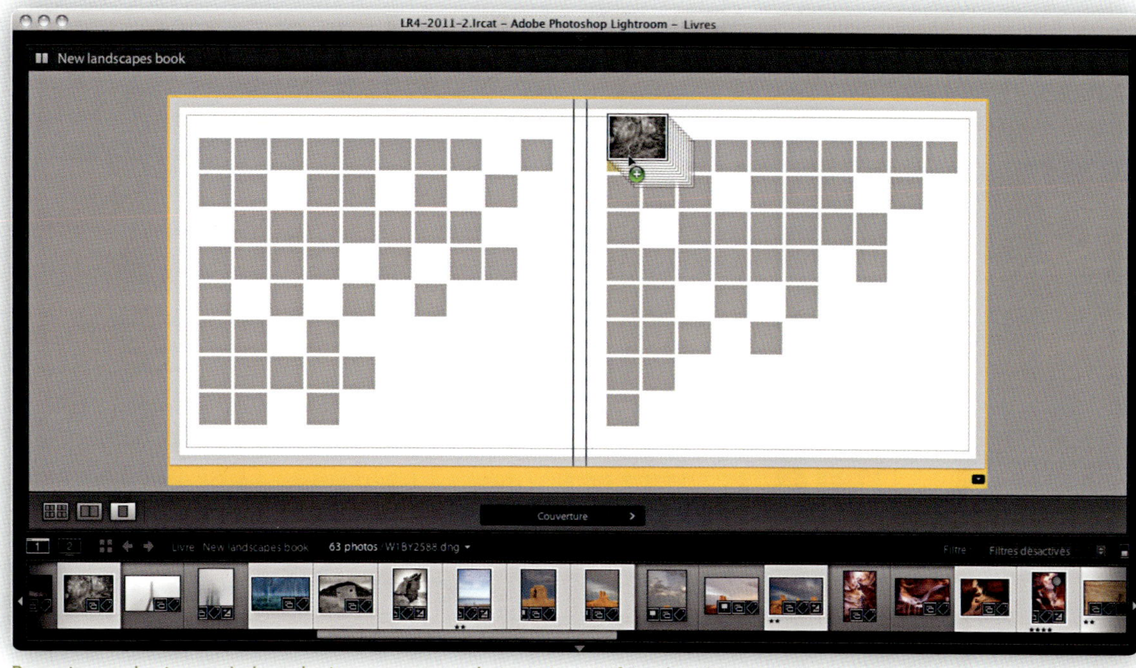

Pour ajouter des images à des gabarits comportant plusieurs images, faites-les glisser à partir du panneau « Film fixe » sur la fenêtre principale.

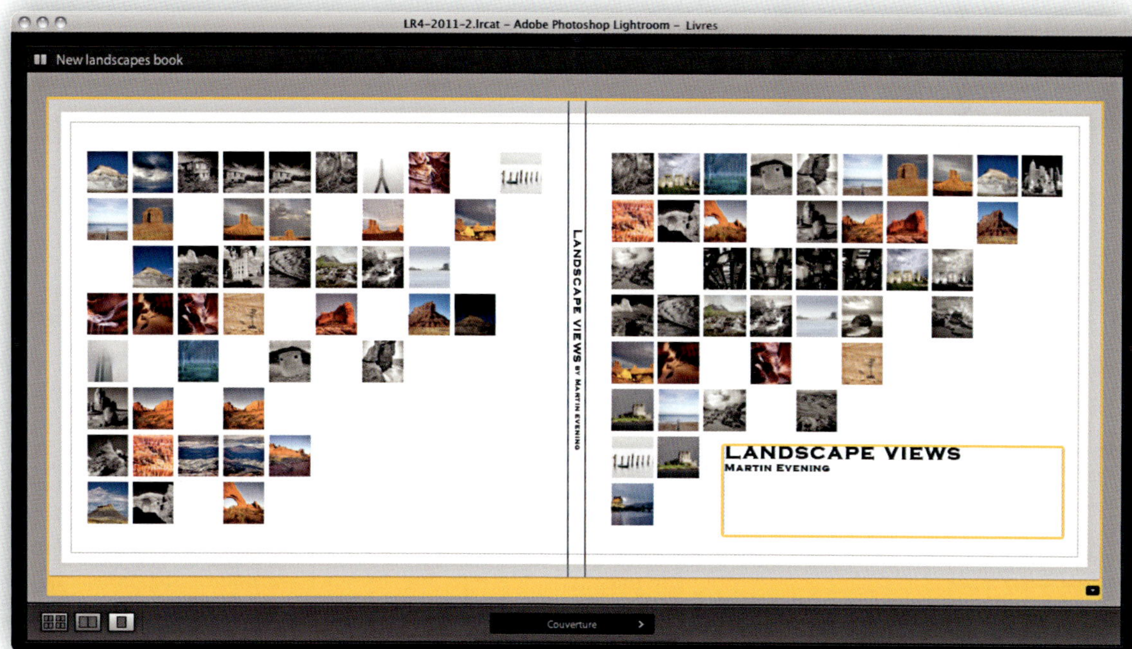

Une fois ajoutées, les photos peuvent être déplacées par simple glisser/déposer. Pour concevoir cette couverture, j'ai ajouté un titre dans la cellule de texte de la première de couverture ainsi que sur le dos du livre.

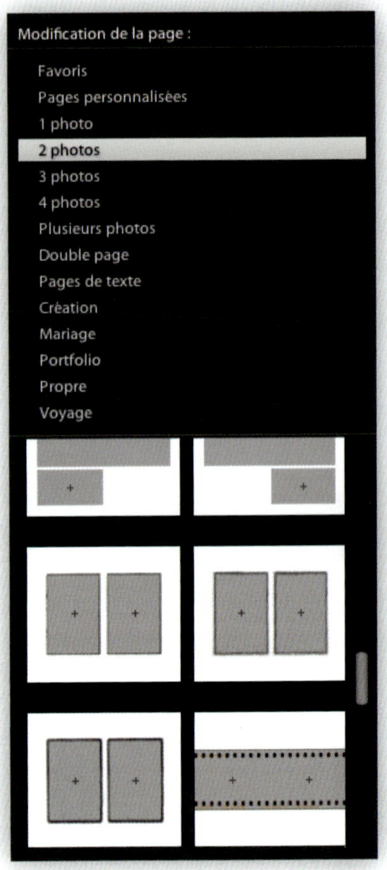

Les options de mise en pages du panneau Page. En faisant glisser votre souris sur un des modèles, puis en cliquant sur l'icône en forme de cercle « creux », en haut à droite, vous pouvez l'ajouter aux favoris. Il affiche alors une icône en forme de cercle plein, plus foncée et visible en permanence.

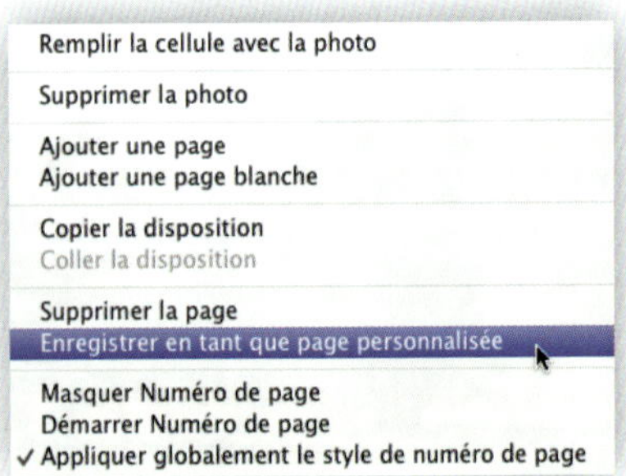

L'option « Enregistrer en tant que page personnalisée » du menu contextuel de la fenêtre principale.

Ajouter des numéros de page

L'option « Numéros de page », située dans la partie supérieure du panneau Page, permet d'ajouter des folios aux pages, au positionnement contrôlé à l'aide de cinq options (« Coin supérieur », « Coin inférieur », Haut, Côté et Bas). Notez que ce positionnement sera identique pour l'ensemble des pages du livre.

Par défaut, Lightroom utilise le style Myriad Pro et une taille plutôt importante pour les caractères. Mais ceci est facile à modifier.

1. Cliquez sur un numéro de page, puis passez dans le panneau Type pour définir un nouveau style.
2. Faites un clic droit pour ouvrir le menu contextuel et sélectionnez l'option « Appliquer globalement le style de numéro de page ».

Le menu contextuel présente aussi les options « Masquer Numéro de page » et « Démarrer Numéro de page », cette dernière permettant de faire démarrer la numérotation en partant de la page sélectionnée.

Enregistrer un modèle personnalisé

Lightroom autorise à modifier les modèles de mise en pages pour les enregistrer en tant que modèle personnalisé.

1. Ajustez les paramètres de mise en pages d'un modèle existant.
2. Effectuez un clic droit sur la mise en pages modifiée pour sélectionner l'option « Enregistrer en tant que page personnalisée ».

Le nouveau modèle de mise en pages s'affiche alors parmi les options du menu de mise en pages du panneau Page.

Le panneau Repères

Au même titre que les modules Web, Diaporama et Impression, le module Livres offre un panneau Repères permettant d'afficher ou de cacher un certain nombre de repères indispensables à la mise en pages (Cmd/Ctrl + Maj + G). Si vous avez l'intention de publier des photos en pleine page, il est important de consacrer suffisamment d'espace au fond perdu (les débords qui seront coupés lors du façonnage du livre). Gardez à l'esprit que les dimensions du livre imprimé ne correspondent jamais exactement à celles définies dans le module Livres. Bien que cela ne se remarque guère quand on feuillette un livre, on admet généralement une marge d'erreur d'un ou deux millimètres. Par conséquent, il est d'usage d'ajouter un fond perdu d'environ 3 mm à l'extérieur de la zone de page spécifiée pour des éléments destinés à être placés près des bords de la page. Activez « Fond perdu de la page » pour afficher la zone de fond perdu (Cmd/Ctrl + Maj + J).

De manière générale, il est déconseillé de créer une mise en pages dans laquelle les visuels et le texte sont placés à proximité des bords de la page. Pour cette raison, la plupart des livres possèdent des marges assez généreuses. Dans le module Livres, la zone dédiée au texte est définie par la ligne jaune, affichée ou masquée à l'aide du raccourci (Cmd/Ctrl + Maj + G). Gardez toujours une petite marge de sécurité autour des bordures et assurez-vous que les images n'empiètent pas sur le fond perdu lorsque vous les imprimez en pleine page. L'option « Cellules de photo » permet d'afficher ou de masquer les cellules de photo (Cmd/Ctrl + Maj + K).

Lors des essais de mise en pages, il est parfois utile de remplir les cadres de texte avec des échantillons au style Lorem Ipsum avant d'insérer le texte final : si vous cochez l'option « Texte de remplissage », les cadres de texte seront provisoirement remplis de texte aléatoire donnant ainsi une indication approximative de l'apparence de la page (le texte de remplissage ne sera pas imprimé). Dès que vous cliquerez à l'intérieur d'un cadre de texte, le texte de remplissage disparaîtra pour vous permettre de remplir le cadre avec le texte réel (Cmd/Ctrl + Maj + H).

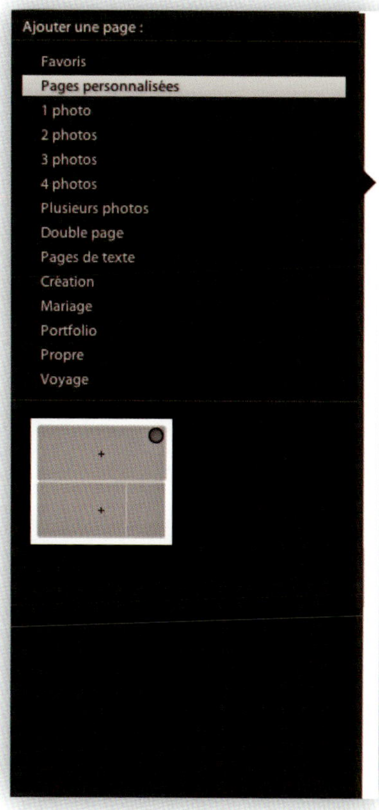

Le menu « Modification de page » affiche ici un nouveau modèle de mise en pages (« Pages personnalisées ») dans la catégorie Favoris.

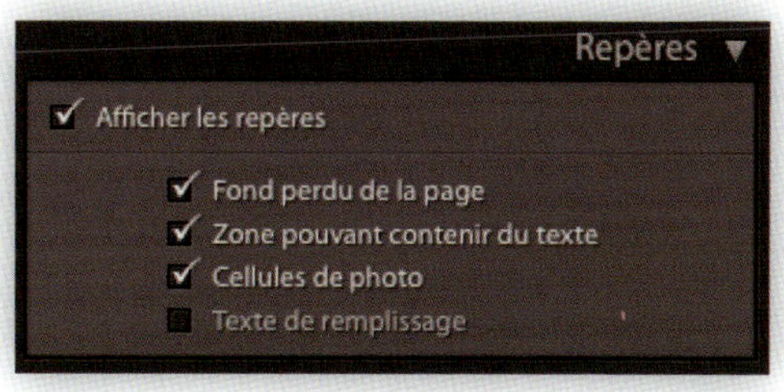

Le panneau Repères.

Le panneau Cellule

Ce panneau sert à ajuster la position d'une photo ou d'un texte à l'intérieur d'un cadre de photo ou de texte pour affiner leur placement dans la mise en pages. Par défaut, le panneau Cellule affiche l'unique curseur Remplissage. Cliquez sur la flèche pour accéder au mode étendu. Dans ce mode d'affichage, vous pouvez ajuster les curseurs individuellement pour modifier la distance entre l'image ou le texte et le cadre. Cliquez sur les boutons de verrouillage pour verrouiller un ou plusieurs curseurs ou sur « Tout lier » pour verrouiller l'ensemble des curseurs.

Le panneau Cellule en mode d'affichage Étendu.

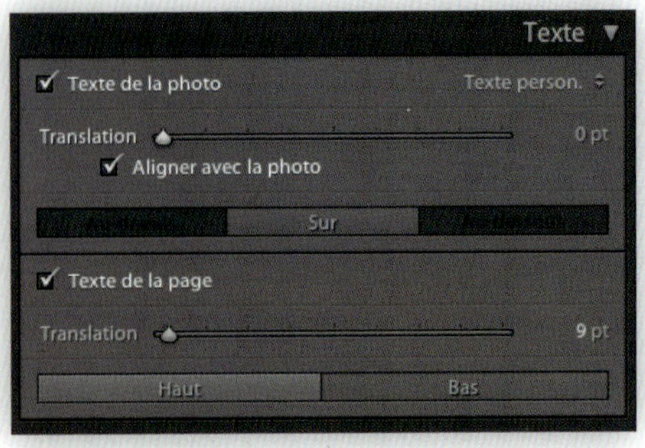

Le panneau Texte.

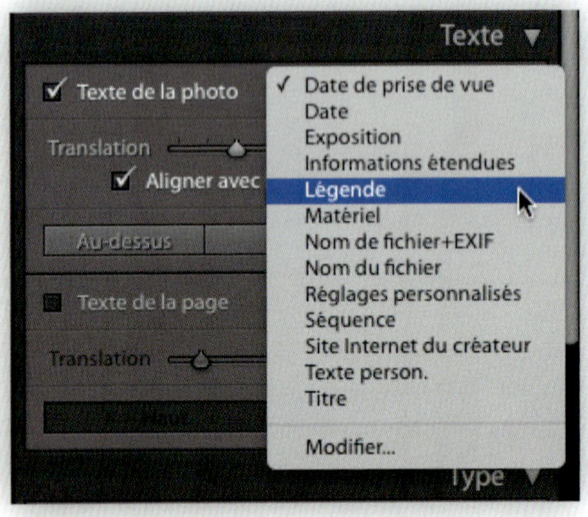

Le panneau Texte affichant les options du menu « Texte de la photo ». Certaines tirent parti des métadonnées EXIF et IPTC de l'image.

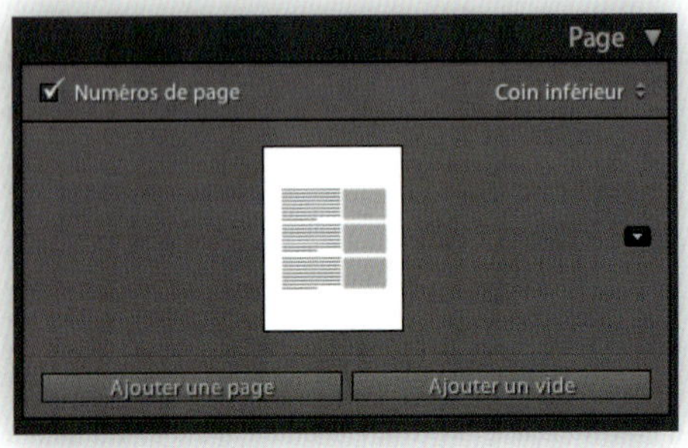

Un modèle de mise en pages comportant des cellules de texte.

Le panneau Texte

Le panneau Texte permet d'ajouter des légendes aux photos ou aux pages.

- Sélectionnez une photo du projet du livre et cochez la case « Texte de la photo » pour ajouter une cellule de texte à la photo sélectionnée. Cliquez à nouveau dessus pour masquer la zone de texte. Pour positionner la cellule de texte à votre guise, cliquez sur un des boutons « Au-dessus », « Au-dessous » ou « Sur », et déplacez-la ensuite par glisser/déposer ou à l'aide du curseur Translation.
- Si vous cochez dans le panneau Repères l'option « Texte de remplissage », la zone de texte affiche le texte « Titre de la photo ». Cliquez sur la double flèche pour définir la source de la légende.
- L'option « Texte personnalisé » présente une zone de texte vide dans laquelle vous pouvez insérer du texte.
- Les options Titre ou Légende utilisent les informations des champs de métadonnées IPTC du même nom pour remplir la zone de texte.
- En sélectionnant l'option « Aligner avec la photo », le texte de la légende est automatiquement repositionné en fonction des réglages de zoom et de remplissage de la cellule de photo associée.
- L'option « Texte de la page », en bas du panneau Page, nécessite la sélection préalable de plusieurs pages ; elle ajoute une nouvelle zone de texte qui se réfère à la page plutôt qu'à une photo individuelle. Vous pouvez lui ajouter n'importe quel texte personnalisé. Là encore, deux boutons (Haut et Bas) permettent de placer la cellule de texte sur la partie supérieure ou inférieure de la page et le curseur Translation de déplacer le texte verticalement.

Mises en pages comportant du texte

Certains modèles de mise en pages comprennent des cellules de texte. Pour insérer du texte personnalisé, cliquez à l'intérieur d'une cellule de texte. En cochant l'option « Texte de remplissage » du panneau Repères, Lightroom insère automatiquement la légende « Texte de la photo ».

Insérer automatiquement du texte

Il est également possible d'insérer automatiquement du texte à l'intérieur des zones de texte de la mise en pages : faites un clic droit pour accéder au menu contextuel, puis sélectionnez une des options du menu « Texte automatique ».

Par défaut, le module Livres applique l'option Personnalisé (qui remplace l'option de texte automatique) qui conserve les textes préalablement insérés dans les zones de texte. Les options Titre, Légende ou « Nom du fichier » analysent les informations des champs de métadonnées IPTC Titre, Légende ou « Nom du fichier » et remplissent automatiquement la zone de texte en fonction des données présentes. Ainsi, si les champs de métadonnées associées sont vides, la zone de texte le restera aussi.

Si vous déplacez vos images à l'intérieur du projet de livre, les textes sont automatiquement mis à jour. Si vous cliquez sur une zone de texte pour en modifier le contenu, vous abandonnez le mode « Texte automatique » au profit du mode Personnalisé.

La commande Livres>Préférences de livre ouvre une boîte de dialogue pour configurer les options de remplissage automatique : lorsque vous commencez un nouveau livre les cellules de texte sont automatiquement remplies. Le menu « Options de texte » permet de choisir parmi différentes options pour le texte de remplissage (« Texte de remplissage » ou métadonnées des champs Titre, Légende et « Nom de fichier »).

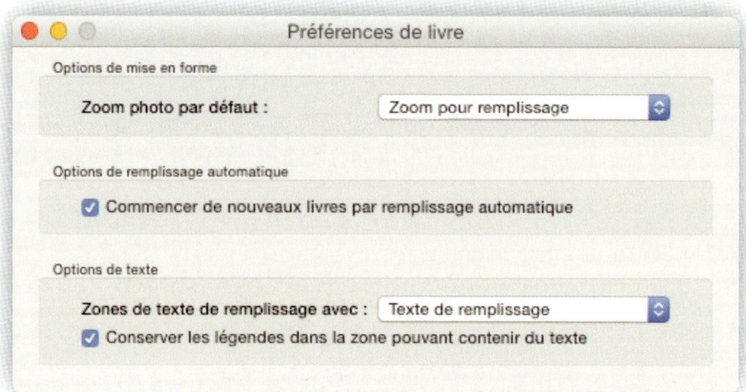

La boîte de dialogue « Préférences de livre ».

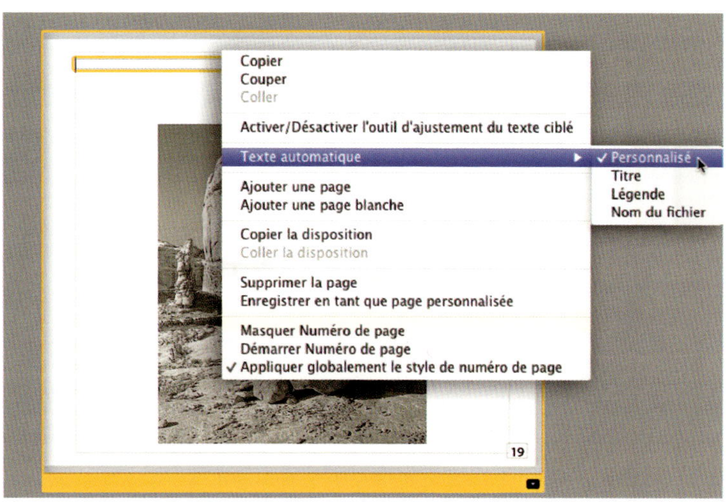

Les options du menu « Texte automatique » s'affichent depuis le menu contextuel.

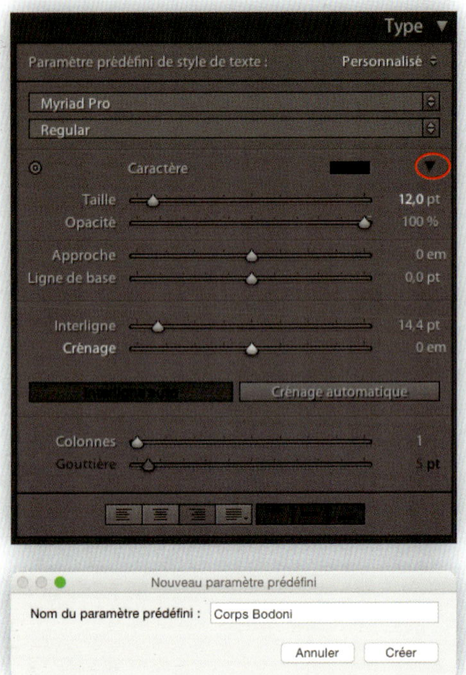

Le panneau Type et la boîte de dialogue « Nouveau paramètre prédéfini ».

Le panneau Type

La gestion des polices de caractères est importante pour la création de livres photo. Le panneau Type fournit un certain nombre de commandes pour contrôler le style, la taille et l'opacité des caractères. Lightroom s'appuie sur le moteur Adobe Type Engine, utilisé dans d'autres produits de l'éditeur, et notamment Photoshop et Illustrator. Si le module Livres n'offre qu'une partie des fonctionnalités proposées par Illustrator ou InDesign, il convient parfaitement pour produire des textes accompagnant les images d'un livre photo.

Le menu « Paramètre prédéfini de style de texte » se situe dans la partie supérieure du panneau. Avant de commencer l'édition des paramètres de caractères, sélectionnez « Enregistrer les paramètres actuels en tant que nouveau paramètre prédéfini ». La boîte de dialogue « Nouveau paramètre prédéfini » vous permet d'enregistrer les paramètres de caractères sous forme d'un nouveau style de texte. Par défaut, le panneau Type utilise la police sans empattement Myriad Pro pour le titre et la légende des photos. C'est une police qui offre une belle gamme de styles. La police Adobe Garamond Pro est également proposée.

Options dédiées aux styles de caractères

Pour avoir un accès rapide à toutes les informations disponibles sur les polices de caractères et les options qui leur sont associées, cliquez sur le triangle du menu Caractère. Il permet de définir la couleur des caractères, leur taille et leur opacité.

Il est utile d'avoir quelques notions en typographie avant de commencer la création d'un livre photo mêlant images et textes. Sinon, vous pouvez toujours effectuer des essais sur votre imprimante pour anticiper l'aspect visuel des textes tout en tenant compte des paramètres choisis. Pour mes différents projets de livre, j'ai utilisé une taille de caractères entre 7 et 10,7 points pour les légendes et le corps du texte.

- Si vous essayez plusieurs polices, vous risquez de vous retrouver avec trop de différences dans la mise en pages finale. En règle générale, les concepteurs préfèrent utiliser des polices de caractères avec empattement pour le corps du texte, reconnaissables par les petites extensions qui forment la terminaison des caractères. Les polices de caractères avec empattement (par exemple, Times New Roman et Garamond) sont considérées comme étant plus lisibles. Pour les titres, il est courant d'utiliser des polices de caractères sans empattement (par exemple, Gill Sans ou Arial).
- Le curseur Approche augmente ou réduit l'écart entre les caractères. Vous pouvez l'utiliser pour créer des textes délibérément condensés ou espacés dans le lettrage, pour réduire la largeur d'un texte un peu trop long pour la cellule de texte ou pour faire en sorte que l'apparence du texte demeure esthétique et dépourvue de césures. Le curseur « Ligne

de basc » est utilisé pour ajuster la hauteur des caractères. Le curseur Interligne ajuste la distance entre les lignes de base. Dans la plupart des cas, vous pouvez conserver le réglage par défaut ou adopter le réglage automatique (« Interligne auto »). Cependant, pour la mise en pages de la couverture, il est souvent intéressant d'expérimenter avec différents paramètres. Pour appliquer à nouveau la mise en pages automatique par défaut, sélectionnez le texte, puis cliquez sur le bouton « Interlignage auto ».

- Le paramètre Crénage s'apparente au paramètre Approche, mais il est utilisé pour l'ajustement de caractères individuels, en plaçant le curseur entre deux caractères. S'il n'est pas vraiment nécessaire pour ajuster les textes de la couverture ou des titres des chapitres, le crénage sert à équilibrer l'écart entre des caractères individuels afin de créer un équilibre. Le module Livres utilise par défaut un crénage automatique, mais il est parfois recommandé de consacrer un peu de temps à l'équilibrage des caractères individuels. Examinez l'espace vide formé entre deux lettres et essayez d'obtenir un équilibre visuel. Pour réinitialiser le crénage, sélectionnez le texte et cliquez ensuite sur le bouton « Crénage automatique ».

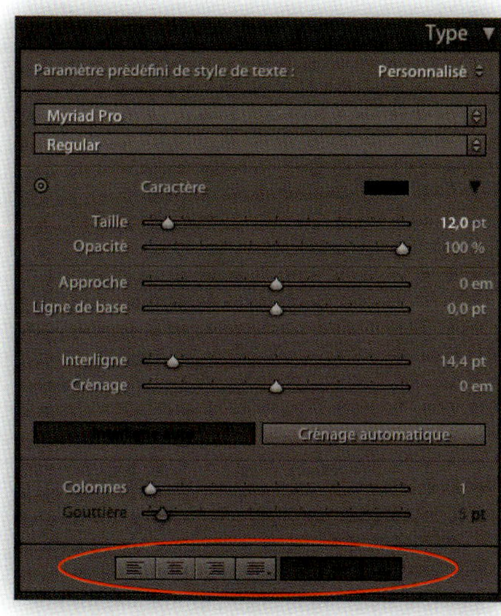

Les options dédiées au texte.

Dans cet exemple, j'ai utilisé la police de caractères Copperplate Gothic Light pour le premier des titres, avec une taille de 18 points et l'option « Interligne auto » activée. Pour le deuxième titre, j'ai modifié la taille des caractères à 24 et 10 points. Le troisième titre utilise les paramètres du deuxième, avec pour seule différence des petits ajustements pour l'espace entre les lettres (crénage).

Options de l'outil de réglage cible

Le panneau Type dispose également d'un outil de réglage cible (TAT) qui, lorsqu'il est sélectionné, peut être utilisé pour modifier directement la hauteur et la largeur des caractères.

- Faites glisser le curseur horizontalement pour ajuster la taille et verticalement pour ajuster la distance verticale entre les lignes de base (Interligne).
- En maintenant la touche Cmd/Ctrl enfoncée, puis en déplaçant le curseur horizontalement, vous ajustez l'espace entre deux lettres consécutives (Approche).

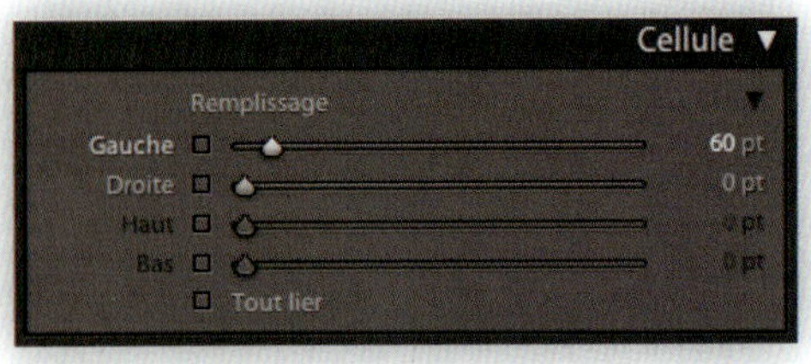

Le panneau Cellule.

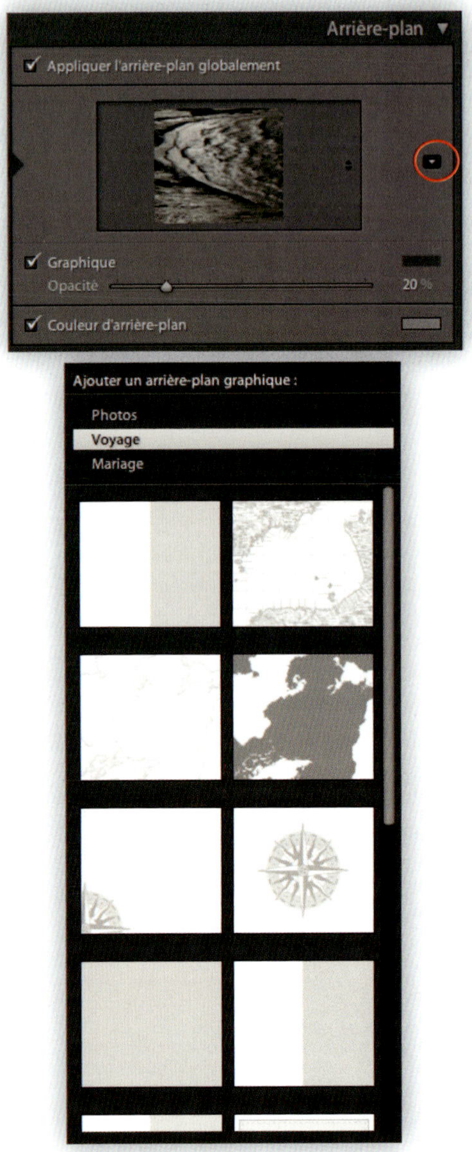

Le panneau Arrière-plan et une partie des graphiques fournis.

- En maintenant la touche Cmd/Ctrl enfoncée, puis en déplaçant le curseur verticalement, vous réglez le décalage des caractères par rapport à la ligne de base (Ligne de base).
- En faisant glisser la souris horizontalement sur le point d'insertion du curseur, vous pouvez ajuster l'espace entre les lettres d'une police de caractères à chasse variable (Crénage).
- Si vous appuyez sur la touche Alt tout en faisant glisser le curseur, vous désactivez temporairement l'outil de réglage cible, ce qui vous permettra de modifier votre sélection de texte avant de modifier les paramètres de caractères.
- Vous pouvez utiliser la touche ESC pour quitter l'outil de réglage cible.
- Le curseur Colonnes permet de créer deux ou plusieurs colonnes à l'intérieur d'une cellule de texte et le curseur Gouttière d'ajuster la largeur entre les colonnes.

Options de placement de texte du panneau Type

Les boutons situés en bas du panneau Type permettent de contrôler la position du texte dans les cellules (voir figure page précédente). Ils proposent des alignements centré ou justifié, gauche et droit. Les trois boutons de droite permettent d'aligner le texte par rapport au bord supérieur, au milieu ou au bord inférieur de la cellule. Utilisez ensuite le panneau Cellule pour remplir le texte, en ajustant les curseurs pour contrôler son remplissage relatif aux bords gauche, droit, haut et bas.

Le panneau Arrière-plan

La plupart des gens préfèrent imprimer leurs images sur un fond blanc. Cependant, vous pouvez modifier la couleur de l'arrière-plan dans le panneau Arrière-plan – j'ai déjà commandé un livre sur fond noir et j'ai été très satisfait du résultat.

- Si vous activez l'option « Appliquer l'arrière-plan globalement », la couleur du fond s'applique à l'ensemble des pages du livre. Si vous la désactivez, vous pouvez appliquer des paramètres personnalisés à certaines pages.
- En activant l'option Graphique, vous pouvez placer une image dans l'arrière-plan qui remplit l'intégralité des pages entières, à l'exception des zones de fond perdu. Pour ce faire, sélectionnez une image depuis le panneau « Film fixe », puis faites-la glisser dans la zone d'aperçu du panneau Arrière-plan. Ajustez ensuite son opacité à l'aide du curseur Opacité. En cliquant sur la flèche, vous pouvez choisir parmi différents graphiques préenregistrés. Jouez sur les réglages des menus Graphique et « Couleur d'arrière-plan » pour obtenir le rendu souhaité.

Publier votre livre photo

Une fois votre projet de livre achevé, cliquez sur « Envoyer le livre vers le serveur Blurb ». Cela ouvre la première des deux boîtes de dialogue ci-dessous.

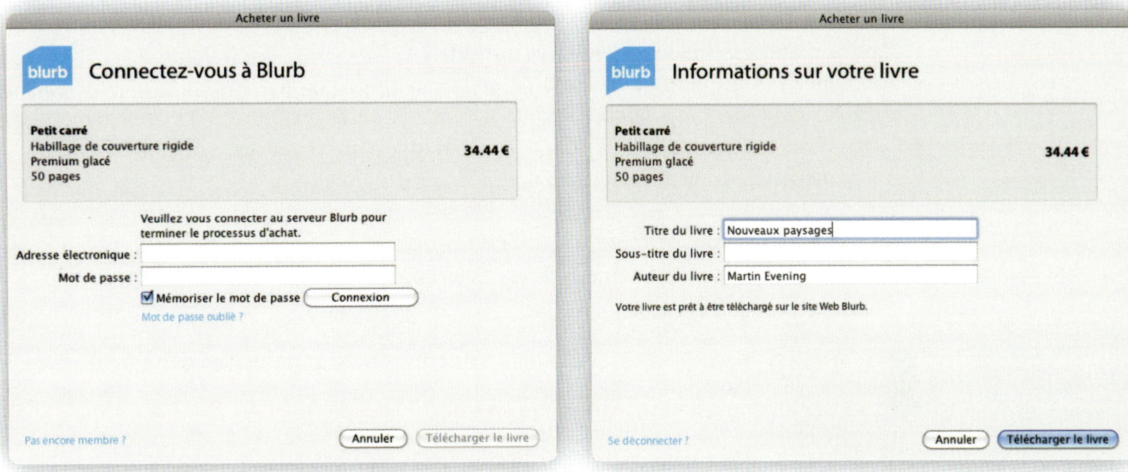

Les deux boîtes de dialogue permettant de passer commande sur le site Blurb.

1. Enregistrez-vous en tant que nouveau membre ou entrez vos informations de connexion existantes.

2. Renseignez le titre et le sous-titre du livre ainsi que le nom de l'auteur. Si ces informations ne sont pas obligatoires, elles vous aideront à identifier les différents projets de livre lors d'une visite ultérieure dans la boutique en ligne de Blurb.

Les boîtes de dialogue suivantes afficheront les différentes options de tarification et vous permettront de commander plusieurs exemplaires de votre livre photo ou d'entrer un code promotionnel. Gardez à l'esprit que le prix affiché pour le livre imprimé n'inclut pas les frais de livraison et que les délais de livraison varient en fonction du pays.

Le module Diaporama

Le module Diaporama permet de créer deux types de présentations : un diaporama affiché dans Lightroom ou une présentation exportable en format PDF ou JPEG. Le premier se lance dans ce module ou même à partir des modules Bibliothèque, Développement ou Impression, en appuyant simultanément sur les touches Cmd/Ctrl + Entrée. Pour quitter la présentation, appuyez sur la touche Échap.

- Les outils du panneau Options modifient la présentation du diaporama. Ils permettent de paramétrer l'épaisseur du contour du cadre et l'ombre portée des cellules d'image.
- Le panneau Disposition propose des réglages similaires à ceux de l'onglet du même nom dans le module Impression : quatre curseurs permettent de définir les marges des cellules.

- Les options du panneau Incrustations ressemblent à celles du module Impression. Vous pouvez adjoindre à votre modèle de présentation une plaque d'identité personnalisée ou des notes sous forme d'étoiles. Avec l'option « Incrustations de texte », vous pouvez ajouter une légende sur une ou sur l'ensemble des diapositives. Lightroom permet également de personnaliser ces légendes grâce à l'option « Ajouter du texte à la diapo », dans la barre d'outils du module Diaporama.
- Le panneau Fond permet de définir l'arrière-plan des diapositives : fond uni, image d'arrière-plan, dégradé de couleur, etc.
- Le panneau Titres permet d'ajouter des diapositives au début et/ou à la fin du diaporama et d'y incruster, grâce aux options de l'« Éditeur de plaque d'identité », des légendes, logos et images.
- Le panneau Lecture permet de définir la durée de passage des diapositives et leurs transitions. Vous pouvez même sélectionner une musique d'accompagnement.

Prise en charge d'écrans ultra haute définition

Pour l'affichage des images dans le module Diaporama, Lightrom offre une prise en charge des écrans à définition élevée. Toutefois, ce dernier point n'affecte que les utilisateurs des derniers modèles d'ordinateurs portables MacBook Pro, équipés d'écrans Retina et ceux utilisant des ordinateurs Windows équipés d'écrans 4K ou 5K.

Les réglages du diaporama peuvent être enregistrés dans un modèle personnalisé, via le panneau « Explorateur de modèles ». Lorsque vous déplacez votre souris sur le nom d'un modèle figurant dans ce panneau, vous en affichez un aperçu dans le panneau du même nom. Une fois que vous avez créé une collection d'images dans le module Bibliothèque, Lightroom associe automatiquement le modèle de diaporama (choisi parmi les options disponibles ou créé par vous) à la collection en question. Sélectionnez l'option « Créer Diaporama », du panneau Collections, pour créer de nouvelles collections auxquelles vous accéderez depuis les modules Bibliothèque, Impression et Web.

Le module Diaporama est capable d'exporter des diapositives séparées au format JPEG ou une présentation au format PDF : cliquez sur l'un des boutons Exporter ou appuyez sur les touches Cmd/Ctrl + J pour exporter un diaporama au format PDF, et sur les touches Cmd/Ctrl + Maj + J pour exporter des diapositives au format JPEG. La boîte de dialogue qui s'ouvre permet de définir l'emplacement, la qualité et les dimensions de la présentation.

L'interface d'édition

L'image « privilégiée » s'affiche dans la fenêtre principale qui présente, via l'interface d'édition, un aperçu de la mise en pages de votre présentation.

Utilisez les flèches gauche et droite de la barre d'outils afin de faire défiler les images du panneau « Film fixe » dans cette interface. Tous les réglages effectués dans le panneau de droite y seront instantanément mis à jour. (Notez que le raccourci clavier T permet, comme dans les autres modules, d'afficher ou de masquer la barre d'outils.)

Les commandes principales du module Diaporama.

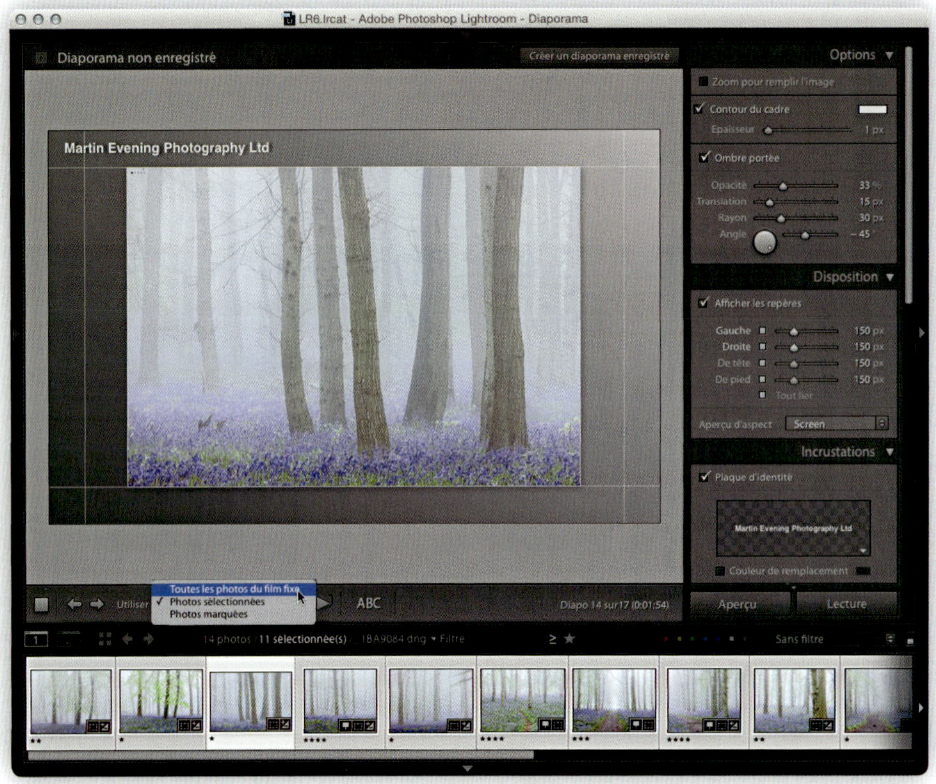

Le module Diaporama affiche ici un aperçu de la mise en pages du diaporama ainsi que le panneau « Film fixe », commun à tous les modules.

Le panneau Disposition

Grâce au panneau Disposition, vous pouvez définir la largeur des marges autour des photos de la présentation. La figure suivante montre les marges (délimités en blanc).

Format de présentation et résolution d'écran
Le menu déroulant Aperçu d'aspect permet de conformer les proportions largeur/hauteur d'un diaporama au format d'affichage de l'écran. Vous pouvez également choisir un rapport 16:9 ou 4:3. Le choix du format conditionne les paramètres d'exportation lorsque vous créez une présentation PDF. La section « Exporter un diaporama » (page 490) vous expliquera comment ajuster ces paramètres.

Vous pouvez modifier leur largeur en déplaçant les curseurs correspondants ou en double-cliquant sur l'un des champs du panneau pour entrer une valeur en pixels, puis affiner le réglage avec les touches haut et bas (↑ et ↓) du clavier : lorsque vous appuyez une fois sur une des flèches, vous augmentez ou diminuez la marge par pas de 1 pixel ; lorsque vous cliquez simultanément sur la touche Maj, le pas passe à 10 pixels. Il suffit de déplacer le pointeur de votre souris sur l'un des champs pour voir apparaître un curseur qui vous permet, quand vous le déplacez vers la gauche ou vers la droite, de modifier la marge correspondante.

Pour modifier toutes les marges en même temps et conserver leurs proportions relatives, sélectionnez l'option « Tout lier » ; pour n'associer que les réglages de deux ou trois marges, cliquez sur un ou deux des petits carrés (« Associer » ou « Supprimer cette marge de groupe »). Sur cette figure, je n'ai cliqué que sur les carrés des marges gauche et droite, ce qui m'a permis de positionner leurs curseurs à la même valeur. Si jamais vous souhaitez masquer les repères, désactivez l'option « Afficher les repères » (Cmd/Ctrl + Maj + H).

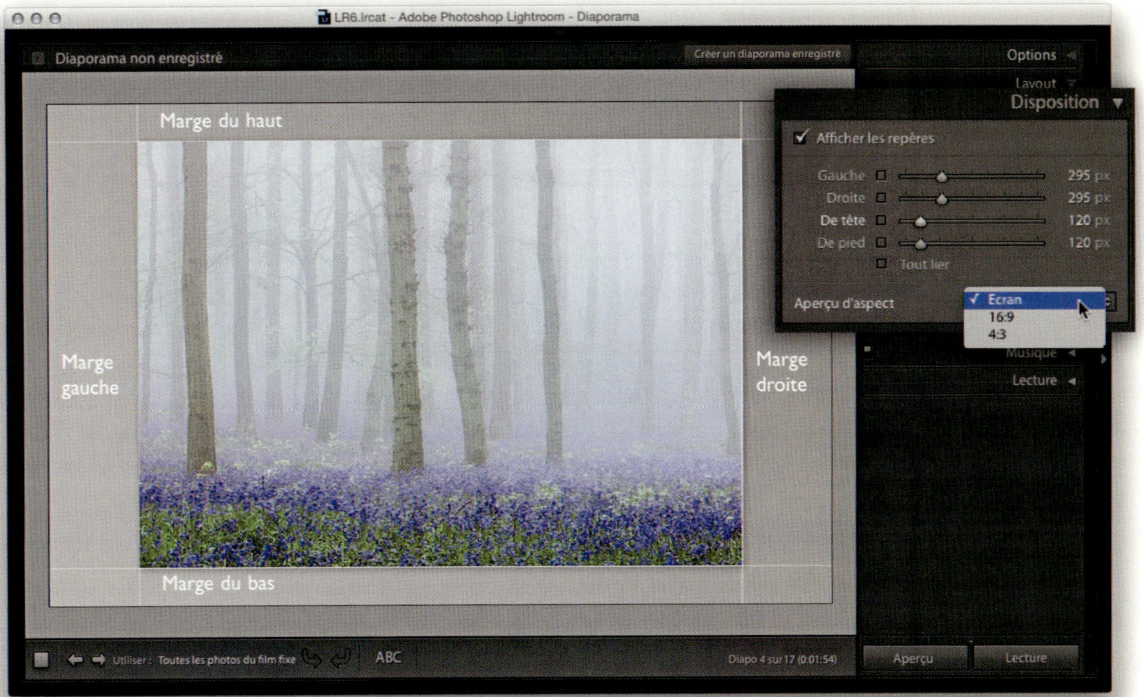

Les outils du panneau Disposition. J'ai placé le pointeur de ma souris sur l'un des champs de la largeur en pixels : j'active ainsi un curseur qui permet de modifier la largeur des marges via un déplacement gauche/droite de la souris.

Le panneau Options

Ce panneau permet de définir l'apparence des cellules d'image. Les captures qui suivent présentent les deux options de la commande « Zoom pour remplir l'image » :

- lorsque cette commande est désactivée, la photo est centrée à l'intérieur des marges ;
- lorsque vous activez la commande, la photo est recadrée pour remplir tout l'espace disponible dans les marges.

Panneau Options affiché avec les repères. L'option « Contour du cadre » est activée et l'ombre portée a été personnalisée.

Avec l'option « Zoom pour remplir l'image », la photo occupe tout l'espace disponible dans les marges.

Si vous comparez les images, vous constaterez que le recadrage n'a été appliqué que sur le haut : j'ai cliqué sur l'aperçu, puis je l'ai fait monter afin de préserver le bord inférieur de la photo. C'est une façon d'intervenir sur le cadrage automatique appliqué par la commande « Zoom pour remplir l'image », et de repositionner, si besoin est, la photo à l'intérieur du cadre. Cependant, ménagez vos efforts : si jamais vous sélectionnez une autre image, vos ajustements seront perdus. Il vaut donc mieux les enregistrer dans une présentation PDF ou en tant que diapositives individuelles en JPEG.

Sur ces captures, une bordure gris clair a été ajoutée aux diapositives grâce à l'option « Contour du cadre ». Notez que Lightroom choisit par défaut une épaisseur de 1 pixel pour le contour. Pour modifier sa couleur, cliquez sur la case de couleur qui ouvrira un sélecteur.

L'option « Ombre portée » permet d'ajouter une ombre derrière la photo. Contrairement à Photoshop qui propose de nombreux modes de fusion, Lightroom n'utilise que le mode de fusion Produit ; en l'absence du mode de fusion Écran, vous ne pouvez donc pas entourer l'image d'un halo. Toutefois, en déplaçant les curseurs Opacité, Translation, Rayon et Angle, vous pouvez personnaliser l'apparence de l'ombre portée pour vous en approcher.

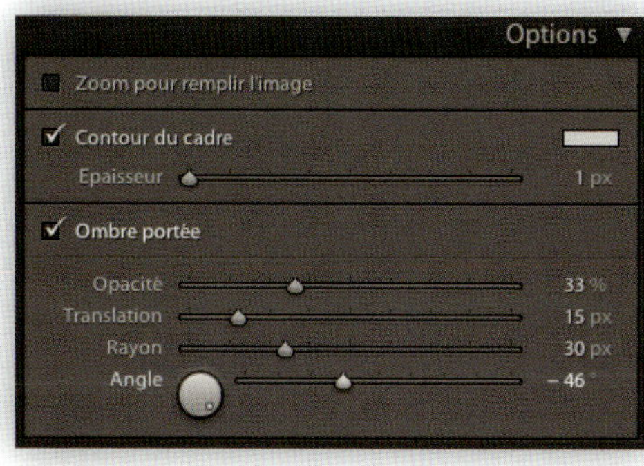

Le panneau Options.

Le sélecteur de couleurs du panneau Options.

Redimensionner des objets
Une façon très simple de redimensionner l'ensemble des objets personnalisés (plaques d'identité, notes et légendes) consiste à faire glisser une des poignées du cadre de sélection.

Le panneau Incrustations

Après avoir défini la largeur des marges et le positionnement de la diapositive, vous pouvez ajouter plusieurs éléments, comme une plaque d'identité, des notes ou une légende.

- L'option « Plaque d'identité » propose des modèles préenregistrés (cliquez sur l'aperçu de la plaque d'identité, puis sélectionnez l'un des modèles), mais vous pouvez également en créer un nouveau (option Modifier). Les paramètres Opacité et Échelle servent à définir l'opacité et la taille de la plaque, et l'option « Rendu derrière l'image » la fait apparaître derrière les photos. Déplacez la plaque d'identité par un simple glisser/déposer dans le cadre de sélection.
- La commande « Application d'un filigrane » permet de sélectionner des réglages personnalisés pour le filigrane, comme ceux présentés au chapitre 7.
- La commande « Notes sous formes d'étoiles » affiche la note que vous avez attribuée à vos images dans le module Bibliothèque ; vous pouvez modifier la taille et la couleur de ces étoiles grâce aux paramètres Opacité et Échelle.
- La commande « Incrustations de texte » affiche ou masque la légende que vous avez créée via le bouton « Ajouter du texte à la diapo », de la barre d'outils.

Mais avant de revenir plus en détail sur l'ajout des légendes, étudions les options de la plaque d'identité.

Créer une plaque d'identité personnalisée

1. Le panneau Incrustations permet d'ajouter différents éléments à la diapositive (plaque d'identité, notes et légende).

2. Cliquez sur l'aperçu de la plaque d'identité, puis sur un des modèles préenregistrés ou sur Modifier pour ouvrir la boîte de dialogue « Éditeur de plaque d'identité ». J'ai ici choisi l'option « Utiliser une plaque d'identité avec un style texte », puis j'ai enregistré un nouveau modèle après avoir modifié le style de caractères.

3. L'option « Utiliser une plaque d'identité graphique » permet d'incruster un logo à la place d'un texte (voir la section « Personnaliser la plaque d'identité », pages 20 à 22 du chapitre 1, pour plus de détails).

Étape 2

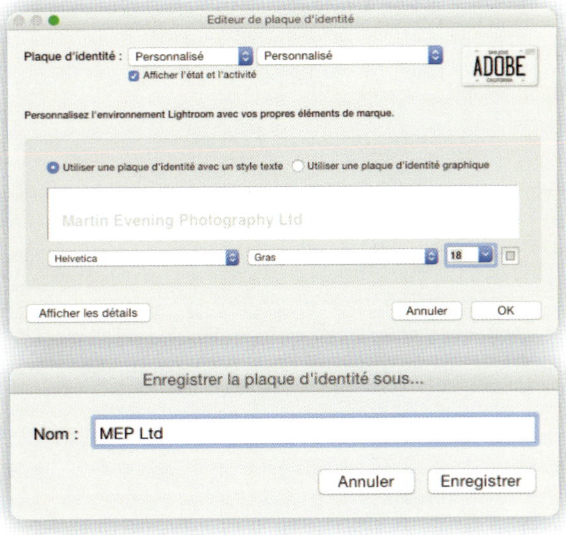

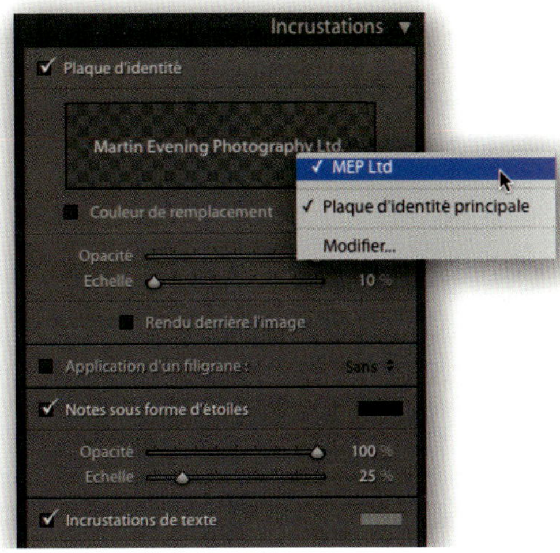

Étape 3

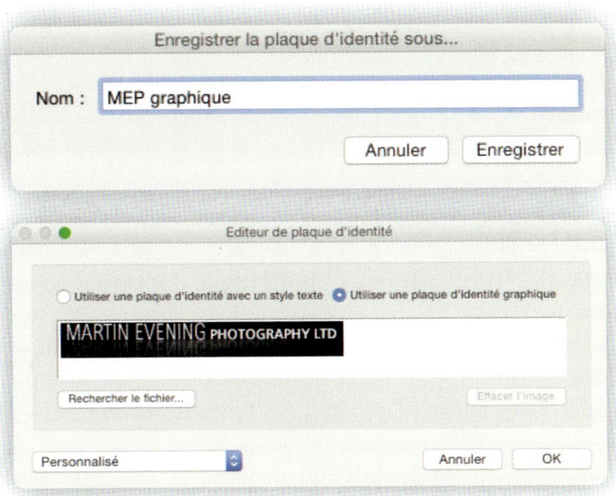

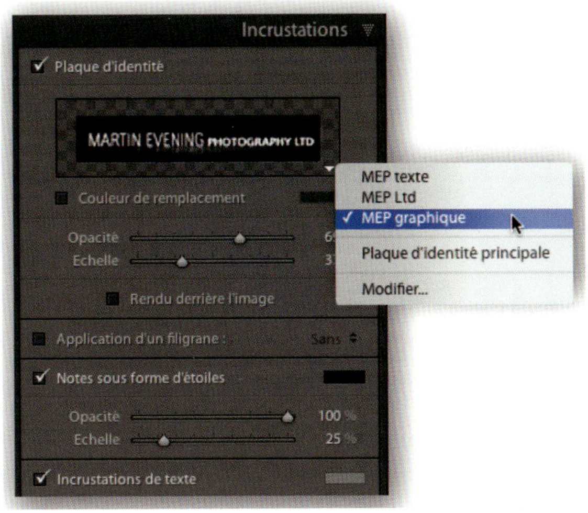

Ajouter des calques de texte personnalisé

Le bouton « Ajouter du texte à la diapo », de la barre d'outils, permet d'ajouter une légende. Quand vous cliquez dessus, une zone « Texte personnalisé » apparaît dans la barre d'outils. Il n'y a plus qu'à taper le texte à insérer, puis à appuyer sur la touche Entrée pour l'afficher dans l'interface d'édition.

Ajout d'une légende simple (calque de texte basique). Les différents points d'ancrage aident à aligner le calque de texte.

Le nombre des calques de texte est illimité ; il est également très simple d'en supprimer ou d'en modifier.

1. Cliquez sur un texte dans l'interface d'édition, puis tapez un nouveau texte pour remplacer l'ancien, ou sélectionnez un nouvel élément du menu « Texte personnalisé ».
2. Pour agrandir ou réduire un calque de texte, cliquez dessus et faites glisser ses poignées (pensez à lui attribuer des dimensions appropriées qui faciliteront la lecture).
3. Pour masquer la zone « Texte personnalisé », cliquez une seconde fois sur le bouton « Ajouter du texte à la diapo ».
4. Pour faire pivoter un élément de texte, cliquez dans la barre d'outils sur l'icône « Rotation antihoraire » ou « Rotation horaire ».

5. Pour choisir une police de caractères et/ou modifier son style, utilisez les commandes Police et Style.

6. Pour supprimer un calque de texte, sélectionnez-le en cliquant dessus, puis appuyez sur la touche Suppr du clavier.

Les points d'ancrage sont très utiles pour positionner des calques de texte dans l'interface d'édition. Huit points sont disposés aux quatre coins et au milieu de chaque côté.

> **Note**
> Vous pouvez également déplacer le calque de texte avec les quatre flèches du clavier. En appuyant simultanément sur la touche Maj, vous augmenterez la distance de déplacement.

- Lorsque vous déplacez votre calque de texte, les points de liaison du calque se connectent automatiquement au point d'ancrage le plus proche.
- Lorsque vous cliquez sur le point d'ancrage lié, il passe en jaune et reste le seul à être connecté aux points de liaison du calque, quelle que soit la position de celui-ci dans l'interface d'édition.

Le petit triangle qui apparaît sous le bouton « Texte personnalisé » donne accès aux options d'une liste déroulante (Date, Exposition, « Nom du fichier », Séquence, etc.). Le bouton Modifier (Cmd/Ctrl + T) donne quant à lui accès à la boîte de dialogue « Éditeur de modèles de texte » qui permet d'ajouter de nombreuses métadonnées de type EXIF et IPTC à la diapositive, et des légendes composées de chaînes de texte.

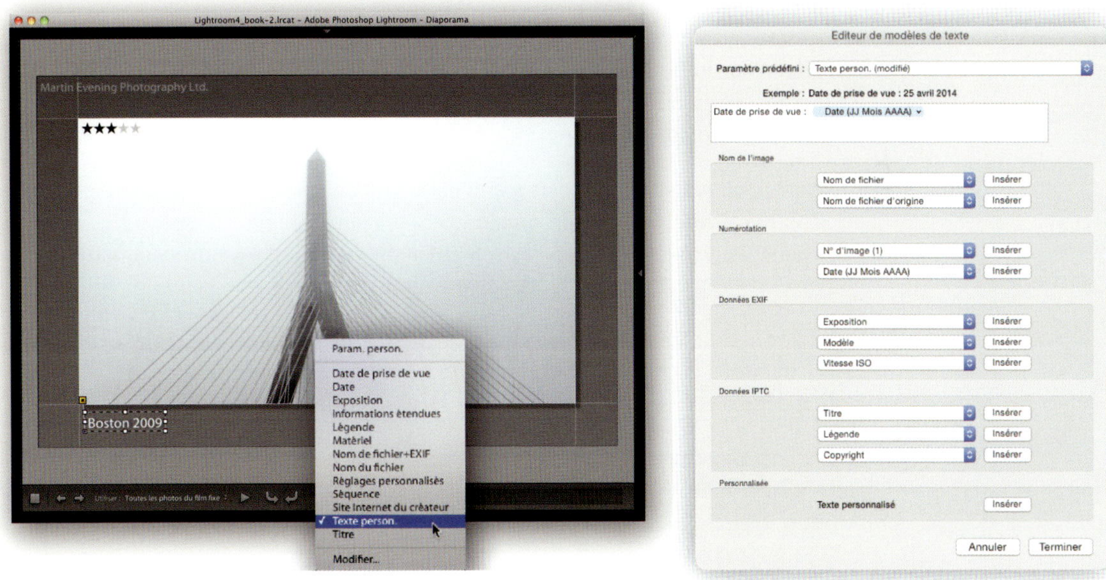

Le menu déroulant « Paramètre prédéfini » propose des modèles de textes préenregistrés. Vous pouvez également créer votre propre modèle grâce à l'option Personnalisé.

La première figure ci-après présente, par exemple, la marche à suivre pour ajouter une légende qui inclut le texte « Date de prise de vue », suivi d'une balise « Date (JJ Mois AAAA) ».

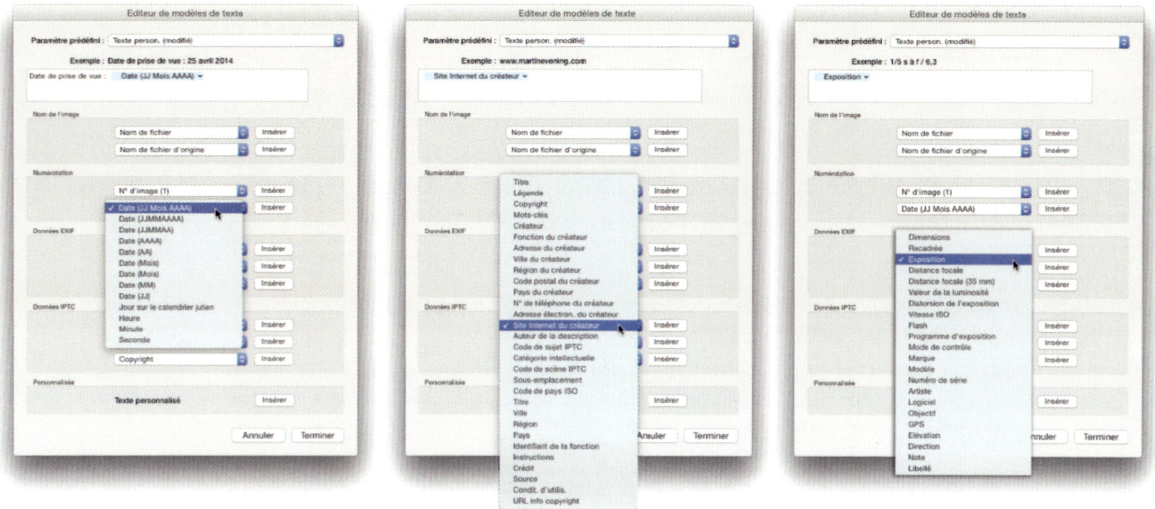

Voici quelques options de la boîte de dialogue « Éditeur de modèles de texte ». Les options Date (à gauche) peuvent être utilisées pour ajouter différents formats pour la date et l'heure de prise de vue à une légende. Les options EXIF (à droite) comprennent des métadonnées relatives à la prise de vue. Les données IPTC (au milieu) comprennent des métadonnées ajoutées par l'utilisateur (voir au chapitre 10, « Les métadonnées personnalisées »).

Voici les étapes à suivre pour ajouter un texte.

1. J'ai cliqué sur le bouton « Ajouter du texte à la diapo » avant de sélectionner, parmi les options du menu déroulant « Texte personnalisé », l'option Modifier : l'« Éditeur de modèles de texte » s'ouvre.

2. J'ai ensuite cliqué sur le premier menu déroulant de la section IPTC afin de sélectionner l'option « Site Internet du créateur », puis sur le bouton Insérer. J'ai ainsi créé une chaîne de texte « Site Internet du créateur » que j'ai ensuite enregistrée en tant que modèle de texte avec le nom « Site Web ».

3. Une fois l'« Éditeur de modèles de texte » quitté, le nouveau calque de texte s'affiche dans l'interface d'édition. Les options de la section « Incrustations de texte » servent alors à définir la police de caractères et le style de la légende.

4. Les points d'ancrage affichés ici permettent de positionner précisément le calque de texte. Cliquez sur l'un des points pour le sélectionner, puis déplacez-le à sa nouvelle position. J'ai choisi de placer le texte au milieu de l'image, et j'ai réglé son opacité à 20 % pour produire un effet de filigrane.

Étape 2

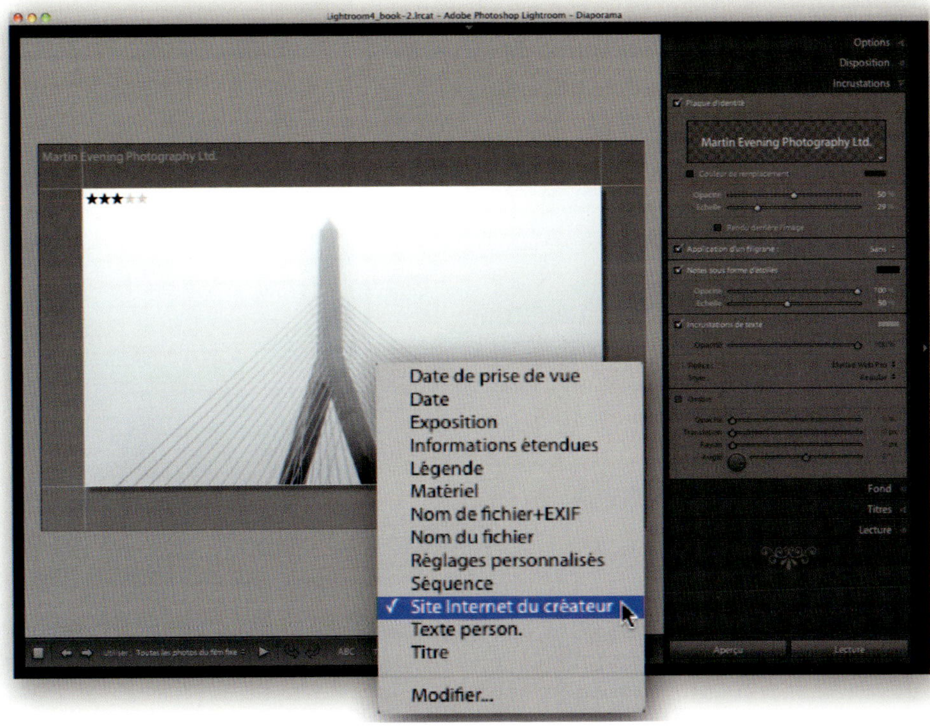

Étape 3

Étape 4

Le panneau Fond

Les commandes du panneau Fond sont dédiées à l'arrière-plan du diaporama. Les commandes de la section « Dégradé de couleurs » sont particulièrement utiles : les sélecteurs de couleurs des outils « Dégradés de couleurs » et « Couleurs de l'arrière-plan » permettent de définir une teinte et un dégradé pour l'arrière-plan, que vous pouvez affiner par la suite grâce aux curseurs Opacité et Angle.

Pour insérer une image en arrière-plan, sélectionnez-la dans le panneau « Film fixe » et faites-la glisser sur l'arrière-plan de la présentation (ou sur l'aperçu de la section « Image d'arrière-plan »). Les couleurs du dégradé s'ajoutent à cette image et tendent à réduire son contraste.

L'ensemble des commandes du panneau Fond reste toujours disponible pour modifier l'arrière-plan, quel qu'il soit ; vous pouvez les combiner à loisir. L'ensemble des réglages peut être enregistré en tant que paramètre prédéfini. N'hésitez pas à créer plusieurs modèles d'arrière-plan différents. Voici quelques effets possibles.

1. Ce modèle possède un arrière-plan noir par défaut. En cochant l'option « Couleur d'arrière-plan », vous pouvez changer sa couleur.
2. L'option « Dégradé de couleurs » permet d'introduire une deuxième couleur qui applique un dégradé à l'arrière-plan (ici un jaune RVB 81/69/40).
3. Ajoutez une image à l'arrière-plan en la faisant glisser, à partir du panneau « Film fixe », sur la zone d'aperçu de la section « Image d'arrière-plan ».

Étape 1

Étape 2

Étape 3

Le panneau Titres

Le panneau Titres permet d'insérer des diapositives au début et/ou à la fin d'une présentation. Utilisez les options « Ajouter une plaque d'identité » pour incruster un texte, un logo ou une image, l'option « Couleur de remplacement » et le curseur Échelle pour changer la couleur et les dimensions du texte, et le sélecteur de couleurs pour changer la couleur de l'arrière-plan de la diapositive.

1. Afin de créer une diapositive pour clore une présentation, j'ai utilisé un éditeur de texte pour écrire le générique, puis je l'ai enrichi grâce aux fonctions proposées (les commandes de l'« Éditeur de plaque d'identité » étaient trop rudimentaires…). Puis j'ai copié le texte dans la fenêtre de l'« Éditeur de plaque d'identité » avant de l'enregistrer en tant que nouveau paramètre prédéfini.

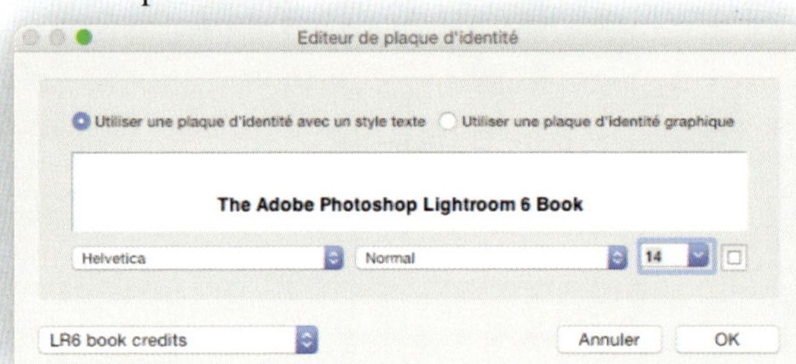

2. J'ai ensuite sélectionné mon logo d'entreprise pour l'écran d'accueil, et le générique comme écran de fin de diaporama. Voici une capture de la dernière image à laquelle se superpose la diapositive de fin de diaporama en transition Fondu.

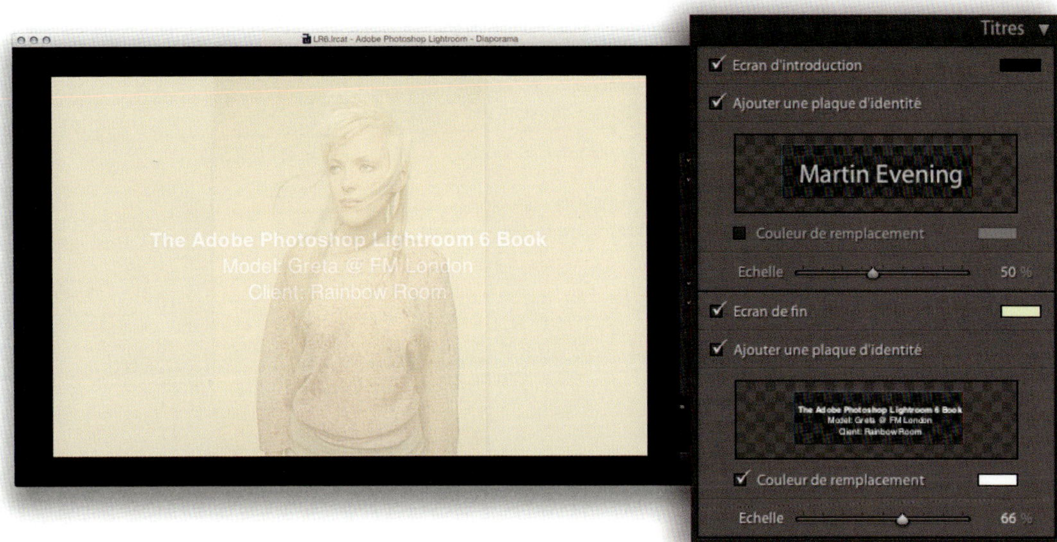

Le panneau Musique

Le nouveau panneau Musique permet d'ajouter jusqu'à dix fichiers de musique.

Le nouveau panneau Musique.

- Pour ajouter une ou plusieurs musiques, cliquez sur l'icône « + », puis sélectionnez le ou les fichiers en question. Le panneau Musique affiche ensuite le titre des chansons et leur durée.
- Pour enlever un fichier de la liste, sélectionnez-le puis cliquez sur l'icône « - ». Si un fichier préalablement sélectionné s'avère finalement manquant, Lightroom affiche une icône d'avertissement.
- S'il est impossible de sauvegarder une présentation PDF avec son accompagnement musical, vous pouvez enregistrer celui-ci ainsi que les images sous la forme d'un fichier vidéo. Si le diaporama animé est destiné à un public plus important, assurez-vous de détenir les droits d'utilisation pour les morceaux de musique utilisés. Notez que les fichiers au format iTunes sont soumis à la gestion des droits numériques (DRM). Pour utiliser des morceaux de musique dans le cadre d'un diaporama sonorisé, il faut donc en acquérir des versions au format iTunes Plus, sans protection DRM.

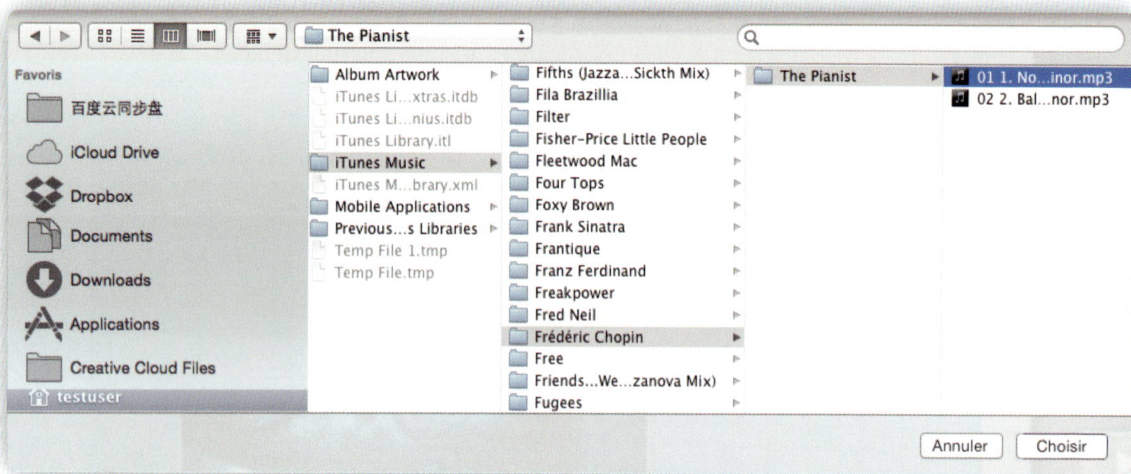

Cliquez sur l'icône « + », puis utilisez l'explorateur de fichiers de votre système d'exploitation pour choisir les morceaux de musique pour accompagner vos images.

Le panneau Lecture

Le panneau Lecture vous aide à définir la durée d'apparition de chaque diapositive ainsi que celle des fondus. Désormais, il propose deux modes opératoires. La figure suivante présente les options du mode Automatique qui permet de contrôler les paramètres d'affichage.

- L'option « Synchroniser les diapositives et la musique » adapte automatiquement la durée de transition entre deux diapositives successives, grâce à une analyse du rythme de la musique ; plus celui-ci est soutenu, plus la transition sera rapide. En cochant cette option, vous désactivez les commandes « Longueur de diapositive » et « Fondus croisés » qui permettent de jouer sur la vitesse de défilement et le fondu entre les diapositives. De même, il n'est plus possible d'intervenir sur le bouton « Ajuster à la musique ». À la fin de la présentation, le volume de la musique se réduit progressivement, évitant ainsi une fin abrupte.
- Lorsque l'option « Synchroniser les diapositives et la musique » est désactivée, vous pouvez ajuster la durée d'affichage et du fondu entre les diapositives. S'il est possible d'augmenter la vitesse de défilement des images en sélectionnant une durée d'affichage plus courte et un fondu plus rapide. Attention, la vitesse de défilement dépend beaucoup du poids de fichiers des images maîtres et de leur mise en cache, ainsi que de la puissance de calcul de votre ordinateur.
- L'option « Ajuster à la musique » ajuste automatiquement la durée d'affichage des diapositives en fonction des morceaux de musique que vous avez sélectionnés.
- Le curseur « Équilibre audio » permet d'homogénéiser le volume du son entre la bande-son du ou des morceaux de musique et celle du ou des fichiers vidéo que vous avez ajoutés sur le diaporama. L'ajustement s'appliquant à l'ensemble des fichiers vidéo, mieux vaut privilégier un logiciel d'édition vidéo pour un contrôle plus fin des niveaux de son des différentes séquences animées.

- L'option « Panoramique et zoom » ajoute un effet d'agrandissement et de mouvement panoramique lors de la transition entre les visuels. Autrement dit, Lightroom applique automatiquement un effet nommé après son inventeur Ken Burns, documentaliste et producteur qui a utilisé ce type d'effet pour rendre l'affichage d'images fixes plus vivant. De nos jours, l'effet Ken Burns est beaucoup utilisé pour produire des diaporamas et films documentaires. Il a été rendu populaire par le logiciel iMovie d'Apple. Pour l'appliquer aux images d'un diaporama, cochez l'option « Panoramique et zoom », puis ajustez le curseur entre les deux extrêmes « Faible » et « Élevé » : au fur et à mesure que vous poussez le curseur à droite, les mouvements deviennent plus saccadés alors que son mouvement à gauche produit des mouvements plus doux.
- Cliquez sur « Aperçu » pour prévisualiser le diaporama. L'option « Répéter le diaporama » l'affiche en boucle, quant à l'option « Ordre aléatoire », elle modifie automatiquement l'ordre d'apparition des diapositives.
- Vous pouvez choisir l'écran sur lequel sera affiché votre diaporama. À cet effet, la section « Écran de lecture » affiche un aperçu des écrans connectés à votre ordinateur. Si vous disposez de deux écrans, il suffit de cliquer sur l'aperçu idoine pour qu'il soit utilisé en mode Lecture, la flèche indiquant l'écran actif. L'option « Mettre en veille les autres écrans » permet alors de masquer l'affichage sur l'écran secondaire.
- Le menu Qualité permet de faire varier la qualité d'affichage lors de la lecture du diaporama dans Lightroom. Notez que les réglages Brouillon, Standard et Élevée n'influent pas sur la qualité d'affichage des diaporamas exportés.
- En cliquant sur Manuel, vous désactivez les options « Synchroniser la diapositive et la musique », « Panoramique et zoom », le bouton « Ajuster la musique » et le curseur « Équilibre audio ».

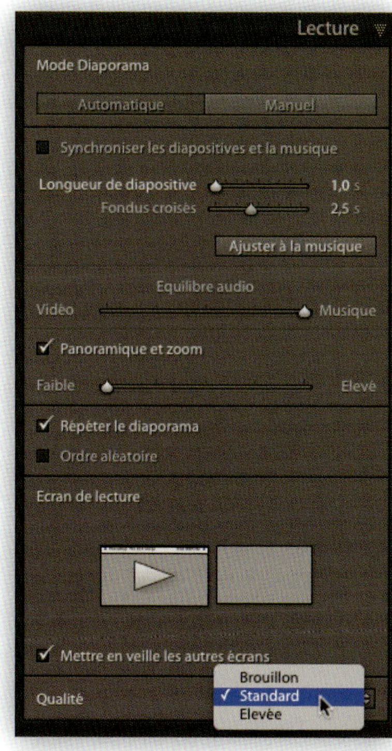

Le panneau Lecture en mode Automatique.

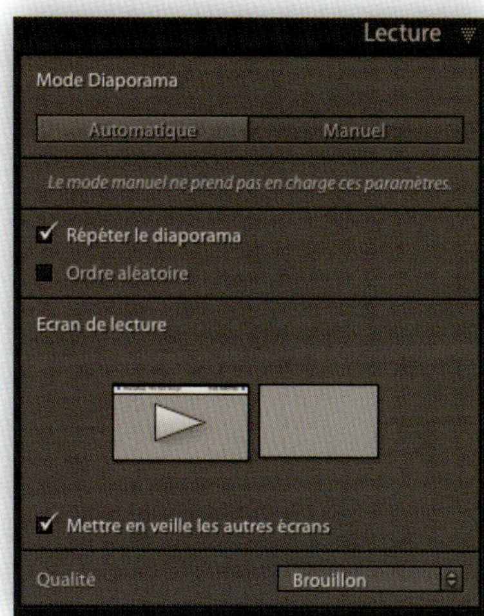

Le panneau Lecture en mode Manuel.

Création d'une collection Diaporama

De la même manière qu'avec d'autres modules de sortie, vous pouvez enregistrer les réglages et les images d'un diaporama sous forme d'une collection.

1. Cliquez sur le bouton « + », situé dans l'angle supérieur droit du panneau Collections.

2. Nommez la collection, puis cliquez sur Créer pour l'enregistrer.

3. Vous pouvez choisir d'inclure toutes les images du panneau « Film fixe » ou celles utilisées dans le diaporama actuel.

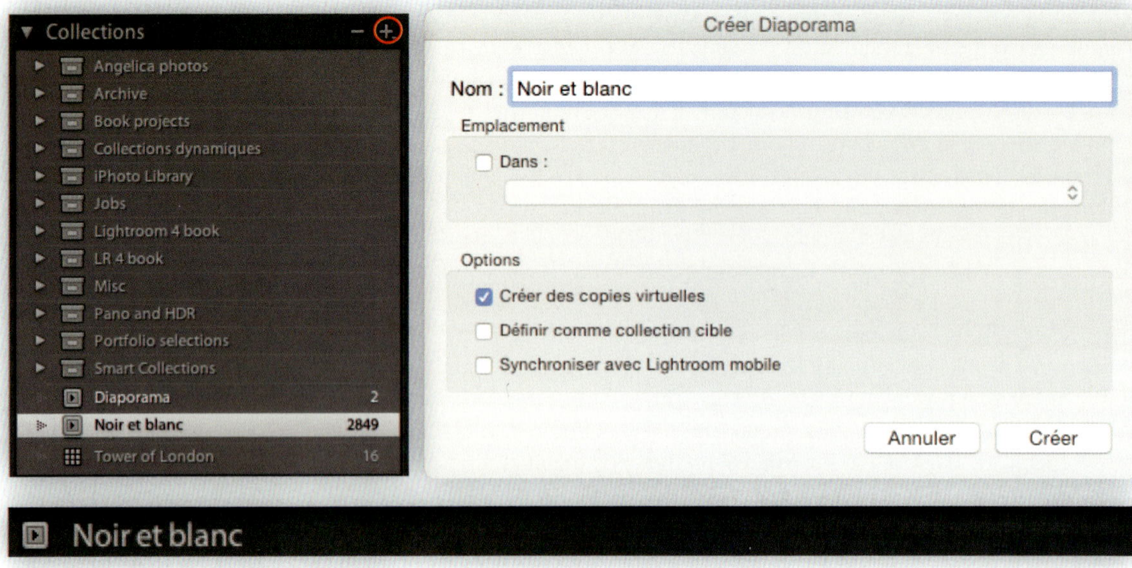

La boîte de dialogue « Créer Diaporama », le panneau Collections et la barre d'en-tête.

Prévisualisation et Lecture

Pour démarrer la lecture d'une présentation, sélectionnez la commande Lecture>Lancer le diaporama ou appuyez sur le bouton Aperçu dans la barre d'outils ou sur la touche Entrée de votre clavier. Quand la lecture du diaporama démarre, l'interface d'édition devient entièrement noire, puis s'éclaircit avant que la première diapositive n'apparaisse. Utilisez la touche Échap pour arrêter un diaporama.

La combinaison des touches Cmd/Ctrl + Entrée du clavier lance un diaporama plein écran depuis l'ensemble des modules de Lightroom, à condition d'avoir fait une sélection d'une ou de quelques images à partir du panneau « Film fixe ».

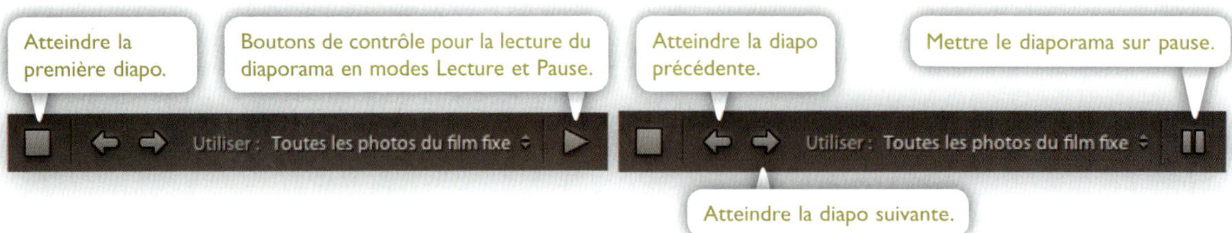

Aperçu du diaporama.

Pour afficher un aperçu rapide de la présentation dans l'interface d'édition, appuyez sur les touches Alt + Entrée. La figure qui suit montre une présentation affichée en mode Aperçu. L'arrière-plan de la fenêtre principale est devenu tout noir. En mode Aperçu, le diaporama démarre beaucoup plus vite (en restant tout de même tributaire du poids des fichiers maîtres). Vous pouvez utiliser les boutons de la barre d'outils pour contrôler la lecture de votre présentation et avancer ou reculer à l'intérieur de la séquence (via les flèches gauche et droite), ou bien interrompre la lecture (grâce à la barre d'espace de votre clavier ou le bouton de la barre d'outils « Mettre le diaporama sur pause »).

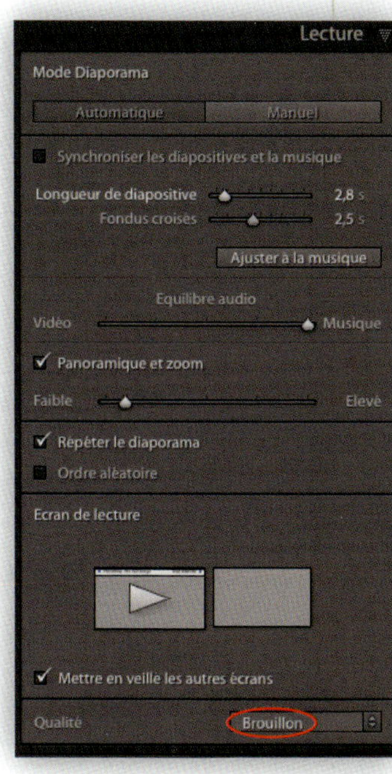

Les boutons Aperçu et Lecture.

Sélectionner les images du diaporama

La barre d'outils du module Diaporama et le menu Lecture>Contenu comportent plusieurs options permettant de déterminer quelles images s'affichent dans le panneau « Film fixe ». En sélectionnant l'option « Utiliser toutes les photos du Film fixe », le diaporama affiche l'ensemble des images du panneau « Film fixe » en partant de l'image sélectionnée. En sélectionnant l'option « Utiliser les photos sélectionnées », il affiche toutes les images sélectionnées et avec l'option « Utiliser les photos marquées », toutes les photos auxquelles vous avez attribué un marqueur.

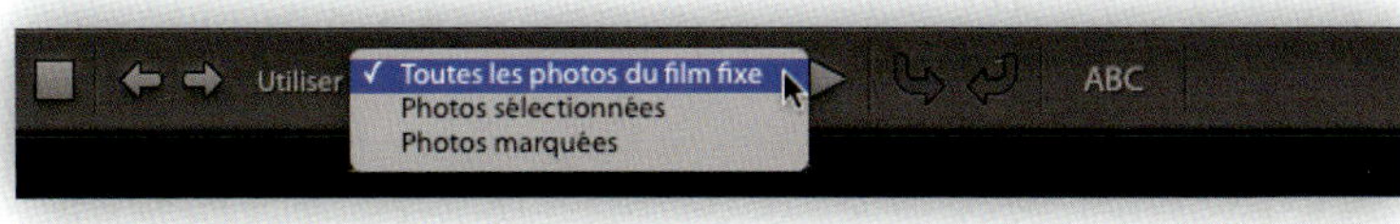

Les options de la barre d'outils.

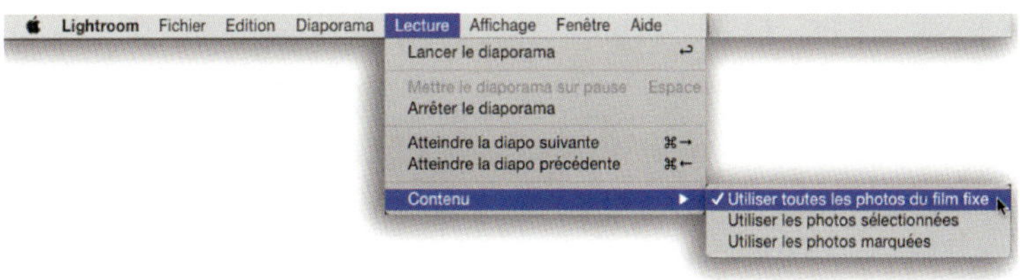

Les options du menu barre d'outils Lecture>Contenu.

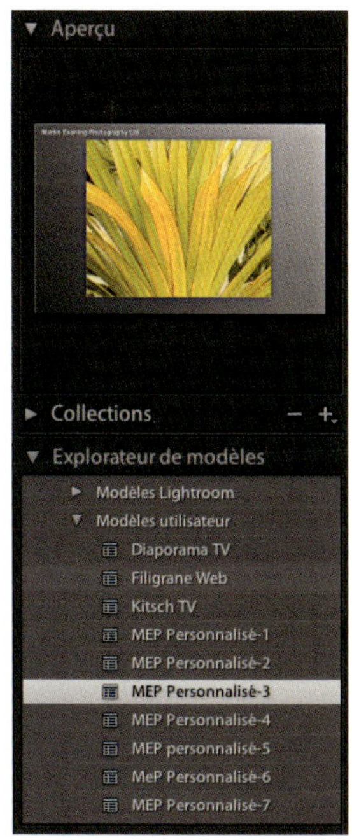

L'« Explorateur de modèles » et son aperçu : si votre modèle comprend une image en arrière-plan, celle-ci doit impérativement faire partie de la bibliothèque.

Le panneau « Explorateur de modèles »

Après avoir conçu une belle présentation, il serait dommage de ne pas pouvoir la réutiliser. Vous pouvez enregistrer un travail en cours sans pour autant le sauvegarder comme modèle via le menu Diaporama>Enregistrer les paramètres du diaporama (Cmd/Ctrl + S).

Pour aller plus loin et sauvegarder un modèle de diaporama, utilisez la commande Diaporama>Nouveau modèle (Cmd/Ctrl + N) ou passez par le bouton Ajouter, situé en bas du panneau « Explorateur de modèles ». La figure ci-contre présente l'« Explorateur de modèles » et l'aperçu de celui que j'ai nommé « MEP Personnalisé-3 ». La photo d'arrière-plan qui lui est associée doit obligatoirement être dans la bibliothèque, sinon Lightroom affichera un message d'erreur. Toutefois, si vous sélectionnez un modèle dont l'image d'arrière-plan est manquante, elle sera remplacée par la dernière image d'arrière-plan utilisée.

- Les portraitistes et les photographes de mariage apprécieront sans doute la possibilité d'enregistrer un modèle « standard » sous plusieurs déclinaisons pour lesquelles seule la musique changera afin de s'adapter aux goûts des clients.
- Pour supprimer un modèle, vous pouvez appuyer sur le bouton Supprimer en bas du panneau ; pour mettre un modèle à jour, sélectionnez l'option « Mettre à jour avec les paramètres actuels », dans le menu contextuel.
- Lorsque vous comparez différents modèles préenregistrées, l'option Diaporama>Récupérer les paramètres de diaporama précédents vous permettra de retrouver la mise en pages qui précédait.
- Les réglages d'un diaporama peuvent être associés à une collection du module Diaporama. Elle est également accessible à partir des modules Bibliothèque et Web ; il suffit de la sélectionner pour l'ouvrir automatiquement dans le module Diaporama.

Exporter un diaporama

Nous avons jusqu'ici parlé des fonctionnalités du logiciel pour afficher un diaporama dans Lightroom. Il est également possible de l'exporter au format PDF grâce à la commande Diaporama>Exporter le diaporama PDF. Adobe Reader ou tout autre logiciel compatible avec ce format, comme Aperçu d'Apple, est capable de lire une telle présentation. Dans la boîte de dialogue « Exporter le diaporama au format PDF » (voir les captures de la page suivante), vous pouvez choisir la destination du fichier, son taux de compression (curseur Qualité) et ses dimensions (curseurs Largeur et Hauteur).

Les boutons Exporter du module Diaporama : appuyez sur la touche Alt, puis sur le bouton « Exporter PDF » pour passer à l'option permettant d'exporter le diaporama au format JPEG.

À propos d'Adobe Reader
Adobe Reader est un logiciel gratuit compatible avec les systèmes d'exploitation Mac, Linux/Unix et Windows. Vous pouvez télécharger sa dernière version à l'adresse http://get.adobe.com/fr/reader/. Notez que seules les versions les plus récentes sont capables de prendre en compte les transitions entre diapositives. Adobe Reader fait défiler les diapositives à une vitesse fixe, quelle que soit la version. L'option « Afficher automatiquement en plein écran » affiche les diapositives en mode Plein écran. Pour afficher un diaporama à sa résolution réelle, sélectionnez le raccourci Cmd/Ctrl + 1.

Notez que la taille d'affichage du diaporama est tributaire de votre écran : les plupart des écrans Apple, arborent des rapports d'affichage de 16:9. Bien que vous puissiez redimensionner votre diaporama, vous devrez toujours respecter les proportions de votre écran. Tenez également compte de la définition d'affichage des écrans sur lesquels votre diaporama sera affiché : choisissez une taille « standard » (1 024 × 768 ou 1 024 × 1 280 pixels) dans le menu déroulant « Tailles communes », ou simplement l'option Écran (qui adapte la présentation automatiquement à la définition de votre écran).

L'option « Afficher automatiquement en plein écran » affiche les diapositives en mode « Plein écran ». Utilisez cette option pour la lecture du diaporama dans Adobe Reader ou Adobe Acrobat.

Les présentations PDF sont parfaites pour partager vos images. Lorsque vous les gravez sur un CD-Rom ou un DVD-Rom, le taux de compression n'a aucune importance : sélectionnez par conséquent la meilleure qualité disponible. En revanche, si vous envoyez une présentation par e-mail, vous devez adapter les paramètres Qualité, Largeur et Hauteur en fonction du poids de fichier autorisé.

L'option Diaporama>Exporter le diaporama JPEG (raccourci Cmd/Ctrl + Maj + J) exporte au format JPEG les diapositives de votre présentation. Là encore, vous pouvez choisir le taux de compression et les dimensions des images exportées.

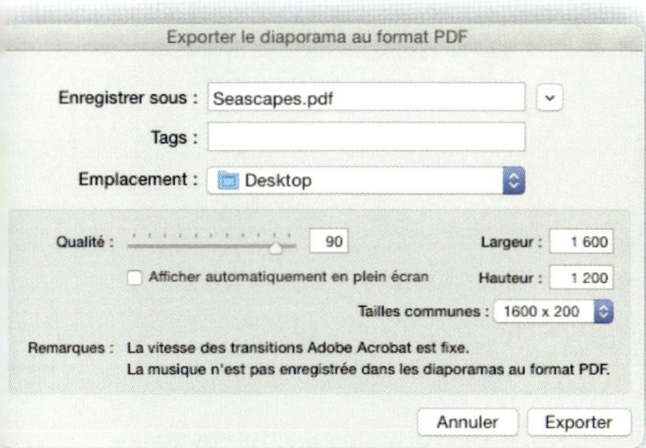

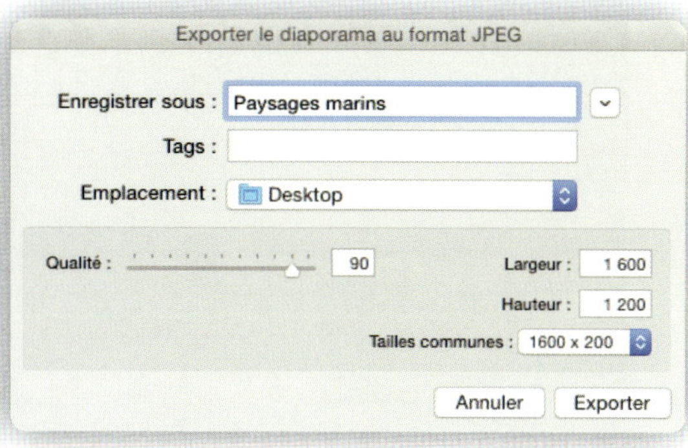

Les boîtes de dialogue « Exporter le diaporama au format PDF » (à gauche) et « Exporter le diaporama au format JPEG » (à droite).

Par le passé, il n'était pas possible de lire un diaporama sonore autrement que dans Lightroom. Depuis sa cinquième mouture, celui-ci vous propose d'exporter le diaporama sous forme de fichier au format vidéo, permettant de produire un diaporama haute résolution avec une bande sonore. De plus, les fichiers AVI ainsi exportés à l'encodage H.264 peuvent être transmis sur de nombreux sites de partage tels que YouTube ou optimisés pour une lecture sur des dispositifs médias mobiles (iPad, iPod touch, etc.).

Sélectionnez la commande Diaporama>Exporter le diaporama vidéo (raccourci Cmd/Ctrl + Option/Alt + J) et spécifiez l'un des paramètres vidéo prédéfinis : 320 × 240 offre des dimensions de 3 320 × 240 pixels, un codage de type H.264 et un défilement de 30 vues par seconde, optimisé pour des lecteurs médias, l'envoi par e-mail et des logiciels tels que QuickTime, iTunes, Adobe Media Player et Windows Media Player. Les options suivantes sont conseillées pour un affichage sur des téléphones et lecteurs mobiles (480 × 320), des sites de partage (720 × 480) et la consultation sur un téléviseur (960 × 540). Quant aux options 720p et, a fortiori, 1080p, elles offrent une résolution HD.

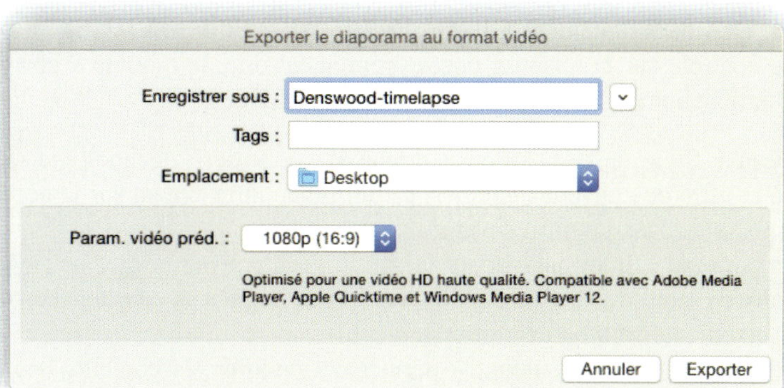

La boîte de dialogue « Exporter le diaporama au format vidéo ».

La figure suivante montre un diaporama qui a été produit et exporté sous forme de fichier vidéo à l'aide d'un modèle de diaporama personnalisé conçu par Sean McCormack.

Exemple de diaporama, assemblé à partir d'une série de photos réalisées en accéléré (timelapse) et enregistré sous forme de séquence vidéo à 29,97 images par seconde.

Le module Web

Le module Web permet de concevoir très simplement des sites web à partir de collections de photos. Les pages web sont élaborées en partant des aperçus générés par le module Bibliothèque. L'affichage est actualisé au fur et à mesure des modifications. La fenêtre principale n'affiche pas uniquement un aperçu provisoire, mais une prévisualisation très fidèle des pages web vues par un navigateur (Internet Explorer, Firefox, Safari, Opera, etc.).

Comme pour un diaporama, il est possible de générer des pages à partir d'une sélection d'images de la Bibliothèque (collection, dossier, images « filtrées » selon des critères particuliers, etc.) ou simplement à partir du panneau « Film fixe ». Bien qu'il n'offre que peu de contrôle sur la mise en pages proprement dite, le module Web propose de nombreux outils pour personnaliser l'apparence des galeries.

- Le panneau « Style de disposition » donne le choix de la technologie (HTML ou HTML5) et offre de nouvelles galeries, ce qui influe directement sur le nombre d'options disponibles dans les autres panneaux du module.
- Grâce au panneau « Informations sur le site », vous pouvez insérer des informations personnalisées (nom du site, titre et description de la galerie, coordonnées de contact et liens vers un site web ou une adresse e-mail).
- Le panneau « Palette de couleurs » permet de modifier les couleurs des différents éléments qui constituent votre page (légendes, arrière-plan, grille, etc.).

Les panneaux et les outils du module Web.

- Vous pouvez personnaliser l'apparence de la grille de vignettes des galeries HTML et HTML5 dans le panneau Aspect (vous déterminerez le nombre de colonnes et de rangées des pages de la galerie).
- Le panneau « Informations sur l'image » sert à personnaliser les champs de texte affichés au-dessus et en dessous des cellules de vignette, ce qui permet d'inclure de multiples chaînes de texte basées sur des métadonnées EXIF et IPTC.
- Le panneau « Paramètres de sortie » permet de définir la taille des aperçus et des vignettes, la qualité d'image, et d'ajouter un copyright en filigrane.
- Le panneau « Paramètres de téléchargement » permet d'enregistrer la galerie web dans un dossier portant le nom de la galerie (bouton Exporter) ou de la télécharger sur un serveur une fois les paramètres de transfert configurés (bouton Télécharger).
- Le bouton « Aperçu dans un navigateur » permet de visualiser la galerie dans votre navigateur web par défaut. Dans « Serveur Web », vous pouvez spécifier les paramètres de transfert pour votre serveur FTP. (Vous pourrez ensuite vous passer d'un logiciel dédié au transfert FTP.)
- Enregistrez enfin vos créations en tant que modèles dans le panneau « Explorateur de modèles ». De nombreux modèles préenregistrés peuvent vous aider au début, mais sachez qu'il est très facile de les personnaliser pour créer vos propres mises en pages.

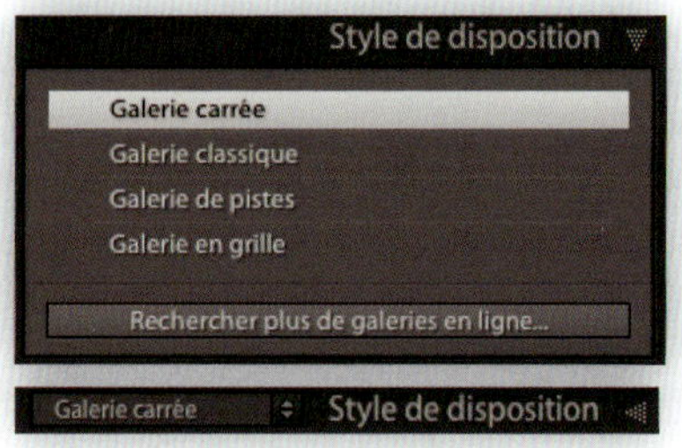

Le panneau « Style de disposition ».

Le panneau « Style de disposition »

Le panneau « Style de disposition », situé dans la partie supérieure des panneaux de droite, permet de sélectionner plusieurs styles de galeries web.

La galerie classique est basée sur des gabarits qui utilisent du code HTML « traditionnel » pour générer des pages à deux niveaux d'affichage. Les vignettes s'affichent dans une grille de la page Index ; lorsque vous cliquez sur l'une des vignettes, vous accédez à une page composée d'un aperçu de grande taille entouré d'un espace suffisamment grand pour permettre l'ajout d'informations (titres d'image, légendes).

Grâce à son code « standard », la galerie classique sera facilement accessible à l'ensemble des visiteurs de votre site. Cependant, bien que vous puissiez paramétrer la taille des aperçus, l'affichage des métadonnées et les couleurs des éléments de la galerie, Lightroom n'offre que peu de possibilités pour personnaliser la présentation de ces pages HTML.

1. La page Index de la galerie classique affiche par défaut une grille de vignettes qui ressemble à celle du module Bibliothèque.

2. Cliquez sur l'une de ces vignettes afin d'accéder à l'affichage de l'aperçu. Cliquez ensuite sur l'image pour retourner à l'index.

Les trois autres styles de galeries web (Galerie carré, Galerie de pistes et Galerie en grille) s'appuient désormais sur la bibliothèque logicielle libre Chromium, elle-même basée sur du code HTML5. Les nouvelles galeries remplacent favorablement les anciennes galeries Flash, fondées sur une technologie qui est de moins en moins prise en charge par les systèmes d'exploitation et navigateurs web modernes. Les nouveaux styles génèrent

Etape 1

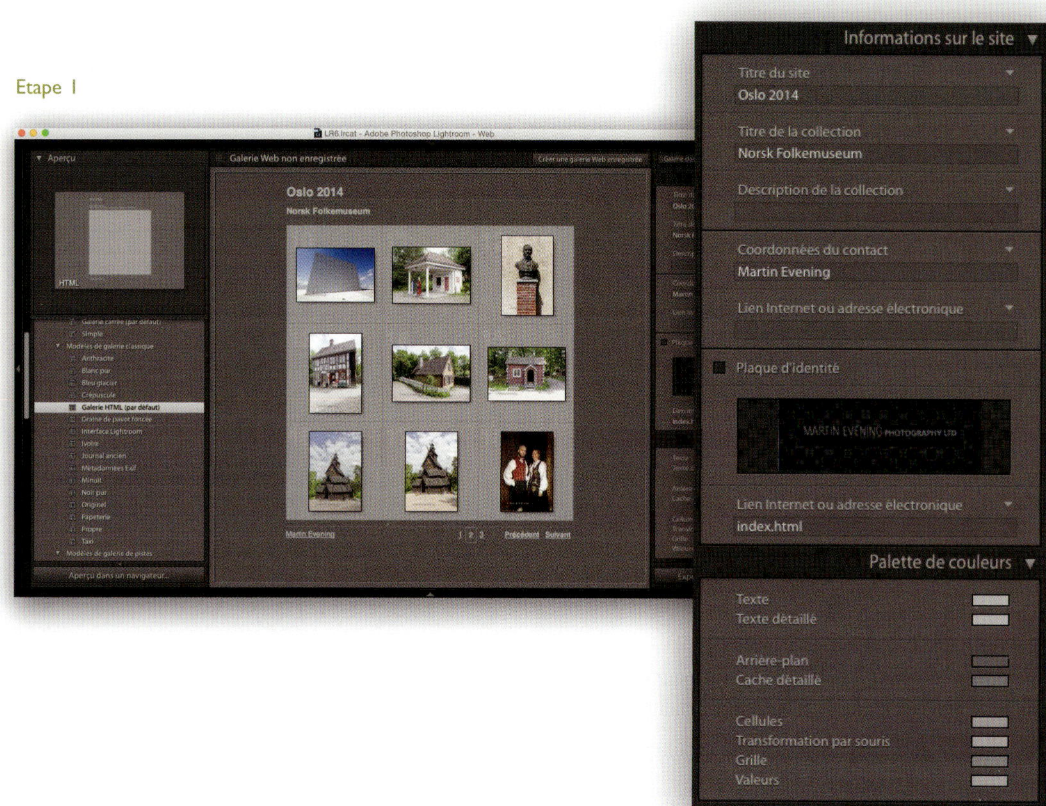

Etape 2

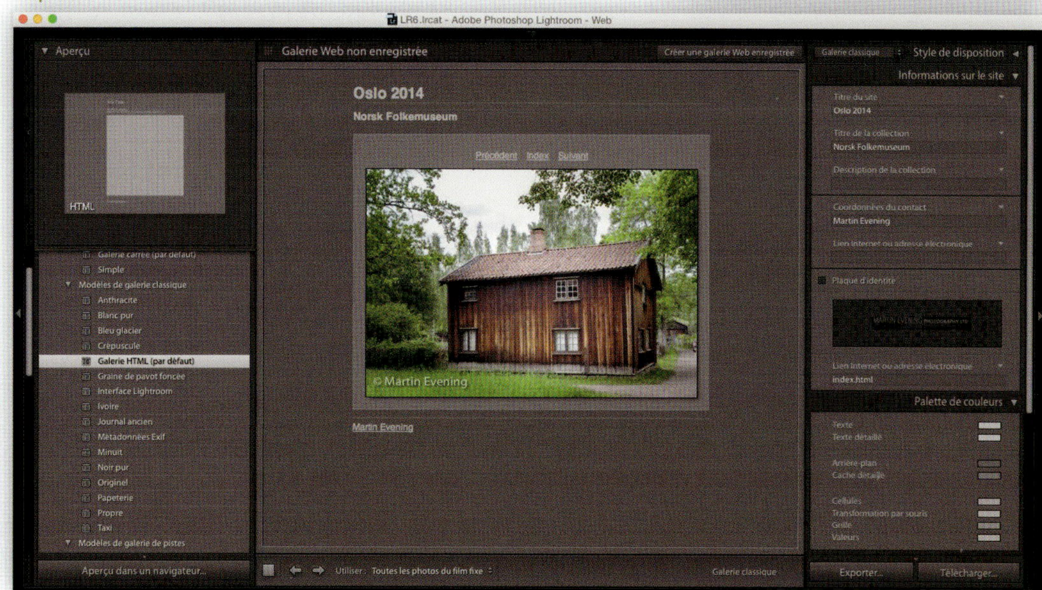

des transitions très douces d'une image à l'autre tout en favorisant la conception de pages web avec des apparences très séduisantes (et très diversifiées). Ils sont compatibles avec l'ensemble des navigateurs web actuels, y compris ceux des dispositifs mobiles. Ils offrent également davantage d'options pour personnaliser la mise en pages. Le style « Galerie en grille » permet de disposer les vignettes sur une seule ou sur plusieurs pages. Le style « Galerie carré » offre le choix entre un chargement instantané des vignettes ou un chargement qui s'effectue de façon dynamique lors du défilement de la page.

1. Si la galerie en grille arbore une grille de vignettes dont la disposition s'apparente à celle de la galerie classique en HTML, elle présente des options supplémentaires pour personnaliser la mise en pages.

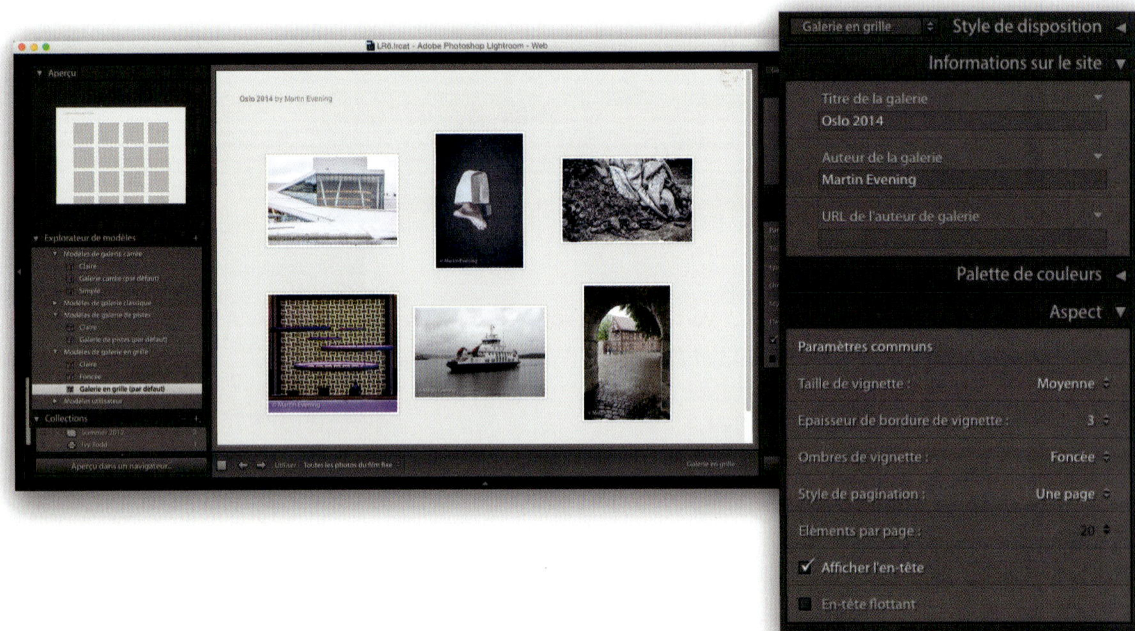

2. En cliquant sur une des vignettes, Lightroom affiche uniquement l'image sélectionnée avec, au bas de la page, des touches « Image suivante » ou « Image précédente » pour parcourir les photos de la galerie et, dans l'angle supérieur droit, une icône en forme de croix pour revenir à la grille de vignettes.

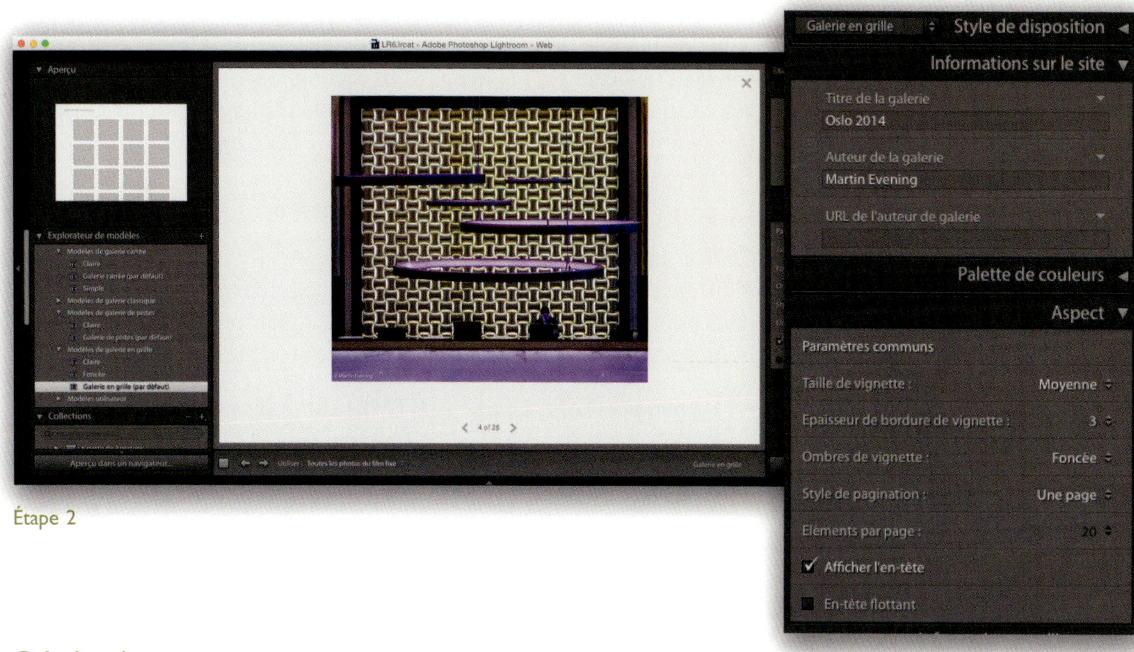

Étape 2

Galeries tierces

Bénéficiant de l'architecture ouverte de Lightroom, différents éditeurs indépendants proposent des galeries qu'il suffit simplement de télécharger et de copier dans le dossier approprié. Ainsi, elles apparaissent dans le panneau « Style de disposition » de Lightroom

Installer des modèles téléchargés
Pour installer un modèle de galerie web téléchargé, placez-le dans le dossier Nom_utilisateur/Bibliothèque/Application Support/Adobe/Lightroom/Web Galleries (Mac OS X) ou Users\Nom_utilisateur\AppData\Roaming\Adobe\Lightroom\Web Galleries (Windows). Quittez, puis redémarrez Lightroom afin que le nouveau modèle s'affiche dans le panneau Moteur.

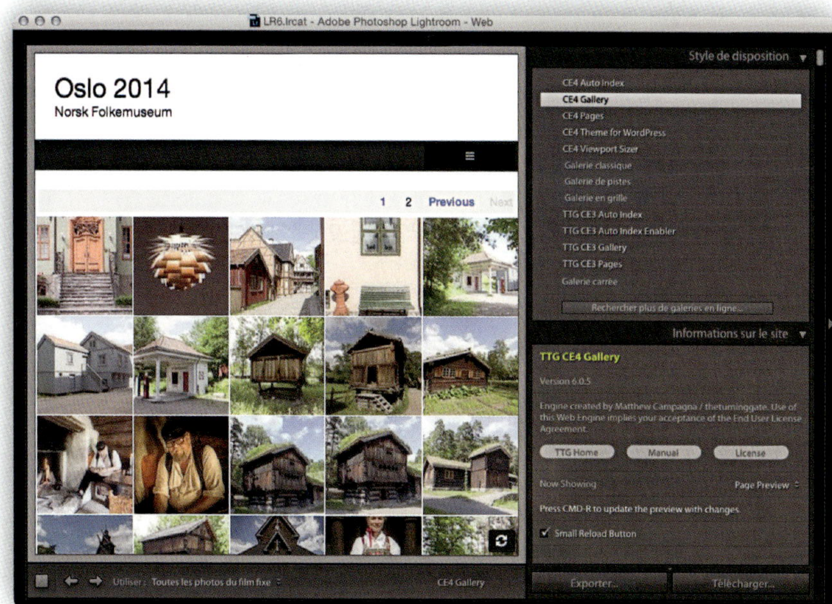

Le modèle TTG CE4 Gallery.

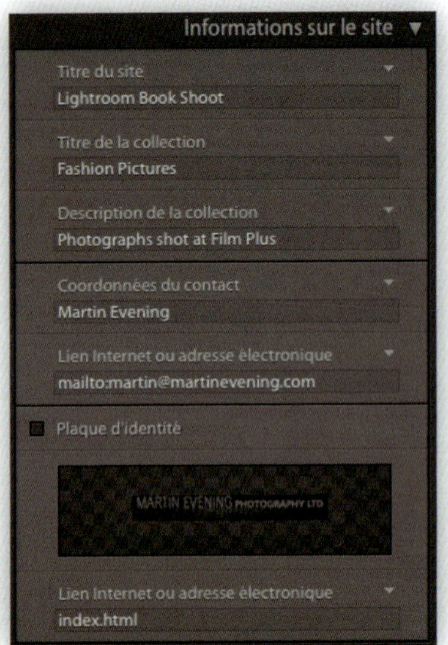

Si vous cliquez sur les petits triangles, vous pouvez parcourir la liste des entrées récentes.

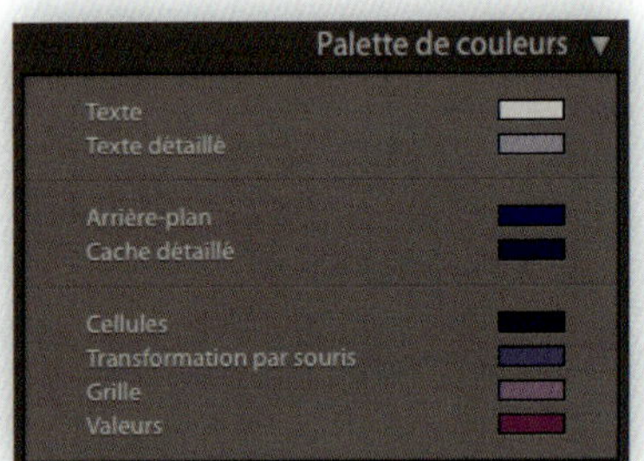

Modèle Crépuscule de la galerie classique (HTML).

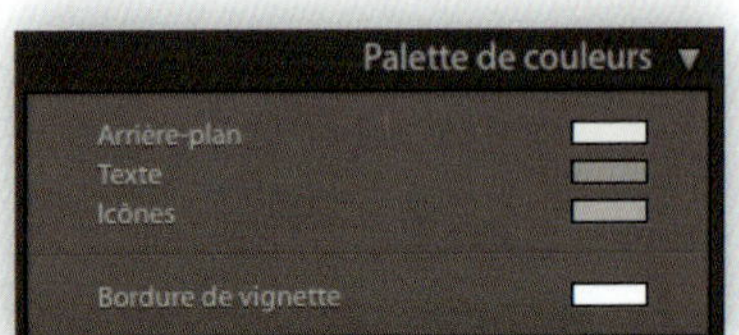

Modèle par défaut de la galerie en grille (HTML5).

et vous pouvez alors personnaliser la présentation des pages avec les outils du module Web. J'affectionne particulièrement les galeries créées par Matthew Campagna, que je vous recommande vivement. Vous pouvez les télécharger à partir du site http://theturninggate.net. La capture suivante présente un aperçu de la galerie TTG CE4 Gallery.

Le panneau « Informations sur le site »

Choisir le HTML ou le HTML5 détermine l'architecture principale d'une galerie web et donne également accès à des jeux d'options différents pour personnaliser la présentation. Le panneau « Informations sur le site » ajoute les informations énumérées ci-après.

- Le champ « Titre du site » (HTML) est l'élément le plus important de votre mise en pages ; il s'affichera dans la barre de titre de votre navigateur web, quel que soit votre style de page web.
- Le champ « Titre de la collection » (HTML) ou « Titre de la galerie » (HTML5) est considéré comme un sous-titre. Si vous préparez la galerie web d'un mariage, par exemple, choisissez le nom des mariés comme titre de site et prévoyez plusieurs galeries avec des titres de collections différents : Préparatifs, Mairie, Église, Famille, Réception, etc.
- Dans le champ « Description de la collection » (HTML), vous pouvez ajouter un sommaire du contenu. Cette description sera insérée juste en dessous du titre de la collection.
- Entrez votre nom dans les champs « Coordonnées du contact » (HTML) ou « Auteur de la galerie » (HTML5), puis renseignez le champ « Lien Internet ou adresse électronique » (HTML) ou « URL de l'auteur de galerie » (HTML5). Si vous souhaitez insérer une adresse électronique, elle doit être précédée par le code HTML « mailto : »; entrez ensuite votre adresse électronique sans ajouter d'espace. Les coordonnées de contact sont affichées en bas (HTML) de chaque page ou suivant le titre de la galerie (HTML5). Lorsqu'un visiteur clique sur le lien correspondant, son logiciel de messagerie électronique se lance et ouvre un nouveau courrier qui affiche votre adresse comme destinataire. Attention, en insérant votre adresse électronique, celle-ci devient accessible aux aspirateurs de sites web, ainsi qu'aux moteurs de référencement. Enfin, vous pouvez aussi renseigner l'URL de votre site web (Lightroom ajoute alors automatiquement le « http:// »).

Le panneau « Palette de couleurs »

Vous pouvez modifier les couleurs des éléments d'une galerie (légendes, arrière-plan, cellules...) dans le panneau « Palette de couleurs ». Les options proposées dépendent du type de galerie, HTML ou HTML5. La figure en bas de la page précédente montre le modèle Crépuscule de la palette d'une galerie HTML. Les éléments de texte seront en gris clair et les éléments de texte détaillé en gris moyen bleuté, ce qui permettra aux légendes de se détacher facilement de l'arrière-plan bleu foncé ; les lignes de la grille, les cellules et les numéros de cellules adoptent des teintes mauves et bleues, la couleur « rollover » qui s'affichera lorsque la souris passera sur les cellules étant un bleu moyen. Pour visualiser la couleur « Cache détaillé » (c'est-à-dire celle de l'arrière-plan d'un aperçu), il faudra passer en mode d'affichage principal afin de n'afficher qu'une seule image par page.

La palette de couleurs d'une galerie HTML5 est un peu différente. J'ai sélectionné ici le modèle par défaut de la galerie en grille : les éléments Texte et Icônes présentent différentes nuances de gris clair, les éléments Arrière-plan et « Bordure de vignette » ont une couleur blanche. Notez que cette dernière option est uniquement proposée pour la galerie en grille.

Il est utile de préciser ici que, dans le jargon de Lightroom :

- le texte est le titre de la galerie ;
- l'arrière-plan occupe toute la surface résiduelle ;
- la bordure est la fine ligne qui entoure les sections « Image principale » et « Vignette de la page ».

Choisir un thème de couleur

Créer un ensemble harmonieux de couleurs est difficile et requiert un bon sens de l'esthétique. Il peut être plus confortable de sélectionner l'un des modèles proposés dans l'« Explorateur de modèles », de préférer les couleurs d'une palette de teintes neutres (de nombreux photographes choisissent des couleurs neutres pour aider le regard à se concentrer sur leurs photos) ou les couleurs de la palette « Couleurs Sécurisées Web » (les couleurs seront fidèlement reproduites sur les écrans).

Cliquez sur HEX pour afficher la palette « Couleurs Sécurisées Web ».

N'hésitez pas à tester Adobe Color CC (anciennement Kuler), hébergée sous forme d'application web à l'adresse https ://color.adobe.com. Elle permet de trouver, de partager et de télécharger des thèmes de couleurs pour les sites web.

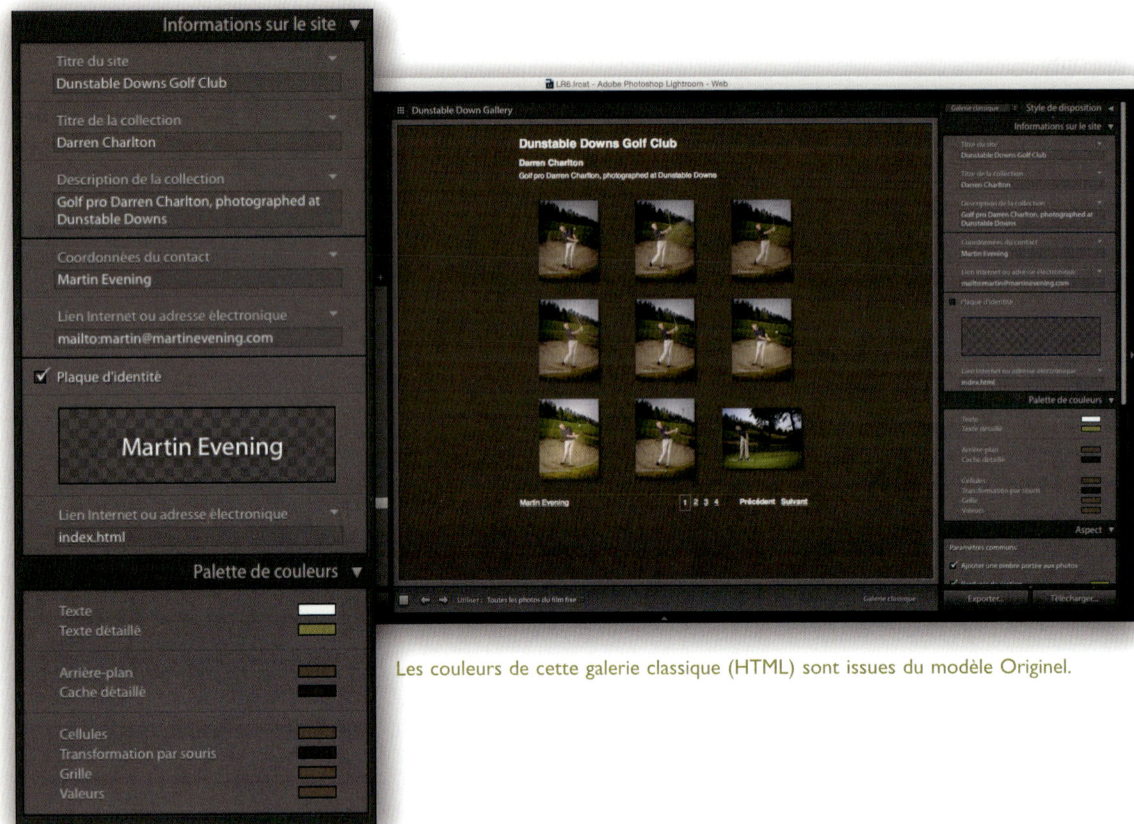

Les couleurs de cette galerie classique (HTML) sont issues du modèle Originel.

Les couleurs de cette galerie classique (HTML) sont issues du modèle « Journal ancien ».

Le panneau Aspect

Le panneau Aspect contribue également à la personnalisation de vos sites, à la fois pour la mise en pages des galeries HTML et HTML5 et par l'ajout d'une plaque d'identité.

Réglages pour une galerie HTML

La grille de vignettes doit au moins être en 3 × 3, c'est-à-dire afficher au minimum 9 vignettes. Cliquez sur la grille du panneau Aspect pour modifier le nombre de cellules. Si votre galerie comporte plus d'images que la grille ne peut en loger, Lightroom répartira les vignettes sur autant de pages que nécessaire. L'option « Afficher le numéro des cellules » peut être intéressante pour des pages comportant un grand nombre de vignettes : vos visiteurs peuvent ainsi identifier une photo par son numéro plutôt que par son nom de fichier, plus difficile à retenir.

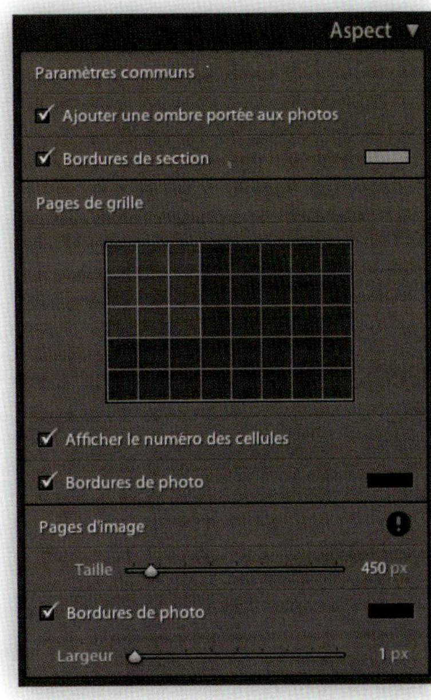

Le panneau Aspect d'une galerie HTML.

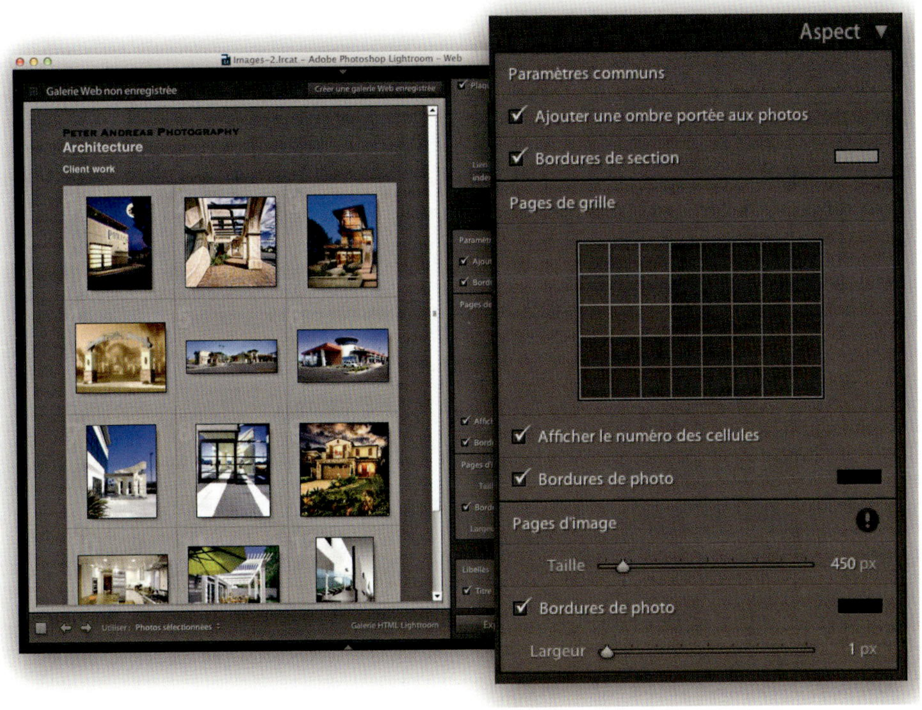

Grille 3 × 4 pour les vignettes d'une page HTML.

Réglages pour une galerie HTML5

Plusieurs options sont à votre disposition pour la mise en pages d'une galerie HTML5. Les deux figures présentée ci-dessous présentent les mises en pages par défaut pour une galerie en grille (en haut) et une galerie de pistes (en bas).

Panneau Aspect d'une galerie en grille.

Panneau Aspect d'une galerie de pistes.

Le panneau « Informations sur l'image »

Ajouter des titres et des légendes

Les sections Titre et Légende du panneau « Informations sur l'image » permettent d'ajouter une description à chacune des images principales. Dans une galerie HTML, le titre apparaît au-dessus et la légende en dessous de l'image principale ; dans une galerie HTML5, le titre figure sous l'image principale, au-dessus de la légende.

Pour créer des titres ou des légendes personnalisés, cliquez simplement sur le triangle à droite du réglage en cours et sélectionnez une option du menu déroulant. La figure ci-contre présente l'ensemble des options disponibles pour les sections Titre et Légende. Si vous regardez cette figure, vous verrez que j'avais choisi l'option Matériel pour la légende ; j'ai ensuite saisi un texte dans le champ « Texte personnalisé ».

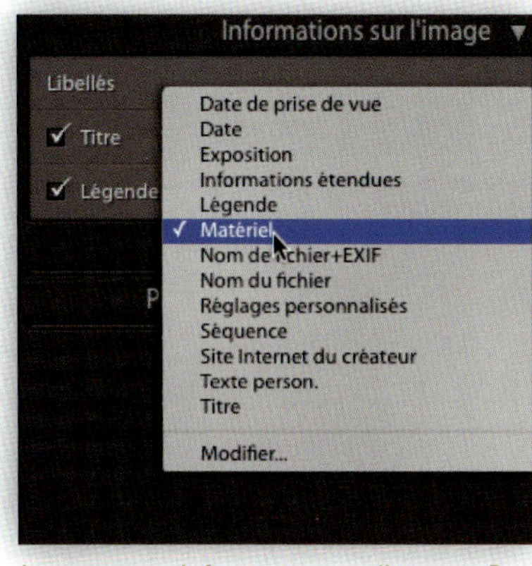

Le panneau « Informations sur l'image ». Pour la légende, j'ai choisi ici l'option Matériel.

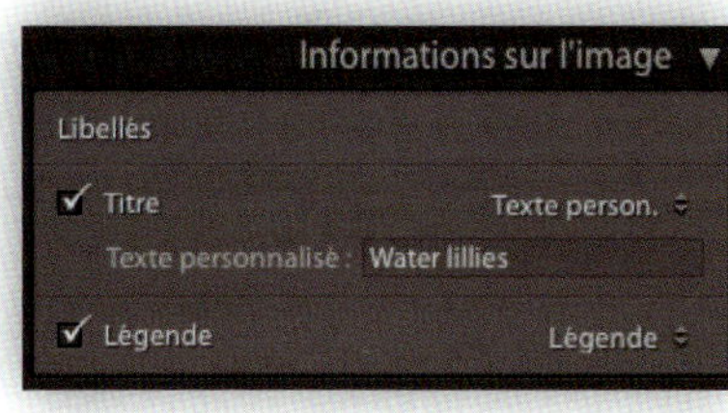

L'option « Texte personnalisé » permet d'insérer un texte personnalisé, ici pour le titre.

Personnaliser l'information des titres et des légendes

Le menu Titre et Légende ne propose qu'un nombre limité d'options, mais le choix s'étend lorsque vous sélectionnez l'option Modifier qui ouvre la boîte de dialogue « Éditeur de modèles de texte ». Identique à la boîte de dialogue du module Diaporama, elle permet d'associer les métadonnées de votre choix à un texte personnalisé.

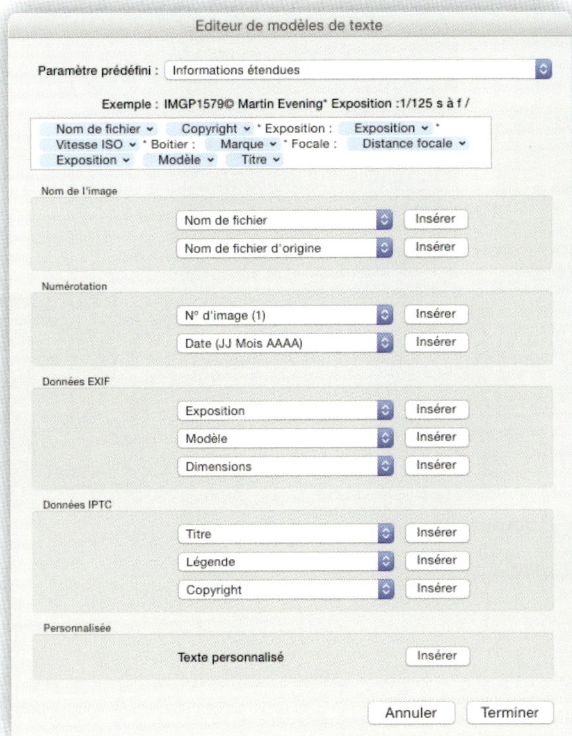

L'« Éditeur de modèles de texte ».

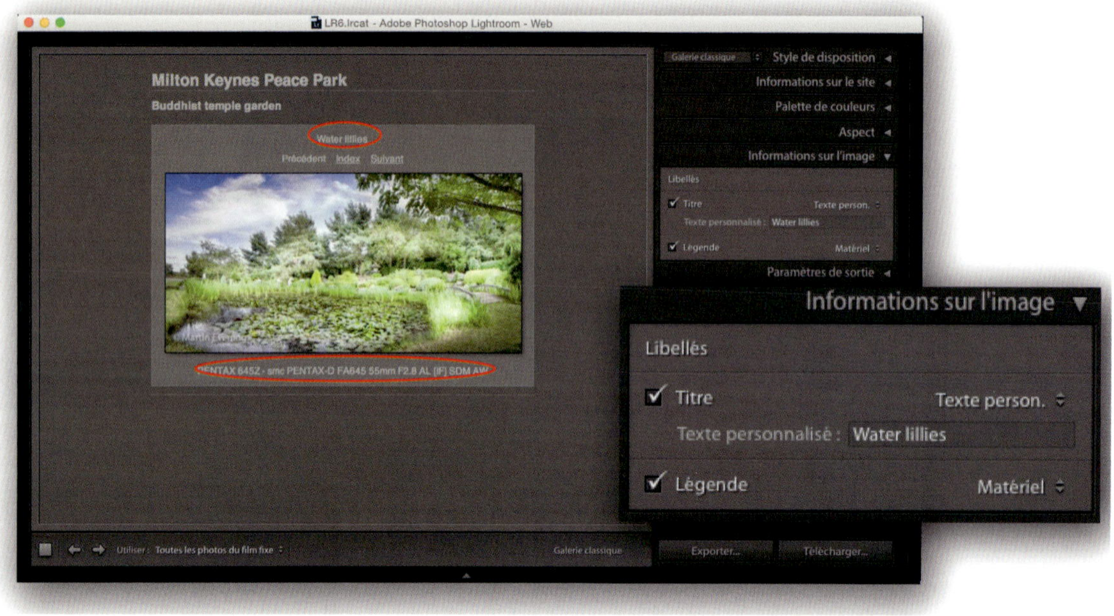

Galerie HTML. J'ai encadré le titre (en haut) et la légende (sous l'image).

Titre et légende affichés dans une galerie HTML5. Les informations apparaissent en dessous de l'image. Pour le titre, j'ai sélectionné l'option « Date de prise de vue » ; pour la légende, j'ai utilisé le modèle de texte personnalisé présenté sur la page précédente.

Si vous sélectionnez le modèle « Métadonnées EXIF » dans l'« Explorateur de modèles », vous pouvez afficher un ensemble de métadonnées EXIF préformatées à la place de la légende. Toutefois, cette option est uniquement proposée pour la galerie classique, il est impossible de modifier le contenu ou la présentation de ces informations.

Voici une série de captures d'écran de l'« Éditeur de modèles de texte » pour visualiser la création d'un nouveau modèle de légende.

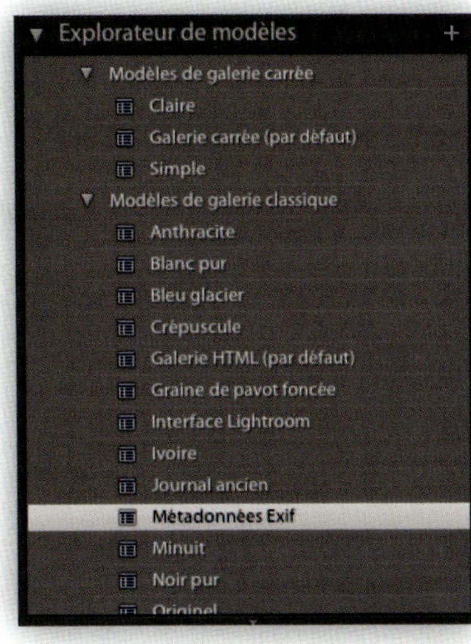

Le modèle « Métadonnées EXIF » s'affiche ici à partir de l'« Explorateur de modèles ».

1. J'ai cliqué sur le menu « Paramètres personnalisés », puis sur Modifier ; j'ai sélectionné l'élément «Nom de fichier» en cliquant sur l'un des boutons Insérer de la section « Nom de l'image ».
2. J'ai choisi l'un des menus de la section « Données EXIF » pour ajouter l'élément de texte Exposition, précédé du texte « *Exposition », inséré à la main. J'ai ensuite ajouté l'élément « Vitesses ISO ».

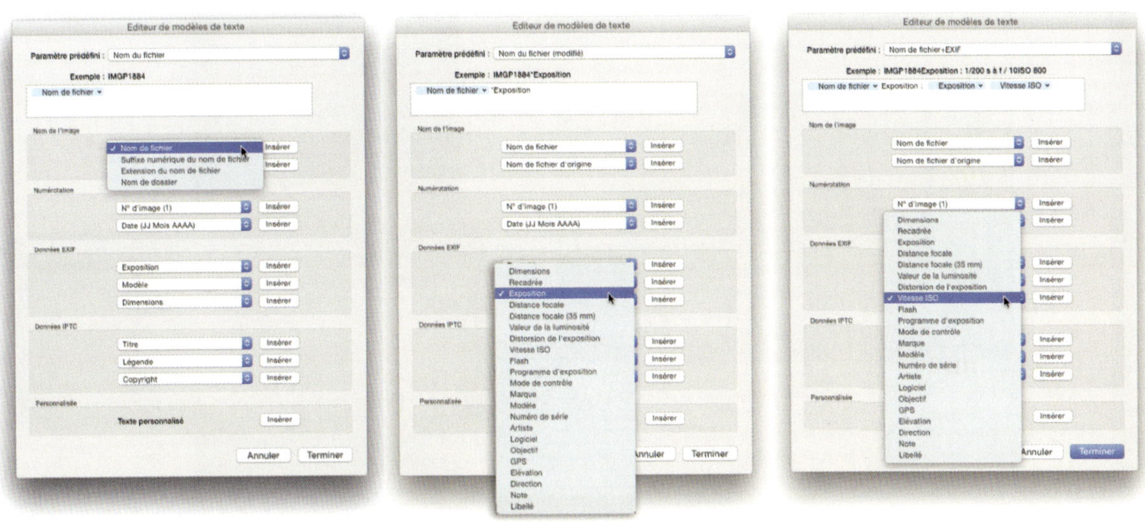

3. J'ai enregistré ces réglages en tant que nouveau modèle (option « Enregistrer en tant que nouveau paramètre prédéfini ») sous le nom « Nom de fichier+EXIF ». J'ai appliqué ce modèle de texte à la section Légende.

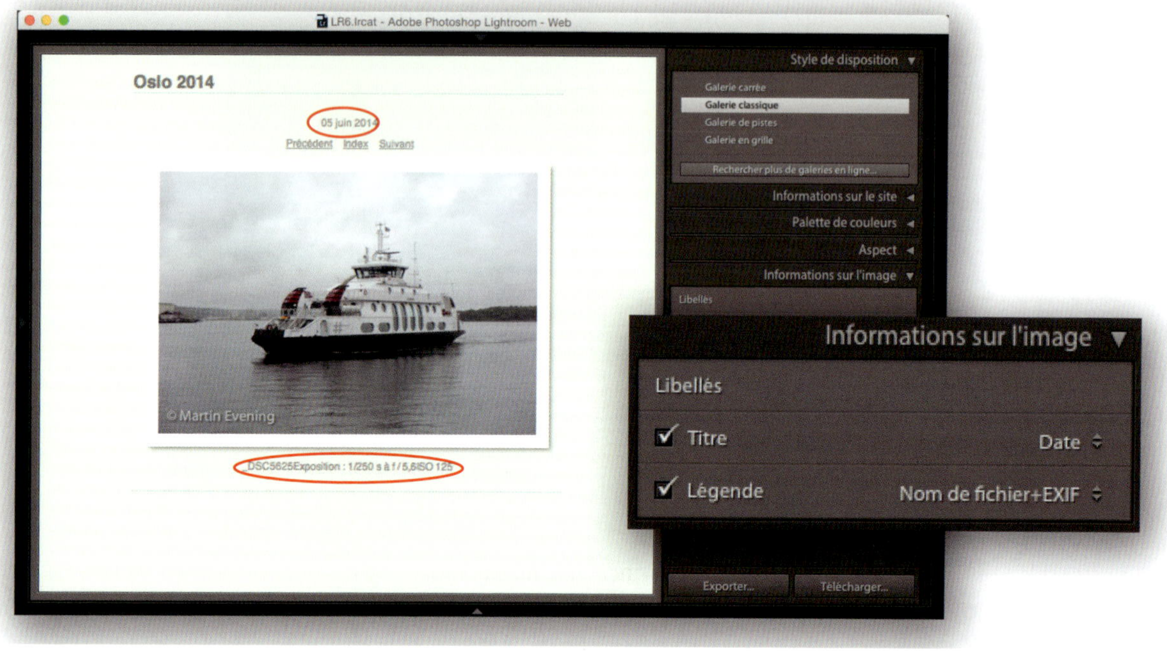

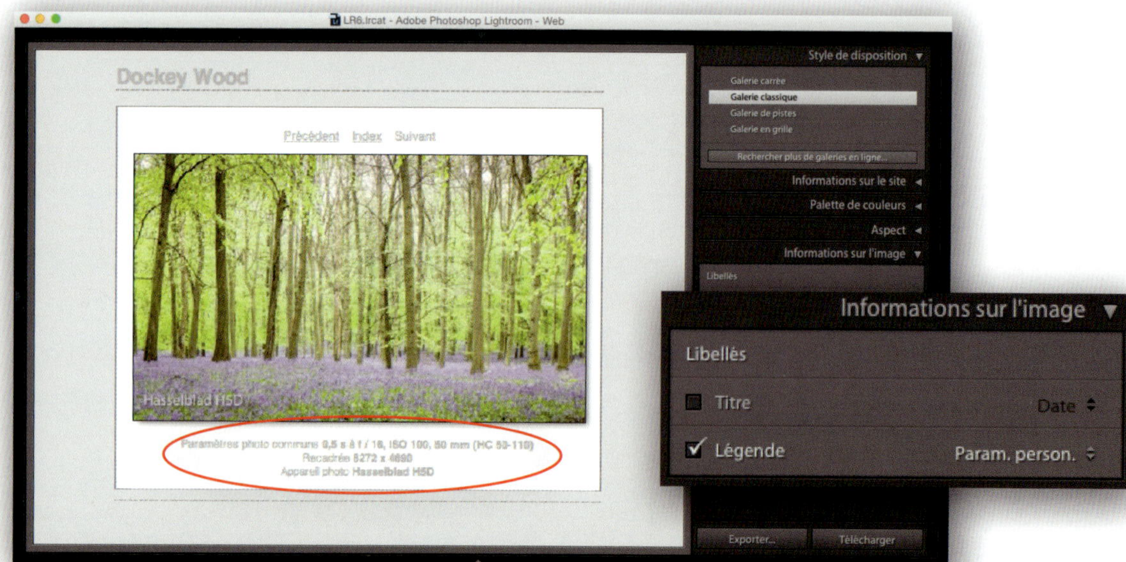

Galerie HTML qui affiche un jeu non éditable de métadonnées EXIF à la place de la légende (modèle « Métadonnées EXIF »).

Pour éditer un modèle existant, sélectionnez-le, puis choisissez l'option Modifier ; après avoir changé les paramètres, le nouveau modèle s'affiche dans l'« Explorateur de modèles » sous une forme « ancien nom+modifié ». Si vous souhaitez mettre un modèle à jour, sélectionnez l'option « Mettre à jour avec les paramètres actuels », dans le menu contextuel de l'« Explorateur de modèles ».

Accélérer le temps de rafraîchissement
Suivant la puissance de calcul de votre ordinateur et le nombre de photos sélectionnées, la mise à jour de l'affichage suite à un changement de paramètres nécessitera plusieurs secondes. Pour accélérer ce rafraîchissement, vous pouvez n'afficher que quelques images lorsque vous éditez la mise en pages de votre galerie. Lightroom propose la commande Web>Recharger (dans la barre de menus, ou Cmd/Ctrl + R), mais vous l'utiliserez rarement car Lightroom rafraîchit l'affichage de manière automatique.

Le panneau « Paramètres de sortie »

Les options du panneau « Paramètres de sortie » sont utilisées pour définir le taux de compression JPEG et permettent d'ajouter un copyright en filigrane. Le curseur Qualité modifie le taux de compression des fichiers JPEG. En effet, Lightroom génère des versions JPEG des images maîtres pour le module Web, la compression destructive étant obligatoire pour un affichage rapide des galeries. Il s'agit donc de trouver le bon équilibre entre deux extrêmes, une qualité d'affichage optimale (curseur Qualité sur 100) mais un poids de fichier élevé, et une image comportant des artéfacts de compression disgracieux, pour un poids de fichier beaucoup plus faible (curseur Qualité sur 0).

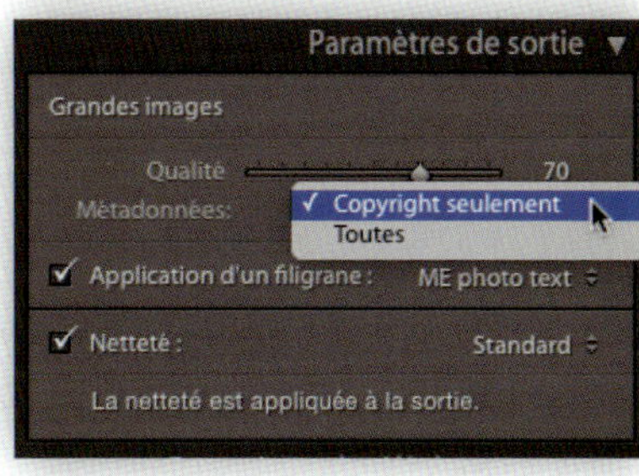

Le panneau « Paramètres de sortie ».

Dans la section Métadonnées, choisissez l'incrustation d'un copyright ou de l'ensemble des métadonnées disponibles. Si l'incrustation des métadonnées est très utile pour incorporer les principales métadonnées EXIF et IPTC, elle augmente également le poids des fichiers JPEG. Ainsi, pour limiter le poids des fichiers (et donc le temps de chargement) de vos pages web, vous avez tout intérêt à n'incruster que le copyright. L'option « Ajouter un filigrane de copyright », quant à elle, permet d'insérer (dans le coin inférieur gauche de l'aperçu) le texte préalablement saisi dans le champ Copyright du panneau Métadonnées.

Les options de la section Netteté bénéficient des perfectionnements hérités du plug-in Photokit Sharpener™. Lorsque vous cochez l'option Netteté, Lightroom applique automatiquement le taux d'accentuation le plus approprié, en fonction des dimensions des images finales. L'accentuation s'appuie sur des algorithmes élaborés pour l'affichage sur écran, à l'opposé de ceux utilisés par le module Impression, optimisés pour l'impression jet d'encre. Il vous faudra cliquer sur l'un des boutons « Aperçu dans un navigateur » ou Exporter pour examiner le taux d'accentuation sur les images exportées. Notez que le réglage Standard est idéal pour la plupart des photos ; les options Faible et Élevée appliquent une accentuation plus discrète ou plus prononcée.

Aperçu dans un navigateur

Un des points forts du module Web est l'affichage fidèle et instantané des pages web générées. Toutefois, l'apparence de la page finale téléchargée sur votre serveur web sera sûrement différente de son affichage dans l'interface de Lightroom. Plusieurs facteurs sont en cause, notamment la résolution de l'écran ou le navigateur web utilisé. Néanmoins, au lieu d'afficher les pages dans la fenêtre principale, vous pouvez faire appel à la

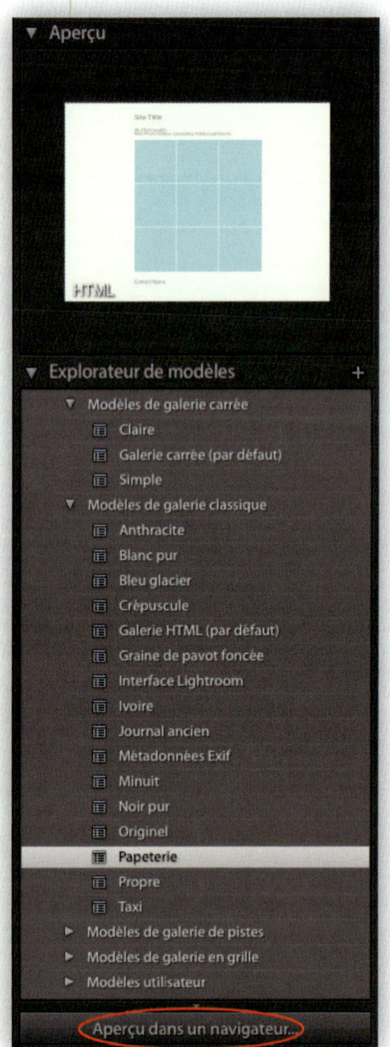

Appuyez sur le bouton « Aperçu dans un navigateur » pour afficher votre site web dans un explorateur web (Safari, Firefox, etc.).

commande « Aperçu dans un navigateur », via le bouton du même nom dans le panneau Sortie ou dans la barre d'outils : Lightroom exporte et prévisualise votre galerie dans un navigateur web (par défaut, il utilise le vôtre) ; cette fonctionnalité permet un contrôle fiable avant le téléchargement des fichiers sur votre serveur.

Nous l'avons dit, Lighroom utilise un espace RVB très large pour l'ensemble des calculs des couleurs. Pour l'affichage à l'écran, il est toutefois indispensable de choisir un espace dont le gamut (c'est-à-dire l'étendue des couleurs reproduites) s'adapte le plus possible aux capacités d'affichage d'un écran de qualité standard. Lorsque vous créez un diaporama, Lightroom se base sur les aperçus JPEG générés lors de l'importation dans la Bibliothèque. Les aperçus ont presque toujours un profil Adobe RGB 1998 (exceptés les fichiers de type Bitmap qui gardent leur profil RVB d'origine). Étant donné que le profil Adobe RGB préserve la plupart des couleurs de l'original (il est en effet rare d'observer des variations de contraste et de couleurs), il est idéal pour les présentations PDF.

Affichage dans le module Web

Lorsque vous développez des images à destination du Web, vous entrez dans l'univers aléatoire de l'affichage « grand public ». S'il est impossible de connaître le matériel sur lequel seront affichées vos images, une chose est certaine : la plupart des internautes ne calibrent pas leur écran. Il faut savoir aussi que la majorité des navigateurs web ne gèrent pas les couleurs et ignorent les profils : seules les images sRGB seront affichées correctement. C'est pourquoi le module Web de Lightroom convertit les aperçus et les vignettes en sRGB.

Exporter une galerie web

Il existe deux méthodes pour télécharger un site web sur un serveur : l'exportation des pages vers un dossier du disque dur suivi d'un transfert « manuel » sur le serveur web (que nous allons détailler maintenant), et le transfert direct via Lightroom.

Cliquez sur le bouton Exporter, situé au bas du panneau de droite, ou sur Cmd/Ctrl + J. Une boîte de dialogue s'ouvre : elle vous demande d'entrer un nom, puis de sélectionner un emplacement pour le dossier du site. Cliquez ensuite sur Exporter afin d'enregistrer l'ensemble des fichiers du site dans le dossier spécifié. Il ne vous reste qu'à transmettre « manuellement » le site sur un serveur web, à l'aide d'un logiciel de transfert de données FTP.

Transfert FTP

Il existe de nombreux logiciels de transfert FTP (File Transfer Protocol). Fetch (www.fetchworks.com) est un logiciel très populaire pour Mac ; WS_FTP Pro (www.ipswitch.com), Cute FTP Professionnal (www.globalscape.com) et Filezilla (http://filezilla.sourceforge.net/) sont trois logiciels des univers Windows et Open Source. Quels que soient votre système d'exploitation et votre logiciel de transfert, la procédure pour établir une connexion avec votre serveur reste la même : vous devez connaître l'URL de votre serveur, disposer d'un login utilisateur et d'un mot de passe – renseignez-vous auprès de votre fournisseur d'accès ou de votre hébergeur pour obtenir ces informations.

1. Cliquez sur le bouton Exporter, sélectionnez un emplacement pour accueillir l'ensemble de vos fichiers web, puis enregistrez votre site web.

2. Vous pouvez afficher le site web que vous venez de créer avec le navigateur de votre choix, en ouvrant le fichier Index.html, situé dans le dossier local du site web. Vous pouvez également transférer les fichiers du site sur votre serveur grâce à un logiciel de transfert FTP. Les paramètres de transfert dépendent du serveur et de sa configuration.

Étape 1

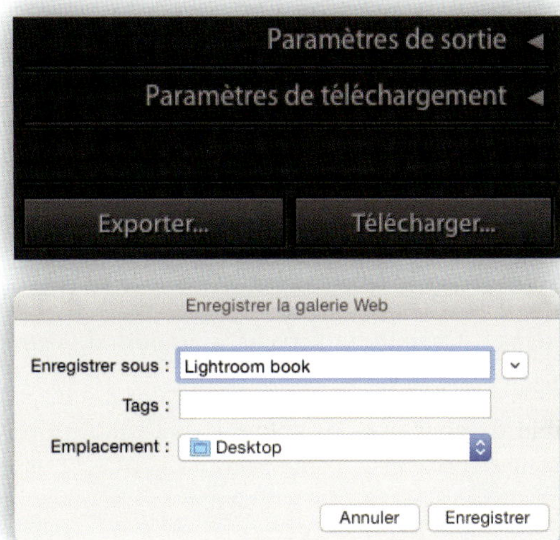

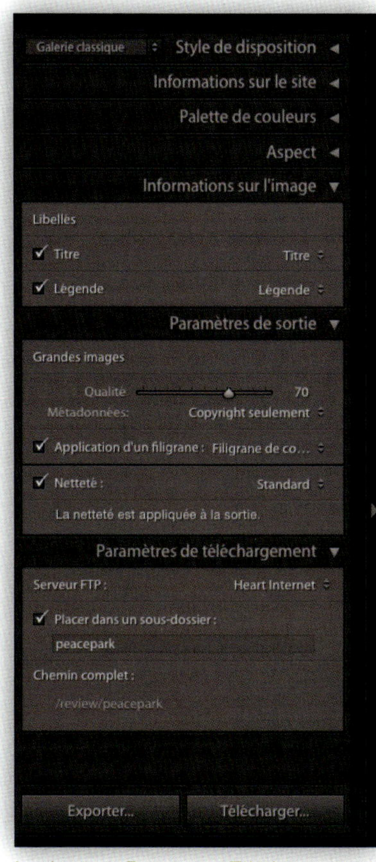

Les boutons Exporter et Télécharger, situés dans l'angle inférieur droit du module Web.

Étape 2

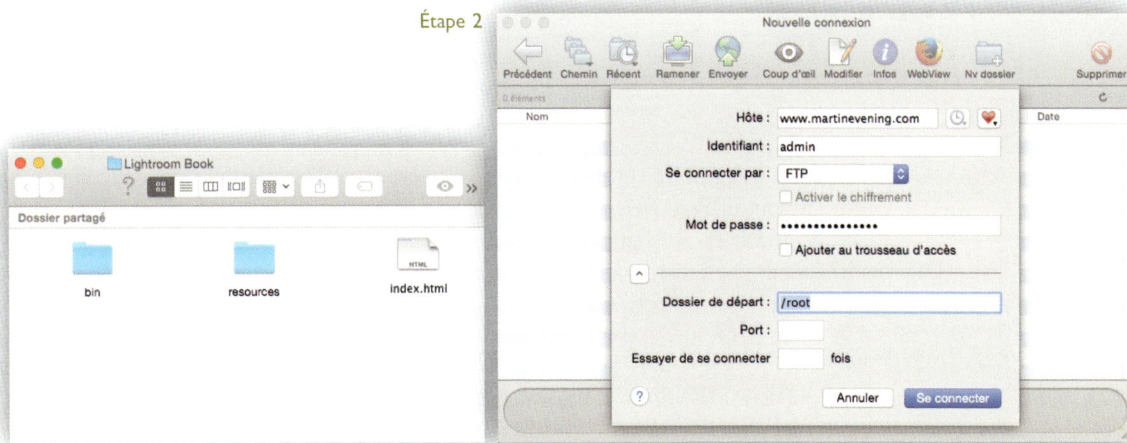

Télécharger une galerie web

L'exportation d'une galerie n'est nécessaire que si vous souhaitez modifier les fichiers d'un site avant leur transfert, ou pour sauvegarder le site sur le disque dur. Sinon, vous pouvez confier le transfert de vos fichiers à Lightroom, ce qui vous évitera l'installation d'un logiciel dédié.

1. Dans le panneau « Paramètres de téléchargement », cliquez sur le menu « Serveur FTP – Paramètres personnalisés », puis sélectionnez l'option Modifier.

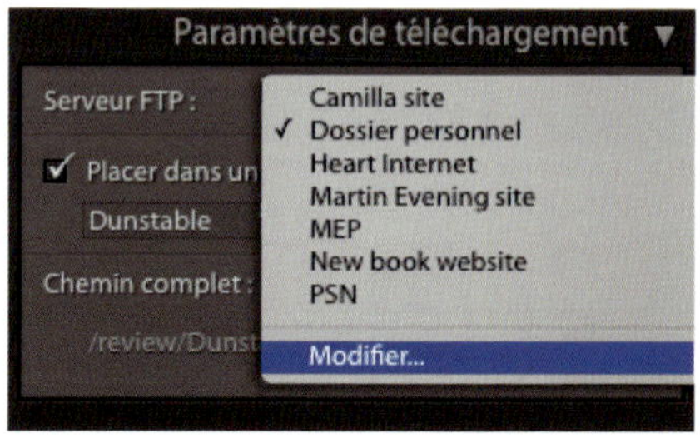

2. Afin de créer un paramètre prédéfini, entrez toutes les informations nécessaires à la connexion sur votre serveur (son URL, votre login utilisateur et votre mot de passe). Notez qu'il faut spécifier, dans « Chemin du serveur », le nom de votre répertoire racine (« /me » dans mon cas).

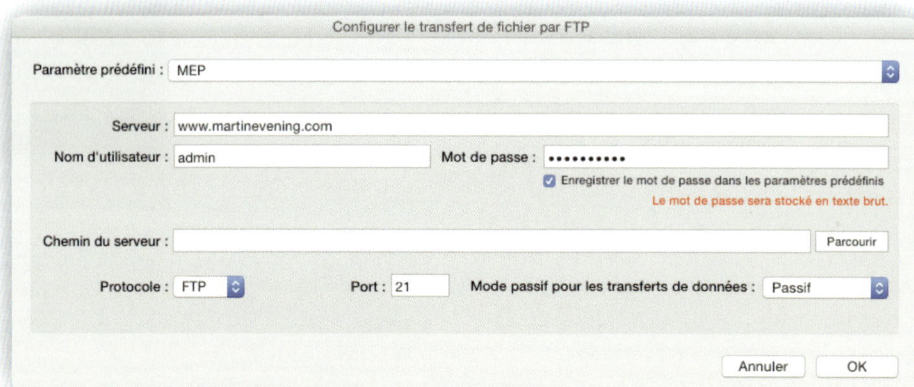

3. Il n'est pas obligatoire de mémoriser l'arborescence du répertoire de votre serveur. Grâce au bouton Parcourir, Lightroom se connecte au serveur, puis affiche l'arborescence des fichiers présents. J'ai créé ici un paramètre prédéfini qui transfère automatiquement les fichiers vers un dossier spécifié. Pour cela, j'ai cliqué sur le dossier LRshoot, puis sur Sélectionner.

4. Dans la boîte de dialogue « Configurer le transfert de fichier par FTP », le chemin du serveur a été automatiquement mis à jour et pointe dorénavant sur le dossier LRshoot. Le bouton Parcourir peut être utilisé pour créer plusieurs paramètres prédéfinis grâce auxquels vous accéderez à plusieurs dossiers ou sous-dossiers de votre site. Si jamais vous rencontriez des difficultés pour accéder au serveur (et pas seulement quand

vous utilisez le bouton Parcourir), il peut s'agir d'un blocage par le pare-feu de votre ordinateur ou par le routeur : pour y remédier, activez l'option « Utiliser le mode passif » pour les transferts de données. Attention, si vous changez vos paramètres de connexion, sélectionnez l'option « Mettre à jour le paramètre prédéfini ». Cliquez sur OK pour quitter la boîte de dialogue.

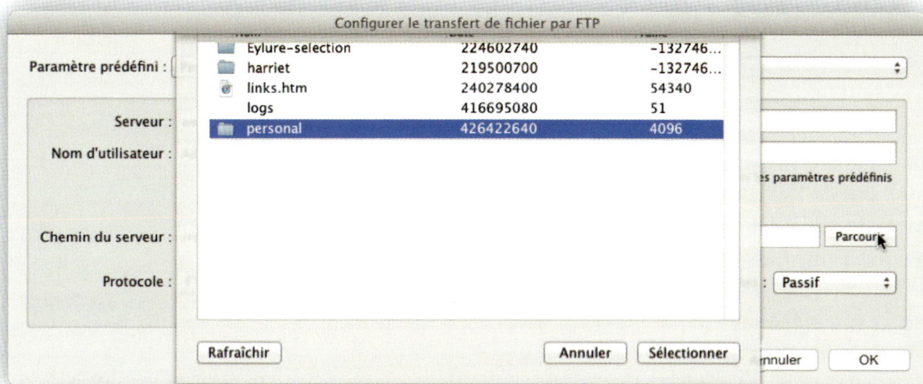

Étape 2

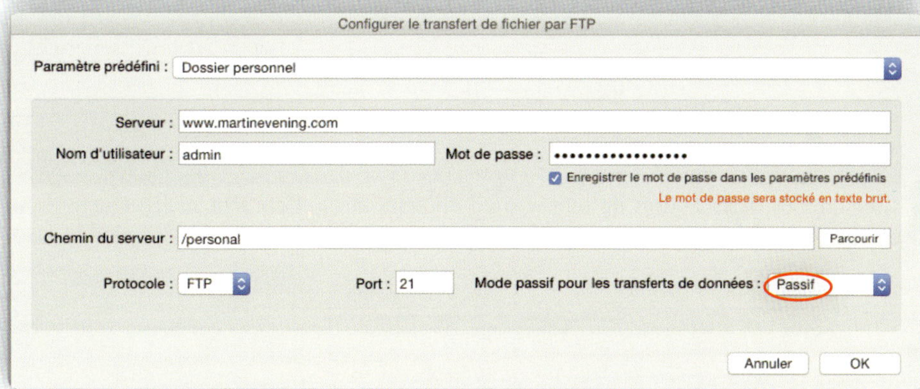

Étape 3

5. Retournez au panneau Sortie pour renseigner le champ « Placer dans un sous-dossier ». Vous créez ainsi un sous-dossier pour votre galerie, dans le dossier Images de votre site web. Puisque j'ai spécifié le dossier « /personal » comme dossier d'images, j'ai ajouté le nom « Dunstable » pour le dossier de ma galerie dont le chemin d'accès est alors : « personal/Dunstable ». (Il n'est pas nécessaire d'ajouter des slashs au nom du sous-dossier, Lightroom s'en charge tout seul et indique ainsi le chemin complet : /personal/Dunstable). Cliquez sur le bouton Télécharger pour envoyer la galerie sur le serveur.

6. Lightroom vous impose de renseigner un nouveau chemin d'accès pour le dossier sur le serveur (afin de ne pas écraser par mégarde des données existantes). Si vous tapez le chemin d'un dossier existant, le logiciel vous en avertit avant la transmission de nouvelles images. Cliquez sur Continuer lorsque vous souhaitez mettre à jour les photos d'une galerie existante.

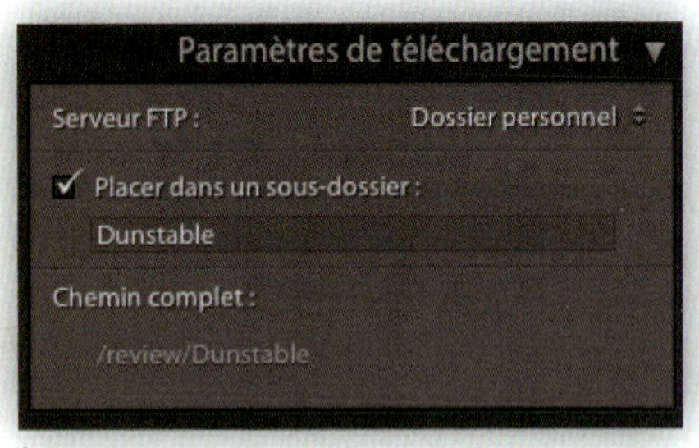

Étape 5

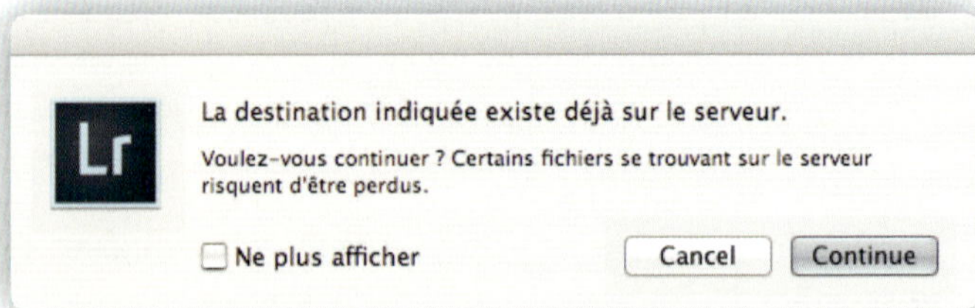

Étape 6

7. Vous pouvez maintenant avertir par e-mail les visiteurs de votre site de l'existence de la nouvelle galerie. J'ai créé à cet effet un modèle de courrier avec un message très bref qui comporte le lien vers le premier niveau de mon site et ma signature. Il ne reste plus qu'à ajouter le nom du destinataire et celui du dossier de la nouvelle galerie (en rouge sur la capture).

8. Lorsque les destinataires de mon e-mail cliquent sur le lien, leur navigateur web se lance et affiche directement la nouvelle galerie.

Supprimer vos galeries du serveur

Lightroom dispose d'un outil très simple pour télécharger les galeries web, mais pas pour supprimer des galeries d'un serveur. L'espace de stockage étant rarement gratuit (et souvent limité), vous aurez besoin d'un logiciel de transfert FTP dédié pour effectuer de temps en temps des opérations de maintenance sur votre site : pensez à supprimer vos anciennes galeries, très gourmandes en espace serveur.

Le panneau « Explorateur de modèles »

Une fois que vous aurez conçu un modèle de galerie personnalisé, je vous conseille vivement de l'enregistrer via le panneau « Explorateur de modèles », situé sur la gauche du module Web.

- Pour ajouter un nouveau modèle, cliquez sur le bouton Ajouter ou appuyez sur les touches Cmd/Ctrl + N. Entrez ensuite le nom du modèle.
- Pour supprimer un modèle, sélectionnez-le dans le panneau « Explorateur de modèles », puis appuyez sur le bouton Supprimer.
- Pour affiner des modèles préenregistrés, faites un clic droit (Ctrl + clic sur les Mac plus anciens), puis sélectionnez l'option « Mettre à jour avec les paramètres actuels », du menu contextuel. Sélectionnez la commande Web>Enregistrer les paramètres Web (ou appuyez sur Cmd/Ctrl + S) pour sauvegarder vos réglages actuels sans pour autant les enregistrer en tant que modèle ; en parcourant plusieurs modèles préenregistrés, vous pourrez retourner à tout instant aux réglages ainsi enregistrés.

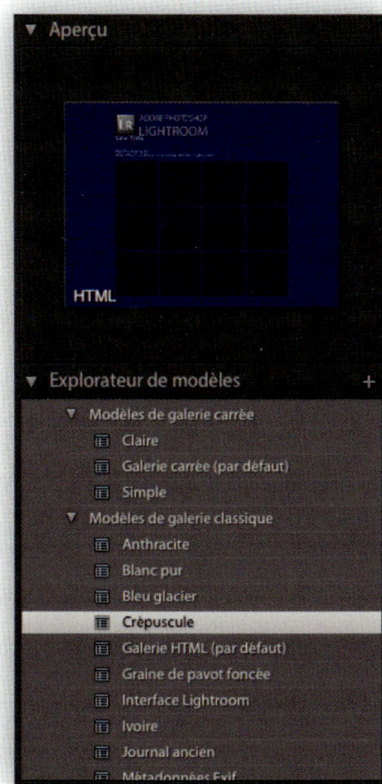

Le panneau « Explorateur de modèles » liste l'ensemble des modèles enregistrés et affiche un aperçu dans le panneau du même nom.

Création d'une collection web

Vous pouvez enregistrer les réglages et les images d'une galerie web sous forme d'une collection. Cliquez sur le bouton « + », situé dans l'angle supérieur droit du panneau Collections, nommez la collection, puis cliquez sur Créer pour l'enregistrer. Vous pouvez choisir d'inclure toutes les images du panneau « Film fixe » ou uniquement celles utilisées dans le diaporama actuel.

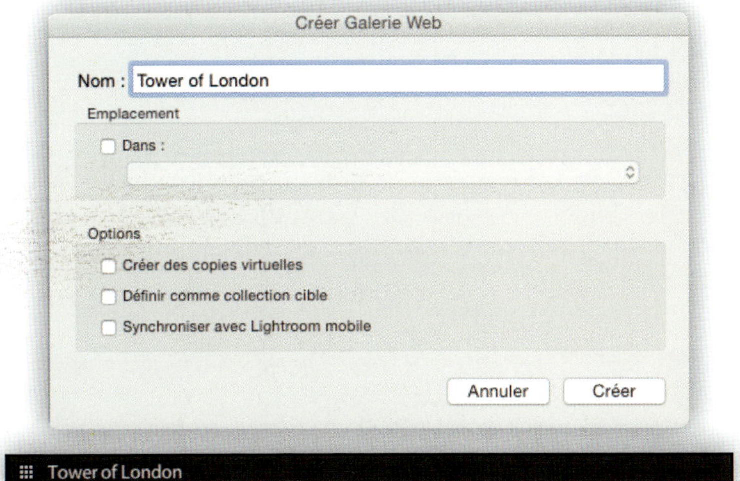

La boîte de dialogue « Créer Galerie Web », le panneau Collections et la barre d'en-tête.

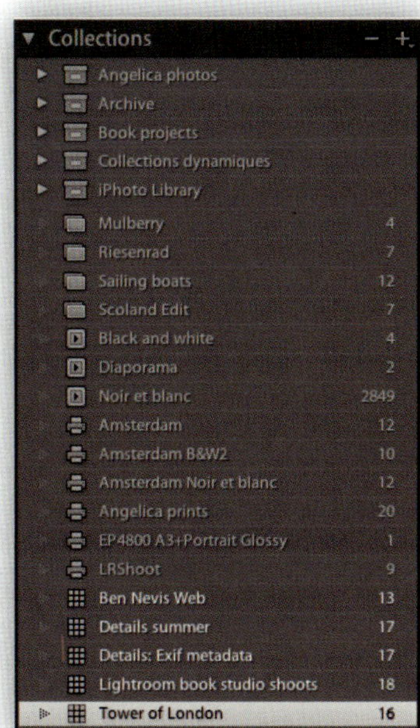

Hasselblad H5D-50C,
80 mm, 200 ISO, f/22, 2,5 s
© Martin Evening 2014.

Chapitre 10

Gérer des images dans le module Bibliothèque

10

Vous souvenez-vous de toutes vos images du mois dernier ? Y avait-il des clichés qui sortaient du lot ? Et quid des images réalisées il y a cinq ans ? De nombreux photographes se bercent encore de douces illusions sur leurs capacités de mémorisation lorsqu'il s'agit de dénicher certaines images dans leurs archives photographiques. Notre production d'images augmente de jour en jour et vous aurez de plus en plus mal à gérer vos images si vous n'avez pas mis en place un système de gestion efficace.

Nous allons, dans ce chapitre, explorer les différentes stratégies possibles pour bien gérer ses fichiers dans Lightroom. Contrairement à d'autres logiciels, Lightroom n'oblige plus à organiser les images dans une structure rigide de dossiers reflétant l'arborescence du système : bien qu'il continue à exploiter cette architecture classique, les photos sont gérées d'une manière plus globale, à l'aide des métadonnées.

Si la gestion des fichiers semble être une corvée, le temps consacré à l'ajout de métadonnées et au classement de vos images est bien investi et portera vite ses fruits. Les métadonnées personnalisées apportent aux photographes professionnels une plus-value, rendant l'accès aux images plus rapide et plus facile lors de recherches basées sur des mots-clés. Il est nécessaire d'ajouter un minimum de métadonnées pour éviter de perdre de précieuses photos de famille ou de voyage dans une collection d'images de plus en plus vaste.

La gestion des images à l'aide des métadonnées

Nous l'avons déjà dit, dans une organisation classique basée sur une structure de dossiers, il est indispensable de mémoriser l'emplacement de chaque fichier pour pouvoir le retrouver par la suite. Les responsables d'une photothèque le confirmeront : il est virtuellement impossible d'inscrire une telle démarche dans la durée.

Si vous possédez un nombre important d'images à gérer, vous apprécierez surement les fonctionnalités de la barre « Filtre de bibliothèque » et des filtres du panneau « Film fixe ». Nous avons déjà cité un certain nombre d'outils et de stratégies pour la recherche d'images, comme les filtres du panneau « Film fixe » pour affiner une sélection. Nous avons également exploré l'utilisation du panneau Dossiers pour gérer une bibliothèque. Mais la véritable force de Lightroom réside dans sa base de données qui permet de rechercher des photos à l'aide de critères bien précis.

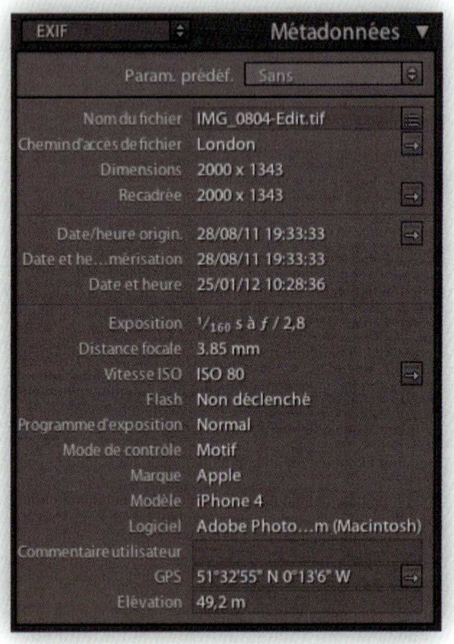

L'ajout de métadonnées n'est pas seulement utile pour des images de commande. Cette photo a été prise avec un iPhone (voir le champ « Modèle des métadonnées EXIF »), lequel a enregistré non seulement la date et l'heure de prise de vue, mais aussi les coordonnées GPS. J'ai utilisé le panneau Mots-clés pour ajouter les mots-clés suivants : arc-en-ciel<météo, ciel<météo, été<saisons, train<transport public<transport terrestre<transport, Willesden Green<Londres<Royaume-Uni. Ces informations me seront précieuses pour retrouver ce cliché.

Bien sûr, vous n'êtes pas obligé de suivre l'ensemble des conseils prodigués ici : chaque photographe a ses propres méthodes de travail et habitudes. La plupart d'entre vous trouveront probablement que l'utilisation du panneau Dossiers couvre la majorité des besoins en matière de catalogage... Mais je souhaite vous montrer que le temps passé à cataloguer une collection d'images en faisant appel à l'ensemble des outils proposés (« Filtre de bibliothèque » et panneaux Dossiers, Mots-clés, « Liste des mots-clés » et Métadonnées) ne sera jamais perdu, bien au contraire. Bien que les outils de Lightroom ne prétendent pas remplacer ceux d'un logiciel dédié au catalogage (Phase One Media Pro, FotoStation Pro, Portfolio, par exemple), ils offrent des fonctionnalités utiles à tous. Enfin, pour couper court aux mises en garde alarmistes de certains esprits fâcheux, sachez que les métadonnées et toutes les informations ajoutées dans Lightroom sont bien évidemment accessibles à tous ces logiciels spécialisés...

Les différents types de métadonnées

Dans un catalogage sérieux, les métadonnées sont d'une valeur inestimable puisqu'elles permettent de rechercher des fichiers par attributs plutôt que par emplacement. Voici les trois catégories exploitées par le logiciel :

- les métadonnées techniques (les données EXIF), qui comprennent des informations relatives à la création du fichier image (appareil photo, objectif, espace couleur, format de fichier, etc.) ;
- les métadonnées descriptives, utilisées par exemple pour insérer des informations sur le photographe, ses coordonnées de contact, son copyright ;
- les métadonnées personnalisées, qui offrent davantage de possibilités de classement (notamment par le choix de mots-clés).

Contrairement aux fichiers MP3 qui sont d'office dotés de toutes les métadonnées nécessaires à leur recherche dans une musicothèque de type iTunes, les métadonnées de Lightroom doivent être en grande partie introduites par le photographe. Bien que ce processus puisse être un peu long, il fera gagner un temps précieux dans les étapes de recherche.

Vous vous contenterez le plus souvent d'ajouter puis d'enregistrer les métadonnées les plus courantes en tant que paramètres prédéfinis. Ces derniers pourront être appliqués chaque fois que vous ajouterez une série de photos au catalogue de Lightroom. Naturellement, vous êtes également libre d'attribuer des informations personnalisées à telle ou telle image, tout dépend de l'importance que revêtent les métadonnées dans votre travail quotidien. Cependant, n'oubliez jamais ce principe : l'effort fourni (et le temps passé) pour ajouter ces informations doit rester proportionnel aux avantages d'une telle opération.

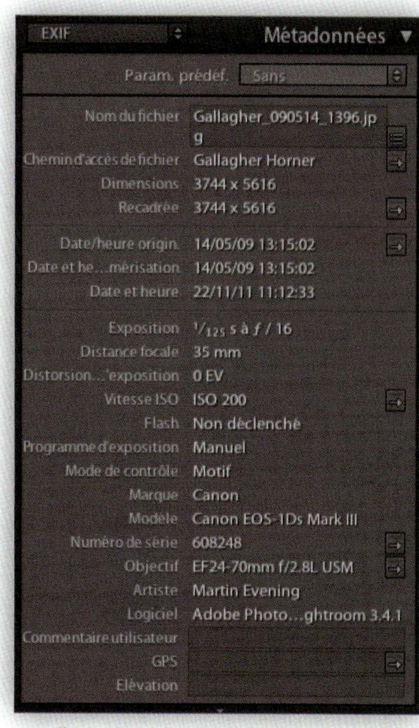

L'ajout de métadonnées est encore plus important pour la gestion d'une photothèque d'images commerciales. Les réglages du boîtier et les informations sur l'objectif, stockées au sein des métadonnées EXIF, sont alors parfois utiles pour filtrer la photothèque en fonction de certains critères (sensibilité ISO, modèle de l'objectif, ouverture, etc.). Les métadonnées IPTC et mots-clés servent à enregistrer les informations essentielles relatives aux images. Pour cette image, je me suis servi du panneau Mots-clés pour attribuer les mots-clés suivants : Brian Gallagher<coiffeurs, Camilla Pascucci<maquilleurs, Gallagher Horner<commandes, Harriet Cotterill<stylistes de mode, M&P<agences de mannequins, Veronica<mannequins.

La recherche basée sur les métadonnées

La barre « Filtre de bibliothèque » est l'une des principales fonctionnalités de Lightroom pour organiser les images du catalogue. Elle s'affiche au-dessus de la fenêtre d'aperçu du module Bibliothèque, uniquement en mode Grille. Le « Filtre de bibliothèque » réunit les fonctionnalités des anciens panneaux Rechercher et « Explorateur de métadonnées », ainsi que les fonctions de recherche du panneau « Étiquettes de mots-clés ». La procédure suivante ne présente qu'une des nombreuses façons de s'en servir pour rechercher rapidement certaines images.

1. Pour mener une recherche la plus vaste possible, j'ai sélectionné dans le panneau Catalogue l'ensemble des photos du catalogue (« Toutes les photos »), puis j'ai utilisé le raccourci Ctrl/Cmd + F pour afficher la barre « Filtre de bibliothèque » avec l'onglet Texte sélectionné. J'ai tapé le mot « éléphant », puis j'ai choisi les critères de recherche « Tout champ pouvant être recherché » et « Contient tout ». Le filtre révèle 19 images dont au moins un des champs de métadonnées (mot-clé, légende ou nom de fichier) contient le mot « éléphant ».

2. Dans la barre « Filtre de bibliothèque », j'ai cliqué sur l'onglet Attribut, puis sur le filtre « Une étoile » pour réduire la sélection à 14 images d'éléphants (voir capture page ci-dessous).

3. Pour finir, j'ai cliqué sur la colonne Date de l'onglet Métadonnées pour ne choisir que les images de l'année 2010, puis j'ai cliqué sur le filtre « Trois étoiles » pour n'afficher que les images portant au moins trois étoiles (voir capture suivante).

Le panneau Métadonnées

L'affichage par défaut du panneau Métadonnées tel qu'il est présenté ci-après rassemble les principales informations concernant le fichier ainsi que l'appareil photo dont il est issu.

- Le menu « Paramètres prédéfinis » reprend les options du menu « Importer des photos ». Pour créer un nouveau modèle, cliquez sur « Enregistrer en tant que nouveau paramètre prédéfini » (voir également la section « Métadonnées – Préréglages », page 527).
- Viennent ensuite des informations basiques, comme le nom du fichier et du dossier dans lequel il est hébergé. En cliquant sur ce dernier ou sur la flèche qui figure à sa droite, vous afficherez la vignette en mode Grille (de même que toutes les autres images contenues dans le dossier).
- Les champs qui suivent (Titre, Légende, Copyright, Créateur et Emplacement) sont éditables : si vous cliquez sur un champ de texte, vous pouvez insérer des informations personnalisées, par exemple le titre d'une image ou des informations relatives à son copyright.
- Les champs Note et Libellé, ainsi qu'une sélection de métadonnées EXIF apparaissent au bas du panneau. Ces dernières ne sont pas éditables et renseignent sur les dimensions du fichier, votre appareil, ses réglages, l'objectif utilisé, etc.

Le mode d'affichage « Par défaut » affiche les principales informations. Les flèches offrent des raccourcis. En cliquant par exemple sur le bouton associé au champ Dossier, Lightroom vous affiche le contenu du dossier abritant l'image sélectionnée.

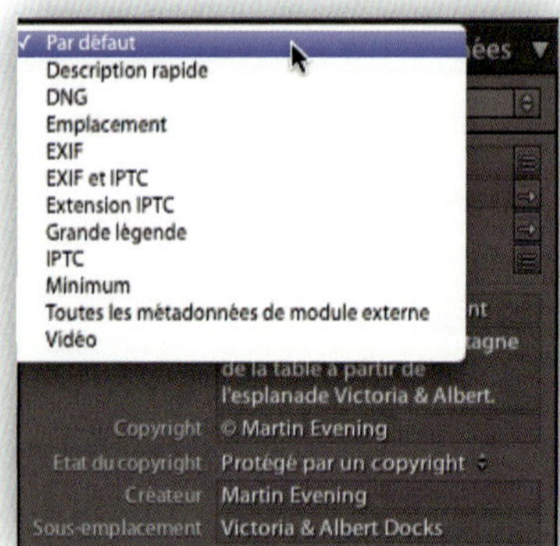

Les options d'affichage du panneau Métadonnées.

Les flèches du panneau Métadonnées permettent des accès rapides et directs, par exemple au dossier qui contient votre fichier (flèche Dossiers) ou à la boîte de dialogue « Modifier l'heure de capture » (flèche « Heure de capture »). Les autres modes d'affichage du panneau Métadonnées ont encore plus de liens, ces derniers agissant comme des filtres pour n'afficher que les images répondant à des critères précis. Cliquez sur la flèche située dans le coin supérieur gauche du panneau Métadonnées pour accéder à ces différents modes d'affichage.

Modes d'affichage du panneau Métadonnées

Si votre panneau Métadonnées n'affiche pas les informations présentées ci-dessus, vous avez probablement choisi l'un des neuf autres modes d'affichage. Pour afficher toutes les métadonnées d'une image, vous pouvez choisir le mode EXIF et IPTC. Cependant, pour gérer au mieux les nombreuses informations de ce panneau, je vous conseille de cliquer sur l'une des petites flèches pour choisir parmi les autres options du menu déroulant.

- Le mode EXIF affiche toutes les métadonnées non éditables enregistrées par votre appareil photo.
- Le mode IPTC ne présente que des champs IPTC éditables.
- Le mode « Extension IPTC » affiche des informations supplémentaires pour gérer les droits des personnes et objets photographiés.
- Le mode « Grande légende » offre un vaste champ de texte avec suffisamment d'espace pour rédiger une légende. Il suffit de cliquer dans le champ de texte pour commencer la rédaction du texte. Grâce aux touches Entrée et Retour, vous pouvez aller à la ligne ou remonter le texte.
- Le mode Emplacement affiche des informations utiles à un photographe itinérant (Emplacement, Ville, Région, Pays, etc.).
- Les modes Minimum et « Description rapide » réduisent l'espace d'affichage occupé par le panneau Métadonnées, ce qui est idéal lorsque vous travaillez sur un ordinateur portable.
- Le mode « Toutes les métadonnées de module externe » liste les métadonnées ajoutées par des modules externes de Lightroom. Si aucun module externe n'est installé, seuls le nom du fichier, le nom de la copie et celui de dossier s'affichent.
- Les modes Vidéo et DNG affichent les métadonnées spécifiques aux fichiers vidéo, peu nombreuses, et DNG.

Comparaison des principaux modes d'affichage du panneau Métadonnées de Lightroom.

Informations basiques et métadonnées EXIF

La figure ci-contre montre l'ensemble des champs affichés dans le panneau Métadonnées. La plupart ne demandent pas d'explications particulières, nous ne reviendrons pas dessus, mais pour les autres, il existe des astuces à connaître – certaines conduisent même à des fonctionnalités intéressantes. (Notez toutefois que si votre fichier ne comporte pas de fichier audio associé, le champ correspondant ne s'affiche pas.)

Nom du fichier. Ce champ affiche le nom de l'image sélectionnée, il permet de la renommer directement. En cliquant sur l'icône située à sa droite, vous accédez à la boîte de dialogue « Renommer par lots », qui permet de renommer plusieurs photos à la fois.

Fichiers annexes. Le champ « Fichiers annexes » ne s'affiche que si votre image est associée à un fichier de type XMP. Certains boîtiers Canon offrent la possibilité d'enregistrer un fichier audio et de l'associer à un fichier image. Cette fonctionnalité est bien utile pour enregistrer un certain nombre d'informations relatives au sujet de prise de vue. Le cas échéant, Lightroom affiche un champ spécifique en dessous du champ « État des métadonnées ».

Nom de la copie. Ce champ affiche les noms des différentes copies virtuelles. Lightroom leur attribue par défaut le nom du fichier maître et le libellé Copier, suivi d'un numéro séquentiel. La figure ci-dessous montre un fichier maître au format DNG et ses copies virtuelles, que vous pouvez distinguer par l'icône située dans l'angle inférieur droit de la cellule. J'ai renommé la copie « Copie 2 » en « Noir et blanc », ce qui affiche la petite flèche « Aller à la photo principale » (cerclée en rouge sur la capture de la page 524). En sélectionnant une copie virtuelle, vous pouvez ainsi directement accéder à l'original, ce qui est très utile lorsque copie et original portent une note différente ou lorsque vous les séparez dans différentes collections.

Voici un original au format DNG et ses deux copies virtuelles. Les noms des copies s'affichent dans le panneau Métadonnées.

État des métadonnées. Le champ « État métadonnées » affiche un message lorsque Lightroom est en train de vérifier les métadonnées (trois petits points s'affichent : « ... ») ou lorsque les métadonnées (mots-clés, légendes, notes, étiquettes, paramètres de déve-

Le panneau Métadonnées en mode d'affichage EXIF et IPTC.

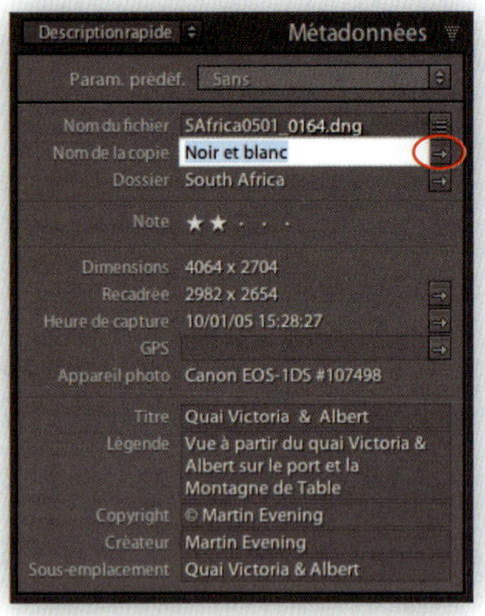

Le champ « Nom de la copie » du panneau Métadonnées informe du nom de la copie virtuelle. Cliquez sur l'icône représentant une flèche pour repérer le fichier maître.

loppement, etc.) ne sont pas à jour, suite à une modification dans Lightroom ou dans un autre logiciel (Bridge, Media Pro). En cliquant sur le bouton représentant une flèche, vous pouvez vérifier l'état des métadonnées, puis importer, le cas échéant, les métadonnées à partir de la balise ou le fichier annexe XMP du fichier (Métadonnées>Lire les métadonnées depuis le fichier).

Recadrée. Si vous avez recadré une image, ce champ affiche les nouvelles dimensions en pixels. En cliquant sur l'icône représentant une flèche, vous ouvrez l'image dans le module Développement, en mode Recadrage (l'outil « Cadre de recadrage » est sélectionné).

Affichage de la date. Si les champs « Date/heure origin. » (Date/heure d'origine) et « Date et he... mérisation » (Date et heure de numérisation) désignent la date à laquelle une image a été capturée ou créée, le champ « Date et heure » désigne celle à laquelle une photo a été modifiée pour la dernière fois. Les figures suivantes détaillent les différences entre les diverses informations de date. Le bouton « Afficher les photos prises à cette date » affiche seulement les photos dont la date correspond à celle de l'image sélectionnée. Le raccourci Cmd/Ctrl + L vous permet de désactiver le filtre de tri pour revenir à la sélection initiale.

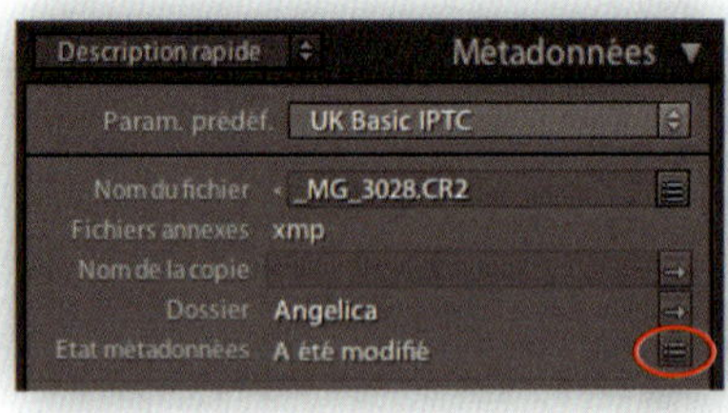

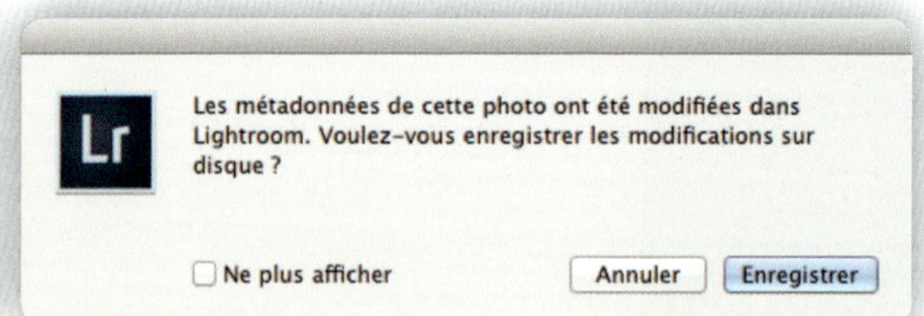

Si les métadonnées du catalogue ne correspondent plus à celles de l'image ou du fichier annexe, le champ « État métadonnées » signale la modification. Cliquez sur le bouton associé pour apprendre les démarches nécessaires pour leur synchronisation. Ici, Lightroom avertit que l'image a été modifiée dans Lightroom et vous conseille d'enregistrer les modifications dans la balise XMP du fichier image.

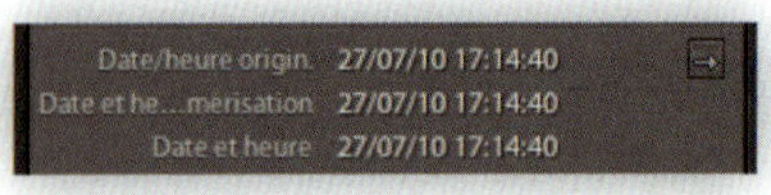

Les trois champs coïncident pour les images en provenance d'un appareil photo, pour peu qu'elles n'aient pas été converties au format DNG.

Éditer la date et l'heure d'une prise de vue. Si l'heure ou la date d'une prise de vue ont été mal enregistrées dans les métadonnées de vos images, vous pouvez les corriger à l'aide de la commande Métadonnées>Modifier l'heure de capture (ou cliquez, dans le panneau Métadonnées, sur la flèche située à droite de « Date/heure d'origine »). Cette fonctionnalité est utile dans plusieurs cas :

- l'horodateur de votre appareil est mal réglé : cette commande rectifiera les données de vos fichiers ;
- vous avez oublié, lors d'un voyage à l'étranger, d'ajuster votre appareil au nouveau fuseau horaire : vous pouvez utiliser l'option « Décaler d'un certain nombre d'heures » pour compenser le décalage horaire (sauf si vous souhaitez vous référer à un seul fuseau horaire).

Si vous modifiez les paramètres de plusieurs images, seule l'image « privilégiée » sera affichée. Toutefois, la boîte de dialogue « Modifier l'heure de capture » vous informera que l'heure et la date des photos s'accordent bien avec celles de l'image affichée.

Pour revenir à la date et l'heure d'origine, vous pouvez sélectionner l'option « Remplacer par la date de création du fichier ». Les commandes de la boîte de dialogue « Modifier l'heure de capture » n'interviennent que sur les données XMP. Si, en revanche, vous activez l'option « Écrire les modifications de date ou heure dans les fichiers RAW propriétaires » dans l'onglet Métadonnées des « Paramètres du catalogue », Lightroom modifie directement les métadonnées EXIF au sein des fichiers bruts. Attention, cette opération n'est pas anodine puisque vous modifiez directement les métadonnées d'un fichier au format propriétaire et non documenté ! Dans certains cas, l'option « Écrire les modifications de date ou heure dans les fichiers RAW propriétaires » est néanmoins utile, et notamment lorsqu'il faut synchroniser les métadonnées EXIF avec des coordonnées d'un dispositif GPS.

Lorsqu'une image a été numérisée ou créée dans Photoshop, seul le champ « Date et heure » s'affiche, indiquant la date de création initiale de l'image.

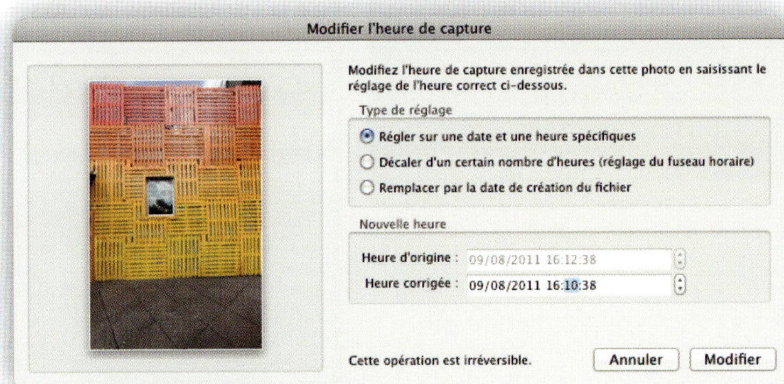

La boîte de dialogue « Modifier l'heure de capture ».

Pour les copies aux formats TIFF, PSD et JPEG, le champ « Date et heure » affiche une date différente de celle des deux autres champs.

Modèle et numéro de série de l'appareil photo. Les champs Modèle et « Numéro de série » sont très utiles pour afficher les images prises avec un boîtier spécifique, pour distinguer ses images de celles d'un autre photographe qui travaille avec le même type d'appareil, ou pour détecter d'éventuels problèmes de fonctionnement liés à un boîtier (mise au point, exposition, poussières, défauts du capteur, etc.).

Artiste. Avec certains logiciels propriétaires livrés avec votre appareil photo, vous pouvez faire en sorte que le boîtier enregistre le nom du propriétaire dans les métadonnées EXIF – dans mon cas, j'ai connecté mes appareils Canon au logiciel EOS Utility, puis j'ai tapé mon nom dans le champ Propriétaire de l'onglet « Menu de configuration » d'EOS Utility.

Réinitialiser date et heure
L'utilitaire A Better Finder Attributes (www.publicspace.net/ABetterFinderAttributes/), uniquement disponible pour Mac OS X, permet de restaurer les données des champs « Date/heure d'origine » et « Date et heure de numérisation » à leur état initial. Il est compatible avec un grand nombre de formats RAW.

L'ajout du nom du propriétaire de l'appareil est précieux pour prouver votre propriété intellectuelle lorsque vous avez oublié d'inscrire votre nom dans les champs IPTC. Bien que personne n'ait encore été traduit en justice pour utiliser un appareil photo volé dont le nom du propriétaire a ainsi été marqué, cela n'est pas impossible. Dans tous les cas, pensez-y si vous empruntez ou louez un appareil photo numérique : une fois les données inscrites dans les métadonnées EXIF, leur suppression (ou modification) se révèle assez ardue. Les plus courageux peuvent essayer l'utilitaire ExifTool (www.sno.phy.queensu.ca/~phil/exiftool), un éditeur EXIF assez rudimentaire développé par Phil Harvey.

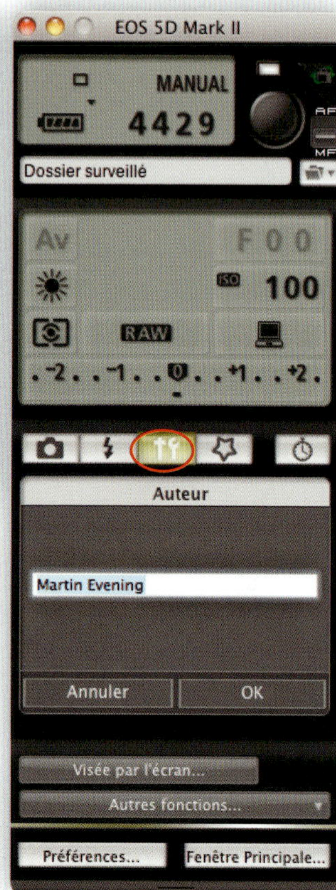

Cliquez à partir de la fenêtre principale sur le bouton « Paramètres de l'appareil photo/Prise de vue à distance » pour ouvrir la fenêtre de paramétrage (à droite). Cliquez ensuite sur l'onglet « Menu de configuration » (ici entouré d'un cercle rouge) pour incorporer votre nom aux métadonnées EXIF.

Les métadonnées personnalisées

Jusqu'ici, je me suis contenté de vous présenter les métadonnées non éditables telles qu'elles sont incorporées par l'appareil. Nous allons maintenant examiner l'utilisation des métadonnées personnelles, celles que vous pouvez compléter avec vos propres informations. Il s'agit principalement d'informations relatives à l'image (légende, titre et précisions sur le lieu de prise de vue), au photographe (créateur de la photo, nom, adresse, numéro de téléphone, e-mail et site web) et au copyright.

La figure ci-contre montre une façon de compléter les champs du panneau Métadonnées en mode IPTC. Rien ne vous oblige à remplir tous ces champs, renseignez uniquement ceux qui vous paraissent utiles. Si des informations ajoutées aux champs IPTC varient d'une prise de vue à une autre, certains éléments – comme le photographe, son pays et le copyright – demeurent inchangés. Ce sont les informations contenues dans la section « Créateur IPTC », qui permettront de vous contacter ; elles ne changent que lorsque vous déménagez ou modifiez votre adresse e-mail.

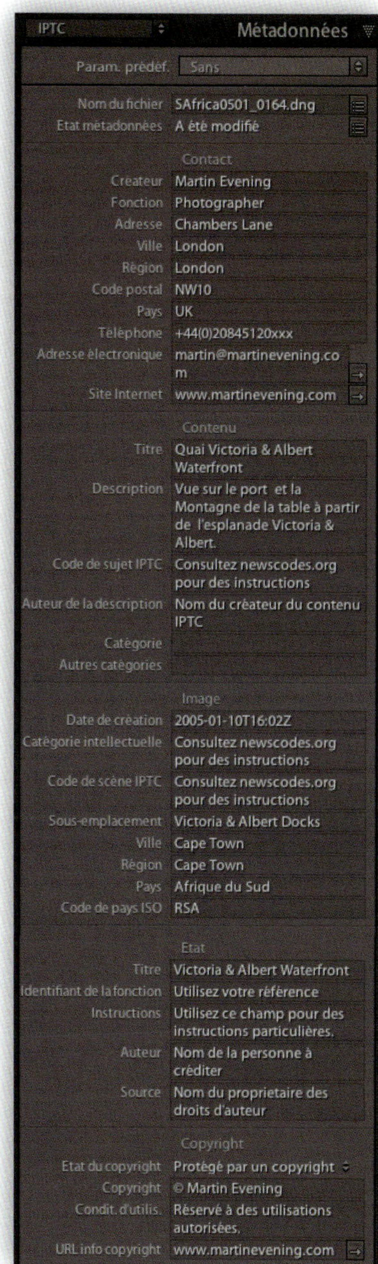

Le panneau Métadonnées en mode d'affichage IPTC.

Métadonnées – Préréglages

Il n'est guère enthousiasmant de passer du temps à toujours entrer les mêmes métadonnées pour chacune des images. Heureusement, les paramètres prédéfinis permettent d'enregistrer une fois pour toutes celles dont vous avez régulièrement besoin.

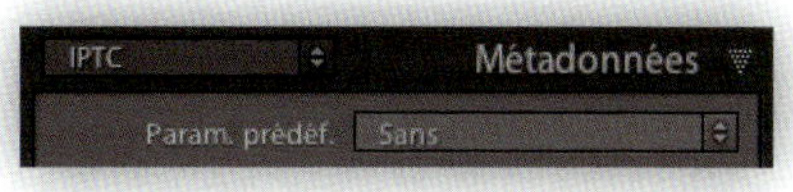

Le menu « Paramètres prédéfinis », en haut du panneau Métadonnées, permet de sélectionner, d'ajouter ou de modifier un jeu de préréglages.

Pour créer un nouveau modèle de métadonnées, cliquez sur le menu déroulant « Paramètres prédéfinis », puis sélectionnez l'option « Modifier les paramètres prédéfinis ». Vous ouvrez ainsi la boîte de dialogue « Modifier les paramètres prédéfinis des métadonnées ».

- Si vous avez choisi l'option « Ne rien sélectionner », tous les champs de cette boîte seront vides.
- Si vous voulez éditer un modèle de métadonnées existant sans l'écraser, sélectionnez-le dans le menu « Paramètres prédéfinis », puis enregistrez-le sous un nouveau nom (option « Enregistrer les paramètres actuels en tant que nouveau paramètre prédéfini »).
- Si vous voulez enregistrer un nouveau modèle de métadonnées, vous pouvez choisir un nom existant (cela écrasera l'ancien modèle du même nom) ou lui attribuer un nouveau nom.
- Si vous voulez supprimer un modèle de métadonnées, effacez-le depuis le dossier Nom_utilisateur/Bibliothèque/Application Support/Adobe/Lightroom/Metadata Presets (Mac) ou C:\nom_utilisateur\AppData\Roaming\Adobe\Lightroom\Metadata Presets (Windows). Notez que les paramètres prédéfinis portent le suffixe « lrtemplate ».

Une fois plusieurs modèles enregistrés, il sera facile d'appliquer tel ou tel jeu de métadonnées à une ou à plusieurs images, tout simplement en cliquant sur « Paramètres prédéfinis » et en sélectionnant l'un des modèles en question.

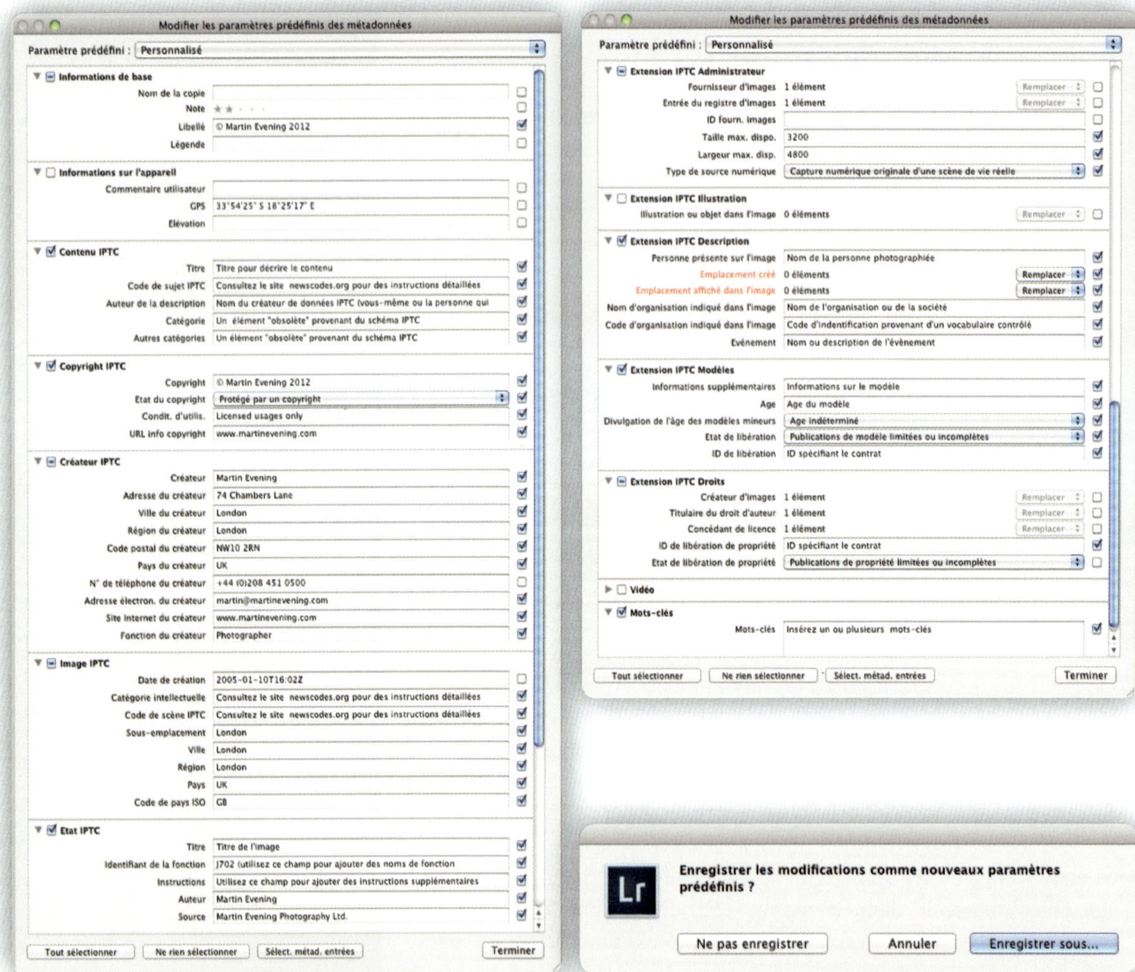

Le menu « Modifier les paramètres prédéfinis des métadonnées » est accessible depuis le panneau Métadonnées.

Bien que les champs éditables et affichés dans Lightroom ne soient pas aussi nombreux que ceux de Photoshop, Bridge ou Media Pro, ils sont conformes aux dernières recommandations de l'organisme IPTC (International Press Telecommunication Council) et sont utilisés par les banques d'images et les organismes de presse du monde entier. Les métadonnées ajoutées dans Lightroom sont ipso facto parfaitement lisibles lorsque vous affichez une image dans l'un des logiciels précités. En revanche, Lightroom n'affiche que les métadonnées qu'il connaît et utilise dans le panneau Métadonnées : il est ainsi incapable d'afficher toutes les informations ajoutées dans Bridge ou Media Pro. Bien que cet inconvénient soit rédhibitoire pour certains, les métadonnées de Lightroom peuvent amplement suffire à la majorité des photographes.

Remarque
N'oubliez pas que les modèles de métadonnées sont également disponibles et éditables à partir du menu Importer des photos. Vous pouvez ainsi choisir d'appliquer les métadonnées lors de l'importation ou plus tard, en passant alors par le panneau Métadonnées.

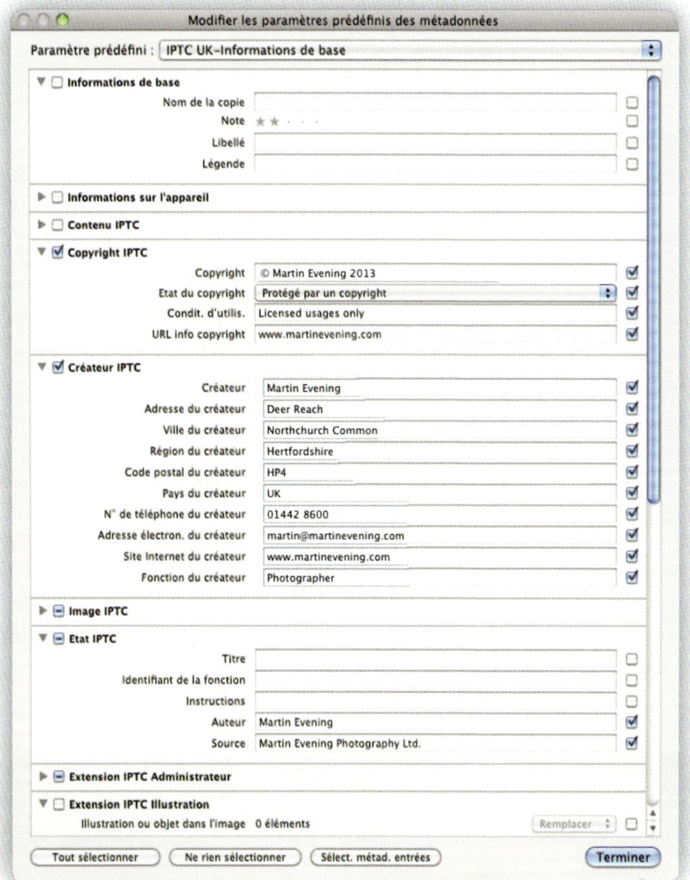

Exemple d'un jeu de métadonnées prédéfinies avec une partie des champs préalablement remplis. Les catégories correspondantes ont été cochées.

La plupart des sections IPTC permettent d'insérer des informations propres à chaque image. Notez qu'il peut être nécessaire de faire la distinction entre le photographe et l'auteur de la description, c'est-à-dire la personne qui fournit les informations (l'éditeur d'une banque d'images, un assistant, un collaborateur, etc.). Utilisez les champs restants pour livrer une description des circonstances de la prise de vue (endroit, date, etc.), une référence du travail (campagne de pub, nom du rédacteur d'un magazine), etc. Si vous souhaitez comprendre comment compléter les différents champs IPTC, par exemple le code de sujet IPTC, je vous recommande de consulter le site www.newscodes.org (en anglais).

Les flèches du panneau Métadonnées permettent des accès rapides et directs par exemple au dossier qui contient votre fichier (flèche Dossiers) ou à la boîte de dialogue « Modifier l'heure de capture » (flèche « Date et heure »). Un clic sur la flèche Créateur affiche les images partageant ce

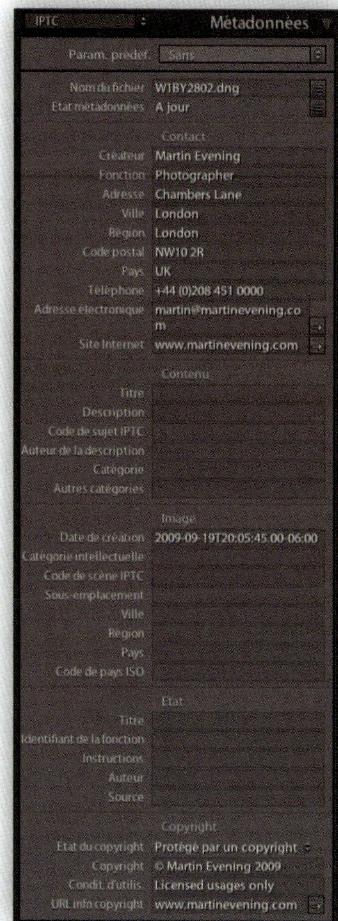

Une image à laquelle j'ai appliqué le jeu de paramètres prédéfinis de la figure précédente.

même nom de créateur, la flèche Emplacement, celles qui ont été prises dans le même lieu. Les autres modes d'affichage arborent encore plus de liens, ces derniers agissant comme des filtres pour n'afficher que les images répondant à des critères précis.

Métadonnées IPTC Extension

Lightroom arbore des champs d'informations baptisés « IPTC Extension », complémentaires aux champs « IPTC Core ». On y trouve des informations surtout utiles aux photographes professionnels. La figure ci-dessous montre un exemple concret d'utilisation.

Le panneau « Extension IPTC » comporte principalement des informations supplémentaires et relatives au contenu des images, telles que le nom de la personne, de l'organisme et/ou de l'événement présenté sur la photo. Il offre également plusieurs champs pour décrire plus précisément les différents droits liés aux images. Au lieu d'une notion de copyright pure et simple, il est ainsi possible d'ajouter le nom de l'auteur et celui de la personne à contacter pour obtenir le droit d'utilisation d'une image. Notez que les deux noms ne sont pas toujours identiques, s'agissant souvent d'un côté d'un photographe et de l'autre d'une agence de photographes ou d'une banque d'images.

Les photographes de mode et les portraitistes peuvent ajouter des informations spécifiques aux personnes photographiées, notamment l'âge du mannequin et les droits à l'image. Quant aux photographes d'objets et d'œuvres d'art, ils peuvent ajouter des informations relatives aux différents droits d'exploitation.

Comment attribuer des métadonnées de manière efficace ?

L'attribution de métadonnées est ici possible sans qu'il soit nécessaire de choisir une nouvelle fois le champ de texte à modifier.

Bridge ne cesse de m'étonner par sa manière alambiquée d'ajouter des métadonnées. Même dans Bridge CC, il faut encore sélectionner une image, activer le champ à modifier, taper le texte, cliquer sur la touche Entrée pour valider, puis répéter la procédure pour l'image suivante ! Dans Lightroom, l'attribution de métadonnées est fort heureusement bien plus simple. Voici ce qu'il convient de faire pour ajouter une légende aux images d'une séance de prises de vue.

Lorsque je fais une prise de vue pour un casting de mannequins, je travaille en mode connecté (l'appareil est branché sur l'ordinateur) et je rentre les noms des mannequins et de leur agence au fur et à mesure que je les photographie. Pour cela, j'active le champ de texte en question (Titre), je tape le nom du mannequin, puis je valide avec la touche Cmd/Ctrl pour passer automatiquement à la vue suivante. Notez que le champ de texte reste ainsi activé, je peux donc immédiatement taper les informations pour l'image suivante.

Éditer les métadonnées de l'image principale

Lorsque vous sélectionnez plusieurs images à la fois, le panneau Métadonnées affiche dans la plupart des champs la valeur <mixte> lorsque les métadonnées des images sélectionnées sont variables. Seules les informations s'appliquant à toutes les images (auteur, copyright, etc.) s'affichent correctement. Néanmoins, en cliquant sur l'un des champs dotés de la valeur <mixte>, vous pouvez appliquer des métadonnées communes à toutes les images.

Ainsi, pour attribuer le même titre à l'ensemble des images sélectionnées, il vous suffit de cliquer sur le champ Titre de l'image principale et de taper le texte souhaité. En revanche, si vous sélectionnez la commande « Afficher les métadonnées pour la photo cible uniquement », depuis le menu Métadonnées, vous pouvez afficher seulement les métadonnées de l'image principale.

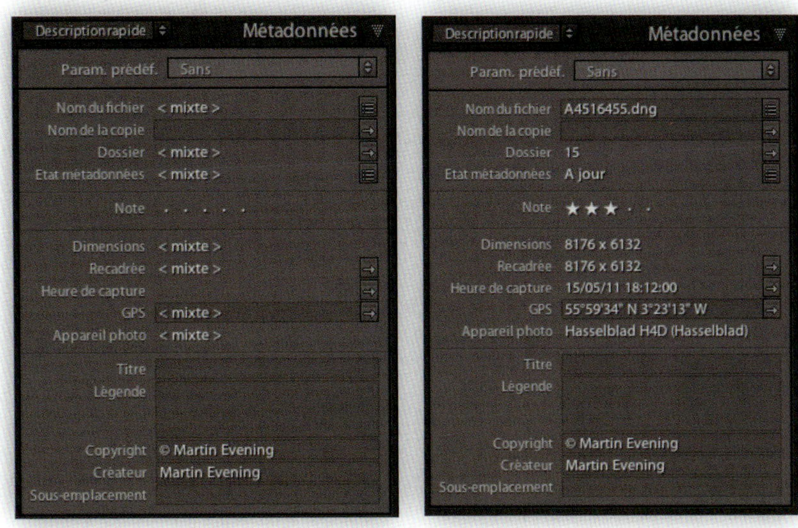

Le panneau Métadonnées après la sélection de plusieurs images. Par défaut, le panneau affiche la valeur <mixte> pour toutes les entrées variables, seules les entrées invariables (c'est-à-dire communes à toutes les photos) sont affichées avec leurs valeurs correctes (figure de gauche). Après avoir choisi la commande « Afficher les métadonnées pour la photo cible uniquement », le panneau affiche seulement les métadonnées de l'image principale (figure de droite).

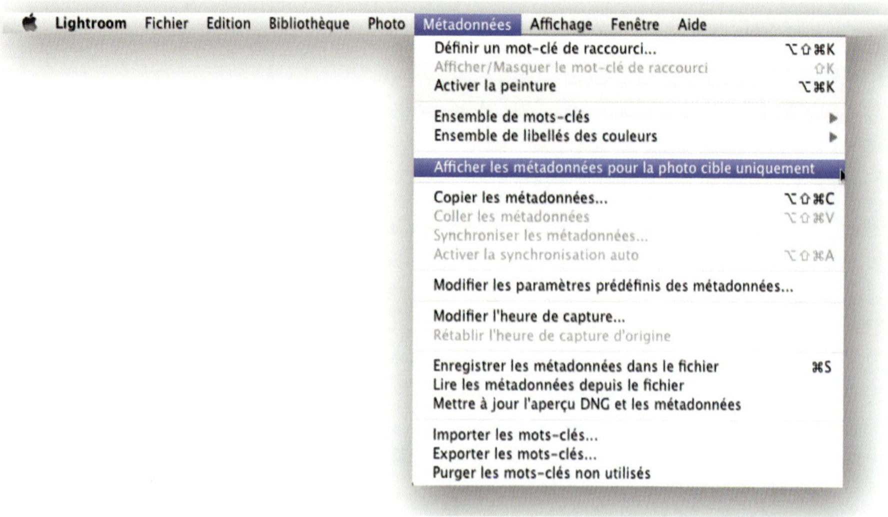

Le menu « Afficher les métadonnées pour la photo cible uniquement ».

La figure ci-dessus montre comment tirer parti de la commande « Afficher les métadonnées pour la photo cible uniquement ». J'ai sélectionné toutes les images d'un dossier, le panneau Métadonnées n'affiche que les métadonnées de l'image principale (la photo cible). En utilisant Cmd/Ctrl en plus des flèches gauche et droite, vous pouvez passer d'une image à une autre, tout en affichant ses métadonnées et sans désélectionner les images du dossier. Mais cette méthode ne permet l'attribution des métadonnées qu'à une seule image à la fois : n'oubliez pas de la désactiver lorsque vous souhaitez appliquer des métadonnées à un lot d'images…

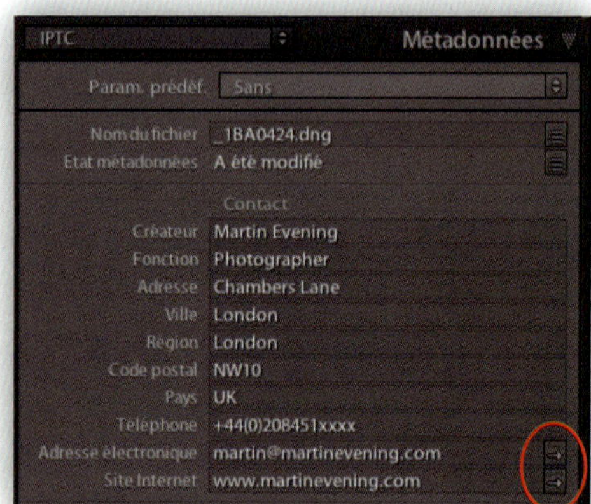

On peut distinguer les deux boutons à côté des champs « Adresse électronique » et « Site Internet » (ci-dessus). Lorsque vous cliquez sur « Adresse électronique », Lightroom ouvre le logiciel de courrier électronique par défaut. Celui-ci affiche automatiquement l'adresse électronique spécifiée dans une nouvelle fenêtre avec le message prêt à poster.

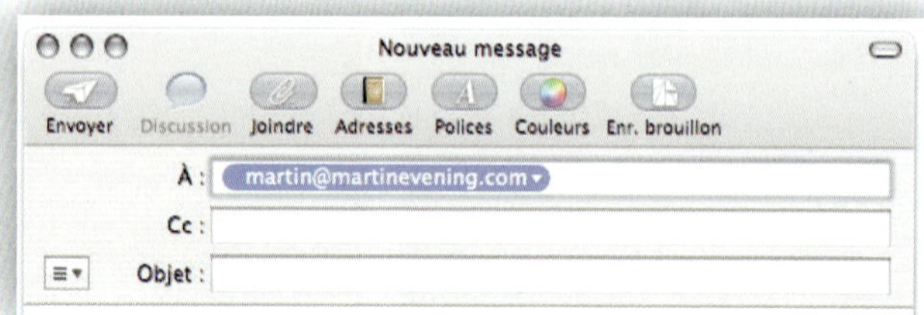

Adresse électronique et **Site Internet.** Les champs « Adresse électronique » et « Site Internet » permettent, grâce aux boutons en forme de flèche, d'envoyer un e-mail au créateur de la photo ou d'accéder directement à son site web. Cliquez sur l'un des boutons et Lightroom ouvre votre logiciel de courrier électronique par défaut (s'il n'est pas déjà ouvert).

Un exemple d'utilisation de la commande « Afficher les métadonnées pour la photo cible uniquement ». Bien que toutes les images aient été sélectionnées, vous pouvez consulter les informations propres à l'image « la plus sélectionnée ».

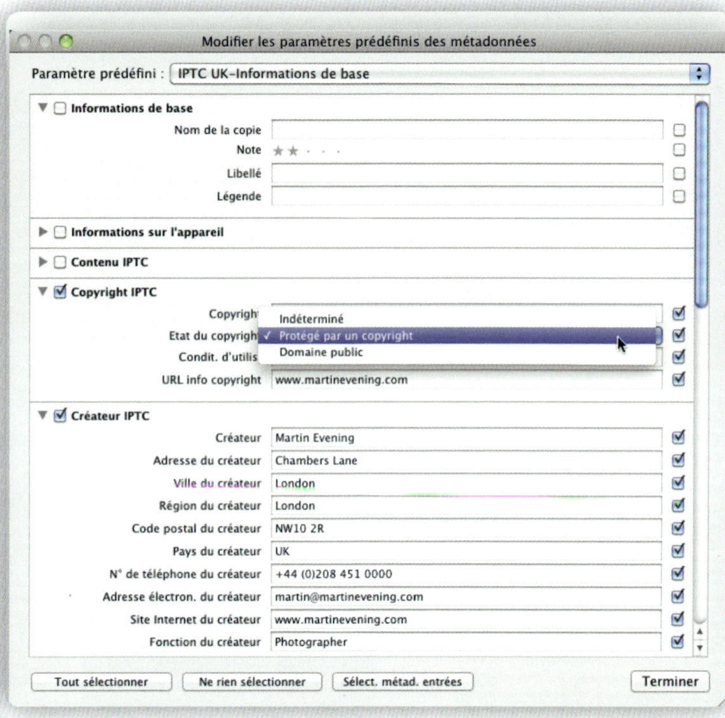

Options pour modifier l'état du copyright, dans le panneau Métadonnées (à gauche) et dans la boîte « Modifier les paramètres prédéfinis des métadonnées » (à droite).

Copyright. De la même façon, le champ « URL info copyright » possède un bouton qui ouvre le site web indiqué dans le navigateur web par défaut. Le champ « État du copyright » permet de choisir entre les options Indéterminé, « Protégé par un copyright » et « Domaine public ». Vous pouvez modifier le copyright directement à partir du panneau Métadonnées, en créant ou en modifiant un nouveau jeu de paramètres prédéfinis.

Les étiquettes de mots-clés et le panneau Mots-clés

L'ajout de mots-clés est la manière la plus simple de classer des images. Vous pouvez ainsi utiliser la barre « Filtre de bibliothèque » (en tapant des mots-clés explicites ou en ciblant une série d'images) pour obtenir un outil de recherche efficace et très rapide.

La figure ci-après montre comment j'ai établi une hiérarchie de mots-clés pour faciliter l'organisation et la recherche de mes photos. J'ai classé ces mots-clés en plusieurs catégories, comme « Nature » et « Lieux », et en plusieurs sous-catégories : dans la catégorie « Lieux », on trouve ainsi « Europe », « Norvège » et « Presqu'île Bygdøy ». Si vous cliquez sur un mot-clé ou sur une catégorie de mots-clés dans le panneau « Liste des mots-clés », seules les images ainsi marquées s'afficheront dans la fenêtre principale ou dans le panneau « Film fixe ».

Vous pouvez référencer astucieusement vos photos grâce à l'attribution de multiples mots-clés qui permet d'allouer différents critères à une seule image. Cependant, gardez toujours à l'esprit qu'il existe des champs IPTC pour ajouter des informations à vos images, notamment pour renseigner le lieu de prise de vue. Si le champ Mots-clés est précieux pour rassembler de nombreuses informations relatives à la photo, les champs IPTC sont communément considérés comme des emplacements dédiés à cette tâche. Si vous diffusez vos images à des fins commerciales, assurez-vous donc toujours d'avoir correctement rempli les champs IPTC correspondants.

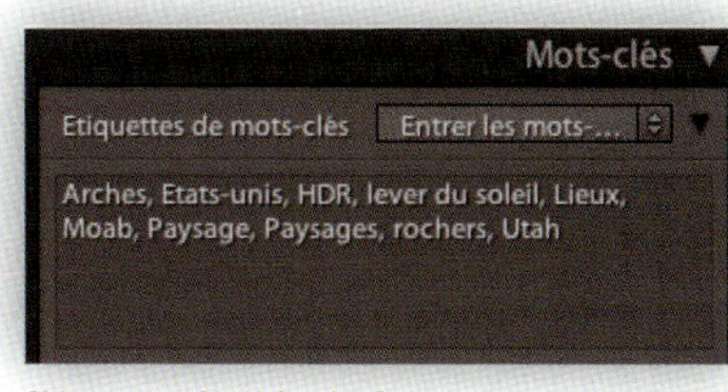

S'il est préférable de faire preuve de modération, l'attribution de quelques mots-clés peut ajouter de la valeur à vos images et ce, même lorsqu'il s'agit de photos personnelles.

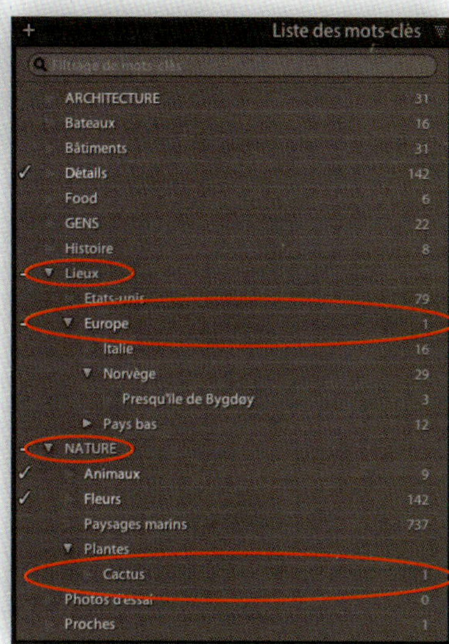

Le mot-clé « Presqu'île Bygdøy » se situe dans la hiérarchie de mots-clés Lieux<Europe<Norvège et le mot-clé « Paysages marins » est une sous-catégorie du mot-clé « Nature ».

Afin de bénéficier de la puissance des mots-clés, exploitez l'une des méthodes suivantes.

1. Première méthode : insérez dans le panneau Mots-clés les mots-clés nécessaires au référencement de vos images, en les tapant directement dans le champ « Cliquer ici pour ajouter des mots-clés ». Dans la figure page suivante, j'ai tapé « Presqu'île Bygdøy<Norvège<Europe<Lieux » afin d'ajouter le mot-clé « Presqu'île Bygdøy » tout en appliquant la hiérarchie souhaitée.

2. Deuxième méthode : ajoutez des mots-clés lorsque vous importez des nouvelles photos dans le catalogue. Dès que vous tapez les premières lettres d'un mot-clé, Lightroom complète automatiquement le nom.

3. Troisième méthode : ajoutez ou modifiez des mots-clés dans le panneau « Liste des mots-clés ». En passant la souris sur l'un des mots-clés de la liste, une case à cocher s'affiche à sa gauche, permettant de l'appliquer directement aux images sélectionnées. Une petite flèche à sa droite permet de filtrer les images portant le mot-clé en question.

Méthode 1

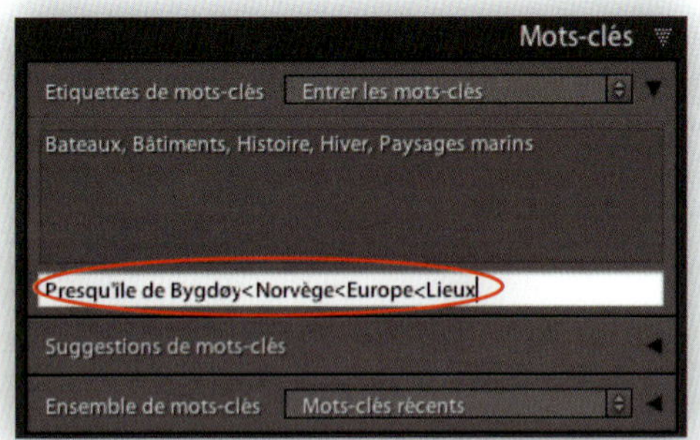

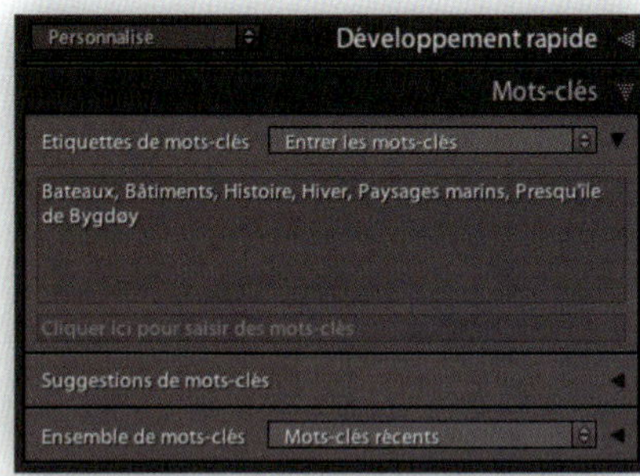

Méthode 2

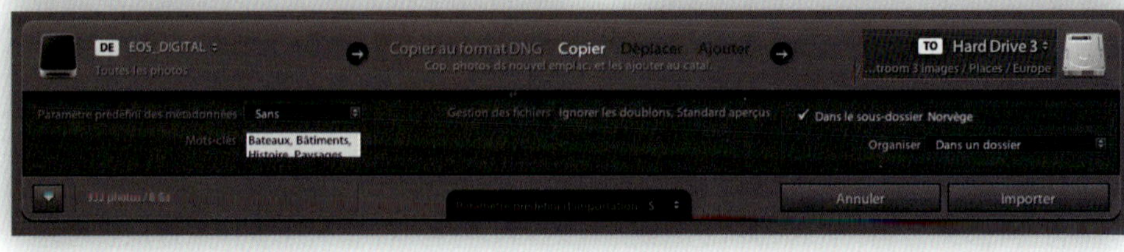

Méthode 3

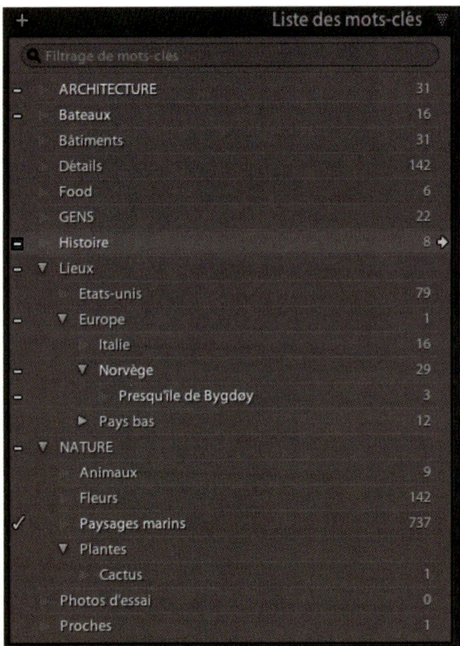

Méthode 4

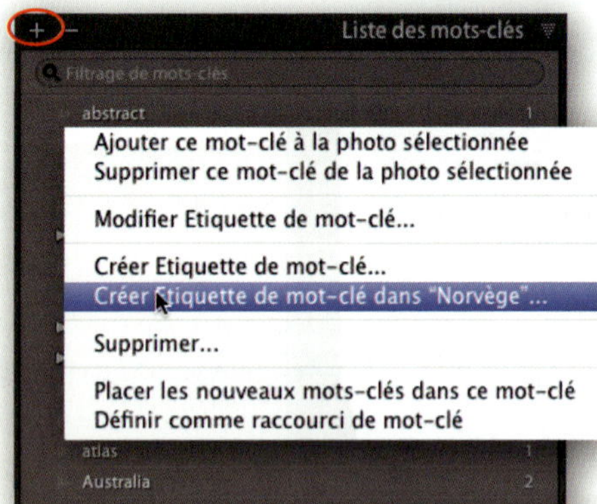

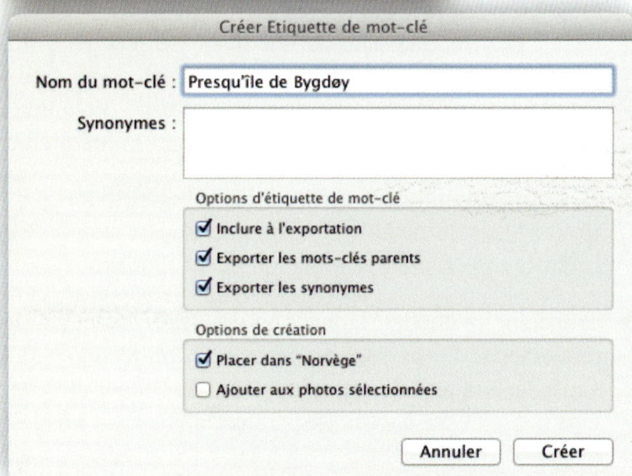

4. Quatrième méthode : ajoutez des mots-clés à l'avance. J'ai cliqué droit sur le mot-clé « Norvège », puis j'ai choisi l'option « Créer étiquette de mot-clé dans "Norvège" ». Dans la boîte de dialogue « Créer Étiquette de mot-clé », j'ai ensuite ajouté le mot-clé « Presqu'île Bygdøy » en tant que sous-catégorie de « Norvège ».

Quelle que soit la procédure que vous suivrez, les mots-clés s'afficheront dès leur création dans le panneau « Étiquettes de mots-clés », lequel vous aidera à les agencer avec une hiérarchie cohérente. Par exemple, si vous ajoutez le mot-clé « Paysages marins », il sera placé dans le panneau « Étiquettes de mots-clés » en tant que sous-catégorie de « Nature », dès que vous sélectionnerez l'option « Créer étiquette de mot-clé en tant qu'enfant de ce mot-clé » dans le menu contextuel.

Synonymes : les mots-clés cachés

Lorsque vous créez un nouveau mot-clé, vous pouvez lui associer un ou plusieurs synonymes. Il s'agit de termes alternatifs pouvant être utilisés en lieu et en place du mot-clé principal. À la différence des mots-clés principaux, les synonymes ne s'affichent pas dans le panneau « Étiquettes de mots-clés », permettant de ne pas surcharger le contenu de ce dernier.

Dans la figure ci-dessous, le mot-clé « voiture » fait partie de la hiérarchie de mots-clés suivante : voiture<automobile<transport terrestre<transport. Afin de faciliter la recherche des images associées, j'ai ajouté les synonymes « auto », « moteur » et « véhicule ». Une recherche avec les mots-clés « voiture », « automobile », « transport terrestre », « transport », « auto », « moteur » et/ou « véhicule » permettra donc de retrouver toutes les images auxquelles j'ai attribué le mot-clé « voiture ».

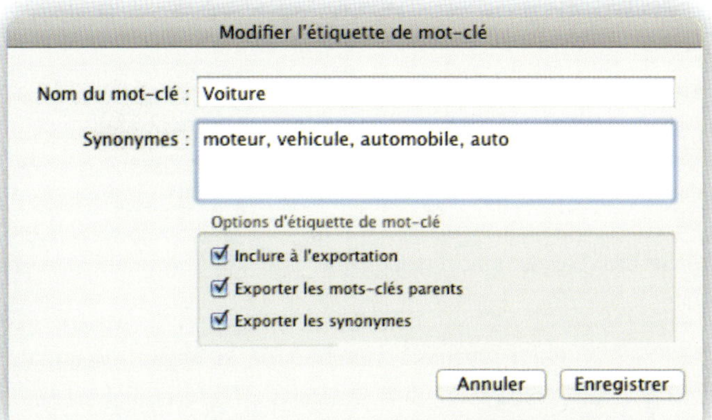

La boîte de dialogue « Modifier l'étiquette de mot-clé ».

Pour toucher un public aussi vaste que possible, pensez à inclure des mots-clés en langues étrangères, et notamment lorsqu'il s'agit de photos de paysage ou d'architecture réalisées à l'étranger. Pour trouver des images prises à Venise, un anglophone préfère

Mots-clés privés
Il n'est pas toujours souhaitable d'attribuer l'ensemble des mots-clés aux images distribuées. J'utilise par exemple la hiérarchie des mots-clés Fortement retouchée<Métadonnées privées pour regrouper les images ayant nécessité beaucoup de travail dans Photoshop. Si la plupart de mes clients ne sont pas gênés par cette information, certains ne préfèrent pas la voir apparaître. Si votre client vous envoie faire du repérage pour trouver un lieu de tournage ou de prise de vue, il n'est pas vraiment stratégique d'inclure les coordonnées des lieux potentiels dans les métadonnées de vos images. Cela implique aussi de dissimuler les métadonnées GPS. Sachez que la boîte de dialogue Exporter comprend maintenant des options pour exclure certaines métadonnées dans les images exportées.

Voici l'exemple d'une image pour laquelle il est préférable de ne pas divulguer des métadonnées d'emplacement…

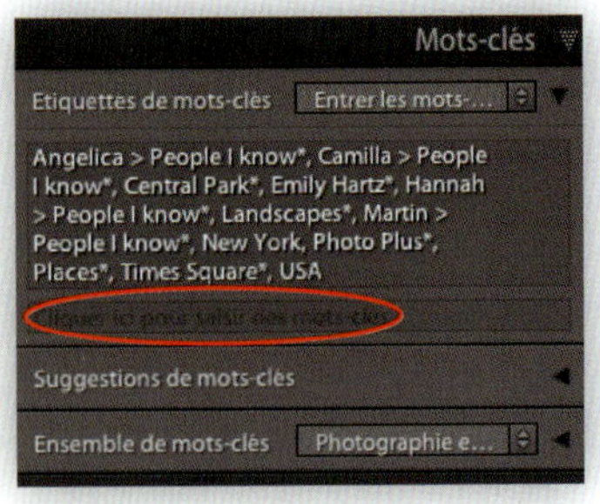

Les mots-clés attribués à une ou à plusieurs images s'affichent dans le panneau Mots-clés. Ici, j'ai sélectionné toutes les images prises à New York : les mots-clés dotés d'un astérisque ne s'appliquent qu'à quelques images.

le mot-clé « Venice » alors qu'un italophone passe plutôt par le mot-clé « Venizia ». En Écosse, de nombreux lieux portent à la fois des noms en anglais et en gaélique. C'était donc une bonne idée d'inclure ces derniers sous forme de synonymes pour les images d'un de mes reportages récents.

Attribuer et gérer les mots-clés

Nous ne reviendrons pas ici sur l'attribution de mots-clés lors de l'importation des images, nous en avons déjà parlé en détail. Intéressons-nous plutôt aux procédures à suivre dans le panneau Mots-clés.

Le panneau Mots-clés, à droite juste au-dessus du panneau « Liste des mots-clés », présente tous les mots associés à une ou à plusieurs images. Lorsque vous cliquez sur une vignette, il les affiche en les séparant par des virgules (les espaces sont interdits). Dans le cas d'une sélection multiple, les mots-clés qui ne sont associés qu'à certaines images sont dotés d'un astérisque afin de les distinguer des mots-clés communs à toutes les vignettes (qui eux sont sans marquage particulier).

- Pour appliquer un mot-clé marqué d'un astérisque à toutes les images sélectionnées, il suffit de sélectionner l'astérisque dans le panneau Mots-clés, puis de le supprimer en appuyant sur la touche Suppr (Windows) ou Retour (Mac).
- Pour modifier un mot-clé, surlignez-le, puis tapez un autre mot.
- Pour supprimer un mot-clé, surlignez-le, puis appuyez sur la touche Suppr (Windows) ou Retour (Mac).

Tout comme la boîte de dialogue « Importer des photos », le panneau Mots-clés permet l'insertion directe d'un nouveau mot-clé et il complète, lui aussi, les entrées de façon automatique.

En revanche, pour attribuer des mots-clés aux images de la fenêtre principale, il existe plusieurs possibilités. La figure ci-contre (en haut) montre comment appliquer un mot-clé à un groupe d'images en faisant glisser l'un des mots sur les vignettes sélectionnées. Cette méthode est particulièrement facile, mais attention : si vous cliquez simplement sur un mot-clé, vous n'afficherez que les images qui lui sont déjà associées. Il faut donc cliquer et faire glisser le mot-clé dans la fenêtre principale tout en maintenant enfoncé le bouton de la souris.

Vous pouvez également sélectionner plusieurs vignettes de la fenêtre principale et les faire glisser sur le mot-clé à attribuer. Sur la figure ci-contre (en bas), j'ai ainsi sélectionné et glissé plusieurs images sur le mot « Bryce Canyon ».

Options pour compléter les mots-clés

Pour l'ajout d'une série de mots-clés et d'autres métadonnées IPTC, l'option « Proposer des suggestions à partir des valeurs récemment saisies », de l'onglet Métadonnées de la boîte de dialogue « Paramètres du catalogue », peut vous faire gagner un temps considérable.

Pour l'appliquer, faites glisser le mot-clé à partir du panneau Mots-clés sur les vignettes sélectionnées dans la fenêtre principale.

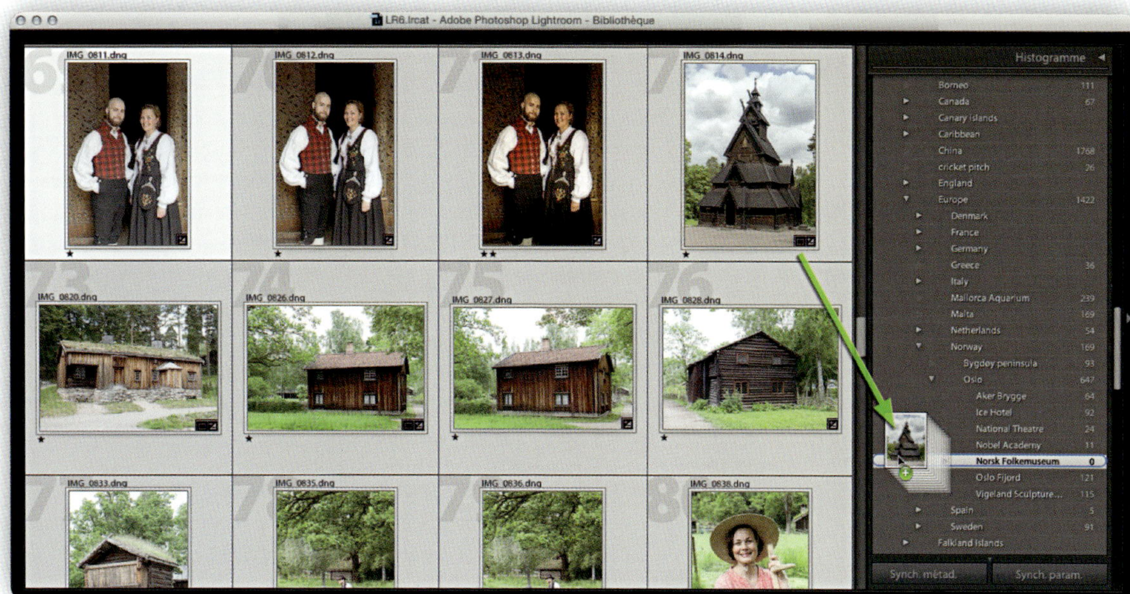

Il est également possible de faire glisser une sélection d'images sur le mot-clé à attribuer.

Dans le même onglet, cliquez sur le bouton « Effacer toutes les listes de suggestions » pour réinitialiser la mémoire et pour effacer tous les mots mémorisés. Si vous tapez un mot-clé pour lequel il existe plusieurs correspondances, Lightroom affiche les différents choix sous la forme « Salisbury<Wiltshire<Royaume-Uni » ou « Salisbury<Maryland<États-Unis », si vous avez préalablement enregistré les mots-clés.

Si, la plupart du temps, j'active l'option « Proposer des suggestions à partir des valeurs récemment saisies », je la désactive aussitôt que j'attribue des mots-clés aux photos d'une séance de casting de mannequins.

Note
Au fur et à mesure que vous supprimez des images de votre catalogue, certains mots-clés ne sont plus utilisés. Vous les effacerez en utilisant la méthode détaillée ici ou en utilisant la commande « Purger les mots-clés non utilisés », du menu Métadonnées.

Importer ou exporter des mots-clés
Tous les mots-clés peuvent être exportés via la commande Métadonnées>Exporter les mots-clés. Ils seront ainsi enregistrés dans un fichier texte au format .txt et séparés par des tabulations. De la même façon, vous pouvez importer des mots-clés d'un fichier texte via la commande Métadonnées>Importer les mots-clés.

Vous pouvez utiliser les mots-clés pour hiérarchiser vos images selon vos propres critères. Le panneau « Liste des mots-clés » montre ici comment je parviens à associer des images en fonction des collaborateurs (coiffeurs, stylistes, etc.) ayant assisté à mes prises de vue.

Supprimer des mots-clés

Pour supprimer un mot-clé, il existe une méthode très facile : depuis le panneau « Liste des mots-clés, sélectionnez le mot-clé, puis cliquez sur l'icône « - » pour le supprimer de la liste ainsi que des images auxquelles il a été attribué. En revanche, si vous supprimez un mot-clé à partir du panneau Mots-clés, seules les données du catalogue sont supprimées.

Pour pouvoir supprimer le mot-clé des balises XMP des images auxquelles il a été attribué, il faut « forcer » la modification des données XMP (c'est-à-dire la suppression du mot-clé), à l'aide de la commande Métadonnées>Enregistrer les métadonnées dans le fichier (Cmd/Ctrl + S). De même, si vous supprimez un mot-clé à l'aide d'un logiciel tiers, il s'affichera toujours dans Lightroom.

Hiérarchiser les mots-clés

S'il est important de bien lister ses mots-clés, établir leur hiérarchie est primordial. Vous pouvez créer plusieurs niveaux de sous-catégories, par exemple « Lieux<Pays<État<Ville ». Utilisez un simple glisser/déposer pour organiser vos mots-clés dans le panneau « Étiquettes de mots-clés ». Vous pouvez aussi en entrer des nouveaux tout en déterminant leur rang : ajoutez-leur le signe « < » suivi de la catégorie. Par exemple, pour ajouter « Éléphant » comme sous-catégorie de « Mammifères », « Vertébrés » et « Animaux », tapez « Éléphant<Mammifères<Vertébrés<Animaux » et appuyez sur Entrée : le nouveau mot-clé apparaîtra dans les panneaux « Liste des mots-clés » et Mots-clés. Une fois votre hiérarchie de mots-clés établie, il n'est plus nécessaire de la retaper lorsque vous attribuez un mot-clé à une image : il suffit de taper Chat<Mammifères pour que Lightroom ajoute les mots-clés parents « Vertébrés » et « Animaux ».

Bien qu'il vous revienne de choisir les catégories de vos images, vous serez souvent amené à respecter des consignes si vous travaillez avec une banque d'images. Sinon, vous pouvez faire appel à un « vocabulaire contrôlé » comme celui proposé par David Rieks sur le site http://www.controlledvocabulary.com. Ainsi, les termes que vous utiliserez pour légender vos images correspondront à ceux employés par d'autres acteurs de la profession. Si jamais vous attribuez un grand nombre de mots-clés à vos images (je connais des photographes qui en utilisent parfois plus de cinquante…), vous avez tout intérêt à rester précis et méthodique dans le choix des termes et de la hiérarchie utilisés.

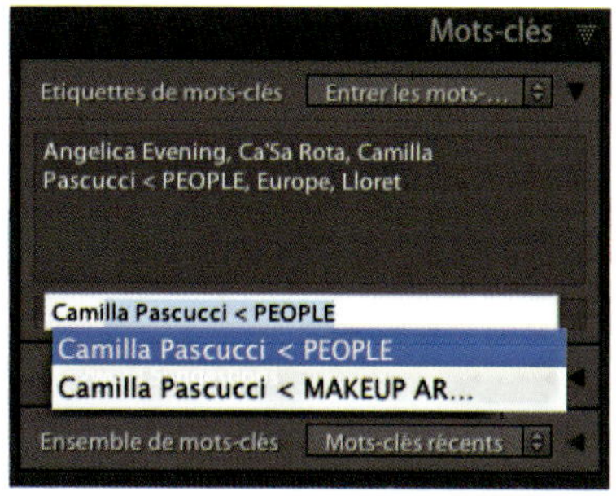

En mode « Entrer les mots-clés », le panneau Mots-clés révèle la hiérarchie des mots-clés seulement lorsqu'il existe des mots-clés identiques avec différents mots-clés « parents ».

Mots-clés implicites

À certains mots-clés sont associés des mots-clés implicites : par exemple, « Lieux » et « Europe » seront ainsi automatiquement associés à « Presqu'île Bygdøy ». Ainsi, il suffit de taper ce mot-clé pour que les deux autres (« Lieux » et « Europe ») soient automatiquement attribués aux images. Il n'est donc plus nécessaire de taper la chaîne « Presqu'île Bygdøy<Oslo<Europe<Lieux » si vous avez hiérarchisé au moins l'un des mots-clés utilisés.

- L'option « Entrer les mots-clés », du menu « Étiquettes de mots-clés », permet d'éditer les mots-clés. Les mots-clés implicites restent masqués tandis qu'ils sont encore actifs lors des recherches.
- Les options « Mots-clés et mots-clés parents » et « Exportera » affichent une liste de mots-clés qui comprend également les mots-clés implicites, impossibles à modifier à partir du panneau Mots-clés.

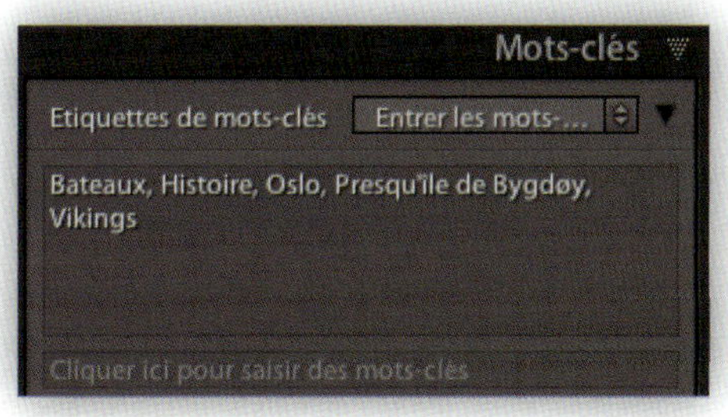

En mode « Entrer les mots-clés », vous pouvez éditer les mots-clés directement ; les mots-clés implicites sont masqués.

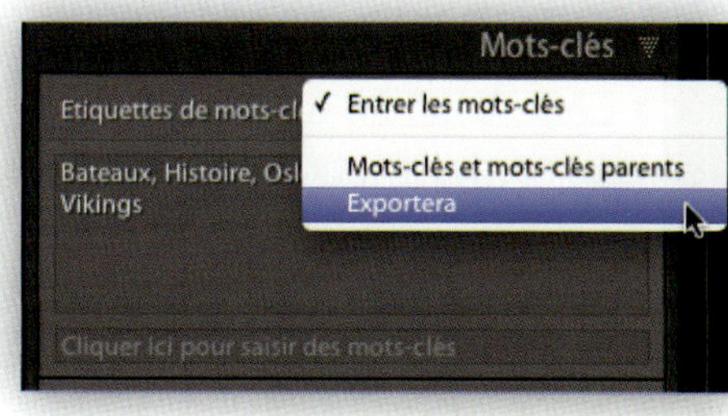

En mode « Exportera » ou « Mots-clés et mots-clés parents », les mots-clés implicites s'affichent, ce qui permet de voir l'ensemble des mots-clés appliqués sans pouvoir les modifier.

Suggestions de mots-clés

Grâce à la fonction « Suggestions de mots-clés », accessible depuis le panneau Mots-clés, Lightroom propose des mots-clés en fonction de ceux qui ont déjà été attribués à d'autres images du même dossier ou d'une date de capture voisine.

L'image sélectionnée sur la figure suivante possède déjà les mots-clés « fontaine » et « Oslo ». Lightroom suggère quelques mots-clés qu'il affiche dans la section « Suggestions de mots-clés » (dans notre cas « Paysages marins », « ARCHITECTURE », etc.), basés sur son analyse des mots-clés d'autres images situées dans le même dossier. Notez que plus vous attribuez de mots-clés à vos images, plus les suggestions du logiciel seront pertinentes. Il est également important de disposer d'une grande diversité de mots-clés – si vous en utilisez trop peu pour une série d'images, Lightroom aura des difficultés pour vous proposer des alternatives intéressantes.

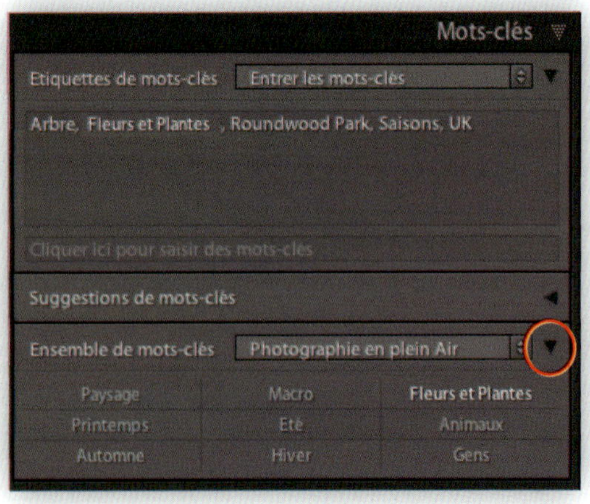

Le panneau Mots-clés affiche ici l'ensemble de mots-clés « Photographie en plein air ». Appuyez sur la touche Alt pour afficher les raccourcis clavier attribués aux mots-clés de l'ensemble et utilisez cette même touche et une des touches du clavier numérique (1 à 9) pour les appliquer à une ou plusieurs images sélectionnées.

Ensembles de mots-clés

Le panneau Mots-clés affiche également les mots-clés les plus récemment attribués dans la section « Ensemble de mots-clés ». Cet affichage permet d'ajouter rapidement des mots-clés courants aux images de la fenêtre principale.

1. Sélectionnez simplement un groupe d'images et cliquez sur l'un de ces mots-clés.
2. Cliquez sur l'icône en forme de triangle pour afficher le jeu de mots-clés, composé par défaut des mots-clés récemment attribués.
3. Vous pouvez également choisir l'un des ensembles de mots-clés proposés (Mariage, « Photographie en plein air », « Photographie de Portrait ») à partir du menu déroulant.

La figure suivante montre l'un des ensembles de mots-clés. En appuyant sur la touche Option/Alt, vous pouvez afficher les raccourcis clavier attribués aux mots-clés de l'ensemble ; la touche Option/Alt, suivie du chiffre qui est attribué au mot-clé, applique ce dernier aux photos sélectionnées.

Voici un exemple concret pour l'utilisation d'un ensemble de mots-clés : l'ensemble « Photographie en plein air » comporte neuf mots-clés. Le raccourci Option/Alt + 7 permet d'appliquer le mot-clé « Paysages » à l'image sélectionnée.

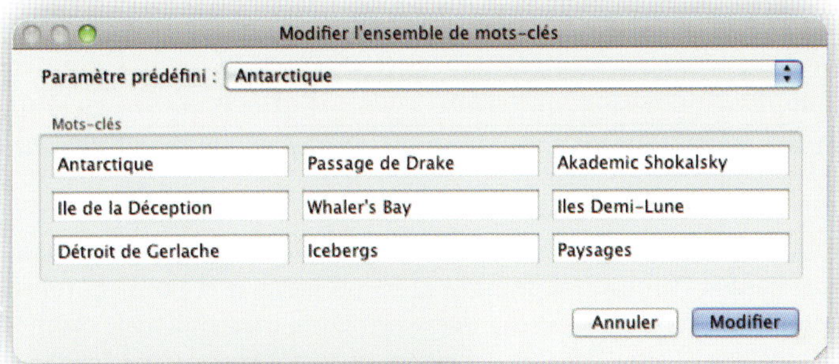

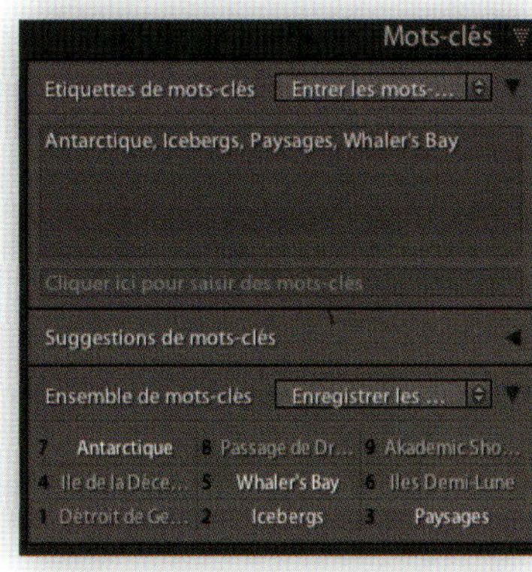

Ensemble de mots-clés personnalisés. La touche Alt affiche les raccourcis clavier. Utilisez cette touche plus un chiffre pour attribuer le mot-clé correspondant.

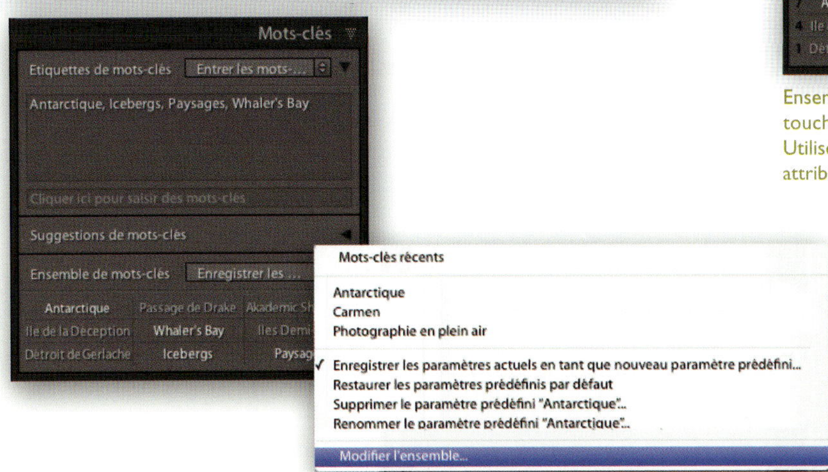

Dans la boîte de dialogue « Modifier l'ensemble de mots-clés », accessible depuis le menu déroulant du menu « Ensemble de mots-clés » du panneau Mots-clés, vous pouvez ajouter des mots-clés existants (ou en créer de nouveaux). J'ai créé cet ensemble pour l'édition des photos du voyage en Antarctique de Jeff Schewe.

Le curseur de l'outil Peinture change suivant le mode utilisé ; il reflète ainsi le paramètre appliqué.

L'outil Peinture

L'outil Peinture est accessible depuis la barre d'outils du module Bibliothèque (cliquez sur l'outil pour l'activer), depuis le menu Métadonnées (Métadonnées>Activer la peinture) ou à l'aide du raccourci clavier Cmd/Ctrl + Option/Alt + K. Vous pouvez ensuite choisir le paramètre à appliquer.

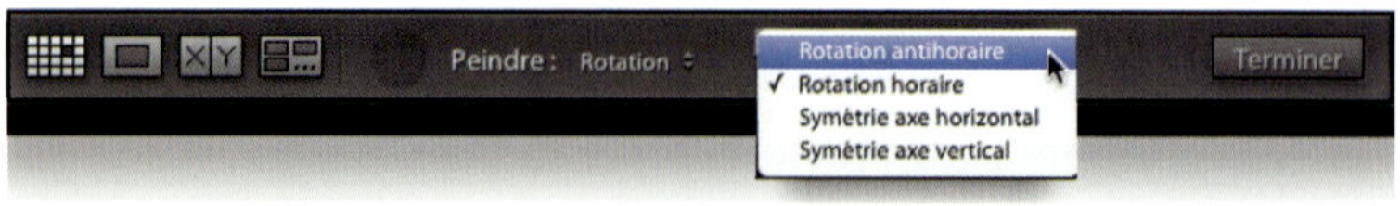

L'option Rotation propose quatre sous-options.

L'outil Peinture est très pratique pour appliquer un paramètre de manière répétitive aux images de la Grille : il suffit de cliquer sur une ou plusieurs images sélectionnées pour appliquer mot-clé, libellé de couleur, note, métadonnées IPTC, paramètre de développement, ainsi que pour faire pivoter les images sélectionnées. Néanmoins, pour ce genre de tâches répétitives (l'application d'une rotation de 90° ou d'un jeu de mots-clés, par exemple), il est souvent plus simple de corriger une première image, puis de synchroniser les réglages des autres.

Nous allons examiner l'utilisation de l'outil Peinture en pratique, mais retenez que sa manipulation est parfois assez délicate, car un second clic sur les images sélectionnées fait passer en mode Gomme, ce qui annule l'opération que vous venez d'effectuer. De même, assurez-vous de bien cliquer sur la vignette et pas sur la cellule qui l'entoure…

1. Cliquez sur l'icône Peinture depuis la barre d'outils du module Bibliothèque (Cmd/Ctrl + Option/Alt + K). L'outil Peinture se détache alors de la barre d'outils et remplace le curseur par défaut lorsque vous passez votre souris sur les images de la Grille.

2. Saisissez les mots-clés à appliquer dans le champ de texte de la barre d'outils ; Lightroom tentera de les compléter au fur et à mesure que vous les taperez en interrogeant les mots-clés déjà attribués et enregistrés dans sa base de données. Vous pouvez également sélectionner la commande Métadonnées>Définir un mot-clé de raccourci, ou taper Cmd/Ctrl + Option/Alt + Maj + K pour ouvrir la boîte de dialogue « Définir un mot-clé de raccourci ».

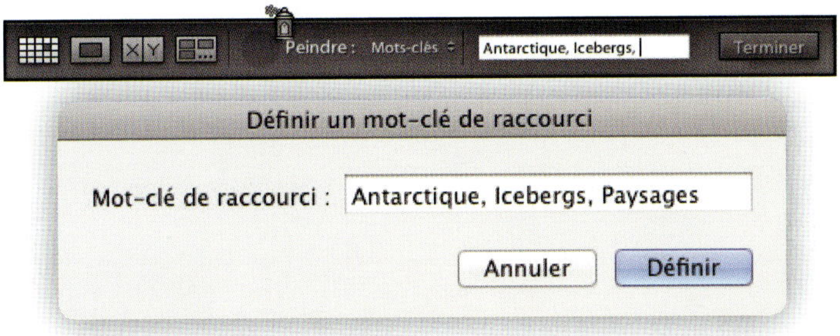

3. L'outil Peinture est prêt à l'emploi. Glissez l'icône sur une image de la grille, puis cliquez dessus pour lui appliquer le mot-clé. Ici, j'ai ainsi appliqué les mots-clés définis à l'étape 2. Pour fermer l'outil Peinture, il suffit de cliquer sur l'emplacement vide (ou Cmd/Ctrl + Option/Alt + K).

4. En mode Paramètres, vous pouvez choisir le type de paramètre à appliquer parmi les paramètres prédéfinis du menu déroulant ; en mode Rotation, vous pouvez faire pivoter une image ; en mode Métadonnées, vous pouvez appliquer l'un des préréglages définis enregistrés ; et lorsque vous sélectionnez l'un des modes Note, Marqueur ou Libellé, vous pouvez appliquer une note, un marqueur ou un libellé de couleur.

En mode Collection cible, l'outil Peinture peut être utilisé pour ajouter des images à la collection cible active. Si ce rôle est attribué par défaut à la collection rapide, vous pouvez également promouvoir une autre collection (reportez-vous à la page 137 pour en savoir plus).

Le mode Personnes

Lightroom 6/CC propose désormais une fonction de marquage de visages permettant d'identifier des visages sur des images de votre catalogue, d'apprendre à reconnaître des personnes préalablement nommées et d'ajouter des mots-clés au panneau « Liste des mots-clés » de manière automatique.

Le processus de marquage de visages se déroule en plusieurs étapes, la première étant la reconnaissance des visages. Le procédé de reconnaissance de Lightroom tire parti d'une technologie utilisée par les dernières versions de Photoshop Elements. Elle repose sur une indexation initiale des photos du catalogue qui répertorie les images de manière à permettre leur analyse par le moteur de reconnaissance des images.

- Cochez l'option « Détecter automatiquement les visages sur toutes les photos », dans l'onglet Métadonnées de la boîte de dialogue « Paramètres du catalogue », pour activer l'indexation de votre catalogue d'images. Il est également possible de passer par le centre d'activité.

- Lorsque les images résident sur un disque dur externe non connecté, Lightroom les répertoriera automatiquement lors du prochain lancement du logiciel, pour peu que leur support de stockage soit accessible.
- Lorsque l'indexation est désactivée, l'analyse d'un dossier d'images n'a lieu que lorsque vous passez en mode Personnes. De même, une image sélectionnée n'est analysée qu'après avoir activé l'outil « Dessiner une zone de visage » en mode Loupe.

Une fois l'analyse des images effectuée, le mode Personnes de Lightroom affiche les images sous forme de vignettes :

- la catégorie « Personnes nommées » rassemble les images dans lesquelles les visages ont été clairement identifiés ;
- la catégorie « Personnes anonymes » regroupe les images pour lesquelles l'identification reste à faire.
- Lightroom ajoute automatiquement des zones de visage pour chaque visage détecté et donne, pour chaque personne identifiée, une proposition de nom. Au fur et à mesure que vous attribuez des noms aux zones de visage, le logiciel essaie d'identifier des visages identiques sur d'autres images. Votre mission consiste alors à donner votre accord aux suggestions fournies, de renommer les zones de visage erronées et de rechercher d'autres personnes dans les images de la section « Personnes anonymes » afin de les identifier dûment. Dans la plupart des cas, Lightroom parvient à détecter les visages ; parfois, non. Pour l'aider, vous pouvez alors supprimer à la main les zones de visage dans les images ne comportant pas de personnes.
- Au début du processus, la fonction de marquage de visages implique l'intervention de l'utilisateur pour que le logiciel puisse prendre connaissance des personnes que vous photographiez souvent. Une utilisation régulière permettra ensuite à Lightroom de reconnaître de plus en plus de personnes dans vos images et d'attribuer automatiquement à ces dernières les mots-clés correspondants. Voilà pour la théorie. Dans la pratique, vous aurez à décider vous-même si tout ce travail de fourniture d'informations à Lightroom en vaut la peine ou si vous lui préférez la méthode manuelle consistant à repérer visuellement les personnes dans vos photos et à renseigner les mots-clés correspondants en les tapant dans les champs idoines.
- Un des avantages de la fonction de marquage de visages est qu'elle reconnaît automatiquement les visages une fois les images importées dans le catalogue, vous permettant d'automatiser en moins en partie l'attribution des mots-clés de personnes. De même, elle vous aide à repérer l'emplacement des visages ; au lieu de mots-clés spécifiant les différentes personnes dans une image, la fonction de marquage vous aide à les identifier en attribuant un nom à chaque visage. Nous allons examiner l'utilisation en pratique du mode Personnes dans les pages suivantes. Sachez qu'il suffit de cliquer sur le bouton Personnes (raccourci O) pour passer en mode Personnes, puis une nouvelle fois dessus pour revenir en mode Grille.

Construire l'index plus rapidement
L'indexation des images repose sur une lecture des fichiers RAW. Pour rendre le processus plus rapide, vous pouvez l'effectuer en même temps que la conversion des RAW au format DNG ou la création d'aperçus dynamiques. Sachez aussi que Lightroom peut tirer parti des aperçus dynamiques ou des aperçus incorporés pour accélérer le processus, pour peu que les dimensions de ces dernières soient suffisantes (1 024 pixels au moins pour le bord le plus long). Les informations liées aux visages sont également présentes lors de l'importation de photos à partir d'un autre catalogue ou lors de la création d'une copie virtuelle.

1. Voici quelques photos prises lors d'une garden-partie, affichées en mode Grille dans le module Bibliothèque. Je n'ai pas encore attribué des noms aux personnes représentées.

2. J'ai cliqué sur le bouton Personnes (cerclé de rouge) pour passer en mode Personnes. Il aurait été également possible d'exécuter la commande Affichage>Personnes ou d'appuyer sur la touche O. Dans un premier temps, la fonction de marquage de visages n'a identifié que ma fille. J'ai cliqué sur l'icône en forme de coche pour confirmer la proposition du logiciel et transférer les photos vers la section « Personnes nommées ».

3. Dans la section « Personnes anonymes », j'ai sélectionné une série d'images de la même personne, puis j'ai cliqué sur le champ de texte situé au bas de la vignette de l'image active (dont la cellule possède la couleur la plus claire) pour le sélectionner (Maj + O). Pendant que j'ai tapé le nom de la personne (Camilla Pascucci), Lightroom a automatiquement complété le texte. Après avoir sélectionné une seule image, vous pouvez utiliser la touche Retour pour que le logiciel sélectionne automatiquement le visage et le champ de texte de l'image suivante. Il est également possible d'utiliser les touches Ctrl (Windows) ou Cmd (Mac) en plus des flèches de votre clavier pour évoluer entre les images.

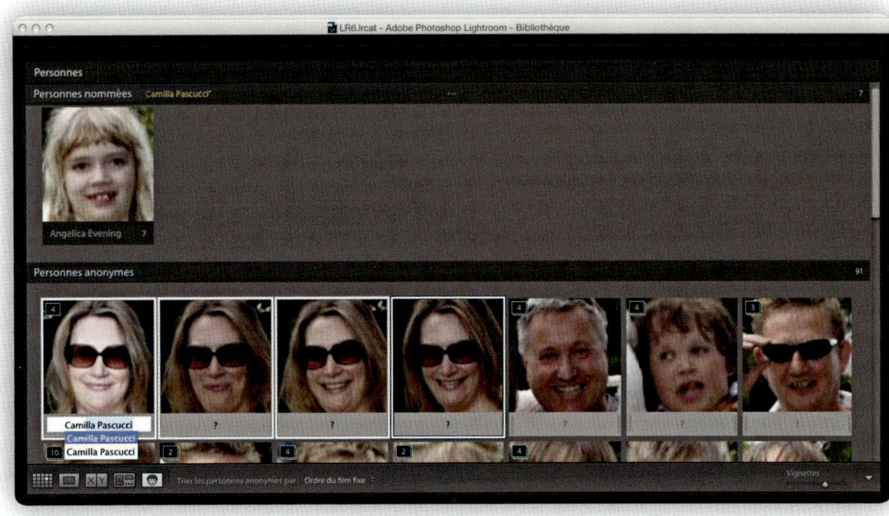

4. Lightroom produira immanquablement des résultats erronés. Pour y remédier, appuyez sur la touche Suppr, cliquez sur l'icône situé dans l'angle inférieur gauche de la cellule ou exécutez la commande « Supprimer la zone de visage » du menu contextuel après avoir sélectionné les images en question.

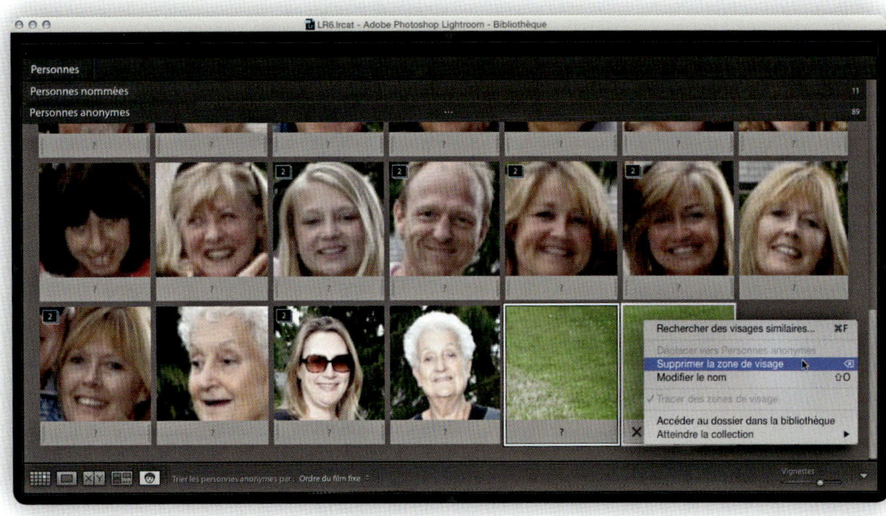

5. En cliquant sur les icônes bas de chaque vignette, vous pouvez assister le travail de la fonction de marquage de visages. Cliquez sur l'icône de rejet (à gauche sur Mac et à droite sous Windows) pour supprimer la zone de visage ou sur l'icône de confirmation (à droite, uniquement sur Mac) pour confirmer la suggestion de nom et transférer l'image vers la section « Personnes nommées ».

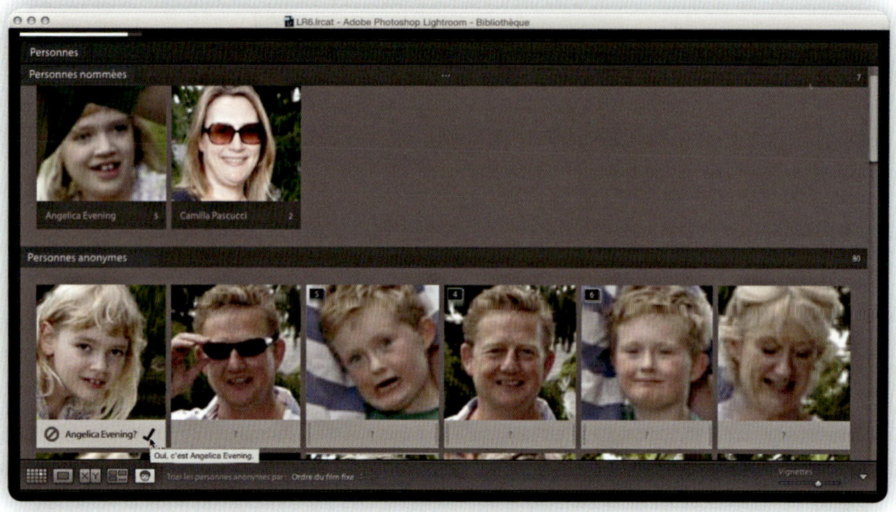

6. Une autre façon de gérer l'attribution de noms dans la section « Personnes anonymes » consiste à sélectionner plusieurs vignettes, puis de les faire glisser sur une image dans la section « Personnes nommées » pour leur attribuer le nom approprié. Il est également possible d'utiliser le glisser/déposer pour déplacer des images entre les sections « Personnes nommées » et « Personnes anonymes » – une image à visage identifié se transforme ainsi à nouveau en image à visage non identifié.

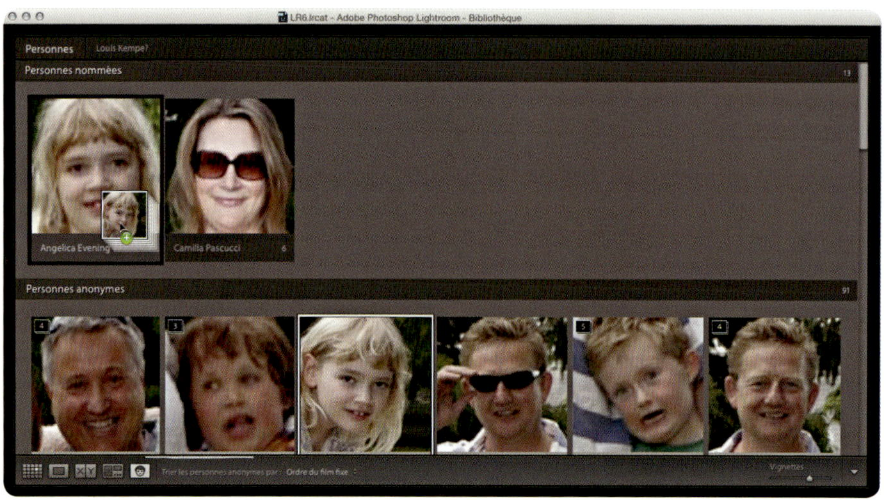

7. Avec les méthodes détaillées plus haut, j'ai accompli une grande partie du travail d'attribution de noms. Cependant, la section « Personnes anonymes » comporte encore quelques images sur lesquelles les personnes n'ont pas encore été identifiées.

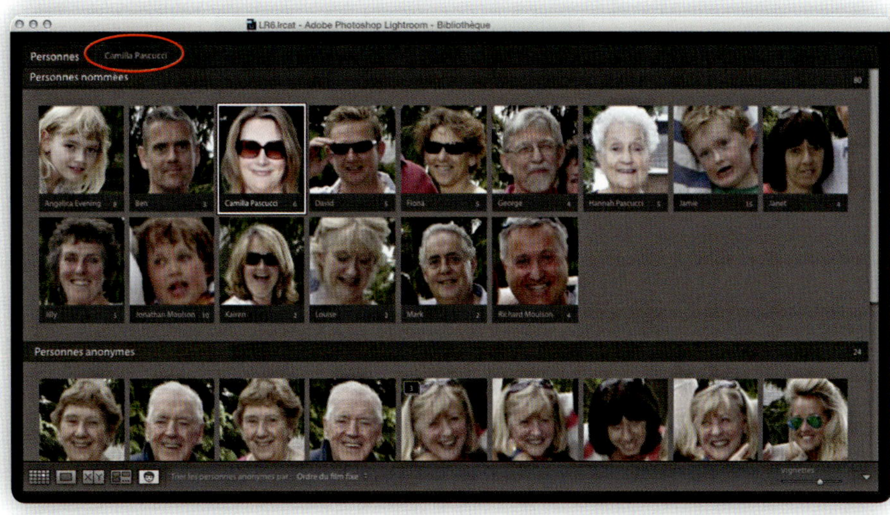

8. J'ai cliqué sur un des visages identifiés pour passer en mode « Personnes uniques ». Il est également possible de cliquer sur le mot-clé s'affichant dans la barre d'en-tête de la fenêtre Personnes (cerclé en rouge dans la figure de l'étape 7). La section « Visages similaires » vous propose des images auxquelles attribuer le nom des images dans la section « Visages confirmés ». Ici, aucune des propositions n'était pertinente.

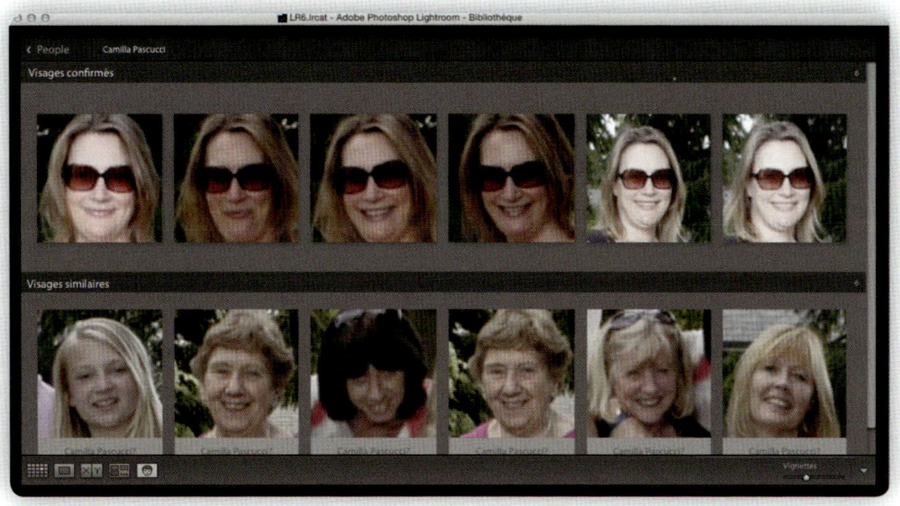

9. Pour passer en mode Loupe, j'ai double-cliqué sur une des vignettes affichées en mode « Personnes uniques ». Cela m'a permis d'afficher les zones de visage pour confirmer l'identification pour chacune des personnes représentées. Lorsqu'il est activé, l'outil « Dessiner une zone de visage » (ici cerclé en rouge) permet de définir manuellement

une ou plusieurs zones de visage dans l'image. En cliquant une nouvelle fois sur le bouton « Dessiner une zone de visage », vous masquez l'ensemble des zones de visage tout en repassant en mode Loupe.

Zones de visage et standards de métadonnées
Les zones de visage dessinées par Lightroom sont conformes aux standards introduits par le consortium Metadata Working Group, composé des sociétés Adobe, Canon, Microsoft, Nokia et Sony. De ce fait, les métadonnées liées aux visages peuvent circuler entre différents logiciels. Certains appareils photo encodent d'ores et déjà des visages détectés de cette manière.

Le mode « Personnes uniques »

En mode Personnes, le nom attribué à une ou plusieurs images dans la section « Personnes nommées » s'affiche dans la barre d'en-tête. En cliquant sur ce nom, vous passez en mode « Personnes uniques » pour afficher les visages confirmés. Dans la section « Visage similaires », située dans la partie inférieure de la fenêtre, passez la souris sur les vignettes, puis cliquez sur le bouton Confirmer pour les ajouter à celles de la section « Visages confirmés » tout en leur attribuant le nom proposé.

Quand vous cliquez sur une des vignettes de la fenêtre Personnes, Lightroom affiche un menu contextuel permettant de rechercher des visages similaires (Ctrl/Cmd + F), de déplacer l'image sélectionnée de la section « Personnes nommées » vers la section « Personnes anonymes », de modifier le nom attribué ou de supprimer la zone de visage. La commande « Rechercher des visages similaires » est également disponible à partir du menu contextuel du mode Loupe, à condition d'avoir activé l'outil « Dessiner une zone de visage ». Elle assure alors la liaison directe avec le mode « Personnes uniques ».

La barre d'en-tête du mode Personnes. En cliquant sur le nom de la personne, vous pouvez afficher les images associées en mode « Personnes uniques ».

Cliquez sur la flèche située dans l'angle supérieur gauche de la fenêtre « Personnes uniques » (ici entouré d'un cercle rouge) pour repasser en mode Personnes.

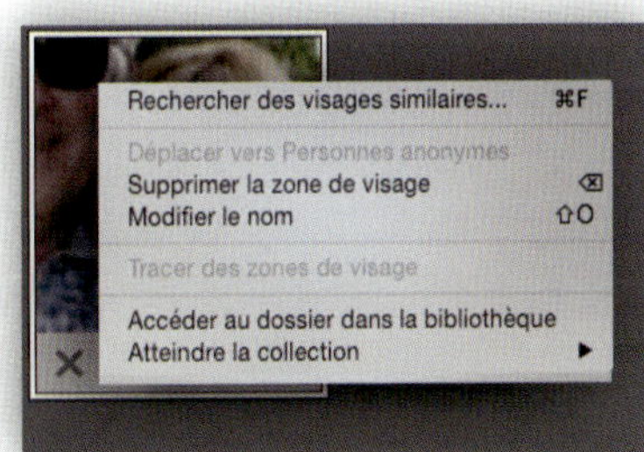

Le menu contextuel du mode Personnes.

Masquer ou étaler les images d'une pile
Appuyez sur la touche S pour masquer ou afficher les images d'une pile en mode Personnes, puis une nouvelle fois sur la touche S (ou Ctrl/Cmd + Z) pour les étaler ou masquer.

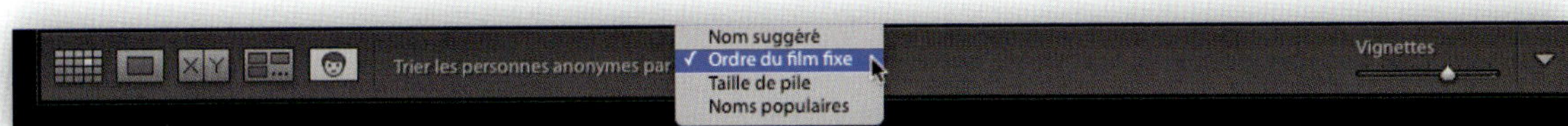

Les options de tri de la barre d'outils vous aident à organiser l'affichage des vignettes dans les modes Personnes et « Personnes uniques ».

Les mots-clés de personne

En ajoutant des noms aux visages, vous ajoutez automatiquement des mots-clés de personne aux images sélectionnées. Par défaut, les nouveaux mots-clés seront directement ajoutés au panneau « Liste des mots-clés ». Pour agencer les mots-clés de personne avec une hiérarchie plus efficace, je vous conseille d'utiliser la commande « Placer les nouveaux mots-clés de personne dans ce mot-clé » du menu contextuel pour créer une nouvelle catégorie de mots-clés (par exemple « PERSONNES ») rassemblant tous les mots-clés de personne en tant que sous-catégories. En mode Personnes, vous pouvez faire glisser une ou plusieurs images sur un nom de la personne affiché dans le panneau « Liste des mots-clés » pour leur appliquer directement le mot-clé approprié. De même,

Le panneau « Liste des mots-clés » affiche ici le champ de recherche et les trois catégories de filtrage.

vous pouvez faire glisser un mot-clé de personne à partir du panneau « Liste des mots-clés » sur une ou plusieurs images préalablement sélectionnées dans la fenêtre Personnes, pour les nommer.

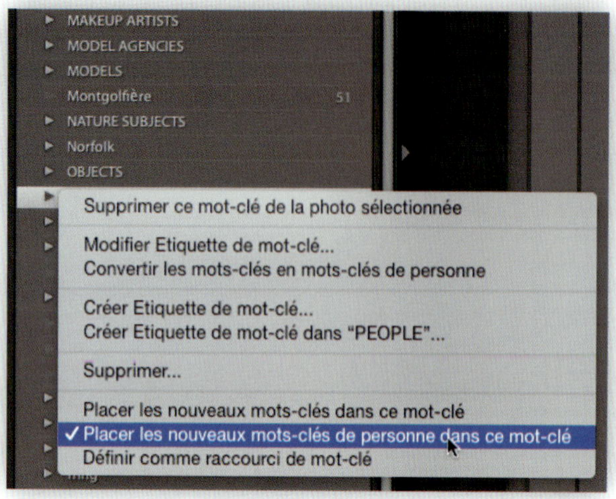

Le menu contextuel du panneau « Liste des mots-clés » comporte une nouvelle option pour convertir les mots-clés en mots-clés de personne. Lorsqu'elle est active, une astérisque s'affiche à côté du nom du mot-clé parent désigné.

La commande « Convertir les mots-clés en mots-clés de personne » du même menu contextuel permet de transformer des mots-clés préalablement attribués en mots-clés de personne. Pour ce faire, vous pouvez choisir un ou plusieurs mots-clés, et il est même possible de transformer un mot-clé parent tout en convertissant automatiquement l'ensemble des mots-clés enfants en mots-clés de personne. Si la transformation ajoute le mot-clé à la liste des mots-clés de personne, elle n'ajoute pas toujours une zone de visage à la ou les images associées (voir l'étape 3, page 556). Mais lorsque Lightroom détecte un ou plusieurs visages, il suffit de taper les premières lettres du nom en question pour que le logiciel le complète automatiquement.

1. J'ai souhaité transformer un mot-clé en mot-clé de personne. Pour ce faire, j'ai cliqué dans un premier temps dans le panneau « Liste des mots-clés » sur la flèche à côté du mot-clé « Nick Woodley » pour afficher toutes les photos auxquelles je l'avais attribué dans la grille du module Bibliothèque. Ensuite, j'ai effectué un clic droit sur le mot-clé en question pour afficher le menu contextuel, et j'ai choisi la commande « Convertir les mots-clés en mots-clés de personne ».

2. J'ai cliqué sur le bouton Personnes pour passer en mode Personnes. La fonction de marquage de visages a automatiquement ajouté des zones de visage. Pour confirmer ce travail, j'ai sélectionné toutes les images, puis j'ai tapé « Nick Woodley » dans le champ de texte de la première vignette avant de presser la touche Retour pour attribuer le mot-clé de personne aux images.

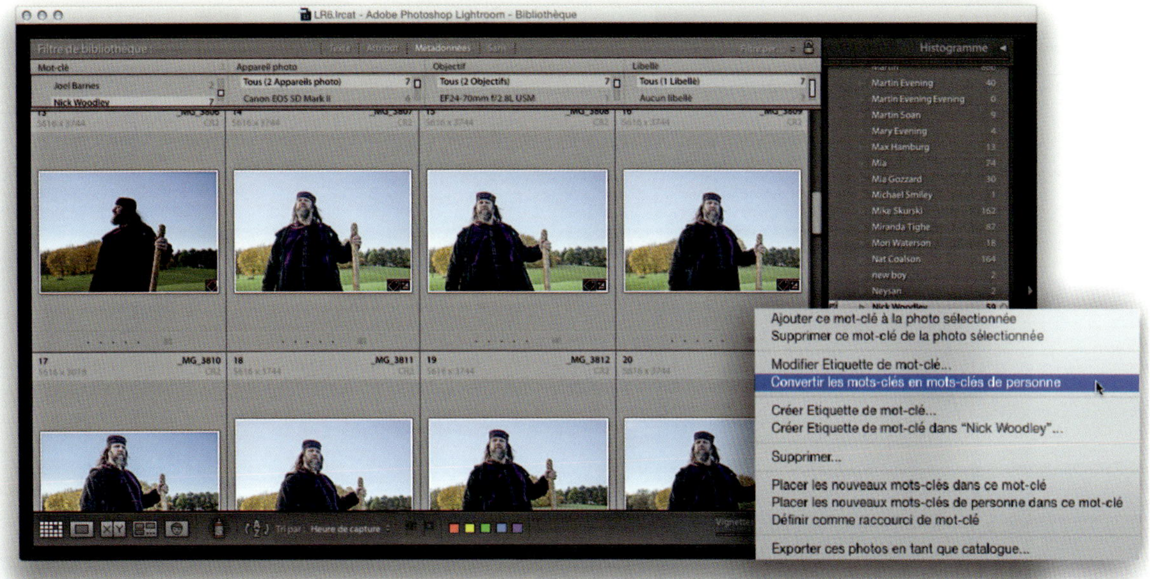

Étape 1

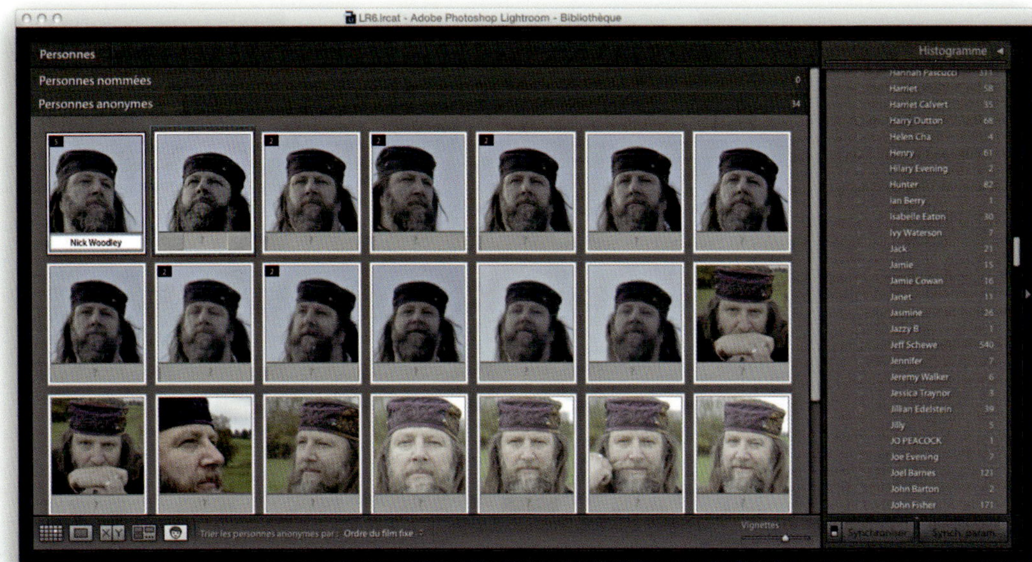

Étape 2

3. De temps à autre, la détection automatique des visages ne parvient pas à trouver un visage sur certaines images. Dans cet exemple, j'ai d'abord double-cliqué sur une telle image pour l'ouvrir en mode Loupe, puis j'ai cliqué sur le bouton « Dessiner une zone de visage » pour activer l'outil homonyme. Ensuite, j'ai positionné la zone de visage sur l'image. Pour finir, j'ai tapé les premières lettres du nom « Nick » pour que Lightroom puisse automatiquement le compléter.

Après avoir activé l'outil « Dessiner une zone de visage » en mode Loupe, vous pouvez cliquer sur le nom associé à la zone de visage, puis confirmer ou rejeter la proposition de nom.

Exporter des mots-clés de personne

À l'exportation des images, vous pouvez choisir à exporter ou non les mots-clés de personne attribués aux images. Notez que la hiérarchie des mots-clés n'influe pas sur celle des mots-clés de personne, ces dernières étant considérées par Lightroom comme une catégorie à part. Par défaut, les mots-clés de personne ne sont pas exportés. Si vous souhaitez les inclure, décochez simplement l'option « Supprimer les informations de personne » dans la section Métadonnées de la boîte de dialogue Exporter. Les métadonnées sont alors enregistrées sous forme de mots-clés simples ainsi que sous forme d'entrée dans le champ « Personne affichée » des métadonnées IPTC.

La section Métadonnées de la boîte de dialogue Exporter.

Filtrer et rechercher des photos

Jusqu'ici, nous nous sommes intéressés à la gestion des dossiers d'images et avons vu comment les noter, les distinguer, leur attribuer des métadonnées. Voyons maintenant comment les outils du module Bibliothèque aident à la recherche des photos.

Filtrer les images du catalogue

On pourrait imaginer que le catalogue de Lightroom soit construit comme une pyramide où le nombre d'images serait inversement proportionnel à leur nombre d'étoiles. Les photos sans note seraient les plus nombreuses et les « cinq étoiles » seraient les plus rares.

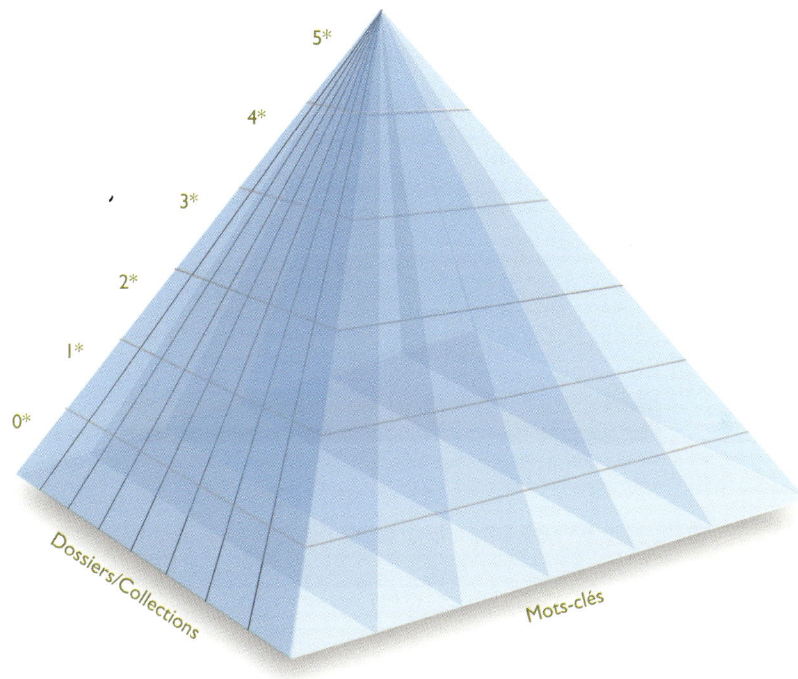

Classement des images dans le catalogue.

Vous pouvez effectuer une recherche dans le catalogue par dossier ou par mot-clé (via les panneaux respectifs), ou en utilisant la barre Filtre pour une recherche sur ces deux critères à la fois (dossier et mot-clé).

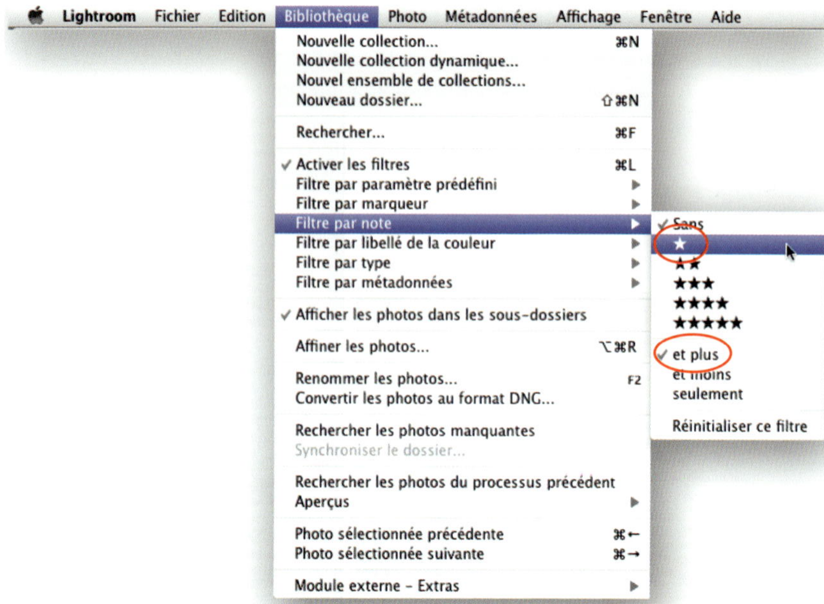

Le menu Bibliothèque tel qu'il s'affiche dans le module du même nom. Il est utilisé ici pour ne sélectionner que les images dotées d'au moins une étoile. Dans les autres modules, les mêmes options sont accessibles à partir du menu Fichier.

Pour arriver au même résultat, vous pouvez alternativement cliquer sur le bouton « une étoile » du panneau « Film fixe », tout en sélectionnant l'option « La note est supérieure ou égale à ».

Il existe une dernière alternative, accessible à partir de l'onglet Attribut de la barre « Filtre de bibliothèque » : cliquez sur le bouton représentant une étoile, puis sélectionnez l'option « La note est supérieure ou égale à ».

Options de filtre

Pour activer ou désactiver le dernier filtre choisi, utilisez le raccourci Cmd/Ctrl + L (Fichier>Filtres de bibliothèque>Activer filtres ou Bibliothèque>Activer les filtres). La commande Fichier>Filtres de bibliothèque>Verrouiller les filtres applique le filtre à l'ensemble des sources (dossiers et collections) de la bibliothèque. Lorsqu'elle est activée, vous pouvez utiliser le raccourci Cmd/Ctrl + L pour activer ou désactiver le filtre. L'option « Mémoriser le filtre de chaque source séparément » permet d'associer un filtre à un dossier ou une collection. Si vous activez l'option « Afficher un message lors du chargement ou du rendu des photos » dans les options d'affichage de la bibliothèque (onglet « Mode Loupe », voir la page 98), un message vous prévient de l'activation d'un filtre.

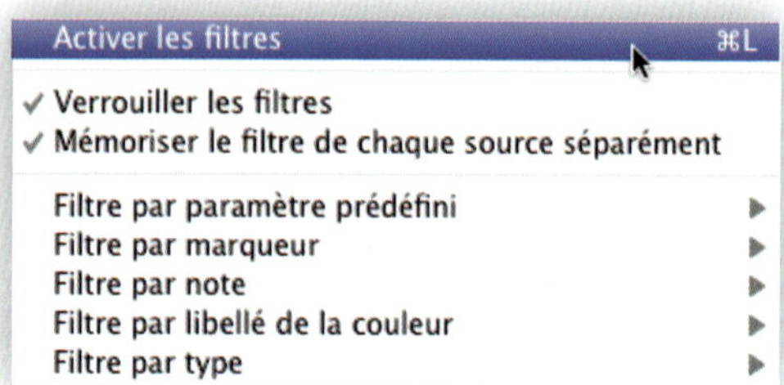

Le menu Fichier>Filtres de bibliothèque.

Filtrer des images à l'aide du « Film fixe »

Le menu Dossiers du panneau « Film fixe » montre le chemin d'accès au dossier des images qui sont affichées. Cliquez sur le petit triangle pour faire apparaître la liste des dossiers récemment visités, cela permet un accès rapide vers ces dossiers ou collections.

Vous pouvez afficher ou masquer le menu Filtre en cliquant sur l'icône située à gauche du nom Filtre. Le menu Filtre propose trois procédures de filtrage.

- À partir des marqueurs en forme de drapeaux (option « Filtre basé sur l'état du marqueur ») : pour n'afficher que les photos retenues, les photos neutres ou les photos rejetées (cliquez sur l'un des drapeaux pour annuler le filtrage).
- Selon la note des images (option « Filtre basé sur la note ») : cliquez sur l'une des étoiles de la section Filtre, puis sélectionnez l'une des trois options du menu déroulant. Vous pouvez ainsi afficher uniquement les images portant la même note (« La note est égale à ») ou y ajouter les images moins bien (« La note est inférieure ou égale à ») ou mieux notées (« La note est supérieure ou égale à »).

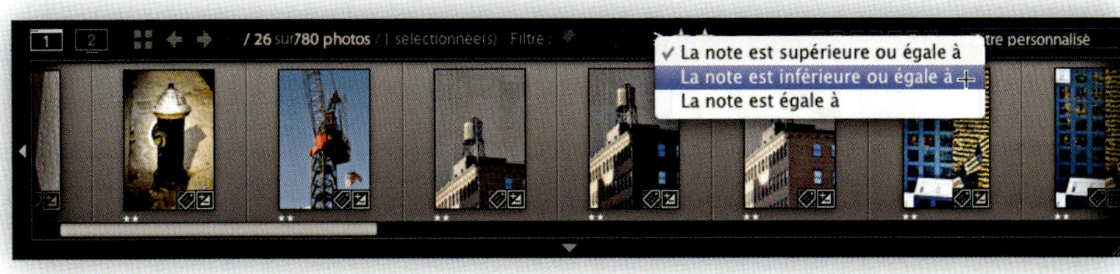

Les trois procédures de filtrage.

- Selon un libellé de couleur (option « Filtre basé sur le libellé de la couleur ») : cliquez sur le bouton rouge afin d'afficher uniquement les images dotées d'un libellé de couleur rouge. Cliquez ensuite sur le bouton jaune pour ajouter les images dotées d'un libellé de couleur jaune à la sélection. Un nouveau clic sur le bouton rouge élimine les images libellées en rouge.

Pour afficher ou masquer le panneau « Film fixe », cliquez sur la flèche en bas du panneau ou utilisez la touche F6. Les flèches Gauche et Droite permettent de se déplacer dans les vignettes du panneau.

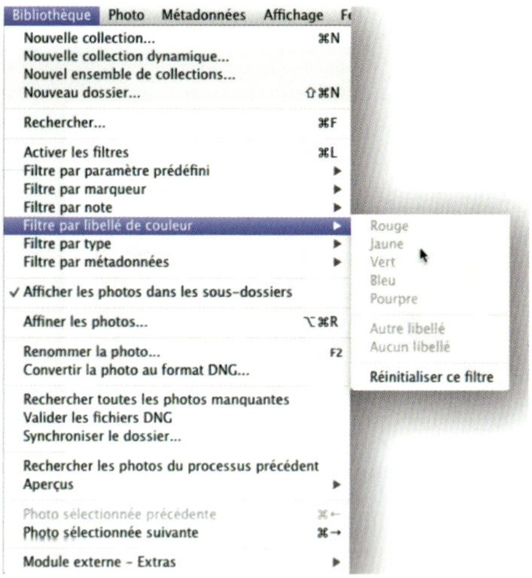

Les options du menu Bibliothèque>Filtre par libellé de la couleur.

Filtrer des images à l'aide des libellés de couleur

Les boutons colorés du panneau « Film fixe » vous permettront d'afficher seulement les images auxquelles vous avez attribué le libellé de couleur correspondant.

Pour afficher toutes les photos portant un libellé rouge, cliquez sur le bouton rouge du « Film fixe », puis cliquez sur le bouton jaune pour ajouter celles dotées d'un libellé jaune. Cliquez ensuite une nouvelle fois sur le bouton rouge pour supprimer de la sélection les photos portant un libellé rouge.

Le menu Fichier>Filtres de bibliothèque>Filtre par libellé de la couleur comporte une option « Aucun libellé » qui permet de sélectionner toutes les photos dépourvues de libellé. Quant à l'option « Autre libellé », elle permet de filtrer les photos dont l'état de libellé n'est pas conforme au système utilisé par Lightroom. Autrement dit, elle vous permet d'afficher seulement les photos éditées dans Bridge avec des paramètres pour le nom des libellés qui ne coïncident pas encore avec ceux de Lightroom (voir aussi page 128).

Cette collection d'images, prises lors d'un reportage, comporte des photos d'architecture (libellé rouge), des photos de cuisine en noir et blanc (libellé jaune), des portraits (libellé vert), des photos d'extérieur (libellé bleu) et des photos culinaires (libellé pourpre).

1. Au départ, aucun filtre n'a été appliqué, ainsi toutes les images s'affichent dans la Grille du module Bibliothèque (même si on ne voit pas sur la capture suivante les images d'extérieur libellées en bleu).

Affichage de l'ensemble des photos du reportage.

2. J'ai cliqué sur le bouton pourpre pour afficher uniquement les photos culinaires.

Affichage des photos culinaires seulement (libellé pourpre).

3. Si l'on clique dans le panneau « Film fixe » sur l'un des boutons de couleur tout en pressant simultanément la touche Alt, on peut sélectionner toutes les images dotées d'un libellé différent de celui choisi, tout en excluant les images dépourvues de libellé. Ci-dessous, j'ai cliqué sur le bouton jaune en appuyant sur la touche Alt : j'ai affiché ainsi toutes les photos, sauf celles qui portent un libellé jaune.

Affichage de toutes les photos sauf celles libellées en jaune.

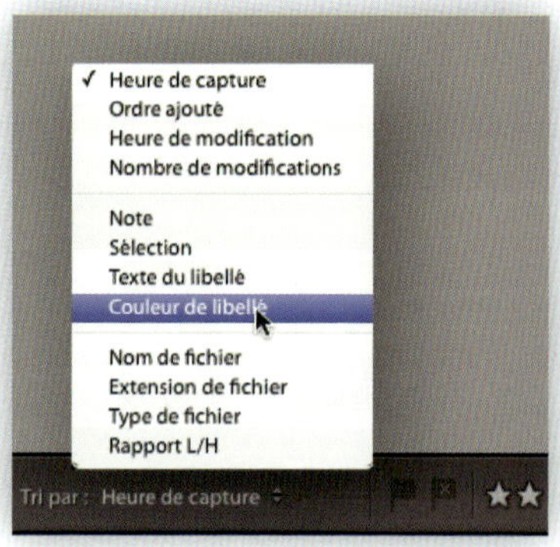

Les boutons de couleur du panneau « Film fixe » permettent d'attribuer des libellés de couleur.

Le menu de tri dans la barre d'outils vous permet de trier les images en fonction de la couleur ou du texte du libellé.

Filtrer des images selon leur état de copie

Si les originaux (photos principales) représentent la majorité des photos du catalogue, vous pouvez en créer des copies virtuelles, Lightroom les considérera comme copies. (Pour en savoir davantage sur les copies virtuelles, reportez-vous à la page 305 du chapitre 4.)

Les filtres « Photos principales » et « Copies virtuelles » vous permettent d'afficher seulement l'une des deux catégories (si vous voulez afficher les deux, utilisez le filtre « Toutes les photos »). Allez dans les options du menu Fichier>Filtres de bibliothèque>Filtre par état de la copie, ou (plus simple) pressez l'un des boutons de la section « État de la copie », de l'onglet Attribut de la barre « Filtre de bibliothèque ».

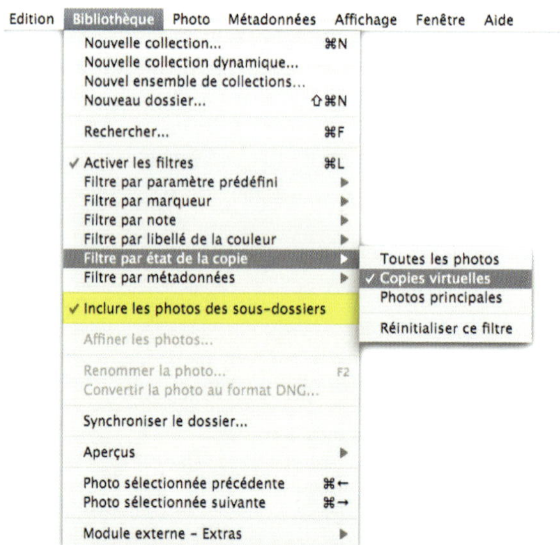

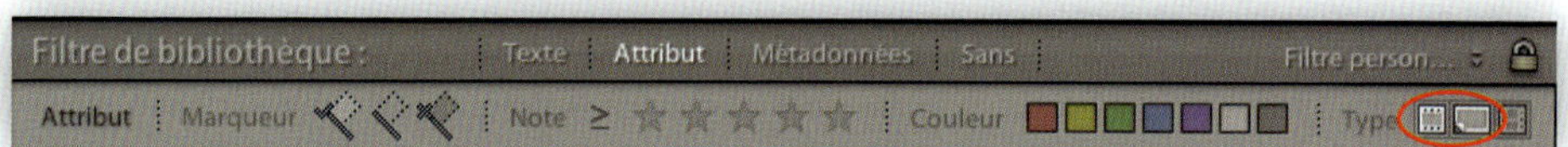

Si vous pouvez utiliser la commande Bibliothèque>Filtre par état de la copie>Copies virtuelles, il est bien plus simple de passer par les options du « Filtre de bibliothèque ».

Filtrer les sous-dossiers

Les options du menu contextuel du panneau Dossiers.

L'option « Inclure les photos des sous-dossiers » (surlignée en jaune dans la figure précédente) vous permet d'inclure ou d'exclure les images des sous-dossiers à votre filtrage actuel, affichant ou masquant ces photos selon votre choix.

Pour vous présenter son fonctionnement, j'ai sélectionné un dossier d'images « London ». Il comprend 834 photos, dont 806 sont enregistrées dans cinq sous-dossiers différents ; 28 photos ne font donc pas partie d'un des sous-dossiers. En désélectionnant l'option « Inclure les photos des sous-dossiers », je n'affiche que les seules photos enregistrées à la racine (28 photos).

Bien que le dossier « London » comporte 834 photos, je n'affiche que les 28 photos enregistrées à la racine (j'ai décoché l'option « Inclure les photos des sous-dossiers »).

Effectuer des choix multiples

Le menu Édition comprend plusieurs options permettant de filtrer des images préalablement sélectionnées selon différents critères. Elles sont très utiles pour effectuer plusieurs sélections consécutives, avec pour chacune un critère différent. En utilisant l'option Édition>Sélection par libellé de la couleur vous pouvez, par exemple, ajouter des images au libellé rouge à une sélection d'images au libellé jaune. L'option Sélection par note>Intersection avec la sélection vous permet de filtrer, par exemple, toutes les images dotées d'un libellé jaune ou rouge parmi celles dotées d'une étoile. Bref, les options « Sélection par », du menu Édition, permettent de créer différents critères de sélection très utiles pour gérer de grandes collections d'images.

1. Ici, je me suis servi de la commande Édition>Sélection par note>Deux étoiles, pour filtrer les images dotées de deux étoiles.

2. La commande Édition>Sélection par marqueur>Intersection avec la sélection>Marquée m'as permis de sélectionner les images marquées d'un drapeau parmi les images dotées de deux étoiles.

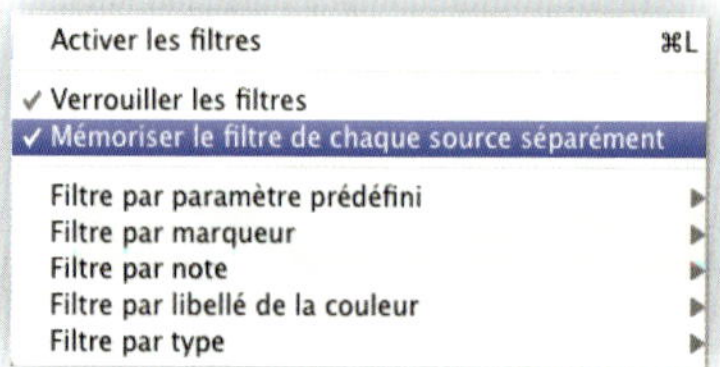

Le menu Fichier>Filtres de bibliothèque avec l'option « Mémoriser le filtre de chaque source séparément » active.

La barre Filtre

La barre Filtre est l'une des fonctionnalités les plus importantes de Lightroom. Elle est accessible depuis le mode Grille du module Bibliothèque et remplace les panneaux Rechercher et « Explorateur de métadonnées » des premières versions du logiciel, tout en associant leurs fonctions aux outils de recherche du panneau « Étiquettes de mots-clés ».

Cette barre est maintenant l'outil de prédilection pour lancer une recherche sur plusieurs critères à la fois, bien que vous puissiez toujours faire appel aux commandes du panneau « Film fixe » pour filtrer vos images selon leurs notes et libellés de couleur. En simplifiant les outils de recherche du logiciel, la barre Filtre a rendu le filtrage et la recherche à la fois plus simples et plus souples : le panneau de gauche comporte maintenant toutes les commandes nécessaires pour définir le dossier source des images affichées dans la fenêtre principale ; le panneau de droite, contient les commandes pour éditer les images du catalogue (panneaux « Développement rapide », Mots-clés, « Liste des mots-clés », etc.).

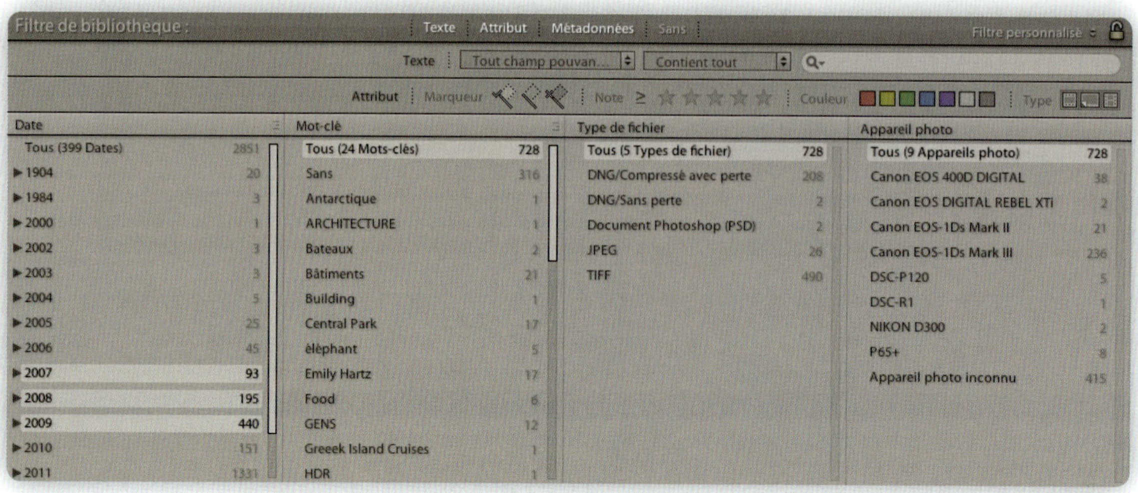

La barre Filtre sert ici à rechercher les termes qui comprennent la suite de lettres « ann ». Utilisez les options affichées pour obtenir un filtrage encore plus précis et pertinent.

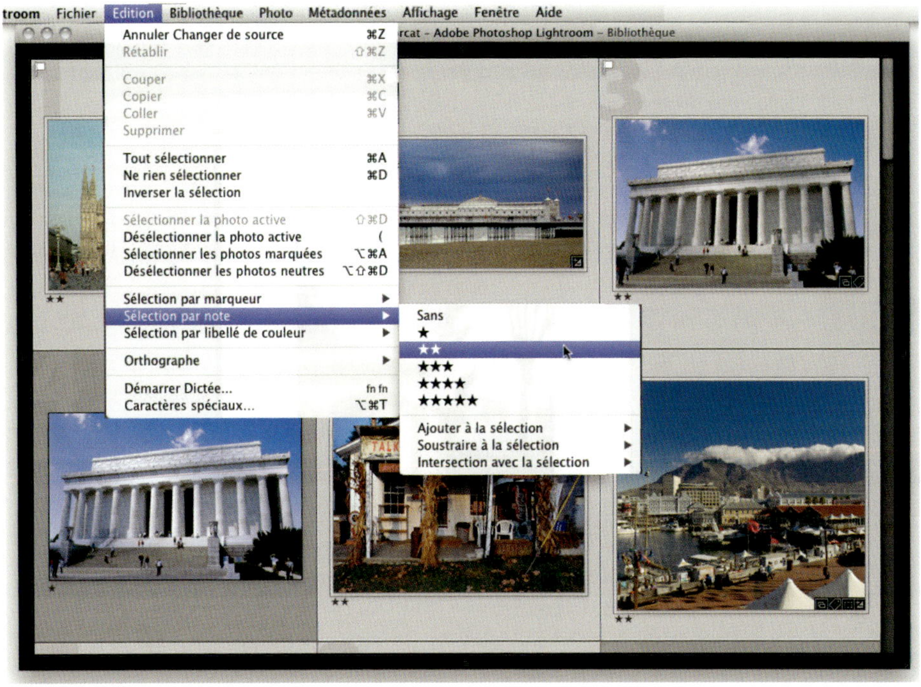

Étape 1

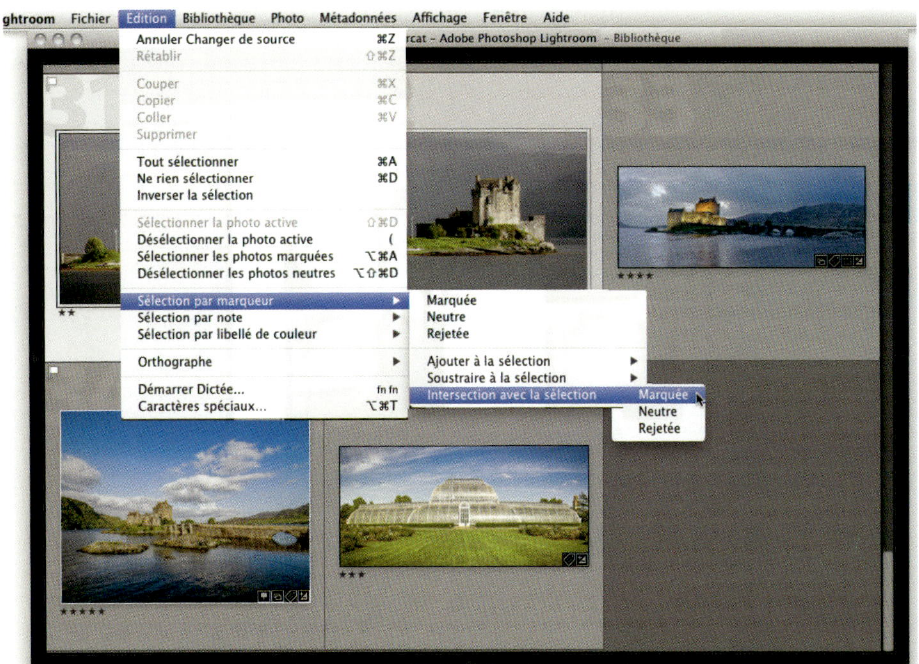

Étape 2

Raccourcis clavier
Le raccourci $ affiche ou masque la barre Filtre, et le raccourci Cmd/Ctrl + L active ou désactive le filtre de recherche sélectionné.

Une recherche de la portion de texte « ann » a révélé pas moins de 720 résultats. En limitant cette recherche aux seuls mots-clés, je ne trouve plus que 110 images dont celle-ci montrant ma belle-mère Hannah.

Interface

La barre Filtre comporte quatre onglets (Texte, Attribut, Métadonnées et Sans) qui peuvent être utilisés pour filtrer le catalogue entier ou seulement une sélection d'images.

Pour rendre le processus plus rapide, vous pouvez choisir une sélection avant d'appliquer les filtres de la barre. Si la recherche ne donne pas les résultats souhaités, vous avez peut-être simplement oublié de bien définir votre dossier source : pour inclure l'ensemble des photos du catalogue, il est indispensable de cliquer au préalable sur l'option « Toutes les photos » du panneau Catalogue. Le raccourci Cmd/Ctrl + L commande l'activation et la désactivation du filtrage.

Rechercher dans le texte des métadonnées

En cliquant sur l'onglet Texte, vous pouvez saisir votre requête pour lancer une recherche sur tous les termes correspondants dans votre catalogue. Pour affiner la recherche, limitez-la aux champs « Nom du fichier », « Nom de la copie », Titre, Légende, Mots-clés, « Métadonnées pouvant être recherchées», «IPTC pouvant être recherché» ou « EXIF pouvant être recherché ». À titre personnel, je choisis souvent le nom du fichier en tant que filtre, en optant pour les mots possédant une partie des lettres affichées (option Contient), puis en tapant le texte recherché dans le champ de texte prévu, afin de retrouver les images des sélections finales de mes clients.

Si vous n'êtes pas certain de vos critères, vous pouvez choisir l'option « Tout champ pouvant être recherché », mais vous risquez d'être confronté à un grand nombre d'images. Il est plus judicieux de choisir des critères plus stricts. Ici, une recherche globale des lettres « ann » aurait donné trop de réponses, j'ai donc limité la recherche aux seules métadonnées.

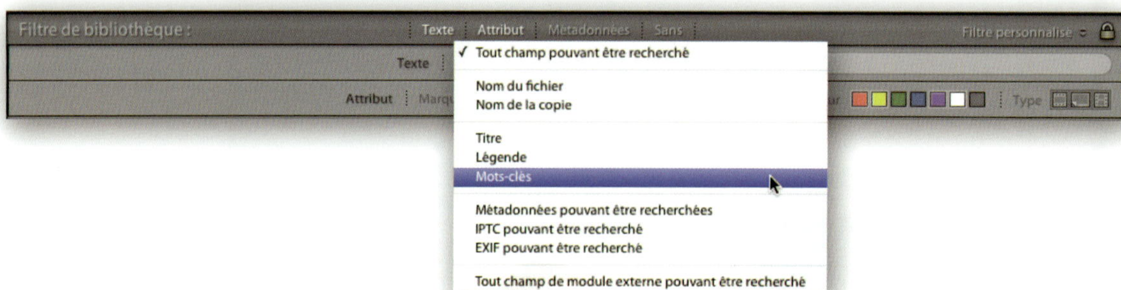

Vous pouvez choisir entre l'option « Tout champ pouvant être recherché » et un grand nombre de critères pour limiter le nombre de réponses positives.

Règles de recherche. Les options du menu Règles de l'onglet Texte permettent d'affiner une recherche en appliquant l'une des règles suivantes : « Ne contient pas », « Contient » et « Contient tout » (possédant aucune, une partie ou l'ensemble des lettres affichées),

« Commence par » ou « Finit par » (contiennent la suite de lettres recherchée au début ou à la fin d'un mot).

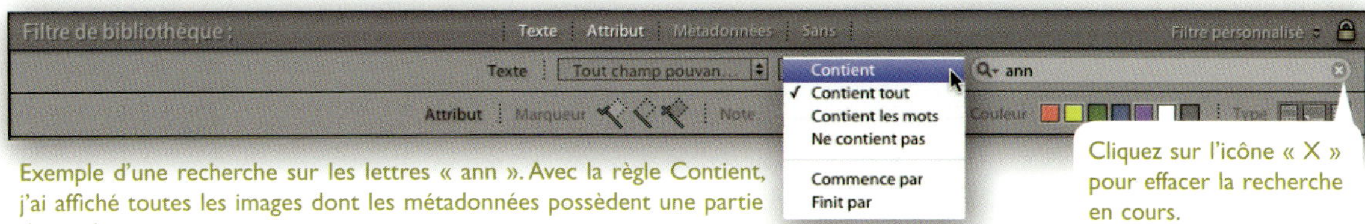

Exemple d'une recherche sur les lettres « ann ». Avec la règle Contient, j'ai affiché toutes les images dont les métadonnées possèdent une partie de ces lettres.

Cliquez sur l'icône « X » pour effacer la recherche en cours.

Raccourcis clavier
Pour accéder directement au champ de recherche de la barre Filtre, allez dans Bibliothèque>Rechercher, ou tapez le raccourci Cmd/Ctrl + F.

Règles de recherche multicritère. En cliquant sur l'icône Recherche (dans l'angle gauche du champ de texte), vous afficherez un menu composé des critères et des règles de recherche.

Affiner les recherches de texte. Pour rechercher les images dont les métadonnées contiennent une certaine suite de lettres en début de mot, sélectionnez l'option « Commence par ». Vous pouvez également saisir « + » au début d'un terme de recherche : par exemple, si vous tapez « +cape » dans le champ de texte, vous afficherez toutes les photos prises à « Cape point » ou à « Cape Town », tout en masquant celles comportant le mot-clé « Paysages ».

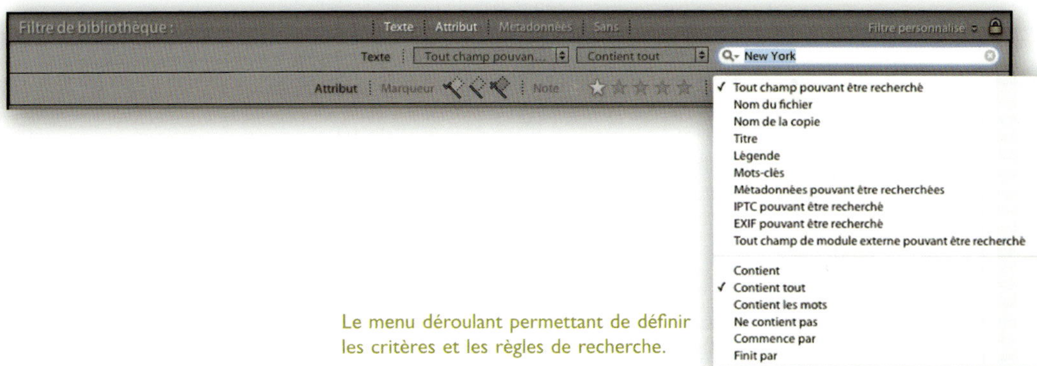

Le menu déroulant permettant de définir les critères et les règles de recherche.

En tapant un point d'exclamation au début d'un mot recherché, vous afficherez seulement les images qui ne contiennent pas la suite de lettres ; pour ne pas afficher les images professionnelles et celles prises en Europe ou aux États-Unis tout en affichant toutes les photos personnelles prises à des endroits différents, vous pouvez tapez la suite « Lieux ! Europe ! États-Unis ! Jobs ! ».

Vous pouvez également combiner deux recherches. En tapant « +cape » en plus de « !États-Unis », vous trouverez tous les mots commençant par « cape », tout en écartant les lieux aux États-Unis : Cape Point entre dedans, contrairement à Cape Canaveral (en Floride).

Ici, j'ai utilisé les critères « +cape » et « !USA ! » pour trouver les images dotées de mots-clés commençant par « cape », tout en excluant tous ceux faisant référence à des lieux situés aux États-Unis (Cape Canaveral, Cape Fear) pour trouver cette image de Cape Town en Afrique du Sud.

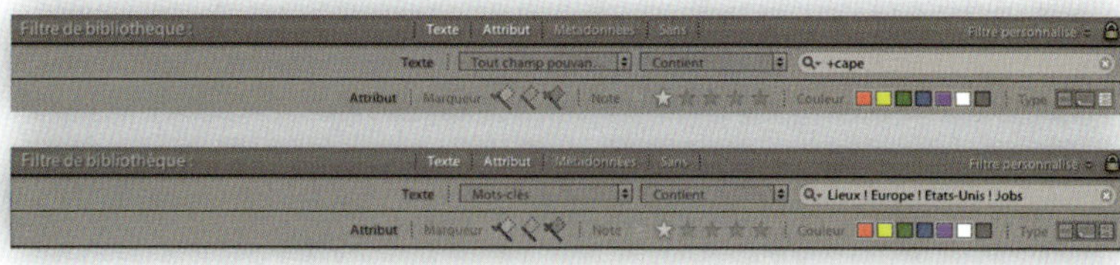

Exemples de recherches affinées, utilisant les signes « + » et « ! ».

Rechercher avec le filtre Attribut

Nous avons abordé les outils de l'onglet Attribut au chapitre précédent, à propos des outils du panneau « Film fixe ». Ce sont en effet les mêmes, mais ceux de l'onglet Attribut sont placés à côté des autres filtres, ce qui se révèle très pratique pour les recherches sur de multiples critères.

Cliquez sur le bouton pour filtrer tout ou une partie des images du catalogue, selon leur marqueur, note ou libellé de couleur, et sélectionnez l'une des options Note pour n'afficher que les images dont la note est inférieure ou égale, supérieure ou égale, ou égale à celle sélectionnée.

L'onglet Attribut avec les options du menu Note.

> **Filtrer par routine de traitement**
> Dans les anciennes versions de Lightroom, il était nécessaire d'utiliser la commande « Rechercher les photos » du processus précédent du menu Bibliothèque pour repérer les images qui n'avaient pas été mises à jour. La commande créait une collection temporaire qui s'affichait depuis le panneau Catalogue. La barre Filtre autorise de filtrer les images traitées ayant été soumises aux différents processus de traitement (Édition 2003, 2010 et 2012) de Lightroom.

Rechercher avec le filtre Métadonnées

L'onglet Métadonnées intègre les fonctions de filtrage du panneau « Liste des mots-clés » (auparavant connu sous le nom « Étiquettes de mots-clés »). Auparavant, il était laborieux de choisir le mot-clé de filtrage à partir de la hiérarchie des mots-clés du panneau « Étiquettes de mots-clés », puis de sélectionner un critère de recherche supplémentaire à partir du panneau « Explorateur de métadonnées ». L'onglet Métadonnées propose, lui, plusieurs colonnes avec des critères personnalisables, ce qui permet un nombre infini de combinaisons en termes de critères de recherche.

Cliquez sur le bord inférieur de la barre, puis tirez-la vers le bas pour l'agrandir. Une fois dépliée, elle occupe une grande partie de la fenêtre du logiciel, ce qui n'est guère pratique lorsque vous n'utilisez qu'une seule colonne de filtre. Toutefois, vous pouvez la masquer à tout moment grâce à la touche « $ », bien que cette action soit plus lente que le masquage des panneaux latéraux (touche Tab).

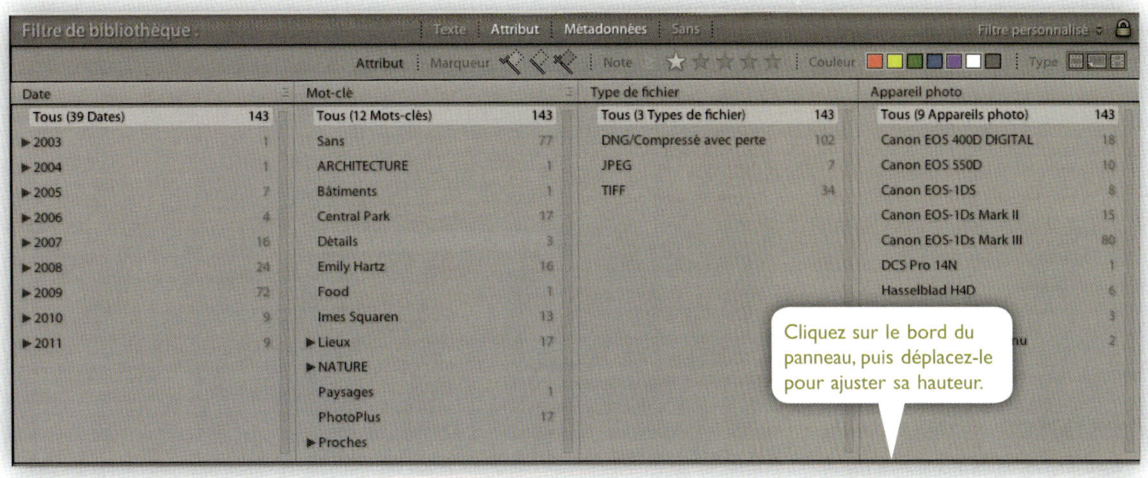

L'onglet Métadonnées de la barre Filtre.

Cliquez sur le nom de l'un des panneaux individuels pour le personnaliser ; vous pouvez choisir parmi de nombreux critères de recherche. Tapez sur la touche Maj pour sélectionner plusieurs critères contigus (2005 + 2006 + 2007), et sur la touche Cmd/Ctrl pour sélectionner des critères non contigus (2003 + 2005 + 2007) à partir les différents panneaux individuels.

Notez qu'il est possible d'affecter plusieurs panneaux au filtrage d'un même type de métadonnées ; pour trouver des images portant plusieurs mots-clés à la fois, vous pouvez spécifier pour chacun des panneaux un mot-clé différent. La barre Filtre dispose de quatre panneaux par défaut, mais vous pouvez en ajouter (et en afficher jusqu'à huit à la fois) ou en supprimer : vous vous servirez des options « Ajouter une colonne » ou « Supprimer cette colonne », du menu déroulant accessible depuis l'icône dans l'angle supérieur droit de la barre.

Liste des options de filtrage.

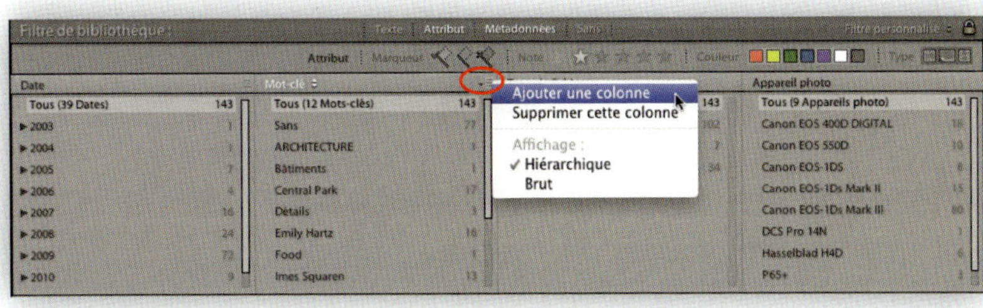

Ajout et suppression d'une colonne de la barre.

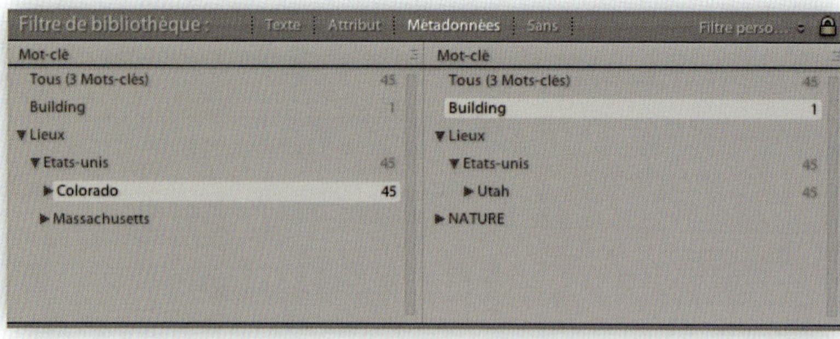

Ici, j'ai utilisé deux fois le filtre Mot-clé. Le premier sert à afficher les images auxquelles j'ai attribué le mot-clé « Colorado », et le second pour identifier tous les mots-clés associés à « building ».

Sélectionner plusieurs filtres à la fois
Lorsque vous appliquez plusieurs critères d'un même panneau, vous augmentez le nombre de photos trouvées. À l'inverse, plusieurs critères de panneaux différents le réduisent.

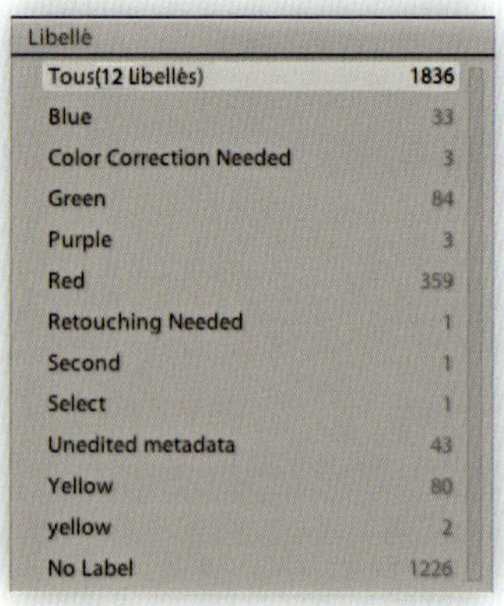

La catégorie Libellé permet de distinguer entre les différentes couleurs et noms des libellés.

Les catégories de filtres

Date. Filtrage par la date de prise de vue. En l'affichant sur deux panneaux, vous pouvez faire en premier lieu une recherche par année, puis l'affiner en filtrant par mois, puis par jour.

Type de fichier. Filtrage selon le format de fichier, ce qui permet de distinguer rapidement les originaux (au format RAW ou DNG) des fichiers finalisés (au format TIFF ou PSD) et des fichiers destinés à l'envoi par courrier électronique (JPEG).

Libellé. Similaire aux boutons colorés du panneau « Film fixe », cette catégorie de filtre permet de distinguer la couleur et le nom du libellé (voir page 573 pour plus de détails).

Appareil photo. Filtrage par le modèle ou le numéro de série des boîtiers utilisés.

Objectif. Filtrage très utile pour rechercher des images prises avec un objectif super grand-angle, qui peut aider à la correction des défauts optiques (aberrations chromatiques, vignetage et franges pourpres).

Vitesses ISO et **Ouverture.** Le filtrage selon l'ouverture peut servir à trouver des photos avec une faible profondeur de champ, « Vitesses ISO » aide à filtrer les prises de vue en sensibilités ISO élevées.

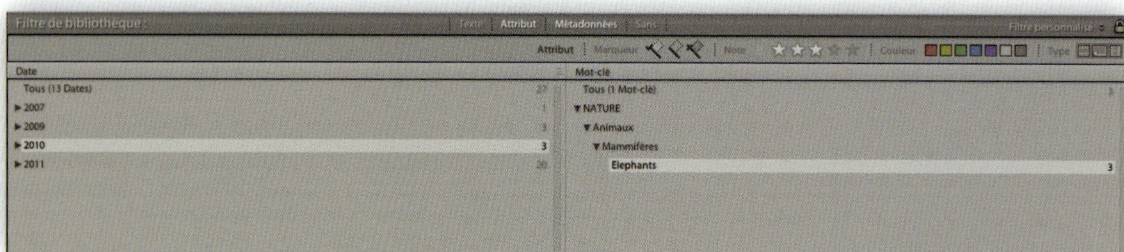

Voici un filtrage des photos d'éléphants, prises en 2010 et dotées d'au moins trois étoiles.

Contrairement aux catégories que l'on vient d'énumérer, les suivantes ne peuvent s'utiliser que si vous avez préalablement appliqué des métadonnées à vos images.

- Emplacement et Créateur sont précieuses si vous avez pris l'habitude de remplir les champs IPTC correspondants. Les options Emplacement, Ville, Région et Pays sont toutes utilisées pour définir le lieu de la prise de vue.
- État du copyright et Travail sont d'autres exemples de métadonnées à remplir par le photographe.
- Rapport L/H permet de filtrer les images suivant leur rapport largeur/hauteur (options Portrait, Paysage ou Carré).
- Traitement aide à séparer les images couleur des images monochromes qui ont été traitées en utilisant les outils de conversion de Lightroom.
- Paramètre prédéfini de développement filtre les images en fonction des paramètres de développement qui leur ont été attribués ; vous pouvez l'utiliser pour copier des réglages ou les appliquer à d'autres images.
- État métadonnées permet de séparer les images dont les métadonnées sont à jour de celles dont les métadonnées ont été modifiées. Quant à « Version du processus », elle permet de filtrer les images en fonction des processus de traitement appliqués.

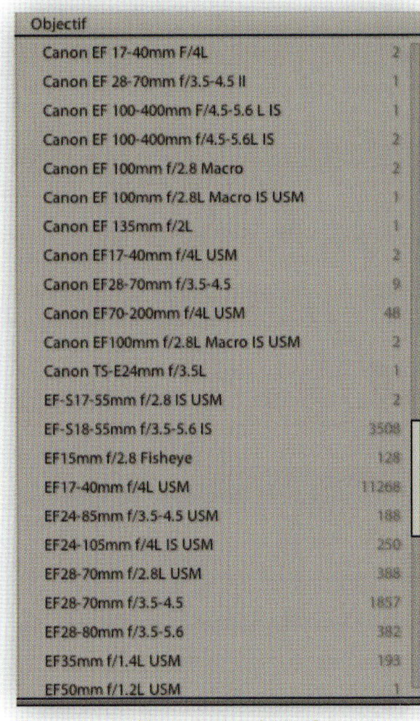

Exemple de filtrage par objectif.

Trouver des photos manquantes

Il arrive souvent que certaines images du catalogue changent involontairement d'emplacement. S'il s'agit de dossiers entiers, le panneau Dossiers les affiche en grisé, et s'il s'agit de fichiers, ils s'affichent avec une icône en forme de point d'exclamation, indiquant qu'ils se trouvent sur un disque dur externe éteint ou manquant. Pour repérer l'ensemble des photos manquantes d'un catalogue, passez dans le module Bibliothèque et exécutez la commande Bibliothèque>Rechercher les photos manquantes, permettant de regrouper ces images au sein d'une nouvelle collection rapide.

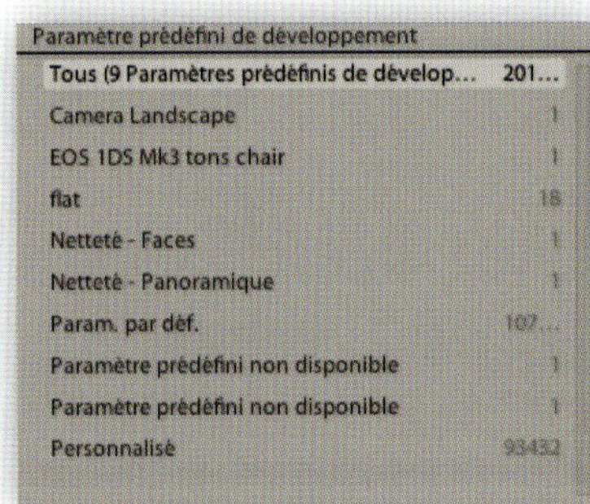

Exemple de filtrage par paramètre prédéfini de développement.

Paramètres de filtrage prédéfinis

Après avoir examiné au chapitre 3 la façon d'utiliser les paramètres prédéfinis pour filtrer à partir du panneau « Film fixe », voyons comment accéder à ces réglages à partir de la barre Filtre. Notez qu'il est également possible d'y enregistrer des jeux de filtrages plutôt sophistiqués, également accessibles depuis le « Film fixe ».

Dans la figure ci-après, j'ai recherché des images au format TIFF portant le mot-clé « Jobs » et une note de deux étoiles au minimum. J'ai ensuite cliqué sur l'une des flèches du menu déroulant « Filtre personnalisé » afin d'enregistrer le filtrage en tant que paramètre défini « Choix sélection client », que j'utilise systématiquement lors de la recherche d'une sélection d'images retouchées pour mes clients.

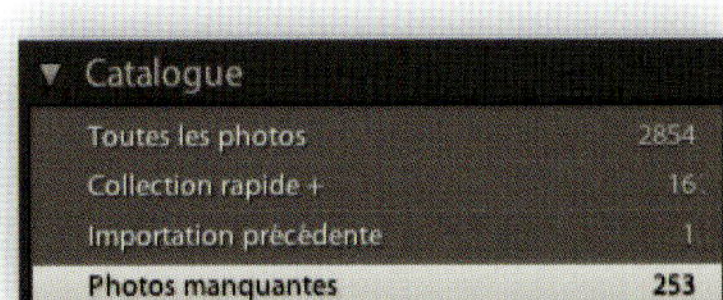

Cette collection temporaire rassemble les images manquantes dans le panneau Catalogue.

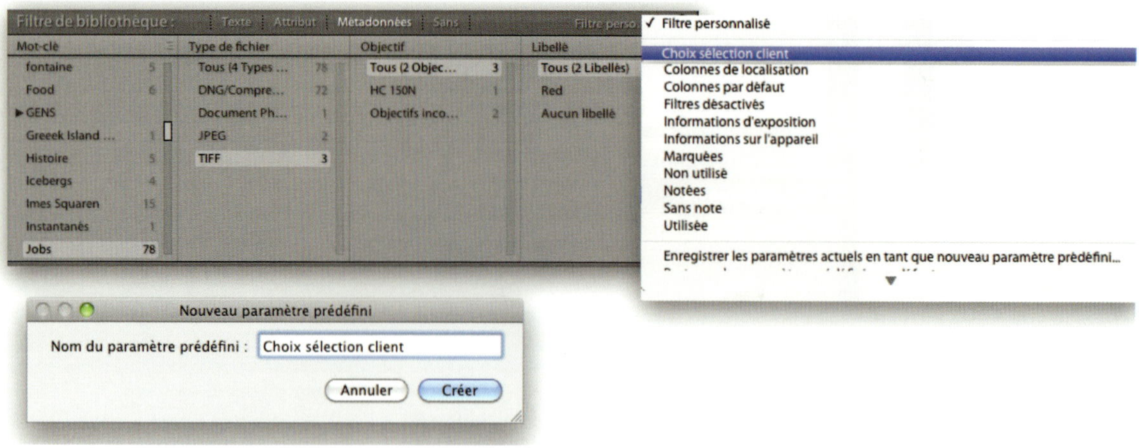

Le menu déroulant « Filtre personnalisé » permet d'enregistrer des jeux de paramètres prédéfinis.

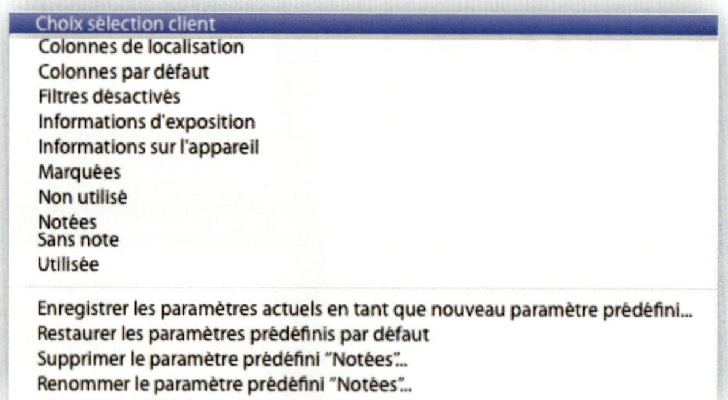

Les paramètres prédéfinis peuvent être appliqués et gérés depuis le menu Filtre du panneau « Film fixe ».

Rechercher les champs vides

Dans l'onglet Texte, le menu Règles vous propose de rechercher, pour le critère de recherche Légende, les règles « Est vide » ou « N'est pas vide », et pour le critère de recherche Mots-clés, les règles « Sont vides » ou « Ne sont pas vides ».

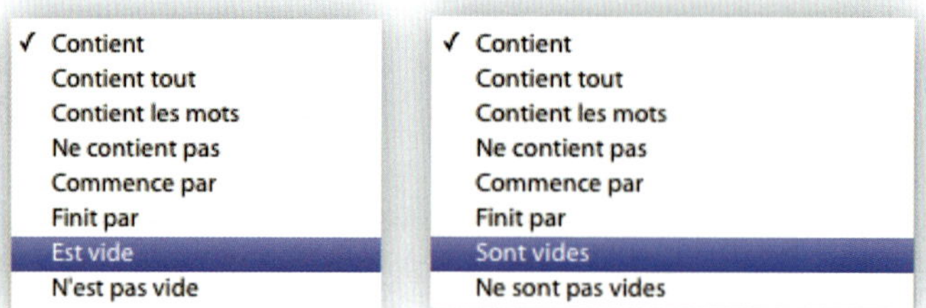

Les règles « Est vide » et « Sont vides ».

S'il peut vous sembler étrange de demander au logiciel de ne rien rechercher, ces règles sont toutefois bien utiles pour filtrer les photos dont vous n'avez pas encore rempli les champs Légende ou Mots-clés.

1. Vous pouvez appliquer « Sont vides » ou « Ne sont pas vides » aux seuls mots-clés et légendes. Ici, j'ai sélectionné l'ensemble des photos avant de lancer une recherche en optant pour Mots-clés et « Sont vides ». J'affiche ainsi toutes les photos du catalogue auxquelles je dois encore attribuer des mots-clés.

2. Vous pouvez appliquer un libellé de couleur « semi-permanent » à toutes ces photos. J'ai sélectionné l'option Modifier, à partir du menu Métadonnées>Ensemble des libellés des couleurs, puis l'option « État de la révision », à partir du menu déroulant « Paramètres prédéfinis ». J'ai ensuite modifié la légende du libellé pourpre en « Métadonnées non éditées ». En effet, sa légende par défaut (« À imprimer ») m'importe peu, je préfère exploiter le libellé de couleur. J'ai enfin enregistré mes modifications en tant que nouveau paramètre prédéfini.

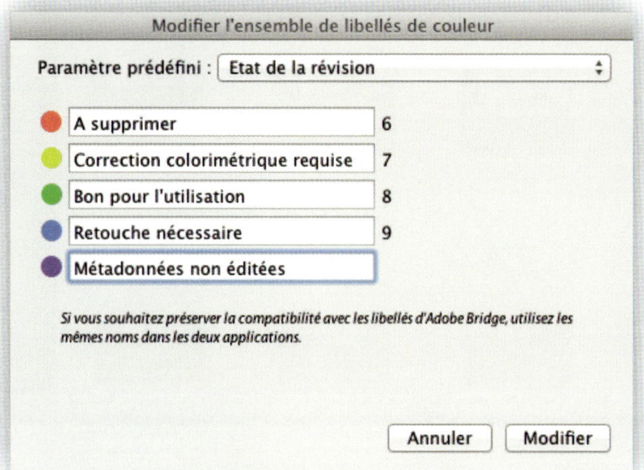

3. J'ai appliqué le libellé de couleur pourpre (doté de la nouvelle légende « Métadonnées non éditées ») à toutes mes photos dépourvues de mots-clés.

4. Cette utilisation des libellés de couleur vous permet de vous rappeler le travail qui reste à effectuer. Lorsque vous affichez vos photos tout en activant le filtre Mots-clés<Sont vides, les photos disparaissent de la sélection au fur et à mesure que vous leur attribuez des mots-clés.

Étape 3

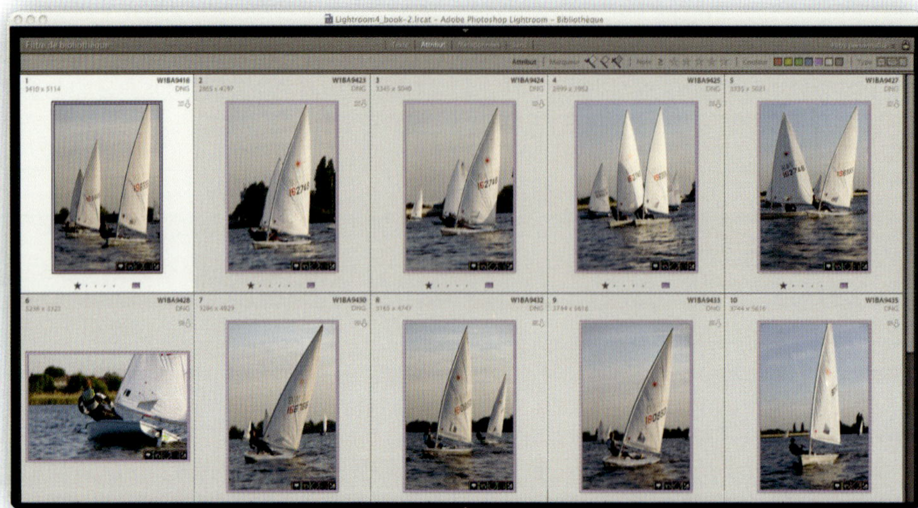

Étape 4

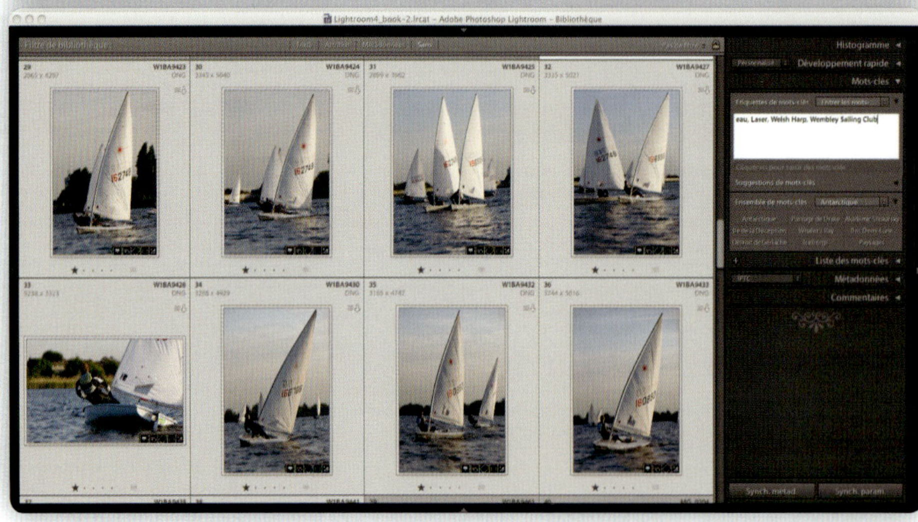

Recherches avancées

Nous allons clore cette section par l'exemple d'une recherche complexe combinant différents critères, avec les outils de la barre Filtre.

1. J'ai commencé par sélectionner toutes les photos du catalogue, puis j'ai sélectionné l'onglet Texte de la barre Filtre où j'ai choisi de rechercher par mots-clés avec la règle Contient. J'ai tapé le nom d'un de mes clients, « Gallagher », afin de lancer une recherche des photos qui possèdent ce mot-clé. Dès que j'ai commencé à taper les premières lettres du mot, Lightroom a restreint le nombre d'images dans la grille qui affiche finalement plus de 3 600 photos, à la fois des fichiers au format RAW et des images retouchées au format TIFF.

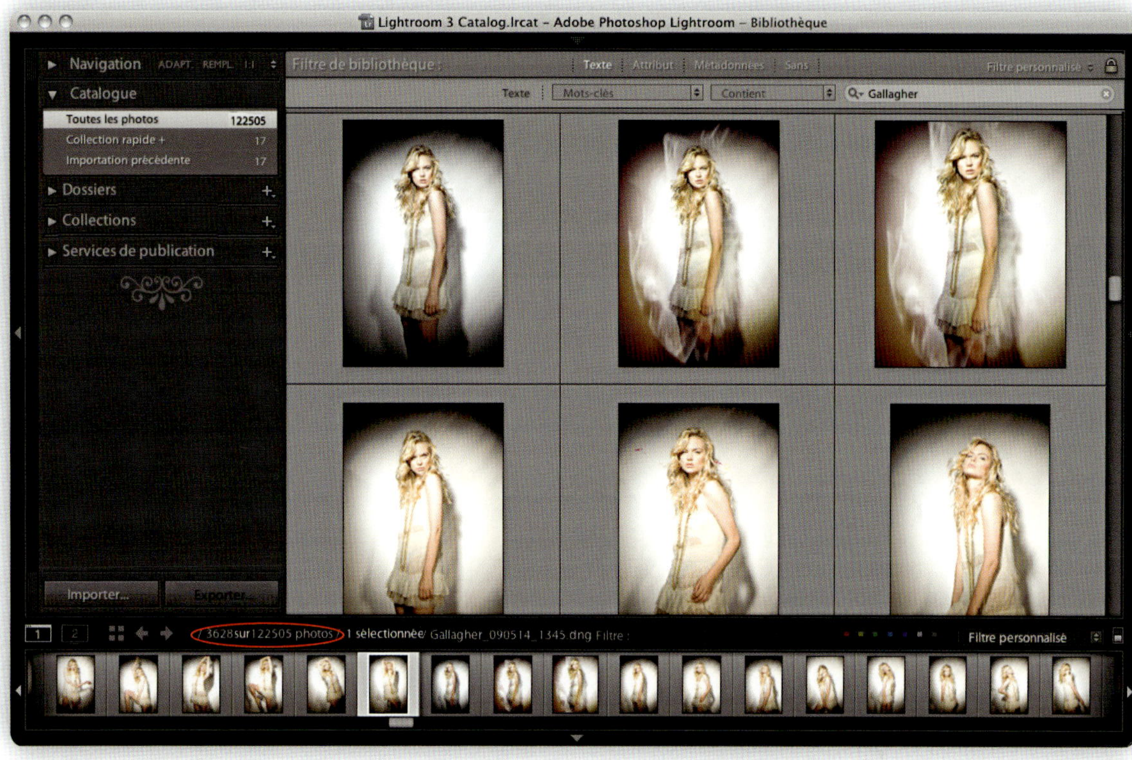

2. J'ai cliqué sur l'onglet Attribut tout en appuyant sur la touche Maj, puis j'ai appliqué le filtre « Deux étoiles » pour afficher uniquement les images notées au minimum de deux étoiles. J'ai ensuite cliqué sur l'onglet Métadonnées (tout en maintenant la pression sur la touche Maj) pour n'afficher que les photos prises en 2011, puis j'ai appliqué le filtre « Type de fichier » pour ne garder que les photos retouchées au format TIFF. J'ai ainsi obtenu une sélection d'images TIFF, prises en 2011 et dotées d'une note supérieure ou égale à deux étoiles.

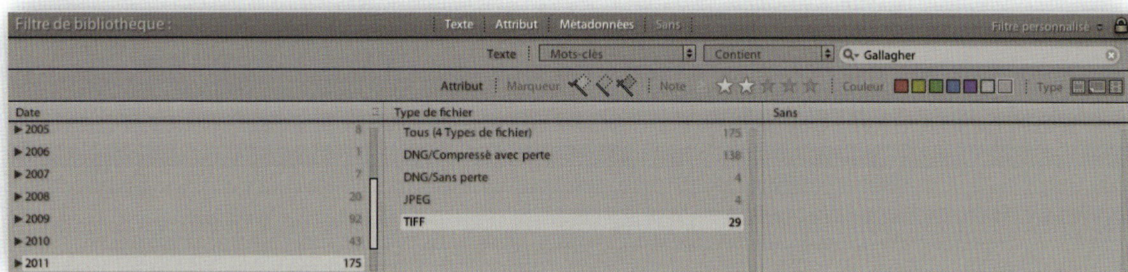

3. Ma sélection s'est réduite à 8 images (voir page suivante).

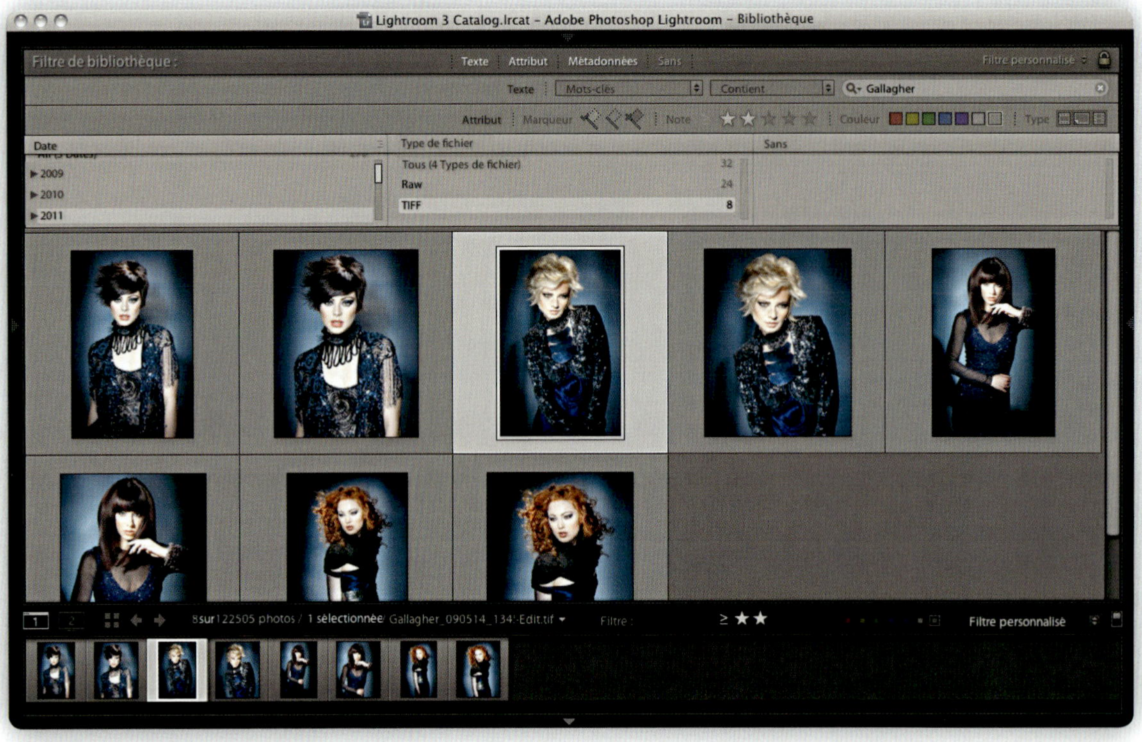

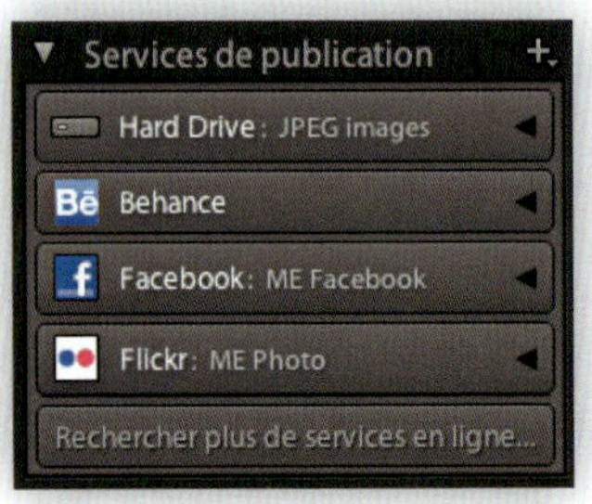

Le panneau « Services de publication ».

Publier des photos via Lightroom

Le « Gestionnaire de publication » de Lightroom permet de publier des images sur des sites de partage tels que Facebook et Flickr. Une fois les images publiées, Lightroom maintient un lien permanent entre le catalogue et le site web, répercutant automatiquement les changements effectués dans Lightroom aux images situées sur le serveur. Voici la procédure afin d'établir le lien pour la publication des images.

1. Dans l'en-tête Behance du panneau « Services de publication », j'ai cliqué sur le bouton Configurer, ce qui a ouvert la boîte de dialogue « Gestionnaire de publication Lightroom ». Il est également possible de passer par l'icône « + » afin d'ouvrir le menu contextuel, puis de choisir l'option « Aller à Publishing Manager ». Il faut avoir préalablement créé un compte Behance pour pouvoir accéder aux fonctionnalités du module. Cliquez ensuite sur le bouton Connexion du menu Behance pour établir la liaison avec le site. Dans la boîte de dialogue, j'ai paramétré les dimensions des photos publiées et j'ai ajouté un filigrane (voir les pages 395 et 396).

2. Pour ajouter mes photos à la section « Travail en cours » de mon site Behance, j'ai d'abord cliqué sur l'en-tête du module pour afficher les différents services de publication, puis j'ai fait glisser les images à publier sur le cartouche « Travail en cours ».

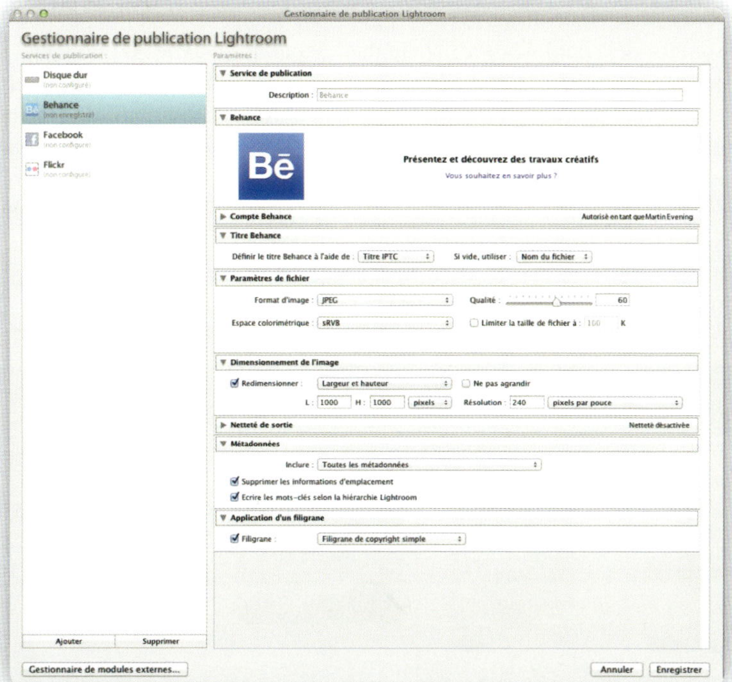

Étape 1

Étape 2

3. Le filtre du module Bibliothèque affiche maintenant l'état actuel de mon flux de photos Behance : les photos déjà publiées s'affichent dans le panneau « Photos publiées », et les photos sélectionnées dans la précédente étape dans le panneau « Nouvelles photos à publier » (voir capture page ci-dessous). Pour publier ces dernières, il a fallu cliquer sur le bouton Publier, en bas du panneau « Services de publication ». Au fur et à mesure du transfert, les images migrent du panneau « Nouvelles photos à publier » vers le panneau « Photos publiées ». Après avoir édité les métadonnées IPTC et/ou les paramètres de développement, les photos publiées changent de libellé et s'affichent dans une troisième catégorie, « Photos modifiées à republier », permettant toujours de savoir lesquelles sont à transférer de nouveau sur le serveur du site de partage.

4. Une fois que vous avez cliqué sur le bouton Publier, Lightroom affiche la boîte de dialogue « Publier sur Behance » qui vous incite à vérifier et à modifier les champs de métadonnées Titre et Balises pour chaque image publiée. Il est également possible de joindre une légende ou un commentaire à l'image. À la différence des sites de partage de photos grand public qui vous encouragent à transférer une grande quantité d'images, Behance vise à ne publier que vos meilleures œuvres.

5. Une fois le transfert fini, j'ai vérifié la présentation de mes images sur mon site Behance, grâce à la commande « Atteindre la collection publiée » du menu contextuel.

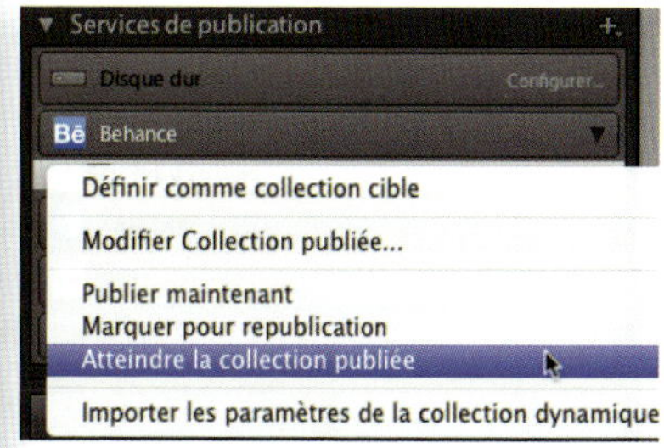

Étape 4

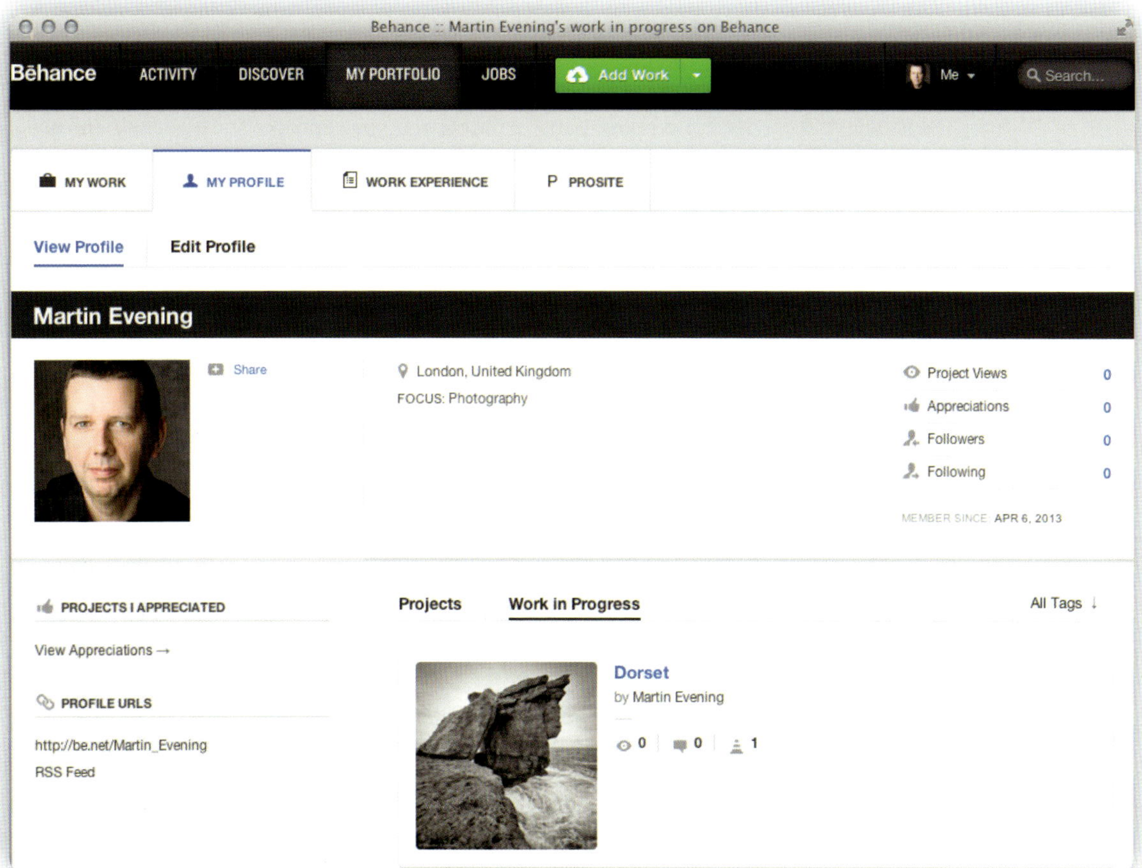

Étape 5

Lire et enregistrer des métadonnées

Certains utilisateurs de Lightroom se demandent comment enregistrer leurs images. Dans tous les logiciels, la commande Enregistrer sert à sauvegarder son travail avant de quitter l'application ; mais Lightroom ne dispose pas d'une telle commande, ce qui perturbe beaucoup les utilisateurs débutants qui craignent de perdre leur travail à la fermeture du logiciel. Heureusement, ils découvrent rapidement que Lightroom enregistre tout de manière automatique, y compris en cas d'anomalie de fonctionnement ou de coupure de courant.

Par défaut, Lightroom enregistre les paramètres de développement, libellés de couleur, notes, mots-clés et autres métadonnées au sein du catalogue, sans pour autant toucher aux données d'images puisque le programme considère toutes les images de son catalogue comme des « négatifs numériques », et ce quel que soit leur format. Vous pouvez cependant choisir d'enregistrer les informations simultanément dans cette base et dans les fichiers : les fichiers aux formats JPEG, TIFF, PSD, PNG et DNG possèdent leurs propres balises pour accueillir les métadonnées XMP, et les fichiers RAW nécessitent un stockage en externe dans un fichier annexe (qu'on appelle aussi fichier « sidecar »).

Après avoir ouvert et modifié une image dans Photoshop ou Bridge, les modifications sont appliquées au fichier (et non pas à la base de données de Lightroom). Par la suite, lorsque vous ouvrez cette image dans Lightroom, il vous appartient de prendre une décision quant aux métadonnées « correctes », et c'est ce que nous allons voir maintenant.

On pourrait considérer l'option « Écrire automatiquement les modifications au format XMP dans les fichiers annexes » comme une sauvegarde supplémentaire des métadonnées. Lorsqu'elle est activée, il suffit d'exécuter la commande Métadonnées>Lire les métadonnées depuis le fichier, pour récupérer des métadonnées manquantes dans la base des données du catalogue. Mais cette option n'a pas que des avantages puisqu'elle réduit la réactivité du logiciel. Cette baisse de performances intervient non seulement lorsque vous activez l'option pour la première fois (Lightroom analyse toutes les images du catalogue et procède à un enregistrement des métadonnées pas encore sauvegardées), mais aussi lors d'une modification des paramètres de développement ou des métadonnées d'un nombre important d'images. Si vous activez l'option « Écrire automatiquement les modifications au format XMP dans les fichiers annexes », ceux-ci sont mis à jour à chaque nouvelle modification des métadonnées d'une image, augmentant ainsi le risque de les endommager.

Enregistrer les métadonnées dans les fichiers

Il peut sembler risqué de confier toutes ses données à un unique fichier d'une base de données, mais Lightroom invite à le faire : ses fonctions de sauvegarde, de diagnostic et de réparation protègent votre base de données de manière efficace. Toutefois, n'oubliez pas d'effectuer de fréquentes sauvegardes.

Il est parfois utile d'enregistrer les données dans les fichiers images, ne serait-ce que pour faciliter les échanges entre Lightroom et d'autres logiciels. L'option « Écrire automatiquement les modifications en XMP des paramètres du catalogue » met les métadonnées automatiquement à jour, sans que vous constatiez un ralentissement du logiciel (à la différence des versions de Lightroom antérieures à la version 1.3…). Pour « forcer » la mise à jour des métadonnées, vous pouvez utiliser la commande Métadonnées>Enregistrer les métadonnées dans le fichier (raccourci Cmd/Ctrl + S), notamment lorsque vous avez désactivé l'option « Écrire automatiquement les modifications en XMP des paramètres du catalogue ».

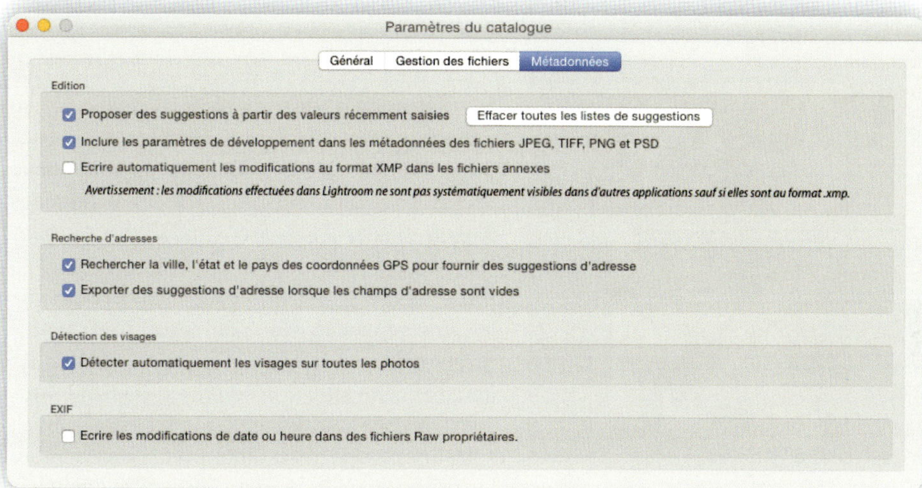

L'onglet Métadonnées des « Paramètres du catalogue ».

Détecter les métadonnées modifiées

Lightroom possède des indicateurs visuels pour le repérage des fichiers dont les métadonnées ont été modifiées et pas encore mises à jour.

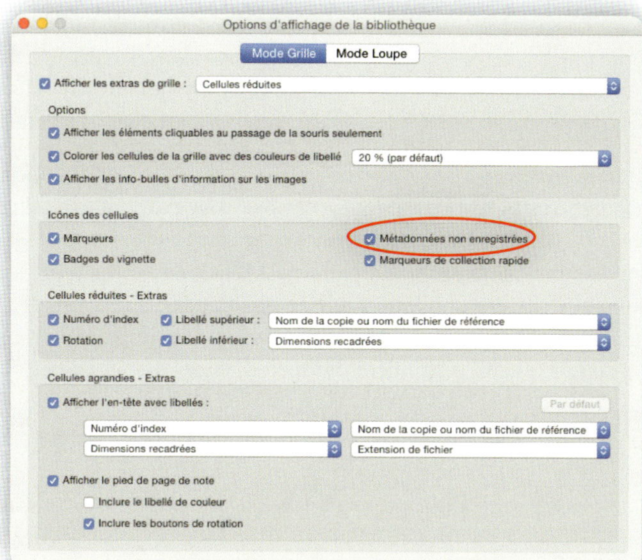

L'option « Métadonnées non enregistrées » dans la boîte de dialogue « Options d'affichage de la bibliothèque ».

Dans la Bibliothèque, l'option « Métadonnées non enregistrées », de la boîte de dialogue « Options d'affichage » (Affichage>Options d'affichage, ou raccourci Cmd/Ctrl + J), permet d'afficher une icône dans l'angle supérieur droit de la cellule, indiquant que Lightroom est en train de vérifier le statut des métadonnées. Si elles sont à jour, l'icône disparaît ; si un conflit est détecté entre les métadonnées du fichier et celles du catalogue, les icônes suivantes s'affichent :

- une flèche pointant vers le bas indique que les métadonnées incorporées à l'image ou au fichier annexe sont moins récentes que celles du catalogue : sélectionnez la commande Métadonnées>Enregistrer les métadonnées dans le fichier (raccourci Cmd/Ctrl + S) pour les mettre à jour ;
- une flèche pointant vers le haut signale que les métadonnées du catalogue sont moins récentes que celles de l'image ou du fichier annexe (cette situation se présente quand vous avez modifié une image dans Camera Raw) : sélectionnez la commande Métadonnées>Lire les métadonnées depuis le fichier pour les mettre à jour ;
- un point d'exclamation indique que la photo a été modifiée à la fois dans Lightroom et dans un autre logiciel, il existe donc deux versions concurrentes du même fichier. Cliquez sur l'icône pour ouvrir la boîte de dialogue ci-après ; elle vous propose au choix d'importer les métadonnées à partir du fichier (option « Importer les paramètres depuis le disque ») ou de privilégier celles du catalogue (option « Écraser les paramètres ») : à vous de sélectionner l'option qui vous semble la plus judicieuse.

Le champ « État des métadonnées », du panneau Métadonnées, tient également compte des modifications qui ont été appliquées aux métadonnées d'une image. Il affiche un message indiquant qu'elles ont été modifiées depuis leur dernier enregistrement. Lorsque vous optez pour un nouvel enregistrement des métadonnées, l'avertissement disparaît ; si vous n'êtes pas certain de votre démarche, vous pouvez cliquer sur l'icône, puis répondre à la question : « Voulez-vous enregistrer les modifications sur le disque ? »

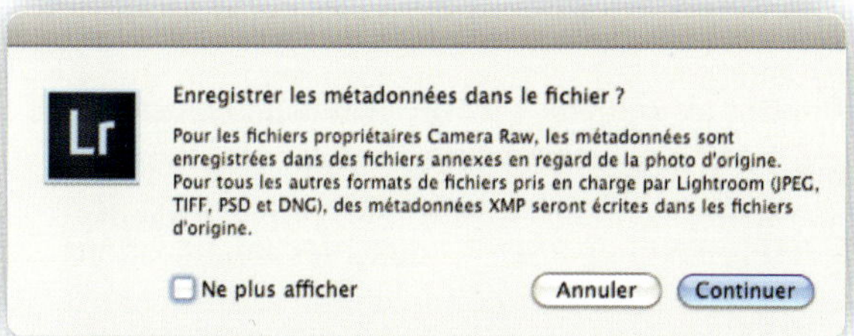

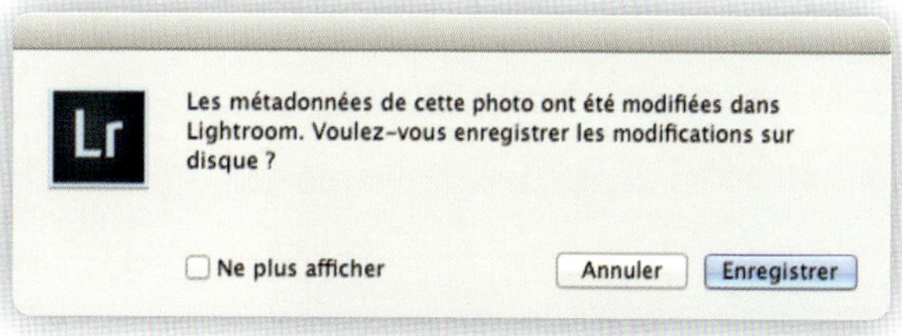

Lors de l'enregistrement de métadonnées, Lightroom affiche une boîte de dialogue, permettant de choisir entre l'enregistrement dans les métadonnées XMP du fichier ou l'annulation de l'écriture de métadonnées (à gauche). Une autre boîte paraît lorsque vous cliquez sur l'icône d'avertissement (à droite).

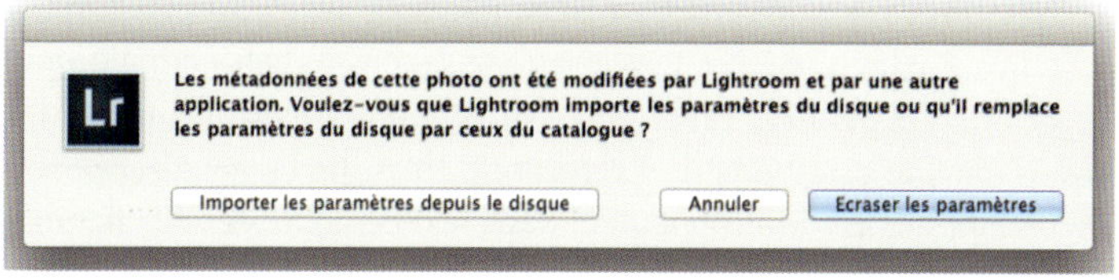

Si les métadonnées ont été modifiées dans deux logiciels à la fois, Lightroom affiche une icône qui vous en avertit (à gauche) et vous propose de choisir entre les deux jeux de métadonnées (à droite).

Options pour la lecture et l'écriture des métadonnées IPTC

Une balise (tag) XMP est un emplacement caché à l'intérieur d'un fichier au format JPEG, TIFF, PSD ou DNG, destiné à l'enregistrement des métadonnées (IPTC, mots-clés, notes, marqueurs drapeaux, libellés de couleur et paramètres de développement). Les concepteurs de Lightroom et de Camera Raw considèrent l'écriture directe dans les fichiers RAW « propriétaires » comme étant risquée, ils utilisent donc des fichiers annexes au format .xmp pour l'enregistrement des métadonnées.

L'option « Inscrire les paramètres de développement dans les métadonnées des fichiers JPEG, TIFF, PNG et PSD » des « Paramètres du catalogue » permet de différencier le traitement des paramètres de développement (appliqués via le module Développement ou le panneau « Développement rapide ») de celui des autres métadonnées (IPTC, mots-clés, notes, marqueurs drapeaux et libellés de couleur). En effet, l'incorporation des métadonnées (en particulier des paramètres de développement) aux fichiers JPEG, TIFF, PNG et PSD ne présente pas que des avantages. Bien qu'il soit fort utile qu'elles soient enregistrées dans les images qui sont ouvertes par un autre utilisateur de Lightroom, la situation est différente lorsque vous utilisez Bridge CS4, CS5, CS6 ou CC : considérées comme des fichiers bruts, les images incorporant des paramètres de développement sont ouvertes dans Camera Raw…

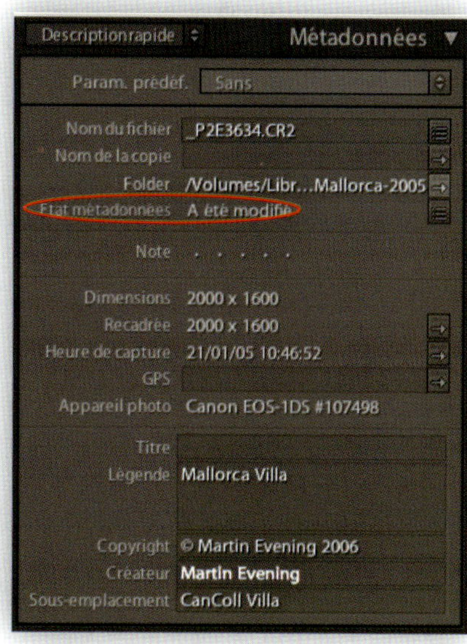

Le champ « État métadonnées » du panneau Métadonnées avertit aussi d'une désynchronisation éventuelle des métadonnées.

Lightroom, Photoshop et Camera Raw
Sachez que certains réglages effectués dans Lightroom 6/CC et appliqués en utilisant le Processus 2012 ne s'affichent pas dans les anciennes versions de Camera Raw. Pour qu'ils soient pris en charge, il est nécessaire d'utiliser Photoshop CS6 ou CC avec la version 9 de Camera Raw. Si Photoshop CS5 et Camera Raw 6.7 suffisent à afficher les réglages du Processus 2012 (sauf ceux des nouveaux outils de Lightroom 5 et 6/CC), les anciens Processus 2003 et 2010 sont compatibles avec Photoshop CS4 et Camera Raw 5.7. En revanche, il faut se cantonner aux seuls réglages du Processus 2003 pour pouvoir les partager avec les versions encore plus anciennes de Photoshop et de Bridge.

Différents scénarios permettent de gérer les métadonnées XMP.

1. Si vous sélectionnez les options « Écrire automatiquement les modifications en XMP dans les fichiers annexes » et « Inscrire les paramètres de développement dans les métadonnées des fichiers JPEG, TIFF, PNG et PSD », toutes les modifications sont enregistrées dans le catalogue de Lightroom et directement dans les fichiers. Les images aux formats RAW, DNG, JPEG, TIFF, PNG et PSD s'ouvrent directement dans Camera Raw, et toutes les métadonnées, y compris les paramètres de développement, s'affichent dans Bridge et Camera Raw.

2. Si vous désélectionnez l'option « Écrire automatiquement les modifications en XMP dans les fichiers annexes » et sélectionnez « Inscrire les paramètres de développement dans les métadonnées des fichiers JPEG, TIFF, PNG et PSD », les modifications sont uniquement enregistrées dans le catalogue de Lightroom. Lorsque vous sélectionnez l'option « Inscrire les paramètres de développement dans les métadonnées des fichiers JPEG, TIFF, PNG et PSD », il est toujours possible d'enregistrer manuellement les paramètres de développement dans les fichiers à l'aide de la commande « Enregistrer les métadonnées dans le fichier ». Sachez également que vos fichiers Bitmap s'ouvriront à nouveau dans Camera Raw, comme dans le premier scénario... Les images aux formats JPEG, TIFF, PNG ou PSD s'ouvrent directement dans Photoshop. Aucune des métadonnées appliquées dans Lightroom (IPTC, mots-clés, notes, marqueurs drapeaux, libellés de couleur et paramètres de développement) ne s'affiche dans Bridge ou dans un autre logiciel.

3. Si, en revanche, vous sélectionnez l'option « Écrire automatiquement les modifications au format XMP dans les fichiers annexes » et désélectionnez « Inscrire les paramètres de développement dans les métadonnées des fichiers JPEG, TIFF, PNG et PSD », toutes les modifications (à l'exception des paramètres de développement des fichiers JPEG, TIFF, PNG et PSD) sont enregistrées dans le catalogue de Lightroom, directement dans les fichiers. Ce scénario est probablement le plus intéressant : bien que les fichiers JPEG, TIFF, PNG et PSD n'affichent leurs paramètres de développement que dans Lightroom, vous pouvez continuer à les ouvrir dans Photoshop et ouvrir les fichiers RAW et DNG dans Camera Raw, avec leurs paramètres de développement.

4. Enfin, si vous désélectionnez à la fois les options « Écrire automatiquement les modifications au format XMP dans les fichiers annexes » et « Inscrire les paramètres de développement dans les métadonnées des fichiers JPEG, TIFF, PNG et PSD », toutes les modifications effectuées dans Lightroom sont enregistrées au sein du catalogue. Il reste toujours possible d'enregistrer manuellement les métadonnées dans les fichiers à l'aide de la commande « Enregistrer les métadonnées dans le fichier », mais les paramètres de développement ne sont alors pas enregistrés à l'intérieur des fichiers JPEG, TIFF et PSD. En demandant leur ouverture à partir de Bridge, ils s'ouvrent directement dans Photoshop, sans faire de détour via Camera Raw.

Étape 1

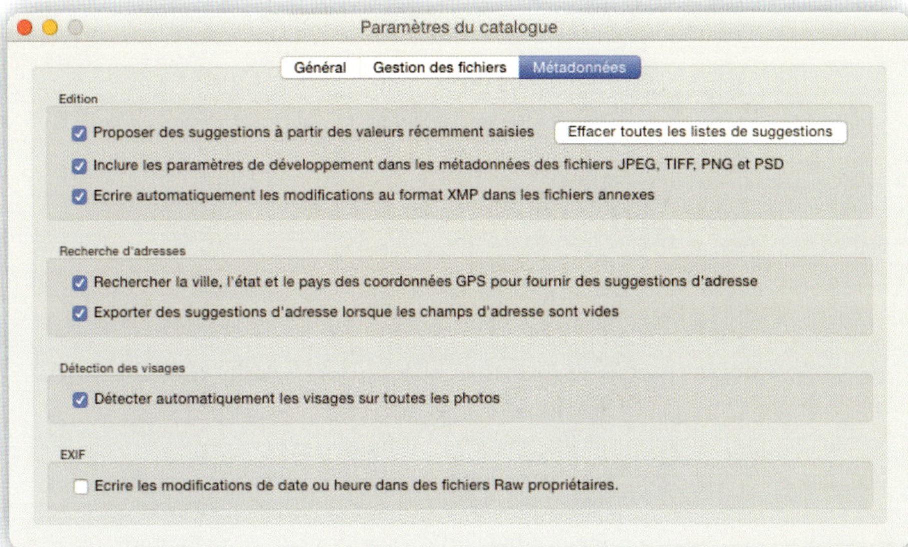

Étape 2

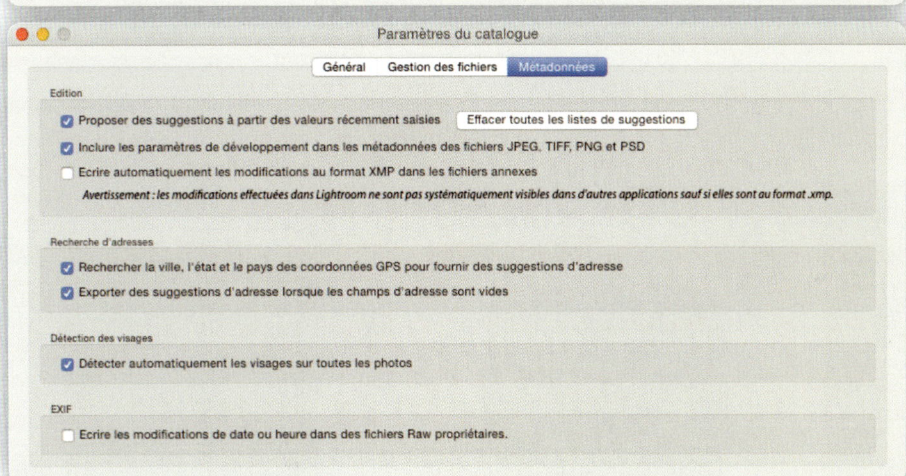

Étape 3

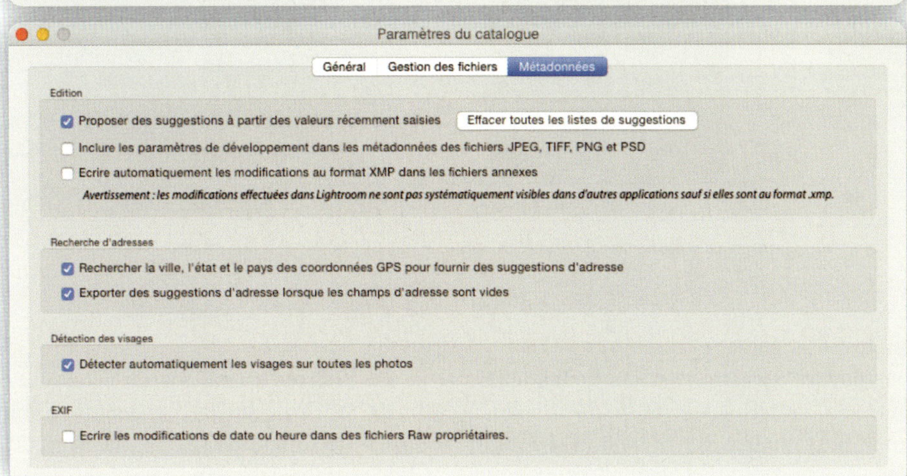

Étape 4

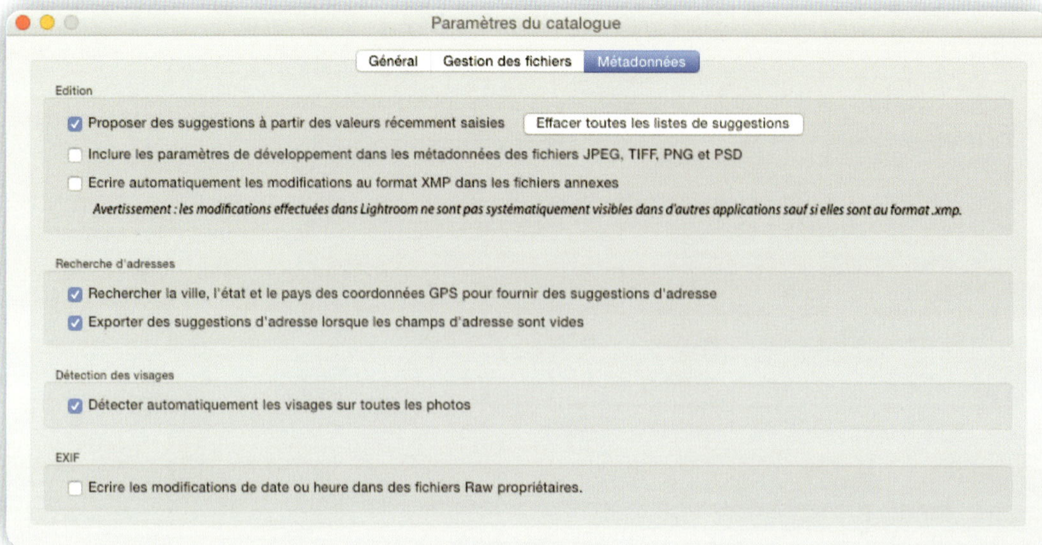

Nous avons vu qu'il n'existait pas de « bonne façon de faire » quant à l'enregistrement des métadonnées dans le catalogue ou dans les fichiers. Si vous n'utilisez que Lightroom, privilégiez le catalogue ; si vous travaillez dans un flux de travail un peu plus complexe qui s'appuie sur plusieurs applications, choisissez le fichier.

Options pour le géocodage inversé
Les options du menu « Géocodage inversé », visibles dans les deux figures ci-contre se réfèrent au module Cartes et, plus précisément, à la fonction permettant de remplir automatiquement les champs relatifs au lieu de prise de vue des métadonnées IPTC en fonction des coordonnées GPS appliquées aux images. Lors de la création d'un nouveau catalogue, Lightroom 5 vous propose d'activer cette fonction bien utile.

La vignette d'un fichier RAW, après lui avoir appliqué plusieurs paramètres de développement, des métadonnées et une étoile.

Le même fichier, affiché dans Bridge. Les modifications n'ont pas encore été enregistrées au sein des métadonnées XMP.

Synchroniser des métadonnées IPTC

Vous pouvez synchroniser les métadonnées IPTC de différentes images du catalogue. Pour cela, sélectionnez plusieurs images à partir de la Grille ou du panneau « Film fixe », puis cliquez sur le bouton « Synchroniser les métadonnées ». Dans la boîte de dialogue, choisissez les champs à synchroniser. Cliquez enfin sur le bouton Synchroniser pour appliquer les métadonnées sélectionnées à partir de l'image principale aux autres images ; le raccourci Cmd/Ctrl + Option/Alt + Maj + C permet de copier les paramètres pour les appliquer à d'autres (Cmd/Ctrl + Option/Alt + Maj + V).

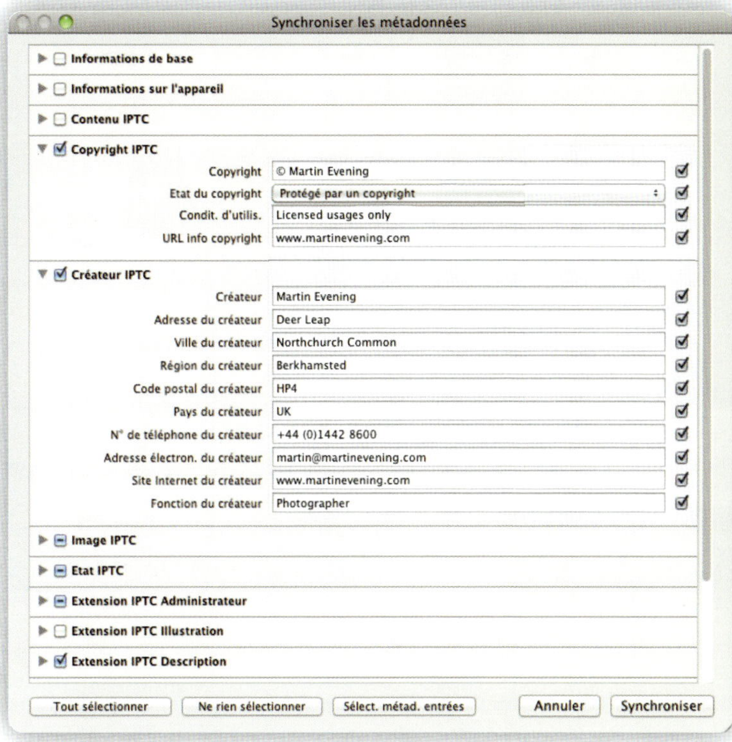

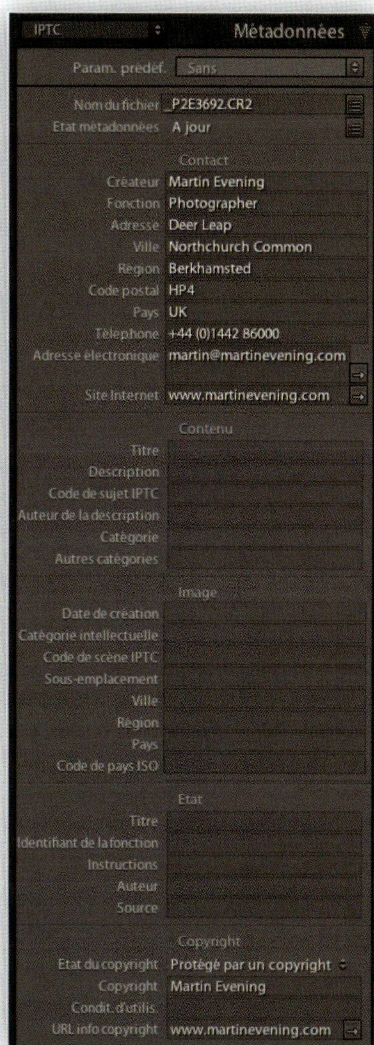

La boîte de dialogue « Synchroniser les métadonnées » s'affiche après avoir sélectionné plusieurs images et cliqué sur le bouton « Synchroniser métadonnées ». Elle permet de sélectionner les différents champs IPTC à appliquer à l'ensemble des images sélectionnées.

Trier des images

Lightroom permet d'utiliser des critères d'heure de capture, d'ordre d'importation, d'heure de modification, de nombre de modifications, de note, de sélection, de libellés de couleur, de nom de fichier, d'extension ou de type de fichier, de rapport hauteur/largeur et d'ordre de l'utilisateur. « L'ordre de l'utilisateur » permet un tri manuel par un simple glisser/déposer des vignettes. Sachez que cette option n'est proposée que si vous affichez un seul dossier ou une seule collection à la fois.

Vous pouvez à tout moment changer de critère de tri dans le menu Affichage (Affichage>Tri, suivi de l'élément souhaité), mais il est beaucoup plus facile de passer par le menu « Tri par » de la barre d'outils ; vous y trouverez un bouton pour inverser l'ordre de tri (ascendant ou descendant). Notez que le choix du critère de tri peut également se faire dans le module Bibliothèque.

Ordre de l'utilisateur

L'ordre de l'utilisateur (établi par un glisser/déposer manuel des vignettes) est un paramètre transitoire qui ne sera pas effacé tant que vous ne changerez pas l'ordre de tri (en passant, par exemple, de l'ordre de l'utilisateur à l'ordre d'importation) ou que vous ne déplacerez pas des vignettes par glisser/déposer.

Le bouton de tri.

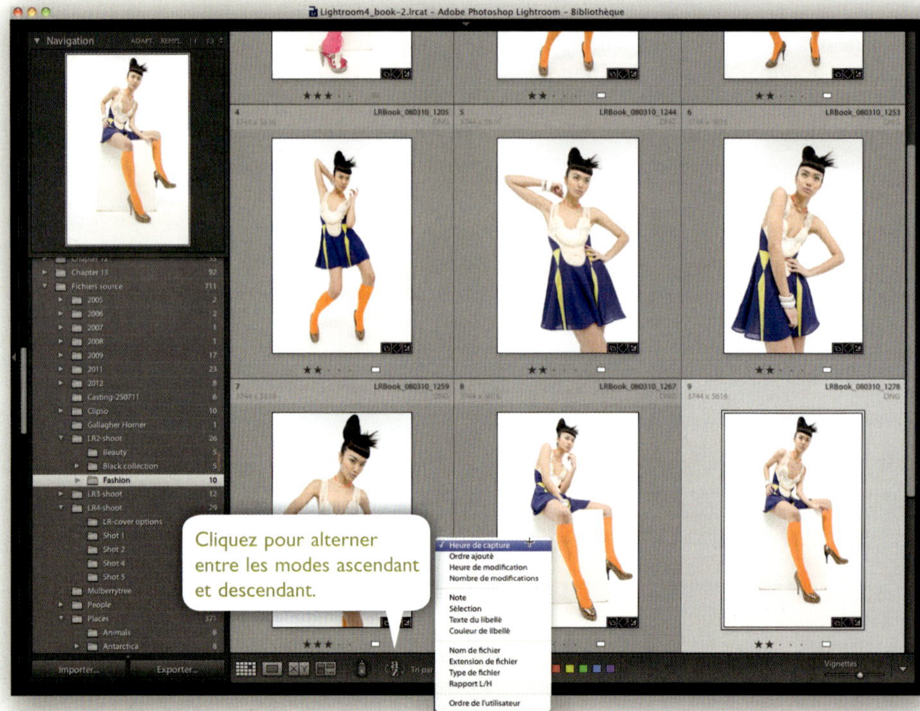

Le tri est réglé par défaut sur l'option « Heure de capture », probablement la méthode la plus utile.

Pouvoir choisir son critère de tri est important dans une pratique quotidienne. Si vous rentrez d'une prise de vue avec plusieurs cartes mémoire pleines, il est peu probable que l'ordre d'importation suive le déroulement de la prise de vue. Il faudra donc privilégier le tri par heure de capture et non par ordre d'importation. De même, lorsque vous renommez vos fichiers à l'importation, vous pouvez utiliser le tri par heure de capture afin de rétablir l'ordre chronologique de vos photos, puis renommer la série (Bibliothèque>Renommer la photo). L'ordre de tri descendant est particulièrement utile lorsque vous travaillez en mode connecté : les images les plus récentes arriveront ainsi dans le haut de la fenêtre principale.

En affichant un dossier ou une collection, vous pouvez modifier l'ordre de tri des images par un simple glisser/déposer des vignettes dans la fenêtre principale ou dans le « Film fixe ». Lorsque vous enregistrez une collection, l'ordre de tri ainsi établi sera mémorisé.

Fonctions de tri

Le menu Tri permet de résoudre les conflits provenant des méthodes de Bridge et Lightroom pour nommer les libellés de couleur. Lightroom propose en effet deux options pour trier les images selon ce libellé : « Texte du libellé » et « Couleur du libellé ».

- Lightroom utilise par défaut les noms Rouge, Jaune, Vert, Bleu et Pourpre pour les libellés, identiques à ceux de Bridge CS2 (vous pouvez les afficher via la commande

Métadonnées>Ensemble des libellés des couleurs>Modifier). La boîte de dialogue affiche ici le commentaire « Si vous souhaitez préserver la compatibilité avec les libellés d'Adobe Bridge, utilisez les mêmes noms dans les deux applications ».

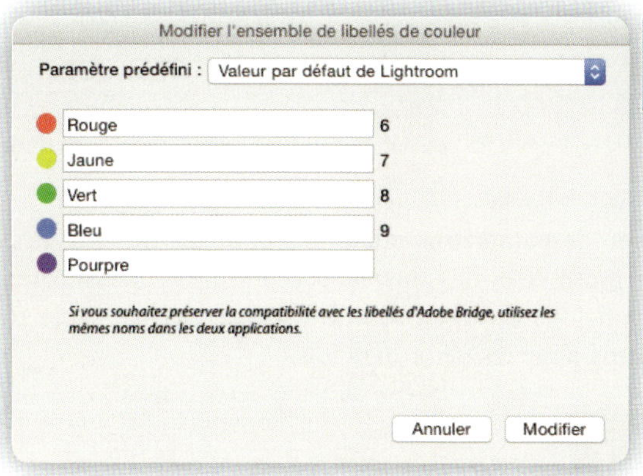

Lightroom utilise par défaut les noms Rouge, Jaune, Vert, Bleu et Pourpre.

- Depuis Photoshop CS3, Bridge utilise par défaut les noms Sélection, Seconde, Approuvé, Vérification, « À faire » (Select, Second, Approved, Review et To Do). Ainsi, dans le cas où vous utilisez conjointement Lightroom et Bridge pour attribuer des libellés de couleur, leurs noms ne correspondent plus. Bridge affiche des libellés blancs chaque fois qu'il ne parvient pas à lire les libellés appliqués dans Lightroom. Il peut donc détecter la présence d'un libellé de couleur, mais ne sait pas l'interpréter correctement (le nom du libellé s'affiche dans Bridge, mais sa couleur n'est pas identifiée).

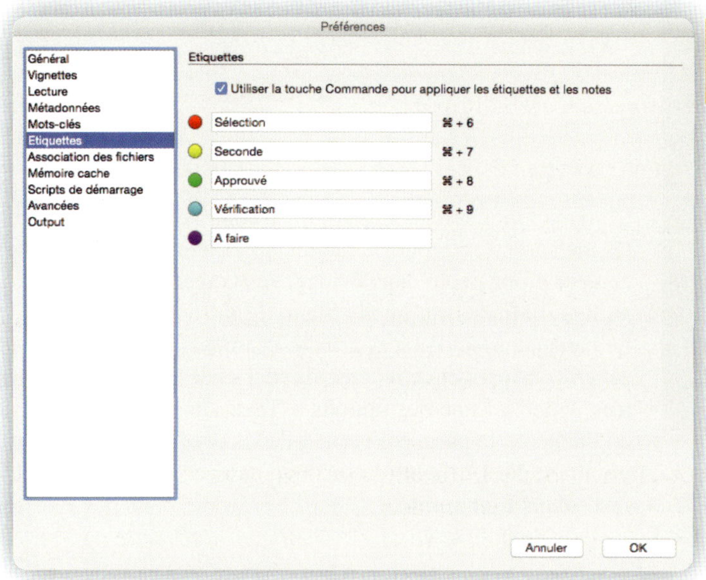

Bridge utilise par défaut les noms Sélection, Seconde, Approuvé, Vérification, « À faire ».

- Lightroom a le même problème en cas de discordances entre le nom et la couleur d'un libellé. Cependant, la barre Filtres propose un filtre « Libellé personnalisé » pour filtrer les images dont la couleur du libellé ne correspond pas au nom.

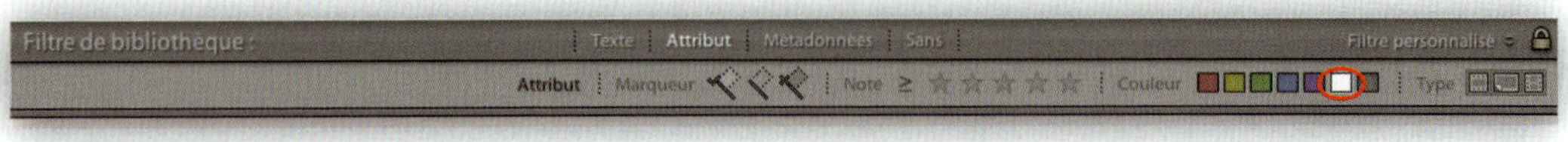

Si le nom du libellé ne correspond pas à sa couleur, la barre Filtres de Lightroom affiche un libellé blanc pour le signaler.

- Le choix d'un autre jeu de paramètres prédéfinis pour les libellés de couleur, tel que « État de la révision » présenté ci-dessous, ne permettra pas de remédier à ce problème de compatibilité entre Bridge et Lightroom. Il n'existe qu'une seule solution : il faut adopter les mêmes noms dans les deux logiciels.

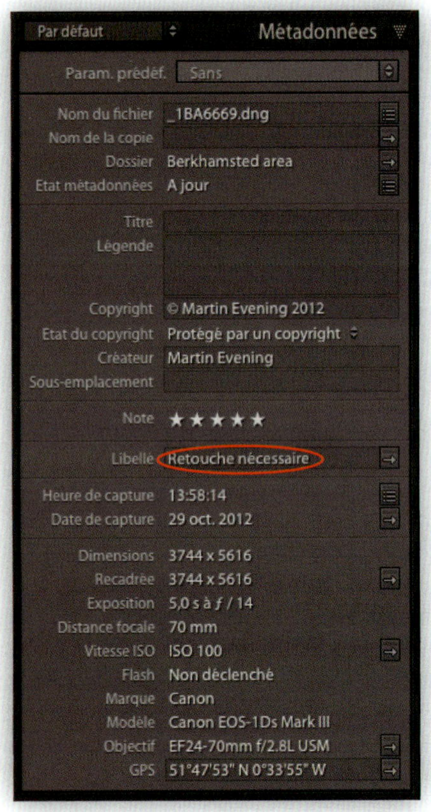

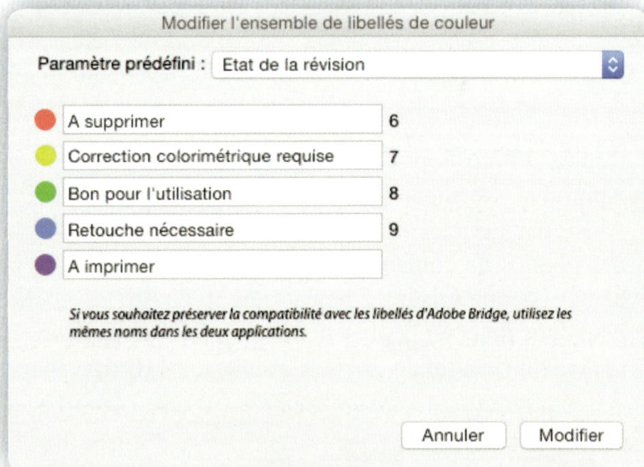

Pour l'affichage du nom de libellé, le panneau Métadonnées s'appuie sur l'ensemble de libellés de couleur en vigueur.

Si vous appliquez dans Lightroom la commande Métadonnées>Lire les métadonnées depuis le fichier, après avoir modifié le libellé de couleur d'une photo dans Bridge, vous créez aussi un conflit, mais au lieu d'afficher un libellé blanc, Lightroom n'en affiche aucun. Le panneau Métadonnées affiche heureusement le nom du libellé, ce qui vous permet de repérer, de trier et de filtrer les images affectées, grâce à l'une des options « Texte du libellé » ou « Couleur du libellé » : la première permet de les trier par leur nom (qu'il ait été attribué dans Lightroom ou dans Bridge), la seconde de trier celles dont les libellés de couleur ont été attribués dans Lightroom.

La géolocalisation des images

À l'heure actuelle, les appareils photo capables d'enregistrer et d'incruster automatiquement des métadonnées GPS sont encore peu nombreux, mais cette situation est amenée à évoluer dans un futur proche. En attendant, vous pouvez vous rabattre sur un des dispositifs disponibles (par exemple, votre téléphone portable) pour saisir les données GPS, puis sur un logiciel spécialisé pour les associer aux images. Les données de géolocalisation ainsi attribuées aux images s'affichent ensuite dans le champ GPS du panneau Métadonnées du module Bibliothèque.

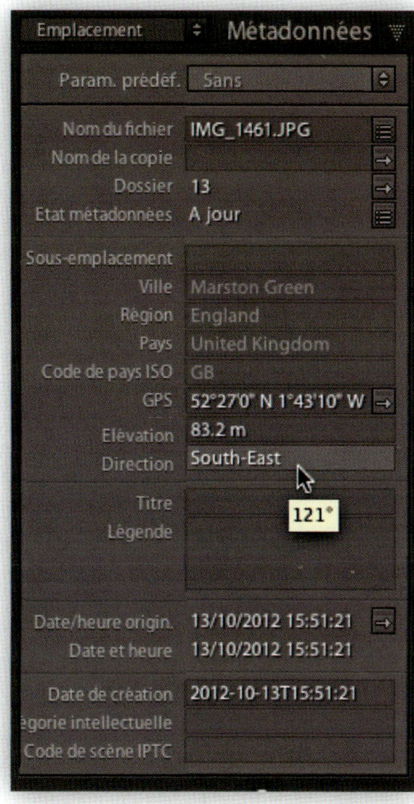

Le panneau Métadonnées en mode d'affichage Emplacement. Le champ GPS comporte des données GPS et il suffit de cliquer sur la petite flèche pour passer directement dans le module Cartes. En fonction du logiciel utilisé pour associer les données de géolocalisation, le champ Élévation est rempli ou non de manière automatique. Depuis sa version 5, Lightroom offre un nouveau champ de métadonnées, Direction. S'il est possible d'en modifier les données, les huit directions d'une boussole (Nord, Nord-Ouest, Ouest, etc.) sont les seules informations à y figurer. À noter aussi l'angle précis qui s'affiche en faisant passer la souris sur le champ Direction.

Les dispositifs GPS

Il existe différents récepteurs externes permettant d'enregistrer des données GPS. Les moins onéreux se négocient à moins de 100 euros. Bien qu'ils soient souvent d'excellente qualité, ils ne sont pas toujours d'une fiabilité exemplaire. Dotés de cellules réceptrices peu sensibles, ils refusent de travailler en temps nuageux et/ou à l'intérieur d'un bâtiment. Qui plus est, ils sont souvent assez gourmands en énergie. Si vous le pouvez, chargez votre dispositif GPS de piles rechargeables et emportez toujours un jeu de piles de rechange.

De nombreux téléphones portables sont à même d'enregistrer des données GPS lorsque vous les utilisez comme appareil photo. La version payante du logiciel Geotag Photos (www.geotagphotos.net) enregistre les coordonnées GPS à 30 s d'intervalle et les transfère ensuite sous forme de fichier GPX sur le site dédié au logiciel.

Si vous êtes prêt à investir davantage, vous trouverez des dispositifs plus performants et sophistiqués, permettant d'opérer dans des conditions plus difficiles. Dotés d'un écran d'affichage, ils peuvent également servir de système de navigation, notamment dans des régions plus reculées.

À la manière des différents formats RAW, il existe différents formats de fichier propriétaires pour stocker des coordonnées GPS, pas toujours pris en charge par les logiciels dédiés. Le format GPX, en voie de devenir le format standard, est le seul dont les données de géocodage sont lues par le module Cartes de Lightroom 4 et 5. Il est ainsi important que votre dispositif GPS enregistre les données au format GPX. Si tel n'est pas le cas, vous pouvez toujours recourir à des logiciels tiers pour lire les métadonnées GPS et les associer à vos images.

Si la plupart des récepteurs GPS sont fournis avec un logiciel pour Mac et Windows, rares sont les logiciels permettant d'incruster les métadonnées aux fichiers RAW et encore plus rares ceux utilisant des fichiers annexes de type XMP, permettant à Lightroom de les lire. Je recommande aux utilisateurs sur Mac d'utiliser les logiciels Houdah Geo 3 (www.houdah.com/houdahGeo) et GPS PhotoLinker (www.earlyinnovations.com). Les utilisateurs sous Windows peuvent recourir à GeoSetter (www.geosetter.de/en).

Le modèle AMOD AGL3080 est un dispositif GPS léger et compact pouvant être utilisé pour enregistrer les coordonnées GPS. Il tient facilement dans un sac photo et s'attache simplement à une courroie. Cependant, il utilise le format NMEA pour l'enregistrement des coordonnées GPS, incompatible avec le module Cartes. Consultez la page 595 pour savoir comment convertir les différents formats de données GPS au format GPX.

Toutefois, gardez à l'esprit que certains logiciels de géolocalisation enregistrent les données dans un champ EXIF inapproprié ou dans leur propre base de données, vous forçant à utiliser leur logiciel pour exploiter les informations. C'est notamment le cas pour les cartes SD Pro X2 du fabricant Eye.fi, dont les données, enregistrées dans un format propriétaire, sont uniquement lisibles dans le logiciel du fabricant.

De même, faites toujours attention à l'intégrité des fichiers RAW. La modification des données XMP d'un format brut non documenté est toujours accompagnée d'un certain nombre de risques et il est difficile de savoir si elle compromet la lecture desdits fichiers dans votre logiciel de développement RAW. Dans une ancienne version de cet ouvrage, j'avais déjà évoqué qu'un des logiciels présentés altérait sous certaines conditions les métadonnées EXIF de l'appareil, et notamment les données relatives à l'objectif utilisé, une fois appliqué des métadonnées GPS. Si cette modification intempestive était sans conséquences pour la lecture du fichier image dans Lightroom, elle était quand même troublante.

Incruster les métadonnées GPS

L'enregistrement des métadonnées GPS n'est pas aussi simple qu'il y paraît. L'appareil photo et le système GPS doivent avant tout afficher la même heure que celle de l'ordinateur, sous peine de générer des mesures inexactes. Le réglage du fuseau horaire est moins important puisqu'il est très facile de l'ajuster a posteriori. Les données d'horodatage sont toujours inscrites en se basant sur une échelle de temps, UTC (Coordinated Universal Time), adoptée par la majorité des pays et indépendante des différents fuseaux horaires. Il suffit donc d'indiquer au logiciel de géolocalisation le fuseau horaire utilisé par l'appareil photo pour le synchroniser avec le récepteur GPS.

La géolocalisation est vraiment utile. Avec un dispositif de qualité, vous pouvez enregistrer le lieu de vos prises de vue beaucoup plus précisément qu'en passant par une procédure manuelle et fastidieuse dans Google Earth.

Le géocodage inversé

Le géocodage inversé consiste à lier automatiquement les coordonnées GPS d'un lieu à son nom ou adresse. Il existe plusieurs logiciels permettant de confronter des données GPS aux données géographiques les plus proches, puis de déterminer le lieu le plus proche et le plus probable. Le logiciel PhotoLinker, disponible sur Mac, permet de remplir automatiquement les champs Ville, Région et Pays et « Code de pays ISO » des métadonnées IPTC. L'iPhone est un autre exemple pour le géocodage inversé puisqu'il est capable d'afficher sur une carte le lieu de prise de vue des images. Si les données du géocodage inversé s'affichent dans le logiciel iPhoto, elles ne survivent pas pour autant le transfert entre l'iPhone et Lightroom, sans doute pour une question de brevet (les métadonnées s'affichent en revanche bel et bien dans Lightroom).

Il va de soi que la géolocalisation soulève un certain nombre d'interrogations sur l'utilité d'inclure des informations d'emplacement dans des images diffusées sur le Web. Récemment, la publication de certaines images d'enfants sur un site de réseau social avait donné lieu à un véritable vent de panique, car les parents avaient joint les métadonnées GPS, permettant de connaître leur adresse exacte.

Si vous êtes un photographe de reportage, vous ne préférez sans doute pas révéler l'emplacement exact de vos prises de vue. Heureusement, l'outil « Services de publication » du module Bibliothèque et la boîte de dialogue Exporter de Lightroom vous permet de ne pas inclure les métadonnées d'emplacement dans les images exportées.

Le module Cartes

C'était une des grandes nouveautés de Lightroom 4 : le module Cartes permet d'afficher et de gérer les images dotées de données de géolocalisation. La fenêtre principale affiche une carte pour laquelle il existe plusieurs options d'affichage, qu'il est possible de choisir à partir de la barre d'outils ou via des raccourcis clavier : Hybride (Cmd/Ctrl + 1), Plan (Cmd/Ctrl + 2), Satellite (Cmd/Ctrl + 3), Terrain (Cmd/Ctrl + 4), Claire (Cmd/Ctrl + 5) et Foncée (Cmd/Ctrl + 6).

Pour afficher une ou plusieurs images sur la carte, sélectionnez-les depuis le module Bibliothèque ou le panneau « Film fixe ». Le panneau Métadonnées, situé dans la partie droite de l'écran, permet de confirmer la présence de métadonnées GPS et les affiche, le cas échéant, dans le champ GPS. Si vous avez préalablement ajouté des coordonnées GPS à vos images, il suffit de cliquer sur la petite flèche située dans l'angle droit du champ GPS ou de double-cliquer sur sa vignette dans le panneau « Film fixe » pour que l'emplacement de l'image sélectionnée s'affiche au centre de la carte.

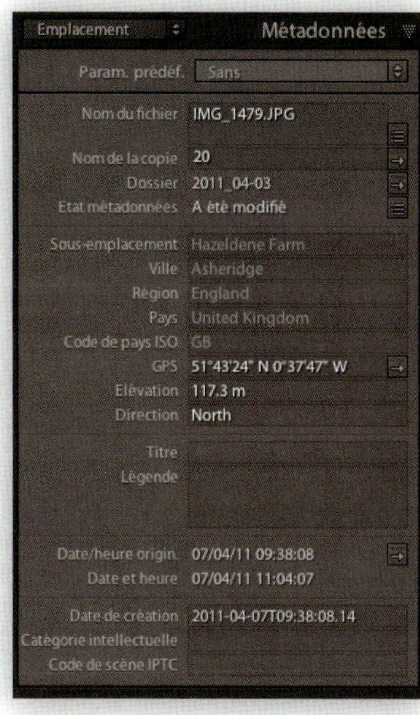

Le panneau Métadonnées en mode d'affichage Emplacement. Ici, j'ai appliqué des métadonnées GPS à l'aide du module Cartes. Si les champs Ville, Région et Pays ont été remplis, ils apparaissent en grisé.

Réseaux sociaux et métadonnées d'emplacement

Le téléchargement d'images vers des réseaux sociaux et la conservation de leurs métadonnées sont un sujet épineux. Flickr conserve toutes les informations liées aux droits d'auteur (copyright) et à l'emplacement des images (données GPS), alors que Facebook semble supprimer l'ensemble des métadonnées et ce, quels que soient les réglages du panneau « Services de publication ». Avec Flickr, veillez à ne pas inclure ces informations à l'export des images.

Le module Cartes.

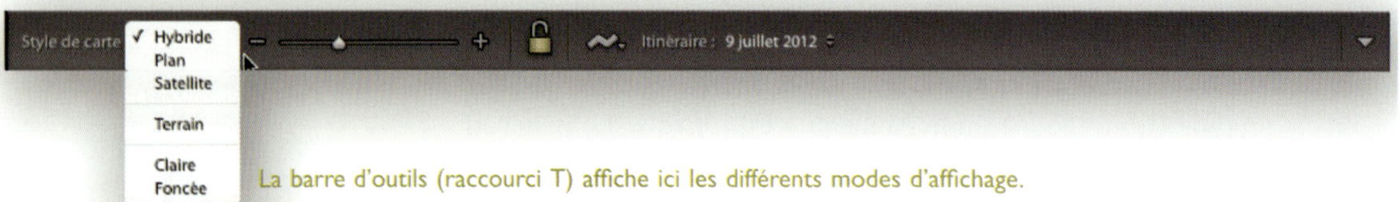

La barre d'outils (raccourci T) affiche ici les différents modes d'affichage.

Le panneau Navigation.

Parcourir la carte

Utilisez le curseur Zoom dans la barre d'outils, les touches « - » et « + » de votre clavier ou la molette de votre souris pour réduire ou agrandir l'échelle ; cliquez, puis faites glisser la souris pour vous déplacer sur la carte.

Il est également possible de double-cliquer sur la carte pour augmenter son échelle. Appuyez sur la touche Alt, puis tracez avec le curseur de votre souris un rectangle pour ainsi définir la zone à agrandir.

Le filtre d'emplacement

La barre « Filtre d'emplacement », située dans la partie supérieure de la fenêtre principale, offre des fonctionnalités proches de celles de la barre Filtre du module Bibliothèque. Elle propose plusieurs critères de filtrage pour afficher dans le panneau « Film fixe » uniquement les images y répondant.

En recherchant par le nom du lieu, vous pouvez parfois choisir parmi différentes propositions.

- « Visible sur la carte » ne sélectionne que les images à la fois dotées de coordonnées GPS et présentes sur la carte et les affiche dans le panneau « Film fixe ». En réduisant ou en augmentant l'échelle, le nombre d'images affichées dans le panneau « Film fixe » augmente ou diminue.
- « Balisé » sélectionne les images géocodées et masque partiellement les images dépourvues de coordonnées GPS.
- « Sans balise » sélectionne toutes les images encore dépourvues de données de géolocalisation et masque partiellement les images qui en sont déjà pourvues.
- « Aucun », réglage par défaut, n'applique aucun filtre et permet de sélectionner toutes les images du panneau « Film fixe ».
- Le champ « Rechercher sur la carte » permet de rechercher dans la base des données de Google Maps pour trouver un endroit spécifique. Souvent, un seul terme de recherche suffit. Sinon, vous pouvez taper plusieurs noms, séparés par une virgule. Par exemple, si vous recherchez la ville Las Vegas au Nouveau-Mexique au lieu de Las Vegas au Nevada, tapez « Las Vegas, Nouveau-Mexique » au lieu de « Las Vegas, Nevada ». Si un nom correspond à plusieurs lieux différents, Lightroom vous présente plusieurs suggestions dans une liste, permettant de choisir le lieu approprié.

La barre « Filtre d'emplacement ».

Charger un relevé d'itinéraire

Cliquez sur l'icône en forme de zigzag ou sélectionnez la commande du menu Cartes>Relevé d'itinéraire>Charger le relevé d'itinéraire pour importer un relevé d'itinéraire. Après avoir repéré et choisi le relevé d'itinéraire, le logiciel, compare l'étiquetage temporel des données GPS à la date et l'heure des images sélectionnées. Si Lightroom trouve les images correspondantes, il vous propose de leur attribuer les données GPS enregistrées au sein du relevé d'itinéraire.

Vous pouvez aussi faire glisser des images sur un des points du relevé d'itinéraire. Les autres images s'associent ensuite automatiquement aux autres points. Cela permet de géolocaliser des images sans tenir compte d'un éventuel décalage du fuseau horaire, mais avec l'obligation de se souvenir du lieu de prise de vue de certaines images.

Prise en charge des formats GPS

Pour l'instant tout au moins, Lightroom ne propose qu'une prise en charge des relevés d'itinéraires enregistrés au format GPX. Si votre récepteur GPS utilise un autre format d'enregistrement, il faut d'abord convertir les données au format GPX. Le site www.gpsvisualizer.com vous donne des pistes quant à la voie à suivre. Notez que Lightroom ignore les données d'altitude des fichiers GPX. De ce fait, les images géocodées dans Lightroom ne comportent que les seules coordonnées pour la longitude et la latitude.

L'importation d'un relevé d'itinéraire.

Les étapes suivantes montrent comment importer un relevé d'itinéraire pour associer des données GPS à une sélection d'images.

1. J'ai cliqué sur le bouton « Charger le relevé d'itinéraire » pour charger un relevé d'itinéraire au format GPX. Une fois importé, il s'affiche sous forme de tracé bleu.

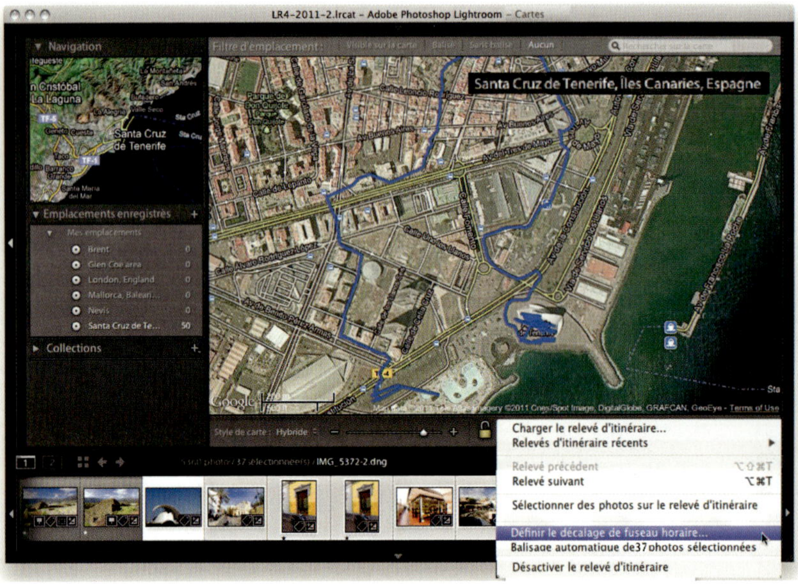

2. Le relevé d'itinéraire est toujours correct en ce qui concerne l'enregistrement de l'heure, mais le réglage du boîtier ne l'est pas toujours. Si vous pensez que l'heure de votre boîtier est mal réglée, sélectionnez « Définir le décalage du fuseau horaire ». La boîte de dialogue du même nom affiche ensuite les horaires enregistrés au sein des fichiers images et les confronte à celles du relevé d'itinéraire. En cas de différence, les horaires de ce dernier s'affichent en rouge et vous pouvez déplacer le curseur Décalage jusqu'à ce qu'elles s'affichent en noir pour ainsi harmoniser les horaires.

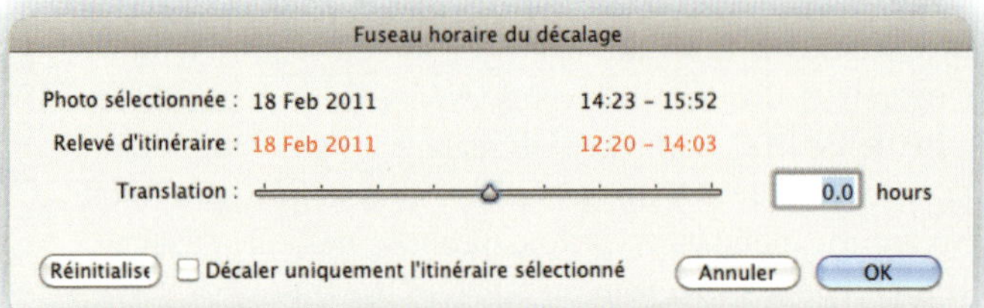

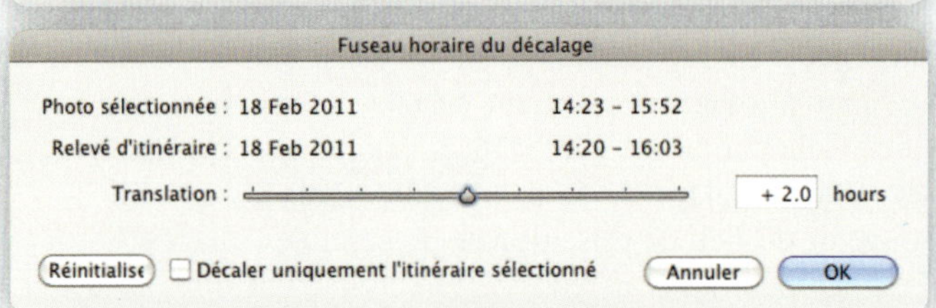

3. J'ai sélectionné les images à partir du panneau « Film fixe », puis la commande « Balisage automatique des photos », du menu « Relevé d'itinéraire », pour associer les coordonnées GPS aux images et les afficher sur la carte.

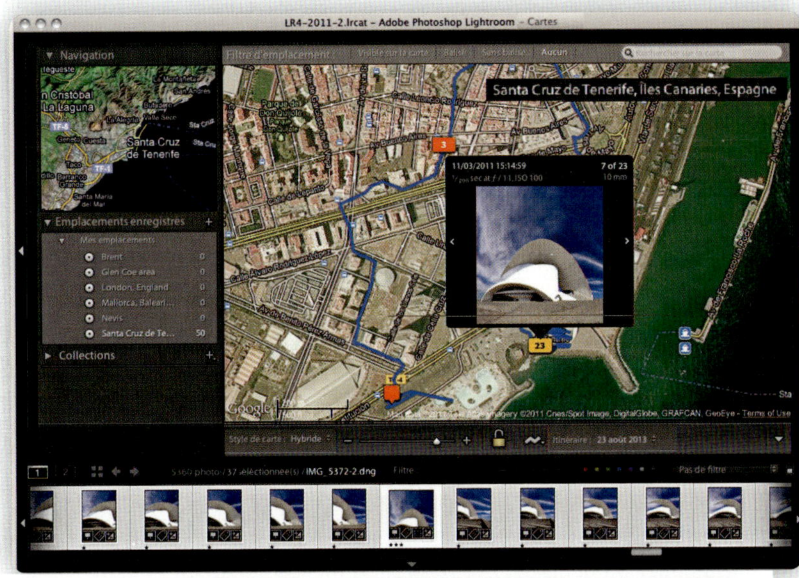

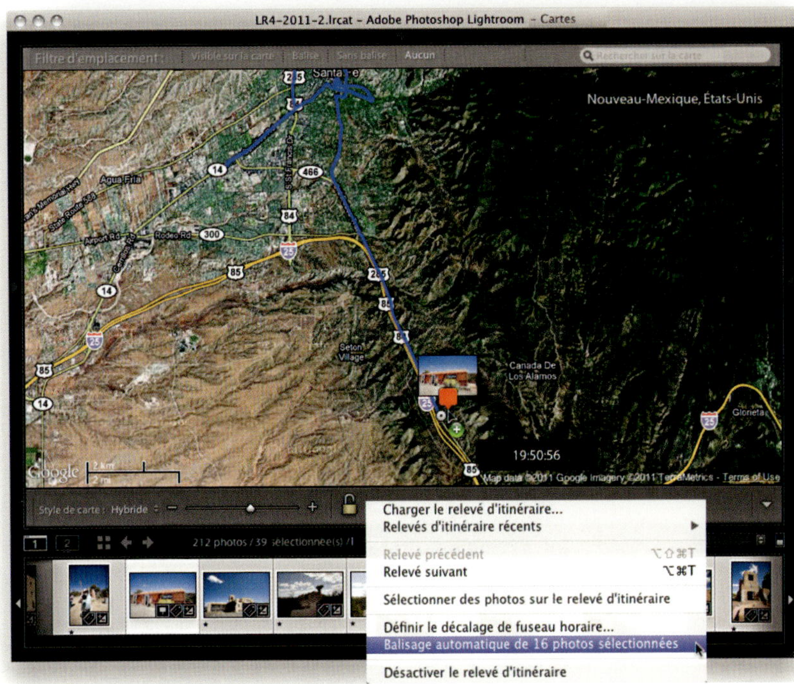

Faites glisser une image sur le tracé relevé d'itinéraire pour géolocaliser d'autres images avec la commande « Balisage automatique ».

Fonctions annexes

Le menu « Relevé d'itinéraire » comporte d'autres fonctions bien utiles pour gérer vos fichiers d'itinéraires. Utilisez la touche Cmd/Ctrl pour vous déplacer parmi plusieurs relevés importés. Le sous-menu « Relevés d'itinéraires récents » permet de sélectionner un fichier récemment ouvert. La commande « Désactiver le relevé d'itinéraire », en bas du menu, permet de désactiver la consultation des fichiers d'itinéraires. Lorsqu'un tel fichier comprend plusieurs trajets enregistrés, vous pouvez cliquer sur sa date, affichée dans la barre d'outils, pour en sélectionner un autre.

Éditer les marqueurs

Lightroom utilise des marqueurs colorés en forme de bulle pour indiquer le lieu de prise de vue des images géolocalisées sur la carte. Le marqueur d'une seule image se présente sous forme de bulle orange sans contenu. Si vous passez la souris sur la bulle, elle affiche quatre flèches permettant de déplacer le marqueur sur la carte pour changer les données GPS associées.

Il est possible de bloquer la position des marqueurs uniques à l'aide de verrou de la barre d'outils, mais le verrouillage s'applique alors à l'ensemble des marqueurs qui sont liés à une seule image. En cliquant sur un marqueur, sa couleur passe en jaune et l'image associée est sélectionnée dans le panneau « Film fixe ». Si un lieu est associé à plusieurs images, leur nombre est affiché par le marqueur.

Notez que le nombre de marqueurs et le nombre d'images affichées varient en fonction de l'échelle de la carte. Seules les images visibles sur la carte sont prises en compte. Pour repositionner un marqueur groupé sur la carte, cliquez dessus pour sélectionner les images associées dans le panneau « Film fixe », puis faites glisser les images depuis le « Film fixe » vers leur nouvelle position sur la carte.

Si plusieurs images sont associées au même marqueur, cliquez sur une des flèches dans l'aperçu pour les visualiser les unes après les autres. Utilisez le raccourci clavier Cmd/Ctrl + K pour bloquer ou débloquer la position d'un marqueur sur la carte.

Les marqueurs du module Cartes (de gauche à droite et de haut en bas) : marqueur orange indiquant une image seule (pas encore sélectionnée) ; marqueur avec quatre flèches permettant de déplacer une image sur la carte ; marqueur jaune indiquant une image seule et sélectionnée dans le « Film fixe » ; marqueur jaune rectangulaire, doté d'un numéro répertoriant le nombre de photos (sélectionnées) ; marqueur orange rectangulaire doté d'un numéro indiquant le nombre de photos (désélectionnées) ; marqueur jaune sans pointeur indiquant la présence de plusieurs photos sélectionnées à proximité du marqueur actif ; marqueur orange sans pointeur indiquant la présence de plusieurs photos désélectionnées à proximité du marqueur actif ; marqueur avec point noir représentant le résultat d'une recherche effectuée dans le module Cartes.

Géolocaliser des images de façon manuelle

Si certaines images dans votre catalogue sont encore dépourvues de données GPS, vous pouvez les faire glisser sur la carte ou appuyer sur la touche Cmd/Ctrl, tout en cliquant sur l'emplacement exact du lieu de prise de vue.

Il s'agit d'une méthode à la fois simple et rapide pour tous ceux n'ayant pas de récepteur GPS. Pour rester dans l'esprit de la géolocalisation, faites simplement attention d'attribuer aux images les coordonnées du lieu de prise de vue et non pas celles du sujet photographié. Si vous effectuez un clic droit sur la carte, Lightroom vous propose d'ajouter des coordonnées GPS aux photos sélectionnées.

Il est également possible d'utiliser le menu contextuel pour supprimer les coordonnées GPS des images sélectionnées.

Faites glisser sur la carte une ou plusieurs images depuis le panneau « Film fixe » pour ajouter un marqueur.

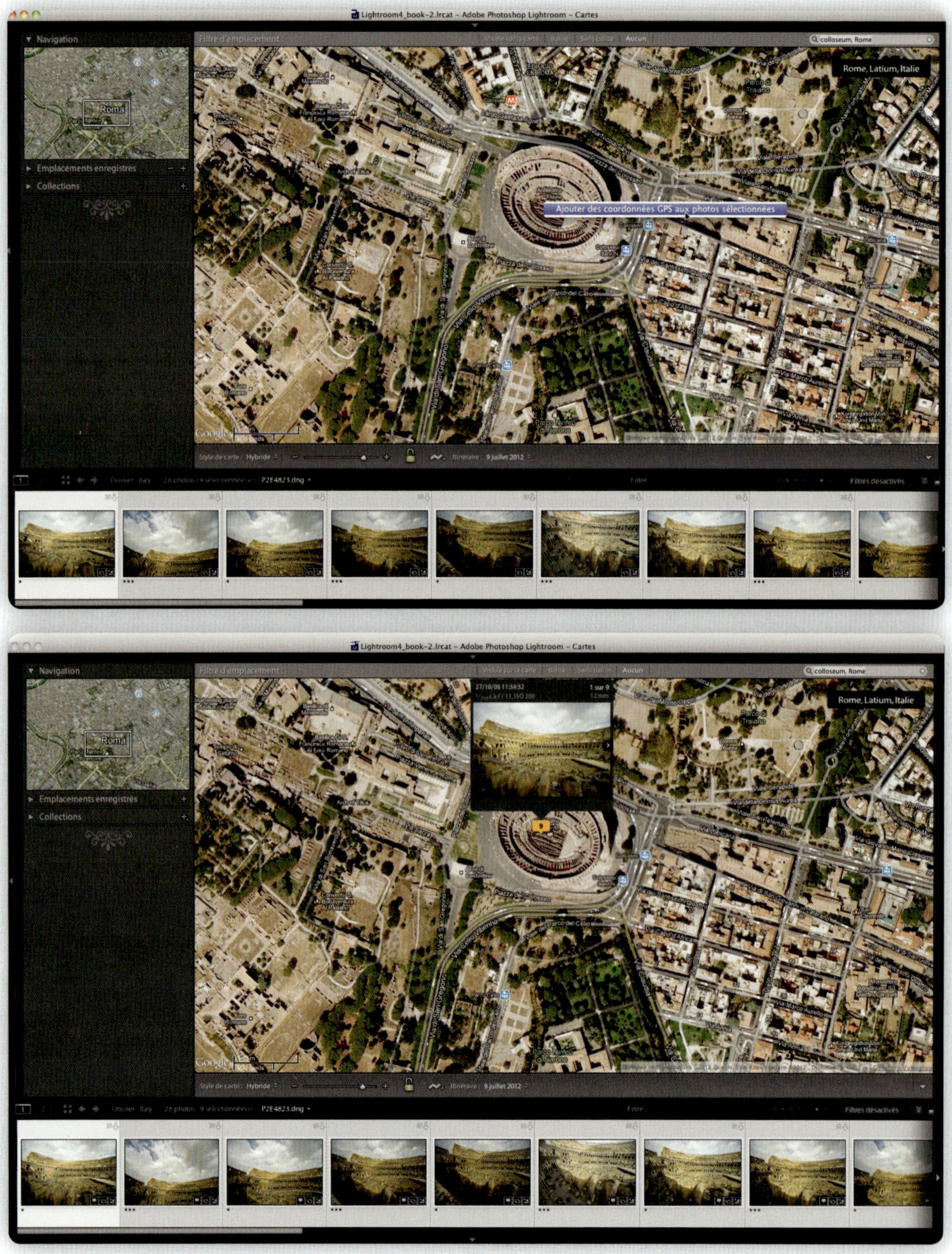

Effectuez un clic droit sur la carte pour accéder au menu contextuel et associer des métadonnées GPS aux images sélectionnées.

Géocodage inversé

En utilisant le géocodage manuel, Lightroom remplit automatiquement les champs de métadonnées IPTC en fonction des coordonnées d'emplacement détectées dans les images et sous condition d'avoir préalablement activé les options de géocodage inversé du menu Métadonnées des « Paramètres du catalogue ». Lightroom vérifie l'existence de métadonnées dans les champs Ville, Région, Pays et « Code de pays ISO » et ne les remplit pas, même s'il dispose d'informations plus précises.

Lightroom considère les métadonnées des champs IPTC mentionnés ci-dessus comme temporaires lorsqu'elles ont été renseignées en utilisant le géocodage inversé. C'est aussi la raison pour laquelle elles paraissent grisées. Pour modifier ces métadonnées, vous pouvez déplacer le marqueur sur la carte. Pour rendre les métadonnées permanentes, il suffit de cliquer sur chacune des entrées pour ainsi sélectionner le nom actuel.

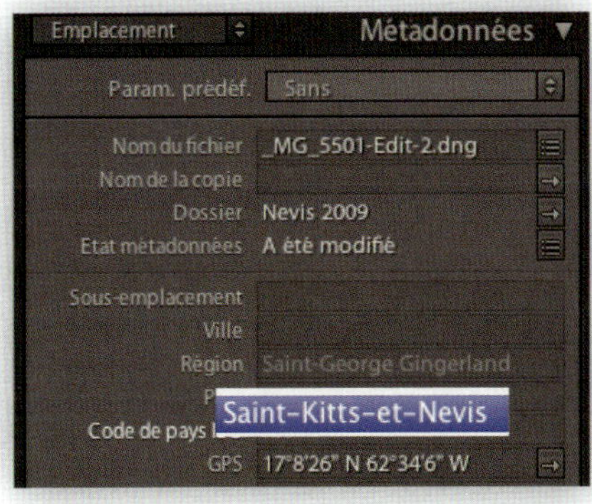

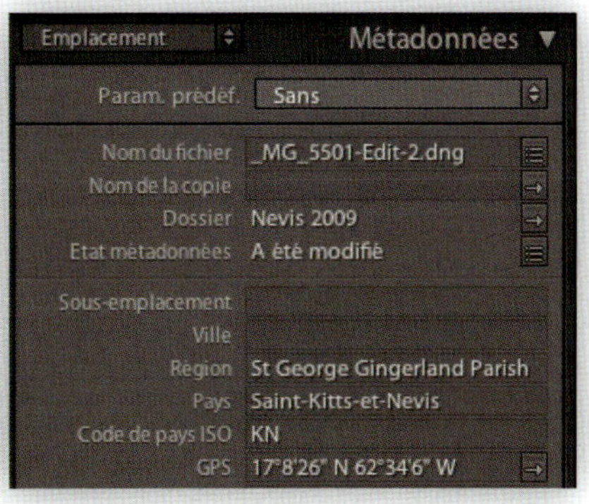

Afin de rendre permanentes les informations du champ Pays du panneau Métadonnées, j'ai cliqué dessus, puis j'ai tapé le nom du pays (« Saint-Kitts-et-Nevis »). Il est nécessaire de répéter cette procédure pour tous les champs pour lesquels vous souhaitez rendre les informations permanentes. Ensuite, il ne sera plus possible d'éditer ces champs en déplaçant les marqueurs sur la carte – il faudra les éditer un par un à la main. Enfin, sachez qu'il est nécessaire de redémarrer Lightroom après avoir désactivé, puis réactivé le géocodage inversé.

Exporter des fichiers avec leurs données GPS

Par défaut, Lightroom enregistre les informations GPS au sein des métadonnées XMP, à l'intérieur des fichiers exportés. Toutefois, si jamais vous préférez ne pas les inclure, vous pouvez choisir parmi plusieurs options :

- activer l'option Privé, de la boîte de dialogue « Modifier Emplacement », lors de la création d'un nouvel emplacement ;
- effectuer un clic droit sur un des lieux du panneau « Emplacements enregistrés », puis choisir l'item « Options d'Emplacement », pour ouvrir la boîte de dialogue « Modifier Emplacement » et choisir l'option Privé ;
- choisir l'option « Supprimer les informations d'emplacement », dans le menu Métadonnées de la boîte de dialogue Exporter.

Le menu Métadonnées de la boîte de dialogue Exporter permet de choisir l'option « Supprimer les informations d'emplacement » pour ne pas inclure les métadonnées d'emplacement dans les images exportées.

Panneau « Emplacements enregistrés »

Le panneau « Emplacements enregistrés » permet de répertorier vos emplacements favoris pour rendre la gestion du module Cartes plus aisée. Il suffit ensuite de cliquer sur la petite flèche, située dans l'angle droit d'un emplacement enregistré pour afficher celui-ci sur la carte.

Pour créer un nouvel emplacement, placez-le au centre de la carte, puis cliquez sur l'icône « + », située dans l'angle supérieur droit du panneau « Emplacements enregistrés ». Lightroom ouvre ensuite la boîte de dialogue « Nouveau fichier Emplacement », vous invitant à saisir le nom, le dossier d'enregistrement et le rayon de pertinence de l'emplacement à enregistrer.

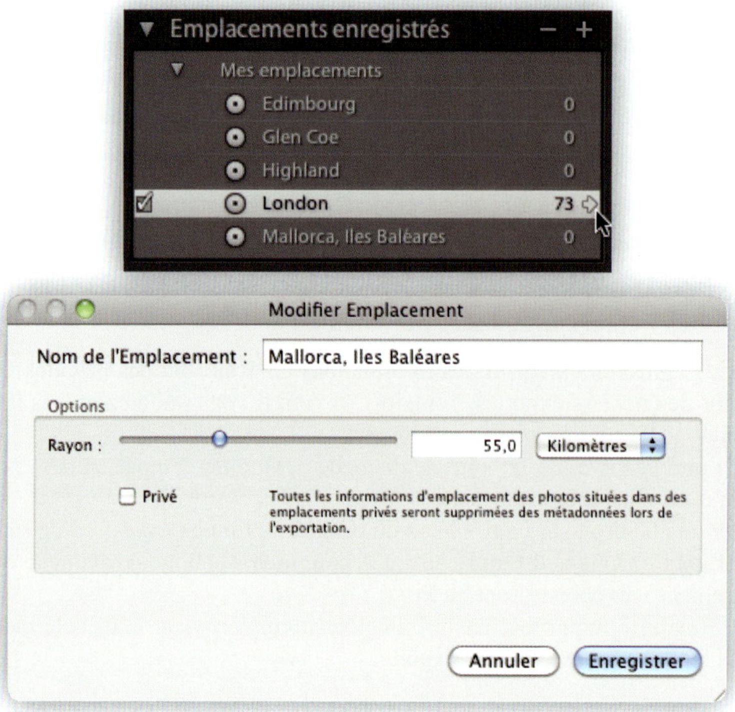

Pour ajuster le rayon de pertinence d'un emplacement préalablement enregistré, cliquez sur la petite flèche, puis faites glisser le curseur Rayon à gauche pour le réduire ou à droite pour l'augmenter.

Il est possible d'ajuster ce dernier plus tard en faisant glisser le marqueur de circonférence sur l'endroit souhaité dans la fenêtre Cartes.

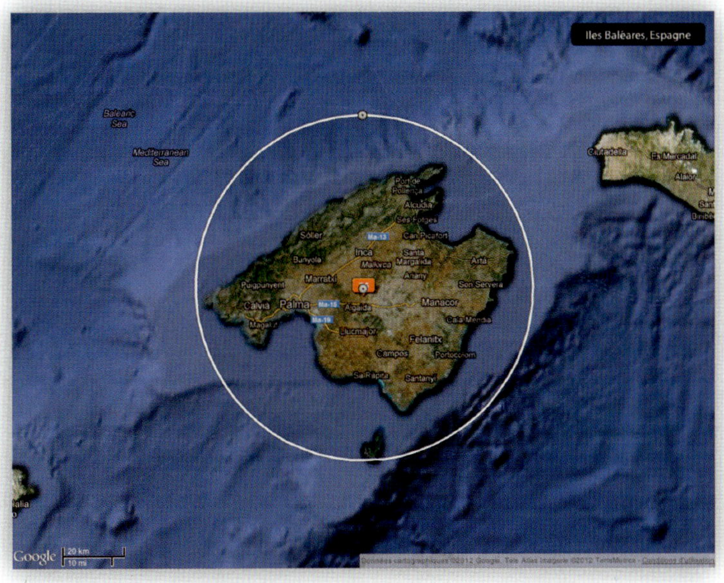

Le marqueur de circonférence apparaît sur la carte.

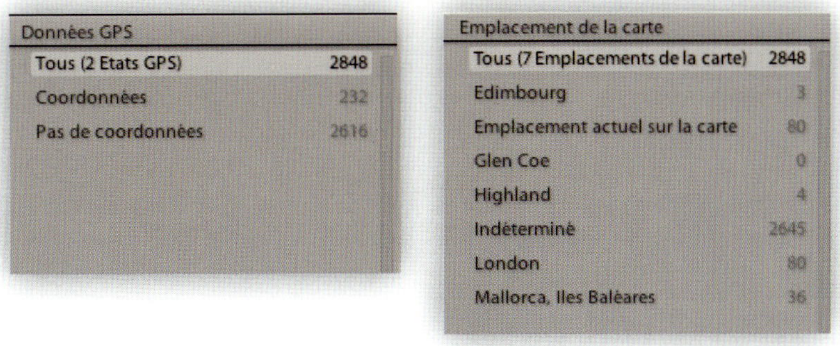

Le filtre « Données GPS », dans la barre Filtre du module Bibliothèque, permet de filtrer des images en fonction de leurs métadonnées GPS. Le filtre « Emplacement de la carte », situé au même endroit, répertorie les images suivant leur emplacement enregistré

Canon EOS 1Ds Mark III, 12 mm, 200 ISO, f/9, 1 s © Martin Evening 2009

Annexes

Ces annexes concernent les aspects plus techniques de Lightroom, qui auraient pu nuire à la lecture des chapitres précédents à cause de leur complexité apparente, en opposition à la « simplicité déraisonnable » prônée par les développeurs Adobe. Les lignes suivantes sont ainsi dédiées aux utilisateurs avancés qui souhaitent explorer les tréfonds du logiciel, de la personnalisation de certaines fonctionnalités à la configuration des disques de stockage, en passant par l'emplacement de la base de données et la génération des aperçus, de même qu'à ceux qui désirent personnaliser leur configuration de Lightroom. Notez qu'au fil des différentes versions du logiciel, les Préférences ont subi des changements destinés à rendre certaines options plus faciles à appréhender, et que plus généralement le logiciel a intégré de nouvelles options. Je vous conseille donc vivement de lire les pages suivantes, même si vous vous êtes déjà familiarisé avec les Préférences des précédentes versions.

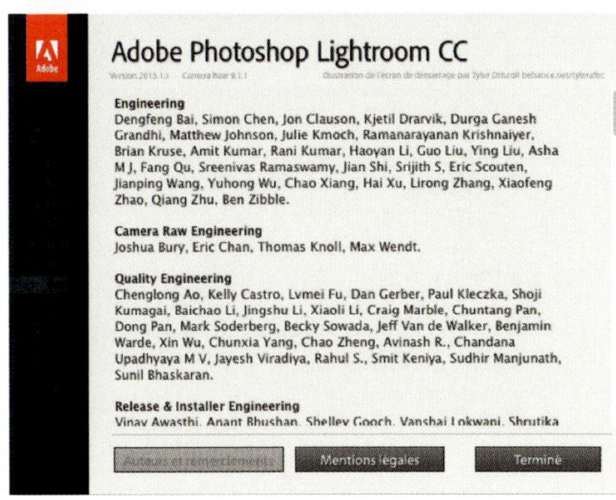

L'écran d'accueil par défaut (en haut) et celui du générique du logiciel (en bas), accessible via la commande « À propos d'Adobe Photoshop Lightroom 6/CC ».

Annexe 1 – Les Préférences

Les Préférences de Lightroom sont accessibles depuis les menus Lightroom>Préférences (Mac) ou Édition>Préférences (Windows), ou via le raccourci clavier Cmd/Ctrl + « , ».

L'onglet Général

Lorsque vous désélectionnez l'option « Afficher l'écran de démarrage au cours de l'initialisation », vous évitez l'affichage de l'écran d'accueil au démarrage du logiciel. L'option « Vérifier automatiquement les mises à jour » permet, quant à elle, d'interroger la disponibilité d'une nouvelle version sur le serveur web d'Adobe.

Mises à jour. L'option « Vérifier automatiquement les mises à jour » permet d'obtenir des messages quant à la disponibilité d'une nouvelle version du logiciel.

Catalogue par défaut. La section « Catalogue par défaut » permet de sélectionner le catalogue qui sera ouvert à chaque démarrage de Lightroom. L'option « Charger le catalogue le plus récent » est la plus pratique quand on ne travaille qu'avec un seul catalogue ; sinon, l'option « Me demander au démarrage de Lightroom » permet de choisir son catalogue à l'ouverture du logiciel. En cliquant sur « Aller à Paramètres du catalogue », vous passez directement aux Préférences consacrées au catalogue – Lightroom>Paramètres du catalogue (Mac) ou Édition>Paramètres du catalogue (Windows) – où vous pouvez définir différents paramètres spécifiques au catalogue. Reportez-vous au chapitre 5 pour en savoir davantage.

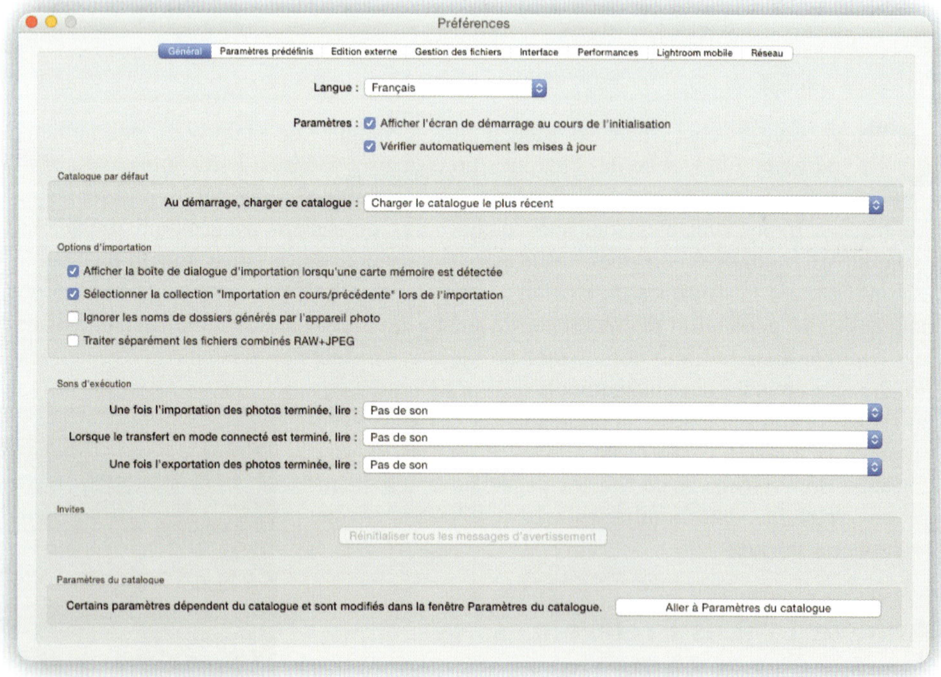

L'onglet Général des Préférences.

Options d'importation. L'option « Afficher la boîte de dialogue d'importation lorsqu'une carte mémoire est détectée » ouvre systématiquement la boîte de dialogue Importer lorsque vous insérez une carte mémoire dans le lecteur de cartes.

L'option « Ignorer les noms de dossiers générés par l'appareil photo » est particulièrement utile pour accélérer le processus de transfert lorsque vous avez utilisé une même carte mémoire dans plusieurs appareils photo : chaque appareil crée alors son propre dossier pour y enregistrer les images, et Lightroom importe tous les fichiers dans un unique dossier de votre ordinateur, au lieu de copier la structure de dossiers de votre carte.

De nombreux photographes enregistrent leurs images simultanément dans les deux formats RAW et JPEG. La première version Lightroom 1.0 traitait les fichiers JPEG comme des fichiers annexes. Les versions suivantes, et a fortiori Lightroom 6/CC, permettent, grâce à l'option « Traiter des fichiers JPEG proches des fichiers RAW comme photos distinctes », de les importer, de les afficher et de les corriger indépendamment des fichiers RAW.

En décochant l'option « Traiter des fichiers JPEG proches des fichiers RAW comme photos distinctes », les photos d'un couple RAW+JPEG sont considérées comme une seule image au sein du catalogue.

Sons d'exécution et **Invites.** Dans ces deux sections, vous pouvez choisir si un son sera joué à la fin de l'importation ou de l'exportation des photos (section « Sons d'exécution »). La section Invites vous permet de déclencher à nouveau les messages d'avertissement munis de la case à cocher « Ne plus afficher ».

L'onglet « Paramètres prédéfinis »

Paramètres prédéfinis. Vous avez sans doute déjà remarqué la présence d'un bouton « Tonalité automatique » dans les panneaux « Développement rapide » du module Bibliothèque et « Réglages de base » du module Développement : lorsque vous sélectionnez l'option « Appliquer les réglages de tons automatiques », vous laissez à Lightroom le soin d'ajuster les paramètres Exposition, Noirs, Luminosité et Contraste (Processus 2003 et 2010) ou Exposition, Contraste, « Hautes lumières », Ombres, « Blancs et noirs » (Processus 2012). Cependant, sachez que si les algorithmes de correction automatique ont été améliorés depuis la première version du logiciel, ils ne procurent pas toujours des résultats concluants.

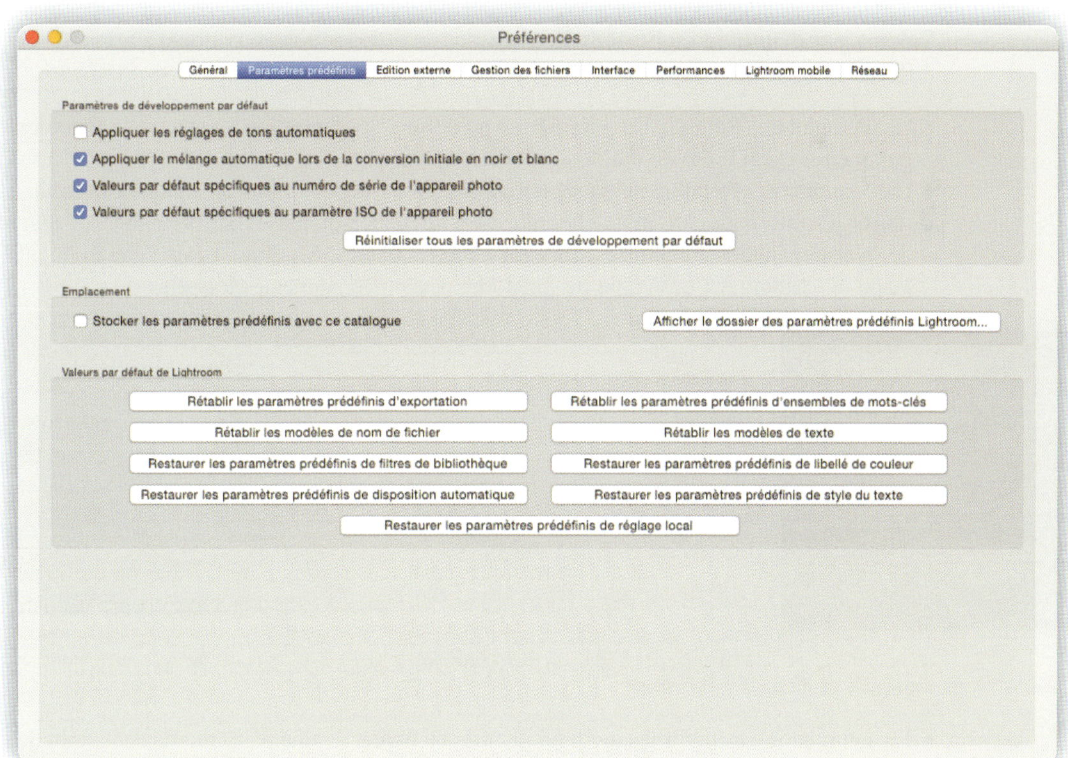

L'onglet « Paramètres prédéfinis » des Préférences.

Remarque
Les réglages de conversion noir et blanc découlent directement de ceux des curseurs Température et Teinte du panneau « Réglages de base » ; ainsi, un changement de la balance des blancs modifie directement les réglages automatiques du panneau « Mélange noir et blanc ».

Plus efficace que la précédente, l'option « Appliquer le mélange automatique lors de la conversion initiale en noir en blanc » procure le plus souvent un réglage initial assez pertinent que vous affinerez par la suite en déplaçant les curseurs du panneau « Mélange noir et blanc ».

Les deux dernières options du menu « Paramètres prédéfinis » sont liées à la commande « Définir les paramètres de développement par défaut », du menu Développement (voir les pages 321 à 323 du chapitre 4) : en optant pour « Valeurs par défaut spécifiques au numéro de série de l'appareil photo » et pour « Valeurs par défaut spécifiques au paramètre ISO de l'appareil photo », vous pouvez attribuer certains paramètres de développement par défaut aux photos prises avec un appareil photo et/ou une sensibilité ISO spécifique. Le bouton « Réinitialiser tous les paramètres de développement par défaut » sert à restaurer les paramètres initiaux.

Emplacement. L'option « Stocker les paramètres prédéfinis avec le catalogue » simplifie le transfert des paramètres prédéfinis lorsque vous faites migrer un catalogue entre deux ordinateurs ; désélectionnez ladite option lorsque vous partagez un catalogue avec d'autres utilisateurs sans pour autant souhaiter partager vos paramètres de développement avec eux. L'option « Afficher le dossier des paramètres prédéfinis Lightroom » permet d'accéder à celui-ci directement via le Finder (Mac) ou l'Explorateur (Windows).

Valeurs par défaut de Lightroom. Les boutons de cette section vous aident à réinitialiser différents réglages du logiciel.

- La commande « Rétablir les paramètres prédéfinis d'exportation » restaure la liste des paramètres de la boîte de dialogue Fichier>Exporter.
- La commande « Rétablir les paramètres prédéfinis d'ensembles de mots-clés » réinitialise les ensembles de mots-clés que vous avez personnalisés au préalable à l'aide de la commande Métadonnées>Ensemble de mots-clés>Modifier ou en sélectionnant l'option « Modifier l'ensemble de mots-clés », dans le panneau Mots-clés.

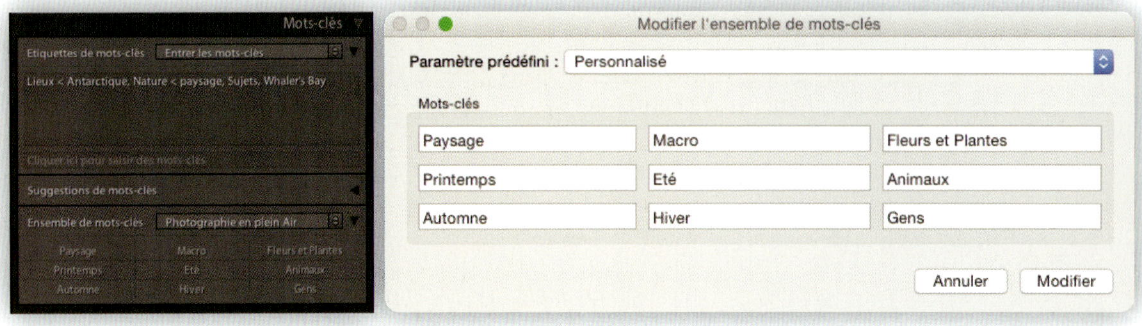

La section « Ensemble de mots-clés » du panneau Mots-clés (à gauche) et la boîte de dialogue « Modifier l'ensemble de mots-clés » (à droite).

- La commande « Rétablir les modèles de nom de fichier » ramène les modèles de nom de fichier à leur état initial, sans pour autant écraser vos modèles personnalisés. L'option

«Rétablir les modèles de texte», très proche, restaure les modèles par défaut de la boîte de dialogue «Éditeur de modèles de texte» dans les modules Diaporama et Web.

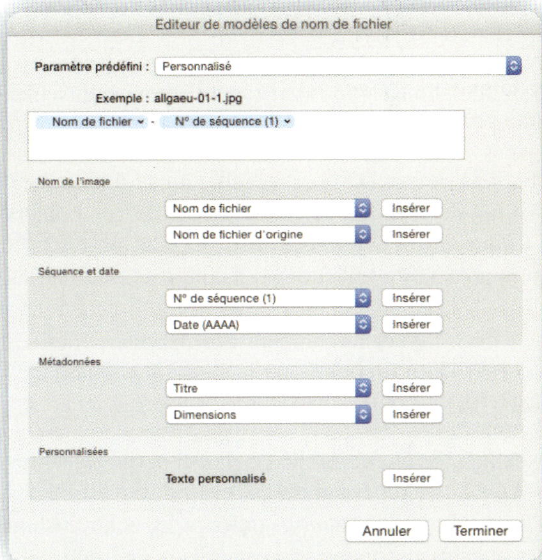

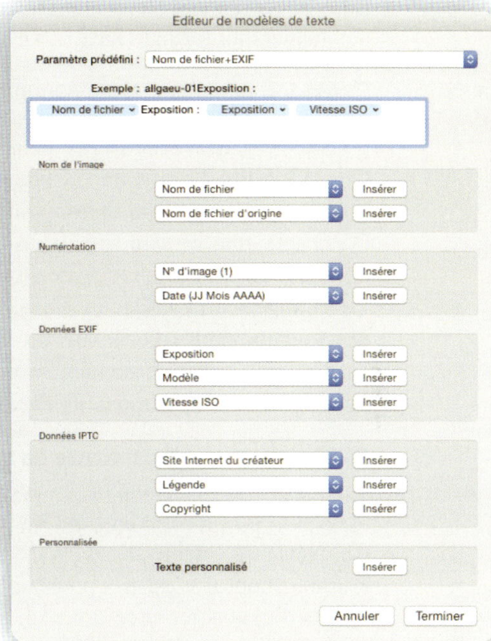

Les boîtes de dialogue «Éditeur de modèles de texte» (à droite) et «Éditeur de modèles de nom de fichier» (à gauche).

- La commande «Restaurer les paramètres prédéfinis de réglage local» réinitialise les options du menu déroulant ainsi que les réglages par défaut des outils «Filtre gradué» et «Pinceau Réglage».
- Aux pages 127 et 128 du chapitre 3, nous avons évoqué les problèmes qui pouvaient découler des différences d'appellation des libellés de couleur dans Lightroom et Bridge. L'option «Restaurer les paramètres prédéfinis de libellé de la couleur» rétablit leurs noms initiaux : Rouge, Jaune, Vert, Bleu et Pourpre.
- Il est possible de paramétrer in fine le nombre et l'affectation des colonnes de la barre Filtre du module Bibliothèque. L'option «Restaurer les paramètres prédéfinis de filtres de bibliothèque» permet de réinitialiser la barre Filtre si vous l'avez modifiée en enregistrant des paramètres inadaptés.
- Les commandes «Restaurer les paramètres prédéfinis de disposition automatique» et «Restaurer les paramètres prédéfinis de style du texte» font référence au module Livres, alors que la commande «Restaurer les paramètres prédéfinis de réglage local» réinitialise les réglages du menu déroulant et les réglages par défaut des outils «Pinceau de retouche», « Filtre radial» et «Filtre gradué».

Note
Consultez la page 375 du chapitre 7 pour en savoir davantage sur les options de l'onglet «Édition externe».

L'onglet « Gestion des fichiers »

Options DNG

Les options de l'onglet « Importer la création DNG » ne s'appliquent qu'à l'importation des fichiers au format DNG.

Extension de fichier. Cette option permet de choisir une extension en lettres majuscules (.DNG) ou minuscules (.dng).

Compatibilité. Tout comme Camera Raw, la norme DNG est régulièrement mise à jour. Pour cette raison, cette option vous permet de spécifier la compatibilité de vos fichiers DNG avec une version spécifique de Camera Raw. Si vous utilisez Lightroom 6/CC et une version de Photoshop égale ou supérieure à CS6, sélectionnez l'option « Camera Raw 7.1 et supérieures ». Depuis Camera Raw 5.4, les utilisateurs de Lightroom bénéficient des fonctionnalités de la spécification DNG 1.3, et notamment des *opcodes*, routines de développement permettant le transfert de la correction automatique des distorsions optiques de certains appareils Panasonic (DMC-LX3) dans Camera Raw.

Pour une version plus ancienne de Photoshop, je vous conseille de choisir parmi les autres options proposées. L'option « Camera Raw 2.4 et supérieures » permettra l'ouverture des fichiers DNG (générés à l'importation par Lightroom 3) dans Lightroom 1.0 et Photoshop CS. Notez que même si vous pouvez les ouvrir dans une version antérieure de Lightroom et Photoshop, il n'est pas pour autant possible de visualiser et/ou de modifier les paramètres d'exposition créés avec une version ultérieure de Lightroom ou de Camera Raw. Les réglages du « Filtre radial » et les métadonnées de la catégorie « Extension IPTC », pour ne citer qu'eux, ne sont donc pas accessibles en passant par une ancienne version des logiciels mentionnés. Mais il sera toujours possible de changer la compatibilité des fichiers DNG a posteriori, en passant par la commande Exporter.

Aperçu JPEG. Les options du menu « Aperçu JPEG » déterminent la présence et la taille de l'aperçu JPEG incorporé : l'option « Sans » élude l'aperçu et limite ainsi le poids de fichier, l'option « Taille moyenne » offre un bon compromis entre poids de fichier et qualité d'affichage, et l'option « Taille réelle » offre la meilleure qualité d'affichage. Qui plus est, pour l'affichage et l'impression de vos fichiers DNG dans certains logiciels tiers (Phase One Media Pro, Portfolio, iMatch, etc.), cette dernière option vous garantit un rendu conforme à celui d'un fichier développé dans Lightroom.

Afficher des métadonnées spécifiques
Le panneau Métadonnées du module Bibliothèque propose un mode d'affichage DNG. Il révèle des informations relatives aux fichiers DNG, vous informant, par exemple, de l'utilisation d'une compression avec perte et d'éventuels problèmes de compatibilité avec des versions plus anciennes de Camera Raw ou Lightroom.

Incorporer les données de chargement rapide. Cette option accélère de manière significative le chargement des fichiers DNG dans le module Développement. Elle procède par l'enregistrement de certaines données à l'intérieur des fichiers DNG, tout en augmentant faiblement leur poids de fichier.

Incorporer le fichier brut d'origine. Cette option intègre le fichier RAW propriétaire au fichier DNG. Elle préserve ainsi le fichier brut à l'intérieur du fichier DNG, et permet de l'extraire à la demande. Cette option vous oblige à enregistrer deux versions du même fichier, ce qui augmente sensiblement le poids du fichier converti ! Mais celui-ci offre un avantage majeur : en incorporant les fichiers RAW, il est toujours possible d'accéder à certaines informations que seuls les logiciels propriétaires sont à même d'exploiter. Par exemple, l'inventaire des poussières (et leur correction par voie logicielle) des derniers appareils Canon est exploitable uniquement depuis le logiciel de développement RAW du fabricant (Canon DPP).

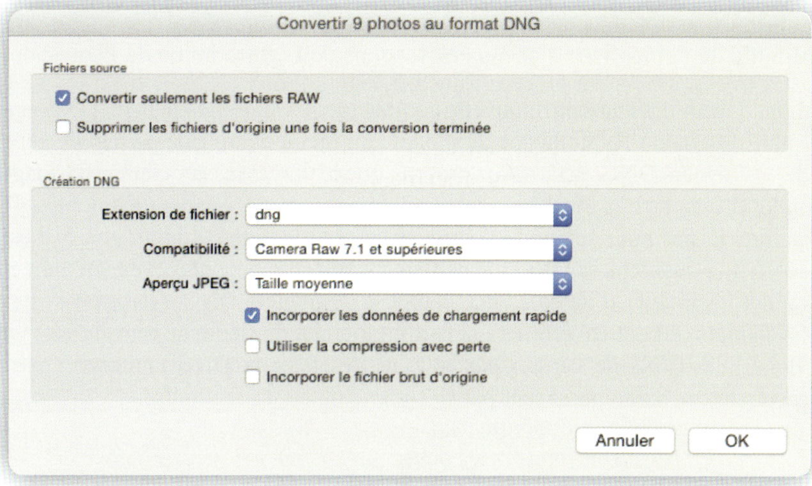

L'onglet « Gestion des fichiers » des Préférences et la boîte de dialogue « Convertir la photo au format DNG » partagent les mêmes options; la boîte de dialogue comporte une option supplémentaire : « Utiliser la compression avec perte ».

Les options d'enregistrement au format DNG apparaissent dans différents menus et boîtes de dialogue, notamment dans Bibliothèque>Convertir la photo au format DNG (voir la figure ci-dessus) et dans la boîte de dialogue Exporter.

Notez que l'option « Compressé (sans perte) » est sélectionnée par défaut. Elle permet de réduire le poids des fichiers convertis, sans pour autant perdre de précieuses informations. En effet, Lightroom n'en supprime aucune, que ce soit une donnée d'image, une métadonnée ou un code source « secret » incrusté dans le fichier RAW.

Compte tenu de son algorithme sophistiqué, la compression DNG génère souvent des fichiers moins lourds que les originaux.

L'option « Utiliser la compression avec perte » produit en revanche une version dématricée du fichier brut. À la différence des formats sRAW et mRAW, utilisé par certains appareils Canon, le format DNG linéaire permet d'intervenir a posteriori sur certains paramètres de prise de vue et notamment la balance des blancs. Si la compression avec perte entraîne le dématriçage des données brutes, elle représente une manière plus économique de stocker certains fichiers bruts « redondants », par exemple les nombreux fichiers RAW d'une séquence accélérée *(time lapse)*. De même, avec un enregistrement au format DNG avec perte, vous pouvez enregistrer des fichiers JPEG tout en conservant à la fois la qualité d'image et le poids des fichiers. En revanche, bien que le DNG avec perte soit sans doute plus intéressant que le JPEG lorsqu'il s'agit d'enregistrer ses images à la prise de vue, il n'a pas encore été adopté par les fabricants d'appareils photo. Sachez aussi que la conversion des fichiers DNG standards en fichiers DNG avec perte est irréversible. Mieux vaut donc conserver ses originaux.

Le panneau Métadonnées des modules Bibliothèque et Cartes offre un mode d'affichage DNG permettant de visualiser tous les informations associées au fichier DNG sélectionné. Il informe notamment sur l'application d'une compression avec perte ou sur la compatibilité du fichier avec d'anciennes versions de Lightroom ou de Photoshop.

Lightroom 5 avait inauguré une nouvelle commande, « Valider les fichiers DNG », accessible à partir du menu Bibliothèque du module du même nom. Elle permet de vérifier la santé de vos fichiers DNG, mais soyez prévenu que le processus peut durer très longtemps pour un lot d'images très important. Cela dit, la commande « Valider les fichiers DNG » ne vous interdit pas pour autant de continuer votre travail dans Lightroom. S'il est possible de vérifier des fichiers DNG préalablement sélectionnés, prévoyez une nuit entière pour valider les images d'un catalogue composé de fichiers DNG. Gardez à l'esprit que seuls les fichiers qui ont été créés à l'aide d'un logiciel de l'éditeur peuvent être validés. Il est donc impossible de vérifier par ce biais des fichiers DNG enregistrés par votre appareil photo car ils ne possèdent pas la somme de contrôle requise.

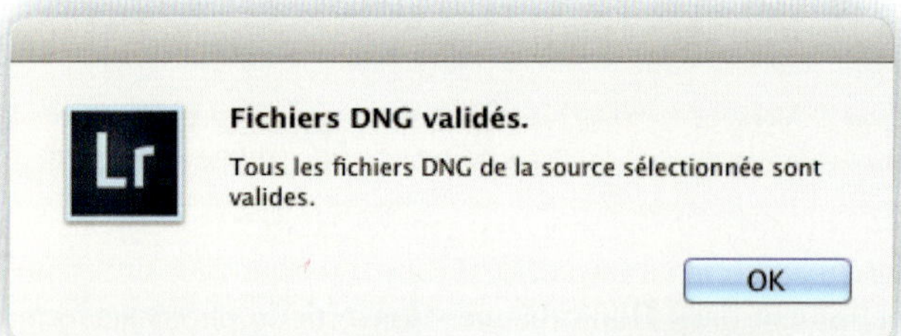

La boîte de dialogue qui s'affiche à l'issue de la vérification lorsque aucune anomalie n'est détectée.

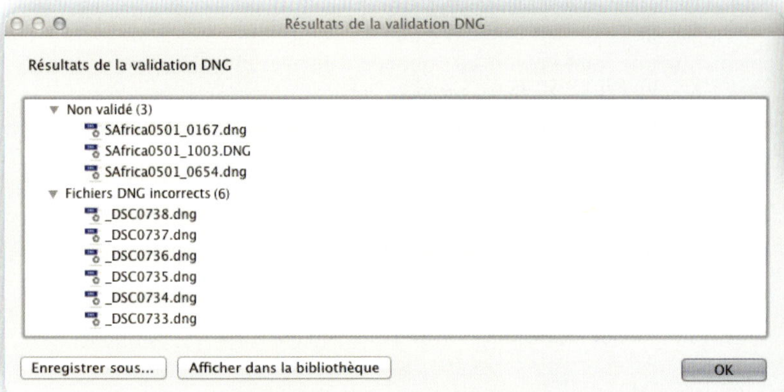

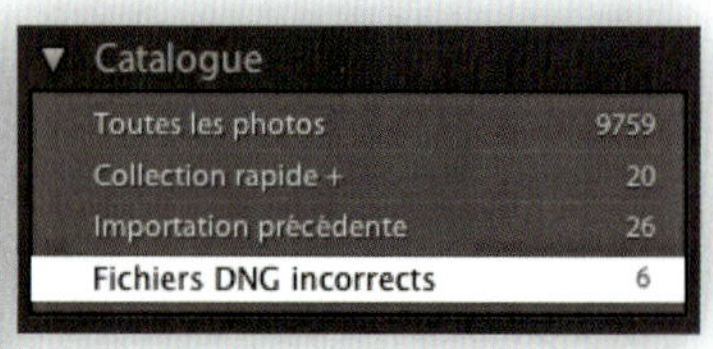

Si la commande «Valider les fichiers DNG» trouve des erreurs, la boîte de dialogue « Résultats de la validation DNG» donne un rapport détaillé sur les fichiers DNG suspects (à gauche); les fichiers DNG dont la structure est endommagée sont rassemblés au sein d'une collection temporaire qui s'affiche dans le panneau Catalogue. Notez qu'il s'agit parfois d'un lien rompu entre le catalogue et le fichier original et non pas d'une corruption du fichier.

Bien que la norme XMP d'Adobe soit un progrès, les logiciels sont encore trop différents dans leur manière de gérer les métadonnées. Les options de la section « Lecture des métadonnées » tentent de résoudre certaines incompatibilités entre Lightroom et d'autres applications : en cochant les options « Traiter "." comme un séparateur de mot-clé » et « Traiter "/" comme un séparateur de mot-clé », vous aidez Lightroom à s'accommoder des différentes approches des logiciels pour hiérarchiser les mots-clés.

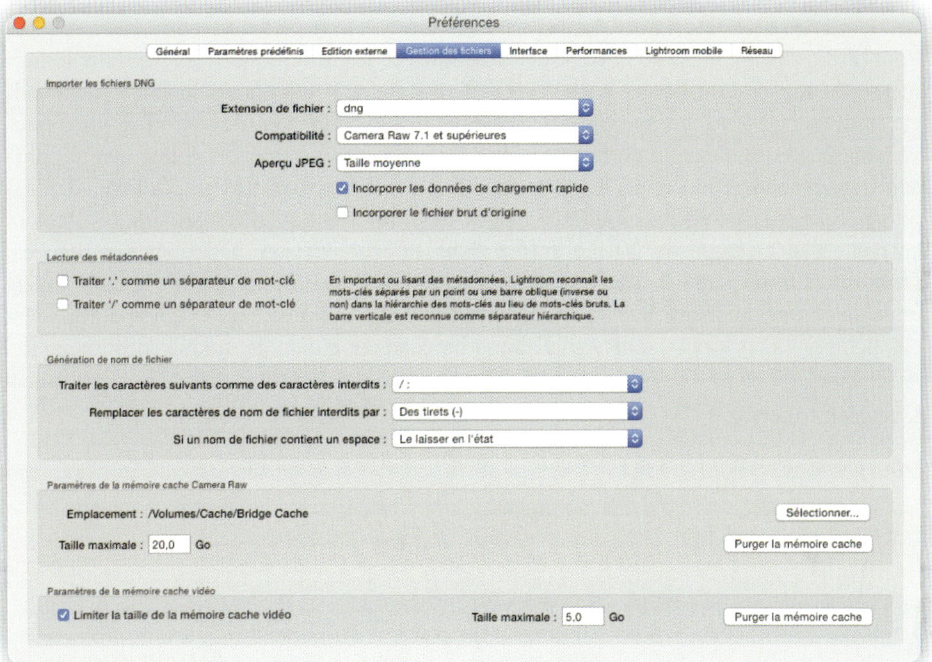

L'onglet « Gestion des fichiers ».

Génération de nom de fichier

Certains fichiers comportant des caractères « interdits » peuvent également compromettre leur importation dans la base de données de Lightroom.

« Traiter les caractères suivants comme des caractères interdits ». Cette option permet de choisir entre deux listes plus ou moins étendues de caractères considérés comme interdits par le logiciel.

« Remplacer les caractères de nom de fichier interdits par ». Cette option autorise à remplacer ces caractères par un tiret (-) ou par un *underscore* (_). Certaines bases de données web et serveurs FTP interdisent les espaces dans un nom de fichier. L'option « Si un nom de fichier contient un espace » permet de combler par un tiret ou un *underscore*.

Paramètres de la mémoire cache de Camera Raw

Lorsque vous affichez une image dans le module Développement, Lightroom génère des aperçus d'excellente qualité qui tiennent compte des paramètres de développement et permettent d'afficher les images une nouvelle fois, sans pour autant repasser par les étapes de décodage, décompression, linéarisation et dématriçage, indispensables pour l'affichage d'un fichier RAW. La mémoire cache de Camera Raw accueille toutes les données nécessaires pour générer les aperçus d'excellente qualité, et le logiciel gagne ainsi un temps précieux à chaque fois qu'il faut corriger des fichiers RAW dans le module Développement. En augmentant la capacité du fichier cache, celui-ci peut stocker davantage de données, contribuant à l'accélération d'un nouvel affichage des fichiers mis en cache.

Pour profiter pleinement de la vitesse d'exécution de Lightroom, je vous conseille d'augmenter la capacité du fichier cache de Camera Raw de 1 Go (sa contenance par défaut est insuffisante) à au moins 20 Go. L'ancienne limite de 50 Go n'existe plus, vous pouvez augmenter la capacité du fichier cache à votre guise. Mais étant donné que le poids des fichiers bénéficie depuis Lightroom 3.6 d'une réduction très importante, il n'est plus nécessaire d'attribuer un espace disque très important à l'hébergement des fichiers caches : une capacité de 20 Go suffira pour stocker environ 20000 fichiers caches. L'option « Limiter la taille de la mémoire cache vidéo » permet de définir la taille maximale du fichier cache attribué aux fichiers vidéo. Celle-ci influe sur la vitesse d'affichage des fichiers vidéo lors de leur visualisation ou correction dans le module Bibliothèque.

L'onglet Interface

Les options de cet onglet permettent de gérer l'interface graphique de Lightroom.

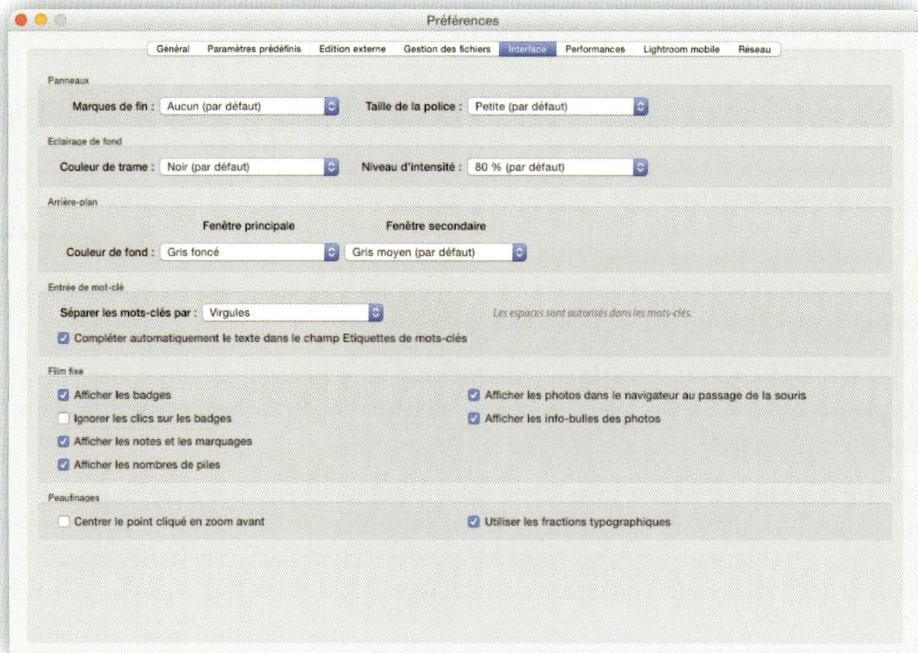

Les options de l'onglet Interface.

Marque de fin. Lightroom affiche par défaut des fioritures au bas des panneaux dont vous pouvez modifier l'apparence grâce aux options de ce menu déroulant. Sélectionnez l'option Sans, lorsque vous ne souhaitez aucune de ces marques, ou choisissez l'une des options disponibles. Sinon, effectuez un clic droit sur PC/Mac récent (ou Ctrl + clic sur les anciens Mac) sur le bord inférieur du panneau de droite, puis cliquez sur l'option « Marque de fin de panneau » du menu contextuel afin de choisir la marque souhaitée.

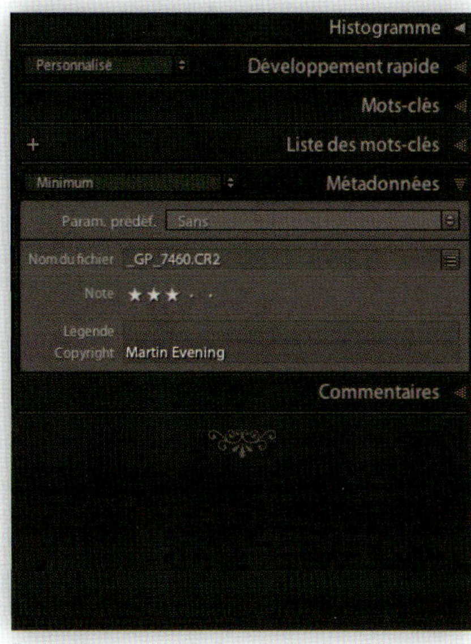

En bas, la marque de fin « Petite Fioriture ».

Créer ses propres marques de fin de panneau. Il est également possible d'intégrer ses propres marques de fin de panneau. Pour cela, commencez par prendre une capture d'écran d'une marque existante pour en relever les dimensions et la couleur d'arrière-plan. Créez ensuite dans Photoshop une nouvelle image aux dimensions exactes et placez-la sur un calque, puis enregistrez-la au format PNG (qui prend en charge la transparence du calque). Sélectionnez ensuite, dans le menu contextuel, la commande « Atteindre le Dossier Marques de fin de panneau », puis enregistrez dans ce dossier votre nouveau fichier. Ouvrez de nouveau les Préférences de Lightroom ; votre nouvelle création s'affiche maintenant avec les autres.

Créer ses propres écrans d'accueil. Vous pouvez remplacer l'écran d'accueil par défaut de Lightroom 5 par votre propre création. Pour cela, créez d'abord le fichier dans Photoshop et enregistrez-le au format PNG. Ensuite, placez le fichier au sein du dossier Nom_utilisateur>Bibliothèque>Application support>Adobe>Lightroom>Splash Screen (Mac OS) ou Nom_utilisateur>AppData>Roaming>Adobe>Lightroom>Splash Screen (Windows). Videz ce dossier pour restaurer l'écran d'accueil par défaut.

L'écran d'accueil par défaut (à gauche) et un écran d'accueil personnalisé que j'avais créé dans Photoshop (à droite).

Taille de la police. Lightroom propose deux tailles de caractères, Petit (par défaut) et Grand ; leurs différences sont assez subtiles. Pour améliorer la lisibilité des inscriptions sur un grand écran, vous pouvez choisir l'option Grand qui est alors appliquée par Lightroom après un redémarrage du logiciel.

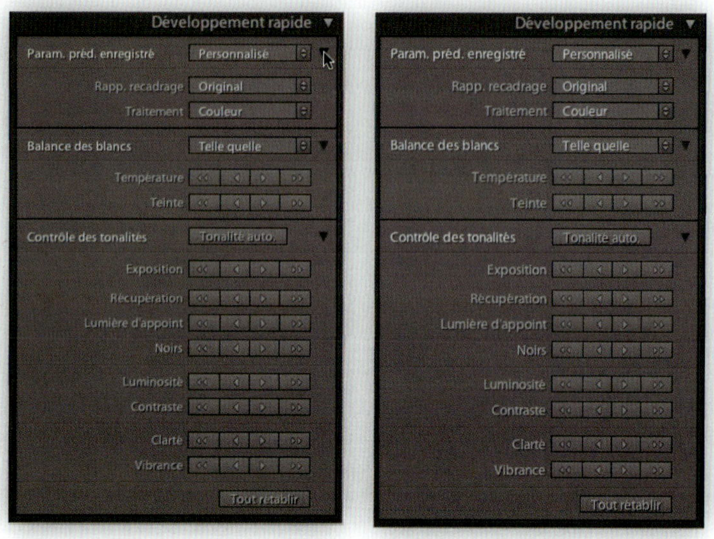

Le panneau « Développement rapide » du module Bibliothèque s'affiche à gauche avec de petits caractères (option Petit), à droite avec de grands caractères (option Grand).

Éclairage de fond. Les options « Niveau d'intensité » et « Couleur de trame » permettent de définir l'apparence de l'arrière-plan en modes « Éclairage réduit » et « Éclairage désactivé ». Vous pouvez également augmenter l'éclairage de fond en choisissant un fond gris ou blanc dans « Couleur de trame ».

Arrière-plan. Outre la couleur (plusieurs nuances de gris, de noir et de blanc), vous pouvez choisir la texture (rayures) de l'arrière-plan.

Entrée de mot-clé. Par défaut, Lightroom autorise des espaces lorsque vous insérez des mots-clés au panneau Mots-clés du module Bibliothèque. De même, il est possible de séparer deux mots-clés par une virgule. Si vous préférez séparer deux mots-clés par une espace, n'oubliez pas de mettre les mots à séparer entre guillemets. Ainsi, vous pouvez insérer le mot-clé « Gare Montparnasse » comme suit : « "Gare Montparnasse" » (avec des guillemets). Autrement, Lightroom créera deux mots-clés séparés, « Gare » et « Montparnasse ».

Film fixe. Ce menu comporte quatre options facilitant l'accès à certaines fonctions du module Bibliothèque lorsque vous travaillez dans l'un des autres modules du logiciel. Les images sélectionnées, leurs notes, leurs libellés de couleur et leurs marqueurs sont toujours accessibles depuis le panneau « Film fixe » grâce à l'option « Afficher les notes et les marquages ». Passez votre souris sur l'une des vignettes pour en afficher un aperçu légèrement agrandi dans le panneau Navigation (option « Afficher les photos dans le navigateur au passage de la souris ») ou de petites infobulles permettant de rappeler le nom du fichier, la date de prise de vue et ses dimensions en nombre de pixels (option « Afficher les infobulles des photos »).

Les « badges » indiquent, quant à eux, l'existence de mots-clés ou de paramètres de développement (option « Afficher les badges ») : cliquez sur le badge de gauche pour ouvrir le panneau Mots-clés dans lequel s'affichent les mots-clés, ou sur celui de droite pour passer au module Développement. Pour finir, le badge « Photo appartenant à une pile » indique le nombre de photos associées dans une pile.

Les options d'affichage dédiées au panneau « Film fixe ».

Peaufinages. Lorsque vous sélectionnez l'option « Centrer le point cliqué en zoom avant », le détail agrandi d'une image se positionne toujours au centre de la fenêtre principale. Il suffit de cliquer sur le coin d'une image pour comprendre que cette option n'est pas fonctionnelle ; pour ma part, je la laisse décochée par défaut. L'option « Utiliser les préférences système pour le lissage de police » (sous Windows) peut améliorer la lisibilité des caractères, et l'option « Utiliser les fractions typographiques » (sur Mac) permet d'afficher les vitesses d'obturation en utilisant une fraction au lieu d'une séparation par un *slash* (1/125 s).

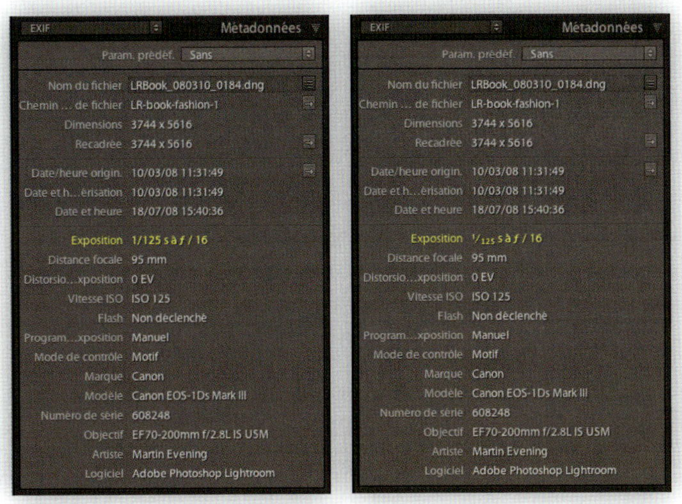

En utilisant l'option « Utiliser les fractions typographiques », vous pouvez afficher les vitesses d'obturation sous forme de fraction (à droite). Désactivée, l'option utilise un slash (à gauche).

Préférences spécifiques à Lightroom mobile

Lightroom est une application pour dispositifs mobiles iPhone, iPad et Android. Elle permet de classer, retoucher et partager des collections de photos dont vous avez préalablement synchronisé le contenu entre la version du logiciel installée sur votre ordinateur et celle installée sur votre smartphone ou votre tablette.

1. Cliquez sur la petite flèche à droite de la plaque d'identité pour ouvrir le centre d'activité. Assurez-vous que l'option « Synchroniser avec Lightroom mobile » est active. Si vous venez d'installer le logiciel, vous avez utilisé votre ID Adobe pour vous connecter, vous êtes donc prêt à démarrer la synchronisation.

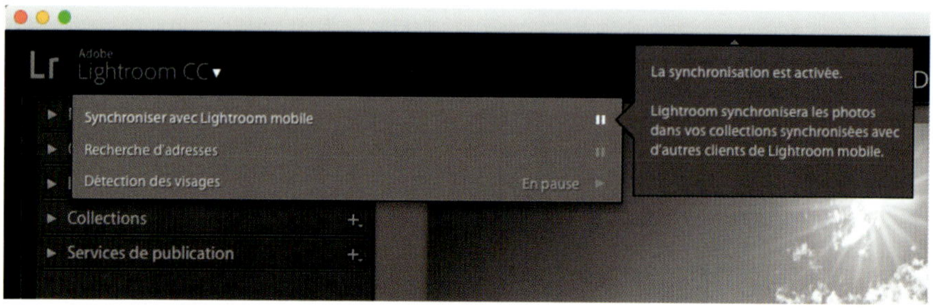

2. Si, pour une raison ou une autre, vous vous êtes déconnecté de votre compte Adobe, entrez votre adresse e-mail et votre mot de passe, puis cliquez sur « Se connecter » pour rétablir la liaison.

3. Une fois connecté, cliquez à nouveau sur la plaque d'identité pour afficher le statut de la connexion, désormais active. Cliquez sur le bouton « En pause » pour suspendre la synchronisation.

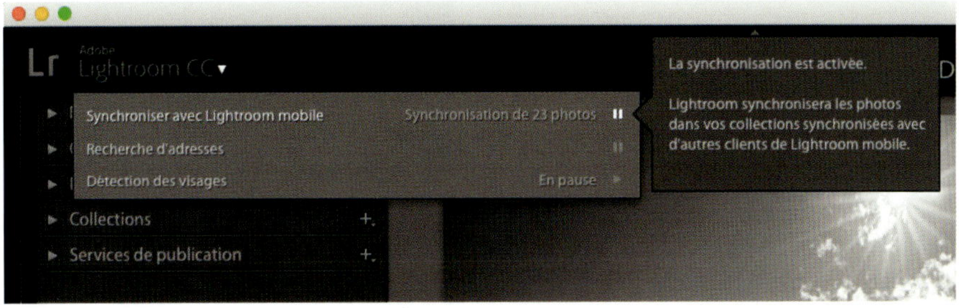

4. Vous pouvez gérer les paramètres de Lightroom mobile et accéder à votre compte Adobe à partir de l'onglet « Lightroom mobile » du panneau Préférences. Il y existe également une option permettant d'empêcher le mise en veille du système durant la synchronisation (reportez-vous à la page 19 du chapitre 1). L'option « Supprimer toutes les données » enlève toutes les photos préalablement synchronisées de Lightroom mobile et désactive la synchronisation.

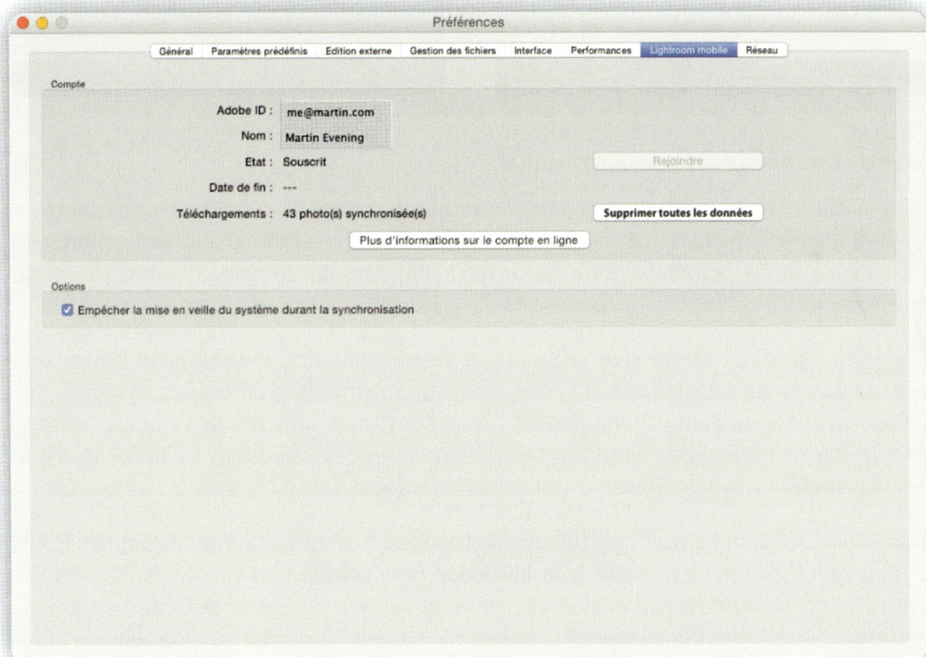

5. Le téléchargement et l'installation de Lightroom mobile nécessite une souscription Creative Cloud (l'éditeur propose une formule d'essai). Lors du premier lancement, l'application affiche l'écran d'accueil avant de vous demander de vous connecter à votre compte Adobe.

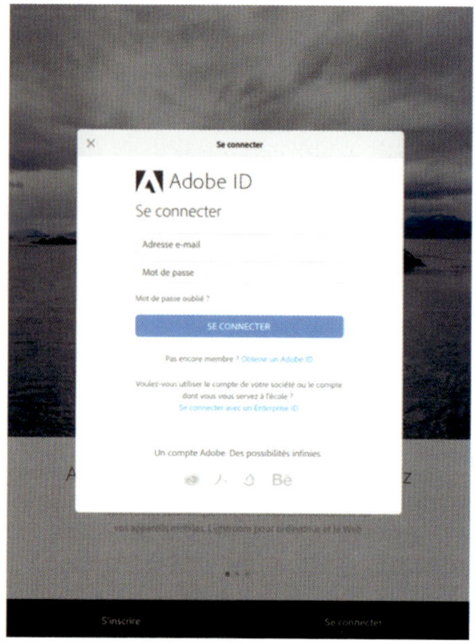

Mise en garde
Lightroom ne peut synchroniser les images provenant d'un seul catalogue. Par conséquent, le logiciel affiche un avertissement lors d'une tentative de synchronisation à partir d'un autre catalogue.

Lightroom mobile dans la pratique

Sans doute inspirés par l'existence de Photoshop Express, de nombreux utilisateurs de Lightroom ont demandé à Adobe de produire une version mobile de leur logiciel préféré. La création de Lightroom mobile fut un véritable défi, de nombreux obstacles ont dû être franchis.

L'application Adobe Revel était une sorte de croisement entre Photoshop et Lightroom. Elle permettait aux utilisateurs de gérer et d'éditer les images de leurs téléphones portables par l'intermédiaire d'une base des données Cloud dont le rôle principal était de fournir la synchronisation entre les appareils mobiles et les ordinateurs portables et de bureau. Toutefois, Adobe Revel se limitait à la gestion des seuls fichiers au format JPEG.

Rappelons que la plupart des utilisateurs de Lightroom gèrent à la fois des fichiers RAW et bitmap. Or, les fichiers RAW sont beaucoup plus volumineux que les fichiers JPEG issus de téléphones dotés de modules de prise de vue. La principale difficulté a été donc de trouver un moyen de partager des fichiers RAW entre un ordinateur de bureau et un dispositif mobile. Le développement du format DNG avec perte, suivi de celui des aperçus dynamiques, a permis de résoudre ce problème.

Les aperçus dynamiques sont des versions proxy des fichiers originaux dont le poids de fichier a été allégé pour permettre un traitement d'images à la place du fichier original. Si la compression avec perte des aperçus dynamiques introduit de légères différences en matière de traitement d'images, elle offre néanmoins un moyen très efficace pour modifier des fichiers bruts sans que leur présence soit exigée.

Lightroom 5.4 avait introduit la possibilité de synchroniser le contenu d'une collection d'images entre un ordinateur de bureau ou un ordinateur portable et dispositif mobile (iPhone, iPad et dispositif Android). La synchronisation crée des aperçus dynamiques qui sont ensuite stockés sur des serveurs Cloud. En utilisant l'application mobile Lightroom, les utilisateurs sont en mesure de tirer parti des aperçus dynamiques pour éditer leurs images à la volée, sur leur smartphone ou tablette, et ce, sans qu'il soit nécessaire de télécharger des données supplémentaires. Ce dispositif permet à Lightroom mobile de travailler de façon efficace. Cela signifie également qu'il lui est possible de gérer de très grandes collections d'images sur n'importe quel dispositif portable.

Mais cette façon de faire n'est pas sans inconvénient. La création et la synchronisation de collections sur des serveurs Cloud sont limitées par la vitesse de votre connexion Internet. Si vous avez un accès à haut débit, vous aurez un avantage sur quelqu'un qui possède encore une connexion à bas débit. Si Adobe essaie d'accélérer les choses en proposant des serveurs avec des caractéristiques différentes en Europe et en Amérique du Nord, la connexion demeure somme toute assez lente, notamment pour tous ceux qui se déplacent régulièrement.

En théorie au moins, il est possible de stocker des aperçus dynamiques de tous les originaux d'une photothèque sur le serveur Cloud. Mais compte tenu des restrictions de bande passante, ce n'est pas guère pratique. De ce fait, la limite actuelle a été fixée à 30 000 images – rappelons que cette possibilité est accessible uniquement aux utilisateurs de Lightroom CC ayant souscrit un abonnement à Creative Cloud, évitant ainsi une surcharge de la capacité de stockage allouée à ce service. Toutefois, il n'y a pas lieu de craindre la disparition de la version perpétuelle de Lightroom. Celle-ci restera disponible à l'avenir.

On l'a dit, l'utilité de Lightroom mobile dépend en premier lieu du débit de votre accès à Internet, que ce soit à la maison, au bureau et lors de vos déplacements. Je vous conseille de l'essayer pour vous faire une idée de la rapidité du processus de synchronisation et de son intérêt réel pour vous. Un faible débit augmente le temps nécessaire pour transférer les données de votre ordinateur vers le Cloud, puis pour récupérer les données sur votre dispositif mobile et enregistrer les modifications sur le serveur Cloud. Il est possible de contourner ce dernier en transférant une collection entre votre ordinateur et votre smartphone (ou tablette). Les aperçus dynamiques sont alors uniquement stockés sur votre dispositif mobile. Cela vous permet de continuer à travailler sur ces images lorsque vous ne disposez pas d'une connexion à Internet. Qui plus est, cela accélère l'ensemble du processus d'édition et de prévisualisation.

Les fonctionnalités de Lightroom mobile

Lightroom mobile vous autorise à gérer votre catalogue Lightroom à distance, par l'intermédiaire d'un smartphone ou d'une tablette. Pour accéder aux données du catalogue, vous avez besoin d'une connexion à Internet. Il est également possible de transférer des versions proxy de vos images (aperçus dynamiques) sur votre dispositif mobile, à condition que celui-ci offre un espace de stockage suffisant. Il est également possible d'importer des fichiers depuis votre appareil portable.

Dans l'état actuel des choses, un dispositif mobile est encore loin de rivaliser avec une station de travail ou un ordinateur portable. De même, Lightroom mobile ne vise pas (encore) à remplacer Lightroom. Le flux de travail proposé n'est donc pas encore à même d'accélérer la gestion de vos images, mais il offre une approche plutôt confortable et conviviale. S'il est possible de connecter un appareil photo ou un lecteur de cartes sur une tablette pour y récupérer les images, vous ne pouvez transférer que des fichiers JPEG. Il est donc impossible de gérer des fichiers RAW dans Lightroom mobile ; en plus, ce serait sans doute d'une lenteur exaspérante.

Les outils de développement Lightroom mobile sont actuellement limités aux réglages globaux des tonalités et des couleurs. Pour trier les images, l'application propose des drapeaux et des étoiles. Il n'y a pas moyen de modifier les métadonnées IPTC et les mots-clés, et les fonctionnalités des modules Cartes, Livre, Web et Impression sont également absentes. En revanche, vous pouvez diffuser vos images par e-mail ou via des médias sociaux, ou les envoyer vers des imprimantes sans fil. Vous pouvez également présenter des photos sous forme de diaporama, ce qui n'est pratique que si vous disposez d'un accès à Internet rapide ou si vous travaillez hors ligne, en transférant des aperçus dynamiques sur votre appareil portable.

Lors de la retouche des tonalités et couleurs de vos images, vous êtes confronté à l'étendue des couleurs que l'écran de votre smartphone ou tablette est à même d'afficher. Sur ce point, les dispositifs mobiles ont un inconvénient majeur : leur écran ne peut pas être étalonné et son gamut, c'est-à-dire son étendue des couleurs, est plus restreint que celui d'un moniteur de bureau. S'il est très agréable de pouvoir gérer ses images lors de ses déplacements, celles-ci présentent souvent des couleurs différentes lorsqu'elles sont consultées sur un écran étalonné. C'est l'expérience que j'ai faite en travaillant avec un iPad et un écran NEC Spectra ViewII.

L'absence de gestion des couleurs des systèmes d'exploitation des dispositifs mobiles restera sans doute un gros problème pour les années à venir, bien qu'il existe déjà deux initiatives, menées par X-Rite et Datacolor, pour proposer un affichage étalonné. Si iOS et Android progressent sans doute sur ce point, il faut garder à l'esprit que les dispositifs mobiles sont avant tout destinés au grand public – l'avènement d'une version dédiée aux utilisateurs professionnels reste donc incertain.

La rapidité de l'accès à Internet est un autre frein majeur à l'évolution de Lightroom mobile. Là encore, il faut s'attendre au déploiement de nouveaux réseaux mobiles plus rapides, qui pourront dans doute satisfaire un jour les exigences de Lightroom mobile en matière de bande passante. Pour l'instant du moins, j'estime que la vitesse de Lightroom mobile est douloureusement lente. Mais je vous conseille de l'essayer si vous avez déjà un abonnement à Creative Cloud (un abonnement d'essai de 30 jours est disponible).

Je suis particulièrement impressionné par l'utilisation intelligente des aperçus dynamiques. Si je ne pense pas que Lightroom mobile puisse actuellement répondre à mes exigences d'utilisation, la mise en place de ce mécanisme de synchronisation signifie qu'un jour Lightroom sera probablement en mesure d'offrir une synchronisation automatique du catalogue, pas seulement pour le fichier de catalogue, mais également pour les aperçus dynamiques. À mon avis, il s'agit là de l'aspect le plus intéressant du développement de Lightroom mobile.

X-Rite ColorTRUE
L'application Color TRUE de l'éditeur X-Rite vous permet de calibrer l'écran d'un appareil mobile iOS ou Android à l'aide d'un colorimètre compatible. Notez qu'il faut obligatoirement utiliser la visionneuse d'images intégrée à ColorTRUE pour un affichage fidèle, les systèmes d'exploitation mobiles étant incapables de gérer les couleurs.

Créer une collection synchronisée

1. Sélectionnez plusieurs photos dans Lightroom, puis cliquez sur l'icône « + », dans l'angle supérieur droit du panneau Collection, pour ouvrir la boîte de dialogue « Créer collection ». Ici, j'ai créé une nouvelle collection à l'intérieur de l'ensemble de collections « Depuis Lr mobile », tout en cochant l'option « Synchroniser avec Lightroom mobile » au bas de la boîte de dialogue.

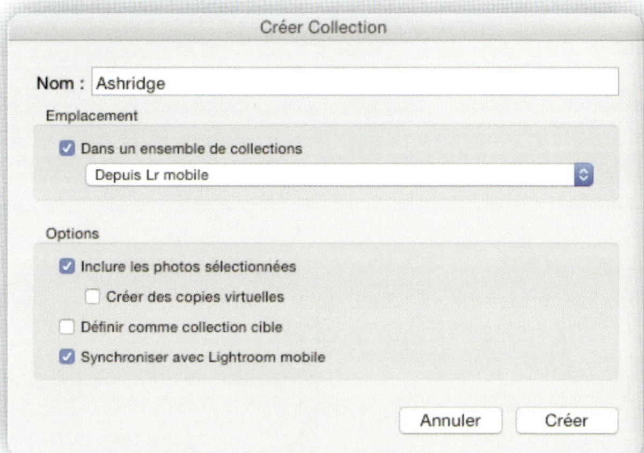

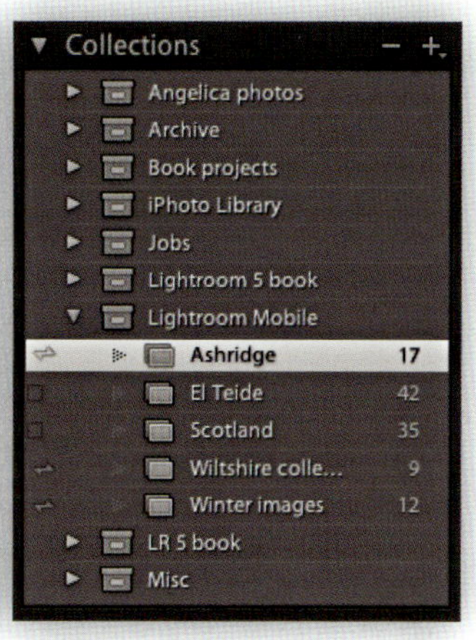

2. La création de la collection initie la synchronisation entre votre ordinateur et le serveur Cloud qui, à son tour, synchronise son contenu avec tous les dispositifs sur lesquels vous avez installé Lightroom mobile et/ou qui peuvent accéder à Lightroom Web view.

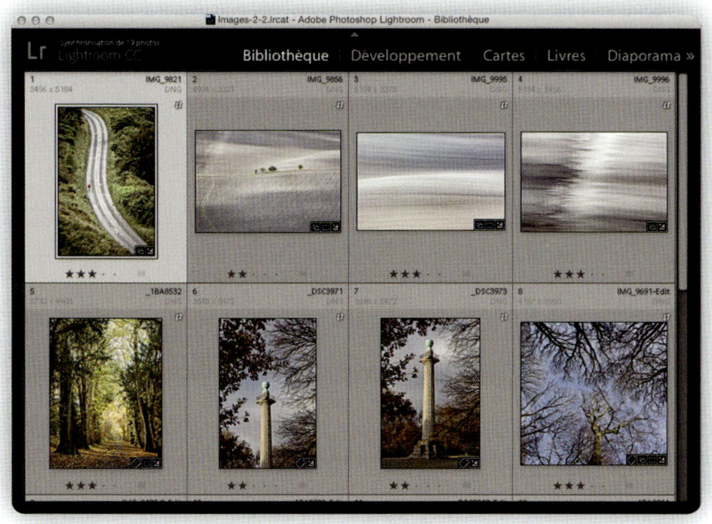

3. Si la collection créée dans Lightroom apparaît rapidement dans Lightroom mobile, le transfert des images demande un peu plus de temps. Leur affichage au sein de la collection est donc loin d'être instantané.

Icône de synchronisation
L'icône en forme de flèche à double sens, située en regard du nom de la collection dans le panneau Collections, renseigne sur l'état de synchronisation. Cliquez dessus pour interrompre la synchronisation avec un périphérique. Toutefois, sachez que l'arrêt de synchronisation entraîne la suppression de l'ensemble des données mobiles pour la collection, y compris les photos et les commentaires postés.

4. En tapant sur la vignette ou le titre de la nouvelle collection, les images s'affichent dans une grille de vignettes. En glissant le doigt appuyé sur l'écran, vous parcourez les images. Tapez sur une des images pour l'afficher en mode plein écran et pincez de l'intérieur vers l'extérieur pour zoomer.

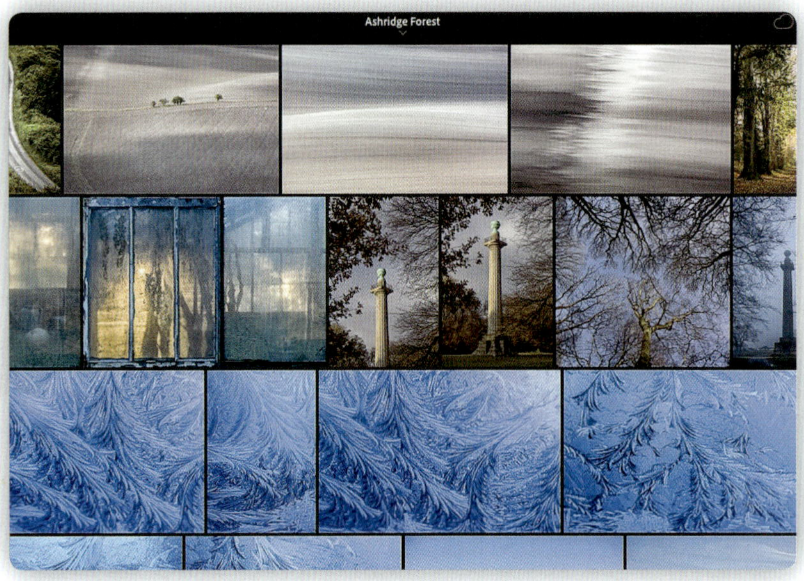

Les collections dans Lightroom mobile

Une fois la collection créée dans Lightroom, elle s'affiche dans Lightroom mobile. Chaque collection est représentée par une vignette carrée, accompagnée du nom de la collection. Exercez une pression à deux doigts sur la partie droite de l'écran pour afficher tour à tour les options d'affichage dédiées aux collections (nombre de photos, nombre de photos sélectionnées, rejetées et neutres, poids des fichiers de la collection, date de la dernière synchronisation). En tapant sur les trois points situés dans l'angle inférieur droit d'une vignette de collection, vous affichez les options d'ajout et de partage.

L'affichage des collections dans Lightroom mobile.

Lightroom Web view

Lightroom Web view est un site web qui accompagne Lightroom mobile. Il permet de visualiser le contenu des collections synchronisées via un navigateur web sans qu'il soit nécessaire de passer par un dispositif mobile.

Lightroom Web view est proposé à l'ensemble des utilisateurs ayant souscrit un abonnement Creative Cloud. Il permet de consulter des collections et de partager leur contenu avec sa famille ou ses amis, pour peu que ces derniers possèdent un ID Adobe. Il est possible de marquer des images, de leur attribuer des mentions « J'aime » et de poster des commentaires. Ces dernières s'affichent ensuite sur Lightroom Web view, dans le panneau Commentaires, ainsi que dans le panneau Collection de Lightroom, par l'intermédiaire une petite icône d'avertissement.

Alors qu'il concerne en premier lieu les photographes amateurs, Lightroom Web view peut rendre de fiers services dans un contexte professionnel. Vous pouvez vous en servir pour publier des collections d'images à accès privé tout en autorisant vos clients à consulter et commenter vos modifications et ajouts. Ainsi, si vous êtes en train de travailler sur une collection d'images retouchées dans Photoshop, vous pouvez la gérer à partir de Lightroom et en synchroniser le contenu avec Lightroom mobile de façon à ce que les images de la collection reflètent toujours les dernières modifications effectuées sur votre poste de travail. Tout cela se fait en tâche de fond sans qu'il soit nécessaire de

En mode Grille, un badge jaune signale la présence d'un ou de plusieurs commentaires. De même, un badge de la même couleur s'affiche dans le panneau Collections.

créer un site web dédié. La mise en œuvre s'avère vraiment très simple : créez une nouvelle collection synchronisée pour votre travail en cours de réalisation, rendez-la accessible au public puis partagez le lien avec votre client !

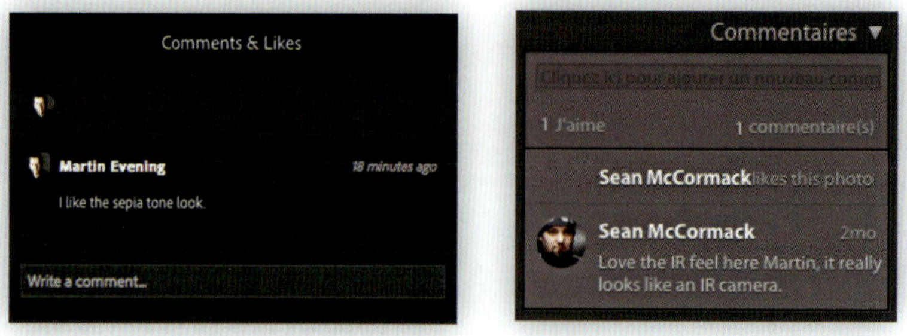

Les commentaires envoyés via Lightroom Web view s'affichent à la fois sur ce site (à gauche) et dans le panneau Commentaires du module Bibliothèque (à droite).

1. Pour afficher le site Lightroom Web view, assurez-vous que la connexion à votre compte Adobe est active. Ensuite, sélectionnez la commande « Affichez vos collections synchronisées sur le Web » à partir du menu Aide. Cette dernière ouvre l'interface Ligtroom Web view dans votre navigateur web par défaut, permettant de consulter vos collections synchronisées. Cliquez sur la vignette d'une collection pour en visualiser le contenu, de la même manière que dans Lightroom mobile.

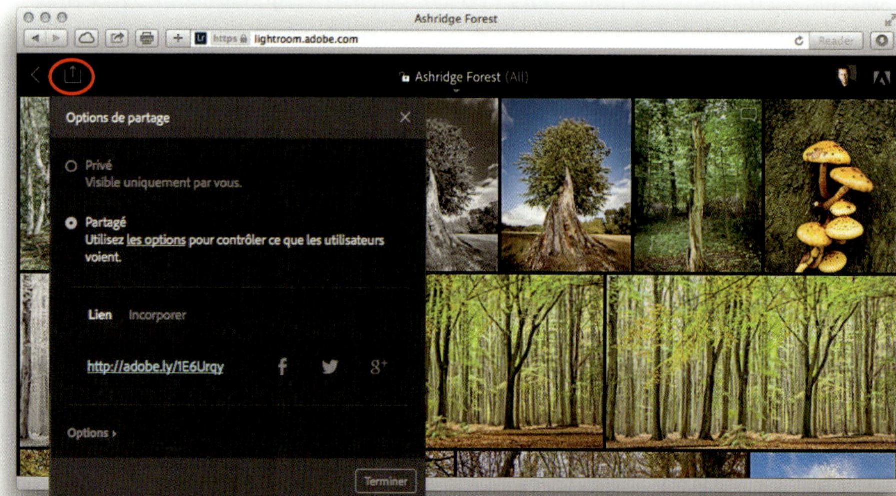

2. Cliquez sur le bouton Partager pour partager les images de la collection affichée. Bien que celle-ci soit uniquement visible par vous, vous pouvez la rendre publique

via Facebook, Twitter et Google + en sélectionnant l'option Partagé. Il est également possible de partager le lien de la collection par courrier électronique.

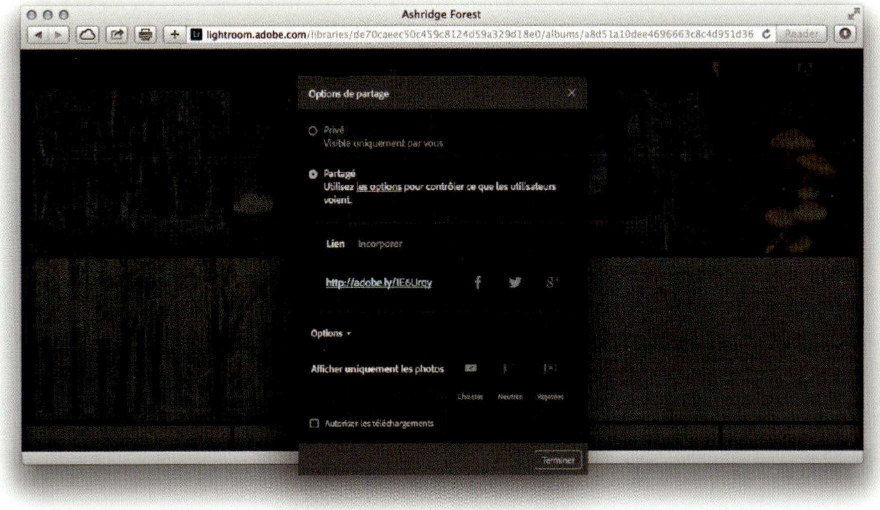

3. Voici comment s'affiche une collection partagée sur Lightroom Web view. En regardant la capture d'écran de près, vous pouvez voir les badges attribués à une des photos : un premier pour signaler des commentaires (entouré d'un cercle bleu) et un second pour vous avertir de l'attribution d'une ou de plusieurs mentions « J'aime ».

Gérer Lightroom Web view à partir de Lightroom

Vous pouvez gérer des collections partagées avec Lightroom mobile directement depuis Lightroom.

- Dans le module Bibliothèque, faites un clic droit sur une collection synchronisée pour afficher les options du menu contextuel.

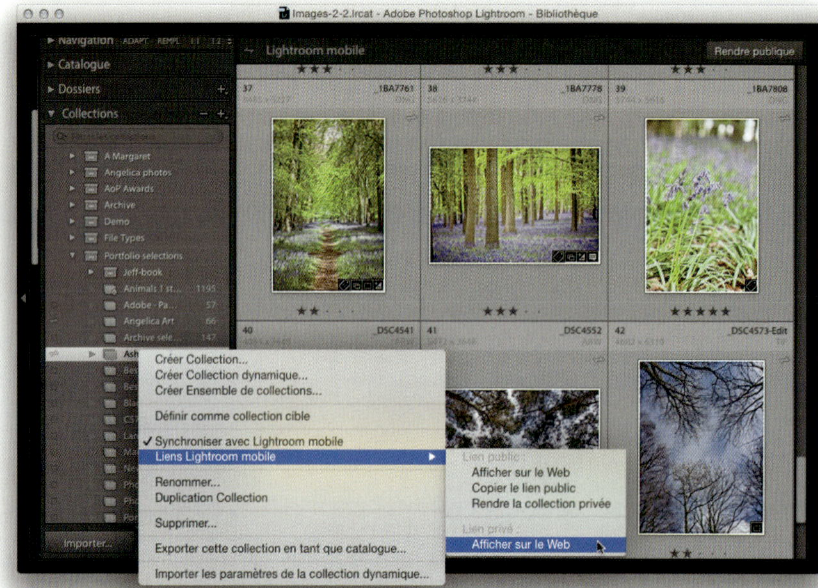

Les options du menu contextuel.

- Sélectionnez la commande Liens Lightroom mobile>Afficher sur le Web pour ouvrir la collection directement dans l'interface Lightroom Web view.
- Il est également possible de gérer la visibilité de vos collections en sélectionnant une des commandes « Rendre la collection privée » ou « Rendre la collection publique ». Notez aussi la présence d'un bouton « Rendre publique » dans la barre d'en-tête.

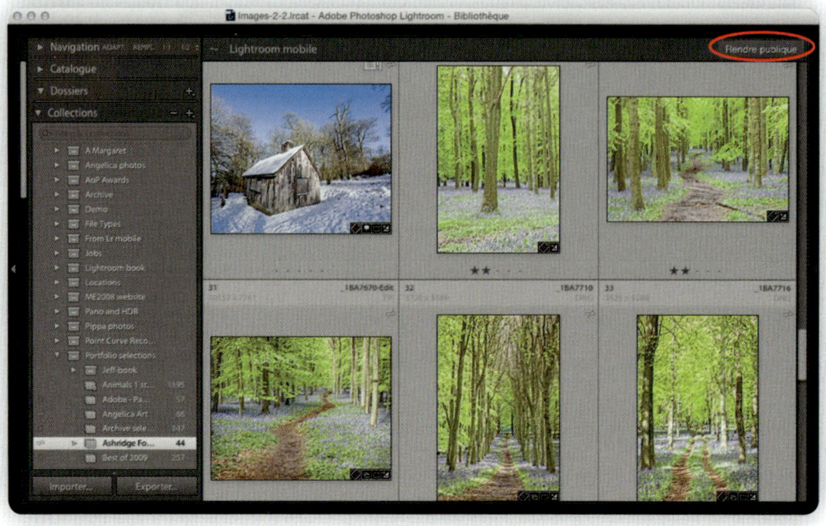

Affichage d'une collection privée dans la grille du module Bibliothèque. Cliquez sur le bouton « Rendre publique » dans la barre d'en-tête pour que la collection soit accessible au public.

- La figure ci-dessous montre une collection qui a été rendue publique. En cliquant sur le lien situé à gauche du bouton « Rendre privée », vous affichez directement la collection dans l'interface Lightroom Web view. Cliquez sur le bouton pour rendre la collection privée. Dans l'angle supérieur gauche, un message d'avertissement en couleur jaune (entouré d'un cercle rouge) signale la réception d'un ou de plusieurs nouveaux commentaires.

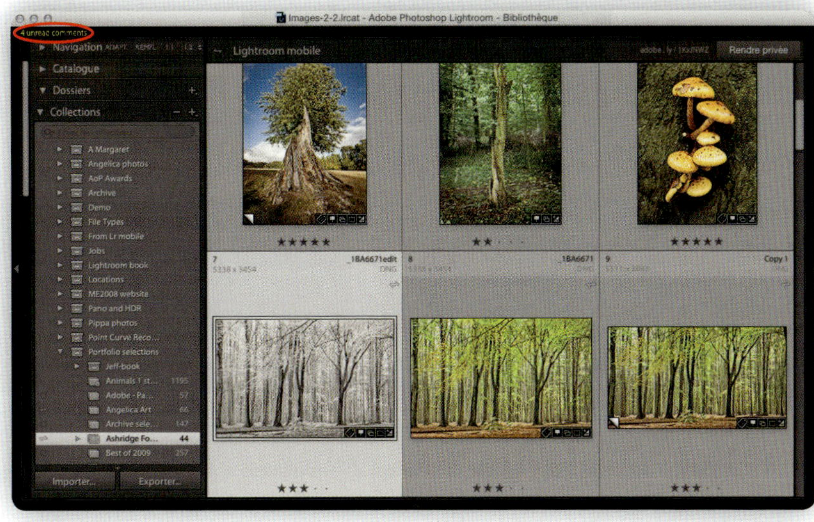

Affichage d'une collection publique dans la grille du module Bibliothèque. Cliquez sur le bouton « Rendre privée » dans la barre d'en-tête pour en restreindre l'accès.

Transférer des fichiers via Lightroom Web view

Vous pouvez utiliser Lightroom Web view pour ajouter des images à votre catalogue Lightroom, et ce, depuis l'ensemble des ordinateurs et dispositifs mobiles.

- Les formats de fichiers compatibles sont identiques avec ceux pris en charge par Lightroom (RAW, DNG, TIFF, JPEG, PSD et PNG).
- Les images sont d'abord envoyées sur le serveur Cloud, puis ajoutées au catalogue Lightroom lors de la synchronisation suivante.
- Lightroom ajoute alors le disque dur virtuel « Lightroom Web » au panneau Dossiers. Cliquez sur lui pour afficher le dossier « Photos importées » qui contient les images récupérées depuis le serveur Cloud. Si les images en question sont sur celui-ci, elles sont également stockées sous une forme compressée au sein du fichier « MobileDownlads.lrdata ». Le champ Dossier du panneau Métadonnées affiche le dossier. En utilisant le menu contextuel ou la commande Photo>Afficher dans le Finder (Ctrl/Cmd + R), vous pouvez le localiser sur votre disque dur.
- Si le fichier synchronisé fait déjà partie de votre catalogue, il est néanmoins ajouté à la photothèque. Au lieu de l'ajouter au disque « Lightrom Web », le logiciel se contente d'en synchroniser les réglages avec ceux du fichier original.

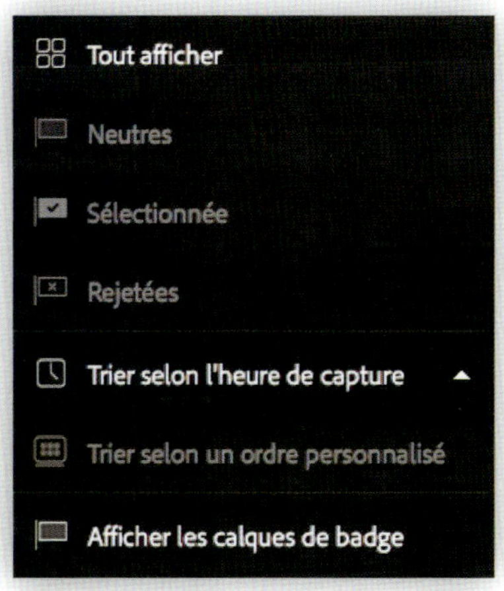

Les options de filtre et de tri de Lightroom Web view.

1. Pour commencer, j'ai créé une nouvelle collection dans l'interface Lightroom Web view, puis je l'ai nommée « Brighton ». Ensuite, j'ai cliqué sur l'icône Télécharger pour choisir trois images que j'ai souhaité ajouter à la nouvelle collection.

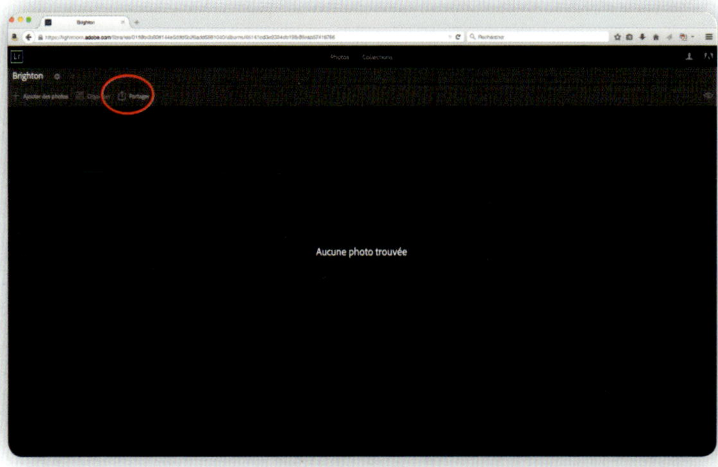

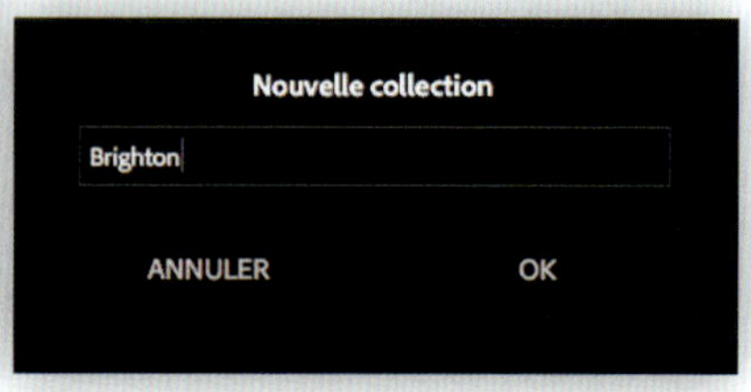

2. Une fois le téléchargement commencé, la barre d'en-tête affiche le transfert en cours et sa progression. Le téléchargement terminé, le bouton Ignorer vous invite à consulter les nouvelles images.

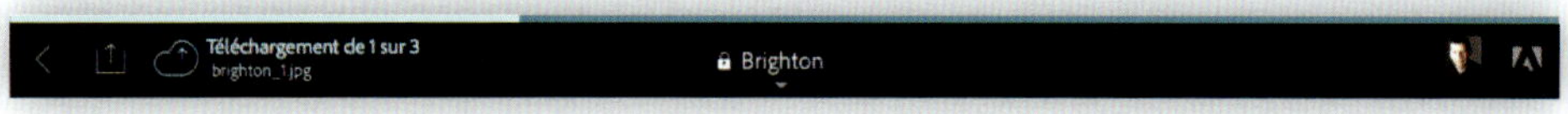

3. Une fois que vous avez cliqué sur Ignorer, la collection affiche les trois nouvelles images dans l'interface web. En cliquant sur le bouton « Modifier la collection », vous affichez les options pour renommer ou supprimer une collection ou pour en changer la photo de couverture. Le bouton « Options de partage » révèle, quant à lui, les différentes options pour partager la collection. En cliquant sur le bouton « Options de filtre et de tri », vous accédez à différentes options pour le marquage et le tri des images.

4. Les images ajoutées à l'interface web s'affichent dans le panneau Dossiers de Lightroom, par l'intermédiaire du disque dur virtuel « Lightroom Web ». De même, elles font partie de la collection « Brighton », accessible depuis le panneau Collections.

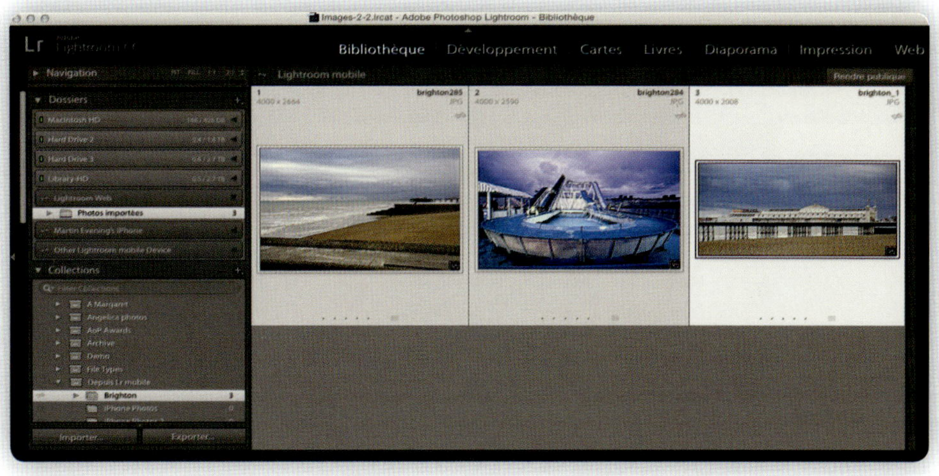

Supprimez les photos d'une collection via Lightroom Web view

Lightrom Web view peut également servir à gérer des photos à l'intérieur d'une collection synchronisée. Les étapes suivantes montrent comment supprimer plusieurs photos d'une collection synchronisée depuis l'interface web et comment consulter les modifications dans Lightroom. Notez que les options présentées sont uniquement disponibles lorsque vous êtes le propriétaire de la collection à modifier.

1. Dans l'interface Lightroom Web view, j'ai cliqué sur le bouton Organiser pour gérer les images de la collection « Oslo 2014 ».

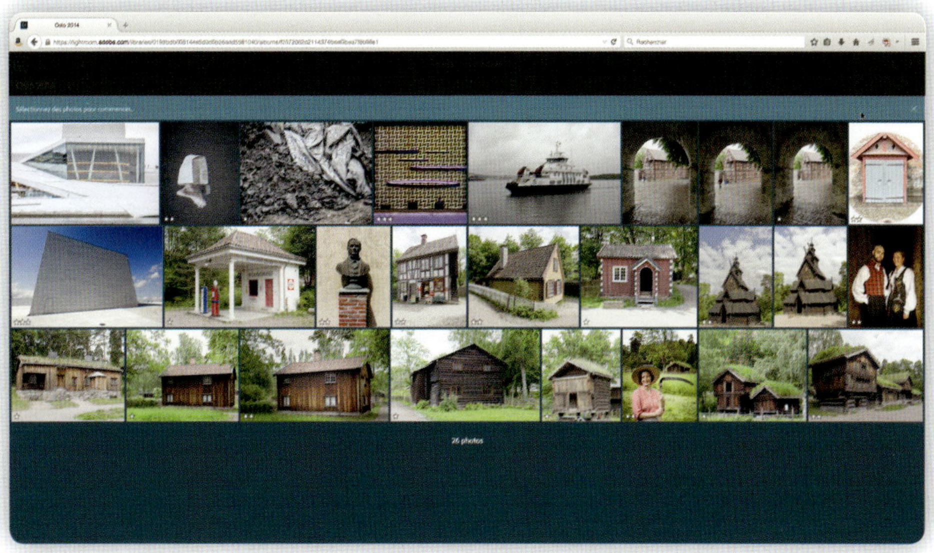

2. Lightroom Web view affiche ensuite plusieurs options de gestion : vous pouvez retirer ou supprimer une ou plusieurs images de la collection ou les copier ou déplacer vers une autre collection. Ici, j'ai sélectionné trois photos, puis j'ai cliqué sur Supprimer.

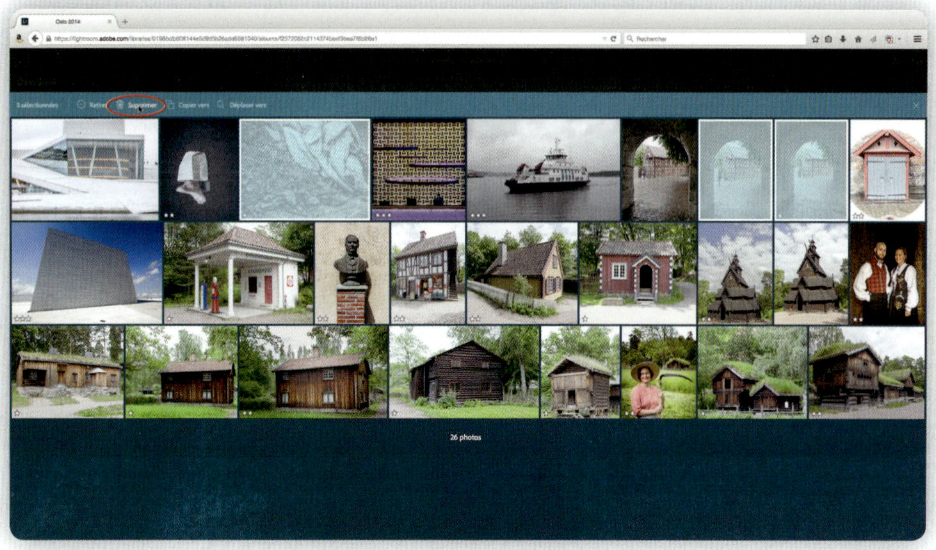

3. Dans la boîte de dialogue suivante, j'ai cliqué sur OK pour confirmer la suppression des images sélectionnées.

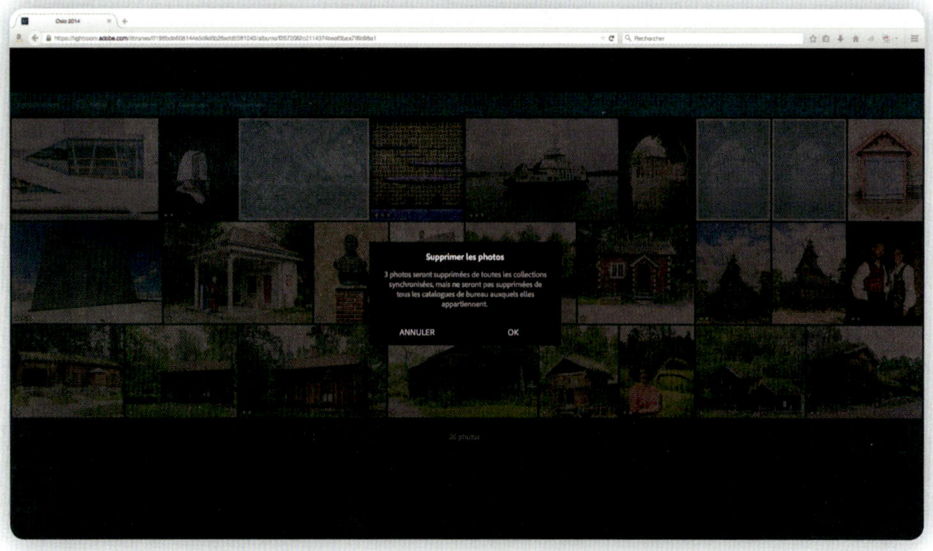

4. Les modifications effectuées sur Lightroom Web view sont automatiquement répercutées sur le catalogue Lightroom. Les photos n'ont pas été supprimées du catalogue mais uniquement effacées de la collection synchronisée.

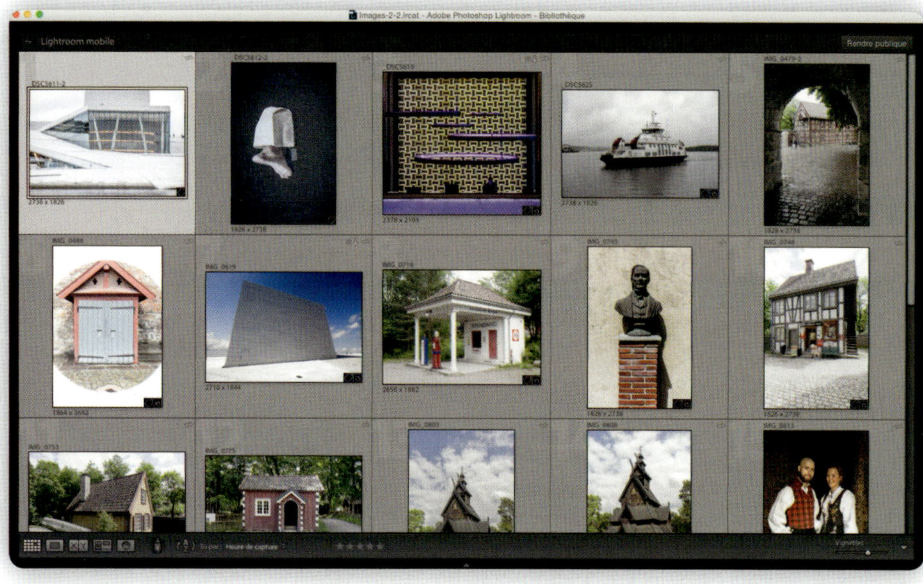

Étape 4

Annexe 2 – Les réglages et les modèles

Le fichier Préférences

Le fichier Préférences de Lightroom mémorise l'ensemble de vos réglages personnels.

- Sur Mac, le fichier « com.adobe.Lightroom6.plist » se situe dans le dossier Utilisateur/Bibliothèque/Preferences.
- Sous Windows 7, 8 et 10, le fichier « Lightroom 6 Preferences.agprefs » se situe dans le dossier C :\Users\Utilisateur\AppData\Roaming\Adobe\Lightroom\Preferences, et sous Windows XP dans le dossier C :\Documents and Settings\Utilisateur\ApplicationData\Adobe\Lightroom\Preferences.

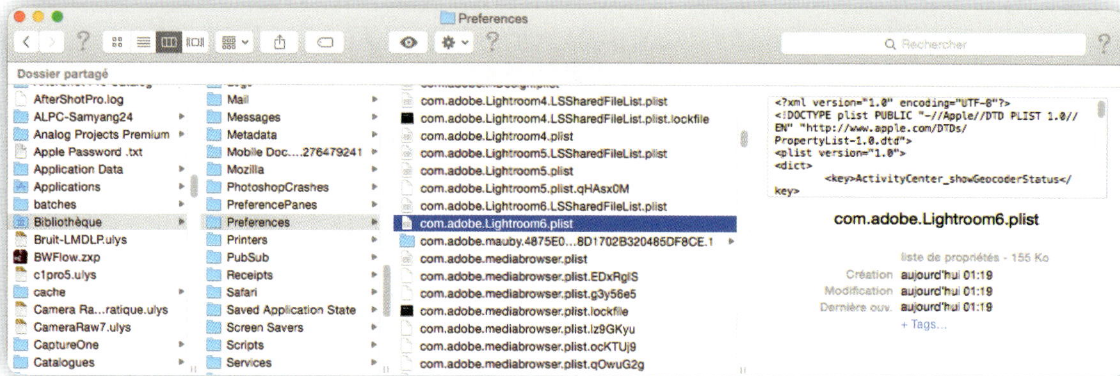

Emplacement du fichier Préférences (com.adobe.Lightroom6.plist) sur Mac OS X.

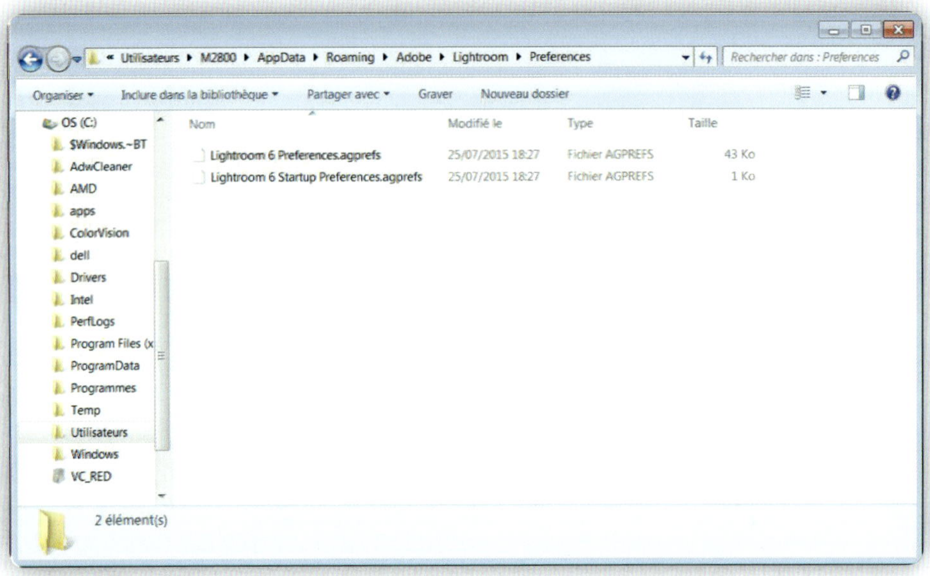

Emplacement du fichier Préférences (Lightroom 6 Preferences.agprefs) sous Windows.

Dossier Application Data sous Windows
Pour révéler les fichiers du dossier Application Data, masqué par défaut, ouvrez l'onglet « Option des dossiers » du « Panneau de configuration », puis dans Affichage>Fichiers et dossiers cachés, cochez l'option « Afficher les fichiers et dossiers cachés ».

Si vous avez l'impression que le logiciel réagit de manière inattendue, il est fort probable que le fichier Préférences soit corrompu : il suffit alors de le supprimer, puis de relancer le logiciel qui en régénérera automatiquement un.

Notez que certaines préférences critiques ont été dissociées du fichier de préférences principal. Lorsque vous effacez celui-ci, Lightroom saura donc toujours choisir le catalogue approprié au démarrage. Les fichiers de préférence liés au démarrage (Lightroom 6 Startup Preferences.agprefs) se trouvent à l'emplacement suivant : C :\Users\Utilisateur\AppData\Preferences (Windows) ou Utilisateur/Bibliothèque/Application Support/Adobe/Lightroom/Preferences.

Gérer les paramètres enregistrés

Après les avoir enregistrés, vous retrouverez les différents paramètres prédéfinis dans le dossier Utilisateur/Bibliothèque/Application Support/Adobe/Lightroom (Mac), C:\Users\Utilisateur\AppData\Roaming\Adobe\Lightroom\ (Windows Vista et 7). L'ensemble des paramètres prédéfinis et des réglages par défaut des modules de Lightroom y sont regroupés dans plusieurs sous-dossiers.

Sur la figure ci-après, j'ai sélectionné le sous-dossier « Develop Presets » qui contient les paramètres prédéfinis du module Développement.

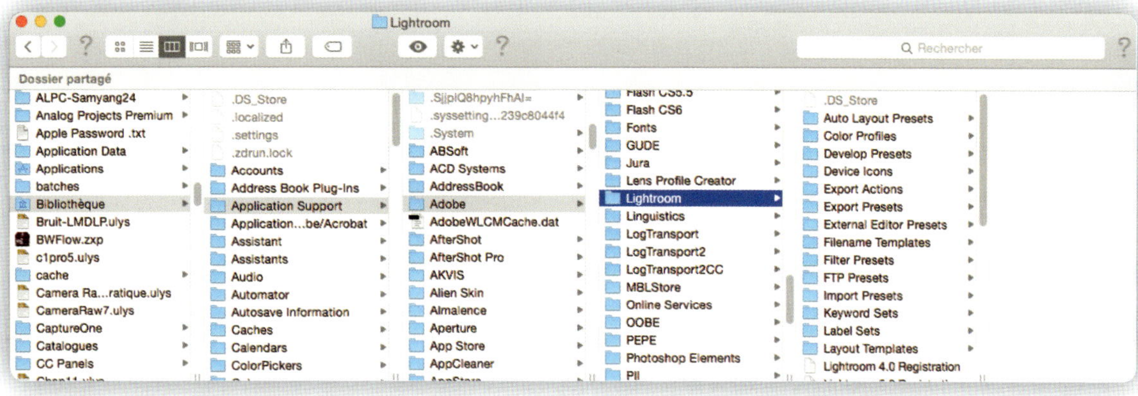

Emplacement des paramètres prédéfinis sur Mac OS.

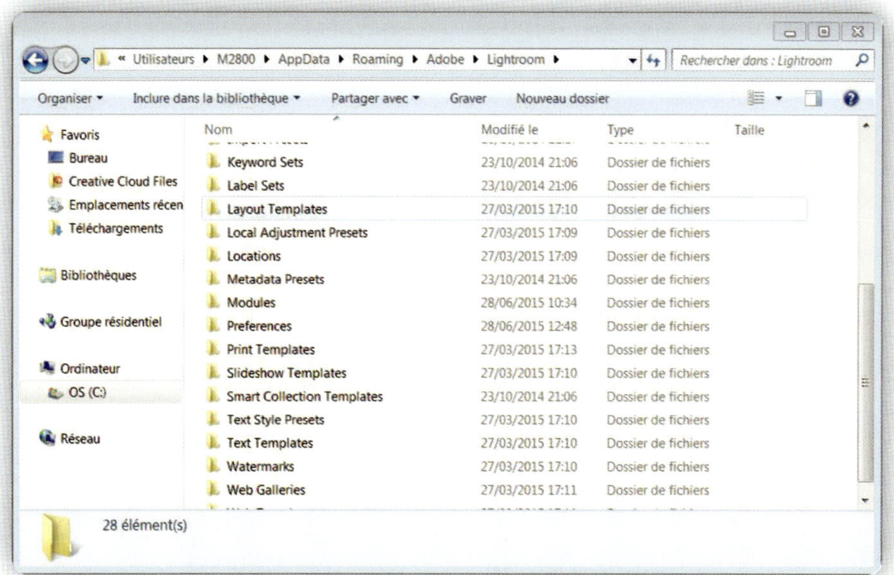

Emplacement des paramètres prédéfinis sous Windows.

Les fichiers des sous-dossiers portent tous l'extension .lrtemplate. Notez qu'il est facile de copier ces fichiers pour les transférer vers le dossier Lightroom d'un autre ordinateur : par un simple glisser/déposer, ajoutez le fichier .lrtemplate dans le dossier spécifié plus haut. Vous pouvez ainsi faire bénéficier d'autres utilisateurs de vos paramètres favoris.

> **Note**
> Depuis les premières versions bêta, certains internautes partagent ainsi leurs paramètres prédéfinis pour le module Développement. Richard Earney, par exemple, propose les siens sur son site Internet http://inside-lightroom.com. Vous en trouverez d'autres sur le site http://lightroompresets.com.

Personnaliser l'interface

Lightroom est composé de plusieurs modules indépendants : Bibliothèque, Développement, Cartes, Livres, Diaporama, Impression et Web. Pour explorer les différents modules et autres fichiers à l'intérieur du dossier de l'application, suivez les instructions associées aux captures d'écrans suivantes.

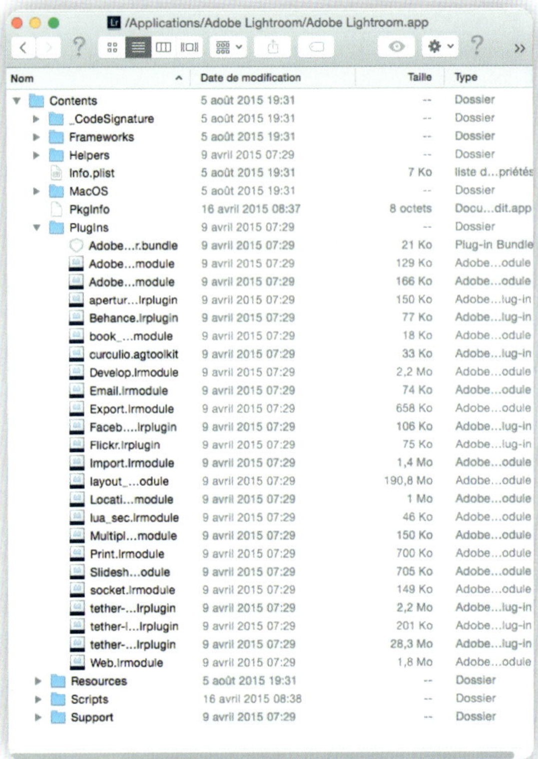

Sur Mac OS X, vous révélerez les composantes du dossier d'application par un clic droit (ou Ctrl + clic) sur l'icône de l'application, puis en sélectionnant l'option «Afficher le contenu du paquet» dans le menu contextuel.

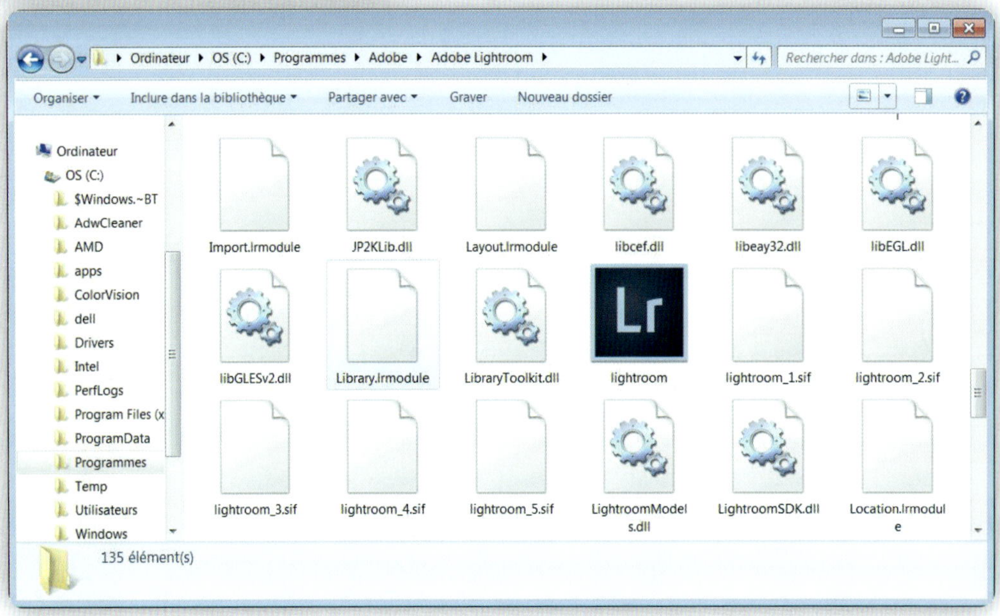

Sous Windows, allez dans le dossier C :\Programmes\Adobe\ pour trouver l'ensemble des fichiers de l'application.

Le dossier PlugIns héberge les modules de Lightroom. Certains de ces modules sont indispensables au fonctionnement du logiciel (Export) ; en revanche, vous pouvez en supprimer d'autres temporairement (Print, Slideshow, Flickr, MultipleMonitor, Web, etc.) pour alléger l'interface en n'affichant que les modules avec lesquels vous travaillez au quotidien.

Pour supprimer le module Diaporama, par exemple, faites un Ctrl + clic sur l'application Lightroom, sélectionnez dans le menu contextuel (sur Mac OS X) l'option « Afficher le contenu du paquet », puis supprimez le dossier Slideshow.lrmodule du dossier PlugIns. Redémarrez Lightroom qui s'ouvre alors sans le module Diaporama et n'affiche plus que quatre modules dans le panneau supérieur. Il est certain que Lightroom évoluera au fil du temps, notamment grâce au kit SDK qui permettra à des éditeurs tiers de proposer des modules externes (plug-ins) – cette méthode vous sera alors très utile pour une installation/désinstallation des modules externes.

Vous trouverez dans les dossiers « Ressources les composantes graphiques de l'interface » ce qui vous permettra d'adapter cette dernière à vos goûts personnels. Mais faites attention, car il est très facile d'endommager ou de supprimer des composantes essentielles au fonctionnement de Lightroom ; si vous allez trop loin, vous n'échapperez pas à une réinstallation complète…

Dossier Scripts
Le dossier Scripts de l'application Lightroom est uniquement dédié à l'application. Ajoutez vos scripts personnalisés dans le dossier Utilisateur/Bibliothèque/Application Support/Adobe/Lightroom (Mac OS X) ou C :\Documents and Settings\Utilisateur\Application Data\Adobe\Lightroom (Windows).

Le fichier Previews

Le fichier Lightroom Previews.lrdata contient l'ensemble des données des aperçus et des vignettes. Sur la figure ci-dessous, je suis passé par le menu contextuel (option « Afficher le contenu du paquet ») pour afficher les différents éléments du fichier.

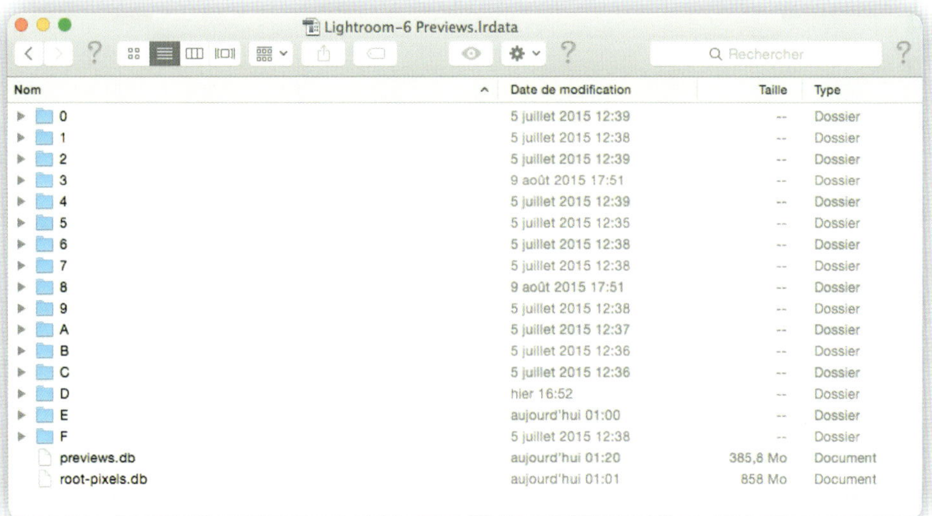

Affichage de fichiers .lrprev au sein du dossier « Lightroom Previews.lrdata ».

La boîte de dialogue « Paramètres du catalogue » (Lightroom ou Édition>Paramètres du catalogue) offre dans le menu « Gestion des fichiers » la possibilité de limiter la taille du fichier Lightroom Previews.lrdata : pour la réduire au maximum, choisissez l'option « Après un jour » dans le menu déroulant « Ignorer systématiquement les aperçus 1:1 ».

Si vous disposez d'un espace disque confortable, vous pouvez choisir une des options « Après 30 jours » ou « Jamais » – je vous conseille la première pour empêcher Lightroom de générer sans cesse de nouveaux aperçus 1:1 pour les dossiers les plus visités.

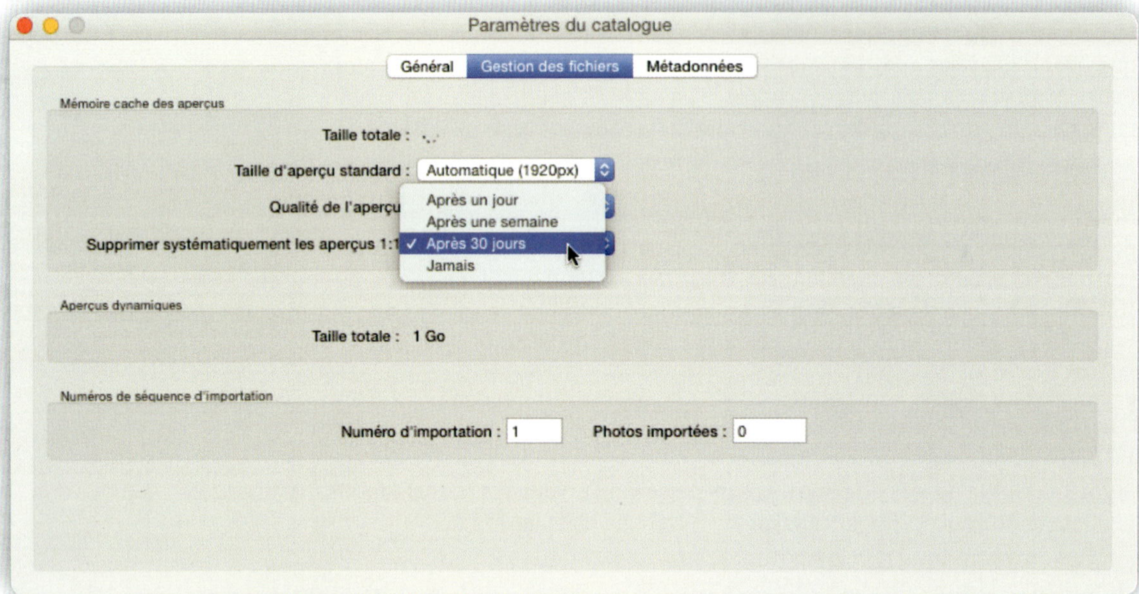

L'onglet « Gestion des fichiers » des « Paramètres du catalogue ».

Les informations sur le système

Vous pouvez sélectionner la commande « Informations sur le système » (menu Aide) afin d'obtenir les caractéristiques de votre ordinateur et visualiser votre numéro de série de Lightroom.

Depuis Lightroom 6/CC, les informations sur le système comportent un nouvel élément, « Optimisation SIMD de Camera Raw ». Il donne des précisions quant aux performances de calcul du processeur de votre ordinateur. La plupart des processeurs récents supportent les instructions SSE2, alors que seuls les derniers processeurs Intel Sandy Bridge et Haswell offrent une prise en charge de la nouvelle extension du jeu d'instructions AVX2. Si vous voyez affichées les lettres « AVX », vous bénéficiez déjà de meilleures performances du module Développement, un processeur doté des lettres « AVX2 » sera encore un peu plus rapide.

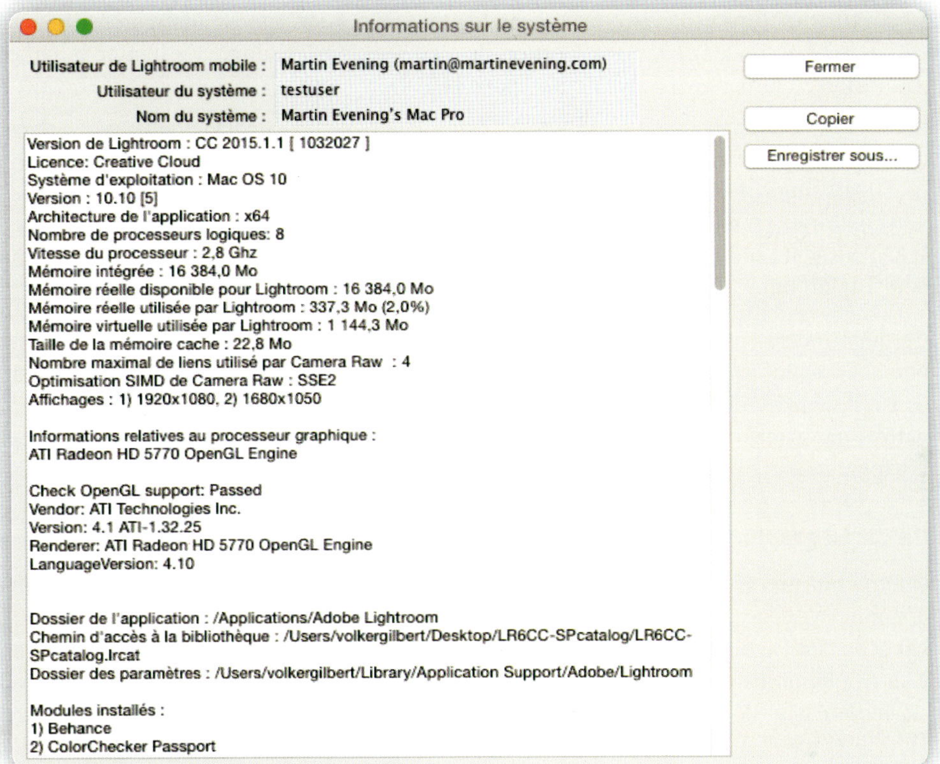

Sélectionnez la commande Aide>Informations sur le système pour afficher les caractéristiques de votre ordinateur et celles de votre configuration de Lightroom.

Annexe 3 – Configuration informatique idéale

La configuration informatique adaptée à Lightroom dépend finalement beaucoup de votre appareil photo ainsi que du poids de ses fichiers. Plus le nombre de pixels est important, plus les ressources nécessaires pour développer les fichiers sont grandes. Les performances de Lightroom sont limitées par la fréquence d'horloge de votre processeur et la quantité de mémoire RAM disponible pour Lightroom. Suivent la vitesse de rotation et la capacité de votre disque dur, puis les performances de votre carte graphique. Lightroom a été optimisé pour les derniers processeurs Intel, sa vitesse d'exécution est excellente sur les derniers Mac dotés de processeur Intel.

Voici la configuration minimale pour Lightroom :

- processeur Intel 64 bits avec 2 Go de RAM, système d'exploitation Mac OS X 10.8 ou plus récent ;
- processeur Pentium 4 ou Athlon 64 avec 2 Go de RAM, système d'exploitation Windows 7, 8 ou 10 en 64 bits.

La mémoire RAM

Lightroom nécessite beaucoup de mémoire RAM. Pour évaluer vos besoins réels, je vous conseille de prendre en compte la consommation des ressources par le système d'exploitation et ses utilitaires. Si votre ordinateur dispose par exemple de 2 Go de RAM, sachez que le système d'exploitation s'octroie jusqu'à 200 Mo, et les utilitaires système pas loin de 50 Mo supplémentaires. Et nous n'avons pas encore parlé d'autres applications que vous ouvririez en même temps que Lightroom ! Si vous doublez la quantité de mémoire RAM sur votre ordinateur, vous pouvez facilement tripler la quantité mise à disposition pour Lightroom.

Certains ordinateurs portables vous limitent à 4 Go de RAM. Sur un ordinateur de bureau, vous pouvez installer davantage de mémoire pour améliorer les performances de Lightroom, d'autant plus que les systèmes d'exploitation 64 bits sont à même de tirer parti d'une capacité de mémoire supérieure à 4 Go, limite imposée par les systèmes d'exploitation 32 bits.

La carte graphique

Contrairement à d'autres applications très exigeantes pour la carte graphique (Aperture notamment), cette dernière n'a joué jusqu'ici aucun rôle important pour les performances générales de Lightroom ; elle devait tout juste être capable de faire fonctionner l'écran à sa résolution native. Lightroom 6/CC est désormais à même de tirer parti de la puissance de calcul de la carte graphique pour accélérer la vitesse d'exécution du module Développement. Actuellement, le gain de performance ne bénéficie qu'au développement des images et notamment à la navigation dans un dossier d'images et la réactivité des curseurs. Les améliorations sont plus marquées si vous affichez vos images sur un grand écran et à fortiori un écran à très haute définition (Retina ou 4K). Elles sont tributaires de la carte graphique utilisée. Je vous conseille donc de choisir une carte graphique très performante.

Les disques durs

Si vous utilisez la configuration par défaut de Lightroom, ce dernier enregistre la bibliothèque dans le disque dur principal de votre ordinateur. Sur les deux systèmes d'exploitation Mac OS et Windows, la bibliothèque se trouve dans le dossier Images de l'utilisateur. N'oublions pas que les fichiers de la bibliothèque Lightroom contiennent l'intégralité des métadonnées en plus des aperçus de type Standard et 1:1... L'espace disque utilisé par les différents fichiers de la bibliothèque ne cesse ainsi d'augmenter, bien qu'il existe des options permettant de supprimer les aperçus 1:1 après un jour, après une semaine ou après 30 jours.

Les facteurs déterminants dans le choix d'un disque dur sont le type de l'interface, la vitesse de rotation du disque et la quantité de sa mémoire tampon. L'ensemble de ces facteurs influe sur la vitesse du disque dur. Selon ma propre expérience, il ne faut jamais trop se fier aux disques durs internes : j'ai été victime par deux fois d'une alimentation défectueuse qui m'a contraint à sortir mes disques, puis à les placer dans un boîtier externe afin de pouvoir accéder aux données enregistrées. De ce fait, j'ai longtemps privilégié l'emploi de plusieurs disques durs externes; cela m'a permis de débarrasser mon ordinateur de ma bibliothèque d'images envahissante, tout en la rendant « mobile » (puisqu'il était possible d'y accéder à tout moment à partir d'un autre ordinateur). Sur les ordinateurs récents, il est devenu facile de changer un disque dur interne pour le passer d'une machine à une autre; j'ai donc repris mes vieilles habitudes de stockage de la bibliothèque sur plusieurs disques durs internes qui bénéficient, de surcroît, d'une interface à vitesse très rapide.

Il existe plusieurs types d'interfaces pour les disques durs externes. Une interface à l'ancienne norme USB doit être évitée à tout prix, puisque son taux de transfert est trop important. Choisissez plutôt une connectique de type USB 2, USB 3, Firewire 400 ou 800 (IEEE 1394).

La vitesse de rotation du disque dur détermine la vitesse d'écriture et de lecture des données. La plupart des disques durs 3,5 pouces bénéficient d'une vitesse de rotation de 7200 RPM; les disques durs 2,5 pouces, utilisés par les ordinateurs et les disques durs portables, disposent habituellement d'une vitesse ne dépassant pas 4200 à 5400 RPM. Bien que vous puissiez trouver des disques 2,5 pouces à 7200 RPM, leur tarif est encore assez élevé.

Remarque
Une quantité plus importante de mémoire tampon augmente la performance d'un disque dur de manière significative. Les disques SSD *(Solid-State Drive)*, intégrant de mémoires flash, sont de plus en plus populaires. Bien qu'onéreux et encore limités en capacité (750 Go étant la limite actuelle), ils sont vraiment très rapides et remplacent avantageusement les disques durs. Toutefois, ils semblent aussi plus fragiles et il est conseillé de faire quelques recherches sur Internet avant de choisir un modèle particulier.

Configuration des disques de stockage

L'idée d'une solution sécurisée qui vous permet de stocker toutes vos données dans un même emplacement semble très séduisante. La technologie RAID est capable d'enregistrer une quantité de données importante sur un seul disque dur. Un système de type RAID permet de combiner plusieurs disques en un seul, tout en améliorant l'intégrité des données, la capacité de stockage, les taux de transfert et la fiabilité du système (comparativement à un disque dur « standard »).

Le fonctionnement dépend de votre choix de standard RAID; quoi qu'il en soit, vous aurez besoin d'au moins deux disques de capacités égales pour établir un système RAID. La plupart des solutions RAID préconfigurées sont livrées dans un boîtier avec au moins deux disques durs et un contrôleur RAID intégré. Avec un tel système, il est dorénavant possible de stocker plusieurs téraoctets de données dans un seul dispositif doté d'un « miroitage » de disques; mais le prix demeure encore très élevé.

Remarque
Les systèmes RAID sont parfois très bruyants et pas particulièrement économes en consommation d'énergie. Bien qu'ils constituent une solution parfaite pour les petites entreprises, ils sont sans doute surdimensionnés pour un photographe.

RAID 0 : disques entrelacés

Grâce à une configuration RAID 0, vous pouvez réunir plusieurs disques en une seule unité de grande capacité. Le RAID 0 offre des temps de réponse extrêmement rapides, puisque le taux de transfert de données augmente proportionnellement au nombre de disques agrégés. Si, par exemple, vous combinez quatre disques de 200 Go en une unité RAID 0, vous obtiendrez une capacité globale de 800 Go et un taux de transfert quatre fois plus important. Bien qu'une configuration RAID 0 soit parfaite pour des applica-

RAID logiciel
Les ordinateurs actuels possèdent parfois plusieurs emplacements pour disques durs, ce qui vous permet d'en ajouter. Par exemple, les ordinateurs Mac Pro les plus récents offrent trois emplacements supplémentaires, ce qui permet de les équiper en RAID 0+1. Les quatre disques sont alors contrôlés par un contrôleur RAID logiciel, via l'utilitaire disque de Mac OS X. Notez qu'un tel système RAID présente des vitesses d'écriture/lecture inférieures à celles d'un « vrai » RAID matériel, mais cette perte de performance est peu significative. Avec un système RAID logiciel de type 0, vous augmentez les temps de réponse de 40 % par rapport aux disques indépendants; avec une configuration RAID 1, vous perdez environ 25 % par rapport aux disques indépendants, tout en augmentant la sécurité des données.

tions nécessitant un traitement rapide d'une grande quantité de données, elle n'assure en rien la sécurité des données : si un seul des disques associés tombe en panne, la totalité des données est perdue ! Je vous conseille néanmoins d'utiliser une configuration RAID 0 comme disque de travail pour Photoshop.

RAID 1 : disques « miroités »

Une configuration RAID 1 se compose de deux disques dont le second contient à tout moment exactement les mêmes données que le premier, d'où l'utilisation du mot « miroitage » (*mirroring* en anglais). L'avantage principal d'une configuration RAID 1 est la sécurité des données qui y sont stockées : en cas de défaillance d'un des disques, le contrôleur RAID désactive le disque défectueux, puis recopie automatiquement les données sur le disque de rechange à partir du second disque. En configuration RAID 1, il faut deux disques de tailles identiques. Attention, l'un est utilisé pour l'enregistrement et l'autre pour la sauvegarde, une configuration RAID 1 de 2 téraoctets (To), par exemple, n'offre donc en réalité qu'une capacité de stockage de 1 To.

Les configurations de type RAID 5 sont de plus en plus répandues. Le RAID 5 requiert au moins trois disques et offre une sécurité de données maximale et une capacité de stockage très confortable grâce au mode de fonctionnement à « parité répartie ». La capacité de stockage utile réelle, pour un système de n disques de capacité c identiques, est de $(n -1) \times c$. Une configuration RAID 5 composée de quatre disques d'une capacité de 500 Go est ainsi capable d'enregistrer jusqu'à 1,5 To de données. Bien que cette configuration puisse survivre à la défaillance d'un des disques, elle offre des performances en lecture moins élevées qu'une configuration RAID 0.

Le RAID 0+1 : combinaison des RAID 0 et RAID 1

La configuration RAID 0+1, alternative aux systèmes présentés plus haut, nécessite quatre disques. Les deux premiers sont configurées en RAID 0, générant un seul disque deux fois plus rapide que les disques séparés, les deux autres en RAID 1, ce qui permet de sécuriser les données situées sur les disques configurés en RAID 0. Cette configuration est aussi rapide qu'elle est sécurisée contre la perte de données. Les disques « miroités » sont indispensables pour des sociétés ayant besoin d'un accès aux données 24 heures sur 24, 7 jours sur 7. Mais sachez que même si les systèmes RAID offrent un excellent niveau de protection des données, ils ne sont pas infaillibles. Si un répertoire est corrompu, la sauvegarde continue au risque de copier la partie corrompue sur l'ensemble des disques, ce qui peut provoquer une perte de données même avant que vous soyez prévenu du problème. Pour une protection totale, vous pouvez effectuer des sauvegardes régulières sur d'autres disques que vous stockerez à un autre endroit.

Multiplier les disques durs

Il existe différentes opinions quant à la meilleure manière de gérer une banque d'images photographiques. En théorie, une configuration de type RAID est idéale, bien qu'elle ne soit pas toujours adaptée aux besoins d'un photographe. J'ai vu des photographes travailler avec une configuration RAID, mais je trouve que cette solution de stockage qui fonctionne sans interruption et qui consomme beaucoup d'énergie est assez onéreuse, surtout quand on pense que l'on aura besoin d'aller rechercher une photo vraiment ancienne (vieille de six ans, par exemple) qu'une ou deux fois par an seulement. Faites le test, analysez vos besoins de stockage : vous découvririez sans doute que la plupart des fichiers que vous ouvrez régulièrement datent de moins d'un an…

Disques durs Drobo
Une configuration Drobo utilise un système de « stockage virtualisé » dont les fonctionnalités sont très proches de celles d'un système RAID. Il vous permet de remplacer ou de rajouter des disques durs en fonction de vos besoins en matière de stockage. S'il est un peu inquiétant de confier ses données précieuses à un système de stockage propriétaire, vous pouvez minimiser vos risques en effectuant des sauvegardes régulières vers une seconde configuration Drobo.

Vous pouvez donc préserver les fichiers régulièrement sollicités sur un seul disque dur « standard », ce qui aboutit à une solution de stockage simplifiée, composée de plusieurs disques durs indépendants. J'utilise dans mon bureau trois disques durs internes d'une capacité de 2 To chacun pour stocker toutes les images récentes et trois disques externes de la même capacité en guise de sauvegarde principale. D'autres disques, de capacités différentes, sont utilisés pour conserver mes fichiers RAW et fichiers maîtres accumulés depuis dix-sept ans. La plupart du temps, j'allume uniquement les six disques de 2 To, et plus rarement un autre disque pour accéder à un fichier plus ancien. Certes, cette méthode de sauvegarde un peu « rustique » ne rivalise pas avec une configuration RAID en termes de sécurité des données, mais elle séduit de nombreux photographes à la recherche d'une solution économique et facile à adapter à leurs besoins réels.

Quid du système de sauvegarde parfait?

Je vous conseille l'acquisition d'un ordinateur capable d'accueillir plusieurs disques de grande capacité de stockage. Les derniers ordinateurs Mac Pro, pour ne citer qu'eux, sont suffisamment spacieux pour loger quatre disques d'une capacité totale de 8 To, ce qui est idéal pour bâtir un système de stockage avec une configuration RAID 0 ou RAID 1 que vous pouvez gérer de manière logicielle à l'aide de l'utilitaire de disque du système Mac OS X. Si les vitesses d'écriture et de lecture d'un tel système RAID logiciel étaient sensiblement inférieures à celles d'un système RAID matériel (un système RAID logiciel s'appuie sur la puissance de calcul du processeur), la perte de vitesse serait aujourd'hui beaucoup moins sensible. Ainsi, un système RAID 0 logiciel offre des vitesses supérieures d'environ 45 % par rapport à un système JBOD (c'est-à-dire plusieurs disques indépendants), grâce à un système d'écriture séquentielle des données sur plusieurs disques considérés par le système comme un seul volume logique. Avec un système RAID 1 logiciel, mieux protégé contre une perte éventuelle de données, le gain est d'environ 25 %.

Index

A

B

C

D

E

F

G

R

S

Imprimé en Italie par D'Auria Printing
Dépôt légal : octobre 2015
N° d'éditeur : 9567

Cet ouvrage est imprimé sur du papier couché Garda mat 115 g,
papier issu de forêts gérées durablement.